DIANDA FAXUE XILIE JIAOCAI
电大法学系列教材

# 中国法律思想史

ZHONGGUO FALÜ SIXIANG SHI

主　编　杨鹤皋
副主编　段秋关
撰稿人（以姓氏笔画为序）
杨鹤皋　汪汉卿　武树臣
段秋关　俞荣根

北京大学出版社
PEKING UNIVERSITY PRESS

图书在版编目(CIP)数据

中国法律思想史/杨鹤皋主编.—北京:北京大学出版社,2005.1
(电大法学系列教材)
ISBN 978-7-301-08617-9

Ⅰ.中… Ⅱ.杨… Ⅲ.法律-思想史-中国-电视大学-教材 Ⅳ.D909.2

中国版本图书馆 CIP 数据核字(2005)第 004922 号

| | |
|---|---|
| 书　　　名: | 中国法律思想史 |
| 著作责任者: | 杨鹤皋　主编 |
| 责任编辑: | 李　霞 |
| 标准书号: | ISBN 978-7-301-08617-9/D·1081 |
| 出版发行: | 北京大学出版社 |
| 地　　　址: | 北京市海淀区成府路 205 号　100871 |
| 网　　　址: | http://www.pup.cn |
| 电　　　话: | 邮购部 62752015　发行部 62750672　编辑部 62752027 |
| | 出版部 62754962 |
| 电子邮箱: | law@pup.pku.edu.cn |
| 印　刷　者: | 北京虎彩文化传播有限公司 |
| 经　销　者: | 新华书店 |
| | 880×1230 毫米　A5　21.25 印张　540 千字 |
| | 2005 年 1 月第 1 版　2022 年 7 月第 12 次印刷 |
| 定　　　价: | 48.00 元 |

未经许可,不得以任何方式复制或抄袭本书之部分或全部内容。
版权所有,侵权必究
举报电话: 010-62752024　电子邮箱: fd@pup.pku.edu.cn

# 目 录

## 第一编 奴隶社会夏、商、西周时期的法律思想

概述 …………………………………………………………… (1)
第一章 夏、商、西周的神权法思想 …………………………… (5)
  第一节 夏、商奴隶主的"天命"、"天罚"思想 ……………… (5)
  第二节 西周"以德配天"的君权神授说 ………………… (8)
第二章 维护宗法等级制的礼治与"明德慎罚"思想 ……… (11)
  第一节 以"亲亲"、"尊尊"为原则的礼治 ………………… (12)
  第二节 周公的"明德慎罚"思想 ………………………… (14)

## 第二编 奴隶社会向封建社会过渡的
##     春秋战国时期的法律思想

概述 ……………………………………………………………… (17)
第三章 春秋时期革新家的法律思想 ………………………… (19)
  第一节 管仲的改良旧礼和以法统政思想 ……………… (19)
  第二节 子产的立法救世思想 …………………………… (28)
  第三节 邓析的"不是礼义"思想 ………………………… (39)
第四章 儒家的法律思想 ……………………………………… (43)
  第一节 儒家法律思想的特点及其演变 ………………… (43)
  第二节 孔丘以仁、礼为核心的法律思想 ………………… (55)
  第三节 孟轲以"仁政"为中心的法律思想 ……………… (68)
  第四节 荀况的礼法统一观 ……………………………… (78)
第五章 墨家的法律思想 ……………………………………… (94)
  第一节 墨家以"兼爱"为核心的法律观 ………………… (95)

第二节　墨家的立法和司法思想 …………………… (103)
第六章　道家的法律思想…………………………………… (115)
　第一节　《老子》的法律哲学 ………………………… (116)
　第二节　《庄子》的法律虚无主义思想………………… (128)
第七章　法家的法律思想…………………………………… (140)
　第一节　法家的法律观和"法治"学说(上) ………… (142)
　第二节　法家的法律观和"法治"学说(下) ………… (151)
　第三节　商鞅的"变法"和"法治"思想……………… (165)
　第四节　慎到的尚法和重势思想 ……………………… (179)
　第五节　韩非的"法治"思想…………………………… (187)

## 第三编　封建社会秦汉至隋唐时期的法律思想

概述…………………………………………………………… (205)
第八章　秦汉时期法律思想的发展与封建正统法律
　　　　思想的形成………………………………………… (207)
　第一节　秦朝"事皆决于法"的"法治"思想………… (207)
　第二节　汉初黄老学派的法律思想 …………………… (218)
　第三节　《淮南子》中的法律思想……………………… (231)
　第四节　贾谊礼法结合的法律思想……………………… (242)
　第五节　封建正统法律思想的形成和发展 …………… (254)
　第六节　董仲舒"大德而小刑"的法律思想…………… (261)
　第七节　王充、仲长统反神学的法律思想 …………… (276)
第九章　三国、两晋、南北朝时期的法律思想…………… (291)
　第一节　晋代律学和刘颂的法律思想 ………………… (292)
　第二节　魏晋玄学的法哲学思想和鲍敬言的无君论… (308)
　第三节　拓跋宏的政治改革和法律思想 ……………… (321)
第十章　隋唐时期封建正统法律思想的发展……………… (329)
　第一节　杨坚除削烦苛的立法和司法主张 …………… (330)
　第二节　李世民及其统治集团的法律思想 …………… (337)
　第三节　《唐律疏议》中的法律思想…………………… (349)

第四节　韩愈的"道统论"及其在法律思想上的反映……………（357）
　　第五节　柳宗元的法律起源于"势"和赏罚及时说……（365）
　　第六节　白居易的崇礼重法论…………………………………（371）

### 第四编　封建社会宋至鸦片战争前时期的法律思想

概述………………………………………………………………………（380）
第十一章　理学的兴起与封建正统法律思想的
　　　　　进一步发展……………………………………………（383）
　　第一节　理学的兴起及其对封建法律思想的影响……………（384）
　　第二节　朱熹以"存天理,灭人欲"为核心的法律思想………（388）
　　第三节　丘濬对封建正统法律思想的总结和发挥……………（401）
第十二章　宋明时期改革家的法律思想……………………………（414）
　　第一节　范仲淹"革故鼎新"的法律思想………………………（414）
　　第二节　王安石"大明法度,众建贤才"的法律思想…………（422）
　　第三节　张居正"信赏罚、一号令"的法律思想………………（432）
第十三章　辽、金、元各统治集团的法律思想……………………（437）
　　第一节　完颜雍严格治吏的法律思想…………………………（437）
　　第二节　耶律楚材的法律思想及其实践………………………（445）
第十四章　明清之际启蒙思想家的法律思想………………………（454）
　　第一节　黄宗羲的启蒙法律思想………………………………（455）
　　第二节　王夫之"趋时更新"的封建法律思想…………………（465）

### 第五编　半殖民地半封建社会鸦片战争至
　　　　　辛亥革命时期的法律思想

概述………………………………………………………………………（479）
第十五章　近代地主阶级改革派的法律思想………………………（482）
　　第一节　龚自珍的"更法改图"思想……………………………（482）
　　第二节　魏源的"因势变法"理论………………………………（492）
第十六章　太平天国的法律思想……………………………………（502）

第一节　洪秀全反对封建专制的法律思想 …………………（503）
　　第二节　洪仁玕及其《资政新篇》的法律思想 ………………（509）
第十七章　洋务派的法律思想……………………………………（516）
　　第一节　曾国藩"一秉于礼"的法律思想 ………………………（517）
　　第二节　张之洞以"中体西用"为核心的法律思想 ……………（521）
第十八章　资产阶级改良派的法律思想…………………………（528）
　　第一节　康有为的"变法维新"论 ………………………………（529）
　　第二节　梁启超的变法图存思想 ………………………………（537）
　　第三节　谭嗣同"冲决一切封建网罗"的法律思想 ……………（543）
第十九章　清末礼、法两派在法律思想上的斗争 ………………（550）
　　第一节　清末修律中的礼法之争 ………………………………（550）
　　第二节　沈家本"会通中外"的法律思想 ………………………（557）
第二十章　资产阶级革命派的法律思想…………………………（568）
　　第一节　孙中山的三民主义和五权宪法学说 …………………（569）
　　第二节　章太炎的法律思想 ……………………………………（582）
后　　记……………………………………………………………（595）

## 中国法律思想史自学考试大纲
### （含考核目标）

**第一编　奴隶社会夏、商、西周时期的法律思想**

第一章　夏、商、西周的神权法思想………………………………（602）
第二章　维护宗法等级制的礼治与"明德慎罚"思想………………（604）

**第二编　奴隶社会向封建社会过渡的
　　　　春秋、战国时期的法律思想**

第三章　春秋时期革新家的法律思想……………………………（607）
第四章　儒家的法律思想…………………………………………（610）
第五章　墨家的法律思想…………………………………………（614）

第六章　道家的法律思想……………………………………（617）
第七章　法家的法律思想……………………………………（620）

### 第三编　封建社会秦汉至隋唐时期的法律思想

第八章　秦汉时期法律思想的发展与封建正统法律
　　　　思想的形成………………………………………（628）
第九章　三国、两晋、南北朝时期的法律思想……………（634）
第十章　隋唐时期封建正统法律思想的发展………………（638）

### 第四编　封建社会宋至鸦片战争前时期的法律思想

第十一章　理学的兴起与封建正统法律思想的
　　　　　进一步发展……………………………………（644）
第十二章　宋明时期改革家的法律思想……………………（647）
第十三章　辽、金、元各统治集团的法律思想……………（650）
第十四章　明清之际启蒙思想家的法律思想………………（652）

### 第五编　半殖民地半封建社会鸦片战争至
### 　　　　辛亥革命时期的法律思想

第十五章　近代地主阶级改革派的法律思想………………（655）
第十六章　太平天国的法律思想……………………………（657）
第十七章　洋务派的法律思想………………………………（659）
第十八章　资产阶级改良派的法律思想……………………（661）
第十九章　清末礼、法两派在法律思想上的斗争　………（664）
第二十章　资产阶级革命派的法律思想……………………（666）

# 第一编 奴隶社会夏、商、西周时期的法律思想

## 概 述

我们伟大的祖国是世界上文明发达最早的国家之一,有文字可考的历史约有四五千年之久。根据地下发掘和古书记载,证明我国和世界其他民族一样,不仅经历了漫长的原始社会,也经历了相当长的奴隶社会。

在原始社会末期,由于社会生产力的发展,出现了私有制,确立了父权制,产生了阶级。原来,在原始公社制下各个氏族的酋长都是由氏族成员选举的;后来,氏族和部落的首领就不断利用职权,将其职位当成财产传给自己的儿子,从而奠定了"世袭王权和世袭贵族的基础"。于是,原来氏族和部落的管理机构便逐渐演变成国家机构,建立起奴隶制国家。

我国从公元前21世纪建立的夏朝开始,就已进入奴隶社会,建立了奴隶主贵族专政的国家。继夏之后,这个社会又经历了商和西周两个王朝,直到春秋战国之交才转入封建社会,延续了一千六百年。

建立夏朝的夏部落是由许多氏族联合发展起来的,其活动地区在黄河中下游一带。夏朝奴隶制的建立,在当时的历史条件下,是社会的一大进步。因为奴隶制冲破了狭隘的氏族的藩篱,容纳了更多的劳动力,为更大规模的社会分工打下了基础。夏代已形成了国家。恩格斯曾指出国家的形成具有两个基本特征:一个是

"按地区来划分它的国民";另一个是脱离人民群众的"公共权力的建立"。①这两个方面,夏代已初具规模。相传从夏禹开始已把居民分成九个地区来进行统治:"芒芒禹迹,划为九州"(《左传·襄公四年》),并曾"铸九鼎,象九州"(《汉书·郊祀上》),而且,夏朝已经有了刑狱和军队。相传夏朝也有法律,"夏有乱政,而作禹刑"(《左传·昭公六年》)。夏朝从夏禹的儿子夏启开始到夏桀灭亡,约四百年。

继夏而起的是殷商王朝,时间约在公元前16世纪至前11世纪。商族也是一个古老的部族,活动于黄河中下游一带。商代已有可靠的文字记载。当时,所有的土地和奴隶都属于王族所有,最高统治者商王就是王族的代表。奴隶劳动成了整个社会的广阔基础。社会经济主要以农业生产为主。在农业发展的基础上,畜牧业和手工业也更加发达起来。奴隶的劳动成果全被奴隶主占有,他们自己只能勉强维持生命。他们毫无人身保障,按照法律规定,杀死奴隶也不算犯罪。奴隶甚至大批地被奴隶主用来祭祖、祭神和殉葬。随着奴隶制的发展,商朝的国家机器比夏朝更加庞大而完备。商王一次出兵就有三千或五千多人,有时超过一万人。商朝的刑法总称"汤刑"。"商有乱政,而作汤刑。"(《左传·昭公六年》)商朝的刑罚种类繁多,极为残酷,除割鼻、断手、刖足等肉刑外,还有炮烙、剖腹、活埋、醢(hǎi)脯(把人剁成肉酱或晒成肉干)等酷刑。商朝从商汤开始到商纣灭亡,约六百年。

灭掉商族的周族,是一个活动在渭水流域黄土高原上的古老部族。周人建立的西周王朝,时间约在公元前11世纪至公元前770年。周朝和商朝一样,所有的土地和奴隶全归王族所有,最高统治者是周天子。他是各地诸侯的"共主",掌握着最高的军事指挥权。周朝奴隶主在其统治的土地上,驱使奴隶从事农业生产,但集体耕作的规模比商时要大。所谓"千耦其耘"(《诗经·周颂·载芟》),就是指有成千上万的奴隶大规模地集体耕耘。虽然当时生产工具是原始的,但依靠集体劳动,使劳动生产率有一定的提高。西周的手工业分工较细,手工业品的生产超过了商代的水平。周王朝的国家机器比商朝更加完备,官僚系统和军队都有严密的组织。据说周天子的常备军就超过十四万人。当时,由于比较严格地实行了宗法制度,并分封大批诸侯来保卫周王室,所以层层的统治网比商朝更加严密。西周的刑法也很繁酷。《尚书·吕刑》说:西周有五刑,即墨、劓、剕、宫、大辟。据说五刑之律有三千条之多。②西周从武王到平王东迁洛邑,约三百年。

奴隶主阶级为了维护自己的统治,除了加强国家机器,使用暴力手段外,还使用思想武器。夏、商、西周时期奴隶主阶级所使用的思想武器,主要是神权思想和宗法思想,他们的法律思想也受这二者的支配。因此,这一时期的主要法律思想,也就是奴隶主贵族的神权法思想和以宗法为核心的礼治思想。

**注:**

①恩格斯:"国家和旧的氏族组织不同的地方,第一点就是它按地区来划分它的国民。由血缘关系形成和保持下去的旧的氏族公社,正如我们已经看到的,已经很不够了,这多半是因为它们是以氏族成员与一定地区的联系为前提的,而这种联系早已不复存在。地区依然,但人们已经是流动的了。因此,按地区来划分就被作为出发点,并允许公民在他们居住的地方实现他们的公共权利和义务,不管他们属于哪一氏族或哪一部落。这种按照居住地组织国民的办法,是一切国家共同的。

第二个不同点,是公共权力的设立,这种公共权力已不再同自己组织为武装力量的居民直接符合了。这个特殊的公共权力之所以需要,是因为自从社会分裂为阶级以后,居民的自动的武装组织已经成为不可能了。奴隶也包括在居民以内;九万雅典公民,对于三十六万五千奴隶来说,只是一个特权阶级。雅典民主制的国民军,是一种贵族的、用来对付奴隶的公共权力,它控制奴隶使之服从;但是如前所述,为了也控制公民使之服从,宪兵队也成为必要了。这种公共权力在每一个国家里都存在。构成这种权力的,不仅有武装的人,而且还有物质的附属物,如监狱和各种强制机关,这些东西都是以前的氏族社会所没有的。"(《马克思恩格斯选集》第 4 卷,第 166—167 页)

②《汉书·刑法志》:"墨罚之属千,劓罚之属千,膑罚之属五百,宫罚之属三百,大辟之罚其属二百。五刑之属三千。"

# 第一章　夏、商、西周的神权法思想

崇拜鬼神和上帝的宗教迷信，早在原始社会就已产生。那时，由于生产力低下，人们对自然界的现象缺乏正确的认识，渐渐产生了一种幼稚的想法，认为周围世界存在着一种支配人类和自然的超人类、超自然的力量。例如，原始社会的"图腾"崇拜就是由此而来，人们把某种动物或植物奉为神灵，作为本氏族的象征和保护者。但那时的宗教迷信只是一种自然宗教，并不具有阶级压迫的社会属性。进入阶级社会以后，除上述自然压迫外又加上社会力量的压迫，而且这种压迫比自然压迫更为惨重。这种社会的阶级剥削和压迫又成为宗教迷信继续存在和发展的另一主要根源。而剥削阶级则极力扶植和利用宗教迷信，以此作为维护自己统治的精神支柱。我国古代奴隶主阶级以宗教迷信为特征的神权法思想，就是他们用来束缚、统治人民的一种思想武器。

夏、商、西周的神权法思想有一个发展变化的过程，大体可以概括为：形成于夏代，极盛于殷商，动摇于西周。

## 第一节　夏、商奴隶主的"天命"、"天罚"思想

### 一、夏代的神权法思想

在我国奴隶制社会里，奴隶主阶级既控制着物质生产资料，又支配着社会精神文化。他们不仅依靠物质手段去统治和压榨奴隶，还采用精神手段来欺骗和奴役奴隶，以达到维护他们的统治的目的。他们编造的"天命"、"天罚"等神权法思想，就是力图神化他们的统治权力，使之合法化，并把反映他们的意志的法律说成是神

意的体现。

相传夏朝奴隶主已开始利用"天命"、"天罚"的神权法思想对奴隶进行欺骗,给夏王的统治披上一件合法的外衣。如《尚书·召诰篇》说:"有夏服(受)天命";《论语·泰伯篇》说:夏禹"菲饮食而致孝乎鬼神,恶衣服而致美乎黻冕(祭祀时穿戴的礼服和礼帽)。《墨子·兼爱下》引禹誓记禹征有苗誓师时说:你们大家都要听我的话,并不是我敢妄自兴兵,实在是因为有苗暴动,所以我只得"用天之罚"①。夏禹的儿子夏启以暴力夺取王位;因同姓有扈氏不服,大战于甘,作《甘誓》说:"有扈氏威侮五行,怠弃三正(指大臣、官吏),天用剿绝其命。今予惟恭行天之罚。"(《尚书·甘誓》)由此可见,夏代奴隶主贵族已有"天命"、"天罚"思想。

## 二、神权法思想在商代的发展

随着奴隶制生产关系的发展和王权的加强,殷商奴隶主阶级的"天命"、"天罚"思想有很大发展。殷商奴隶主以迷信鬼神著称,"殷人尊神,率民以事神"(《礼记·表记》)。在当时的宗教迷信中出现了一个主宰一切的至上神——"帝"或"上帝"。奴隶主还进一步把上帝说成是商王的祖先,商王受上帝之命来到人间统治一切,死后还要回到上帝身边去。所以,人们既要服从上帝,当然也要服从上帝在人间的代理人商王的统治。为此,他们又编造了许多上帝立商的神话。如说:"天命玄鸟(即燕,商族图腾),降而生商"②;"有娀(sōng 殷先妣简狄)方将(长大),帝立子生商"。《史记》中也有上帝立商的记载。③这样一来,殷商奴隶主便从血缘上找到了充当上帝代理人的合法依据,并为垄断神权找到了借口。

既然商王是秉承上帝的旨意来进行统治的,那么谁来传达上帝的旨意呢?为此,商王专门豢养了一批向上帝请示的人,叫做"卜"、"巫"、"祝"。他们的主要任务是"占卜"或"卜筮",做沟通神人的工作。商代占卜之风极盛,所有国家大事,举凡年成丰歉、战争胜负、下雨打雷、定罪量刑等,都要占卜一番。我国举世闻名的甲骨文有详细的记载。④其实,占卜的实质不过是用上帝的意志来体现国王的意志,以便统治者从精神上奴役和威慑人民。正如《礼记·曲礼》所说:"卜筮者,先圣王之所以使民信时日,敬鬼神,畏法令也。"如果地上没有君主,天上也就没有上帝。不是上帝创造人,而是人创造上帝。天上的上帝的出现,正是人间阶级统治的需要。

殷商统治者的刑罚观是和上述天命神权思想紧密联系在一起的。"敬鬼神"是为了使民"畏法令"。他们把施行刑罚说成上帝的意志,是秉承神的指令,如商汤讨伐夏桀时曾说:夏桀罪恶多端,老天命令我去讨伐他,"尔尚辅予一人,致天之罚"⑤。商汤以上帝在人间的代表的面貌出现,代天行罚,把刑罚蒙上一层神圣外衣,同时把它说成国王的权利。

这些都说明,我国从奴隶社会起,统治阶级就利用神权、政权、族权相结合的方法,来掩盖法的阶级本质,对奴隶和平民施行残酷的刑罚。然而,不管奴隶主阶级宣扬什么"天命"、"天罚"思想,使用什么样的酷刑,也难以控制奴隶和平民的反抗斗争。"小民方兴,相为敌仇",夏、商奴隶主阶级的统治,都没有逃脱覆灭的命运。

**注:**

①《墨子·兼爱下》引禹誓:"济济有众,咸听朕言,非惟小子,敢行称乱,蠢兹有苗,有天之罚。若予既率尔群对诸群,以征有苗。"

②《诗经·商颂·玄鸟》:"天命玄鸟,降而生商,宅殷土芒芒。古帝命武汤,正域彼圆方。"

③《史记·殷本纪》:"殷契,母曰简狄,有娀氏之女,为帝喾次妃,三人行浴,见玄鸟堕其卵,简狄取吞之,因孕,生契。"

④据甲骨文记载:"帝令雨足年。贞(卜问),帝令雨弗足年。"

"帝其令雷。"

"我伐马方,帝受我又(佑)。"

"贞,王闻不惟辟(法,刑);贞,王闻惟辟;"

⑤《尚书·汤誓》:"王曰:'格尔众庶,悉听朕言。非台(我)小子,敢行称(举,作)乱;有夏多罪,天命殛(诛)之,……尔尚辅予一人,致天之罚,予其大赉(lài,赖,赏赐的意思)汝。尔无不信,朕不食言。尔不从誓言,予则孥戮汝,罔有攸(所)赦。"

## 第二节 西周"以德配天"的君权神授说

### 一、神权法思想在西周的变化

神权法思想在西周发生了一次重大的变化。取代殷商的西周奴隶主贵族像殷商一样,在思想上仍然利用神权作为统治人民的精神武器。他们也崇奉一个至高无上的上帝,不过在更多的场合下称之为"天"。周公说:"天休(造福)于宁王(即文王),兴我小邦周。"①《诗经·周颂·昊天有成命》说:"昊天有成命,二后(指文王、武王)受之。"《尚书·康诰》也有类似的记载。②一句话,周灭商是上天的意志,周人统治天下是上天给予的权力,从而为西周政权披上一件神圣的外衣。

然而,过去殷商统治者曾一再宣扬"帝立商",可以永世长存。可是商朝的灭亡又怎样解释呢?严酷的事实迫使周公不得不另外寻求思想武器,于是提出了天命转移的"以德配天"说。

周公认为,天命是有的,"惟命不于常"③,它不是固定不变的,只有有德者才可承受天命,"皇天无亲,惟德是辅"(《左传·僖公五年》),失德就会失去天命。过去,殷的先王有德,"克配上帝",所以天命归殷,殷王成了天子。现在殷已失德,因此,上帝"改厥元子兹大国殷之命"而"大命文王",所以天命归周,周王成了天子。④

### 二、"以德配天"说的意义

显然,周公之所以强调统治者必须有德,"以德配天",其目的在于求得上天的保佑,使周王朝的统治永久延续下去。

另一方面,西周这种"以德配天"的君权神授说的提出,也意味着神权的某种动摇。西周统治者从殷商的灭亡中吸取了教训,在一定程度上认识到劳动人民反抗力量的强大,使他们感到单靠神权不足以维系其统治,还必须重视人事,重视民心向背;必须谨慎从事,珍惜天命,不使其再转移,"聿修厥德,永言配命,自求多福"(《诗经·大雅·文王》)。

同夏、商统治者一样,周公等西周统治者也主张"天罚"论,公然宣称,如果不服从统治,"予亦致天之罚于尔躬"⑤。这是说他们拥有代天行罚的权力。周公一再警告殷商遗民,必须服从天命,老老实实接受周朝的统治,不许反叛,否则,就要受到严厉的惩罚。⑥因为周之代商而有天命,是所谓"享天之命",你违背天命,不服从周王,当然要受到"天罚",杀头治罪。

总的看来,以周公为代表的"以德配天"思想的提出,具有重大意义。因为它不仅意味着神权的动摇,而且从对立面的角度反映了劳动人民反抗力量的强大及其对历史的推动作用。

**注:**

①《尚书·大诰》:天休(造福的意思)于宁王,兴我小邦周;宁王惟卜用(指遵从着占卜去做事),克绥(安)受兹命。今天其相(助)民,矧亦惟卜用。呜呼! 天明畏(威,指惩罚恶人),弼我丕丕基(基业,事来)。"

②《尚书·康诰》:"惟乃丕显考文王克明德慎罚,……用肇(创造)我区夏(指周;西方曰夏);越(与)我一二邦,以修(治理)我西土。惟时(是)怙(故),冒闻于上帝,帝休(喜悦)。天乃大命文王,殪(杀)戎殷,诞受厥命(谓受天命称王)。越(于是)厥邦厥民,惟时叙(定)。"

③《尚书·康诰》:"惟命不于常(无常),汝念哉,无我殄享(指国家灭亡)。明乃服命(职事,职务),高乃听(谓扩充你的见闻),用康(安定)乂民(治理人民)。"

④《尚书·召诰》:"诰告庶殷,越(与)自乃御事(治事之臣)。呜呼! 皇天

上帝,改厥元子(长子。上帝之元子,即天子,此指殷王)兹大国殷之命。惟王受命,无疆惟休(指福祥、幸福),亦无疆惟恤(忧,忧虑)。呜呼!曷其奈何弗敬!"

⑤《尚书·多士》:"王曰:'告尔殷多士!今予惟不尔杀,予惟时命有(又)申(申述)。今朕作大邑于兹洛,予惟四方罔攸宾(服)。亦惟尔多士攸服(服从),奔走(这里是勤勉的意思)臣我,多逊(恭顺)。尔乃尚有尔土,尔乃尚宁幹(安身的意思。幹,身体。)止。尔克敬,天惟畀(bì,币。给予)矜(赐怜)尔;尔不克敬,尔不啻(不但)不有尔土,予亦致天之罚于尔躬。"

⑥《尚书·多方》:"今尔尚宅尔宅,畋尔田,尔曷不惠(顺,顺从)王熙(发扬光大的意思)天之命?尔乃迪屡不静(不安静),尔心未爱(惠,顺从的意思);尔乃不大宅(度)天命,尔乃屑(过度地)播(抛弃的意思)天命;尔乃自作不典(不法),……我乃其大罚殛(诛)之。"

**思考题**

1. 试述夏、商神权法思想的表现。
2. 神权法思想在西周有什么变化?

# 第二章 维护宗法等级制的礼治与"明德慎罚"思想

在我国古代奴隶社会里，奴隶主贵族在利用天命神权思想进行统治的同时，也利用宗法思想进行统治。所谓"宗法"，即以血缘为纽带调整家族内部关系，维护家长、族长的统治地位和世袭特权的行为规范。它源于氏族社会末期父系家长制的传统习惯。

嫡长继承制是宗法等级制的一项核心内容。在我国古代社会中，族长由谁继承，也就是王位由谁继承，二者是一致的。从夏朝开始就已确立王位世袭制，但也有"父死子继"和"兄终弟及"的区别。到了商朝末年，才确立了嫡长继承制，即正妻所生的长子成为法定的王位继承人。西周一开始就确立了"立嫡以长不以贤，立子以贵（指母贵）不以长"的嫡长继承制，从而进一步完备了宗法制度。

西周的宗法制是和分封制紧密结合的。按照西周的宗法制，天子也按嫡长继承制世代相传，是天下的"大宗"，其他不能继承王位的庶子、次子，也是王族，但只能封为诸侯（或卿大夫），他们是从属于"大宗"的"小宗"。这些诸侯也按嫡长继承的原则世代相传，非嫡长子则由诸侯另行分封为卿大夫。诸侯对于这些卿大夫来说，又是"大宗"，依此类推。大夫以下有士，士是贵族阶级最低的一层，不再分封。这样，自天子以下，在全国范围内就形成了一个像大树一样的宗法系统。其目的在于保障奴隶主贵族的政治特权、爵位和财产权不致分散或受到削弱，同时也有利于维系统治阶级内部的秩序，以加强对奴隶和平民的统治。

在宗法制下，奴隶主贵族一般说来始终是世袭，发展到后来，不但周王、诸侯和大夫是世袭的,而且作为国王和诸侯手下重要职官的"卿"也变成世袭的,因而形成了"世卿世禄"制。

## 第一节 以"亲亲"、"尊尊"为原则的礼治

相传西周初期,"周公制礼",即在周公主持下,对以往的宗法传统习惯进行了补充、整理,制定出一整套以维护宗法等级制为中心的行为规范以及相应的典章制度、礼节仪式。与这套礼制相适应,西周统治者在政治法律思想方面所实行的就是以"亲亲"、"尊尊"为基本原则的礼治。

"礼"在殷商时期就有了,但那时它只是一种宗教祭典上的仪式。所以,《说文解字》说:"礼,履也,所以事神致福也。"周公等西周统治者把殷礼继承下来,并把它运用于社会政治、经济和文化领域。周公所制的礼,是调整政治、经济、军事、法律、教育、婚姻家庭、伦理道德等方面的行为规则的总和,其中许多规定是用国家强制力来保证执行的,具有法律效力。所以,它是"定亲疏,决嫌疑,别同异,明是非"(《礼记·曲礼上》)的依据;起着"经国家,定社稷,序民人,利后嗣"(《左传·隐公十一年》)的重大作用。《礼记·曲礼上》对礼这种带有根本大法的性质及其作用作了较全面的论述。[①]

### 一、礼治的基本原则

周公所制的礼,是维护宗法等级制的工具。它严格维护着奴隶主贵族所享有的各种特权及其内部上下等级之间的秩序。所以,它始终贯穿着这样几个原则,即:"亲亲也,尊尊也,长长也,男女有别,此其不可得与民变革者也。"(《礼记·大传》)其中,"亲亲"和"尊尊"是它的基本原则。"亲亲",就是必须亲爱自己的亲属,特别是以父权为中心的尊亲属(长辈);必须做到父慈、子孝、兄友、弟

恭。所以,周公把"不孝不友"视为"元恶大憝",罪大恶极,要"刑兹无赦"。②"尊尊",则要求奴隶和平民服从奴隶主贵族,不得违抗;下级贵族也要服从上级贵族,所有贵族服从周天子,不许犯上,不得僭越。

周公倡导"亲亲"和"尊尊",实际上是要维护王权和族权的统治,所谓"天无二日,土无二王,国无二君,家无二尊,以一治之也"(《礼记·丧服四制》)。正好道出了它的实质。

## 二、礼治的基本特征

周公倡导礼治。礼和刑都是奴隶主贵族的统治手段,但它们所适用的对象各有所侧重,即"礼不下庶人,刑不上大夫"(《礼记·曲礼上》)。所谓"礼不下庶人",就是说,礼主要是用来调整奴隶主阶级内部关系的;各级贵族按礼规定所享有的各种特权,奴隶和平民一律不得享受。所谓"刑不上大夫",就是说,刑罚的锋芒是指向劳动人民,而不是指向奴隶主贵族。

礼与刑在适用对象上虽有所不同,但"礼不下庶人,刑不上大夫"的原则是相对的。礼所规定的义务,庶人必须无条件地遵守;个别奴隶主贵族严重危害奴隶主阶级的整体利益时,如犯上作乱、"放弑其君"、"不孝不友"、"贼杀其亲"等,也要处以刑罚。当然,即使用刑,他们也常常享受各种特殊照顾,如"王之同族有罪不即市"(《周礼·秋官·小司寇》),"公族无宫刑"(《礼记·文王世子》),命夫命妇(指大夫和大夫以上的贵族及其正妻)不躬坐狱讼"(《周礼·秋官·小司寇》),等等。

由上可知,无论"亲亲"、"尊尊",抑或"礼不下庶人,刑不上大夫",实际上都是西周立法、司法的指导原则。它们对西周社会和国家政治生活起着极大的作用。西周的礼治是建立在"溥(普)天之下,莫非王土;率土之滨,莫非王臣"(《诗经·小雅·北山》)的土地国(王)有制基础上,维护贵族世袭特权和统治人民的整个上层建筑，它实质上就是西周奴隶主贵族专政的代名词。但在当时的历史条件下，它所维护的宗法等级制，对于安定社会的政治秩序，巩固一个疆域辽阔的王朝，曾起过重要作用。

**注：**

①《礼记·曲礼上》："道德仁义，非礼不成；教训正俗，非礼不备；分争辩讼，非礼不决；君臣上下，父子兄弟，非礼不定；宦学事师，非礼不亲；班朝治军，莅官行法，非礼威严不行；祈祷祭祀，供给鬼神，非礼不诚不庄。"

②《尚书·康诰》："元恶大憝，矧惟不孝不友。子弗祗（敬）服（治理）厥父事，大伤厥考（父）心；于父不能字（爱）厥子，乃疾（恶）厥子。于弟弗念天显（天道、天理），乃弗克恭厥兄；兄亦不念鞠子（稚子）哀（可怜），大不友于弟。惟吊（至）兹，不于我政人（即正人，指官吏）得罪；天惟与我民彝（法）大泯乱（混乱）；曰：乃其速由文王作罚，刑兹无赦。"

## 第二节　周公的"明德慎罚"思想

### 一、"明德慎罚"

周公等西周统治者吸取了殷商灭亡的教训，感到一味"重刑辟"反而会加剧人民的反抗，危及自己的生存。为了使天命不再转移，周公提出了"明德慎罚"说。周公十分重视夏、商两代灭亡的教训，时时引以为戒，以免重蹈覆辙。周公说："我不可不监（鉴）于有夏，亦不可不监于有殷。"（《尚书·召诰》）夏、商统治者在开始时都是"受天命，惟有历年"，后来因为"不敬厥德"，都相继灭亡。所以特别强调统治者要"敬德"，在还政于成王时，还谆谆嘱咐成王要"敬德"。①

周公认为，统治者应勤政修德，力戒荒淫。所谓"明德"，就是要加强自我克制，实行德治的意思。因此，对于统治者本身来说，要严于律己，勤于政事，绝对不可骄奢淫逸。周公说："君子所其无逸。先知稼穑之艰难,乃逸,则知小民之依。"(《尚书·无逸》)"依"就是"隐",也就是"痛"。统治者不可贪图安逸,要了解一点小民的疾苦,然后对症下药,采取适当的措施,要像文王那样"不遑暇食",不敢乐于游玩打猎;必须重视小民的力量,适当满足他们的要求,"民之所欲,天必从之"(《左传·襄公三十年》引《秦誓》);必须宽以待民,"彼裕我民,无远用戾(止的意思)"(《尚书·洛诰》),使远近的人民都来归附。当然,这并不是由于周公等奴隶主贵族心地仁慈,而是由于"平易近民,民必归之"(《史记·鲁周公世家》),可以长久地"保享于民"。

**二、区别对待,罪止一身**

周公从维护奴隶主贵族统治的根本利益出发,主张谨慎用刑,反对滥杀无辜。认为:"乱杀无罪,杀无辜,怨有司,是丛(聚集)于厥身!"(《尚书·无逸》)结果是万民同怨,都集中于你一身。周公"慎罚"说的主要内容是:

其一,他要求对罪犯进行具体分析,区别对待。对待那些故意犯罪(非眚)和惯犯,要从重惩处,虽然是小罪也应处以重刑。而对于那些过失犯罪(眚)和偶犯(非终)则从轻处理,虽然有大罪也可减刑。[②]

其二,反对族株连坐,主张罪止一身。他针对殷商的"罪人以族",滥施族刑,强调"父子兄弟,罪不相及"(《左传·昭公二十年》引《尚书·康诰》),只惩罚罪犯本人。

其三,反对乱罚无罪,杀无辜。周公曾说:"奸宄(犯法作乱)杀人,历人宥(宽宥)。"(《尚书·梓材》)即某地发生杀人案,无关的过路人不承担责任,从而缩小了株连面。为了争取殷遗民,周公甚至号召"勿庸杀之,姑为教之"(《尚书·酒诰》)。

其四,刑罚适中。周公说:"司寇苏公(指周武王时的司寇苏忿生)式敬而由狱,以长我王国。兹式有慎,以列用中罚。"(《尚书·立政》)所谓"中罚",就是刑罚适中,就是用刑"不过",又无"不及",刑当其罪。

以上这些思想,在当时世界刑法史上是罕见的。当然,周公并非一味讲宽大,也有严的一面。他主张对不忠、"不孝不友"、"寇攘奸宄,杀越人于货"(《尚书·康诰》)等罪犯严加惩处,"刑兹无赦"。周公的"明德慎罚"说,虽然只是适应周初政治形势的一种权宜之计和作为维护其统治的一种手段,但在当时却是一种先进的理论,起过积极的作用,它对后世的立法和司法产生了良好的影响。

西周后期,随着阶级斗争的发展,刑罚日益严酷。如周厉王时,甚至背后议论君王便构成死罪,并曾令卫巫"监谤者。以告,则杀之"(《史记·周本纪》)。结果终于导致国人暴动,加速了西周的灭亡。

**注:**
①《尚书·召诰》:"呜呼!天亦哀乎四方民,其眷(顾虑)命用懋(奋勉),王其疾(急)敬德。"
②《尚书·康诰》:"人有小罪,非眚(过失),乃惟终(谓终其过而不改),自作不典(法);式尔(如此),有厥罪小乃不可不杀。乃有大罪,非终,乃惟眚灾(因过误而致犯了罪过),适(偶然)尔,既道极(殛)厥辜(罪过),时(是)乃不可杀。"

**思考题**
1. 试述礼治的基本原则与特征。
2. 简评"明德慎罚"思想。

# 第二编　奴隶社会向封建社会过渡的春秋战国时期的法律思想

## 概　述

春秋战国是我国从奴隶制社会向封建制社会过渡的时期,是我国古代社会大变革的时代。

这种大变革,是由于生产力发展所造成的。春秋初期,齐国已使用铁器耕作;春秋末期,晋国用铁铸刑鼎,录范宣子所作的"刑书",可见铁在晋国的应用已相当普遍。同时,牛耕也逐步推广。这样,便促进了农业技术的改革,扩大了耕地面积,从而提高了农作物的产量,为新的生产关系的出现和发展创造了条件。

随着农业生产力的提高,一些奴隶主为了更多地榨取奴隶的剩余劳动,便在自己封疆之外,"辟草莱,任土地",开荒拓土,扩大耕地面积,出现了私田,并在私田上采取新的封建主义的剥削方式。于是,这些奴隶主转化成为封建地主,在私田上耕作的奴隶成了农民,形成了新的地主和农民两大阶级。

随着新的地主阶级经济、政治实力的发展壮大,他们向奴隶主阶级进行了夺权斗争。这种夺权斗争在春秋末期已经开始,一直延续到战国时期。到战国中期,当时的"七雄"(秦、齐、楚、燕、韩、赵、魏)都已建立起封建地主阶级专政的政权。

社会存在决定社会意识。春秋战国时期激烈的社会变革,必然要反映到思想领域中来。各个斗争着的阶级,从维护本阶级的利益出发,都要按照自己的面貌来改造世界。所谓"诸侯异政,百家异说",就是这种状况的反映。当时,反映各个阶级、阶层的要求和愿望的思想家、政治家,都针对社会变革中所出现的重大问题发表意见,提出自己的治国方案,"各著书言治乱之事,以干世主"(《史记·孟子荀卿列传》)。于是各种学派便接踵而起,各种思潮纷纷出现,从而形成了我国古代思想最活跃的局面,史称"百家争鸣"。

所谓"百家",是说其学派之多,如儒家、墨家、道家、法家、阴阳家、名家、农家、纵横家、兵家、杂家等,在上述十大家中,儒、墨、道、法是最主要的学派,尤其以儒、法两家对法律的影响最大。当时,各学派的一些代表人物对法的起源、性质、特征和作用,法的制定和执行,以及法与政治、经济、军事、文化教育、伦理道德的关系等,都在不同程度上提出了自己的见解,在有些方面还有系统的论述。他们都"言之成理,持之有故",在中国法律思想史上放射出灿烂的光辉。

总的说来,春秋战国时期的变革,从制度上讲,是由礼制到法制的变革;从政治法律思想上讲,是由礼治到"法治"的变革。

# 第三章　春秋时期革新家的法律思想

春秋时期(前770—前476)是我国奴隶制瓦解、封建制形成的时期。铁制农具的使用和牛耕的推广,标志着社会生产力较前有了明显的发展;周室的衰微、诸侯的崛起和平民地位的提高,反映了阶级关系的变动:奴隶主贵族内部发生了分化,出现了新的封建性的贵族与天子争权争势,产生了新兴地主和独立的商人阶层等;随着宗法"礼制"的衰落,诞生了新的郡县制、官僚制和新成文法。与此相适应,整个社会思想,尤其是政治、法律思想空前活跃起来。各个阶级、阶层和不同社会地位的政治家、思想家都对这种社会大变动表明自己的看法,各种思潮纷纷出现。

在春秋时期的法律思想中,最有时代特点的是主张在政治、经济、军事上进行变革的革新思想。面对新的社会形势,奴隶主贵族中的明智之士觉察到传统"礼治"的弊端,主张对旧礼进行改革,并且创立新的法令;从旧贵族转化而来的新的封建贵族,急欲扩大并巩固自己的特权,对传统周礼进行了新的解释,同时设置新法;而新兴的地主阶级,则代表着新的生产关系,要求废弃传统的周礼,完全用新的法律治国。他们都要求改革和变法,但是其具体内容却有很大差异。管仲、子产和邓析,分别是这三种类型的革新人士的主要代表。

## 第一节　管仲的改良旧礼和以法统政思想

管仲(？—前643)又称管夷吾、管敬仲,郑国颍上(今河南许昌)人。他出身于平民,曾与鲍叔牙一同经商,常在贫困中度日。公元前685年,齐桓公即位后,由于鲍叔牙的推荐,委任管仲为相。此后,管仲主持齐国国政,采取了一系列革新措施,使齐国强大起来,"九合诸侯,一匡天下",成为春秋时期的第一个"霸主"①。管仲的思想和政绩,在当时便有很大的影响,后来既为法家所尊崇,又为儒家所称道,还为道家所赞誉。

管仲作为春秋时期开明革新人士的主要代表,在法律思想方面主张"天道"与法律相结合,改革旧礼与创立新法并举,以法统政、礼法并用,以法律手段推行军事、行政以及商业政策,促进富国强兵。

管仲的事迹和言论主要保留在《左传》、《国语》、《管子》以及《史记》之中。现存《管子》一书,较多地反映了战国后期齐国法家的思想;管仲作为齐国法家的宗师,其观点和主张在《管子》书中也有所反映。

### 一、"修旧法,择其善而业用之"②

管仲认为,对过去的法制不能简单地废弃或否定,而要选择其好的方面加以创造性地运用。这是管仲的法制改良思想。

管仲说的"旧法",包括西周的礼制和刑罚制度,是一个广泛的概念。他十分重视"礼"在治国中的地位和作用。他把礼、义、廉、耻视为"国之四维",即维系国家的四大绳索,其中的一根绳索断了,国家就要倾斜;两根绳索断了,国家便很危险;三根绳索断了,国家就会颠覆;四根绳索都断了,国家必然灭亡。因此,他强调要"饰四维"、"张四维",即整顿礼、义、廉、耻,推行礼、义、廉、耻。这就需要通过"祇山川",使君主的权威通行四方;通过"敬宗庙",让民众自觉地服从君上;通过"恭祖旧",以健全加强民众的孝悌观念。只有发扬礼、义、廉、耻,君主的政令才能通行无阻。③显然,管仲对于礼义是推崇备至的,但他强调的主要是礼义的强制作用而不是其教化作用。这也是他与后来儒家的一点区别。

管仲所说的"礼",主要是指臣吏服从君主、儿子不违背父亲,以及重用贤才、慈爱百姓、接继败落的国家与世族、薄税轻刑等④,正是周礼所规定的一系列宗法等级原则。正因为如此,孔子虽然也曾批评管仲有"僭礼"之处,但却极力肯定和赞扬他辅佐齐桓公尊王攘夷、维护周礼的功劳,认为他已达到了"仁"的标准,甚至说如果没有管仲,华夏文明可能毁于一旦,人们仍然披发袒肩地生活⑤。

管仲在继承周礼的同时,又对周礼进行了四个方面的改造:

一是打着"尊王"即维护周天子的旗号,"挟天子以令诸侯",⑥以"尊王攘夷"和维护周礼为名,建立齐国的君主集权制和霸主地位。

二是突破了"礼不下庶人,刑不上大夫"的传统,强调"万物待礼而后定",用礼来教育和引导民众;同时用削夺封邑的方法打击分封制贵族,加强诸侯的权势。⑦

三是打破了"亲亲"的宗法原则,任用贤能。在管仲的辅助下,齐桓公把任贤作为一项最基本的国策,下令基层官吏定期地"进贤",同时制定了"三选"制度,即第一年试用评定,第二年考察任命,经过一个阶段的考察之后再委以重任。⑧管仲从平民到贵族,布衣为相,本身便是打破任人唯亲的典型。

四是批判"刑不可知"和轻视法度的旧传统,主张以法令作为人们言行的准则,以公开的法律作为标准,用赏赐以资鼓励,用刑罚纠正偏颇。他认为,只有这样才能保障尊卑上下的秩序,因而是治民的总纲领。⑨这一观点是后来的法家思想的最早表述。

鲍叔牙在向齐桓公推荐管仲时,曾坦率地承认自己有五个方面不如管仲,即:管仲能用宽惠政策招抚民众,能够掌握礼、法这一根本,能用忠信的原则对待贵族,能以礼、义、廉、耻使四方归用,能身先士卒,鼓励作战。⑩这五大优点,实际上也正是管仲对周代礼治思想既有继承又有改良的概括。管仲在行政、经济、军事等制度和政策上的革新主张,以及他关于立法、执法的论述,则是"修旧法择其善而业用之"思想的具体表现。

## 二、"作内政而寄军令"

管仲主张以法理政,以法统军,以法治民,并在制度上将这三者结合起来。这是管仲法律思想的主要表现。

春秋时期是一个诸侯争雄称霸的时期,管仲相齐,目的也在于建立和巩固齐桓公的霸主地位。所以,他立法、执法、论法,亦无不是为富国强兵、攻战致胜服务,为理政与统军服务。

以法理政、统军和治民,是管仲加强君主集权的重要措施,也是他对西周礼治的重大修正。西周的行政制度,是以分封为基础的采邑制,诸侯和卿大夫在自己的封地之内,虽有相对的独立性,但必须听命于周天子。到春秋时期,不仅各诸侯与周天子分庭抗礼,而且卿大夫也迅速崛起,他们都以过去的采邑作为争权的根据地,同时千方百计地扩大自己的领地。为了加强君主在自己国家中的集权地位,管仲对于传统的分封采邑制进行了改造,建立了具有封建性质的行政管辖制度和军事编制制度。

管仲在相齐之初,就提出了自己治国的总方针:"作内政而寄军令",富国强兵。其施政纲领是:"参其国而伍其鄙,定民之居,成民之事,陵为之终,而慎用其六柄焉。"(《国语·齐语》)大意是:将"国"分成三个区域,把"鄙"分为五个区域,让士、农、工、商分别居住,从事自己的职业,生有所依,死有所葬;同时谨慎使用生、杀、贫、富、贵、贱这六项基本政策。这一思想的基本特征是寓兵于农,把军事制度融会于行政制度之中,以法律强制手段迫使民众就范。

为实现这一主张,管仲提出了"四民分居定业"论。"四民"指士、农、工、商。由于春秋时期这四种人的地位较前都发生了变化,某些士不得不从事农业,而农夫也要去当兵,工匠不断闹事,商人的地位迅速上升。管仲认为,必须严格"四民"之间的界限,反对混合杂居。他说,"四民"混杂居住便会胡言乱语,任意改换自己的职业而引起秩序的混乱。因此,提出了使士居住在国都内,"使就闲燕",专门从事士的活动;"处工就官府",工匠聚居,受官府的集中管理;"处商就市井",商人只能居住在都市的附近;"处农就田野",从事农业。不但应"分居",而且要"定业",同时职业还是世代相袭,不准更变,"工之子恒为工","商之子恒为商","农之子恒为农"。农、工、商三民之中的"秀民"(即优秀者)可以上升为士,但必须经"有司"的确定。(见《国语·齐语》)

"四民分居定业"思想的具体化是"三国五鄙"制度。国、鄙之分是殷周的旧制,当时将城郊之内叫做"国",城郊之外称为"鄙"。国中居住着公族、卿、大夫、士和工匠商人,这些人统称为"国人"。鄙由农夫居住,又称田野,所以农夫又被称作"野人"。管仲在沿袭"国鄙"制的基础上进行了改良,实行"三国",即把国分成二十多个乡,其中"工商之乡六","士乡十五"。工匠、商人不承担兵役,但不准随便迁移。十五个士乡,平分为三:五个乡由国君亲自统帅,五个乡由上卿国子统帅,五个乡由上卿高子统帅,这就叫"参其国"。

所谓"五鄙",是指将"鄙"即农村分为五个行政区域,分别由五个大夫统管。具体编制是:三十家为邑,设邑有司;十邑为卒,设卒帅;十卒为乡,设乡帅;三乡为县,设县帅;十县为属,由大夫管理。"五属,故立五大夫,各使治一属焉。"(《国语·齐语》)这五属十五万家,与工匠、商人一样,专门从事生产、交纳赋税、承担徭役,不编入军事系统。

可见,管仲的"三国五鄙"制,主要依靠的是行政权力和法律强制手段。为了使民众就范,他特别强调"以威治民"。

管仲认为,确立法制、富国强兵的关键是伸张君主的权威,使每个民众都畏惧权威,服从权威,而决不能让民众随心所欲。他把民众分为上下两等:上等的"畏威如疾",即像害怕瘟疫一样地畏惧权威;下等的"从怀如流",即想干什么就干什么。他认为工、商、农夫多属"从怀如流"的下等民,因此应该"劝之以赏赐,纠之以刑罚",使他们"见其可怀而思其可畏",也能"畏威如疾"。[11]

按照这种制度,每年的正月,国君颁布法令,各乡帅和属大夫都要亲自前来学习法令并汇报政绩,国君予以考核。考核主要有两方面的内容:一是看其是否真正贯彻了国君的法令,是否取得了显著的成效,对于政绩微薄者,"一再则宥,三则不赦"[12]。二是看其是否了解自己部属的情况,是否及时向国君汇报和推荐贤能人士。"匹夫有善,可得而举也;匹夫有不善,可得而诛也",(《国语·齐语》)人人服从统治。根据《管子·立政》的说法,如果乡帅或属大夫未将法令传达完毕便回到家里,或者拒不执行法令,或者执法不严,故意出入等等,都要"罪死不赦"。[13]这种规定表明了管仲"以法统政"思想的特点,既强调国君掌握权威和法令以维护君主的地位,又利用带有宗法性的乡属组织来加强对人民的控制;既主张自上而下的中央集权,又实行分而治之的地方自治。他的以法统政、统军,以威治民,实质上是用法令刑罚的手段来维护新的宗法等级制,从而加强礼、义、廉、耻这"国之四维"。

### 三、"令顺民心","与民分货"

管仲主张,法令的制定必须适应民众好财争利的习性,以建立和保障新的封建经济制度。这是管仲在立法方面,尤其是经济立法方面的主张。

管仲认为,"政之所兴,在顺民心;政之所废,在逆民心",(《管子·牧民》),民心的向背,是国家盛衰的关键,是统治成败的标准,那么,到底什么是"民心"呢?在他看来,民众想的是"逸乐",怕的是"忧劳";想的是"富贵",怕的是"贫贱";想的是"存安"(安稳),怕的是"危坠"(危险);想的是"生育"(传宗接代),怕的是"灭绝"(断子绝孙)。[14]总之是"好利恶害",见到对自己有利的就来,见到对自己有害的就去。⑮因此,他认为这种既包括生理需要又包括社会需要的"欲利"的力量,决定着法律的实行。

从民心好利出发而得出的立法原则,自然是一切法令政策都要建立在物质利益的基础上,使法令适应人们对于物质利益的要求。这就是管仲所说的"下令于流水之原者,令顺民心"(《管子·牧民》),即只有使法令顺应追求利益的民心,法令的实行才能像源源不断的流水那样通行无阻。管仲掌握了"予之为取"(给予是为了索取)的辩证法。他说,平时能够让民众舒适欢乐,那么必要时民众就会为君主分忧、操劳,平时能够让民众富裕显贵,那么必要时民众就会为了君主而甘心贫困低贱;平时能够让人民稳定安全,那么必要时民众就会为了君主而不怕危险困难;平时能够让民众生育后代,那么必要时民众就会为了君主而甘愿后继无人。君主的法令越是能符合民众的欲望,就越能巩固自己的地位,得到人民的拥护。虽然管仲主张君主集权,但强调在立法方面不能以君主个人的好恶为标准,而必须以民众的好恶为标准。君主立法的关键在于了解和利用民心的好恶,因势利导,为己所用:"令顺民心,则威令行"。因此,在管仲看来,法令不仅是制裁民众的暴力,同时是君主利用民力、取得民心的工具。所以,他回答齐桓公提出的"怎样才能使国家安定"的问题时说:"修旧法,择其善而业用之,遂滋民,与无财,而敬百姓,则国安矣。"(《国语·齐语》)即一方面改良传统的制度,一方面顺从民欲,采取富国强兵的经济措施,使贫者变富。

管仲认为,物质利益不仅是人性所求,而且是人们遵守礼义法度的前提。他提出了"仓廪实则知礼节,衣食足则知荣辱"⑯的著名论断,视经济利益为言行表现的基础,同时指出:"民不足,令乃辱;民苦殃,令不行。"(《管子·版法》)即民众衣食不得温饱,就会怠慢法令;如果民众整天在痛苦中生活,那么法令就根本实行不了。由此可见,管仲是以经济作为法令实行的基础,这与孔子"其身正,不令而行,其身不正,令而不行"(《论语·子路》)的说法是不同的。

齐国背河靠海,土地比较狭小和瘠薄,然而海产和矿产资源比较丰富[17],因此自姜太公建立齐国时便确定了"通商工之业,便鱼盐之利"的方针[18]。管仲年轻时曾与鲍叔牙一块经商,所以很重视商业,注意处理经济与政治、经济与法令的关系。同时,由于商业的发展和商人的富庶,反过来又与国家争利,影响君王的"霸业",所以管仲也很重视对传统经济政策的改革,力图用行政和法律手段进行控制,提出了"通货积财,富国强兵"的方针。[19]这两个方面的结合,便形成了管仲的以重商主义为特征的立法思想,即在加强官营商业、手工业的同时,又提倡重农节用,抑制富商大贾。

管仲曾利用齐国的资源条件,大兴渔业、盐业和冶铸业,其主要措施是设置盐官和铁官,由国家垄断经营。在农业方面,他主张"均地分力","与民分货",即国家将土地分给农人耕种,然后抽取一定的租税和徭役,从而使农业生产与农民的切身利益直接相联系,激发其生产的积极性。[20]他还提出了"相地而衰征"的租赋原则,即区别土地的好坏,根据不同的等级定额征税,使农夫在好地与坏地上的收益大体相似,这也是他对于传统贡赋制的改革。管仲还主张"山泽各致其时",即根据时令开放山林之禁,以保护和合理使用山林湖泊等自然资源;主张"牺牲不略",即禁止乱宰乱杀,保护耕畜的繁殖;主张"无夺民时",即不准侵占农忙时间,以保证农业生产。他还提倡开垦荒地,兴修水利,种植五谷桑麻,饲养六畜等。[21]所有这些,都与法令结合在一起,成为他的"四民分居定业"制度的组成部分。

综上所述,管仲的功业和思想有着自己的特色,对后世有很大的影响。他对周礼的改良,为后来的儒家所肯定;他的"富国强兵"、"令顺民心"、以法统政等主张,成为后来法家思想的先声。其他如墨家、道家、阴阳家等派别也都承认他是一位政绩卓著的名相,不同程度地采纳了他的主张。

**注：**

①《史记·管晏列传》："管仲夷吾者，颍上人也。少时常与鲍叔牙游，鲍叔知其贤。管仲贫困，常欺鲍叔，鲍叔终善遇之，不以为言。已而鲍叔事齐公子小白，管仲事公子纠。及小白立为桓公，公子纠死，管仲囚焉。鲍叔遂进管仲。管仲既用，任政于齐，齐桓公以霸，九合诸侯，一匡天下，管仲之谋也。"

②《国语·齐语》。据三国时韦昭注："业，犹创也"，创新之意。

③《管子·牧民》："守国之度，在饰四维。顺民之经，在明鬼神。……不明鬼神，则陋民不悟。不祗山川，则威令不闻。不敬宗庙，则民乃上。不恭祖旧，则孝悌不备。四维不张，国乃灭亡。"

④《国语·齐语》："为君不君，为臣不臣，乱之本也。"《左传·僖公七年》："父子不奸谓之礼。"

⑤《论语·宪问》："桓公九合诸侯，不以兵车，管仲之力也，如其仁，如其仁！""管仲相桓公，霸诸侯，一匡天下，民到于今受其赐。微管仲，吾其被发左衽矣。"

⑥《战国策·秦策》："挟天子以命诸侯，天下莫敢不听。"

⑦《管子·枢言》："礼以导民"。《论语·宪问》："夺伯氏骈邑三百"。

⑧《国语·齐语》："桓公令官长期而书伐，以告且选，选其官之贤者而复用之"。"桓公召而与之语，訾相其质，足以比成事，诚可立而授之。设之以国家之患而不疚，退问之其乡，以观其所能而无大厉，升以为上卿之赞，谓之三选。"

⑨《国语·齐语》："设象以为民纪，式权以相应，此缀以度，竨本肇末，劝之以赏赐，纠之以刑罚，班序颠毛，以为民纪统。"

⑩《国语·齐语》："若必治国家者，则其管夷吾乎？臣之所不若夷吾者五：宽惠柔民，弗若也；治国家不失其柄，弗若也；忠信可结于百姓，弗若也；制礼义可法于四方，弗若也；执枹鼓立于军门，使百姓皆加勇焉，弗若也。"

⑪《国语·恶语》："昔管敬仲有言，小妾闻之，曰：畏威如疾，民之上也。……畏威如疾，乃能威民；威民在上，弗畏有刑。从怀如流，去威远矣，故谓下，其在辟也，吾从中也。郑诗之言，吾其从之。"

⑫《国语·齐语》："正月之朝，五属大夫复事。桓公择足寡功者而谪之

曰:制地分民如一,何故独寡功？教不善则政不治,一再则宥,三则不赦。"

⑬《管子·立政》:"宪未布,令未致,不敢就舍,就舍谓之留令,罪死不赦。宪既布有不行宪者,谓之不从令,罪死不赦。考宪而有不合于太府之籍者,侈曰专制,不足曰亏令,罪死不赦。"

⑭《管子·牧民》:"民恶忧劳,我逸乐之;民恶贫贱,我富贵之;民恶危坠,我存安之;民恶灭绝,我生育之。"

⑮《管子·形势解》:"民之情,莫不欲生而恶死,莫不欲利而恶害"。"民利之则来,害之则去"。

⑯《管子·牧民》:"凡有地牧民者,务在四时,守在仓廪。国多财则远者来,地辟举则民留处,仓廪实则知礼节,衣食足则知荣辱。"

⑰《淮南子·要略》:"齐国之地,东负海而北障河,地狭田少"。《史记·货殖列传》:"山东多鱼、盐、漆、丝、声色。"

⑱《史记·齐太公世家》:"太公至国修政,因其俗,简其礼,通商工之业,便鱼盐之利,而人民多归齐。"

⑲《史记·管仲列传》:"管仲既任政相齐,以区区之齐在海滨,通货积财,富国强兵。"

⑳《管子·乘马》:"均地分力,使民知时也。民乃知时日之早晚,明之不足,饥寒之至于身也。……地利不可竭,民力不可殚,不告之以时,而民不知;不道之以事,而民不为。与之分货,则民知得正矣。"

㉑《国语·齐语》:"山泽各致其时则民不苟","无夺民时则百姓富","牺牲不略则牛羊遂。"

## 第二节　子产的立法救世思想

　　子产(? —前522),又名公孙侨,字子美,郑国贵族,晚于管仲约一百年,与孔子同时。他自郑简公时(前554)被立为卿,公元前543年任郑国执政。当时晋、楚两大国争霸,夹在二者之间的郑国成为必争之地;而郑国国内的贵族们又不断发生内讧。面临这种"国小而逼,族大宠多"(《左传·襄公三十年》)的形势,子产对内进行改革,以礼、法节制强宗大族;对外采取利用矛盾,强辩慎行的方针,使郑国在他执政的二十多年中没有发生重大的兵祸,在当时便负有盛名。①子产没有著述传世,他的言行事迹,主要载于《左传》、《史记》等书。

子产是从奴隶主贵族转化而来的封建贵族,他的法律思想具有折衷于礼、法之间的特征,即一方面强调礼治的重要,要求贵族必须遵守礼义;另一方面又削弱了礼治思想的天命神权色彩及其习俗性,使礼治趋于自然化、社会化和规则化。他一方面强调法必须符合礼的原则,另一方面又进行立法改革,公布成文法,坚持用新法来挽救时弊。他一方面强调"宽"是执政司法的最好方法,另一方面又主张从现实出发必须以猛为主。他的刑法思想则带有后来法家思想的色彩。

## 一、对"礼治"的继承和改造

随着奴隶制向封建制的演变和思想的发展,礼的实行范围、表现形式、内容实质较前都发生了变化。这种变化在思想上的最早表现,一是晋国女叔齐明确地区分礼与仪,一是郑国子产强调礼是人们的行为规则。

据《左传·昭公五年》的记载,鲁昭公流亡到晋国,行为举止都彬彬有礼,女叔齐却说鲁昭公不懂礼。他认为,从鲁国的现状来看,政令大权不在国君的手里,有贤才不知任用,对外背盟毁约,损人利己,同时在失去民心的情况下仍不思挽回,所以说鲁昭公只是辛辛苦苦地学了些仪式,却没有掌握礼的根本。那么礼的根本到底是什么呢?女叔齐明确指出:"礼,所以守其国,行其政令,无失其民者也。"即礼主要用来保有国家政权,推行政策法令,维持民心而不失去百姓。②这就把礼从宗教祭仪中分化出来,使之与"民"紧密结合在一起。过去的礼是政治制度、宗教观念、行为规则和礼节仪式的综合体,而女叔齐则认为"礼"与"仪"有本质的区别,礼只是政治制度和人们行为准则的总称。

子产则从礼的起源的角度,指出礼不仅与仪有本质区别,是最高的自然法则,而且主要表现为人们的行为规范。《左传·昭公二十五年》记载,继任子产的郑国执政的子大叔见赵简子。赵简子问什么是"揖让、周旋之礼",子大叔明确回答,谦让和应酬的礼节只是仪,而不是礼。同时引述了子产的论述:"夫礼,天子经也,地之义也,民之行也。天地之经,而民实则之。"认为礼是上天的规范,大地的准则,民众行动的依据。正因为礼是天地的总规则,所以民众才加以效法遵循。子产具体地分析了礼的形成依据和基本原则。

为了效法大地,制定了君臣上下的礼法;为了规范阴阳,制定了夫妇内外的礼法;为了象征上天,制定了父子、兄弟、姊妹、甥舅、翁婿、连襟之间的礼法;为了顺应四时,制定了行政、经营方面的礼法;为了仿效雷电的杀伤,制定了刑罚和牢狱方面的礼法;为了仿效上天养育万物,制定了温和慈惠的政令;等等。③同时,人民天赋的好、恶、喜、怒、哀、乐这"六情",也需要礼法来节制。因此,子大叔概括说:"礼,上下之纪,天地之经纬也,民之所以生也。"

由此可见,子产一方面将礼与仪区别开来,一方面又把礼视为自然的总秩序和总规律,人顺应自然,就必须遵守礼。由于礼本身包括有法律制度在内,所以这种将礼从礼节仪式中独立出来,加以自然化、社会化的思想,是对于传统的天命神权观念的一大突破,是春秋时期法律思想所取得的一大进展。

同时,子产在论述礼是天、地、民的总规则的时候,着眼点在于"民",强调民要服从天地的准则:"天地之经,而民实则之。"为了不使"民失其性",所以要"奉之以礼",即用礼来规范人们的言行举止,制约人们的喜怒哀乐。如果礼义与民心发生了矛盾,子产主张改革礼义以适应民心;为了取得民心,执政者对礼义可以"有所反之"。④这也打破了传统的"礼不下庶人"的原则,将礼下放到民间,从而沟通了礼与法的界限,开创了后来从礼治过渡到法治的先河。

## 二、改革内政,创立新制

在以礼治国思想的指导下,子产提出五项"国之大节":"畏君之威,听其政,尊其贵,事其长,养其亲。"(《左传·昭公元年》)即要求臣民畏惧敬从君主的权威,接受和服从官府的命令,尊敬贵族,事奉长者,奉养父母。这五点构成了子产治国的根本原则,其目的在于确立和维护封建性的集权和等级制度。根据这些原则,他采取了许多整顿、改革内政的具体措施。

和管仲一样,子产也是从改革行政编制和土地制度入手的。在他执政的第一年,便"使都鄙有章,上下有服,田有封洫,庐井有伍。人人之忠俭者,从而与之,泰侈者因而毙之。"(《左传·襄公三十年》)即区分国都和乡村;建立上下尊卑的秩序;改革传统的井田制,重新划分田界,明确各家对土地的所有权,把个体农户和居民按"伍"的方式编制起来,严加管理;奖赏忠于职责和奉公节俭的贵族与官吏,打击那些骄奢淫逸的不法之徒。这项改革,起初遭到了一些卿大夫的强烈反对,有人甚至扬言要杀死子产;但是,实行了三年之后,贵族和官吏又都称赞子产,希望他继续执政。五年之后(前538)又"作丘赋"(《左传·昭公四年》),即以"丘"为单位,向土地所有者征收军赋。由于这一制度确认了土地私有的合法性,所以也受到贵族们的反对。他们指责"丘赋"制没有遵循原先的法度,是由个人的意愿决定的。如果肯定了个人意愿的合法,尊卑上下的等级秩序便会化为乌有。⑤对此,子产却认为丘赋制符合礼治的原则,贵族的要求永远也满足不了,既定的法制也不能更改。他表示:"为善者不改其度",只要有利于国家,就要坚持,而将生死置之度外。⑥同时还强调以"轻重列,列尊贡重"的原则来确定各诸侯对天子交纳的贡赋,即贡赋的多少依地位的高低来定,地位高的贡赋就多,想借此限制大国的势力。公元前536年,子产又"铸刑书",公布了刑法。他还坚持"择能而使"的用人原则,并且对商人采取了自由经商和"市不豫价"即价格自由的政策。子产强调,他的所有政令和改革措施,都是从"救世"和"利国"出发的,同时也合乎礼的宗旨。

子产的改革,反映了封建制取代奴隶制的时代要求,有利于新的封建制度的确立和壮大,同时又协调了新旧贵族的利益,因而取得了显著的成效。[7]

### 三、铸刑书,公布成文法

在担任执政的第六年,子产为适应新的封建制和维护统治秩序的需要,在改革土地制度和赋税制度的基础上,进行了一项具有重大意义的法律改革,这便是公元前536年的"铸刑书"。

"刑书"是指刑法条文。"铸刑书"是将刑法铸造在金属器物上,予以公布。虽然我国古代"刑书"的制定并不是从子产开始的,[8]但子产首次将"刑书"铸在鼎器之上,从而开创了古代公布成文法的先例,也可以说是世界历史上的首创。[9]

子产刑书的具体内容已不可考。从《左传》的有关记载来看,子产的这一创举在当时引起了强烈的思想震动,受到了保守派贵族的指责和非难。晋国的名臣叔向当即写信批评,认为刑法的公布违背了"先王议事以制,不为刑辟"的传统,既不合时宜,又破坏了周代的统一法度,断言此举必然造成家破国亡的后果。针对叔向的责难,子产回信作答,表明了自己鲜明的态度和坚定的立场:

一方面,子产明确表示,铸刑书既未考虑个人利害,也未顾及子孙,而是为了"救世",即针对现实,挽救当代的。[10]子产说的现实,是指"国小而逼,族大宠多",是指"制丘赋"、"有封洫,庐井有伍"。也就是说,公布刑法是为了巩固行政、土地、赋税方面改革的成果,是为了郑国的生存和富强。这一思想,与他坚决实行"丘赋"制,不惜"死生以之"的思想是完全一致的。

另一方面,子产认为,新刑法的公布并没有违背礼的原则,而是对传统礼治的改良。因为子产心目中的礼,并非一成不变的教条,而是天、地、民的总规则,很多基本法律规定都是从礼中衍生出来的,如行政方面的"君臣上下"等级规定和权利,婚姻民事方面的夫妇、父子、甥舅等关系,刑事方面的"为刑罚威狱"等。所以,他认为制定和公布刑书,体现了礼的要求,并没有违背礼的宗旨。总之,叔向指责铸刑书,使"民知争端矣,将弃礼而征于书",是对礼的破坏;子产却说铸刑书合乎天经地义之礼的要求。他们的分歧,表现了春秋时期两种不同的礼刑观。叔向坚持传统的周礼和刑罚秘而不宣的原则,而子产则认为对传统周礼的革新符合礼的精神。二人的争论,实际上反映了奴隶主贵族的礼与封建贵族的礼之间的矛盾,反映了奴隶制的刑与具有封建性的刑之间的矛盾。

子产铸刑书及其争论,在中国法律思想史上有着重要的意义。

首先,它冲破了秘密刑思想的束缚,第一次肯定了公布成文刑法的"合礼合法"。这也正是叔向责难的主要依据。叔向说,过去先王们都是根据事情的轻重来定罪的,因为害怕百姓们有争执之心,所以不颁布刑法规定。如果百姓们知道了法律上的成文规定,就不恭敬长上了。[①]显然,采取这种秘而不宣的刑法原则,主要目的是使人民经常处于"刑不可知,则威不可测"的恐怖状态,以便于贵族们的独断专行。而新刑书的公布,也恰恰在于使"民知有辟,则不忌于上",体现了春秋后期新兴地主阶级、商人和劳动人民保护私有财产、人身权利和执法公平的要求,使定罪量刑有一个公开的、统一的标准。因此,公布成文法思想的提出,标志着罪刑擅断思想的动摇和法治思想的出现。子产的贡献,是在思想上使过去的礼、刑相分走向礼、刑统一,把公布成文法说成礼治的体现。同时,他与叔向的争论也表露出后来的礼治与法治的分歧。尽管子产自己坚持铸刑书合乎礼,但后来的法家都不约而同地将公布成文法作为"法治"的内容和前提,因此交口称赞子产的政绩。这说明子产是法家的先驱人物。

其次,它打破了"刑不上大夫"的传统,明确肯定了法律对于限制贵族特权的重要作用。周礼强调"礼不下庶人,刑不上大夫",规定了贵族与平民的不平等。春秋以来,"礼不下庶人"已被突破,所以叔向也承认对百姓们也应该"闲之以义,纠之以政,行之以礼,守之以信,奉之以仁"。但是,他强调对付百姓的主要方法是"制为禄位,以劝其从;严断刑罚,以威其淫",关键就是"议事以制,不为刑辟"。他认为公布了刑法,百姓知道贵族犯罪也同样处刑,刑罚的威力就减少了。孔子在得知晋国赵鞅铸刑鼎的消息后,也认为此举的最大弊端是废弃了"贵贱不愆"的法度。[12]可见否定和限制贵族的法定特权,是公布成文法的一项主要作用;子产铸刑书的目的之一,也是为了制服那些骄奢不法的强宗大族,贵族们犯了法也要按照刑书的规定,与平民同样对待。虽然从实质上看,子产的刑法只不过是用封建等级取代奴隶主贵族等级,但刑法的公布,从形式上确认了"刑上大夫",这就为后来法家"一断于法"的理论创造了前提。

### 四、宽猛并用的刑法思想

子产将礼与法、德与刑统一起来,认为法令、刑罚也是礼的一部分,所以很重视法令的制定和刑罚的运用。他的刑法思想既继承了"明德慎罚"的传统,又有自己的独创,具有过渡性的特征。

(一) 以"宽"服民和以"猛"服民

在统治方法上,子产主张"德政":"为政必以德"[13],"德,国之基也"[14]。他所谓的德,包括道德教化和宽惠爱民两个方面。同时,又强调立法要体现"德政","发命"要"衷"(恰当),"出令"要"信",反对"刑之颇类"(不公平)和"狱之放纷"(混乱)。[15]

德在实践中表现为"宽"。所以他主张首先保障显贵望族的稳定,"安定国家,必大焉先";然后稳定各级官吏,"众怒难犯,专欲难成",主张"安众"(《左传·襄公三十年》)。同时主张放宽对言论的控制,允许国人"以议执政之善否",闻过则改,择善而从,⑯表现出一个政治家的风度。

刑在实际中表现为"猛",即立法严格,执法严厉。所以子产公开宣称,"为刑罚威狱,使民畏忌",并且力排众议,公布了刑书。在推行"丘赋"制时,坚持按"丘"征收,对"大人之忠俭者,从而与之;泰侈者,因而毙之"(《左传·襄公三十年》)。坚决惩罚那些骄奢不法的豪门大族。

这样,子产对德刑关系的处理,具体地表现为宽猛结合,以猛为主。公元前522年,子产在临终时对他的继任者子大叔说,我死之后,你必然执政,"唯有德者能以宽服民,其次莫如猛"。但他认为"以宽服民"很难实行,所以主要应该用"猛"。他比喻说,火很猛烈,百姓们看见了便感到害怕,因此很少有人被火烧死;水很柔弱,百姓们便掉以轻心,经常玩水,这样有很多人被淹死。宽和猛也像水、火一样,实行宽政就像给人们讲水很厉害一样困难。可见子产虽然将德政、执法宽容视为理想的统治方法,但却认为在缺少"有德者"的情况下,最现实和容易实行的是"猛",执法严厉是平时常用的方法。据《左传》记载,子大叔执政后,不忍心严厉而一味宽厚,郑国因此盗贼横行,到处抢劫,子大叔很后悔没有听从子产的话。⑰子产的这一思想,被韩非归纳为"爱多者则法不立",他认为子产是主张严刑治民("以严莅人")的。⑱

(二) 罪刑相当与以情断狱

子产主张严厉执法,反映在运用刑罚方面则表现为强调定罪量刑必须以公布的礼、法作为标准,使罪名与刑罚相当。同时也主张根据礼义原则加以权衡,不要拘泥于刑法的条文。

襄公二十五年时,陈国曾侵入郑国,伐树填井。后来子产领兵反击,大获全胜。晋国质问郑国为什么要攻打比它小的陈国,子产回答说,因为陈国忘记了天子的恩德,背弃了与郑国的姻亲关系,又侵入郑国,犯下了大罪。根据"先王之命,唯罪所在,各致其辟",

即犯了什么样的罪行,就应该受什么样的刑罚,所以要伐陈。可见子产是以礼、法和罪刑相当作为依据的。

昭公十六年,郑国久旱不雨,国君就派了三个大夫去祭祀山神。他们去后,砍光了山上的林木。子产得到消息,认为祭祀山神本应保护山林,现在反而砍伐树木,已构成大罪。于是下令削减其封地,降低其爵位。[19]

子产对于一般性的违反礼仪规定的行为,并不施以刑罚,这与他明确区分"礼"与"仪"的思想是一致的,同时也打破了"出礼而入刑"的传统。

据《韩非子》的记载,子产在审理案件时经常运用"倒言反事"(说反话做反事)的方式鉴别人犯陈述的真伪,所谓"倒言反事,以尝所疑,则奸情得"。同时实行"离讼",即分别审理争执的双方,不使之互相串供的诉讼原则,然后颠倒其辞以告知对方,由此获得真情,"相与讼者,子产离之而无使得通辞,倒其言以告而知之"。(见《韩非子·内储说上》)

子产判案还很留心从犯人的言行举止和声色变化中发现蛛丝马迹,这往往使他具有传奇的色彩。据说,一天早晨他乘车外出,听到一户人家中传出妇女的哭声,便立即吩咐停车,很仔细地听了一会,马上派人把这个妇女抓来审问,原来她正是绞死自己丈夫的凶手。后来,随从问他是怎样得知的,子产回答说,因为她的哭声很恐惧,一般人对于自己的亲人,刚生病的时候忧愁,临死的时候恐惧,死亡之后很悲哀。现在这个妇人哭已经死去的丈夫,声音并不悲哀反倒恐惧,所以其中必有奸情。[20]韩非以此批评子产只凭自己的"聪明智虑"察奸而不靠法制和司法官吏,这当然代表了法家的看法。实际上,从诉讼和审判思想方面看,子产的这些措施不仅切实有效,而且是古代审判经验的一种表现。

**注：**

① 《史记·郑世家》："子产者，郑成公少子也。为人仁爱人，事君忠厚。孔子尝过郑，与子产如兄弟云。及闻子产死，孔子为泣曰：'古之遗爱也！'"又《左传·襄公三十一年》载："仲尼闻是语也，曰：以是观之，人谓子产不仁，吾不信也。"

② 《左传·昭公五年》："公如晋，自郊劳至于赠贿，无失礼。晋侯女叔齐曰：'鲁侯不亦善于礼乎？'对曰：'鲁侯焉知礼！'公曰：'何为？自郊劳至于赠贿，礼无违者，何故不知？'对曰：'是仪也，不可谓礼。礼，所以守其国，行其政令，无失其民者也。今政令在家，不能取也；有子家羁，弗能用也；奸大国之盟，凌虐小国，利人之难，不知其私；公室四分，民食于他；思莫在公，不图其终。为国君，难将及身，不恤其所。礼之本末将于此乎在，而屑屑焉习仪以亟。言善于礼，不亦远乎？'君子谓叔齐于是乎知礼。"

③ 《左传·昭公二十五年》："先大夫子产曰：……为君臣上下之义，以则地义；为夫妇内外，以经二物；为父子、兄弟、姑姊、甥舅、昏媾、姻亚，以象天明；为政事、庸力、纾务，以从四时；为刑罚威狱，使民威忌，以类其震曜杀戮；为温慈惠如，以效天之生殖长育。"

④ 《左传·昭公七年》："为身无义而图说（悦），从政有所反之，以取媚也。不媚不信，不信民不从也。"

⑤ 《左传·昭公四年》："浑罕曰：……政不率法，而制乎心。民各有心，何上之有？"

⑥ 《左传·昭公十三年》："子产曰：何害？苟利于社稷，死生以之。且吾闻为善者不改其度，故能有济也。民不可逞，度不可改。诗曰：礼义不愆，何恤于人言。吾不迁矣。"

⑦ 《史记·郑世家》："为相一年，竖子不狎戏，斑白不提挈，僮子不犁畔。二年，市不豫贾。三年，门不夜关，道不拾遗。四年，田器不归。五年，士无尺籍，丧期不令而治。治郑二十六而死，丁壮嚎哭，老人儿啼，曰：子产去我死乎，民将安归！"

⑧ 据《尚书·吕刑》"哀敬折狱，明启刑书胥占"，可见西周晚期已经有了"刑书"。另《左传》襄公九年载"使乐遄庀刑器"，杜预注：刑器，刑书。说明在子产之前确有"刑书"的存在。

⑨ 古罗马第一部成文法典《十二铜表法》，是公元前450年制定的，在时

间上晚于子产铸刑书约一个世纪。

⑩《左传·昭公六年》:"侨不才,不能及子孙,吾以救世也。"

⑪《左传·昭公六年》:叔向曰:"昔先王议事以制,不为刑辟,惧民有争心也。……民知有辟,则不忌于上。"

⑫《左传·昭公二十九年》:"仲尼曰:晋其亡乎！失其度矣。夫晋国将守唐叔之所受法度,以经纬其民,卿大夫以序守之,民是以能尊其贵,贵是能守其业。贵贱不愆,所谓度也。……今弃是度也,而为刑鼎。民在鼎矣,何以尊贵?"

⑬《史记·郑世家》:"子产谓韩宣子曰:为政必以德,毋忘所以立。""子产曰:不如修德。"

⑭《左传·襄公二十四年》:"夫令名,德之舆也。德,国之基也。有基无坏,无亦是务乎！有德则乐,乐则能久。"

⑮《左传·昭公十六年》:"子产怒曰:发命之不衷,出令之不信,刑之颇类,狱之放纷,会朝之不敬,使命之不听,取陵于大国,罢民而无动,罪及而弗知,侨之耻也。"

⑯《左传·襄公三十一年》:"郑人游于乡校,以论执政。然明谓子产曰:'毁乡校,何如?'子产曰:'何为? 夫人朝夕退而游焉,以议执政之善否。其所善者,吾则行之;其所恶者,吾则改之。是吾师也,若之何毁之?'"

⑰《左传·昭公二十年》:"郑子产有疾,谓子大叔曰:'我死,子必为政。唯有德者能以宽服民,其次莫如猛。夫火烈,民望而畏之,故鲜死焉;水懦弱,民狎而玩之,则多死焉;故宽难。'疾数月而卒。大叔为政,不忍猛而宽。郑国多盗,取人於萑苻之泽。大叔悔之,曰:'吾早从夫子,不及此。'"

⑱《韩非子·内储说上》的记载更为明显:"子产用郑,病将死,谓游吉(子大叔)曰:我死,子必有郑,必以严莅人。子产死,游吾不肯严刑,郑少年争相率为盗,……游吉喟然叹曰:吾早行夫子之教,必不悔至于此矣。"

⑲《左传·昭公十六年》:"郑大旱,使屠击、祝款、竖柎有事于桑山。斩其木,不雨。子产曰:'有事于山,蓺山林也。而斩其木,其罪大矣。'夺之官邑。"

⑳《韩非子·难三》:"郑子产晨出,过东匠之间,闻妇人之哭,抚其御之乎而听之。有间,遣吏执而问之,则手绞其夫者也。异日,其御问曰:夫子何以知之? 子产曰:其声惧。凡人于其亲爱也,始病而忧,临死而惧,已死而哀。今哭已死,不哀而惧,是以知其有奸也。"

## 第三节 邓析的"不是礼义"思想

邓析(？—前501)，郑国大夫，与子产同时。如果说子产代表着由奴隶主贵族转化而来的封建贵族的利益和观点，那么邓析则是站在新兴地主阶级的立场上，主张彻底否定周礼、实行法治革新的人物。邓析当时在政治上非常活跃，影响也很大，最后因为私自制定"竹刑"被执政驷歂所杀。邓析的著作早已失传，今本《邓析子》是汉代以后编成的伪书，不能作为邓析思想的依据。其人其事在《左传》、《吕氏春秋》、《荀子》等书中略有记载。

邓析的哲学逻辑思想十分丰富，被誉为先秦名辩思潮的创始人。他将这种察名、正名以及辨析概念和名实关系的思维方法用于法律，从而使他的法律思想从形式到内容都别具特色。邓析不仅反对周礼的宗法等级原则，而且对子产的改良周礼不够彻底表示不满。他坚决主张刑法改革，自己制定了一部"竹刑"，用以对抗体现礼治的"刑书"。他还以讼师的身份，帮助民众打官司，否定旧的定罪量刑原则。总之，在春秋时期天与人、礼与法的思想对抗中，邓析不谈天命，抵制旧礼，反对改良，制定竹刑，表现出实行法治的明显倾向，因此可以称为战国法家学派的先驱人物。

### 一、对"先王之礼"的否定和批判

春秋是新旧交替的过渡时期，西周以来的天命观念和礼治思想已不再占据统治地位；新的思想和学说纷纷兴起，亦是各持己见，自相标榜。邓析与子产都属于当时的革新派，但他们的思想主张并不完全一致。建立和维护新的封建制度，是二人的共同性；其显著区别则在于对待周礼的态度。如前所述，子产在郑国实行了一系列有利于封建化的改革，然而由于他是新的封建贵族，为了保持贵族的特权，对周礼是既继承又改良，并没有否定周礼。邓析则不然，他是代表由平民出身的新兴地主阶级利益的革新派,因此不仅批判和否定传统的周礼,而且对于子产的改良也进行抵制和批判。

据《吕氏春秋·离谓》篇,"子产治郑,邓析务难之"。难,责难的意思。"(子产)令无穷,则邓析应之亦无穷"。①即子产每发布一项政令,邓析都要进行评论和指责。邓析责难的具体内容,《吕氏春秋》没有详载,但是《荀子·非十二子》中明确指出了邓析思想的主要倾向,即:"不法先王,不是礼义"。②法:效法;是:肯定。"不是"即不承认、反对的意思。可见邓析与子产在思想上的主要分歧不是应该不应该改革,而在于对待"先王"和"礼义"的态度。换句话说,邓析并不反对子产所进行的封建性改革,而是批评他没有否定和抛弃周礼。

前节已述,子产推行"都鄙有章"、"庐井有伍"以及"作封洫"、"制丘赋"、"铸刑鼎"等等,都是以符合"礼义"作为依据的,同时还是打着"先王"的旗号进行的。如子产说的"先王之命,唯罪所在,各致其辟","昔先王议事以制"(《左传·昭公六年》),以及"礼,上下之纪,天地之经纬也,民之所以生也,是以先王尚之"(《左传·昭公二十五年》),等等。虽然"先王"和"礼义"在子产那里已不再是复古保守的代名词,而是具有批判现实的意义,但在形式上仍然没有突破"先王"的精神羁绊和"礼义"的宗法枷锁。邓析的"不法先王,不是礼义"却明确宣告,"先王"及其"礼义"并非不能改变的圣物,"先王"的所作所为,"礼义"的宗法原则也不是千古不变的教条。先王的礼义法令是可以批评,可以否定,可以废弃的。既然"先王"不值得效法,"礼义"不见得正确,那么从现实出发制定新法,便是必然的、正当的。这样一来,"不法先王、不是礼义"便成为邓析主张改革,反对周礼的理论基础和思想主旨。遗憾的是,我们今天无法看到邓析这一思想的具体表述,但这一观点的提出,尽管只有八个字,却可以称得上是春秋时期最为夺目的思想火花。

## 二、辨析法律概念，私自制定"竹刑"

邓析不仅同贵族的"先王之礼"大唱反调，而且施展自己能言善辩的才能，用于研究和制定法律。

子产在郑国"铸刑书"，使过去秘密的刑法为人人所知。成文法的公布，为人们研习法律与诉讼创造了前提，从而出现了民间研究法律的现象和以助人诉讼为职业的人。邓析很重视法律，对法律也很有研究。由于他不满子产对周礼的改良，因此对于子产刑书也持否定的态度，于是私自编定了一部更能适应新兴地主阶级要求的刑法。因为写在竹简上，所以称为"竹刑"。《左传》中记载"郑驷歂杀邓析而用其竹刑"。驷歂是继子产、子大叔之后的郑国执政，既然他"用其竹刑"，可知邓析的"竹刑"是在定公九年以前制定的，同时已经使用了一个时期。据《左传》的记载，"君子"认为驷歂的作法是错误的；如果有人对国家做了有利的事，就可以不惩罚他的邪恶；采用了一个人的主张，就不应该惩罚这个人。批评驷歂不会"劝能"，即不会鼓励贤能人士为国家出力。③由此可见，邓析的"竹刑"实施之后产生了明显的效果，即使在当时也受到人们的称赞。据晋代杜预的注解，驷歂杀邓析是因为邓析"不受君命而私造刑法"；按照《吕氏春秋》的说法，则是因为邓析制定"竹刑"，又斥责"刑书"，致使"郑国大乱，民口讙哗"，所以被杀。无论那一种说法，都能证明邓析的"竹刑"深得民心，在当时的影响很大。

成文法的实施和诉讼的广泛，必然促使人们研究法律的具体规定和运用，因而出现了一批"辩士"和讼师，邓析就是其中的主要代表。他除编制竹刑之外，还聚众讲学，招收门生，直接讲解、传授法律方面的知识和诉讼的方法，同时帮助人们打官司，出主意。《吕氏春秋》简要地记载了邓析为人们讲解法律规定的情况，他站在与子产的"刑书"相对立的立场上，驳难其原则与规定，所谓"子产治郑，邓析务难之"。同时采取了按照案件的大小与复杂程度分等收费解答的办法,大的案件收一件外衣,小的案子收一条短裤。据说,当时拿着长衣短裤前来询问和学习诉讼的人,多得不可胜数。④邓析之所以大受民众的欢迎,是因为他对法律的理解和解释与执政者的看法相反,同时也因为他运用逻辑推理的名辩方法,从而能够把握法律的具体规定,对有关名词概念以及案情事实,巧妙地加以推衍。正如《荀子》所说:"其持之有故,其言之成理",因此经常推倒官府的定论。据《吕氏春秋》的记载:他"以非为是,以是为非,而可与不可日变。所欲胜因胜,所欲罪因罪。郑国大乱,民口讙哗"。邓析的这些活动,类似于现代社会中律师的事务,这在中国法制史上也是首创。他的循名责实的方法,为后来的法家所继承,成为"法治"学说的组成部分。

**注:**

①《吕氏春秋·离谓》:"郑国多相县以书者,子产令无县书,邓析致之。子产令无致书,邓析倚之。令无穷,则邓析应之亦无穷矣。"

②《荀子·非十二子》:"不法先王,不是礼义,而好治怪说、玩琦辞。甚察而不惠,辩而无用,多事而寡功,不可以为治纲纪。然而其持之有故,其言之成理,足以欺惑愚众。是惠施、邓析也。"

③《左传·定公九年》:"郑驷歂杀邓析而用其竹刑。君子谓子然于是不忠。苟有可以加于国家者,弃其邪可也。静女之三章,取彤管焉;竿旄何以告之,取其忠也。故用其道,不弃其人。"

④《吕氏春秋·离谓》:"子产治郑,邓析务难之。与民之有狱者约,大狱一衣,小狱襦袴,民之献衣襦袴而学讼者,不可胜数。以非为是,以是为非,是非无度,而可与不可日变;所欲胜因胜,所欲罪因罪。郑国大乱,民口讙哗。子产患之,于是杀邓析而戮之。民心乃服,是非乃定,法律乃行。"

**思考题**

1. 试述管仲在政治法律上的革新思想的主要内容。
2. 为什么说子产"铸刑书"在中国法制史上具有重要意义?

# 第四章　儒家的法律思想

儒家是春秋战国时期形成最早、影响较大的一个学派。在当时社会大变动的条件下,各诸侯国的经济、政治改革与互相竞争需要思想理论作指导;而在传统的神权观念和宗法思想发生动摇的情况下,不同阶级、阶层和集团都会对社会的变动做出不同的反应和回答,于是便自然地形成了一些彼此对立的学派,史称"百家争鸣";每个学派都有共同的宗旨和代表人物,俗谓"诸子林立"。

儒家的创始人是孔丘。"儒"原来是指专门从事教育和执掌礼仪的人,由于孔丘一直招收门生,传授知识,并且以"相礼"为业,是"儒"中的佼佼者,因此他所创立的学派被后人称为儒家。在中国历史上,儒家的发展经历了两大阶段:先秦儒家和秦汉以后作为封建正统的儒家。本章说的是先秦儒家,以孔丘、孟轲和荀况为主要代表。

儒家的这三位代表人物各有自己的思想特点,如孔、孟代表着封建贵族的利益,而荀况反映了新兴地主阶级的要求。但他们都称颂"先王",崇尚礼义①,继承和发扬以"六艺"为主的传统文化,有着共同的思想形式,其法律思想也自成体系,前后一脉相承。

## 第一节　儒家法律思想的特点及其演变

儒家代表着刚刚登上政治舞台的封建贵族的利益,因而为统治者出谋划策,教育人民安分守己,建立统一的贵族政体,维护宗法等级秩序,便成为儒家政治法律思想的基本点。他们继承和发展了西周以来的"礼治"和"明德慎罚"思想,提出了一整套旨在维护"礼治",重视"德治",强调"人治"的法律观点。维护"礼治",即要求建立以家庭为本位,以伦理为中心,以等级为基础的法律制度和意识形态;重视"德治",表现在认为法律强制仅仅是确立和推行"君臣父子"道德准则的辅助手段,主张"以德服人";强调"人治"则指提倡"圣人治国",将立法、司法的权力集中于"英明"的君主,同时将君主个人的智能、道德与权威置于法律之上。

## 一、"为国以礼"的礼治论

把礼作为国家的根本,是西周以来的传统思想。儒家在"礼崩乐坏"的春秋战国时期仍然坚持"为国以礼",要求恢复和加强以贵族政体为核心的一整套宗法等级制度,主张"复礼"。但是从他们对礼的解释和运用上看,已经与周礼的形式和内容有明显的不同。儒家对礼的继承和改造,表现在很多方面,例如:

他们将礼说成根本的国家制度,即确立和维护统一的贵族政体和君臣等级秩序的制度。所谓"国之命在礼","为国以礼"(《论语·先进》),集中地表达了儒家对礼在政治中的地位和作用的认识。这样一来,就将过去的关于经济、军事、祭祀和国家交往等方面的具体规定排除在新"礼"之外,而作为国家根本制度的礼成了法律的核心和渊源,其地位形同于现代的宪法。他们强调"齐之以礼"(《论语·为政》),把"礼"的实行范围扩大到民间。这是对于西周"礼不下庶人"原则的重大突破。

他们以"举贤才"(《论语·泰伯》)补充周礼的"亲亲"原则,变传统的"任人唯亲"为"亲亲"前提之下的"尊贤使能"(《孟子·离娄上》),从而否定了传统的"世卿世禄"制度。

他们将礼视为"五伦"原则的条文化、制度化,即处理君与臣、父与子、夫与妇、兄与弟、朋友之间关系的行为准则,用礼来确定"亲疏",区分"同异",辨别"是非"。[②]道德的范围本来十分广泛,儒家之礼规定了"五伦",是道德规范的核心;"五伦"本来只是道德的基本规范之一,儒家之礼却赋予它以国家强制性(即具有法律的意义)。

由此可见,儒家所说的礼,正是广义的法,其中既包括国家的政治、法律制度,也包括指导立法和司法的基本原则。当然,礼所规定的"五伦"原则同时也是最主要的道德规范。

儒家对西周之礼的重要改造,使原来维护奴隶主贵族的旧礼转而成为为封建地主服务的新礼,也决定了其法律观的主要特点。在表现形式上,儒家的这种改造,经历了三个阶段:孔丘以仁入礼,突出了礼的伦理性和强制性;孟轲倡导"仁政",使礼成为国家意志的表现;荀况沟通礼、法,使"礼治"理论化、系统化、制度化。

(一) 以"五伦"为中心,强调"正名分"

伦理是处理人际关系的道德准则,法律是制约人们言行的强制规范。儒家熔伦理与法律于一炉,一方面赋予主要的伦理原则以法律的性质和效力,另一方面强调法律为维持伦理原则服务,使伦理凌驾于法律之上。儒家归纳的伦理原则,主要是君主与臣下、父亲与子女、兄长与弟妹、丈夫与妻妾以及朋友之间的关系的准则,即"父慈、子孝、兄良、弟悌、夫义、妇听、长惠、幼顺、君仁、臣忠"。他们认为,这种规定了尊卑贵贱地位和上下等级秩序的"五伦"原则,是礼(国家根本制度)义(立法指导原则)的核心,是"修身、齐家、治国、平天下"根本措施。因此,法律必须体现"五伦",维护"五伦"。

为此,孔丘首倡"正名",主张严格遵守"君君、臣臣、父父、子子"[③]的宗法等级名分,强调"君使臣以礼,臣事君以忠",要求立法必须"名正言顺",用强制手段纠正各种违反等级名分的混乱现象。孟轲则宣称:"内则父子,外则君臣,人之大伦也。"(《孟子·尽心下》)强调"父子有亲,君臣有义,夫妇有别,长幼有序,朋友有信"[④],将仁(孝亲和友爱)、义(安分守己,忠君敬上)、礼(仁义的外部表现)、智(对仁义的认识)四大伦理范畴作为施政执法的基本纲领。荀况则明确指出:"贵贵、尊尊、贤贤、老老、长长,义之伦也。

行之得其节,礼之序也。"(《荀子·大略》)并将"礼"具体化为:君主应该公正地"以礼分施",臣吏应该"忠顺而不懈"地对待君主,父亲对子女应该宽容,子女对父母应该"敬爱而致恭",兄长应该"慈爱",弟妹应该顺从,丈夫应该保持身份,妻妾应该以"柔心"和"恐惧"之心对待丈夫⑤,等等。并说,这种礼,是"法之大分,类之纲纪"(《荀子·劝学》),即法律的纲领和指导原则。儒家的这种理论,秦汉以后演变为指导封建立法的"三纲五常"。⑥

(二) 以家族为本位,强调"孝"、"忠"

在以分散的小农经济为基础的宗法社会里,家是最基本的生产单位和生活单位。殷周的礼制,便是将家庭宗法和国家组织直接结合的一整套宗法等级制度。儒家对西周的宗法制度采取了全盘保留的态度,主张以这种礼制为模式建立一个新的封建宗法等级制度,或者说是在封建关系之上重建贵族政体。因此,他们非常重视旨在调整家族内部关系,维护家长和族长的支配地位与世袭特权的宗法原则,以至把宗法视为礼的主干。他们认为,处理家族内部关系的伦理原则是国家政治和法律的基本出发点,视"家"为"安身立命"、"忠君报国",即承担法定义务、体现法定权利的基本单位;同时赋予父系家长以支配家庭财产和家族成员的绝对权力,把确认这种父权、夫权作为立法、司法的一个主要原则。

孝和忠是以家族为本位的主要思想表现。孝即对父系家长的绝对遵从。虽然儒家也提倡父亲对子女要仁爱,兄长对弟妹应友好,尊长对卑幼宜和善,但主要强调的是子女必须孝顺父亲,弟妹必须恭敬兄长,卑幼必须服从尊贵。所以孔丘指出:"孝悌也者,其为仁之本欤。"⑦孟轲进而发挥:"孝子之至,莫大于尊亲。"(《孟子·万章上》)而到了《孝经》则明确宣称:"五刑之属三千,罪莫大于不孝。"忠,即对于君主的忠诚和服从,是孝的延伸和扩大。儒家对于封建立法思想的主要影响之一,就是强调家为国本,君父一体,忠孝相通,将维持家长专制的宗法原则引入国家法律关系。孔丘认为孝是直接的政治,他在回答自己为什么不直接从政时说,在家里孝顺父母,友爱兄弟,本身对政治有重要影响,等于从政,何必要亲自从政呢?⑧他还指出:"其为人也孝弟,而好犯上者鲜矣。"(《论语·学而》)认为孝是预防犯罪的有力手段。因此,"孝慈则忠",做到孝就一定能做到忠。孟轲则直截了当地指出:"天下之本在国,国之本在家","人人亲其亲,长其长,而天下平"。⑨这样一来,家族被国家化、政治化,而国家又被家族化、伦理化,从而形成了家族伦理的法律化,家长成为支配家族权利的法律主体。

(三) 以等差为基础,强调"别贵贱"

等级差别是儒家之礼的本质特征。在儒家的心目中,人类社会只能是严格区分上下等级的社会。身份地位低下的应该事奉和服从地位尊贵的人,身份地位高贵的人则享有各种由礼法规定的特权。由此,孔丘说:"礼乐征伐自天子出",这是天子法定的权利:"邦有道,贫且贱焉耻也"(《论语·季氏》),地位低下的必然贫贱。孟轲也认为德高才多的人有权役使别人,"天下有道,大德役小德,大贤役小贤"。⑩荀况则更明确地指出,人们地位平等便互相争夺,势均力敌便无法统一,人人都一样就谁也不听谁的,因而"有天有地而上下有差,明王始立而处国有制",确立等级制度是立国的基础,使"少事长,不肖事贤,是天下之通义"。⑪

怎样区别人们的社会地位和相应的权利呢? 儒家认为,礼就是专门用来区别和规定亲疏贵贱、上下等级的行为规范。《中庸》说:"亲亲之杀(差),尊贤之等,礼所生也。"儒家的这一思想,成为封建等级特权法的理论基础。

## 二、"为政以德"的德治论

德,在西周时是一个融道德、政治、信仰、策略为一体的综合概念。它要求统治者敬天孝亲,对己严格,与人为善,只能在不得已时才使用刑罚,而使用时必须小心慎重。儒家对"德"的继承和改造主要表现在两个方面：一是突出了"德"的政治意义,主要包括宽惠使民和实行仁政,认为"德"是治理国家、取得民心民力的主要方法。二是抬高了"德"的地位,认为"德"高于君主的权力,高于国家及法律,是区分"仁君"与"暴君"的标准,是执政、司法的指导方针。

表现在法律思想上,儒家进一步发展了"明德慎罚"思想,主张以刑辅德,以德去刑,恤刑慎杀。

(一) 德刑并用,以刑辅德

儒家认为德和刑都是主要的统治方法,但应该以德为主,刑罚只是德教的辅助。孔丘首先提出了这一观点。他主张"为政以德"(《论语·为政》),赞美德政就像北极星一样,是众星运转的中心。认为德政最容易得到民众的拥护,收到治理的效果,是最理想的政治。他明确指出,行政和刑罚手段虽然可以让民众不敢犯罪,但却无法消除其内心的犯罪动机;而用德和礼进行教化,就能达到自觉地遵守法制和消除犯罪动机的目的,所谓:"道之以德,齐之以礼,有耻且格。"孔丘的德政,还包括博施于民、富民足君、先惠后使、先教后刑、使民以时等各个方面。

孟轲将德治思想发展成为更加完整系统的"仁政"学说,强调仁义原则是制定法令和政策的依据,更明确地反对单纯使用刑罚等暴力手段,主张依靠道德教化争取民众的拥护和服从。所谓"以德行仁者王。……以德服人者,中心悦而诚服也。"(《孟子·公孙丑上》)孟轲的"仁政",除实行德化,征服民心外,还包括制民之产,使赋税有定制、减省刑罚、救济贫穷等内容。

荀况对于"德治"思想也有新的发展。他一方面认为道德准则高于一切,应该按照德行的高低来分配权力和财产,主张君主应该严格服从德行;另一方面认为统治者只有减省刑罚,注意教化,施以恩惠,即以德服人,才能富国强兵,成为霸主。所谓:"权利不能倾也,群众不能移也,天下不能荡也。生乎由足,死乎由足,夫是之谓德操。"(《荀子·劝学》)

儒家虽然注重道德教化的作用,但从不否定刑罚的必要性,当教化不起作用时仍主张诉诸暴力,使用刑罚。孔丘在强调"道之以德、齐之以礼"的同时,仍主张"道之以政,齐之以刑",提倡"君子"既要"怀德",又要"怀刑",怀即注重之意。还主张根据形势的需要使用宽、猛两手,"宽以济猛,猛以济宽"。[12]孟轲也认为:"徒善不足以为政,徒法不足以自行。"(《孟子·离娄上》)道德与法律各有优劣,应该结合起来。后来荀况又发展成为"治之经,礼与刑"(《荀子·成相》),将刑与礼并列起来。他既反对"不教而杀",又反对"教而不诛",主张"明礼义以化之","重刑罚以禁之",认为刑罚不仅是德教的保证,而且能够在教化失效时起制裁作用。

(二)注重教化,以德去刑

儒家所谓的教化,系指向人们灌输宗法伦理和等级观念。孔、孟从性善论出发强调教化的功能。孔丘认为人生来便具有相似的本性,[13]君子小人的道德区别是后天习染而形成的,因此可以通过礼义教化使小人弃恶从善,成为君子。孟轲进而将性善、道德与政治一体化,所谓:"人皆有不忍人之心。……以不忍人之心,行不忍人之政,治天下可运之掌上。"(《孟子·公孙丑上》)"不忍人之心"即"仁心","不忍人之政"即"仁政"。仁义礼智来自"仁心",推行仁义礼智就是"仁政"。因此只要通过教化使人们保持和发扬仁义礼智"四心",便"人皆可以为尧舜",达到理想之治。荀况虽然主张性恶论,但他强调人性是可以改变的,"涂之人可以为禹"。为了使人改恶为善,就必须通过礼义教育来"化性起伪",防止恶性发作。

在儒家看来,教化本身只是一种手段,其目的在于防止和消灭犯罪现象,巩固封建统治。孔丘期望通过"德治","胜残去杀",达到"无讼"的境界。他说:"博学于文,约之以礼,亦可以弗畔(叛)矣。"(《论语·雍也》)认为道德教育本身就是预防犯罪的重要手段。又说:"听讼吾犹人也,必也使无讼乎。"(《论语·颜渊》)强调审判案件不仅仅是惩罚制裁,而且也是一种教育的手段。这种"以德去刑"的教育预防思想,是儒家的创造和贡献。

儒家教化的内容,是"导之以德,齐之以礼"。这种教化与刑罚威吓不同,他们一方面强调遵守礼义,重在启发人们的内心自觉,要求人们用严以律己,与世无争,自我省察,安贫乐道等道德戒律达到遵礼守仁的目的,同时向劳动人民灌输仁义礼智的信条。另一方面,儒家的教化又以"重义轻利"为内容。孔丘以义、利区分君子和小人,"君子喻于义,小人喻于利"(《论语·里仁》),提倡"杀身以成仁"[14]。孟轲更为明确地崇尚仁义而反对功利,主张"舍生而取义"。荀况也认为"积礼义而为君子"。儒家的这种礼教或德教,实际上就是封建的政治教育、法制教育和道德教育。

(三) 恤刑慎杀,先教后刑

儒家提倡"仁政",因此反对酷刑滥杀。孔丘说:"不教而杀谓之虐",并且以此作为实现"五美"(即执政的五大纲领)的措施之一,提倡先教化后刑罚,"威而不猛"。[15]孟轲主张"省刑罚",斥责"重刑罚"是"虐政"的主要表现,把"杀人以政"与"杀人以梃"、"杀人以刃"同样看待,甚至认为与"率兽而食人"没有什么区别。[16]荀况指出:"赏僭则利于小人,刑滥则害及君子",坚决反对"以族论罪"。[17]

儒家的恤刑和慎杀,主要表现于按照礼义原则对于犯罪行为从宽处理。例如,孔丘主张的"父为子隐,子为父隐","赦小过"以及《礼记》所总结的"凡听五刑之讼,必原父子之亲,立君臣之义以权之"。同时,恤刑慎杀还基于儒家对犯罪根源的认识。他们认为由于执政者往往不能先教后刑,使民众出于无知而身陷其罪,所以应该从轻论处。民众犯罪是"上失其道"[18]的结果,因而对刑罚的使用应该慎之又慎。

## 三、"为政在人"的人治论

在治理国家的过程中,起决定作用的是统治者个人还是法律制度？在统治方法上，主要依靠统治者的道德感化还是法律强制？这是自古以来"人治"与"法治"之争的主要内容。

儒家是"人治"论者。孔、孟主要是从统治方法角度来立论的。他们把政治看成个人道德的扩大，因此注重并强调执政者在治国中的决定作用，所谓："为政在人"，"其人存则其政举，其人亡则其政息"。[19]荀况则着重对人和法的相互关系进行分析，强调人起着决定法的作用，"法不能独立，类不能自行，得其人则存，失其人则亡"（《荀子·君道》）。这种"人治"论显然是"礼治"和"德治"所派生的，并且以"礼治"和"德治"为其主要内容。因为等级特权是"礼治"的特征，级别愈高，特权愈多，权力也愈大，统治者的个人作用便愈突出，所以"礼治"必然导致"人治"。同时，只有实行"德治"才能使人"心悦诚服"，而"德治"的实现有赖于道德高尚的人充当统治者来感化人民，所以"德治"也必然导致"人治"。

（一）圣贤决定礼法

儒家认为，国家的治乱，礼法的立废，都取决于统治者，特别是君主个人的品德。因此希望所有的君主都能成为像尧、舜、文王、武王、周公那样的"圣贤"，只有"圣君"和"贤臣"才能保证礼治的实现和德化的推行。正因为如此，孔丘指出君主"一言可以兴邦"，"一言可以丧邦"。季康子问能不能杀戮"无道"之人，孔丘回答说不能靠杀人来统治，要靠执政者的表率："子为政，焉用杀？子欲善而民善矣。"（《论语·颜渊》）他所说的"导德齐礼"、"导政齐刑"都是以"圣贤"作为主体的。孟轲进而指出，国家治是"圣王"之功，国家乱是"暴君"之过，"天下之本在国，国之本在家，家之本在身"，而"一正君而国定矣"。（《孟子·离娄上》）荀况则提出了"有治人，无治法"的论断，认为只有善于治国的人，没有离开人而能治好国家的法度。法是靠人来制定，靠人来执行的。没有圣王和君主，天下就大乱。"无君子，则天地不理，礼义无统，上无君师，下无父子，夫是之谓至乱。"（《荀子·王制》）

(二)"身正"则"令行"

儒家认为,政治、法律、道德的实现都是"由己及人"的过程,"人治"的关键在于统治者能严格地以礼法"正己",用自己的优秀品质和模范行为去感化民众。孔丘提出,治国执法必须从"修身"开始:"修己以安人","修己以安百姓"。统治者"身正"即能以身作则,他的政令便可通行无阻;反之,"其身不正,虽令不从",政令便无法贯彻(《论语·子路》)。孟轲也认为法律关系首先是上行下效的关系,君主的道德是维系天下的纲常,"身正而天下归之","君仁莫不仁,君义莫不义,君正莫不正"。因而他把止乱致治的希望寄托在抽象的"圣王"身上:"五百年必有王者兴"。[20]荀况的"人治"论更具有法理学的意义,他从"王者之人"、"王者之制"、"王者之论"、"王者之法"四个方面提出了"圣王"应该具备的条件。王者之人——应该是能用礼义约束自己,依法理政,明察善变的人;王者之制——恢复和坚持传统的宗法等级制度;王者之论——"无德不贵,无能不官,无功不赏,无罪不罚";王者之法——以"节用"、"富民"为核心的经济财政制度与政策。(见《荀子·王制》)这四个方面,既是现实君主努力的目标,又是衡量君主的标准。因此,在一定的意义上,儒家提倡"人治",要求统治者以身作则,带头守法,具有一定的合理性和进步性。它在思想上是对君主的一种制约,同时又是批评暴君苛政的武器。

(三) 法先王,顺人情

儒家在法与人的关系中强调人(统治者)的作用,在现实君主和古代圣贤之中又强调古代圣贤的作用。所以他们"祖述尧舜,宪章文武"(《史记·太史公自序》),以古代圣贤的品格为楷模,奉古代圣贤的法制为圭臬。从孔丘开始,便称颂尧舜之道,效法文武之礼,他自称"述而不作,信而好古",赞扬"周之德,其可谓至德也"(《论语·述而》),甚至连作梦都想回到周公时代,并常为民心不古而哀叹,因此以"克己复礼"为己任。孟轲鲜明地将先王之道作为旗帜和理想,鼓吹"舜为法于天下,可传于后世",宣称"我非尧舜之道不敢以陈于王前",一切都要遵照圣人的遗训:"圣人,百世之师也"(《孟子·尽心上》)。这种"先王"论,从表面上看是要求复古,实际上是借古喻今,对现实的君主及其法制提出高标准的要求,同时借先王来推行自己的主张。

荀况在新的形势下举起了"法后王"的旗帜,明确反对孟轲的"法先王"。其实他所谓的"后王"还是指尧、舜、文、武,只是在提法上与孟轲不同。虽然他批评孟轲"略法先王而不知其统",主张"法后王而一制度",但他也提倡"法先王,隆礼义","凡言不合先王,不顺礼义,谓之奸言"。在维护周礼的宗法等级制度方面,荀况与孔、孟是完全一致的。荀况"法后王"的特点有二:一是强调"一制度",即仿效古代圣贤的政治必须为确立新的封建制度服务,变孔、孟主张的封建贵族政体为封建官僚政体。二是强调"礼顺人情",即具体的礼法制度必须符合人情和社会实际,"起礼义、制法度,以矫饰人之情性而正之,……使皆出于治,合于道者也"。[21]荀况的"人治"不像孔、孟那样保守,更有进取性。

综上所述,儒家在礼与法的关系上强调礼治,在德与法的关系中强调德治,在人与法的关系中强调人治。这些法律观点,经过改造,基本上都被秦汉以后的封建统治者所采纳,成为封建正统法律思想的主要组成部分。

**注:**
① 《荀子·儒效》:"儒者法先王,隆礼义,谨乎臣子而致贵其上者也。"
② 《礼记·曲礼》:"礼者,所以定亲疏,决嫌疑,别同异,明是非也。"
③ 《论语·颜渊》:"齐景公问政于孔子。孔子对曰:'君君,臣臣,父父,子子。'公曰:'善哉!信如君不君,臣不臣,父不父,子不子,虽有粟,吾得而食诸?'"
④ 《孟子·公孙丑下》。《孟子·滕文公上》:"人之有道也,饱食暖衣,逸居

而无教,则近于禽兽。圣人有忧之,使契为司徒,教以人伦:父子有亲,君臣有义,夫妇有别,长幼有序,朋友有信。"

⑤《荀子·君道》:"请问为人君?曰:以礼分施,均遍而不偏。请问为人臣?曰:以礼待君,忠顺而不懈。请问为人父?曰:宽惠而有礼。请问为人子?曰:敬爱而致恭。请问为人兄?曰:慈爱而见友。请问为人弟?曰:敬诎而不苟。请问为人夫?曰:致功而不流,致临而有辩。请问为人妻?曰:夫有礼则柔从听侍,夫无礼则恐惧而自竦也。此道也,偏之而乱,俱立而治,其足以稽矣。"

⑥《礼记·礼运》:"礼义以为纪,以正君臣,以笃父子,以睦兄弟,以和夫妇,以设制度。"

⑦《论语·学而》:"有子曰:其为人也孝悌,而好犯上者鲜矣。不好犯上,而好作乱者,未之有也。君子务本,本立而道生。孝悌也者,其为仁之本欤!"

⑧《论语·为政》:"或谓孔子曰:'子奚不为政?'子曰:书云'孝乎,惟孝友于兄弟,施于有政。'是亦为政,奚其为政?"

⑨《孟子·离娄上》:"人有恒言,皆曰天下国家。天下之本在国,国之本在家,家之本在身。""道在迩而求诸远,事在易而求诸难:人人亲其亲,长其长,而天下平。"

⑩《孟子·公孙丑下》:"天下有达尊三:爵一、齿一、德一。朝廷莫如爵,乡党莫如齿,辅世长民莫如德。"

⑪《荀子·王制》:"分均则不偏,势齐则不一,众齐则不使。有天有地而上下有差,明王始立而处国有制。夫两贵之不能相事,两贱之不能相使,是天数也。势位齐,而欲恶同,物不能澹则必争。争则必乱,乱则穷矣。先王恶其乱,故制礼以分之,使有贫富贵贱之等,足以相兼临者,是养天下之本也。"

⑫《左传·昭公二十年》:"仲尼曰:善哉! 政宽则民慢,慢则纠之以猛。猛则民残,残则施之以宽。宽以济猛,猛以济宽,政是以和。"

⑬《论语·阳货》:"性相近也,习相远也。"

⑭《论语·卫灵公》:"志士仁人,无求生以害仁,有杀身以成仁。"

⑮《论语·尧曰》:"子张问于孔子曰:'何如斯可以从政矣?'子曰:'尊五美,屏四恶,斯可以从政矣。'……子张曰:'何谓四恶?'子曰:'不教而杀谓之虐;不戒视成谓之暴;慢令致期谓之贼;犹之与人也,出纳之吝谓之有司。'"

⑯《孟子·梁惠王上》:"梁惠王曰:'寡人愿安承教。'孟子对曰:'杀人以

梃与刃,有以异乎?'曰:'无以异也。''以刃与政,有以异乎?'曰:'无以异也。'曰:'庖有肥肉,厩有肥马,民有饥色,野有饿莩,此率兽而食人也。兽相食,且人恶之,为民父母,行政,不免于率兽而食人,恶在其为民父母也。'"

⑰《荀子·君子》:"乱世则不然:刑罚怒罪,爵赏踰德,以族论罪,以世举贤。故一人有罪而三族皆夷,德虽如舜,不免刑均,是以族论罪也。"

⑱《论语·子张》:"曾子曰:上失其道,民散久矣。如得其情,则哀矜而勿喜。"

⑲《礼记·中庸》:"哀公问政,子曰:文武政,布在方策。其人存,则其政举,其人亡,则其政息。"

⑳《孟子·离娄上》:"唯大人为能格君心之非。君仁莫不仁,君义莫不义,君正莫不正,一正君而国定矣。"《孟子·公孙丑下》:"五百年必有王者兴,其间必有名世者。"

㉑《荀子·性恶》:"古者圣王以人之性恶,以为偏险而不正,悖乱而不治,是以为起礼义、制法度,以矫饰人之情而正之,以扰化人之情而导之也。使皆出于治,合于道者也。"

## 第二节 孔丘以仁、礼为核心的法律思想

孔丘(前551—前479),字仲尼,出身于宋国贵族。其父早死,家世败落,所以他自称"吾少也贱"。成人后曾任鲁国权贵季民的家臣,担任过管理仓库和牛羊的小官,同时经常从事"相礼"的活动。由于他专心学礼,30岁左右便以通晓礼仪著称,并开始兴办私学,招收弟子。50多岁在鲁国当过短时期的中都宰、小司空和司寇,据说当时到了"道不拾遗"的地步,很有政绩。此后一直从事教育。①

孔丘在当时的主要活动和贡献是教育。他办学的目的是培养"士",开创了"学而优则仕"的潮流。由于他主要以礼义教育学生,因而对有关周礼的典章制度进行过专门研究,对于"礼治"学说进行了概括。他极不满意当时"礼崩乐坏"的状况,常为民心不古而

哀叹,时时想回到周公时代,以恢复周公的"礼治"为理想。因此,总的来看,孔丘的政治倾向比较保守。

为了实现"复礼"的目的,孔丘一方面严厉谴责各种违反和破坏周礼的言行,另一方面企图通过改良以缓和阶级矛盾与贵族内部的矛盾,这一切他设想主要依靠道德感化的手段来实现。因此,他竭力提倡仁者"爱人",要求"克己复礼",建立了一个以"仁"为手段,以"复礼"为目的的思想体系,成为整个儒家思想的理论基础。

孔丘的思想是为当时各级贵族服务的。他在坚持维护宗法等级特权之礼的同时,又斥责苛政,反对人殉,主张"爱人"、"惠民","使民以时","博施于民",将奴隶主贵族的旧礼加以改造之后用来为封建贵族服务。正因为孔丘的思想主张符合封建统治者的根本利益,还能收到统一人心、潜移默化之效,所以虽然他生前未被重用,死后却身价百倍,尤其在汉代之后被尊为"至圣先师",受到顶礼膜拜,甚至成了中华民族传统文化的象征。

孔丘的法律思想也是以"仁"、"礼"为核心的。他主张以礼治国,旨在强调立法司法必须以"亲亲"、"尊尊"的等级名分作为指导;主张"导德齐礼",认为道德教化的作用大于法律强制;主张"身正令行",要求统治者必须以身作则;主张恤刑少杀,指出礼义以及刑罚都具有预防犯罪的作用。总之,孔丘维护"礼治",重视"德治",提倡"人治",继承和发展了西周的"礼治"和"明德慎罚"思想,奠定了整个儒家法律思想的理论基础,起到了为封建制度立法立言和承先启后的重要作用。

孔丘的思想言行,见于《论语》、《左传》及《史记》。

## 一、以"仁"为核心的法律观

孔丘系统地提出了"仁"的观点,并且认为"仁"是最高的道德标准,是实现"礼治"的必由之路,从而建立了一个以"仁"为手段,以"复礼"为目的的思想体系。他的法律思想,也是围绕"仁"和

"礼"而展开的。

孔丘认为"仁"是最完美的伦理道德。尽管由于孔子对"仁"的解释往往因人而异,各有所指而使其含义宽泛多变,令人难以把握,但是从"若圣与仁",②"天下归仁","克己复礼为仁",③"苟志于仁"等论述来看,他显然认为"仁"是最高尚的道德,最完美的人格。他强调,君子时时刻刻都不能违背"仁"的要求,无论遇到什么情况、在任何场合都要坚持"仁"。④

同时,孔丘把他认为的一切美好的品格,诸如孝、悌、忠、信、恭、宽、敏、惠、智、勇、敬、诚、好礼、忠恕、爱人、中庸、博学等,全都包容在他的"仁"之中。所有这些都是处理人与人关系的准则,然而它们之间的地位和作用却不是并列的,有主次之分。从他的论述来看,仁的基本精神是重视人,仁的基本含义是"爱人"。将"爱人"用之于处理家庭关系,就是父慈、子孝、兄友、弟恭;用之于处理政治关系,就是"君使臣以礼,臣事君以忠";(《论语·八佾》,下引此书仅注篇名)用之于处理统治阶级内部关系,就是"己所不欲,勿施于人"的"忠恕之道"(《颜渊》);用之于处理君子与小人的关系,就是"恭、宽、信、敏、惠。恭则不侮,宽则得众,信则人任焉,敏则有功,惠则足以使人"(《阳货》),目的在于怀柔和安抚。作到以上各个方面,就可以"近者悦,远者来","天下归仁"(《子路》)。

孔丘的仁者"爱人"虽然有"泛爱众"、"博施"的因素,但并不是平等地爱一切人,它带着深刻的宗法等级制的烙印,从而使孔丘的仁表现出明显的宗法性、等级性和强制性。

首先,孔丘主张"爱人"必须从"亲亲"开始,由亲及疏,由己及人。也就是说,必须先亲爱自己的亲人,特别是父亲和兄长。所以在具体的伦理原则中,他最强调孝悌。"孝悌也者,其为人之与欤。"⑤从孝亲悌兄开始向外扩展:君臣如同父子,对父亲能孝,对君主就能忠;长上如同兄长,对兄长能恭敬,对长上就能顺从。这一思想,被后代的封建统治者表述为"求忠臣于孝子之门"。这是宗法关系在法律观上的反映。

其次，孔丘的"爱人"又是有等级的，等级不同，爱的具体要求也不同。其根本的出发点，就是"尊尊"。例如，家庭中的父慈子孝、兄友弟恭并不是对等的，他强调的是子、弟必须尽到孝、悌的义务，孝悌是仁德的根本。社会政治中的"君使臣以礼，臣事君以忠"，更是等级分明，一个"使"（驱使），一个"事"（事奉），把两方面的权利义务规定得清清楚楚。孔丘总是要求卑幼无条件地服从尊贵，"小人"驯服地听命于"君子"。同时，他认为"爱人"只是"君子"阶级的品德，"未有小人而仁者也"。⑥让"小人"也懂得"爱人"之道，是为了更好地役使他们。"君子学道则爱人，小人学道则易使。"（《阳货》）因此，孔丘的"爱人"不仅有等级，而且主要是要求下级贵族服从上级贵族，遵守贵族内部的等级秩序，并要求劳动人民安于低贱贫苦，服从统治。

再次，孔丘的"爱人"还具有强制力。如果违背了"仁"的要求，不仅要受道德良心的谴责，而且要受武力的征讨和刑罚的制裁。在一般情况下，孔丘强调的是"仁"的道德属性和道德约束力，要求人们"杀身以成仁"⑦，通过修己、自戒、自省和慎独等方法自觉地遵守仁的原则。但是"成仁"决不仅仅指个人的洁身自好或者道德完满，同时也是重要的统治原则和法定义务。孔丘从两个方面赋予了"爱人"以政治上和法律上的强制力：一是将仁与礼联系起来；二是直接使孝、忠等伦理规范具有法律的性质。

在仁与礼的关系上，孔丘以仁来充实礼，认为周礼是最完善的伦理规范和制度，而仁则是最完美的伦理观念和品德。仁是礼的精神实质，礼是仁的形式表现。他说："克己复礼为仁"，复礼是仁的目的，仁是复礼的手段，仁和礼互为因果，以维持宗法等级秩序。孔丘指出："苟志于仁矣，无恶也"，只有具备了仁才不会有违背礼的行为；相反，"人而不仁，如礼何"⑧，一个"不仁"的人必定会有"恶"行。违反了礼的规定就要受到严厉的制裁。例如，鲁国的大夫季氏擅用天子的音乐，孔丘深恶痛绝，视为大逆不道。齐国大夫陈恒杀死国君，孔丘不顾70岁的高龄，亲自劝说鲁哀公出兵讨伐。在他看来，一个人如果是"仁者"，他的言行必然会合乎周礼；反之，如果一个人的言行违反周礼，那么就表明了他的"不仁"。这样守礼与非礼便成了衡量仁与不仁的标准。因此，孔丘大力宣扬仁论，不但可以利用道德的力量来促进和约束人们遵守周礼，而且可以利用周礼的强制力量来保证仁德。

孔丘又将一些主要的伦理规范赋予法的性质。例如，作为"仁之本"的孝，以及由孝延伸扩大而来的忠，都是道德信条，然而孔丘认为，孝与忠同时也是政治原则。"其为人也孝悌，而好犯上者鲜矣；不好犯上，而好作乱者，未之有也。"(《学而》)不违背父训，就是孝；不犯上作乱，就是忠。孝与忠相通，互为一体，不孝不忠，犯上作乱，那就成了"元恶大憝"，要"刑兹无赦"了。

总之，以"爱人"为中心，以孝悌为根本，以"克己"、"忠恕"等为手段，以恢复和完善礼治为目的，这就是孔丘"仁"论的实质内容，也是他法律观的主要结构。

### 二、礼是立法、司法的指导原则

孔丘继承了西周以来的"礼治"思想，把恢复和保卫周礼作为自己的神圣使命。他对"礼崩乐坏"的局面深恶痛绝，要求各个诸侯"以礼让为国"，要求各阶层人士"克己复礼"，同时以仁充实礼的内容，将礼美化成为一种最完善的伦理原则和最美好的政治制度。"为国以礼"、"礼其政之本"⑨等语，集中表达了他对礼在政治中的地位和作用的认识。

孔丘要恢复周礼，同时又对周礼进行了重要的修正。除了纳仁入礼，即以仁作为礼的理论基础和实现手段之外，他还提出对民众要导之以德，齐之以礼，这是对西周旧礼"折民唯刑"的否定；主张"举贤才"，这是对旧礼"世卿世禄"的否定。这两项修正都突破了过去"礼不下庶人"的传统,转向"礼下庶人",从而对奴隶制之礼向封建制之礼的转变起了开路架桥的作用。

在法律思想方面,孔丘对礼、刑的作用进行了对比,指出"齐之以刑"只能使民众暂时免于犯罪,却不能使之心服;只有"齐之以礼",民众才会有羞耻之心,自觉遵守法令。同时指出:"上好礼,则民莫敢不敬",⑩"上好礼,则民易使也"(《宪问》),将礼本身视为实现统治的工具和保证。因此他强调,法律的制定和运用必须以礼为指导,"礼乐不兴则刑罚不中,刑罚不中则民无所措手足"。具体表现在:

第一,主张"正名",以法律严格维护"君臣父子"的等级名分。孔丘认为,"正名"是以礼治国的起点,"正名"就是纠正各种违反周礼规定的等级名分的现象。为什么先要"正名"呢？孔丘指出:"名不正则言不顺,言不顺则事不成,事不成则礼乐不兴,礼乐不兴则刑罚不中,"⑪即只有端正名分才能使礼乐的实行"名正言顺",才能正确地适用刑罚。当齐景公问如何"为政"时,孔丘回答说:"君君、臣臣、父父、子子。"(《颜渊》)即君主要像君主的样子,臣子要像臣子的样子,父亲要像父亲的样子,儿子要像儿子的样子。这段回答,自古以来被视为"正名"的宗旨,礼教所以称为"名教",也来源于此。他还说:"唯器与名,不可以假人。"⑫由于"名号"是权力的象征,对于一个国君来说,权力是最重要的,所以不能轻易地借给别人。正因为春秋时期杀父弑君、犯上作乱的现象层出不穷,父子、君臣关系较前发生了重大变化,所以孔丘才提出"正名",要求人们各就各位,各守其分,"非礼勿视,非礼勿听,非礼勿言,非礼勿动"(《颜渊》)。

第二,主张"礼乐征伐自天子出"。孔丘强调"礼其政之本",表现在国家政权上,便是"礼乐征伐自天子出",而"庶人不议"。主张制礼作乐的立法权力应归天子掌握,出兵讨伐等军事行动由天子决定,一般的民众是无权问鼎的。他把这种政权的集中和统一称为"天下有道"。相反,"礼乐征伐自诸侯出",或者"自大夫出",以及"陪臣执国命",都是"天下无道"的表现。⑬这种反对分裂割据,以"王道"统一天下的思想,对于后来统一的多民族国家的建立和统一法制的形成,产生了深刻的影响。

第三,主张"父子相隐"。这是"为亲者讳"的周礼原则在判断是非与犯罪问题上的反映。孔丘认为,父子之间应该互相隐瞒犯罪,而不应该互相告发。"父为子隐,子为父隐,直在其中矣"(《子路》)。这一主张,是以家庭为本位的宗法制度在司法方面的具体表现,也是后来封建法律允许亲属相隐的张本。"子为父隐"是礼的要求,臣为君讳更是礼所当然:"臣不可言君亲之恶,为讳者,礼也"。(《子路》)鲁昭公娶吴女,违背了周礼"同姓不婚"的规定,但孔丘为了严守"臣为君讳"的原则,不议论君父之非,把鲁昭公的违礼说成"知礼",他承认自己说了假话,但乐意承担这个错误(《史记·仲尼弟子列传》)。由此可见其维护"君臣之义"的良苦用心。

第四,反对"铸刑鼎"。据《左传·昭公二十五年》载,担任晋国执政的越鞅继郑国子产"铸刑书"之后,又"铸刑鼎",公布了范宣子所制定的刑法。孔丘也像叔向反对子产那样进行了激烈的批评。叔向指责"铸刑书"主要是维护秘密刑的传统,反对公布成文法;孔丘却与之不同,他并不反对公布成文法本身,而是反对乱立法和立乱法。所谓反对乱立法,是指陪臣不能"执国命",臣下无权公布成文法。在孔丘看来,"礼乐征伐自天子出",晋国只能奉行原来周公所传授给唐叔(晋国的开国君主)的"法度","卿大夫以序守之,民是以能尊其贵,贵是以能守其业",而现在由大夫制定法令,铸造刑鼎,民众看到这种等级混乱的法令,又怎么能尊敬贵族呢?所谓反对立乱法,是指刑鼎所铸的新法令属于"晋国之乱制",根本不能也不应该作为法令:"若之何以为法"?(《左传·昭公二十九年》)可见孔丘的本意不是反对法令的公布,而是反对不符合礼治的法令,从而表明了他"为国以礼",用礼来指导立法的坚定立场。

### 三、道德教化高于法律强制

主张"为政以德"的"德治",力图发挥道德感化作用来缓和各种社会矛盾,以恢复"礼治"和实现统一,是孔丘提出的统治方法。他总结了殷周统治的经验教训,认为在春秋末期社会动荡的形势下,仅依靠"折民惟刑"的暴力强制的老办法已无济于事。如果采取德化(即道德教育)加怀柔安抚的方法,那么人民就会自愿归顺,就像众多的群星围绕着北极星一样。[14]他还说,贵族的德化就像"风",民众的思想就像"草",风吹草低,如果能用德来统治,"草上之风必偃",不仅本国民众服从,而且能使远方的人也前来归附。[15]

这种"德治"表现在经济与政治的关系上,是主张先富后教,即先保证人民的基本生活,然后再进行教化。[16]表现在政治措施上,是先惠后使,即先采取减轻控制和赋税等怀柔措施,然后再驱使。还应该先教后使,即先引导教育然后再役使。德治在法律思想上的表现,则是先教后刑、德主刑辅和以德去刑。

(一) 先教后刑,强调道德感化的作用

在统治方法上,孔丘将礼义约束、道德感化和行政命令、法律强制的作用进行了对比,指出:"道之以政,齐之以刑,民免而无耻;道之以德,齐之以礼,有耻且格。"(《为政》)在他看来,用政令来治理,用刑法来制约,虽可使人不敢犯罪,但并不能使人知道犯罪的可耻;用德化来治理,用礼义来约束,百姓就会感到犯罪的可耻而自愿服从统治。显然,孔丘不但把德化、礼义放在首位,认为是较政令、刑法更为优越的统治方法;而且指出了德化礼教能禁犯罪于未萌,具有预防犯罪的重要作用。

孔丘的"导之以德",包括两个方面:一是统治者必须推行德政,表现为宽惠使民,轻徭薄赋,省法轻刑,等等,其纲领是"尊五美","屏四恶"。"五美"即执政的五种美德:"惠而不费"——给百姓恩惠但耗费不大;"劳而不怨"——役使百姓而无人怨恨;"欲而不贪"——追求仁德而不贪图财利;"泰而不骄"——态度庄重而不傲慢;"威而不猛"——政治威严而不苛刻。"四恶"即四种恶政:"不教而杀谓之虐"——事先不进行教化就杀人,叫做虐政;"不戒视成谓之暴"——事先不告诫而要求立即完成,叫做暴政;"慢令致期谓之贼"——命令很晚才下达而又限期严格,叫做贼政;"犹之与人也,出纳之吝,谓之有司"——同样给人赏施而又十分吝啬,则叫不大方(《尧曰》)。

二是通过统治者确立的道德榜样,启发民众的心理自觉,在律己、内省、自戒中修养完善的品行[⑰],从而防止和消除犯罪的动机和行为,其中心是"其为人也孝悌"和"克己复礼为仁"。

孔丘的"齐之以礼"也包括两个方面:一是要求统治者模范地遵守礼的规定,从而感化和影响民众:"上好礼,则民莫敢不敬;上好义,则民莫敢不服;上好信,则民莫敢不用情。"(《子路》)如果做到了这些,那么四方的民众都会扶老携幼地前来归顺。二是所有的人都应该用礼来规范自己,用礼来约束道德。孔丘指出,虽然恭、慎、勇、直都是"仁"的表现,但恭敬不以礼来约束,就会变成徒劳;谨慎不以礼来约束,就会变成畏缩;勇敢不以礼来约束,就会变成作乱;正直不以礼来约束,就会变成粗暴(见《泰伯》)。因此,不仅要"道之以德",还必须"齐之以礼",德化和礼教的结合,能够有效地预防和制止犯罪和反叛:"博学于文,约之以礼,亦可以弗畔(叛)矣夫!"(《雍也》)

(二) 宽猛相济,以刑罚辅助德教

孔丘重教化,轻刑罚,这只是从相对意义上来说的。实际上他们不否认刑罚的强制作用。他主张振兴礼乐,使刑罚适中。并说:"君子怀德,小人怀土;君子怀刑,小人怀惠。"(《里仁》)意思是说,小人成天想的是田地和恩惠,而君子注重的是德行和刑法。可见他视德与刑为政治的两手,两手都要注重。例如,晋国的重臣叔向坚持礼法原则,以受贿枉法罪将自己的兄弟"戮尸",孔丘得知之后,大为称赞,说叔向"治国制刑,不隐于亲","以正刑书",大有古人正直的遗风(见《左传·昭公十四年》)。又如,郑国子产主张以宽济猛,当孔丘听说郑国执政按照子产的遗训"尽杀盗贼"的消息时,连声叫好,并认为政治宽厚百姓就会怠慢,怠慢了就要用严厉来纠正;政治严厉百姓就受伤残,伤残了就要实施宽厚的政策:"宽以济猛,猛以济宽,政是以和。"(《左传·昭公二十年》)

虽然子产和孔丘都主张宽猛结合,但二人的侧重点不同。子产是强调以猛为主,因为宽厚政策比较难实行;而孔丘则强调以宽为主,因为"宽则得众"。因此,在多数情况下,孔丘总是主张德化,强调对劳动人民实行宽厚怀柔政策,把刑罚作为教化的辅助手段,作为德化失效后的防线。这种思想,被后人概括为"德主刑辅"。

(三) 以德去刑,德教具有消灭犯罪的功能

如前所述,孔丘认为,在教育人们弃恶从善、消除犯罪动机方面,德化比刑罚更为有效。这是他基于"性相近,习相远"的人性论所得出的结论。正因为人们生来具有大体相似的本性,所以没有什么"天生罪犯"的存在,犯罪可以通过德化和礼教来预防,罪犯可以通过仁德和礼义来教化。从这一思想出发,他不仅反对不教而杀,主张对罪人进行教化,而且视道德教化为消灭犯罪的有效手段。

孔丘说:"善人为邦百年,亦可以胜残去杀矣。"(《子路》)虽然也承认德化和礼教在短期内难见成效,但只要坚持实行,持之以恒,便能够克服残暴,免除刑杀。

孔丘还说,在审判案件上他和别人一样,坚持赏善罚罪的原则,所不同的是:一般人只看到审判和刑罚的制裁作用,而他则着眼于消除争讼发生的原因,[18]如果通过道德感化的方法使人们之间不再争讼,那么刑罚自然也就没有必要了。这一思想也是孔丘论证"德治"的重要理由,后来被人们归纳为"以德去刑"。

### 四、立法、司法主要靠"贤人"

在各种政治因素中,孔丘最注重统治者个人以身作则的表率作用,认为国家的治乱、法律的好坏都取决于人。这是他维护"礼治",提倡"德治"的必然结论。与"为国以礼"、"为政以德"相适应,他强调"为政在人",突出了"贤人"在立法、司法中的决定性作用。

(一)"人存政举",由圣贤治国立法

这是"人治"思想在立法方面的表现。孔丘提出"礼乐征伐自天子出",只有"天子"或君主才能制礼作乐,才有立法大权。因此,天子或君主便维系着国家的命运。所以,当鲁哀公"问政"时,孔丘很明确地回答:"文武之政,布在方策。其人存,则其政举;其人亡,则其政息。……故为政在人。"(《礼记·中庸》)意思是:最好的制度和政策,是西周文王、武王时的制度和政策,这些都记载在典章之中。只要文王、武王这样的贤人存在,那么他们的政治就能实现;没有这样的贤人,就无法实现。

各级官吏也应该选贤人担任。当仲弓问如何为政时,孔丘回答:"先有司,赦小过,举贤才。"(《子路》)意思是:处理政事首先要分派官吏,各职所司,然后赦免有轻微过错的人,还必须提拔贤能人士。可见,孔丘是把"举贤才"作为治理国家的一项基本原则来看待的。为了强调"举贤才"的重要,孔丘对于传统的"世卿世禄"制度和周礼的"亲亲"原则进行了大胆的修正。他一方面要求举贤"近不失亲",虽然也赞同"君子笃于亲",要任用亲贵;但强调选"亲"中之"贤",并非凡"亲"皆举。另一方面,他又主张"远不失举",让那些非贵族出身的"贤才"直接参与国政,成为统治集团的成员。因此,当孔丘得知晋国的执政选派了十位县大夫,其中九人都不是亲戚时,称赞说:"近不失亲,远不失举,可谓义矣。"(《左传·昭公二十八年》)

(二)"身正令行",执政者应带头遵守礼法这是"人治"思想在司法方面的表现。孔丘认为，政治是一种上行下效的关系，榜样的力量具有决定性的作用，因此统治者的以身作则，是法令贯彻的关键。因此，当鲁国的正卿季康子"问政"时，孔丘回答说"政"的本意就是端正，如果执政者带头端正自己，那么别人自然会端正；如果执政者连自己的行为都不能端正，又怎么能去端正别人呢？[19]

孔丘意识到执政者政治的好坏与民众守法或犯罪之间的关系，季康子问怎样防治盗贼？他回答说，如果执政者自己做到不贪欲，就是对偷盗悬赏也没有人去干。[20]因而他强调"修己以安人"，"修己以安百姓"。

政令的推行与执政者个人也有着直接的联系。他强调："其身正，不令而行；其身不正，虽令不从。"(《子路》)即执政者自己的行为端正，不必号令百姓也会行动；相反，自己的行为不端正，就是有了号令百姓也不会服从。因此，当鲁哀公问怎样才能使百姓顺服时，孔丘回答说，如果提拔正直的人放在邪恶的人之上，百姓就能服从；相反，如果任用邪恶的人，百姓就不会服从。[21]

总之，孔丘并没有否定法律的作用，但是他在论述"法"与"人"的关系时，将统治者个人置于"法"之上，这与他在论述"法"与"礼"的关系时，将礼置于"法"之上；在论述"法"与"德"的关系时，将德置于"法"之上，是完全一致的。这一思想，经过战国时期孟轲、荀况和西汉董仲舒等儒家的继承和改造，成为封建社会正统法律思想的主要内容，长期影响了整个立法、司法活动。

**注：**
① 《史记·孔子世家》："孔子生鲁昌平乡陬邑。其先宋人也，曰孔防叔。防叔生伯夏，伯夏生叔梁纥，纥与颜氏女野合而生孔子。……生而首上圩顶，故因名曰丘云。字仲尼，姓孔氏。"

"孔子贫且贱，及长，尝为季氏史，料量平；尝为司职吏西畜蕃息。由是为司空。已而去鲁,斥乎齐,逐乎宋、卫,困于陈蔡之间,于是反(返)鲁。"

"孔子以诗、书、礼、乐教,弟子盖三千焉,身通六艺者七十有二人。"

②《论语·述而》:"若圣与仁,则吾岂敢。抑为之不厌,诲人不倦,则可谓云尔已矣。"

③《论语·颜渊》:"颜渊问仁。子曰:'克己复礼为仁,一日克己复礼,天下归仁焉。为人由己,而由人乎哉?'"

④《论语·阳货》:"子曰:'苟志于仁矣,无恶也。'""君子无终食之间违仁,造次必于是,颠沛必于是。"

⑤《论语·学而》:"君子务本,本立而道生。孝悌也者,其为仁之本欤!"

⑥《论语·宪问》:"君子而不仁者有矣夫,未有小人而仁者也。"

⑦《论语·卫灵公》:"子曰:'志士仁人,无求生以害仁,有杀生以成仁。'"

⑧《论语·八佾》:"人而不仁,如礼何?人而不仁,如乐何?"

⑨《论语·先进》:"为国以礼,其言不让。"

⑩《论语·子路》:"樊迟请学稼。子曰:'吾不如老农'。请学为圃。曰:'吾不如老圃'。樊迟出,子曰:'小人哉!樊须也。上好礼,则民莫敢不敬;上好义,则民莫敢不服;上好信,则民莫敢不用情。夫如是,则四方之民,襁负其子而至矣,焉用稼!"

⑪《论语·子路》:"子路曰:'卫君待子而为政,子将奚先?'子曰:'必也正名乎!'子路曰:'有是哉!子之迂也,奚其正!'子曰:'野哉,由也!君子于其不知,盖阙如也。名不正则言不顺,言不顺则事不成,事不成则礼乐不兴,礼乐不兴则刑罚不中,刑罚不中则民无所措手足。故君子名之必可言也,言之必可行也。君子于其言,无所苟而已矣。'"

⑫《左传·成公二年》:"唯器与名,不可以假人,君人之所司也。名以出信,信以守器,器以藏礼,礼以行义,义以去利,利以平民,政之大节也。若以假人,与人政也。政亡,则国家从之,弗可止也已。"

⑬《论语·季氏》:"孔子曰:'天下有道,则礼乐征伐自天子出;天下无道,则礼乐征伐自诸侯出。自诸侯出,盖十世希不失矣;自大夫出,五世希不失矣;陪臣执国命,三世希不失矣。天下有道,则政不在大夫。天下有道,则庶人不议。'"

⑭《论语·为政》:"为政以德,譬如北辰,居其所,而众星共之。"

⑮《论语·颜渊》:"君子之德风,小人之德草,草上之风必偃。"《论语·季

氏》:"故远人不服,则修文德以来之。既来之,则安之。"

⑯《论语·子路》:"子适卫,冉有从。子曰:庶矣哉。冉有曰:既庶,又何加焉? 曰:富之。曰:既富之,又何加焉? 曰:教之。"

⑰律己:"君子求诸己"(《卫灵公》),"躬自厚而薄责于人"。(《季氏》)内省:"吾日三省吾身,为人谋而不忠乎? 与朋友交而不信乎? 传不习乎?"(《学而》)自戒:"君子有三戒,少之时,血气未定,戒之在色;及其壮也,血气方刚,戒之在斗;及其老也,血气既衰,戒之在得。"(《季氏》)

⑱《论语·颜渊》:"子曰:'听讼,吾犹人也,必也使无讼乎!'"

⑲⑳《论语·颜渊》:"季康子问政于孔子。孔子对曰:'政者,正也。子帅以正,孰敢不正?'季康子患盗问于孔子。孔子对曰:'苟子之不欲,虽赏之不窃。'"

㉑《论语·为政》:"哀公问:何为则民服? 孔子对曰:举直错诸枉,则民服,举枉错诸直,则民不服。"

## 第三节 孟轲以"仁政"为中心的法律思想

孟轲(约前390—前305),邹人(今山东邹县)。他忠实地继承和发展了孔丘的思想,在中国封建社会的思想界其地位仅次于孔丘。

孟轲生活在战国中期,这时各诸侯大国已确立了封建制度,新老贵族都在争城争地,扩大实力,同时相互攻伐,进行兼并。新的封建统治者大都对吴起、商鞅的"内行刀据,外用甲兵"的法家感兴趣,而儒家则受到冷遇,"孔子之道不著"。孟轲以孔丘的继承者自居,立志恢复儒学。他周游列国,游说诸侯,推行"仁政"学说,企图以"王道"统一全国。①他曾被齐宣王任命为卿,社会地位很高,往来于各国,被待为上宾。所谓"后车数十乘,从者数百人"②,但终因其主张"迂阔",不切实际,没能得到各国当权者的采纳。晚年退居故乡,与弟子万章等致力于著述,现存《孟子》一书,是其思想言行的真实记录。

孟轲是代表新兴地主阶级中的封建贵族利益的思想家,在政治上提倡"王道",反对"霸道";提倡"仁政",反对暴政。在经济上,他主张恢复西周的井田制,反对土地兼并;主张轻徭薄赋,反对横征暴敛。在学术思想上,通过对法家、墨家的批判,发展了孔丘的思想,提出了系统的性善论和"民为贵"的思想,以及完整的"仁政"学说,从而形成了儒家的"道统",即孔孟之道。孟轲的思想,包含着民本主义、限制君权等积极因素,同时对强化封建纲常起了很大的作用,成为维护封建统治的理论基础。

孟轲的法律思想是为实行"仁政"服务的。他既主张以法律手段保留新老贵族的特权,又着眼于缓和阶级矛盾,主张限制君主的权力。他将批判的锋芒指向法家的"法治",进一步充实和发展了孔丘的仁、礼法律观和"人治"思想,同时将儒家法律思想置于"性善论"的基础之上,提出了体现"仁政"的立法、司法主张。

### 一、与政治法律结合的"仁政"说

孟轲在战国的社会条件下发展了孔丘的"仁义"思想,并将它运用于实际政治之中,使之成为一种具有政治法律内容的"仁政"学说。

(一)仁义出自人的本性

孔子的"仁",要求君仁、臣忠、父慈、子孝、兄友、弟恭、友恕等。孟轲突出了其中的仁、义、礼、智,将其作为四大伦理范畴,同时用"性善"论进行论证,使之成为规范人们行为的最高原则。

"孟子道性善,言必称尧舜。"(《孟子·滕文公上》,下引此书仅注篇名)在先秦时期,孟轲第一个提出了系统的"性善"理论,他认为人生来便具有为善的天性,即所谓"四心":恻隐之心,羞恶之心,恭敬之心,是非之心。这"四心"的发扬光大,就是仁义礼智:"恻隐之心,仁也;羞恶之心,义也;恭敬之心,礼也;是非之心,智也。"因此,仁义礼智这四大伦理原则不是受外界的影响形成的,而是人生所固有的。③只是由于"庶民去之,君子存之",即个人主观努力的不同,"君子"们保留了仁义礼智,成为"仁人"和"贤者";"庶民"们失去了仁义礼智,成为"小人"和"不肖"者。④

根据孟轲的解释,"仁,人心也;义,人路也"。(《告子上》)仁是人们言行举止的动机,义是人们言行举止的规则;"礼之实,节文斯二者也",礼是对思想动机和实际行为的节制;而智,"知斯二者弗去是也"⑤,是对于仁义的判断和认识,即主观能动性。这样,作为最高伦理的仁义礼智便转化为判断和制约人们思想行为的最高标准,具有了法律的性质。

与孔丘相比,孟轲论仁义礼法在内容上没有什么大的变化,他的新贡献主要表现在两个方面:

其一,从人性上对于伦理原则进行了新的论证。仁义礼智是从善性之中诱发出来的,它来自人心并非来自人外。在此之前,儒家多是从历史的回顾和对现实的总结中加以肯定的,违反伦理原则只是对天意或者传统的违犯。经过孟轲的论证,违反了伦理等于失去了人性,把伦理完全说成人的行为规则,从而大大缩短了伦理与法律的距离,使二者在行为规则方面统一起来。

其二,把仁义原则绝对化。孔子认为尧舜等"圣人"远远高于一般的"仁人"。孟轲则指出,"圣人"与"庶民"在人性上是一致的,只要认真地修养返性,任何人都可以成为尧舜那样的"圣人"。⑥这就打破了传统的"天生圣人"的观念。他认为从"庶人"到"圣人"的必由之路是"仁义",有了"仁义"才能为"圣人",失去"仁义"便成为"小人"。⑦同时用仁义衡量包括天子、国君在内的各种人物,指出"不仁"的君主,不但不配作民众的父母,而且不能再称其为"君",应该叫做"残"、"贼",或者"一夫",即独夫民贼。⑧孟子用"仁义"规范一切,衡量一切,视"仁义"为人们行为的基本准则,使之具有法律的性质。这种论证,促使儒家的伦理原则深入人心,也为其法律思想提供了一个更为牢固的基础。

(二)强调"教以人伦","事亲孝弟"

孟轲坚持孔子的伦理法律观,重视道德感化的作用,认为要想使人们遵守统治秩序,主要靠教化而不应依靠刑罚。他说,"善政不如善教之得民也",认为运用行政和法律的强制手段,虽然能够使民就范,但同时又使民众畏惧,不敢亲近;而用仁义道德来教化,能够得到民众的爱戴和拥护,"善政得民财,善教得民心"⑨。用什么来进行教化呢?他明确提出:"教以人伦:父子有亲,君臣有义,夫妇有别,长幼有序,朋友有信。"(《梁惠王上》)

和孔子一样,孟轲也将"孝弟"作为仁义的基点,在实行时应先己后人,由亲及疏。他说:"仁之实,事亲是也。"⑩仁的实质在于事奉亲长,而事奉亲长的中心是孝:"孝子之至,莫大乎尊亲。"⑪孝敬亲长,就能对君主恭顺:"未有仁而遗其亲者也,未有义而后其君者也。"因此,"孝弟"又是一种根本的政治原则和立法原则:"尧舜之道,孝弟而已矣。"(《告子下》)

为了说明君主权力的至高无上和统治的合法,孟轲宣扬君权神授的理论:"天降下民,作之君,作之师"(《梁惠王下》),肯定了臣下和民众对于君主的从属关系。同时,他又发展了孔子的"君使臣以礼"和"正己"思想,强调君主必须实行仁政,"民贵君轻",将仁义原则置于君臣、君民的从属关系之上,使儒家的法律思想显示出限制暴君苛政和反对专制的积极性。

"教以人伦"的实质是维护封建宗法等级制度,对"人伦"的违背就是最大的罪过,要受到严厉的制裁。为此,孟轲责骂"无父无君,是禽兽也"⑫,指出"人莫大焉,亡亲戚君臣上下",这样的人根本不配作人,实属"国人皆曰可杀"者,"杀之而不怨"。⑬

## 二、"仁政"在法律思想上的表现

"仁政"是孟轲思想的核心,是他针对战国时期的形势提出的治国之道,也是他对孔子"德治"的发展和对法家"法治"的否定。

孟轲认为,战国中期是一个"民之憔悴于虐政"(《离娄上》)的时代,统治者们过重地剥削与压迫造成了天下纷乱、民不聊生的局面。在这种情况下,要想统一全国,取得天下,就必须先取得民心。取得民心包括两个方面:一是必须使民众得到他们希望得到的东西,免除他们所厌恶的事情;二是不能过分地剥削民众,以暴虐对待民众的,总免不了"身危国削"或者"身弑国亡"的命运。⑭

因此,孟轲得出结论,统治者只能"以德服人",不能"以力服人"。⑮"以德服人"要求统治者以己度人,"推恩于民",这就是"仁政"。换句话说,实行"仁政"就是统治者将仁义原则由近及远地推广到全体社会成员的身上,运用到政治之中。

"仁政"在理论上出自于性善,"以不忍人之心,行不忍人之政,治天下可运之掌上"。(《公孙丑上》)在实践中表现为个人道德的扩大,"老吾老以及人之老,幼吾幼以及人之幼,天下可运于掌上"(《梁惠王上》)。在内容上主要包括:"制民之产"——保障人民的基本生活;"教以人伦"——进行道德教化;"不误农时"——发展农业生产;"省刑罚,薄税敛"——减少赋税,减轻刑罚;"取民之于有制"——有限制地剥削;等等。可见,孟轲的"仁政"主要是着眼于调整统治阶级与劳动人民的矛盾而提出的。由于他充分认识到人民反抗力量的强大,因此更为重视和强调劳动人民的作用,这也是他与孔子的一个区别,是对孔子"德治"思想的一大发展。

孟轲自信实行"仁政"能够无敌于天下⑯,因而不遗余力地劝说各国诸侯实行仁政。他曾讥讽梁惠王的"虐政"是"以五十步笑百步",并指出如果能够实行仁政,得到民心拥护,那么用棍棒也能打败秦楚大国的"坚甲利兵"。他还当面责问齐宣王为什么不行仁政,使得齐宣王尴尬得"顾左右而言他"。

孟轲论法就是以"仁政"作为指导,围绕着"省刑罚、薄税敛"这一中心而展开的。具体表现在以下几个方面。

(一)"正经界",保障土地私有

在战国中期,土地兼并已成为普遍的社会问题。正如孟轲所说,大小诸侯"争地以战,杀人盈野;争城以战,杀人盈城"。(《离娄上》)农民流离失所,丧失了自己的土地,"老弱转乎沟壑,壮者散之四方"(《梁惠王上》),"仰不足以事父母,俯不足以畜妻子,乐岁终身苦,凶年不免于死亡"(《梁惠王下》)。因此,要实行"仁政",就必须制止兼并,运用法律的强制力量保障各级贵族以及庶民百姓对土地的私有。

孟子指出,实行"仁政"首先应该从划分和确定土地的疆界开始。因为地界规定的不明确,井田划分的不平均,作为贵族俸禄收入的田租力役就不公平,那些暴虐之君和贪官污吏便趁机侵吞土地,打乱疆界。相反,只要地界分明,土地归属确定,赋税徭役和各级官吏的俸禄自然会确定了。[18]

土地私有制是封建社会赖以存在的基础,孟轲的"仁政必自经界始",把维护土地的私有作为政权和法律的首要任务,表现出一位封建政治家的敏锐见解。虽然他是站在封建贵族的立场上发论的,同时幻想恢复殷周的"井田制",但他强调"正经界"的主要目的,在于防止暴君污吏们"慢其经界",在于保障"分田制禄",即封建土地所有制的稳定,这对于限制土地兼并,适当满足小农对土地的要求来说,有着进步的意义。

(二)"薄税敛",征收赋税徭役有定制

为了得到民心和发挥教化的作用,孟轲认为最根本的办法是在经济上"推恩"于民,给人民以基本的生活条件和物质利益,同时"取民之于有制",限制过分地剥削。他尖锐地指责那些不顾人民死活而一味搜刮民财的行为,无异于"率兽而食人"(《梁惠王上》)。因此主张在确定经济政策和经济立法的时候,必然坚持"民有恒产"、"薄其税敛"、"不违农时"等原则。

"民有恒产"是指保证农民有一定数量的土地。这是孟轲在探讨犯罪的原因之后得出的结论。他说:"无恒产者无恒心",没有基本的生活条件,就不能安于受剥削受压迫的地位,而不得不铤而走险,这常常是产生犯罪和社会动乱的根源。为了预防犯罪,消除动乱之源,就必须"制民之产",解决衣食生计问题。他主张每户农家有"五亩之宅",宅即庄园;"百亩之田",田即耕地;"树之以桑","养蚕织布";"鸡豚狗彘之畜",饲养畜禽。然后,进行礼义教化,尊老爱幼,"七十者衣帛食肉,黎民不饥不寒"。[19]孟轲所设计的,是自给自足的封建自然经济的思想构图。

(三)"省刑罚",反对繁法苛刑

孟轲强调仁义治国,同时也不否认法律的作用。他说:"徒善不足以为政,徒法不能以自行。"既反对"上无道揆",也反对"下无法守"(《离娄下》),主张实行"仁政",必须"明其政刑"。战国时期,各诸侯国相继制定了严酷的刑罚,而商鞅等法家则提倡"轻罪重罚"的重刑主义。孟轲认为重刑滥杀都是"虐政"和"暴政"的表现,因此主张"省刑罚","不嗜杀人"。

"省刑罚"即减少刑罚方面的规定,减轻刑罚的危害程度。如他指责齐宣王规定的"杀其麋鹿者,如杀人之罪"是置民于陷阱的虐政,认为"行一不义,杀一不辜,而得天下,皆不为也"(《梁惠王下》)。主张谨慎地使用刑罚。

"不嗜杀人"即慎重地运用死刑,不依靠杀人来维持统治。他说,"杀一无罪,非仁也"[20],主张大夫可以背叛"无罪而杀士"的国君,士可以离开"无罪而戮民"的诸侯,臣下可以讨伐残害民众的君主。并且指出,天下的人民都在迫切盼望着出现"不嗜杀人"的君主,因此能否慎刑戒杀是能否取得民心的关键。他劝告国君一定要审慎地对待死刑,千万不能只听一面之辞而草率决定:"左右皆曰可杀,勿听;诸大夫皆曰可杀,勿听;国人皆曰可杀,然后察之,见可杀焉,然后杀之。故曰:国人杀之也。如此,然后可以为民父母。"(《梁惠王上》)

### 三、"惟仁者宜在高位"的人治论

孟轲坚持儒家的"人治"思想,强调君主个人的作用,认为君主个人品德的好坏是实行仁政的关键,因而把君主置于法律之上。

(一)国家的治乱,取决于"圣王"、"贤臣"

如前所述,孟轲鼓吹君权神授论,认为君主是天定的,君主个人的品质是维系天下的纽带,君主的善恶决定着社会的治乱和国家的兴亡,他用大量的历史事实说明"正君而国定",治是"圣人"、"圣王"之功,乱是"暴君"、"一夫"之过。[21]

同时,孟轲又十分重视臣在治国中的作用,认为没有"贤臣"的辅佐,圣王也难以治理,"不用贤则亡"。因此,他提出必须"急亲贤之为务",主张"尊贤使能",各级官吏都应当选择贤能人士担任,使"贤者在位,能者在职"(《公孙丑上》)。这一思想,是对孔子"举贤才"的发展。

(二)"惟仁者宜在高位"

孟轲主张要由圣君贤臣治国,同时反对暴君奸臣主政。他认为,无论国君还是臣吏,都应该用仁义作为标准来衡量,"惟仁者宜在高位",如果由"不仁"的人居于统治地位,就会把他的恶行传播给民众:"不仁者在高位,是播其恶于众也。"(《尽心上》)

因此,孟轲将仁义原则置于君臣、君民的从属关系之上,提出了一些前所未有的观点。一方面,他认为君臣之间并不是绝对服从的关系,而是一种像"手足"与"腹心"、"国人"与"犬马"那样的对等关系[22];君主和臣吏都必须行仁政,臣吏只能以"仁义"辅助君主,不能盲目地唯命是从,更不能阿谀奉承,如果迎逢君主去做坏事,便属罪大恶极。[23]他还主张大臣可以直接批评君主的过错,如果"反复"规谏批评而不听,则可以逼君主让位,[24]士大夫们可以自动离开"不仁"的君主,[25]甚至可以用"放"(即放逐)或者"伐"(进行讨伐)的手段对待像夏桀、商纣那样的暴君。

另一方面,他认为君民之间虽然是统治与被统治的关系,但是从争夺天下的角度来看,取得民心显然比君主更为重要。他说:"得乎丘民而为天子","民为贵,社稷次之,君为轻"㉖。同时从民心的向背决定着国家的兴亡和民众是统治者的财用之源这两方面说明了"民贵君轻"的道理。

孟轲的暴君可以"放"、"伐"和"民贵君轻"思想,为儒家的"德治"和"人治"思想增添了新的理论,反映了新兴地主阶级要全面掌握政权的愿望,说明了战国时期人民力量的壮大和重民思想的兴起。它不但是对当时法家维护君主专制的"法治"学说的一次迎头痛击,而且是对儒家忠君思想的重大修正,是古代法律思想中具有民主性因素的进步思想。

**注:**

①《史记·孟子荀卿列传》:孟轲,邹人也。受业子思之门人。道既通,游事齐宣王,宣王不能用。适梁,梁惠王不果所言,则见以为迂远西阔于事情,当是之时,秦用商君,富国强兵;楚、魏用吴起,战胜弱敌;齐威王、宣王用孙子、田忌之徒,而诸侯东面朝齐。天下方务于合从(纵)连衡(横),以攻伐为贤。而孟轲乃述唐虞三代之德,是以所如者不合。

②《孟子·滕文公下》:"彭更问曰:'后车数十乘,从者数百人,以传食于诸侯,不以泰乎?'孟子曰:'非其道,则一箪食不可受于人;如其道,则舜受尧之天下不以为泰。'"

③《孟子·告子上》:"孟子曰:'……恻隐之心,人皆有之;羞恶之心,人皆有之;恭敬之心,人皆有之;是非之心,人皆有之。恻隐之心,仁也;羞恶之心,久也;恭敬之心,礼也;是非之心,智也。仁义礼智,非由外铄我也,我固有之也。'"

④《孟子·离娄下》:"孟子曰:人之所以异于禽兽者几希,庶民去之,君子存之。舜明于无物,察于人伦。由仁义行,非行仁义也。"

⑤《孟子·离娄下》:"仁,人之安宅也;义,人之正路也。""仁之实,事亲是也;义之实,从兄是也;智之实,知斯二者,弗去是也;礼之实,节文斯二者是

也。"

⑥《孟子·告子下》:"曹交问:'人皆可以为尧舜者,有诸?'孟子曰:'然'。"

⑦《孟子·离娄上》:"君子所以异于人者,以其存心也。君子以仁存心,以礼存心。""吾身不能居仁由义,谓之自弃也。"《告子上》:"仁,人心也;义,人路也。舍其路而弗由,放其心而不知求,哀哉! 人有鸡犬放,则知求之;有放心而不知求。"

⑧《孟子·离娄上》:"三代之得天下也,以仁;其失天下也,以不仁。国之所以废兴存亡者,亦然。天子不仁,不保四海;诸侯不仁,不保社稷;卿大夫不仁,不保宗庙;士庶人不仁,不保四体。"《梁惠王下》:"齐宣王问曰:'汤放桀,武王伐纣,有诸?'孟子对曰:'于传有之。'曰:'臣弑其君,可乎?'曰:'贼仁者谓之贼,贼义者谓之残。残、贼之人谓之一夫。闻诛一夫纣矣,未闻弑君也。'"

⑨《孟子·尽心上》:"孟子曰:仁言不如仁声之入人深也,善政不如善教之得民也。善政民畏之,善教民爱之;善政得民财,善教得民心。"

⑩《孟子·离娄下》:"事孰为大? 事亲为大。守孰为大? 守身为大。不失其身而能事亲者,吾闻之矣;失其身而能事其亲者,吾未之闻也。""仁之实,事亲是也,义之实,从兄是也。"

⑪《孟子·万章上》:"孝子之至,莫大乎尊亲;尊亲之至,莫大乎以天下养。"

⑫《孟子·滕文公下》:"世衰道微,邪说暴行又作,臣弑其君者有之,子弑其父者有之。……无父无君,是禽兽也。"

⑬《孟子·尽心上》:"霸者之民,驩虞如也。王者之民,皥皥如也。杀之而不怨,利之而不庸,民日迁善而不知为之者。"

⑭《孟子·离娄上》:"孟子曰:桀纣之失天下也,失其民也。失其民者,失其心也。得天下有道:得其民,斯得天下矣。得其民有道:得其心,斯得民矣。得其心有道:所欲与之聚之,所恶勿施尔也。""孟子曰:……孔子曰道二:仁与不仁而已矣。暴其民甚,则身弑国亡;不甚,则身危国削。名之曰幽厉,虽孝子慈孙,百世不能改也。"

⑮《孟子·公孙丑上》:"以力服人者,非心服也,力不赡也。以德服人者,中心悦而诚服也。"

⑯《孟子·离娄上》:"夫国君好仁,天下无敌。今也欲无敌于天下,而不以仁,是犹执热而不以濯也。"

⑰《孟子·梁惠王上》:"孟子对曰:地方百里,而可以王。王如施仁政于民,省刑罚,薄税敛,深耕易耨,壮者以暇日,修其孝悌忠信,入以事其父兄,出以事其长上,可以使制梃以挞秦楚之坚甲利兵矣。"

⑱《孟子·滕文公上》:"夫仁政必自经界始。经界不正,井地不均,谷禄不平,是故暴君污吏必慢其经界。经界既正,分田制禄可坐而定也。"

⑲《孟子·梁惠王上》:"不违农时,谷不可胜食也;数罟不入洿池,鱼鳖不可胜食也;斧斤以时入山林,材木不可胜用也。谷与鱼鳖不可胜食,材木不可胜用,是使民养生丧死无憾也。养生丧死无憾,王道之始也。五亩之宅,树之以桑;五十之田,勿夺其时;数口之家可以无饥矣。谨庠序之教,申之以孝悌之义,颁白者不负戴于道路矣。七十者衣帛食肉,黎民不饥不寒,然而不王者,未之有也。"

⑳《孟子·尽心上》:"王子垫问曰:'士,何事?'孟子曰:'尚志。'曰:'何谓尚志?'曰:'仁义而已矣。杀一无罪,非仁也;非其有而取之,非义也。居恶在,仁是也。路恶在,义是也。居仁由义,大人之事备矣。'"《尽心下》:"杀人之父,人亦杀其父;杀人之兄,人亦杀其兄。然则非自杀也,一间耳。"

㉑《孟子·离娄上》:"君仁莫不仁,君义莫不义,君正莫不正,一正君而国定矣。"

㉒《孟子·离娄下》:"孟子告齐宣王曰:君之视臣如手足,则臣视君如腹心;君之视臣如犬马,则臣事君如国人;君之视臣如土芥,则臣视君如寇仇。"

㉓《孟子·告子下》:"逢君之恶,其罪大。"

㉔《孟子·万章下》:"君有大过则谏,反复之而不听,则易位。(齐宣)王勃然变色。曰:王勿异也。王问臣,臣不敢不以对。"

㉕《孟子·离娄下》:"无罪而杀士,则大夫可以去。无罪而戮民,则士可以徙。"

㉖《孟子·尽心下》:"孟子曰:民为贵,社稷次之,君为轻。是故得乎丘民而为天子;得乎天子为诸侯;得乎诸侯为大夫。"

## 第四节 荀况的礼法统一观

荀况(约前313—前238),字卿,又称孙卿,越国郇(今山西临猗)人。他曾游历齐、秦、楚等国,长期在齐国"稷下"学宫讲学,三任祭酒(学长)。晚年受邀任楚国兰陵令。①他和孔、孟一样,一生没有什么大的政绩,主要是从事教育和著述的思想家。

战国末期,新兴的封建制度已基本确立,统一的中央集权即将形成,地主阶级夺取政权的任务已基本完成,因而需要一种新的思想理论体系。荀况就是一位替新兴地主阶级构造新理论的思想家。

在先秦诸子中,荀况是位杰出的具有朴素唯物主义思想的大师。他立足于现实,为了给新的封建制度提供统一的理论基础,对于各家的思想学说进行了剖析、评价和吸收。②荀况用来评判诸子的标准是"礼","隆礼"是他思想体系的主旨,因此属于儒家。

先秦儒家从荀况开始,由主要代表封建贵族转向为新兴地主服务。他适应战国末期的新形势,对孔子的思想采取批判继承的态度,而与孟轲却存在着明显的对立。③比较起来,荀况不像孟轲那样死守孔子的"仁"、"礼",也不像孔孟那样排斥法家。他以"礼"为基础对法家之法进行批判性地吸收,并在吸收中改造了孔孟之礼。因此,荀况思想的主要特征与贡献是冶礼、法于一炉,使儒、法两家趋于合流。

荀况的著述,现仅存《荀子》一书,是由后人编纂的论文集。一般认为前二十篇为荀况自著,后六篇出于其弟子的叙述。

## 一、礼、法的起源

分析自然之"天"和社会之"人",是荀况法律思想的起点和归宿。他关于礼、法产生的论述,也是以对天人关系的认识和对人的本性的认识作为理论基础的。

首先,在天与人的关系上,荀况提出"明于天人之分",即天和人各有自己的职责,从而把"天"(自然)与"人"(社会)的作用和职能区别开来。他说:"天行有常",自然界的变化有其自身的规律,并不以任何人的意志为转移。同时,同样的自然环境,"禹以治,桀以乱,治乱非天也"④,国家的治乱兴亡,人间的吉凶祸福在于政治的好坏,与天毫无关系,天并不是人类的主宰。他进而指出,事在人为,"怨人者穷,怨天者无志"(《荀子·荣辱》,下引此书仅注篇名),与其顺从天而歌颂天,倒不如"制天命而用之",即利用其规律而为人服务。从这一认识出发,他力图自人类社会本身来探求礼、法等社会现象,而不诉诸于天命神权,从而改变了孔丘,尤其是孟轲的礼义出自天性的观点。

荀况指出,人类为了生存,为了战胜自然,就必须"能群",即组成社会;而要组成社会,又必须有"分"⑤,即区分职业和等级。没有"群",个人便无法生存;没有"分",社会便无法维持。礼、法以及君臣就是为了"明分使群"⑥而产生的。这是礼、法起源的一个前提。

其次,在人性问题上,荀况主张"人之性恶,其善者伪也"的"性恶"论。他认为人生来就有"目好色、耳好声、口好味、心好利"和"不知足"的欲望;"生而有疾恶",即生来就有妒嫉心和排他性;有"贵为天子,富有天下","名声若日月,功绩如天地"的虚荣心和权力欲;等等。如果"纵人之情,顺人之欲",那么人们必然会你争我夺,"犯分乱理",使社会混乱不止(见《性恶》)。可见人都有"恶"性。

正因为人性的放纵会造成不可收拾的恶果,所以必须对它进行改造,即"化性起伪"。"伪",指后天的人为作用。荀况解释说,学了就能做到,照着做就能成功,这种人的作为,就叫做"伪"。⑦圣人及其礼、法是为了"化性起伪"、改造恶性而产生的。这是礼法起源的又一前提。

荀况的礼法起源正是在上述观点的基础上展开的。他在《荣辱》篇里指出,"贵为天子,富有天下"是人的共同欲望,但实际上天下只能有一个"天子",财物也供不应求。为解决这个矛盾,"先王案为之制礼义",加以区分,使人们有贵、贱的等级,长、幼的差别,贤与不贤的区分,这样"皆使人载其事而各得其宜"。⑧

在《王制》篇里,荀况指出礼义的产生适应了"明分使群"的要求。他说:名分等同就不能分辨上下,权势相等就不能互相统属,地位相等就谁也不能指使别人。地位相等又有着同样的欲望要求,如果满足不了就会发生争夺,"争则必乱,乱则穷矣",东西便会被糟蹋光,"先王恶其乱也,故制礼义以分之"。⑨

在《性恶》篇里,荀况反复强调礼法的产生是出于"化性起伪",使人们改恶为善的需要。他说,古代的圣王看到人们出于恶性,往往险毒奸诈而无法纠正,往往为非作歹而无法治理,所以"起礼义,制法度,以矫饰人之情性而正之"。这就叫做"圣人化性而起伪,伪起而生礼义,礼义生而制法度"。

在《礼论》篇里,荀况直截了当地回答了"礼起于何"的问题。他说,人天生就有欲望,欲望不能满足就会千方百计地去追求,追求而没有界限和节制,便会发生争夺,从而引起混乱。于是,"先王"制定出礼法,使欲望不因为财物少而无法满足,财物也不因欲望大而穷尽,两方面都能在相互制约中增长。⑩

荀况的礼法起源论在先秦诸子中独树一帜。他不仅从人性和社会本身寻找根源,而且从人与自然、人与社会、人与人之间的矛盾出发进行论述,从而打破了传统礼治的神权观念,使礼和法真正从"天上"回到了人间。同时,他的起源论将礼义和法度相提并论,主张"物"与"欲""相持而长",主张区别贫富、贵贱、贤与不贤的等级。这与孔、孟的重礼轻刑、重义轻利、亲亲之等相比,有着明显的差别;而与法家的主张却大有相通之处,这就为引法入礼敞开了大门。

## 二、引法入礼,礼法结合

荀况是中国历史上最早将礼与法结合起来,以"法治"充实"礼

治"的思想家。他引法入礼,将体现贵族利益的旧礼改造成为维护封建官僚等级制的新礼,具体表现在三个方面:

第一,以"明分使群"的礼法起源论论证封建官僚等级制度的必要和合理。如前所述,荀况的"明分"实质就是要确立体现封建等级名分的新秩序。他认为人类社会不但应区分士、农、工、商,而且要划分上下等级,其中既包括"贵贱长幼之等",也包括"智愚能不能之分"(《荣辱》),这正是新兴地主阶级所要求的新的官僚等级制。同时,他强调"圣人"为了矫治人性,"明礼义以化之,起法正以治之,重刑罚以禁之,使天下皆出于治、合于善"(《性恶》),这种将礼义与法政、刑罚并提的作法,显然不同于儒、墨两家,在内容上与商鞅的"定分立禁"的法律起源论有很多共同之处。

第二,强调礼的实质和作用在于"分"、"别",即区别等级。"先王制礼义以分之"的用语,见于《荀子》各篇。礼的等级分别表现在各个方面,如有经济关系上的"贫、富、轻、重"(《富国》)物质财产之分;政治法律上的"君君、臣臣、父父、子子、兄兄、弟弟"权力地位之分;社会分工上的"农农、士士、工工、商商"(《王制》)职业之分;等等。其中最重要的是区分权力和财产。为了突出等级制度的重要性,荀况又强调礼的主要作用是"别","曷谓别?曰:贵贱有等,长幼有差,贫富贵贱皆有称者也"(《性恶》),同时又以此作为"礼"的定义,⑪可见"礼"就是使高贵与低贱有等级,尊长与卑幼有区别,财产多少与之相适宜的制度。

第三,突出了"礼"的客观性、强制性和制度性。孔、孟将礼义说成人的善性的延伸,因此主张通过"克己"、"内省"等方式达到礼的要求,礼的约束力在一般情况下表现为道德自律。荀况则吸收了法家论"法"的方式,也将"礼"比喻为规矩、度量那样的客观标准,⑫并赋予以国家强制力:"国无礼则不正,礼之所以正国也。"法家所以用规矩、绳墨比喻"法",在于强调"法"的客观性和公平性;荀况是在突出尊卑贵贱的前提下论礼的,也是为了强调"礼"作为制度和规则的客观性。他还强调:"少事长,贱事贵,不肖事贤,是天下之通义也"(《仲尼》),礼体现了这种"通义",实际上确认了礼的等级压迫性质。

第四,主张以礼"举贤能",确立官僚制度。孔、孟的礼都没有脱离"任人唯亲"和"世卿世禄"的传统,而荀况却明确地否定旧的贵族世袭制,将"以族论罪,以世举贤"都作为"乱世"之举加以斥责[13],主张"无德不贵,无能不官",选拔官吏主要看德行和才能,不能依据他们的血缘或出身。[14]主张"杀其父而臣其子,杀其兄而臣其弟"。[15]对于贤能之人,不仅无须追查其出身是否高贵,而且任用提拔不必论资排辈,"贤能不待次而举",可以破格录用。对于那些昏庸无能之辈,无论出身如何高贵,也要立即罢免。这种"尚贤使能而等位不遗,折愿禁悍而刑罚不过"的主张,透露出法家"依功行赏"和"法不阿贵"的精神。[16]

荀况否定"世卿世禄",但并不反对宗法等级。相反,在整个社会生活中他仍然强调以家长制为核心的宗法关系,强调"君臣父子"的等级名分。与前人不同的是,他把过去家、国合一的"礼"变成了国、家相分的礼,认为君与父、国与家不能同时并重,强调国重于家,君高于父。[17]这样,使宗法世袭之下的"任人惟亲"、"孝悌为本"的传统旧礼,让位于"尚贤使能"、"忠君报国"的新礼。这种新礼的内容也正是当时的法家所要求建立的中央集权的官僚等级制度。因此,荀况的"礼"在制度上便与法家之"法"一致起来。

可见,荀况对旧礼改造的主要表现,就是取消了除君主之外的各级贵族的世袭特权,有重要的思想意义:一是使当时非贵族出身的平民地主取得了与贵族大致平等的地位,有了入仕做官参与政治的权利;二是由于否定了世卿世禄制,各级官吏改由君主直接任免,从而必然加强了君权。

荀况引法入礼,使礼法二者在国家制度方面统一起来,但他并没有喧宾夺主,没有改变他儒家的基本立场。在礼、法之间,他自始至终将礼摆在首位,强调礼是治理国家的最好制度,是强盛国家的根本,是建立权威的途径,是成就功名的关键。[18]强调礼是法律的纲纪:"礼者,法之大分类之纲纪也。"(《劝学》)是制定"法度"的基础:"礼义生而制法度"。从"礼治"的发展史来看,如果说周公提出了"礼治"思想,孔丘以"仁"补充"礼",并使"礼下庶人";而孟轲又使"礼治"与"仁政"结合,突出了政治内容的话;那么,荀况的以法入礼,真正使"礼治"成为国家制度和政策,成为完整而系统的学说。换句话说,荀况是第一个提出系统的"礼治"理论的思想家。

在《荀子·君道》篇里,荀况全面地展开了他的"礼治"观的细目:"请问为人君?曰:以礼分施,均遍而不偏。请问为人臣?曰:以礼待君,忠顺而不懈;请问为人父?曰:宽惠而有礼;请问为人子?曰:敬爱而致恭;请问为人兄?曰:慈爱而见友;请问为人弟?曰:敬诎而不苟;请问为人夫?曰:致功而不流,致临而有辩;请问为人妻?曰:夫有礼则柔以听侍,夫无礼则惧而自竦也。此道也,偏之而乱,俱立而治。"

礼的范围之大,几乎包罗了封建伦理的各个方面。不难看出,后来支配中国封建社会的政权、族权、父权、夫权都已初具雏形,这也是荀况的"礼治"被汉以后的封建统治者实际采用的真正原因。

### 三、"隆礼重法",教化与刑罚并用

与孔、孟相比,荀况不但论"礼"最多,把"礼"的地位抬得最高,而且也最爱谈"法",对"法"最为重视。

在论述礼、法起源时,他就很重视法律根据礼义改造人性的作用,认为后天的"礼义之化"不是万能的,还必须与禁止人们为恶的"君上之势"、"法正之治"、"刑罚之禁"相结合(《性恶》)。

为了成就"王霸之业",即称霸诸侯,统一天下,荀况提出了"隆礼重法"两手并用的方针,要求将"礼"的基本原则法律化。[19]礼与法在实际中的应用,表现为教化与刑罚的结合,先教后刑。

荀况认为,"礼义"的主要作用是教化,"小人"只有经过这样的"化性起伪"才能成为"君子";"法"、"刑"的主要作用是强制,强制对于不听从教化的人起着重要的作用。因此,"隆礼重法则国有常"[21],礼和法都是治国所必不可少的。他分别地将"不教而诛"、"教而不诛"与"诛而不赏"的后果进行了具体分析,指出:不进行礼义教化便实行刑杀,结果必然是刑罚越来越繁复但却不能有效地禁止犯罪;只进行教化而不实行刑罚,那么犯罪的人就得不到应有的惩罚;只实行刑杀而不进行奖赏,那么贤能勤劳的人就得不到应有的鼓励。[22]其结论是:"明礼义以化之,起法正以治之,重刑罚以禁之。"(《性恶》)对于贤能之士,"不待次而举",立即提拔重用,这不存在什么刑罚的问题。对于一般的人,"不待政而化",先进行礼义教化。对于心术不正、不守本分的"奸民",应该在他们干活的同时加以教化,等待他们弃恶从善。对于能够改正的用"赏"来鼓励,对于屡教不改的则惩之以"刑"。至于那些拒绝教化,甚至反抗的"元恶"或者"奸人之雄",则应"不待教而诛",即不必经过教化就可以处死[22]。这些论述,清楚地暴露了荀况为封建统治出谋划策的面目。

荀况将"隆礼重法"说成"天德",为"王者之政",并由此设想出一幅礼法合治的理想图景。在这样的社会里,农民"分田"耕作,商人"分货"经营,工匠"分业"操作,士大夫"分职"任事,各诸侯"分土"居守,"天子"统率一切。既有规范君臣上下、高贵低贱、尊长卑幼的"礼义",又有约束人们言行举动的一整套"政令制度",从而人人安分守己,"莫不平均",天下安定[23]。荀况在这里描绘的显然是建立在小农经济基础之上的中央集权制的封建盛世的景象。只要略加对比就可以看出,它与法家所理想的"以法为教,以吏为师"的"法治"社会是多么不同! 这种等级分明、礼法合治的理想社会,实际上正是处于战国末期的荀况对于中国封建社会发展前景的预测。后来汉代的统治者所精心构造的,也正是荀况所设计的蓝图。

### 四、重视"法义",严格执法

注重对法进行理论分析,从法理学的角度阐述法律的作用和具体内容,是荀况论法的特点。他从不就法论法,而是把法放在社会的大系统内,从法与人性、法与礼义、法与君子等的关系中进行分析,阐明"法之义"(即法律原理),从而促进了古代法理学的发展。

(一) 区别"法义"、"法数"与"类"

荀况明确提出了"法义"、"法数"和"类"三个重要的法学概念。他认为,只看到法律的条文规定而不认真地领会其精神实质,只尽到法令规定的职责而不理解为什么要这样规定,那么遇到法令规定之外或者职责范围之外的问题就会束手无策,无法处理。因此,运用法令时不仅要了解"法之数"(即具体规定),更重要的是要把握"法之义"(即基本原理解)。在荀况看来,"法义"是"法数"的指导,"法数"是"法义"的体现。没有"法义"作指导,无论"法数"多么详细,条文多么具体,也会"临事必乱",甚至会产生"刑繁而邪不胜"的结果。[⑤]

荀况还指出,由于社会现象十分复杂,法令不能包容一切,所以还必须以"类"(即案例类推)作为"法数"的补充:"有法者以法行,无法者以类举,听之尽也。"(《王制》)精通"法义",严守"法数",以"类"补充,有了这三个方面,执行法令才能运用自如。因此荀况又说,只知"好法而行"(即按照法令条文规定来办事)的人只能当"士",而"君子"与"圣人"应该通晓"法之义"。作为一个统治者,"无法则怅怅","法"指"法数",没有法律规定便感到怅然若失,无所适从;"有法而无志(识)其义则渠渠然",这是指"法义",有了法律但不明其义则坐立不安;"依乎法而深其类,然后温温然",这是指"类",既能正确地掌握法律又能恰当地运用律例进行类推,便能轻松自如,面露喜色了。[⑤]

由此可知,荀况的"法义",相当于今天的法学原理。在他看来,法律所依据的原理就是礼:"礼者,法之大分",以礼指导法和类,是他反复加以论述的重点。荀况的"法数",是指具体的法令或条文规定。他有选择地吸收了前期法家有关"以刑治国"的许多观点,提出了自己的立法和司法主张。荀况的"类",相当于今天的判例。把判例或者类推定罪与法理、法律相提并论,首见于荀况。"有法以法行,无法以类举",后来成为贯穿整个封建司法的审判原则。总之,提出并区别法义、法数、类三个概念,是荀况对于古代法学的一个重要贡献。

(二)严于执法,罪刑相称

在礼的指导下,荀况主张加强法制,为此他提出了不少与法家比较相似的观点。

第一,公布法令,杜绝私情。他主张制定和公布成文法,并大力进行宣教,使天下人都知道靠盗窃"不可以为富",伤害人"不可以为寿",违法犯纪"不可以为安",犯了罪即使"隐窜逃亡"也免不了陷入法网,[27]并以此防止徇私情。[28]

第二,严格执法,信赏必罚。他说:"庆赏刑罚必以信",要求做到"无德不贵,无能不官,无功不赏,无罪不罚"。同时指出,刑罚的目的在于禁止暴行,惩罚罪恶,并且防止以后再发生类似的罪行。因此必须做到有令必行,有罪必罚,"杀人者不死,而伤人者不刑,是谓惠暴而宽贼也"。(《正论》)

第三,赏当贤,刑当暴,做到罪刑相称。荀况认为爵位和德行、官职与才能、赏赐与功劳、刑罚与罪恶之间是一种对等的报偿关系。只要有任何一方面不相称不得当,就会引起祸乱,"刑称罪则治,不称罪则乱"[29],把罪刑相称原则提到国家治乱的高度加以说明。他还说:"故公平者,职之衡也;中和者,听之绳也";"偏党而无经,听之辟也"[30](《王制》)。认为公平是司法审判的标准,宽严适当是司法审判的原则;而偏听偏信、赏罚失当是司法审判的大敌。

第四,主张废除族刑。从"无德不举"、"无罪不罚"出发,荀况坚决反对"以世举贤"和"以族论罪"。认为"一人有罪而三族皆夷"的族诛是暴政的表现,应予废除(见《君子》)。他主张在实行赏罚时,应坚持"无恤亲疏,无偏贵贱"的原则,即使父亲或者兄长有罪被杀,其儿子或者弟弟有德有功仍然可以帮官。这种观点显然比孔、孟的"举贤才"进步,同时也比法家更高一筹。因为法家虽然反对"世卿世禄",但却将族诛连坐作为推行"法治"的重要方法。荀况废除"以族论罪"的主张,在当时是非常难能可贵的。

第五,否定"象刑",主张以重刑惩恶。象刑的记载,见于儒家的经典《尚书》,指对于犯罪者不用肉刑,而采取象征性的方式来代替。它被儒家说成古代圣王"德政"的表现,作为批评严刑峻法的依据。而荀况却反其道而行之,认为象刑属于"世俗之说",根本不足为凭。采取象刑,表面上看是"轻其刑",实际是"杀人者不死,伤人者不刑",古代圣王是绝不会这样做的。他甚至由此而公开地主张重刑:"治则刑重,乱则刑轻","重刑罚以禁之",在刑罚观上与孔、孟的明显不同。[30]但荀况的重刑观点,与商鞅等法家的"轻罪重罚"有原则的区别。他是在反对象刑"罪至重而刑至轻"的基础上发论的,其原则是轻罪轻刑,重罪重刑,使罪刑相称。

### 五、"有治人,无治法"的人治思想

"人治"与"法治",是儒、法两家对立的主要分歧。荀况隆礼重法,虽不失儒家的本色,但在对待法的态度上与孔、孟有明显的不同。最能表现荀况的儒家立场的,是他"有治人,无治法"的"人治"思想。

荀况继承了孔子的"为政在人","人存政举"和孟子的"徒法不能以自行"思想,也强调统治者个人的作用大于法律。但孔、孟主要是从统治方法的角度进行对比,说明法律强制不如君主道德感化更能取得民心;而荀况却是从法理学的角度进行分析,认为在治

理国家的过程中统治者个人起着决定性的作用。

第一,"有治人,无治法",决定国家治乱兴亡的是充当统治者的人,而不是法令。他总结历史经验说,有了"良法"国家仍然混乱,这种情况是存在的;但是从古到今还没有听说过有"君子"的治理,国家仍然混乱的情况㉛。所以治乱的关键是"人"即统治者:"有乱君,无乱国;有治人,无治法。"(《君道》)即只有乱国的君主而不存在自然混乱的国家;只有善于治国的人,而不存在善于治国的法。

第二,法是人制定的,作为统治者的"人"决定着作为国家制度的"法"。他指出:"法者,治之端也",治理国家应该从法开始。但"君子者,法之原也",法毕竟是圣人根据礼义原则制定出来的,因此治理国家的关键是"人"不是"法",有了好的统治者才能治理好国家。

第三,法要靠人来掌握和执行。所谓"法不能独立,类不能自行,得其人则存,失其人则亡"㉜。荀况具体地分析了"土"、"人"(民)、"道"(礼)、"法"与"君子"之间的关系,指出:对于一个国家来说,没有土地,人民就无处居住;没有人民,土地便无法保守;没有礼和法,人民就不来归附;没有君子,礼法就不能推行。因此,土地与人民、礼和法,是建立国家的四大支柱,而君子(即统治者),是掌握这四者的总纲。㉝

第四,法律不能适应实际情况的不断变化,要靠人的灵活运用和当机立断。荀况提出要处理好"法"(法律条文)、"职"(职务责任)、"议"(研习探讨)、"通"(融会贯通)四方面的关系,认为法和职都有明确的规定性,都不可能包罗无遗,这就需要具有灵活性的"议"和"通"加以调节和补充,而"法而议,职而通,……非君子莫能"。因此,有了"君子",即使遇到"法有不至"、"职有不通"的情况,也可以"有法者以法行,无法者以类举",由君子灵活地处理。总之,他的结论是:"故有君子,则法虽省,足以遍矣;无君子,则法

虽具,失先后之施,不能应事之变,足以乱矣。"(《王制》)

荀况的"君子"、"治人",在道德伦理的意义上,是指精通礼义、品德高尚的人;但在政治意义上,则是"君主"的代名词。他论述"人"与"法"的关系,也是以君主作为主体的。因此,"有治人,无治法",实际上是将封建君主放在封建法制之上。不但君主决定着法制,也决定着礼义:"天地者,生之始也;礼义者,治之始也;君子者,礼义之始也";决定着人民:"君者,民之原也。原清则流清,原浊则流浊";决定着社会:"君者何也?曰:能群也"(《君道》)。可见他对君主的重视,将一切权力都交给了君主。所以,荀况的人治,实质提倡的是封建君主专制,在这方面,他与孔、孟所主张的开明君主大相异趣,倒是与法家的专制君主相类似。但他毕竟是儒家大师,他理想的君主是既"隆礼"又"重法"的"圣人",而不是"垂法而治"的君主,这是他与法家的区别。

**注:**

① 《史记·孟子荀卿列传》:荀卿,赵大。年五十始来游学于齐。……齐襄王时,而荀卿最为老师。齐尚修列大夫之缺,而荀卿三为祭酒焉。齐人或谗荀卿,荀卿乃适楚,而春申君以为兰陵令。春申君死,而荀卿废,因家兰陵。

② 在《荀子·非十二子》中,他批评它嚣、魏牟的纵欲放荡不符合礼义;陈仲、史鰌的自鸣清高不利于忠孝伦理;墨家的兼爱和节俭有害于贵贱等级;慎到的尚法变法不利礼制的稳定;邓析的"不法先王,不是礼义"有碍于礼义的实施。

③ 《荀子·性恶》:"人之性恶,其善者伪也。"

④ 《荀子·天论》:"天行有常,不为尧存,不为桀亡。应之以治则吉,应之以乱则凶。……受时与治同,而殃祸与治世异,不可以怨天,其道然也。故明于天人之分,则可谓至人矣。""治乱天邪?曰:日月、星辰、瑞历,是禹、桀之所同也,禹以治,桀以乱,治乱非天也。"

⑤ 《荀子·王制》:"人……力不若牛,走不若马,而牛马为用,何也?曰:人能群,彼不能群也。人何以能群?曰:分。"

⑥《荀子·富国》:"人之生,不能无群,群而无分则争,争则乱,乱则穷矣。故无分者,人之大害也;有分者,天下之本利也;而人君者,所以管分之枢要也。""穷者患也,争者祸也。救患除祸,则莫若明分使群矣。"

⑦《荀子·性恶》:"可学而能,可事而成之在人者,谓之伪。"

⑧《荀子·荣辱》:"夫贵为天子,富有天子,是人情之所同欲也。然则从人之欲,则势不能容,物不能澹也。故先王案为之制礼义以分之,使有贵贱之等,长幼之差,知愚、能不能之分,皆使人载其事而各得其宜,然后使縠禄多少厚薄之称,是夫群居和一之道也。"

⑨《荀子·王制》:"分均则不偏,势齐则不一,众齐则不使。有天有地而上下有差,明王始立而处国有制。夫两贵之不能相事,两贱之不能相使,是天数也。势位齐,而欲恶同,物不能澹则必争,争则必乱,乱则穷矣。先王恶其乱也,故制礼以分之,使有贫富贵贱之等,足以相兼临者,是养天下之本也。"

⑩《荀子·礼论》:"礼起于何也?曰:人生有欲,欲而不得,则不能无求;求而无度量分界,则不能不争。争则乱,乱则穷。先王恶其乱也,故制礼义以分之,以养人之欲,给人之求。使欲必不穷乎物,物必不屈于欲,两者相持而长,是礼之所起也。"

⑪《荀子·富国》:"礼者,贵贱有等,长幼有差,贫富轻重皆有称者也。"

⑫《荀子·王霸》:"礼之所以正国也,譬之犹衡之于轻重也,犹绳墨之于曲直,犹规矩之于方圆,既错之而人莫能诬也。"

⑬《荀子·君子》:"乱世则不然:刑罚怒罪,爵赏逾德,以族论罪,以世举贤。故一人有罪而三族皆夷,德虽如舜,不免刑均,是以族论罪也。先祖当贤,后子孙必显,行虽如桀纣,列从必尊,此以世举贤也。以族论罪,以世举贤,虽欲无乱,得乎哉!"

⑭《荀子·王制》:"虽王公士大夫之子孙也,不能属于礼义,则归之庶人。虽庶人之子孙也,积文学、正身行,能属于礼义,则归之卿、相、士大夫。"

⑮《荀子·君子》:"古者刑不过罪,爵不逾德,故杀其父而臣其子,杀其史而臣其弟。"

⑯《荀子·王制》:"无德不贵,无能不官,无功不赏。朝无幸位,民无幸生;尚贤使能而等位不遗,折愿禁悍而刑罚不过。百姓晓然皆知,夫为善于家,而赏于朝也;为不善于幽,而蒙刑于显也。"

⑰《荀子·致士》:"君者,国之隆也;父者,家之隆也。隆一而治,二而乱。

自古及今未有二隆争重而能长久者。"

⑱《荀子·议兵》:"礼者,治辩之极也,强国之本也,威行之道也,功各之总也。"

⑲《荀子·天论》:"君人者,隆礼尊贤而王,重法爱民而霸"。《成相》:"治之经,礼与刑,君子以修百姓宁。明德慎罚,国家既治四海平。"

⑳《荀子·君道》:"至道大形,隆礼重法则国有常,尚贤使能则民如方,纂论公察则民不疑,赏克罚偷则民不怠,兼听齐明则天下归之。"

㉑《荀子·富国》:"故不教而诛,则刑繁而邪不胜;教而不诛,则奸民不惩;诛而不赏,则勤励之民不劝;诛赏而不类,则下疑俗险,而百姓不一。"

㉒《荀子·王制》:"请问为政?曰:贤能不待次而举,罢不能不待须而废,元恶不待教而诛,中庸民不待政而化。……故奸言、奸说、奸事、奸能、遁逃反侧之民,职而教之,须而待之,勉之以庆赏,惩之以刑罚,安职则富,不安职则弃。"

㉓《荀子·王霸》:"上莫不致爱其下,而制之以礼,上之于下,如保赤子。政令制度,所以接下之人。……君臣上下,贵贱长幼,至至庶人,莫不以是为隆正,然后皆内自省以谨于分。是为王之所同也,而礼法之枢要也。然后农分田而耕,贾分货而贩,百工分事而动,士大夫分职而听,建国诸侯之臣分土而守,三公总方而论,则天子共己而止矣。出若而若,天下莫不平均,莫不治辩,是百王之所同,而礼法之大分也。"

㉔《荀子·王制》:"故法而不议,则法之所不至者必废;职而不通,则职之所不及者必坠。故法而议,职而通,无隐谋,无遗善,而百事无过,非君子莫能。"

㉕《荀子·君道》:"不知法之义,而正法之数者,虽博,临事必乱。"

㉖《荀子·修身》:"好法而行,士也;笃志而体,君子也;齐明而不竭,圣人也。人无法则伥伥然,有法无志其义则渠渠然,依乎法而又深其类然后温温然。"

㉗《荀子·君子》:"莫敢犯上之禁。天下晓然皆知夫盗窃之不可以为富也,皆知夫贼害之不可以为寿也,皆知夫犯上之禁不可以为安也。由其道则人得其所好焉,不由其道则必遇其所恶焉。是故刑罚綦省而威行如流,世晓然皆知夫为奸则虽隐窜逃亡之由不足以免也,故莫不服罪而请。"

㉘《荀子·成相》:"君法明,论有常,表仪既设民知方,进退有律,莫得贵

贱孰私王?"

㉙《荀子·正论》:"治古不然,凡爵列官联赏庆刑罚皆报也,以类相从者也。一物失称,乱之端也。夫德不称位,能不称官,赏不当功,罚不当罪,不详莫大焉。夫征暴诛悍,治之盛也。杀人者死,伤人者刑,是百王之所同也,未有知其所由来者也。刑称罪则治,不称罪则乱。"

㉚《荀子·正论》:"世俗之为说者曰:'治古无肉刑,而有象刑,……治古如是。'是不然。以为治邪?则人固莫触罪,非独不用肉刑,亦不用象刑矣。以为人或触罪矣,而直轻其刑,然则是杀人者不死,伤人者不刑也。罪至重而刑至轻,庸人不知恶矣,乱莫大焉。凡刑人之本,禁暴恶恶,且惩其未也。杀人者不死,而伤人者不刑,是谓惠暴而宽贼也,非恶恶也。故象刑殆非生于治古,并起于乱今也。"

㉛《荀子·王制》:"故有良法而乱者,有之矣;有君子而乱者,自古及今未尝闻也。"

㉜《荀子·君道》:"有乱君,无乱国;有治人无治法。羿之法非亡也,而羿不世中;禹之法犹存,而夏不世王。故法不能独立,类不能自行,得其人则存,失其人则亡。法者,治之端也;君子者,法之原也。"

㉝《荀子·致士》:"无土则人不安居,无人则土不守,无道法则人不至,无君子则道不举。故土之与人也,道之与法也者,国家之本作也。君子也者,道法之总要也,不可少顷旷也。"

**思考题**

1. 试述儒家法律思想的特点。
2. 试述孔丘法律思想的基本内容及其影响。
3. 谈谈孟轲的"仁政"在法律思想上的体现。
4. 为什么说荀况法律思想具有儒法合流的特点?

# 第五章 墨家的法律思想

墨家是战国时期以墨翟为创始人,反映小生产者利益和要求的学派。

墨翟(约前480—前420),祖籍为宋国,出生在鲁国。早年曾从事手工业,有很高的技艺和丰富的知识,与当时的能工巧匠公输班(鲁班)齐名。后来成为士大夫,招收门徒,周游列国,主要从事上说下教、匡救时弊的活动,是当时声望仅次于孔子的大思想家。据说他曾"学儒者之业,受孔子之术"①,后来却与儒家分道扬镳,博采众说,创立了墨家,成为先秦最早起来反对孔子,并且惟一能与儒家相抗衡的学派。战国中后期,墨家学说仍很盛行,与儒家并列为"显学",即最有影响的著名学派,其"徒属弥众,弟子弥丰,充满天下"②。

墨家是一个有严密组织和严格纪律的团体,其"巨子"(首领)和"墨者"(成员)大多是下层的劳动者。他们吃苦耐劳,仗义救人,具有赴汤蹈火、死不还踵的崇高精神,③成为"农与工肆之人",即当时小生产者阶级的思想代表。在春秋战国的主要学派之中,只有墨翟代表着劳动人民的要求并且提出了系统的学说。也正因为墨家思想具有鲜明的人民性和反对贵族专政的强烈批判精神,所以在秦汉之后被封建统治阶级打入"冷宫",成为"绝学"。

墨家的法律思想,既不同于代表贵族利益的儒家,也不同于代表新兴地主阶级利益的法家,它别开生面,独具一格,表现了小私有生产者在封建制度确立时期的法律要求,因而在中国法律思想史上占有重要的地位。

墨家的著作,现仅存《墨子》一书,其中大部分为墨翟的言行或者墨家后学的论述,是研究墨家思想的直接材料。学术界一般从发展阶段上将墨家分为前后两期，这是必要的。由于墨家的法律思想前后并无明显的变化，这里我们主要以墨翟为代表分析整个墨家的法律思想，而不再分别地进行叙述。

## 第一节 墨家以"兼爱"为核心的法律观

从小私有生产者的立场出发，墨翟认为他们所处的战国初期是一个富人欺侮穷人，贵族压迫平民，大国侵吞小国的"大乱之世"，人民过着"饥者不得食，寒者不得衣，劳者不得息"的痛苦生活。④其根本原因就在于人们之间"不相爱"，因而渴望消灭现实社会中的你恨我、我恨你的"别相恶"和你害我、我害你的"交相贼"的现象，建立一个人人"兼相爱、交相利"，即互爱互利，"强不执弱，众不劫寡，富不侮贫，贵不傲贱，诈不欺愚"⑤的理想社会。这也是封建社会一切被统治阶级的善良愿望。

为了实现这一社会理想，墨家提出了以"天志"为表现形式，以"兼爱"为中心内容的理想法观念。他们赋予"天"以赏善罚恶的意志，认为这种至高无上的"天志"规范制约着人们的思想和行为，最好的法律只能是"天志"的体现。由于"天志"的集中要求表现为"爱人利人"，所以必须将"兼相爱、交相利"及其具体原则作为衡量一切是非、曲直、善恶、功过的客观标准。

### 一、"天志"是法律的来源

与孔子重礼轻法不同，墨翟很重视法律在治理国家中的作用。在《墨子》一书中，"法"、"法度"和"法仪"的用语，处处可见。他反复强调，无论做工务农，还是治国治天下，都必须有"法度"可循，否则将一事无成。墨翟所说的"法"或"法度"，泛指一切标准、规范或者制度，是一个含义十分广泛的概念。但从他强调的"至士为将相者皆有法"，以及"治大国"、"治天下"等方面来看⑥，无疑包括了我们今天所说的"法律"和"国家制度"的内容。明确地强调法的重要，同时将法与圆规、曲尺、绳坠等度量衡相比拟，以突出法律的客观性和公平性，是墨翟论法的一个特点，并对后来的法家、荀况等对法的论述有着直接的影响。

墨翟论法，还常常与"天志"联系在一起。他公开宣称："子墨子置立天志，以为法仪。"⑦(《墨子·天志下》，下引此书仅注篇名)，并反复强调："置此以为法，立此以为仪，将以度量天下。"并且进而说明："我有天志，此若轮人之有规，匠人之有矩"，圆规和矩尺是制轮匠人的工具，而"天志"则是墨翟用来衡量"天下士君子"言行的"明法"。⑦

在墨翟看来，"天志"与法律的关系，是源与流的关系，体与用的关系。墨翟先是提出问题："然则奚以为治法而可？"即治理天下究竟应该以什么为法呢？接着作出非常肯定、非常明确的答复："莫若法天"和"以天为法"。"莫若法天"是说法律的来源："天之行广而无私，其施厚而不德，其明久而不衰，故圣王法之。"(《法仪》)意思是：天最公正无私，它平等地对待每一个人而没有丝毫偏向，它给人们丰厚的恩惠却不要求感恩戴德，它的权威普及四方经久不衰，所以君主治理国家应该效法这种"天志"来制定法令和政策。可见，墨翟推崇"天志"的目的在于强调法律的公正和平等。

"以天为法"是说法律效力的基础："以天为法，动作有为，必度于天。天之所欲则为之，天之所不欲则止。"(《法仪》)"天之所欲"与"不欲"，说明了天是有意志的。"以天为法"就是把这种"天志"确立为法律，人们的思想和行为都要符合天的意志：凡是天所要求的，就坚决去做；而天所反对的，就坚决不做；违反了"天志"，"必得罚"。⑧总之，要用"天志"作为测定是非善恶的客观依据，作为衡量人们言行的最高标准。由此可见，"法天"和"天志"，不仅是墨家构建自己思想体系的基础，而且是其法律思想的出发点和归宿。因此，了解"天志"，是把握墨家法律观的关键。

## 二、"天志"具有"赏善罚恶"的功能

为什么要"以天为法",而"天志"能够成为法律的来源和基础呢?墨翟认为:

第一,"天志"爱人,"天"是为了庶民百姓的利益而造就世界万物的。墨翟认为,上天分列出日月星辰,是为了给人类照亮道路;规定出春夏秋冬,是为了使人民生活四季分明;打雷降雪,布雨下霜,是为了生长百姓的衣食;设立王公侯伯,是为了赏贤罚暴;等等。总之,从生活环境到社会制度和国家组织,都是"天"为百姓更好地生活而创造的。⑨从这些描绘来看,墨翟的"天",并不像殷周奴隶主之"天"那样狰狞可怕,相反,它表现得非常善良和仁慈,"爱民甚厚",这正是当时劳苦大众理想的"天"。

第二,"天"具有主宰人间赏罚的最高权威,君主也必须按照"天志"办事。墨翟认为,"顺天之意得天之赏","反天之意得天之罚",黎民百姓如此,王公侯伯如此,"天子"亦如此。对于那些违背"天之所欲"的行为,"天"不仅操纵自然现象实施惩罚,而且借助刑罚的方式进行制裁,无论谁也无法逃脱。他认为,由于君主的权力来自"天志","天子"本人就是由"天"选定的,所以"天"不仅对"天子"的政治进行指导和制约:"天之为政于天子";而且还对"天子"的政绩实施赏罚:"天子有善,天能赏之;天子有过,天能罚之"(《天志上》)。

第三,"天"兼有万物,一视同仁,"天志"的公正无私是普遍和永恒的。墨翟指出:天下所有的国家,不分大小,都是"天"的属地;天下所有的人民,不论长幼贵贱,都是"天"的臣民。认为"天"的权力普及到各个国家,各种等级,任何人都受着"天志"的指导和制约。同时又认为"天之行广而无私,其施厚而不德,其明久而不衰","天"的权威和公正,不仅无限广大,而且是持久不变的。

第四,"天"是人类的良知和正确认识的总根源。墨翟指出:天

下之所以乱的根本原因,"则是天下士君子……不明于天之意也"(《天志中》)。因此,正确的认识与主张,包括国家制度、法令和统治方法等,都应该从"天志"中去探求。

基于上述认识,墨翟将他对法律的看法与"天志"紧密地结合在一起。他用来匡救时弊、改造社会的各项主张,如兼爱、尚同、非攻、尚贤等等,也都无一不来自"天志"。

"兼相爱,交相利"是"天志"的主要内容:"爱人利人者,天必福之;恶人贼人者,天必祸之。……是以知天之欲人相爱相利,而不欲人相恶相贼也。"(《法仪》)

"尚同"是"天志"的表现。墨翟认为在没有国家法令的时候,人的思想认识不能统一,因此互相诽议和相互损害,致使天下大乱。于是"天"便"选天下之贤可者,立以为天子",从而"一同天下之义"[⑩],这就叫"尚同",即集中统一。这个统一的"义",是"天志"的体现:"天欲义而恶不义","义果自天出也"。[⑪]

"尚贤"虽然是古代圣王治国的成功经验,但墨翟也认为是"圣王"们"取法于天"的结果。在《墨子·尚贤》中说:"故古圣王审以尚贤使能为政,而取法于天。虽天亦不辨贫富贵贱,远迩亲疏,贤者举而尚之,不肖者抑而废之。"(《尚贤中》)

"非攻"更直接来自"天志":"天之意,不欲大国攻小国、大家乱小家也。"

### 三、"天志"是墨家的理想法

以上论述清楚地表明,墨家"天志"的锋芒所指,是贵族统治者。他们把严格规定宗法等级的"礼"称之为"别",作为"兼爱"的对立面予以否定;把孔子讲求的孝悌忠恕和重义轻利的"义"称之为"贼",视为"交相利"的主要障碍;把当时的司法制度称之为"赏不当贤、罚不当暴"进行批判;把儒家津津乐道的"君臣父子"的礼治秩序说成是"国相攻"、"家相篡"、"人相贼"的混乱世界。总之,在墨家看来,当时的道德、政令、法制都违反了"天志",因而是不合理的。由此可知,墨家的"天志"并非肯定现实,而是要改变现实。他们的"以天为法",不是对现实礼法的肯定或辩护,而是对现实礼法的否定和批判。儒家鼓吹"礼治",在于恢复周礼的传统并重新发扬光大,因而具有保守性;墨家强调"天志",则是为了否定"礼治"的宗法原则,建立一种新的等级制度,具有强烈的革新倾向。因此,这种"天志",实际上是墨家的理想法。处于被统治地位的劳动民众没有自己的法律制度,他们只能以理想法观念来表达自己的意愿。墨家的"天志"反映了春秋战国之际的小生产者庶民阶层急欲挣脱旧制度束缚的强烈要求,表达了劳动人民对于新社会的憧憬和对于新生活的向往。

正因为"天志"具有这样的性质与功效,所以墨翟将它作为判断人们言行是非的最高标准,作为辨别法律是否良善和赏罚是否恰当的最后依据。《墨子·天志中》说:墨子掌握着天志,对上用来衡量所有的"王公大人"们施政行刑的情况,对下用来衡量"天下万民"们习文致学、发表言论的情况。凡是符合"天志"的就可以称为正当的政令刑法或者正当的言论行为。凡是违反"天志"的则叫做不正当的政令刑法或者不正当的言论行为。对于后者是要制裁和处罚的。"故置此以为法,立此以为仪,将以度量天下之王公大人、卿大夫之仁与不仁,譬之犹分墨白也"。⑫

这段论述清楚地勾画出墨家法律观的轮廓:在人间的君主和现实的礼法之上矗立着一个有意志、有权威的"天"。天既然是造物主,所以一切国家制度都应依"天志"而成;天主宰着赏罚,所以无论天子或者平民都要接受其监督,服从其制裁;天既然无所不有,全知全能,所以"天志"便是衡量天下万物乃至人们言行的惟一标准。"天志"的内容就是以"兼相爱、交相利"为中心的一系列主张。因此,所谓的"天志"、"天意",其实就是"墨子之志"、"墨子之意"。从"子墨子有天之意"以及"我有天志"的宣称看,墨翟一直把

"天志"牢牢地掌握在自己的手中,成为实现墨家理想的有力工具。具体地说,墨翟将自己的理想"天志"化,在政治上是想借"天"的权威恐吓和约束统治阶级,让"天"为劳动民众的利益服务;在法律上则是要使"兼爱"、"交利"为核心的立法原则神圣化,以此取代奴隶主贵族的"礼"和新兴地主阶级的"法"。

### 四、"兼爱"是"天志"法律观的核心

墨家不但以"兼相爱、交相利"为最理想的社会,而且作为"天志"的主要要求,以"兼爱"和"交利"为标准衡量各国的法令制度,评价各家的思想学说,特别要将它贯彻到立法和司法之中。

"兼相爱"是针对"别相恶"而言的,指不分亲疏、贵贱、贫富、一视同仁地爱所有的人。所谓:"视人之国若视其国,视人之家若视其家,视人之身若视其身"[13],把别人与自己同样看待。从表面上看,墨翟的"兼爱"与孔子的"爱人"似乎相同,其实"兼爱"的内容和实质完全不同于"仁者爱人"。主要表现在:儒家强调"亲亲",重视亲疏厚薄,主张爱有差等;而墨家强调"天之爱人也,博于圣人之爱人也",即普遍地爱;主张在相爱上打破贵贱贫富的界限,"爱人若爱其身",即平等的爱。儒家的"爱人"是先己后人,由己及人;墨家则强调"爱人不外己,己在所爱之中",[14]是有己有人,先人后己。儒家的"爱人",反对言利;而墨家把"爱"与"利"结合起来,以"交相利"作为"兼相爱"的基础。

"交相利"是针对"交相贼"而言,主张人们互相帮助,共谋福利,反对互相争夺,"亏人自利"。所谓:"有力相营,有道相教,有财相分"[15],"强不执弱,众人劫寡,富不侮贫,贵不傲贱",共同创造和维护"国家百姓人民之利"。(《兼爱中》)显然,儒家重义轻利,主张舍利取义,否定了劳动人民的基本利益。而墨家强调"义,利也",义与利是一回事;"功,利也"(《经上》),功与利是统一的。明确肯定了小生产者追求和保有实际利益的合理性。同时主张"断指与

断腕,利于天下相若,无择也;死生利若,一无择也"⑯。即为了天下之利,在需要的时候,断指断腕以至献出生命都毫不犹豫。从"舍生取义"到"死生亦择利",反映出春秋战国时期的贵族阶级和劳动人民在对待功利、实利、权利上的不同态度。

"兼爱"不仅是"天志"的核心,也是墨家其他主张的基础。把"兼爱"运用到选任官吏上是"尚贤";运用到政体和行政上是"尚同";运用到国家之间是"非攻";运用到人民生活方面是"节用"和"非乐"。总之,在墨翟看来,只有实行"兼爱",才能消除混乱,达到大治:"若使天下兼相爱,国与国不相攻,家与家不相乱,盗贼无有,君臣父子皆能孝慈,若此则天下治。"(《兼爱上》)由于"天"对万物是"兼而爱之,兼而利之",而"爱人利人"本身便具有"天志"之法的特征:"顺天意者,兼相爱、交相利,必得赏;反天意者,别相恶,交相贼,必得罚。"(《天志上》)所以一定要用这一原则来进行国家的立法:"当兼相爱,交相利,此圣王之法,天下之治道也。"⑰

墨家的"兼爱"主张,集中地反映了小生产劳动者保有私有财产和互助互利的要求,具有反对宗法世袭特权和等级剥削压迫的积极意义。但是,在阶级社会里,希望统治者与被统治者,剥削者与被剥削者之间互爱互利,显然是无法实现的。

**注:**

①《淮南子·要略》:"墨子学儒者之业,受孔子之术,以为其礼烦扰而不悦,厚葬靡财而贫民,久服伤生而害事,故背周道而用夏政。"

②《吕氏春秋·当梁》:"孔子学于老聃……其后在于鲁,墨子学焉。此二士者,无爵位以显人,无赏禄以利人,举天下之显荣者,必称此二者也。皆死久矣。从属弥众,弟子弥丰,充满天下。王公大人从而显之,有爱子弟者,随而学焉,无时乏绝。"

③《庄子·天下》:"墨者多以裘褐为衣,以跂蹻为服,日夜不休,以自苦为极。"《淮南子·泰族训》:"为墨子服役者百八十人,皆可使赴火蹈刃,死不旋踵。"

④《墨子·非乐上》:"民有三患:饥者不得食,寒者不得衣,劳者不得息,三者民之巨患也。"

⑤《墨子·兼爱中》:"子墨子言曰:今若国之与国之相攻,家之与家之相篡,人之与人之相贼,君臣不惠忠,父子不慈孝,兄弟不和调,此则天下之害也。然则崇此害亦何用生哉?以不相爱生邪!……天下之人皆不相爱,强必执弱,富必侮贫,贵必敖贱,诈必欺愚,凡天下祸篡怨恨其所以起者,以不相爱生也。""天下之人皆相爱,强不执弱,众不劫寡,富不侮贫,贵不敖贱,诈不欺愚。凡天下祸篡怨恨可使毋起者,以相爱生也。"

⑥《墨子·法仪》:"虽至士之为将相者,皆有法。""百工为方以矩,为圆以规,直以绳,正以悬,无巧工不巧工,皆以此五者为法。……今大者治天下,其次治大国,而无法度,此不若百工辩也。"

⑦《墨子·天志上》:"子墨子言曰:我有天志,譬若轮人之有规,匠人之有矩。轮、匠执其规、矩,以度天下之方圆,曰:中者是也,不中者非也。今天下士君子之书,不可胜载,言语不可尽以计,上说诸侯,下说列士,其于仁义,则大相远也。何以知之?曰:我得天下之明法以度之。"

⑧《墨子·天志上》:"顺天意者,兼相爱,交相利,必得赏;反天意者,别相恶,交相贼,必得罚。"

⑨《墨子·天志中》:"以磨为日月星辰,以昭道之;制为四时春秋冬夏,以纪纲之;雷降雪霜雨露,以长遂五谷麻丝,使民得而财利之;列为山川溪谷,播赋百事,以临司民之善否;为王公侯伯,使之赏贤而罚暴;贼金木鸟兽,从事乎五谷丝麻,以为民衣食之财。自古及今,未尝不有此也。"

⑩《墨子·尚同下》:"古者天之始生民,未有正长也。百姓为人,若苟百姓为人,是一人一义,十人十义,百人百义,千人千义,逮至人之众,不可胜计也;则其所谓义者,亦不可胜计。此皆是其义,而非人之义,是以厚者有斗,而薄者有争。是故天之欲同一天下之义也。是故选择贤者,立为天子。"

⑪《墨子·天志下》:"子墨子言曰:戒之慎之,必为天之所欲,而去天之所恶。曰:天之所欲者何也?所恶者何也?天欲义而恶其不义者也。何以知其然也?曰:义者,正也。何以知义之为正也?天下有义则治,无义则乱,我以此知义之为正也。然而正者,无自下正上者,必自上正下者,……吾以此知天之重且贵于天子也。是故义者不自愚且贱者出,必自贵且知出。曰:谁为知?天为知。然则义果自天出也。"

⑫《墨子·天志中》:"子墨子之有天之意也,上将以度天下之王公大人为政刑也,下将量天下之万民为文学、出言谈也。观其行,顺天之意谓之善意行,反天之意谓之不善意行;观其言谈,顺天之意谓之善言谈,反天之意谓之不善言谈;观其刑政,顺天之意谓之善刑政,反天之意谓之不善刑政。故置此以为法,立此以为仪,将以量度天下之王公大人卿大夫之仁与不仁,譬之犹分黑白也。"

⑬《墨子·兼爱中》:"然则兼相爱、交相利之法,将奈何哉?子墨子言曰:视人之国若视其国,视人之家若视其家,视人之身若视其身。是故诸侯相爱,则不野战;家主相爱,则不相篡;人与人相爱,则不相贼;君臣相爱,则惠忠;父子相爱,则慈孝;兄弟相爱,则和调。"

⑭《墨子·大取》:"爱人不外己,己在所爱之中。己在所爱,爱加于己;伦列之爱,己爱人也。"

⑮《墨子·天志中》。又《尚贤下》:"有力者,疾以助人;有财者,勉以分人;有道者,劝以教人。若此,则饥者得食,寒者得衣,乱者得治。"

⑯《墨子·大取》:"利之中取大,害之中取小。害之中取小,非取害也,取其利也。其所取者,人之所执也。遇贼人,而断指以免身,利也;其遇盗人,害也。断指与断腕,利于天下相若,无择也。死生利若,一无择也。杀一人以存天下,非杀一人以利天下也;杀己以存天下,是杀己以利天下。"

⑰《墨子·兼爱中》:"子墨子言曰:今天下之君子,忠实欲天下之富,而恶其贫;欲天下之治,而恶其乱;当兼相爱、交相利,此圣王之法,天下之治道也,不可不务为也。"

## 第二节 墨家的立法和司法思想

墨家很重视法律在治理国家、为民谋利和制约君主方面的作用,因此也很重视法律的制定与执行。与儒家为封建贵族服务,法家为新兴地主阶级立言不同,墨家是小生产者的思想代表。封建贵族与地主阶级都是统治阶级,法律是他们用来巩固政权、维持统治的重要工具。所以儒家肯定现实中的"礼",法家赞扬所制定的"法";而对于处于被统治地位的小生产劳动者来说,在现实社会中并不存在确认和保障他们利益的法律,他们所具有的是对"礼"和"法"的揭露与反抗,是对新的法律制度的憧憬和向往。也就是说,不掌握政权的小生产者,所能提出的只是关于立法和司法的主张。墨家的法律思想便属于这种情况。如果说,"天志"是墨家的理想法在思想形式上的表现,那么"义"则是他们关于法律的具体主张的概括用语。

上节已述,从"天之所欲则为之,天之所不欲不为"的规定,说明墨家的"天志"具有法律强制的内容。他们进而指出:"天亦何欲何恶?天欲义而恶不义。"(《墨子·天志上》,下引此书仅注篇名)可见"义"正是"天志"在社会关系上的具体化,即人们当为或者不当为的准则。墨翟还强调:"义者,正也。……天下有义则治,无义则乱。我以此知义之为政也。"(《天志下》)直截了当地把"义"同政治相联系。这里的"政",包括法令与刑罚。

那么,什么是"义"的主要内容呢?墨翟回答说:"顺天意者,兼相爱、交相利必得赏;反天意者,别相恶、交相贼必得罚。"(《天志上》)可见墨翟之"义",并非孔丘的君礼臣忠、父慈子孝,而是指人们之间的互爱互利。它是墨家思想体系的核心,也是其法律观的宗旨。针对当时贵族专政的奢侈腐败,礼教刑罚的虚伪酷烈,掠夺战争的野蛮凶残等,墨翟在进行了激烈的批判之后,明确提出:"既以非之,何以易之?子墨子言曰:以兼相爱、交相利之法易之。"①可见,"兼爱"和"交利"是墨家用来消除混乱,改造社会,实现理想的总纲领。

为了提高"兼爱"和"交利"的权威并使之法律化,墨翟提出了独具特色的法律起源论;同时以"爱人利人"为标准,衡量当时的礼法制度,评价各派的观点学说,进而提出自己的立法和执法主张。

### 一、"一同天下之义"的法律起源论

"一同天下之义",就是用"兼相爱、交相利"来统一人们的思

想,建立安定的秩序。墨翟认为国家和法律的产生,是出于"统一思想"的需要。

墨翟否定国家和法律的先天存在,认为它们是人类社会建立之后的产物。他指出,人类历史上曾经有过"未有刑政"、"未有政长"的时期。那时没有统一的政治组织,也没有统一的是非标准,而是因人而异:每个人都有自己的是非标准,"一人一义,十人十义",一百个人就会有一百种不同的主张。人们不但各有其"义",而且还各持己见,自以为是,有强烈的排他性:"各是其义,而非人之义。"这样人与人之间根本不能和睦相处,"故交相非也"。除了思想上的相互责难之外,还有物质上的相互争夺:"厚者有斗,而薄者有争。"其结果是一家中"父子兄弟作怨恶",普天之下"皆以水、火、毒药相亏害"。人们有余力也不互相帮助,或者宁可让多余的财物腐烂掉也不分给别人,或者隐瞒才能技艺不相互传授,"天下之乱,若禽兽然"。②在墨翟看来,人类社会是以混乱和争夺作为开端的,而"一人一义"则是祸乱的根源,这与儒家鼓吹的唐尧盛世大相异趣。

为了消除"一人一义"的混乱,就必须建立"政长",即国家机构、各级官吏和天子;建立"刑政",即国家制度和法令。墨翟认为,这是"天志"的要求:"天之欲一同天下之义也,是选择贤者,立为天子。"但是仅仅靠"天子"还是不能"一同天下之义",于是由天子选择贤能,立三公,建诸侯,立大夫,设乡长、里长等各级"政长",帮助"天子"治理国家。与这套"政长"制度(即行政机构)相配合,"天子"还"发宪布令于天下之众",制定出一套法令制度。③这实际上意味着国家和法律的产生。

墨翟认为,有了"政长"和"刑政",就可以自上而下地"一同天下之义"了。一方面,天子要求人民必须逐级地向上报告"善与不善"的情况,使"爱利天下者,上得而赏之;恶贼天下者,上得而罚之"。另一方面,人民要"上同乎天子",即绝对服从天子,还要服从各级"政长":"上之所是,必皆是之;上之所非,必皆非之",这样就能使天下得到治理(《尚同上》)。

墨家提出这种"一同天下之义"的起源论,目的在于使"兼爱"、"交利"能够上升为国策和法律,以便用国家强制力自上而下地贯彻,从而统一人们的思想,建立对劳动者有利的社会秩序。虽然他们把实现"上同一义"的希望寄托于"上天",同时幻想统治者与劳动人民能够"同义",使其法律起源论表现出浓厚的神权色彩和尊君集权的倾向。但是,他们公开否定了国家和法律是先天存在的说法,要求天子"上同于天",同时斥责现实的礼和法,君主与官吏,都不符合"义"的要求,等等,表达了劳动人民要求建立自己的政权和法律的愿望。总的来看,墨家的法律起源论是进步的。

## 二、法律必须以"为万民兴利除害"为目的

在古代,"利"一般指利益、功利。儒家很少言"利",往往把"利"归之于"恶欲"。墨家则与之相反,经常谈"利"。墨家之"利",主要也是指维持或满足人们生活需要的物质利益;如果从法律观的角度理解,则含有保障物质利益的权益、权利的意思。他们主张:"天下皆得其利","国家百姓之利"、"天鬼百姓之利"[④],"古者上帝鬼神之建设国都,立政长也,……将以为万民兴利除害"(《尚同中》)等,由此可见,墨家所强调的是公利、众利,即"百姓之利"、"万民之利",坚决反对那种只为一己一身而损害他人的私利,即"亏人自利"。他们是站在"受利百姓"的立场上来维护民众的利益的。

正因为如此,墨家明确指出:"义,利也","义,……所为贵良宝者,可以利民也"(《耕柱》),把"利"作为"义"的实质内容和标准。也就是说,"利民"便属当为,"害民"应予禁止。人们一切言行,都应该以谋求"国家百姓人民之利"为目的。所谓:"必务求兴天下之利,除天下之害,将以为法乎天下。利人乎即为,不利人乎即止。"

(《非乐上》)立法是这样,执法也是这样,所以墨翟不仅要求将"利民"原则贯彻到实际政治中去:"政者,口言之,身必行之",而且特地将"发为刑政,观其中国家百姓人民之利"⑤作为"三表"(三种验证方式)中最重要的第三"表",强调要看"刑政"的实际效果是否"为民",对民是否有利来决定其善恶。这种要求国家和法律由维护少数贵族的利益转而为维护大多数民众利益的主张,在当时具有划时代的意义。

### 三、法律应维护劳动者的基本权利

古代思想家很少从正面论述权利和义务的关系问题,权利观念经常与"义利"观混合交织在一起。孔子的"礼治"奠定了"义务本位"观念的基础,通过礼的"序尊卑,别贵贱",把政治上和法律上的权利赋予了君、父、夫等在上位的一方,规定为臣、为子、为妻的一方只有服从的义务。墨家站在社会下层的劳动民众的立场上,坚决反对"礼治"的宗法特权,在历史上第一次提出了为劳动人民争权利的要求,认为"为民兴利"的主要表现,就是以法律政令确认和维护劳动者的生存、财产所有和参加政治的权利。

首先是生存权利。墨翟认为,当时各诸侯国的贵族统治者,为了搜刮民财和奢侈淫佚,"厚作敛于百姓,暴夺民衣食之财",以至于"苦其役徒","殚财劳力",使得"饥者不得食,寒者不得衣,劳者不得息"。(见《辞过》)同时又发动掠夺性的兼并战争,"入其边境,芟刈其禾稼","攘杀其牲牷","劲杀其万民",使"百姓死者,不可胜数"。⑥这样,普通劳动民众连生存也得不到必要的保障。

对此,墨翟在强烈批判的同时,又提出了改革主张。他认为,政治的首要任务,就是解决人民生活中最为迫切的问题,即"民饥"、"民寒"和"不得息"这三大"巨患",使劳苦民众免于盘剥残害而获得生存的权利,这也是法律的首要职责。他一方面借"天志"论证劳动者生存权利的神圣不可侵犯,即"今天下无大小国,皆天之邑也;人无幼长、贵贱,皆天之臣也",因而"天"对于每个人都"兼而爱之,兼而利之",从而保护着每一个人,不准"相恶相贱"。(《法仪》)另一方面,又明确提出"赖其力者生,不赖其力者不生",[7]认为劳动是人类的生存之本,是物质财富的来源。因之,劳动者得食,不劳动者不得食,不自食其力的寄生虫是没有资格生存的;而"赖其力者"的生存权利必须受到严格地维护。

其次是财产的私有权利。墨翟认为,法律应保障"义",惩罚"不义"。"义,利也",财的是主要的物质利益。"不义",主要也是"亏人百利",小如盗窃、抢劫,大至侵略战争,即"入人园圃,窃其桃李";"攘人犬豕鸡","入人栏厩,取人马牛";"杀不辜人也,扡其衣裘,取戈剑者",以至"伐无罪之国","入人边境"等等。总之,"苟亏人愈多,其不仁兹甚矣,罪益厚","上得且罚之"。[8]为什么要惩罚这些行为呢? 墨翟回答说:"不与其劳,获其实,已非其所有取之故。"(《天志下》)可见他认为私有财产不可侵犯,因而坚决反对非法占有别人的劳动果实,要求用法律制裁这种"不义"即不合法的行为,反映了小生产者保护自己劳动成果和财产所有权的强烈愿望。值得注意的是,墨子对侵犯财产权的行为表现出特别的愤慨,因而主张严刑重罚。他不仅提出要对杀人越货者处死,即"杀人谓之不义,必有死罪矣",从而对于那些发动掠夺战争、残杀无辜的统治者、应兴正义之师予以征讨、诛杀;而且还提出"杀盗人,非杀人"的命题,主张对于盗窃、抢劫别人财物的"恶人"、"贼人",可以得而杀之,不必通过"政长"(见《小取》)。

再次是"农与工肆之人"参与政治的权利。西周以来,实行的是"世卿世禄"的宗法制度,从最高统治者到各级官吏都由贵族世袭,为贵族所垄断;广大的庶民及劳动者没有任何参加政权的机会和权利。墨翟反对贵族专政,针锋相对地提出"尚贤",主张以"义"(即"兼爱交利")为标准选任"贤者"来治国理政,取代旧的"亲亲"原则。指出:"不义不富,不义不贵,不义不亲,不义不近",以及"举义不辟贫贱","举义不辟疏","举义不辟远"。⑨这就是说,在选任官吏、组织政权的问题上,应该破除宗法关系和等级身份的限制,以其行为表现是否合"义"来决定取舍。表面看来,墨翟否定贵族参政的优先地位,意在主张人人都有参与政治的权利;其实,墨翟主要是代表广大无权的庶民劳动者发论的。诸如:"不党父兄,不偏富贵,不嬖颜色,贤者举而上之,富而贵之,以为官长;不肖者抑而废之,贫而贱之,以为徒役。""虽在农与工肆之中,有能则举之,高予之爵,重予之禄,任予之事,断予之令。"(《尚贤中》)"故官无常贵而民无终贱,有能则举之,无能则下之。"(《尚贤上》)

显然,"不党父兄,不偏富贵"是对周礼"亲亲"、"尊尊"的否定;举"农与工肆之人"在于要求把农工劳苦大众从贵族专政的桎梏之下解放出来;至于"官无常贵,民无终贱"的口号,则破天荒地表达了庶民阶级参加政权和提高社会地位的强烈要求。总之,墨子力图使平民在政治上享有与贵族平等的权利,因而利用"天志"和"义"公开宣告:当官的决不可能永享富贵,老百姓也绝对不会安于贫贱,时代就要改变,过去的被统治者如今也要在政治上大显身手了!

### 四、君主集权的法制统一观点

墨家代表小生产者,而小生产者在政治上"不能代表自己","他们的代表一定要同时是他们的主宰",是高高在上的权威。因此,墨翟不仅把自己的理想法饰以"天志",同时又将这种理想法的制定和实施都寄托在"贵且智"的"天子"和"贤者"的身上。他的"一同天下之义"的法律起源论和"天下之百姓皆上同于天子"的尚同主张,集中地反映出君主集权的法制观点。

首先,墨翟认定"义"是由最能了解"天志"的、地位高贵、智慧超群的"贤者"制定的。他说:"义不从愚且贱者出,必自贵且智者出",因为"义"指"善政",而"善政"只有"贵且智"的人才能具有。⑩这里所说的"义",显然是指人定的制定,而不再是抽象的原则。按照他的起源论,天"选天下之贤可者立为天子";天子又"选天下之贤可者,置立之以为三公";然后以此类推,立"国君"、"政长"、"里长"、"乡长"等各级政权和官吏。如果我们反向往上推,那么地位越高,则必然越"贤",因而"天子"就是天下最"贤可"的人。这样,最高的立法、司法大权也只能归于"天子"。换句话说,只有"天子"才能了解"天志",并具体化为强制人们遵守的行为规范,而"发宪布令于天下之众"。墨翟不仅把掌握法令的大权交给了君主,而且把实现"兼爱"的希望也全都寄托在君主的身上:"苟有上说(悦)之者,劝之以赏誉,威之以刑罚,我以为人之于就兼相爱、交相利也,譬之犹火之就上,水之就下也。"(《兼爱下》)墨翟就是这样完成了他的"君权天授"、"法自君出"的说教。

其次,墨翟认为,既然天子、三公、诸侯、政长等是依照贤能的等级而设立的,所以天下百姓都须绝对地服从,其思想和行为都须统一于天子之"义"。所谓:"天子之所是,必亦是之;天子之所非,必亦非之";"上之所是,必皆是之;上之所非,必皆非之"。这样,"天子惟一同天下之义,是以天治也"。(《尚同中》)

怎样保证这种统一呢?墨翟提出了两个基本方法:"富贵以道其前,明罚以率其后。"可见,墨翟的"尚同"是以法律作为后盾的。如果不"上同"于天子、政长,就要受到刑罚的严厉制裁。他说:"古者圣王为五刑,请以治其民,此若丝缕之有纪,罔之有纲,所(以)连收天下之百姓,不上同其上也。"以及"政长既已具,天子发政于天下之百姓,……上以此为赏罚,其明察以审信"(《尚同上》)。这说明墨翟已经有了初步的君主集权和专制主义的法观念,这正是后来法家专制主义中央集权"法治"学说的思想前奏。

再次,执法应谨慎,刑罚须适中。墨翟主张君主有最高的立法、司法权,但亦强调"明法"和"慎刑",主张将君主置于"天志"之下,以"兼爱"、"交利"之义来指导司法量刑。

他指出刑法本身虽好,但若使用不当,也会致乱:"譬之若有苗之五刑然。昔者圣王制为五刑,以治天下,逮至有苗之制五刑,以乱天下。则此岂刑不善哉?用刑不善也。"由此可知,"善用刑者以活民,不善用刑者以为五杀"。(《尚同中》)因而必须慎重对待刑罚的运用。其原则是赏罚得当,不枉不纵,即:"赏当贤,罚当暴,不杀不辜,不失有罪"⑪;"均分赏贤罚暴,勿有亲戚弟兄之所阿"⑫。总之,"为政于国家者,情欲誉之举,赏罚之当,刑政之不过失"(《非攻中》),即法律的执行要与道德、舆论相一致;赏必均,罚必当,所有政令措施都须符合"兼爱"、"兴刑除害"的要求。

**五、处理国家关系的准则**

小生产者的理想是建立一个安定的社会环境,因而强烈地反对当时的兼并战争。墨翟从"天下无大小国,皆天之邑"的认识出发,提出应以相爱、互利、平等的原则处理各诸侯国之间的关系。

首先,各个国家之间应该有对等的"爱",这样才能消除敌视、掠夺和攻占之意,达到国与国的睦邻友好,和平相处。因此,墨子指出,每个人都应该把别人的国家当作自己的国家,把别人的家庭当作自己的家庭看待,从而国与国"不野战",家与家"不相篡",人与人"不相贼",和睦相处(《兼爱中》)。

其次,各个国家之间应该承认和尊重彼此的利益。他认为战争使府库空虚,田地荒芜,国家颠覆,百姓死亡,无论对统治者还是对劳苦民众都是不利的。相反,"爱人者,人必从而爱之;利人者,人必从而利之;恶人者,人必从而恶之;害人者,人必从而害之",利益从来就是相互的。因此,为了保证自己的利益,必须承认与尊重他国的利益,"国都不相攻伐,人家不相乱贼",才能"兴天下之大利"(《兼爱中》),才是真正的维护国家利益。

再次,国与国之间应该不分大小,一律平等,即"不为大国侮小国","处大国不攻小国,处大家不篡小家,强者不劫弱"⑬,不仅不能相攻,而且还应礼尚往来,化干戈为玉帛,"处有以为环璧珠玉,

111

以聘挠四邻,诸侯之冤不兴矣,边境甲兵不作矣"(《天志下》)。

然而墨翟并非主张无原则的和平,亦非反对所有的战争,他只反对非正义的掠夺性战争,却主张用正义战争去抵御侵略,保卫和平。他一方面严格区别战争的性质,认为侵略"无罪之国"是"攻",应予否定谴责;而讨伐有罪的暴君,则是"诛",应予肯定支持。⑭另一方面则积极主张"大国之攻小国也,则同救之。小国城廓之不全也,必修之"。⑮公开宣言联合抵抗侵略和霸权。墨子这样说,也这样做,"止楚攻宋"便是著名的一例。

总之,在墨子的法律思想中,既有朴素的平等观念,又有尊君集权的专制倾向;既反对宗法等级的"礼治"原则,又主张新的官僚等级;既主张法律高于君主,又把立法司法大权归于君主个人;既要求法律承认并维护劳动民众的政治权利和经济利益,又只把希望放在明君贤臣的身上;等等。进步主张与落后观念往往同现,集中地反映了中国古代小生产劳动者的思想特质和历史局限。

**注:**

①《墨子·兼爱中》:"今诸侯独知爱其国,不爱人之国;是以不惮举其国,以攻人之国。今家主独知爱其家,而不爱人之家;是以不惮举其家,以篡人之家。今人独知爱其身,不爱人之身;是以不惮举其身,以贼人之身。是故诸侯不相爱,则必野战;家主不相爱,则必相篡;人与人不相爱,则必相贼;君臣不相爱,则不惠忠;父子不相爱,则不慈孝;兄弟不相爱,则不和调。……天下祸篡怨恨其所以起者,以不相爱生也。是以仁者非之。既以非之,何以易之?子墨子言曰:以兼相爱、交相利之法易之。"

②《墨子·尚同上》:"古者民始生,未有刑政之时,盖其语人异义。是以一人则一义,二人则二义,十人则十义;其人兹众,其所谓义者亦兹众。是以人是其义,以非人之义,故交相非也。是以内者父子兄弟作怨恶,离散不能相和合。天下之百姓,皆以水火毒药相亏害。至有余力不能以相劳,腐朽余财不以相分,隐匿良道不以相教,天下之乱,若禽兽然。"

③《墨子·尚同上》:"夫明乎天下之所以乱者,生于无政长。是故选天下

之贤可者,立以为天子。天子立,以其力为未足,又选择天下之贤可者,置立之为三公。天子、三公既立,以天下为博大,远国异土之民,是非利害之辩,不可一二而明知,故画分万国,立诸侯国君。诸侯国君既已立,以其为未足,又选择其国之贤可者,置立之为正长。正长既已具,天子发政于天下之百姓。"

④《墨子·尚贤中》:"故古者圣王,能唯审以尚贤使能为政,无异物杂焉,天下皆得其利"。《尚贤下》:"且今天下之王公大人士君子,中实将欲为仁义,求为上士,上欲中圣王之道,下欲中国家百姓之利,故尚贤之为说,而不可不察此者也。尚贤者,天鬼百姓之利,而政事之本也。"

⑤《墨子·非命上》:"古者王公大人为政国家者,皆欲国家之富,人民之众,刑政之治。然而不得富而得贫,不得众而得寡,不得治而得乱,则是本失其所欲,得其所恶,是何故也?子墨子言曰:执有命者,以杂于民间者众。……故当执有命者之言,不可不明辩。然则明辩此之说,将奈何哉?子墨子言曰:必立仪。言而毋仪,譬犹运钧之上而立朝夕也。是非利害之辩,不可得而明知也。故言必有三表。何谓三表?子墨子言曰:有本之者,有原之者,有用之者。于何本之?上本之于古者圣王之事。于何原之?下原察百姓耳目之实。于何用之?废以刑政,观其中国家百姓人民之利。此所谓言有三表也。"

⑥《墨子·非攻下》:"今王公大人、天下之诸侯则不然。将必皆差论其爪牙之士,皆刊其舟车之卒伍,于此为坚甲利兵,以往攻伐无罪之国,入其国家边境,芟刈其禾稼,斩其树木,堕其城郭,以湮其祖庙,劲杀其万民,覆其老弱,迁其重器。卒进而柱乎斗,曰死命为上,多杀次之,伤者为下。"

⑦《墨子·非乐上》:"子墨子曰:为乐,非也,今人固与禽兽麋鹿蜚鸟贞虫也者。今之禽兽麋鹿蜚鸟贞虫,因其羽毛以为衣裘,因其蹄爪以为绔屦,因其水草以为饮食。故唯使雄不耕稼树艺,雌亦不纺绩织纴,衣食之财,固已具矣。今人与此异者也,赖其力者生,不赖其力者不生。君子不强听治,即刑政乱;贱人不强从事,即财用不足。"

⑧《墨子·非攻上》:"今有一人,入人园圃,窃其桃李,众闻则非之,上为政者得则罚之。此何也?以亏人自利也。至攘人犬豕鸡豚者,其不义,又甚入人园圃窃桃李。是何故也?以亏人愈多,其不仁兹甚、罪盖厚。至入人栏厩,取人马牛者,其不仁义又甚攘人犬豕鸡豚。此何故也?以其亏人愈多,苟亏人愈多,其不仁兹甚、罪益厚。至杀不辜人也,扡其衣裘,取戈剑者,其不义

113

又甚入人栏厩取人马牛。此何故也？以其亏人愈多，苟亏人愈多，其不仁兹甚矣、罪益厚。当此，天下之君子，皆知而非之，谓之不义。今至大为攻国，则弗知非；从而誉之，谓之义，此可谓知义与不义之别乎？杀一人谓之不义，有一死罪矣。若以此说，往杀十人，十重不义，必有十死罪矣！杀百人，百重不义，必有百死罪矣！"

⑨《墨子·尚贤上》："古者圣王之为政也，言曰：不义不富，不义不贵，不义不亲，不义不近。是以国之富贵人闻之皆退而谋曰：始我所恃者，富贵也；今上举义不辟贫贱，然则我不可不为义。亲者闻之，亦退而谋曰：始我所恃者，亲也；今上举义不辟疏，然则我不可不为义。近者闻之，亦退而谋曰：始我所恃者，近也；今上举义不辟远，然则我不可不为义。"

⑩《墨子·天志中》："何以知义之不从愚且贱者出，然必自贵且智者出也？曰：义者，善政也。何以知义之为善政？曰：天下有义则治，无义则乱。"

⑪《墨子·尚同中》："古者国君诸侯之闻见善与不善也，皆驰驱以告天子，是以赏当贤，罚当暴，不杀不辜，不失有罪，则此尚同之功也。"

⑫《墨子·兼爱下》："古有文武为政，均分，赏贤罚暴，勿有亲戚弟兄之所阿，即此文武兼也。"

⑬《墨子·天志上》："子墨子言曰：处大国不攻小国，处大家不篡小家，强者不劫弱，贵者不傲贱，诈者不欺愚，此必上利于天，中利于鬼，下利于人。三利无所不利，故举天下美名加之，谓之圣王。"

⑭《墨子·非攻下》："禹之所以征有苗，……汤之所以诛桀，……武王之所以诛纣，……非谓攻也，所谓诛也。"

⑮《墨子·非攻下》："子墨子言曰：今若有能以义名立天下，以德求诸侯者，天下之服，可立而待也。夫天下处攻伐久矣，譬若傅子之为马然。今若有能信效，先利天下诸侯者，大国之不义也，则同忧；大国之攻小国也，则同救之；小国城郭之不全也，必使修之；布粟之绝，则委之；币帛不足，则共之。"

## 思考题

1. 儒、墨两家在法律思想上的分歧主要表现在哪些方面？
2. 墨家以"兼爱"为核心的法律思想有哪些内容？

# 第六章　道家的法律思想

道家是战国时期以老子和庄子为主要代表,反映一部分"隐士"的思想要求的学派。

在春秋战国之际的社会大变革中,贵族世袭制度逐渐被破坏,许多中、小贵族没落为庶人,甚至降为皂隶。他们一方面感到悲观失望而隐居山林,拒绝与新的统治者合作;另一方面又怀着对现实的不满,利用自己的文化知识,揭露时弊,反对剥削和束缚。因此,虽然他们处于社会下层,但又带着旧贵族的阶级烙印,这就决定了他们思想的矛盾性:既抨击贵族统治的罪恶,却又为之提供维持统治的愚民政策和权术;既揭露礼义的虚伪和法令的残酷,却因此而否定一切社会文明;既同情劳动民众的深重苦难,又鼓吹听之任之,放弃斗争;既不满于现实,又不敢正视现实,更不敢面向未来,梦想倒退到"结绳而记"的原始社会;等等。

老子和庄周,都是春秋战国时期著名的"隐士",也是当时很有影响的学者。他们提出的道家学说,集中地反映了隐士阶层的思想要求。道家在理论上有两个主要特点:一是以"道"作为其思想的中心主旨;二是强调"法自然",即人必须顺从自然的制约。他们主要是从宏观上论述自然、社会和人生关系的,因此具有丰富的哲学思想,其中关于社会政治、法律方面的观点也有浓厚的哲理性。政治上,道家以儒、墨、法等家的主张作为对立面,反对礼义,否定忠孝,抨击法令,排斥兼爱,诅咒战争,向往"小国寡民"的社会。他们将哲学、政治、伦理融在一起,主张"绝圣弃智"、"清虚自守"的"无为而治"。道家的这些主张,在当时具有反对剥削、压迫,要求自由的进步意义,后来也对农民起义与社会改革产生了积极的影响;其中悲观颓废,逆来顺受等消极因素,后来经过封建思想家的加工改造，成为统治者用来麻痹人民意志的思想武器，或者成了封建士大夫用来慰藉官场失意和弥补空虚的精神食粮。因此，在秦汉之后长达两千多年的封建社会里，只有道家思想才能够与正统的儒家思想相抗衡。二者的相互补充，构成了中国封建社会的思想基础。

道家的法律思想也是以"道法自然"和"无为而治"为中心的。道家论法，一是强调以道统法，将法律问题纳入"道论"的体系之中，突出了法律的哲理性；二是抽象地概括出法的基本原则，而不像儒家或法家那样提出了立法、司法的具体主张。从而，道家的法律思想主要表现为法哲学，他们对儒家之礼、法家之法的批判也多是从宇宙观、人生观的角度出发的。成书于战国初期的《老子》和战国后期的《庄子》，是道家的代表作，分别体现了先秦道家思想发展的两大阶段。

## 第一节 《老子》的法律哲学

道家奉老子为始祖，但老子本人的情况，一直是历史上的悬案。由于他是个隐士，所以关于他的身世人们所知甚少。现今的多数学者认为，老子是春秋末期的老聃，姓李名耳，楚国人，曾做过西周的"守藏室之史"，后来成为隐士。[①]《老子》一书便是老聃遗说的发挥，集中了老子学派的思想，大约成书于战国初期。关于老子其人其书，还有待于进一步研究。这里我们以《老子》书为据来分析道家的法律思想。

《老子》又名《道德经》，是道家的第一部经典。它和孔子的《论语》一样，是一部言行录。但《论语》结构松散，是典型的语录；而《老子》自成体系，前后以"道"贯通。《论语》以专论人事著称，《老子》则以阐发论哲理称雄。它言简意赅，文字优美，寓哲学于社会人事之中，可称为一部大型的哲理诗。《老子》书中直接涉及法律的地方虽然不多,但法律哲学却十分丰富,其主要倾向表现为对现实礼法的否定和提倡法律简约。

## 一、崇尚自然,主张以道统法

古代思想家论法,经常与自己的社会理想相联系。《老子》认为,最理想的社会是"天下有道"的社会,而判断是否"有道"的关键在于是否合乎"自然"。它指出:"人法地,地法天,天法道,道法自然。"[②]这里的"法",是效法、遵从的意思。"自然"就是自然而然,听任万物自由发展,没有任何人为或者强迫的成分。《老子》把"自然"当作一切事物的起点和归宿,作为支配和决定一切事物发展的规律。可见,它所谓的"自然",不是指客观的自然界,而是指天然,不假人为而自成的意思。[③]中国思想史上,《老子》最先提出了"自然"的概念。"自然"是"道"的本质,"道"是"自然"的表现。

"道"字的本义是路、途径,引申为规律、道理。在《老子》中,"道"也是一个广义的概念,主要包括两方面:一是从宇宙观、人生观的角度,指支配自然界和人类社会的总规律,常以"天道"相称;一是从统治方术方面,指统治者制驭天下的最高原则和根本策略,又称"君人南面之术"。无论"天道"或者"君人南面之术",只有符合或表现"自然"的才是真正的"道"。因此,《老子》之"道",就是自然之道。它不仅用自然之道来解释天地万物,而且用自然之道来衡量、判断、制约社会人事。要求把自然之道作为人们的行为准则和思想指导,即主张让人们放任自流而不加任何限制干涉,通过避免矛盾、避免斗争来达到社会秩序的稳定。在《老子》之前,人们以为"天"是万物之源,《老子》则进而把"天"所产生的根源归之于道,从而赋予自然之道以最高法则的意义。它还从权威性、普遍性、客观性、公平性等方面论证了这种自然之道在维护社会秩序,制约人们的言行举止,指导治理国家中的作用,提出了我国古代最早的自然主义的法律观念。表现在:

其一,道是宇宙的本体,主宰着天地万物。《老子》是这样形容道的:有一种浑然一体的东西,在天、地形成之前便存在了,可以说是天下万物的母亲。谁也不知道它的名字,只能勉强地称为"道"。这个"道"是看不见,听不到,摸不着,说不出的,所以又是"无"。④"天下万物生于有,有生于无",正是这种无形、无影、无声、无迹但却无所不生、无所不在的道,化生出和主宰着宇宙和人类社会。

其二,道充满于天地,普遍而且无私。《老子》说:"道生一,一生二,二生三,三生万物。""道乃久","天网恢恢,疏而不失"⑤,这是道的普遍性。"无道无亲,常与善人",即道没有任何偏爱,永远属于善良的人;"生而不有,为而不恃,长而不宰",即化生万物但不占为己有,指导万物但不放纵,助长万物但不强制;"天地不仁,以万物为刍狗",即天、地与道一样毫不偏向,把任何东西都当作用过就丢掉的东西而不永久地保存。⑥这是说道的公平性。

其三,道"独立而不改,周行而不殆",有自己的内在体系和固定规律,它的运行变化,不因任何人的意志而改变。道的运行结果,往往是向相反的方向转化:"反者,道之动"。虽然道在形式上是"恍惚"的,但"其中有精",精指精神本质;"其中有信",信即诚信可靠。这是说道的客观性。

其四,道与仁义礼法等规范相比,是最高的原则:"失道而后德,失德而后仁,失仁而后礼"。认为现实中的"礼",是失去了"仁"之后的产物。礼不如仁,仁不如德,德不如道,所以"大道废,有仁义",⑦只有道才是最高的准则。

其五,道能以不变应万变,以寡制众,具有无往而不胜的力量:"天之道不争而善胜,不言而善应,不召而自来,繟然而善谋。"(《老子》七十三章)因此,"道常无为而无不为,侯王若能守之,万物将自化"(《老子》三十七章)。

具有以上性质和功效的"道",当然是"圣人"治国的根本方法与策略。《老子》进而从社会政治、法律方面论述"道"的表现:"天之道,利而不害。圣人之道,为而不争",即按照有利于万物而无所迫害,施于众庶而无所争夺的原则治国立法。"天下有道,却走马以粪;天下无道,戎马生于郊。"(《老子》四十六章)即在"有道"的国家里,强壮的马匹用来耕田送肥;在"无道"的国家里,壮马都被征用打仗。"不道早已",即不按道行事必然迅速灭亡。"古之所以贵此道者何? 不曰求以得,有罪以免邪?"即认为人们自古以来所以尊崇"道",原因在于想达到自己的要求并免除祸患。"孔德之容,唯道是从",即人类最大的德行,就是真正地按"道"行事。总之,法要服从道。

显然,《老子》的这种以道统法的观点在当时是进步的。虽然"天命"观在春秋之后已渐动摇,但仍占主导地位。《老子》认为,天地不过是自然运化的一种形式,从而以自然之天代替了人格神之天,否定了西周以来传统的神权观念。它的否定礼法、主张"无为"等思想,也都是从"道"出发的。

## 二、"无为而治"在法律思想上的体现

"无为"本来是一种人生观,将"无为"作为一种政治原则,在春秋末期已经出现。如孔子曾指出:"无为而治者,其舜也欤!"⑧但孔子的"无为"旨在强调"礼治",认为这是最省力、最有效的统治方法,所以实际上仍是有为的思想。

真正使"无为而治"系统化而成为理论的是《老子》。"隐士"阶层将以退为进、以后为先作为自己的处世哲学,表现在政治上就是"清净无为"。他们认为,统治者的一切作为都会破坏自然秩序,扰乱天下,祸害百姓。因而要求统治者无所作为,效法自然,让百姓自由发展。这种"无为"的思想,便成为《老子》政治理论的核心内容。

《老子》指出:"天下神器,不可为也","爱民治国,能无为乎","圣人处无为之事,行无言之教"⑨等,认为"无为"是最理想的统治方法和治国策略。

"无为而治"的理论根据是"道"。《老子》指出,万物生于"有","有"生于"无"。"无"是一切事物的本源和本体,而"有"只是"无"的一种表现。同时,"有"的出现又往往是对万物本性的破坏,因而应该"返朴归真",变"有"为"无"。所以"无"就是"道",而"无"在社会人事方面的要求和表现就是"无为"。

"无为而治"的现实依据是变"乱"为"治"。《老子》深入细致地分析了许多社会现象的因果关系,例如百姓饥贫的原因是在上者的赋税繁多,盗贼泛滥的原因是法令的烦杂,百姓的贪婪是由于财富的存在,虚伪欺诈的产生在于智慧的出现,国家的混乱是由于制度与工具的改进,等等。而这些导致混乱的"有争"、"有欲"、"有智"、"食税"、"法令"等都属于"有为"。因此,要恢复社会的稳定,以求"大治",就必须变"有为"为"无为"。

总观《老子》全书,作为政治原则的"无为而治"主要是指"为无为"和"无为而无不治"。"为无为"是"治国之道",即统治方法,要求统治者无所作为,表明了"无为"本身也是一种"为",并非绝对的消极观望。"无为而无不治"是统治策略,即只有用"无为"的方法才能达到统治的目的,这说明"无为"只是一种手段,使国家治理好才是真正的目的。

那么,怎样才能做到"无为而治"呢?《老子》提出了许多具体的主张,概括起来有两个方面:一是劝统治者少干涉,少作为;二是使民众"无知无欲"。

首先,对于统治者,《老子》提出"去甚、去奢、去泰"(《老子》二十九章)作为总的原则。"甚"指极端,"奢"指奢侈,"泰"指过分。"三去"即要求统治者不要走极端,不要有奢望,不要好大喜功。它是站在批评者和对立方发言的。具体表现在:

反对厚敛,主张薄税。《老子》抨击了繁多的赋税,认为这是造成百姓饥贫的主要原因:"民之饥者,以其上食税之多";"天下多忌讳,而民弥贫";"民之轻死者,以其上求生生之厚也"。[10]并激烈地斥责那些身穿华丽的衣冠,居住舒适的宫殿,佩带锋利的宝剑,吃厌了丰美的食物,占有大量财富的统治者,认为他们实际上与强盗无异。[11]因而主张"损有余而补不足",首先自己要"无欲"、"知足",然后再统治别人。

反对暴政苛刑,主张减少刑罚。《老子》认为百姓并不怕死,因此用死来恐吓是没有作用的:"民不畏死,奈何以死惧之?"[12]用严厉的行政管制或者刑罚镇压手段,并不能有效地制止犯罪。相反,法规禁令越繁,触犯法令的越多,盗贼越是泛滥,"法令滋彰,盗贼多有"(《老子》五十七章)。

反对穷兵黩武,主张和平稳定。《老子》指出战争造成土地荒芜,民众死亡,无异于一场灾难。因此把"兵"称为"不祥之器",认为"大军之后,必有凶年",主张"以道佐人主者,不以兵强天下"。[13]

其次,对于被统治的民众,《老子》提出必须实行愚民政策,消除他们对物质生活和精神生活的追求,从而失去"有为"的社会条件,即"无知无欲"。所谓:"圣人之治。虚其心,实其腹,弱其志,强其骨,常使民无知无欲。使夫智者不敢为也,为无为,则无不治。"(《老子》三章)其总的原则是"三绝":"绝圣弃智"、"绝仁弃义"、"绝巧弃利"[14]。

"绝巧弃利"是经济和生产方面的措施。由于人们在经济上争财夺利,所以只有销毁一切巧利器具,"不贵难得之货",才能使人们"见素抱朴,少私寡欲",视黄金如粪土,置利禄若罔闻。[15]

"绝仁弃义"是政治方面的措施。由于"仁义"君子们常常以"贤能"的资格居官任职,人们为了争夺官职而勾心斗角,互相残杀,所以只有废弃这种选贤标准,"不尚贤",才能"使民不争",安分守己。[16]

"绝圣弃智"是精神思想方面的措施。《老子》视智慧为万恶之源:"民之难治,以其智多。故以智治国,国之贼;不以智治国,国之福。"只有消除民众的聪明才智,才能维护统治:"不识不知,顺帝之则。"它主张："古之善为道者,非以明民,将以愚之。"(《老子》六十五章)一方面使民众"少私寡欲",只知道吃饭干活;另一方面应弃绝学问和知识:"绝学无忧",民众什么也不懂,统治者便高枕无忧了。[17]

要求统治者做到"三去",要求被统治者作到"三绝",这两方面的结合,便组成了"我无为而民自化,我好静而民自正,我无事而民自富,我无欲而民自朴"(《老子》五十七章)。这也正是《老子》"无为而治"的总纲领。

按照这种"无为而治"的原则指导立法和司法,便形成了《老子》的法律观。尽管它没有从正面具体地论述法律问题,但从其竭力反对的内容中可以明显地看出它的理想法的总轮廓。主要有:

强调"唯道是从",反对依靠具体的法令治理国家。它说:"生而不有,为而不恃"的自然之道要求统治者"处无为之事,行不言之教",法令属于"有为"之举,只能扰乱天下。同时,"天下神器,不可为也,不可执也。为者败之,执者失之"(《老子》二十九章)。只要有体"道"的"圣人"实行"无为"之治,不用法令人民也会顺从,"民莫之令,而自均焉"。这实际上是当时处于弱者地位的下层民众的愿望。[18]

主张秘而不宣,反对制定和公布成文法。《老子》认为"道"是人们遵循的行为规范,而"大道无形",并没有固定的形式;"先天地生",也不是人能够制定出来的;"天网恢恢,疏而不失"(《老子》七十三章),这种无影无踪的自然法则能够起到法令的制约作用,所以不应该再去制定什么法令制度。同时,"国之利器,不可示人",为人所知就会被别人利用,所以有关治国的规定与措施,都应该秘而不宣。[19]

主张"利而不害",反对滥施刑杀。它说:"天之道,利而不害",即统治者的所作所为,包括法令措施,都应"以百姓之心为心"。凡是喜欢杀人的人,最终必然失去自己的统治地位:"夫乐杀人者,则不得志于天下矣。"[20]

此外,《老子》"无为而治"所主张的以柔克刚、以弱胜强的策略原则,如静观待变[21]、守弱用柔[22]、知盈处虚[23]、居上谦下[24],以曲求全[25],精神满足[26],治于未乱[27],等等,也是它分析和看待政治、法律问题的基本依据。

综上所述,《老子》"无为而治"的法律观,既是用来统治人民的一种策略,其中又包含有反对暴政、反对剥削的人民性;既具有法律虚无主义的因素,又以更巧妙的法律强制作为归宿。《老子》所谋求的,并不是完全取消政治,取消法令,解除对人民的一切约束;也不是通过严刑峻法的强制或者温情脉脉的仁义说教来维持统治,而是为了更有效地控制人民,以"无为"作为手段,造成人民的愚昧状态,最终实现"圣人"对广大"群氓"的稳定统治。

### 二、对礼、法的否定和批判

《老子》"无为而治"的法律观,是针对儒家的"礼治"、法家的"法治"以及墨家的"尚贤"等主张而提出的。通过对于儒家所代表的封建贵族、法家所代表的新兴地主、墨家所代表的小生产劳动者法律观点的否定,表现了处于社会下层的隐士阶层法律思想的倾向和特征。

儒家法律思想的核心是礼和仁,而礼和仁恰恰是《老子》批判的锋芒之所在。一方面,它认为正是在"大道"废弃之后,才有了所谓"仁义"、"智慧"出现,从而也有了"诈伪";正因为父子、兄弟、夫妇之间陷于纠纷,才有所谓"孝慈";国家混乱,君主昏庸,才有所谓"忠臣"。[28]也就是说,作为儒家"礼治"的仁、义、忠、孝等原则是失去了"道"的社会家族不和、尔虞我诈、秩序混乱等病态的反映。另一方面,它又指出人类社会是从治到乱,每况愈下的。表现在统治方法上,是"失道而后德,失德而后仁,失仁而后义,失义而后礼。夫礼者,忠信之薄,而乱之首"。即天下大乱是失去了自然之道的必然结果,而礼是忠信浅薄的集中表现,是当今一切祸乱的根源。

我们知道,"礼治"与"天命"观念相联系,强调用道德教化的方法维护宗法等级制。《老子》完全否定了仁、义、礼、智固然不足取,但它以"无为"取代"天命"和教化,认为"贵以贱为本"的道胜于"贵贱不愆"之礼,否定了忠、孝的天然合理性,这对于揭露贵族"礼治"的虚伪有着重要的意义。

墨家的"兼爱"、"尚贤"主张,也成为《老子》批判的对象。它指出:"信言不美","善者不辩"㉓,即真实的话并不好听,善良的人并不多说。墨家将"天下大乱"归之于人与人"不相爱",而《老子》则认为在于"以其上求生生之厚"、"以其上食税之多"。墨家强调"兼爱"出于"天志",而《老子》则认为"天地不仁",天是没有意志的,更不会有"兼爱"之心。墨家强调"尚贤使能",而《老子》则认为"民多利器,国家滋昏",提出"不尚贤,使民不争"。总之,在《老子》看来,墨家的所有主张统统违背了"无为而治"的要求。

春秋战国之际,法家思想开始兴起。"法治"强调公布成文法令,官民严格遵守,并以厚赏重罚作为后盾,驱使人民依"法"从事耕战,富国强兵,因而深得新封建主的赏识。《老子》认为,以"法"治国也是一种与"自然"之道相违背的人为之道,是欲治反乱的倒行逆施。他说:"法令滋彰,盗贼多有",即统治者所制定的法令越多、越明确,民众就越贫穷,盗贼也就越多。因为形成"盗贼充斥"的原因不是"政刑不修",而在于统治者对"财货"的贪欲和占有;"民之轻死"的原因并非刑罚不严,而在于统治者的"有为"。在他看来,"天下多忌讳,而民弥贫",民众连最低生活都不能保障,就会"轻死";人民连"死"都不怕,那么施以严刑又有什么用处呢?"民不畏死,奈何以死惧之?"何况"强梁者不得其死"(《老子》四十二章),用暴力制服别人的人最后也没有好下场。要"使民重死",看重生命,就先"使民无知无欲",然后采取各种"无为而治"的措施,这样"为无为,则无不治矣"。《老子》反对以"法"治国,但他的很多观点却被后来的法家继承并加以改造。法家的立法顺乎自然,任法而不任智,尚法而不尚贤,"君无为而臣有为",即君主定法臣吏执法,以及御臣之术等,都来源于《老子》的学说。

"礼"是封建贵族的制度,"法"是新兴地主的制度,《老子》对这些现实的人定法律制度,采取了否定的态度,表现出明显的法律虚无倾向。一方面,它强调必须按照"无为而治"的要求,废除一切人为的道德、法令和一切"有为"的建置,让万物复归自然:"莫之命而常自然"。另一方面,它又要求"以正治国"[30],即"清静无为":"清静为天下正","以无事取天下"。也就是说,治理国家需要一定的行为规范,但这种规范不是"礼",也不是"法",而是由统治者自己掌握("不可示人"),没有固定的表现形式("无状之状")而具有普遍约束力("天网恢恢,疏而不失")的"无为"之道。可见,《老子》反对礼、法,但并不反对"治国",相反正是为了"治国"。"无为"的自然之道不是现实的规范,实际上是一种理想法,它用这种理想法来否定现实的法令制度,表达隐士们的要求。与此相适应的是《老子》的理想国。它认为,在"无为而治"的国家里,人们的生活应该是:"小国寡民,使有什佰之器而不用,使民重死而不远徙,虽有舟舆,无所乘之。虽有甲兵,无所陈之。使人复结绳而用之。甘其食,美其服,安其居,乐其俗。邻国相望,鸡犬之声相闻,民至老死不相往来。"(《老子》八十一章)统观《老子》全书,在它的理想国里,有统治者和被统治的民众,却没有矛盾和斗争;有国家、军队和法令,但都被搁置起来不发生作用;有圣人、侯王、贵贱的等级,却没有以强凌弱、以贵欺贱的现象。显然,这种思想还不属于否定一切法律制度的法律虚无主义,但已具有否定一切人定法律的倾向。后来《庄子》的法律虚无主义就是从这里发展起来的。

**注:**

①《史记·老子列传》:"老子者,楚苦县厉乡曲仁里人也。姓李氏,名耳,字聃,周守藏室之吏也。""或曰:老莱子亦楚人也,著书十五篇,言道家之用,

与孔子同时云。""自孔子死之后百二十九年,而史记周太史儋见秦献公曰'始秦与周合,合五百岁而离,离七十岁而霸王者出焉'。或曰儋即老子,或曰非也,世莫知其然否。老子,隐君子也。"可见司马迁未肯定李耳、老莱子、太史儋谁是老子。

②《老子》二十五章:"故道大,天大,地大,人亦大。域中有四大,而人居其一焉。人法地,地法天,天法道,道法自然。"

③《老子》十七章:"百姓皆曰我自然"。二十三章:"希言自然"。五十一章:"道之尊也,德之贵也,夫莫之爵而常自然也。"六十四章:"以辅万物之自然而弗敢驰。"

④《老子》二十五章:"有物混成,先天地生。……可以为天下母。吾不知其名,字之曰道,强为之名曰大。""视之不见……,听之不闻……,搏之不为……,是谓无状之状,无物之象……,是谓道纪。"三十五章:"道之出言,淡兮其无味,视之不足见,听之不足闻,用之不可既。"

⑤《老子》四十二章:"道生一,一生二,二生三,三生万物。万物负阴而抢阳,冲气以为和。""知常容,容乃公;公乃全,全乃天;天乃道,道乃久。"

⑥《老子》五章:"天地不仁,以万物为刍狗;圣人不仁,以百姓为刍狗。"二章:"万物作焉而不为始;生而不有,为而不恃,功成而不居。夫唯不居,是以不去。"七章:"天长地久。天地所以能长且久者,以其不自生,故能长生。是以圣人后其身而身先,外其身而身存。非以其无私邪?故能成其私。"

⑦《老子》三十八章:"故失道而后德,失德而后仁,失仁而后义,失义而后礼。"

⑧《论语·卫灵公》:"无为而治者,其舜也欤!夫何为哉?恭已正南面而矣。"

⑨《老子》三十七章:"道常无为,而无不为。侯王若能守之,万物将自化。""为学者日益,为道者日损。损之又损之,以至于无为,无为则无不为。"六十四章:"为者败之,执者失之。是以圣人,无为故无败,无知故无私。"

⑩《老子》七十五章:"民之饥者,以其上食税之多也,是以饥。民之难治者,以其上之有为也,是以难治。是之轻死者,以其上求生生之厚也,是以轻死。"

⑪《老子》五十三章:"朝甚除,田甚荒,仓其虚,服文采,带利剑,厌饮食,财货有余,是为盗竽。"

⑫《老子》七十四章:"民不畏死,奈何以死惧之?若民常畏死,而为奇者,吾得执而杀之,孰敢?"

⑬《老子》三十章:"以道佐人主者,不以兵强天下,其事好还。师之所处,荆棘生焉;大军之后,必有凶年。善有果而已,不敢以取强。"

⑭《老子》十九章:"绝圣弃智,民利百倍;绝仁弃义,是复孝慈;绝巧弃利,盗贼无有。此三者以为文不足,故令有所属,见素抱朴,少私寡欲。"

⑮《老子》十二章:"五色令人目盲,五音令人耳聋,五味令人口爽。驰骋田猎,令人心发狂;难得之货,令人行妨。""祸莫大于不知足,咎莫于欲得。"

⑯《老子》三章:"不尚贤,使民不争;不贵难得之货,使民不为盗;不见可欲,使民心不乱。"

⑰《老子》三章:"是以圣人之治,虚其心,实其腹,弱其志,强其骨,常使民无知无欲。使夫知者不敢为也,为无为,则无不治矣。"

⑱《老子》三十二章:"道常无名,朴;虽小,而天下弗敢臣。侯王若能守之,万物将自宾。天地相合,以降甘露;民莫之令,而自均焉。"

⑲《老子》三十六章:"将欲翕之,必固张之;将欲弱之,必固强之;将欲去之,必固举之;将欲夺之,必固予之。是谓微明。柔胜刚,弱胜绝。鱼不可脱于渊,国之利器,不可以示人。"

⑳《老子》三十一章:"故兵者非君子之器也,不祥之器也,不得已而用之。铦庞为上,勿美也。若美之,是乐杀人也。夫乐杀人,则不得志于天下矣。"四十二章:"人之所教,亦议而教人:强梁者不得其死!"

㉑《老子》十六章:"致虚极、守静笃。万物并作,吾以观复。"

㉒《老子》七十八章:"天下莫柔弱于水,而攻坚者莫之能胜。""柔弱胜刚强。"

㉓《老子》九章:"持而盈之,不如其已。"三十四章:"以其终不自为大,故能成其大。"

㉔《老子》三十九章:"贵以贱为本,高以下为基。"六十三章:"天下难事必作于易,天下大事必作于细。"

㉕《老子》二十二章:"曲则全,枉则直,敝则新,多则惑。"

㉖《老子》四十四章:"知足不辱"。四十六章:"知足常足矣。"

㉗《老子》:"为之于未有,治之于未乱。"

㉘《老子》十八章:"大道废,有仁义;智慧出,有大伪;六亲不和,有孝慈;

国家昏乱,有忠臣。"

㉙《老子》十五章:"古之善为道者,微妙玄通,深不可识。夫唯不可识,故强为之容,豫兮其若冬涉川,犹兮其若畏四邻,俨兮其若客,涣兮其若凌释,敦兮其若朴,浑兮其若浊,旷兮其若谷"。

㉚《老子》五十七章:"以正治国,以奇用兵,以无事取天下"。

## 第二节 《庄子》的法律虚无主义思想

《庄子》为战国中期的庄周及其后学所著。庄周,宋国蒙(今河南商丘)人,生卒年不详,大约比孟轲稍晚一些。他曾做过当地的"漆园吏",后来隐居从事讲学与著述。①庄周生活贫苦,有时以打草鞋为生,时常借米度日,但却视功名利禄如粪土,立志"终身不仕",②是战国有名的"隐者"。在思想体系上,庄周与老子一脉相通,并有很多发展,成为道家的第二大宗师。

道家的思想,反映了隐士阶层的要求。战国中期之后,"隐士"的处境较前发生了重大变化。旧的贵族力图保住自己的地位,新的封建主大刀阔斧地进行改革,还通过兼并战争图谋霸权和实现统一。广大人民处在繁琐的礼仪、严酷的法令、苛重的赋税、残酷的战争等等的重压之下,隐士们也不能幸免。对他们来说,旧的宗法礼治,新的专制法治,都意味着灾难、不幸和束缚,因此幻想摆脱人间的一切桎梏而获得自由。由于他们地位非常脆弱,无力改变残酷的现实,因而悲观绝望,只能从精神解脱中求得慰藉。如果说,春秋末期像老子那样的隐士,还能正题反作式地为统治者出谋划策的话,那么,战国中、后期的隐士则采取了拒绝与统治者合作的态度。他们满腹牢骚,乱发议论,自视清高,因此更为统治者所不喜。庄周的思想,正是这种隐士悲惨境遇和悲观情绪的反映,从而形成了与儒家、法家、墨家以及老子迥然不同的风格。

《庄子》全书,并非出自庄周一人之手,各篇的观点也不尽一致,但显然有着共同的倾向和统一的体系。它用形象生动的寓言,辛辣的讽刺,尖锐的抨击,浪漫的笔触,向传统挑战,对现实抗议,赞美个人自由,诅咒君主专制,表现了下层民众对礼、法的愤懑;而其悲观厌世、逆来顺受的人生观,又显示了弱者的无能和圆滑。

在法律思想方面,《庄子》发展了《老子》中否定礼、法等主张,对于礼的虚伪性和法的残酷性进行了痛快淋漓的揭露,使道家思想中的积极方面更为积极;同时,它又发展了《老子》中的虚无倾向,主张取消包括道德、法律在内的一切人类文明,提出了中国最早的道德虚无主义和法律虚无主义,使道家思想中的消极方面更为消极。

### 一、主张绝对无为,否定仁义礼法

《庄子》全面继承了《老子》的自然之道,同时从消极方面发展了"道"的虚无性。首先,它在肯定"道"的权威性、普遍性和主宰地位的基础上,突出了道的神秘性和自主性:一方面,道"自本自根",以自己作为根据,毫不依赖于其他;其外观"无为无形",其行迹"无所不在"③;但却"生天生地",化育万物,可见它是一个充满了神秘感的超然存在。另一方面,道又"有情有信"④,"泽及万世"⑤,并不是一个作威作福、高居于众人之上的神祇,而是一个与人类同体同性,极富人情意味的存在。正因为如此,它肯定"道"支配着社会与人生,是天地万物的必由之路:"道者,万物之所由也。庶物失之者死,得之者生;为事逆之败,顺之则成。"(《庄子·渔父》,下引《庄子》仅注篇名)

其次,《庄子》将《老子》的"无为"之道推向"虚无",主张绝对无为。它说,天由于"无为"才显得清高,地由于"无为"才表现宁静,天地两方面的"无为"相交合才产生了人事万物,⑥因此"无为"是道的基本属性,是天地万物尤其是社会人事所遵循的原则:"四时殊气,天不赐,故岁成;五官殊职,君不私,故国治;文武大臣不赐,故德备;万物殊理,道不私,故无名。无名故无为,无为而无不为。"(《则阳》)可见,与《老子》一样,《庄子》也将任其自然作为"无为"的要求。二者的区别在于:《老子》的无为是一种方法措施,要求通过"为无为"的途径达到"无为而治";《庄子》则以"虚无"来概括"无为",否定了一切社会文明和治国措施。一方面,"未知有无之果孰无",天下国家、君主官吏、法令道德以及自己的肉体生命等,任何事物都是由"虚"构成,由"无"转化的;另一方面,"是不是,然不然"(《齐物论》),万物运动和治理国家都没有什么规律、制度与准则可言。因此,《庄子》的"无"表现为绝对的空虚,其"无为"表现为否定一切的绝对无为。

从这种绝对的"无为"观出发,《庄子》主张"无以人灭天","不以人助天"[7],坚决反对任何对自然之道的干扰和破坏,要求取消人的一切有意识的活动。其批判的锋芒指向了儒家的仁、义、礼、智,法家的法、势、术和墨家的兼爱、尚贤,认为这些"有为"政治是人类的多余之举,是导致虚伪、欺诈、残杀和大乱的根源。

《庄子》从三个方面对儒家的"礼治"进行了揭露和批判。其一,认为仁、义、礼、智是对人的自然本性的破坏。人的自然本性在社会生活中表现为要求生存和温饱,从事体力劳动,没有"君子小人"的等级区别,也没有"亲"、"党"的区分,"无知","无欲"[8],"逍遥于天地之间而心意自得"[9]。显然,这种人性论既否定了宗法等级,也否定了官僚等级,反映出被统治阶级对于封建等级制的反抗,标志着处于宗法等级重压之下的个人意识的觉醒。它进而指出:"性情不离,安用礼乐?""道德不废,安取仁义?"[10]用礼乐、仁义来束缚人性,就像陆地行船或者给猴子穿周公之衣一样,是违反自然之道的。

其二,认为仁义礼乐是导致社会分化和混乱的根源。《庄子》认为,儒家讲求的名分是招致祸患的来源,例如,夏代的关龙逢"好名"被桀处死,殷代的比干"好名"为纣王所害,尧和禹"求名实",

"国为虚厉,身为刑戮"⑪等都说明了这一点。并断言儒家的仁义带来的是虚伪和争夺,因为真正按照"仁义"去做的人很少,而企图从"仁义"中获得的人很多:"爱利出乎仁义,捐仁义者寡,利仁义者众",所以高喊"仁义"的人肯定"无诚",而是"禽贪";不是为了"利天下",而是为了"贼天下"。⑫它指出,人们一旦沾染上仁义礼乐,便如同中魔一样,日思夜想,坐卧不宁,既怕"害人",又"愁我身"⑬;既"穷困人之身",又使自己"后世绝灭"⑭,有百弊而无一利。

其三,认为仁义礼乐是大盗"窃国"的工具。它以齐国为例说,田成子杀了齐君实际是一个窃国大盗,但他满口仁义,又握有"圣知之法","小国不敢非,大国不敢诛",人人以诸侯相待。这说明了"窃国者为诸侯,诸侯之门,而仁义布焉"的道理,所谓"仁义",不过是诸侯们掠夺国家的工具;所谓"圣人",不过是大盗们窃国的外衣。⑮它进而指出,社会上的贫富相争,"喜怒相疑,愚智相欺,善否相非",以及战争杀戮等一切罪恶,都是在仁、义、礼、乐的名义下进行的⑯,是儒家"礼治"造成的后果。

《庄子》认为法家的"法治"也是致乱之源。法家强调"唯法为治",君主"独制",追求"大治"。《庄子》一反常规,指出:"治,乱之率也。"(《天地》)因为"治国"的结果是"乱天之性",造成人与人的仇恨和残杀;"治人"的结果是"乱人之经",破坏了天地自然的和谐;"内行刀锯",运用刑罚的结果是"天下大乱"。⑰它还指责说:"天下之大不足以赏罚",法家强调的"赏罚"不切实际,是欲治反乱的措施;法家崇拜的"明主"、"圣王"只能"丧人之国",无一利而有百害。⑱

对于墨家的兼爱、尚贤,《庄子》也给予了批判,指出"兼爱不亦迂乎?无私焉,乃私也",是永远不能实现的(《天道》)。而贤智是对"天放"民性的破坏,使人与人相互嫉恨和残害,"日以心斗",结果是两败俱伤。⑲因此,"名也者,相轧也;知也者,争之器也。二者凶器,非所以尽行也"(《人间世》)。同时,"举贤则民相轧,任知则民相盗",朝廷上的阴谋倾轧以及民间的巧取豪夺都是与贤、智联系在一起的,任其发展下去必然是"人与人相食。"[20]

总之,在《庄子》看来,现实中的"子有杀父,臣有杀君,正画为盗,日中穴阫(pei 培,穴阫:穿墙)",都是上述主张和实行这些主张的君主们造成的恶果。因而,"赏罚利害,五刑之辟,教之末也;礼法度数,形名比详,治之末也"(《天道》)。它深刻地指出,君主、诸侯、官吏们隐瞒真相而责怪"不识"者,有意刁难民众却对"不敢"作的人治罪。由于他们"日出多伪",上行下效,"士民安敢不伪"?民众在"力不足"、"知不足""财不足"的状况下用"伪"对待他们,成为"盗贼"。那么面对上上下下的盗窃之行,应该责备谁呢?[21]答案只有一个:当然是"日出多伪"的君主。由此可见,虽然《庄子》对君主专制等级制度的批判远非科学,也不尽正确,但却异常深刻。它明确指出了仁义礼法是对人性的破坏,是社会罪恶的根源,从而具有反封建的意义。

## 二、主张绝对自由,反对任何约束和限制

与《老子》相比,《庄子》更注重人生哲学的阐发,从而将它的法律观建立在个人本位的基础之上,着重探讨法律与人生的关系,表现为鼓吹个体的、精神的、绝对的自由。

隐士是社会生活中的失意者。对他们来说,贵族的生活早已成为"美好"的记忆,而身临其境的只是无情、残酷的现实。《庄子》正是以这种悲观的态度来看待人生的。他说:"人之生也,与忧俱生。"(《至乐》)人从降生之日起便陷入欺诈、争夺和杀戮的旋涡之中,面临着三大悲哀:一是"与物相刃相靡",即为了追求物质利益而无穷无尽地拼命;二是"终身役役而不见其成功",筋疲力尽而不知其归宿;三是形体消尽,精神毁灭,如烟消云散,一无所获。[22]尤其是当今之世:"今处昏上乱相之间"(《山木》),"无耻者富,多信者显"(《盗跖》),使本来就很可悲哀的人生更为艰难。对此,《庄子》

发出了强烈的抗议,希望能够摆脱这种社会的桎梏,向往"至德之也"那种自由"天放"的生活。

《庄子》认为,人作为自然的一部分,既是自然的一种存在形式:"吾在于天地之间,犹小石小木之在大山也"㉓;又是自然的一种造化:"是天地之委形也"㉔。因此人的本性和人生的目的都应该从天地自然之中去寻找,那种与天地同体、与大道混一的"性命之情",即无拘无束、无知无欲的自然之情,便是人的本性。这种自然"天放"的人性与无情的社会现实直接对立,而现实既无法摆脱又无法抗拒,于是《庄子》采取了消极圆滑的精神解脱法:它一方面承认现实,认为"死生存亡,穷达贫富,贤与不肖,饥渴寒暑"㉕等都是命定的必然,既然人无法与之抗衡,便逆来顺受,处之泰然,所谓"知其不可奈何而安之若命"(《人间世》)。另一方面,它又以追求超现实的、精神上的自由为归宿,即所谓"天放"、"游心"、"逍遥游",企图在主观的精神世界里寻找在客观的物质世界里无法得到的"性命之情"。因此,《庄子》的自由,是超凡脱俗的抽象自由,是在命定论的前提下提出的精神自由。

《庄子》的这种自由观,集中地表现为它提出的"逍遥游"。逍遥,即翱翔,指一种自由自在、悠然自得的状态。《庄子》书中用很多篇幅描绘了"逍遥游"的内容,视之为人生的最高理想。诸如:"乘云气,御飞龙,而游乎四海之外"(《逍遥游》);"以出六极之外,而游无何有之乡";㉖"与造物者为人,而游乎天地之一气";"芒然彷徨乎尘垢之外,逍遥乎无为之业"㉗;等等。在这里,"尘垢之外"、"四海之外"、"无何有之乡",不是指宗教的天国或者仙境,而是存在于个人内心中的精神王国。因此,强调独立的个人自由,抽象的精神自由,绝对的无限自由,构成《庄子》自由观的特征,也是其法律虚无主义的重要表现。

《庄子》有着强烈的个人意识,在先秦诸子中独树一帜。它所注意的不是国家、君主、祖宗、子孙,并斥责忠孝礼义与君法族规为

"乱性"之举;它所注重的是"身"、"心"、"性"等个体问题。针对儒、法、墨等家强调个人服从国家、礼义,它明确指出:"中国之君子,明乎礼义而陋乎知人心。"[28]针对儒法等家追名逐利、争城争地而身败名裂的事实,它讥讽哀叹说:"今世俗之君子,多危身弃生以殉物,岂不悲哉!"(《让王》)因此,它要求将个人独立出来,"出六极之外","游于无人之野"。它的"逍遥游"便表现为"独有之人"的"独往独来"[29],"独与天地精神相往来"(《天下》),即不为君臣、父子、夫妇等社会关系所束缚,也不受家庭、国家所限制,任凭个人意愿无意识地漫游。表现为"全生","保身","尽年"[30],即为了保存个人内心的超脱,精神的独立,可以放弃一切,可以委曲求全,逆来顺受。表现为个体精神在自然面前的人人平等:"登高不可以为长,居下不可以为短"[31],"天子之与己,皆天之所子"(《人间世》),表现为"有人之形,无人之情","无仁义而修,无功名而治"(《缮性》),即傲视权贵,视功名利禄如粪土,安贫乐道,保持人格的独立。

《庄子》将它的"逍遥游"概括为"心游"、"游心"、"心有天游"等,是一种脱离社会现实的抽象的内心自由。它要求"行而无迹,事而无传"[32],即没有任何行为和后果;要求"居不知所为,行不知之所之","喜怒哀乐不入于胸次"(《德充符》),"不遣是非,与世俗处",即没有任何目的和准则;要求"入水不濡,入火不热","芴漠无形,变化无常"[33],"不知说生,不知恶死",即没有任何情感和知觉。由此可见,《庄子》的内心自由只是一种得道的神秘体验,一种虚静无为的精神境界。虽然这种抽象的自由幻想在否定封建道德和法制对个人的束缚方面有积极意义,并且能够在一定程度上减轻现实的精神痛苦,但它在本质上是虚假的,表现了隐士们空幻的自我陶醉和自欺欺人。

《庄子》的自由还表现出超时空的绝对性,在它描述的自由境界里,没有时间的流逝:"无古无今,无始无终"(《知北游》);没有空间的限制:"体尽无穷,而游无朕"[34],"以游无穷"[35];但却与天地万物同体,与绝对之道合一:"天地与我并生,而万物与我为一"(《齐物论》)。同时有化同万物却不为万物所伤的功能:"火弗能热,水弗能溺,寒暑弗能害,禽兽弗能贼。"㊳可见这种自由任凭内心驰骋而不依赖任何现实条件,被主观意志所绝对化。

《庄子》在充分肯定精神自由的同时,还提出了达到这种自由的途径和方式,主要有三个方面:一是"齐物",即将自己融化到自然之中,与道合一,与物同化。方法是"坐忘",忘掉一切:"忘亲","忘天下","忘己","忘死生","忘仁义","忘礼乐","忘绳墨"等㊲,对于现实的礼法制度采取主观上的回避和不承认态度。二是"无为",即不"求名",不为"利",不执"绳墨"、"赏罚",不恃"礼法度数","恬淡寂寞,虚无无为"㊳。"圣人无为,大圣不作"㊴。对于物质利益、精神享受和权利利害采取鄙视的态度。三是"安时顺处"㊵,即表面上顺从,实际上超脱,逆来顺受,任其自然。它将这种方法概括为"内直而外曲"㊶,即内心里"虚无",外表委曲求全,"呼我牛也谓牛,呼我马也而谓之马"(《天道》)。甚至可以为"人臣之礼",应付礼法。对于现实的制度和社会采取见风使舵、阳奉阴违、随遇而安的态度。

总之,《庄子》在命定论的基础上,提出了与西方和现代自由观完全不同的个体的、绝对的、精神的自由。这种蔑视权势,淡泊名利和脱离现实的"虚无",是《庄子》自由观的表现形式;追求人格的独立和精神自由,即"独有之人",是《庄子》自由观的最有价值的内容;而"坐忘"、"要时处顺"、"内直外曲"等消极方式,则是其达到精神自由的途径。在封建社会形成的初期,《庄子》首先从思想上向这一剥削制度挑战,在批判、揭露封建法制的罪恶和否定其理论依据方面有不可低估的意义,同时也标志着中国古代个人意识的觉醒。然而,《庄子》中强烈的虚无主义和命定论思想,否定了物质文明和精神文明,很不利于古代法律和法律思想的发展,对于后世产生了深远的影响。统治者取其命定论和悲观失望来麻醉人民;失意的士大夫取其自我解脱以逃避现实,同时也用其冷嘲热讽以抨击时政;小生产劳动者则吸收其虚无主义以反抗封建暴政。《庄子》所鼓吹的全生养性、遁世出世等,后来演化为道教的宗旨。

**注:**

①《史记·老子韩非列传》:"庄子者,蒙人也,名周。周尝为蒙漆园吏,与梁惠王、齐宣王同时。其学无所不窥,然其要本归于老子之言。故其著书十余万言,大抵率寓言也。"

②《史记·老子韩非列传》:"楚威王闻庄周贤,使使厚币迎之,许以为相。庄周笑谓楚使者曰:'千金,重利;卿相,尊位也。子独不见郊祭之牺牛乎?养食之数岁,衣以文绣,以入太庙。当是之时,虽欲为孤豚,岂可得乎?子亟去,亡污我!我宁游戏污渎之中自快,无为有国者所羁,终身不仕,以快吾志焉'。"

③《庄子·知北游》:"道不可闻,闻而非也;道不可见,见而非也;道不可言,言而非也。""东郭子问于庄子曰:所谓道,恶乎在?庄子曰:无所不在"。

④《庄子·大宗师》:"夫道,有情可信,无为无形。可传而不可受,可得而不可见;自本自根,未有天地,自古以固存;神鬼神帝,生天生地。在太极之先而不为高,在六极之下而不深,先天地生而不为久,长于上古而不为老。"

⑤《庄子·大宗师》:"泽及万世而不为仁,长于上古而不为老,覆载天地刻雕众形而不为巧。"

⑥《庄子·至乐》:"天无为以之清,地无为以之宁。故两无为相合,万物皆化。芒乎芴乎,而无从出乎!芴乎芒乎,而无有象乎!万物职职,皆从无为殖。故曰天地无为也而无不为也。"

⑦《庄子·秋水》:"曰:何谓天,何谓人?北海若曰:牛马四足,是谓天;落马首,穿牛鼻,是谓人。故曰:无以人灭天,无以故灭命。"《大宗师》:"不以心捐道,不以人助天。"

⑧《庄子·马蹄》:"彼民有常性,织而衣,耕而食,是谓同德。一而不党,命曰天放。……夫至德之世,同与禽兽居,族与万物并,恶乎知君子小人哉!同乎无知,其德不离;同乎无欲,是谓素朴。素朴而民性得矣。"

⑨《庄子·让王》:"余立宇宙之中,冬日衣皮毛,夏日衣葛绤;春耕种,形足以劳

动;秋收敛,身足以休食;日出而作,日入而息,逍遥于天地之间而心意自得。"

⑩《庄子·马蹄》:"故纯朴不残,孰为牺尊?白玉不毁,孰为珪璋?道德不废,安取仁义?性情不离,安用礼乐?五色不乱,孰为文采?五声不乱,孰应六律?夫残朴以为器,工匠之罪;毁道德以为仁义,圣人之过也。"

⑪《庄子·人间世》:"且昔者,桀杀关龙逢,纣杀王子比干,是皆修其身以下伛拊人之民,以下拂其上者也。故其君因其修以挤之,是好名者也。昔者尧攻丛枝胥敖,禹攻有扈,国为虚厉,身为刑戮,其用兵不止,其求实无已,是皆求名实者也。"

⑫《庄子·徐无鬼》:"夫民不难聚也,爱之则亲,利之则至,誉之则劝,致其所恶则散。爱利出乎仁义,捐仁义者寡,利仁义者众。夫仁义之行,唯且无诚,且假乎禽贪者。是以一人之断制利天下,譬之犹一覕也。夫尧知贤人之利天下也,而不知其贼天下也。"

⑬《庄子·庚桑楚》:"不知乎,人谓我朱愚;知乎,反愁我躯。不仁则害人,仁则反悉我身。不义则伤彼,义则反愁我已。"

⑭《庄子·盗跖》:"尧舜有天下,子孙无置锥之地,汤武立天子,而后世绝灭,非以其利大故耶?"

⑮《庄子·胠箧》:"世俗之所谓知者,有不为大盗积者乎?所谓圣者,有不为大盗守者乎?何以知其然邪?昔者齐国……,然而田成子一旦杀齐君而盗其国,所盗者岂独其国邪?并与其圣知之法而盗之。故田成子有乎盗贼之名,而身处尧舜之安,小国不敢非,大国不敢诛,十二世有齐国。""由是观之,善人不得圣人之道不立,跖不得圣人之道不行。天下之善人少而不善人多,则圣人之利天下也少,而害天下也多。"

⑯《庄子·在宥》:"说明邪,是淫于色也;说聪也,是淫于声也;说仁邪,是乱于德也;说义也,是悖于理也;说礼邪,是相于技也;说乐也,是相于淫也;说圣邪,是相于艺也;说知邪,是相于疵也。天下将安其性命之情,之八者存可也,亡可也;天下将不安其性命之情,之八者,乃始脔卷㹎囊而乱天下也。"

⑰《庄子·在宥》:"闻在宥天下,不闻治天下也。在之也者,恐天下之淫其性也;宥之也者,恐天下之迁其德也。天下不淫其性,不迁其德,有治天下者哉!""于是乎斤锯制焉,绳墨杀焉,椎凿决焉,天下脊脊大乱。"

⑱《庄子·在宥》:"故举天下以赏其善者不足,举天下以罚其恶者不给。故天下之大不足以赏罚。自三代以下者,匈匈焉终以赏罚为事,彼何暇安其

性命之情哉!"

⑲《庄子·齐物论》:"大知闲闲,小知閒閒;大言炎炎,小言詹詹。其寐也魂交,其觉也形开,与接为构,日以心斗。缦者窖者密者,小恐惴惴,大恐缦缦。"

⑳《庄子·庚桑楚》:"举贤则民相轧,任知则民相盗。之数物者,不足以厚民。民之于利甚勤,子有杀父,臣有杀君,正昼为盗,日中穴阫。吾语女:大乱之本,必生于尧舜之间,其末存乎千世之后。千世之后,其必有人与人相食者也。"

㉑《庄子·则阳》:"匿为物而愚不识,不为难而罪不敢,重为任而罚不胜,远其途而诛不至。民知力竭则以伪继之。日出多伪,士民安敢不伪?夫力不足则伪,知不足则欺,财不足则盗。盗窃之行,于谁责而可乎?"

㉒《庄子·齐物论》:"一受其成形,不亡以待尽。与物相刃相靡,其行尽如驰而莫之能止,不亦悲乎!终身役役而不见其成功,苶然疲役而不知其所归,可不哀邪!人谓之不死奚益,其形化,其心与之然,可不谓大哀乎!"

㉓《庄子·秋水》:"自以此形于天地,而受气于阴阳。吾在天地之间,犹小石小木之在大山也。方存乎见少,又奚以自多。"

㉔《庄子·知北游》:"吾身非吾有也。孰有之哉?曰:是天地之委形也。"

㉕《庄子·德充符》:"死生存亡,穷达贫富,贤与不肖,毁誉、饥渴、寒暑,是事之变,命之行也;日夜相代乎前,而知不能窥乎其始也。"

㉖《庄子·应帝王》:"予方将与造物者为人,厌则又乘夫莽眇之鸟,以出六极之外,而游无何有之乡,以处圹埌之野。"

㉗《庄子·大宗师》:"彼方且与造物者为人,而游乎天地之一气。彼以生为附赘悬疣,以死为决𤴯溃痈。夫若然者,又恶知死生先后之所在?假于异物,托于同体。忘其肝胆,遗其耳目,反覆终始,不知端倪,芒然彷徨乎尘垢之外,逍遥乎无为之业。"

㉘《庄子·田子方》:"温伯雪子适齐,舍于鲁。鲁人有请见之者,温伯雪子曰:不可。吾闻中国之君子,明乎礼义而陋于知人心。吾不欲见也。"

㉙《庄子·在宥》:"出入六极,游乎九州,独往独来,是谓独有。独有之人,是之谓至贵。"

㉚《庄子·养生主》:"为善无近名,为恶无近刑,缘督以为经,可以保身,可以全生,可以养亲,可以尽年。"

㉛《庄子·徐无鬼》:"天地之养也一,登高不可以为长,居下不可以为短。君独为万乘之主,以苦一国之民,以养耳目鼻口,夫神者不自许也。"

㉜《庄子·天地》:"至治之世,不尚贤不使能,上如标枝,民如野鹿;端正而不知以为义,相爱而不知以为仁,实而不知以为忠,当而不知以为信;蠢动而相使,不以为赐。是故行而无迹,事而无传。"

㉝《庄子·天下》:"芴漠无形,变化无常,死与生与? 天地并与:……独与天地精神往来,而不敖倪于万物。不遣是非,以与世俗处。"

㉞《庄子·应帝王》:"无为名尸,无为谋府,无为事任,无为知主。体尽无穷,而游无朕,尽其所受乎天,而无见得,亦而而已。"

㉟《庄子·逍遥游》:"若夫乘天地之正,而御六气之变以游无穷者,彼且恶乎待哉!"

㊱《庄子·秋水》,又《齐物论》:"大泽焚而不能热,河汉沍而不能寒,疾雷破山,飘风振海而不能掠。"

㊲《庄子·大宗师》:"颜回曰:回益矣。仲尼曰:何谓也? 曰:回忘仁义矣。曰:可矣,犹未也! 它日复见,曰:回益亦。曰:何谓也? 曰:回忘礼乐矣。曰:可矣,犹未也! 它日复见,曰:回益矣。曰:何谓也? 曰:回尘忘矣。仲尼蹴然曰:何谓尘忘? 颜回曰:坠肢体,黜聪明,离形去知,同于大通,此谓尘忘。"

㊳《庄子·刻意》:"若夫不刻意而高,无仁义而修,无功名而治,无江海而闲,不道引而寿,无不忘也,无不有也,澹然无极,而众美从之,此天地之道、圣人之德也。故曰:夫恬淡寂寞,虚无无为,此天地之平而道德之质也。"

㊴《庄子·知北游》:"天地有大美而不言,四时有明法而不议,万物有成理而不说。圣人者原天地之美,而达万物之理。是故至人无为,大圣不作,观于天地之谓也。"

㊵《庄子·大宗师》:"且夫得者,时也;失者,顺也。安时而处顺,哀乐不能入也。"

㊶《庄子·人间世》:"然则我内直而外曲,成而上比。内直者,与天为徒。……外曲者,与人之为徒也,擎跽曲拳人臣之礼也。人皆为之,吾敢不为邪;为人之所为者,人亦无疵焉,是之谓与人为徒。"

**思考题**

1. 试评《老子》的"道法自然"和"无为而治"的思想。
2. 《庄子》的法律虚无主义思想表现在哪些方面?

# 第七章 法家的法律思想

法家是战国时期代表新兴地主阶级利益，主张"变法"和"以法治国"的学派。

战国时期，以土地私有制为主体的封建地主经济已逐步在各大国占据了统治地位，正在夺取或者已经取得政权的地主阶级为了巩固经济方面的成果，开始致力于上层建筑方面的变革。封建主内部的两大政治势力对于这种变革采取了不同的态度：

一部分由奴隶主贵族转化而来的封建贵族希望在新的封建制基础上继续享受过去奴隶主贵族的各种世袭特权，其思想代言人仍然坚持传统的"礼治"。虽然他们已经将西周的旧礼改造过来为封建贵族服务，但在维护贵族政体和宗法分封制，以及刑法秘而不宣方面与周礼是一脉相承的。这就是儒家的思想。

另一部分是非贵族出身，主要由军功官僚和工商富民组成的新兴地主。他们不但反对旧贵族，也反对新贵族垄断或世袭特权，主张建立新的君主集权的官僚制度，用法律强制手段和兼并战争来维持霸权，并进而统一全国。由于他们是新的封建制度的主要社会基础，其主张有利于打击贵族割据势力以加强君权，所以得到各国国君的主持。他们十分自信，雄心勃勃，要求将上述主张制定成统一的法令予以公布，以刑罚的制裁力自上而下地强制推行。为了驳斥旧礼的过时，证明新制度的合理，新兴地主阶级的思想代表们提出了"法"的观念，进行充分的论证，作为自己主张的标志。

因此，从汉代开始，学术界便把战国时期主张"变法"、"建法立制"[①]、"以法治国"、"一断于法"[②]的人士统称为"法家"。可见，法家并非古代西方的那种法学家集团，而是一个具有共同政治主张的学术派别。

法家多由当时的政治家、军事家和思想家组成。由于战国初期和中期是地主阶级夺取政权和进行变法的时期,而战国末期是地主阶级进一步巩固政权用武力统一全国的时期,法家人士的思想各有特点。因此,学术界一般将战国初期和中期的法家称为前期法家,主要代表有李悝、申不害、慎到、商鞅等;将战国末期的法家称为后期法家,主要代表是齐国法家、韩非和李斯。

　　与儒、墨、道等学术派别有同一宗师,讲求师承关系不同,法家没有明确的派别概念,其主要代表人物多数是先学习其他学派的学说,后来才形成法家思想的。③但是,法家人物有着共同的思想主张和体系。无论前期法家还是后期法家,他们都强调法的重要作用,认为人的一切行为规范都应该用立法的形式明确规定,并主张有法必依,赏罚严明;他们都注重实力,倡导以奖励务农和参战的途径富国强兵;他们都鼓吹君主集权,把行政、立法、司法等权力统一在专制君主手中;他们也都以"好利恶害"的人性论和历史进化观作为论法的理论基础。

　　在法家内部,又分为不同的流派,每个代表人物也独具特色。前期法家强调"变法",并提出了明确的变法措施;而后期法家更注重"定法",主张将现实的封建秩序用法律固定下来。从主要的代表人物来看,前期法家中的慎到强调以权势行法,被称为重"势"派;申不害强调谋略、权术与法结合,被称为重"术"派;商鞅则强调"变法",以刑行法。后期法家的韩非将法、势、术统一在一起,集法家思想之大成;以《管子》一书为代表的齐国法家兼论礼、法,既强调用法令加强君主的权力,又重视用宗法伦理规范来巩固封建秩序。以上法家的主要代表,大都有著作传世。其中《商君书》、《韩非子》,多是本人所作,《管子》亦多为齐国法家所著,是法家思想的重要史料。

## 第一节　法家的法律观和"法治"学说(上)

法律观即关于法的概念、性质、作用以及实施运用等法理学基本问题的看法。法家通过对法的定义、起源、作用以及法与社会、法与时代、法与国家、法与道德、法与风俗、法与自然环境等关系的论述，提出了自己的法律观和一整套实行"变法"、推行"法治"的理论和方法，为建立统一的封建专制主义中央集权制国家提供了思想指导和理论根据，对促进中国古代法理学的发展作出了重要贡献。

### 一、"法"的概念

法律是个现代名词，指国家按照统治阶级的利益和意志制定或者认可，并由国家强制力保证其实施的行为规范的总和。包括法家在内的古代思想家没有也不可能对法律的概念作出这一包括本质和特征的全面概括。但是，今天的"法律"概念，正是古代用语的延续。先秦时期，儒家曾用"礼"和"刑"，墨家用"天志"、"法仪"，道家用"道"等词语概括我们今天称之为"法"的社会现象；法家也曾经从不同的角度，用不同的方式来给法定义。在法家的论述中，"法"经常与"道术"、"宪令"、"政令"、"法禁"、"法度"等词同义使用。值得提出的是，法家首先用"法"字来代表法律这种特殊社会规范，从而成为中华民族传统法律观的主体；而中国最早将"法律"二字连用，也是从法家开始的。④

法字本义为模型、标准。⑤在战国之前，法在内容上与"礼"相通，指对人们进行引导和禁止的条文规定⑥；在使用上与"刑"同义，指表现为伤害体肤的惩罚规定和措施。⑦战国之后，随着成文法的制定公布和变法的开展，法与礼日益对立，法与刑逐渐区分。在内容上，法将传统道德、习惯以及个人的言论等排除在外，专指由君主和官府颁布的命令,从而有别于礼。在范围上,法包括刑与赏两个方面,并不仅仅指刑(惩罚性的规定或手段)。对于法的这种认识,是法家提出的。

为了具体说明法的内容和特征,法家对法作了定义式的解释。主要有:

1. 法是民众的行动规则。法家释法,总是与"民"、"天下"、"百姓"联系在一起。慎到指出,"法"是"齐天下之动",即规范和统一天下所有人民行动的一种制度。⑧商鞅说法令是"民之命"⑨。《管子》认为:"法者,天下之仪也"(《管子·禁藏》);"法者,天下之程式,万事之仪表也"(《管子·明法解》),把法比作"程式"、"仪表",说明法所规范的主要是民众的外部行为。

2. 法是由国家制定和公布的成文命令。商鞅说:"法者,国之权衡也。"(《商君书·修权》)《管子·法禁》指出,"法制"、"刑杀"、"爵禄","三者藏于官者为法"。"法度"是"人主"为了制驭天下而设置的。⑩韩非则明确指出:"法者,编著之图籍,设之于官府,而布之于百姓者也。"(《韩非子·难三》)"法者,宪令著于官府"(《韩非子·定法》),强调法是一种成文的制度,君主制定出之后,由"官府"即国家机构掌握,同时必须公布到"百姓"中去。

3. 法是确定等级名分的制度。"名分"是一个内容很丰富的概念。一般说来,"名"指名称、概念、名位;"分"指界限、职责。有一定的名位就要享受一定的待遇,占有一定的财产和权力。因此古代的"名分",在法律上则表现为权利的界限和范围。儒家主张用礼确定"名分",法家则主张以法确定"名分"。包括"定赏分财必由法","法之所加,各以其分"⑪,即确定财产的私有;"立法明分"(《商君书·修权》),"先王制土分民之律也","土地、货财、男女之分"(《商君书·徕民》),即确定土地私有;"上有法制,下有分职","明分任职则治而不乱"⑫,即确定君臣上下的等级;等等。可见,"定分"之法就是地主之法、等级之法。

4. 法是关于赏罚的规定。在法家的论述中，"法"与"赏罚"紧密联系，不可分割[13]，他们常将法称为"赏诛之法"、"赏罚之法。"[14]赏即赏施爵禄。罚即刑罚制裁。在二者之中，法家偏重后者，认为赏附属于刑，是刑罚的辅助。因此，法家又经常将刑作为法的中心内容："国皆有禁奸邪、刑盗贼之法"（《商君书·开塞》），杀戮禁诛谓之法"。[15]认为法是刑的系统化、固定化。

综合以上四个方面，法家认为法是以刑为核心的，确定人们财产地位的，由君主或官府制定执行的，所有民众都必须遵守的成文行为规范。无疑，法家这里所概括的，只是封建法律的外部特征。这种法、刑结合的思想，体现了新兴地主反对贵族特权的法律要求。

## 二、"法"的性质

法家关于法的定义已经涉及到法的性质问题，他们还从不同的角度阐明法本身的属性，其中某些观点揭示了封建法律的本质。

（一）"法"具有强制性和制裁力

"法"的表现不是引导式的教育，而是惩罚性的禁令，这是法家之"法"的一个显著特点。他们经常将"法"与"令"同义使用，如"为法令以罪之"（《商君书·开塞》）、"法立令行"、"明法禁之令"[16]等。"令"规定人们应该做什么，不应该做什么，强调"令行禁止"[17]。"法"则主要规定对于"奸令"者的惩罚。由此可见，"法"与"令"都具有禁止即从消极方面进行强制的功能，这是法与偏重于从正面积极引导的礼在性质上的区别。法令的这种强制性表现为严厉的制裁，其制裁并非道德的谴责或良心的责备，而是残酷的刑罚和赤裸裸的暴力。法家一致主张用"重刑"来"禁奸止过"，以至将法称为"禁奸之法"，"禁奸邪、刑盗贼之法"（《韩非子·说疑》）。

（二）"法"具有客观性和公平性

法家吸取了墨翟论"天志"，荀况论礼、法的方式，也用度量衡来比喻法,揭示法的性质。《管子·七法》指出:"尺寸也,绳墨也,规矩也,衡石也,斗斛也,角量也,谓之法。"申不害和韩非还将法比作"镜"。[18]尺寸,是衡量长短的标准;绳,指工匠量垂直用的悬锤线;墨,指工匠划直线用的墨斗绳;规,指圆规;矩,指直角尺;衡,指秤;石,指秤砣;斗斛、角量,指载量固体(如粮食)或液体(如水)物质的用具。法家用这些日用器具比喻法,意图有二:

一方面,这些器具本身在使用中并不依随使用者的意愿而改变,"法"也是具有这种客观性的准则,在运用中不受各种人为的因素而改变。慎到认为,有了"权衡"就能辨别"轻重",有了"尺寸"就能区分"长短",有了"法度"便不会上"诈伪"者的当。[19]

另一方面,上述日用器具对于任何被衡量的事物都无偏无倾,公平对待,是普遍的标准,因此"公"、"平"也是法的主要属性。法家视法为公、正、平的同义语。慎到认为"立公义"是"法制"的目的,称法为"至公大定之制"。[20]商鞅说法的基本精神是"平"和"正"。[21]《管子》和韩非也都视"法制"就是"公正"[22],或者干脆将法称为"公法"[23]。韩非强调法的"明分"功能首先在于分清公、私,"必明于公、私之分","公私不可不明,法制不可不审"(《韩非子·饰邪》)。法家所谓的"公"是"私"的对立面,指由君主代表的公共利益即国家利益。其所谓"私",并非私自占有一类的道德(如"自私")或者财产(如"私有")上的概念,而是指与法相违背的或者破坏法制的行为,因此是一个法律概念。[24]

(三)"法"具有等级性

法家认为,法的制定、执行、遵守及其内容都体现了严格的等级区分。"圣人别贵贱,立名号,以别君臣上下之义,……故立法制为度量以禁之。"(《商君书·君臣》)区别等级,是"明分"的主要内容:"法者,将立朝廷者也。"(《管子·权修》)"朝有定度衡仪以尊主位,衣服绛绶尽有法度,则君体法而立矣。"(《管子·君臣上》)可见君主集权是等级之法的核心。表现在:君主掌握着"生法"和"变法"的大权;"法者,官之所师",官吏只是执法的工具,同时又受法的制约,必须"以死守法";人民在立法执法上毫无权利可言,只是被法令制裁和镇压的对象。㉕因此,法家之法,是"主尊而臣卑"的君主之法,是"臣事君,子事父,妻事夫"(《韩非子·忠孝》)的等级之法。

(三)"法"具有合情性和适时性

法家认为,法不是天造地设的神物,而是人性民情的反映。"法者,非从天下,非从地出,发乎人间,合乎人心而已。"(《慎子》佚文)这种"人心"是法令存在的基本依据,也是治理国家的出发点。"凡治天下,必因人情。""法通乎人情,关乎治理。"(《韩非子·八经》)法所谓的"人心"或"人情",系指"好利恶害",即追求利益、逃避祸害;指"民巧以伪","好逸恶劳",即奸诈伪善、好吃懒做。显然,这实际上是地主本性的自然表露。"法令合乎人心",旨在将法置于地主阶级的利害观之上。

法与社会现实也有密切的联系。法家一致认为,法令是时代的产物,是制约现实行动的规范。因此反映着"时"(时代)"世"(社会现实)"俗"(民情风俗)的内容。所谓:"因世而为之治,度俗而为之法"(《商君书·壹言》);"法宜其时则治,事适其务故有功"(《商君书·六法》);以及"法与时转则治,治与世宜则有功"(《韩非子·心度》)。"时"、"世"其实指富国强兵、统一天下。

综合以上几个方面,法家之法是依靠君主的权势,按照民情的要求,符合时代的需要,既客观公正又有强制力的行为规范。

### 三、"法"的起源

法家十分精辟地论述了法律的起源和形成的原因,提出了与传统的天命神权、"法权神授"截然不同的起源论。其中最有代表性的是《商君书》、《管子》、《韩非子》中的几段论述。

商鞅认为,古代并没有"君臣上下"的制度,并分析了国家与法产生的原因:由于人民纷乱不堪,所以"圣人列贵贱,制爵位",区分上下等级,从而有了"君臣之义"。由于"地广,民众,万物多",所以"圣人"又"分五官"进行管理,从而有了"五官之分"。由于"民众而奸邪生",所以"立法制"禁止邪恶的行为,从而有了"法制之禁"。㉖

《管子》也肯定:"古者未有君臣上下之别",人们"兽处群居",相互以武力争夺,"不得其所"。为了制止这种混乱,"智者"利用"众力"禁止人们之间的互相侵害,于是就产生了"君"、"国"和"赏罚"。㉗

韩非认为,古代由于"人民少而财有余",人们无须争夺,所以既无"赏"也无"罚","而民自治"。到了后来,"人民众而货财寡",人们拼命劳作还不能满足"供养"的需要,于是便互相争夺。从而产生了制止争夺的"法"和"刑"。

这些观点表明:法家论述法的起源时紧密地与国家的起源联系在一起,即"君臣"、"五官"等国家权力和机构,与"法制"是在同样的社会条件下产生的。他们认为,人类社会之初并没有国家和法,把国家与法视为社会发展到一定阶段才出现的。这无疑是一种符合社会发展实际的认识。

四、"法"的作用

法家曾经从作用的角度来定义法。"法者,所以兴功惧暴也;律者,所以定分止争也;令者,所以令人知事也,法律政命者,吏民规矩绳墨也。"(《管子·七臣七主》)这确是对法律功效的简要概括。同时,他们还具体地论述了法的作用:

(一)"禁恶止乱","民治国安"。即法律可以有效地禁止臣民犯罪,维护统治秩序,这是法的首要作用。他们认为,实现"国治"的方法只能是"任法":"法任而国治矣"(《商君书·慎法》)。由于人民生来"性恶",不严加管治就会作"乱";而官吏成天想着争权夺利,不严加管治就会"弑君"。所以,吏、民接受不了"仁义",听不进去"礼教",只能"服之以法"[29]:"治国使众莫如法,禁淫止暴莫如刑"。[30]显然,"法"的"禁恶"职能表现为防止内部篡夺和镇压人民反抗两个方面。

(二)"定赏分财","定分止争"。即法律具有确认和保护财产私有、等级地位的作用。这是"法"的等级性的表现。法家曾用"百人逐兔"的例子说明"定分"的重要,得出"治天下及国,在乎定分而已"的结论,认为"名分"不定,就是尧、舜那样的"圣人"也会拼命去争夺;相反,"分已定",连山野的"鄙人"也不再起争夺之心了。[31]商鞅指出:"名分不定",势必天下大乱,而"名分定,势治之道也"。"定分"主要依靠法令:"法令不定,以下为上也,此所谓名分之不定也。"(《商君书·定分》)"法"的"定分"作用,包括"定赏分财"、"制土分民"、"明分任职"等等,这是战国时期以土地私有制为基础的财产私有观念在法律思想上的反映。

(三)以法胜民,"一民使下"。[32]即"法"具有统一人民的言行,驱使他们致力于农业生产和兼并战争的作用。法家追求的目标是富国强兵,他们也看到统治者与人民的对立关系,认为只有通过法令才能强迫人民从事耕战。商鞅指出,农、战都是人民不愿干的"苦"事、"难"事;但重赏之下,必有勇夫,严刑之下,怯者变勇,只有"驱以赏"才能使人民努力务农;只有"劫以刑"才能使人民勇敢作战。[33]这就是法家的"以法胜民"说,认为"胜民之本在制民",而制服民众的根本手段是"法"。[34]

(四)君尊主重,"独制四海"。即法能保障和加强君主的至尊地位与专制权力[35]。《管子》分析了君主、政治和法令之间的关系,认为国家的安定取决于君主的尊贵,而君主的尊贵又取决于法令的推行。"令重则君尊,君尊则国安;令轻则君卑,君卑则国危。故安国在乎尊君,尊君在乎行令。"(《管子·重令》)因此,法令是最重要的国家机器。韩非进一步发挥了商鞅"权制独断于君则威"(《商君书·修权》)的思想,明确指出"法"能保障君主的"专制",防止臣下"专制"。㉚认为君主"因法数,审赏罚",便能够"独制四海之内",而不为那些奸巧善辩、阴险浮躁的人所欺骗,使"奸邪"的大臣失去了依靠,这样所有的臣吏都能一心一意地为君主效劳,等待君主的任用。㉗

　　法家对于法的功能与作用的论述,也是其"任法"的理由。他们认为,法能够有效地禁止犯罪,统一言行,消除混乱,驾御官吏,保持君主集权专制,因此必须"以法治国","法虽不善,犹愈于无法"(《慎子·威德》)。

　**注:**
　①刘劭《人物志·流业篇》:"建法立制,强国富人,是谓法家。"
　②《史记·太史公自序》引《论六家要旨》:"法家不别亲疏,不殊贵贱,一断于法。"
　③如申不害、慎到、商鞅等"学本黄老"(见《史记》本传),黄老是先秦道家的一个别派。韩非和李斯"俱事荀卿",是儒家大师荀况的学生。
　④《管子·七臣七主》:"法律政令者,吏民规矩绳墨也。"
　⑤《说文》:"法,型也。"
　⑥例如《左传》昭公七年"文王之法",昭公二十九年"先王之法度",定公四年"以法则周公"等,其中"法"、"法度"均指周礼。
　⑦《尚书·吕刑》:"苗民弗用灵,制以刑,惟作五虐之刑曰法。"
　⑧《慎子·佚文》:"法者,所以齐天下之动,至公大定之制也。"
　⑨《商君书·定分》:"法者,民之命也。"
　⑩《管子·明法解》:"法度者,主之所以制天下而禁奸邪也。"
　⑪《慎子·君人》:"大君任法而弗躬,则事断于法矣。法之所加,各以其分,蒙其赏罚而无望于君也。"
　⑫《管子·君臣上》:"上之人明其道,下之人守其职。上下之分不同任,而复合为一体。……唯此上有法制,下有分职也。"
　⑬《商君书·禁使》:"人主之所以禁使者,赏罚也。"《韩非子·五蠹》:"明其法禁,必其赏罚。"
　⑭《商君书·修权》:"故立法明分,中程者赏之,毁公者诛之。赏诛之法,

不失其议,故民不争。"《韩非子·奸劫弑臣》:"无威严之势,赏罚之法,虽尧舜不能以为治。"

⑮《管子·心术上》:"虚无无形谓之道,化育万物谓之德,君臣父子人间之事谓之义,登降揖让贵贱有等、亲疏之体谓之礼,简物小未一道,杀僇禁诛谓之法。"

⑯《管子·正世》:"故为人君者莫贵于胜。所谓胜者,法立令行之谓之胜。"

⑰《管子·法法》:"禁必欲止,令必欲行。……禁而不止,则刑罚侮;令而不行,则下凌上。"

⑱《群书治要》引申不害语:"镜设精,无为而美恶自备;衡设平,无为而轻重自得。"《韩非子·饰邪》:"夫摇镜则不得为明,摇衡则不得为正,法之谓也。"

⑲《慎子》佚文:"有权衡者不可欺以轻重,有尺寸者不可差以长短,有法度者不可巧以诈伪。"

⑳《慎子·威德》故蓍龟所以立公识也,权衡所以立公正也,书契所以立公信也,度量所以立公审也,法制礼藉所以立公义也。"

㉑《商君书·算地》:"故君子操权一正以立术,……则是上下之称平。"

㉒《韩非子·外储说右下》:"圣人之为法也,所以平不夷、矫不直也。"

㉓《管子·明法解》:"舍公法而行私惠,则是利奸邪而长暴乱也。"

㉔《韩非子·五蠹》:"《诡使》:"私者,所以乱法也。"

㉕《慎子》佚文:"以力役法者,百姓也,以死守法者,有司也;以道变法者,君长也。"

㉖《商君书·君臣》:"古者未有君臣上下之时,民乱而不治。是以圣人列贵贱,制爵位,立名号,以别君臣上下之义。地广、民众,万物多,故分五官以守之。民众而奸邪生,故立法制为度量以禁之。是故有君臣之义,五官之分,法制之禁。"

㉗《管子·君臣》:"古者未有君臣上下之别,未有夫妇妃匹之合。兽处群居,以力相征。于是智者诈愚,强者凌弱,老幼孤独,不得其所。故智者假众力以禁强虐而暴人止,为民兴利。……上下设,民生体,而国都立矣。是故国之所以为国者,民体以为国;君之所以为君者,赏罚以为君。"

㉘《韩非子·五蠹》:"古者丈夫不耕,草木之实足食也;妇人不织,禽兽之皮足衣也。不事力而养足,人民少而财有余,故民不争。是以厚赏不行,重罚

不用而民自治。今有五子不为多,子又有五子,大父未死而有二十五孙。是以人民众而货财寡,事力劳而供养薄,故民争。虽倍赏累罚而不免于乱。"

㉙《商君书·画策》:"悬重赏而民不敢争,行罚而民不敢怨者,法也。"《韩非子·说疑》:"服之以法,是以誉广而名威,民治而国安。"

㉚《管子·明法解》:"凡人主莫不欲其民之用也。使用民用者,必法立而令行也。故治国使众莫如法,禁淫止暴莫如刑。故贫者非不欲夺富者财也,然而不敢者,法不使也;强者非不能暴弱也,然而不敢者,畏法诛也。"

㉛《吕氏春秋·慎势》引慎到语:"今一兔走,百人逐之。非一兔足为百人分也,分未定也。分未定,尧且屈力,而况众乎?积兔满市,行者不顾,非不欲兔,分已定矣。分已定,人虽鄙,不争。故治天下及国,在乎定分而已。"

㉜《管子·任法》:"法者,上之所以一民使下也。"

㉝《商君书·慎法》:"使民之所苦者无耕,危者无战。二者,孝子难以为其亲,忠臣难以为其君。今欲驱其众民,与之孝子忠臣之所难,臣以为非劫以刑而驱以赏莫可。……故吾教令:民之欲利者,非耕不得;避害者,非战不免。"

㉞《商君书·画策》:"胜民之本在制民,……民本,法也。"

㉟《商君书·开塞》:"夫利天下之民者,莫大于治;而治莫康于立君,立君之道,莫广于胜法。"

㊱《韩非子·明法》:"人主使人臣虽有智能,不得背法而专制。"

㊲《韩非子·有度》:"独制四海之内,聪智不得用其诈,险躁不得关其佞,奸邪无所依。"

## 第二节 法家的法律观和"法治"学说(下)

"法治"是法家提出的口号,并成为法家法律思想的核心。他们主张将新兴地主阶级的利益和要求制定为"法",以"法"作为治国和统一天下的主要方法,即所谓"以法治国"、"垂法而治"或"缘法而治"[①],简称为"法治"。

### 一、"法治"的内容和实质

"法治"是法家的旗帜,是与其他学派,尤其是与儒家进行争论的焦点。在内容、形成、性质以及理论基础等方面,"法治"与"礼治"既有联系,又存在着明显的对立。

其一,"法治"是针对"礼治"所维护的宗法制而提出的。② 如前所述,"礼"是按照宗法血缘关系实行的一整套等级制度和习惯,而"法"主要是按照政治权力的从属关系实行的一整套等级制度和规定。儒家以"礼"为核心形成了家族宗法的法律观,而法家则以"法"为核心形成了君主专制的法律观,二者在维护等级制方面是一致的。二者的不同,表现在对宗法制的态度上,即代表贵族利益的制度("礼")与代表新兴地主利益的制度("法")的对立,分封世袭制与中央集权制的对立。因此,"法治"的提出,旨在用地主的新"法"取代贵族的旧"礼",是两种制度的对立。

第二,"法治"是针对"礼治"的重视"德治"、教化而提出的。③ 没有"德治"的诱导,"法治"便不可能产生。

但儒家主张"以德服人",轻视法律的强制作用,法家针锋相对,主张"以力服人","法治"是最可行最有效的方法。二者的分歧表现了"务德"与"务法"两种统治方法的对立。

其三,"法治"又是针对"礼治"强调"人治"而提出的④,儒家把治理国家的责任和希望放在"圣贤"及其个人道德才能上;法家则认为治国的关键是"法",有了好的法令,一般能力的"中主"或才能低下的"庸主"也能治理好国家。⑤ 二者的分歧在于对发挥"君主"作用的看法,表现为重视"君智"还是"君法"的对立。

由上述可见,"法治"思想符合封建制确立时期的时代要求,与儒家的"礼治"相比更为积极进取。

## 二、"法治"的理论根据

为了说明"变法"与实行"法治"的必然和有效,法家以自己的人性论和进化观作为"法治"的理论基础。

(一)"好利恶害"的人性论

法家认为，人人都具有"好利而恶害"或者"就利而避害"的本性，⑥人的这种本性是不可改变的，表现在家庭、政治、社会关系的各个方面。如丈夫对待妻子，是"爱则亲，不爱则疏"，不存在"骨肉之恩"⑦；君主与臣、民之间，是一种"爵禄"与"死力"的交换关系，毫无"忠义"可言⑧；就是父母对于子女，也是"产男则相贺，产女则杀之"，"用计算之心相待"(《韩非子·难一》)。认为"利"可以使弱者变强，怯者变勇；可以驱使人们上刀山，下火海，丢掉性命也在所不惜。⑨因此，不能以道德论人，必须用利害察人。在"好利恶害"的人性面前，仁义德教是无济于事的，只有法令赏罚才能奏效。"凡治天下，必因人情。人情有好恶，故赏罚可用；赏罚可用，则禁令可立；禁令可立而治道具矣。"(《韩非子·八经》)

法家这种人性论认为，好利恶害是一切人所固有的本性，其实只是阶级社会中的阶级性的表现，即地主阶级性的形象表述。用人性来论述"法治"，旨在使地主阶级之法建立在社会的现实利害关系之上。

(二) 发展进化的历史观

法家还通过对历史演进的叙述和古今社会的对比论证"法治"的现实可能性。他们认为，历史在不断地变化，社会是逐渐向前发展的。商鞅把人类社会分为四个阶段："上世"是"民知其母，而不知其父"的社会，人们亲爱亲人又贪图私利；"中世"出现了抢夺和争执，人们尊重贤人，喜好仁慈；"下世"有了私有制、君主与刑法，人们尊重贵人和官吏。而"今世"的特征是"强国事兼并，弱国务力守"，"民巧伪"，即民众有技巧但很奸诈。因此，时代不同了，统治方法也必须改变："上世"可以靠"亲亲"，"中世"便只能靠"仁义"；而到了"下世"，"亲亲"与"仁义"都已行不通了；"今世"更不能沿用这些旧的方法。其结论是："不法古，不修(循)今"，必须"当时而立法"(《商君书·开塞》)。

韩非继承了商鞅的进化论，并进而对历史进化的原因作了新的探讨。他认为,人类初期之所以没有国家和法,在于当时"人民少而财有余",用不着争夺生活资料;而后来之所以出现了国家与法,是由于"人民众而货财寡"的缘故。(见《韩非子·五蠹》)

### 三、推行"法治"的方法

法家不但提出了"法治"的理论,而且从立法,执法,运用赏罚,处理法与权势、法与策略手段的关系等方面提出了一整套推行"法治"的方法。主要包括:

(一) 立法原则

法家主张立法大权应该由君主集中掌握,所谓"生法者,君也"。但是,君主并不能随意立法,而要充分考察制定法令所涉及到的各种客观依据。为此,他们提出了循天道、因民情、随时变、量可能、务明易等具有普遍性的立法原则。

1. 循天道。即法令的制定要符合自然规律以及自然环境的要求。法家认为人生于天地之间,人与自然天地也形成了一种协调适应的关系,并称之为"天道"[⑩]。立法上的循"天道"主要表现为"立公去私"和法"四时"两个方面。《管子·明法解》的"行天道,出公理"与"法天合德,象地无亲,日月之明无私"。仿效天、地的"公道"立法,就是用法律的形式确定地主阶级的整体利益。"法四时"是《管子》书里提出的,指法令的内容要适应四季节气的不同要求,以保证农业生产的正常进行。主要表现在赏罚制度应该与"四时"相适应。"刑德者,四时之合也"[⑪];应该与"天象"相适应:"日食则修德,月食则修刑"[⑫]等。

2. 因民情。指法律的制定要以人对物质利益的追求为基础。商鞅说:"人情好爵禄而恶刑罚,人君设二者以御民之志,而立所欲焉。"(《商君书·错法》)《管子》说:"上令于生利人则令行,禁于杀害人则禁止。"(《管子·形势解》)从这些论述来看,他们强调立法"因民情"的目的并非是"令顺民心",而在于使君主的"令行禁止"。也就是说,表面上看起来"因民情"是考虑人民的需要与愿望,实际上是要将法律变成操纵人民切身利益的手段,为统治者所用。因此,法家一方面辩解"重刑爱民"、"利民",另一方面又直言不讳地宣称可以"拂于民"、"逆于世"。⑬

3. 随时变。指立法要适应时代的要求和社会的实际。所谓"当时而立法"(《商君书·更法》);"法与时移,禁与能变"(《韩非子·心度》);"随时而变,因俗而动"(《管子·正世》);等等。其主要倾向有二:一方面斥责礼义德化已不适合"当今之世"的现实;另一方面主张法律的制定必须以奖励耕战、富国强兵为内容。

4. 量可能。指立法时要考虑实行的客观可能性。《管子·形势解》指出:"明主度量人力之所能为而后使焉。故令于人所能为,则令行",要求所制定的法令必须是人民所能做到的规定,"毋强不能"。韩非也认为,法律规定的只能是人民可以得到的赏赐和能够避免的刑罚,从而使人们竭尽全力去建立功名而不敢违法犯罪。⑭同时指出,由于人民不都是"贤者",所以只有"贤者"才能作到的规定"不可以为法",即不能制定成法令。⑮

5. 务明易。是指法令一定要明白易知,便于遵行。商鞅认为,"民愚则易治",法令的对象是愚蠢的民众,如果太"微妙",连聪明智慧的人都看不懂,怎么能让民众实行呢?因此,"圣人为法,必使明白易知"(《商君书·定分》),使愚昧与聪智的人都能了解法律的规定。韩非还提出了"三易":"易见"即容易使人看到;"易知"即容易使人懂得;"易为"即容易使人执行和遵守。作到了"三易",就能确立起君主的信用,发挥出政令的效用,使法令得到贯彻。⑯

(二) 执法主张

为了推行"法治",法家认为必须使法令成为君主治国、官吏尽职和判断所有人言行是非、行赏施罚的惟一准则,从而提出了明法、任法、壹法、从法的主张。

1. 明法。要求立法明确和万民遵守。主张以成文形式将新法"布之于百姓",使其既"显"又"明"。⑰公布的目的有二:一是"使万民知所避就",能够以法律自戒⑱;二是防止官吏以权谋私或者罪刑擅断,同时防止罪犯法外求情:"吏不敢以非法遇民,民不敢犯法以干法官"。(《商君书·定分》)法家还主张"以法为教",(《韩非子·五蠹》)官吏和人民都必须学习法律。商鞅指出,基层的法官们一接到朝廷的法令,要立即学习,弄明白其中的具体规定;而其他官吏和人民想要知道法令,便向司法官员询问,这样天下所有的人便都"知法"了。⑲此外,法家认为,学习法令,要"以吏为师",即所有的人都要向主管法令的官吏学习,由司法官员宣讲、解释法律。商鞅还规定,"法官"必须由通晓法律条文的人担任,"法官"必须有问必答,所答必对,并要作下记录,如果"不告"(即不回答),或者忘记了法律规定,则要按照所询问的或者被忘记的法律反治"法官"自身。㉑

2. 任法。要求远贤智,弃私议,有法必依,执法以信。商鞅将诗书、孝悌、贞洁、仁义、礼乐、羞战比作伤害国家的"六虱";韩非认为儒家("学者")、纵横家("言谈者")、游侠("带剑者")、逃避兵役的人("患御者")和商人工匠("商工之民")是"五蠹",即破坏法令的蛀虫(《韩非子·五蠹》),因此都坚决反对"任贤",反对"任智",反对"任私",而主张"任法"。他们指出,"任贤"的后果是损害君主的权威㉒;"任智"必然导致"下不听上,不从法"㉓;"任私议"会鼓励"奸臣"卖主求利,污吏侵害百姓。㉔从而得出:"任法而不任智,任数(术)而不任说,任公而不任私,任大道而不任小物。"(《管子·任法》)他们要求君主牢牢地掌握法令,把法作为察言、观行、考功、任事的标准,凡不符合法令的都不听、不说、不作。㉕同时又突出一个"信"字,强调一个"必"字㉖,要求有法必依,执法必信。所谓:"民信其法则亲"㉗,"民信其赏,则事功成;信其刑,则奸无端。"(《商君书·修权》)

3. 壹法。包括三个方面:统一立法权,统一法令的内容,统一人们的思想。首先,法家反对政出多门,认为立法大权必须全部收归君主。所谓:"国之所以治者三:一曰法,二曰信,三曰权。法者君臣之所共操也,信者君臣之所共立也,权者君之所独制也。人主失守则危。"(《商君书·修权》)只有"政法独制于主",才能保证"政不二门",法令统一。[28]其次,必须保持法律内部的稳定和协调。韩非说:"法莫如一而固"(《韩非子·五蠹》),"一"是指内容的统一,不能"故新相反,前后相悖",绝不允许两种不同质的法令并存[29];其"固"是说保持稳定,反对朝令夕改,认为"治大国而数变法则民苦之","法禁数易"是亡国之道。[30]反映了战国末期法家从"变法"到要求法律稳定的立场转变。再次,必须使人民的思想统一到法令上来。法家主张"禁奸于未萌"(《韩非子·心度》),严惩任何反抗的想法或动机;主张"太上禁其心"[31],即镇压思想犯,无论官、民,"皆虚其胸以听于上"[32],"言行而不轨于法令者必禁"[33]。

4. 从法。要求使法令具有绝对权威,任何人都要按法令办事。主要包括君臣共守和刑无等级两个方面。首先,法家认为立法由君主"独制",而执法应是"君臣共操"的。他们看到了"法之不行,自上犯之"(《史记·商君列传》)的教训,不但主张各级官吏守法,否则对官吏犯法治以重罪;而且也要求君主"先民服",即带头守法。《管子》指出,"令行于民"要以"禁法于身"为前提,执法者带头遵守法令,才能保证法令的贯彻,只有"置法以自治,立仪以自正"的君主才是"有道之君。因此,他们认为法令的权威高于君主:"不为君欲变其令,令尊于君"。[34]其次,法令权威的体现,主要是"刑无等级"。商鞅第一个提出了"刑无等级"的原则:"刑无等级,自卿相将军以至大夫庶人,有不从王令,犯国禁,犯上制者,罪死不赦。"(《商君书·赏刑》)韩非强调:"法不阿贵","刑过不避大臣,赏善不遗匹夫";"不避尊贵,不就卑贱"(《韩非子·备内》),表现了法家执法的坚决和在适用法律上的平等要求。

法家认为,做到了明法、任法、壹法、从法,就实现了"大治"。

《管子·法法》曾从严守法制的角度给"法治"下过一个较为完整的定义:"夫生法者,君也;守法者,臣也;法于法者,民也。君臣上下贵贱皆从法,此之谓大治。"

(三) 运用赏罚

法家非常重视赏罚,并提出了运用赏罚的主要方法:

1. "信赏必罚"。指按照法令的规定,该赏的一定赏,该罚的一定罚,这样才能取信于民。"信赏必罚"包括三个方面,一是一定要使法定的赏罚兑现,在数量上符合赏施的标准和刑罚的等级;二是赏罚要公平,不论亲疏贵贱,一视同仁;三是反对"宥过"和"赦刑"[35],主张不宽恕人们的罪过,不赦免应得的刑罚。

2. "厚赏重罚"。商鞅认为,只有"赏厚"和"刑重"才能使民众相信君主和法令。《管子》指出,"赏薄"便起不到鼓励诱导的作用,"禁轻"则无法制止坏人;相反,"厚赏"与"重禁"能够使臣民竭尽全力为君主效劳。[36]韩非认为,赏罚的作用不仅仅体现在受赏受罚的对象身上,而是为了杀一儆百,扩大影响。厚赏是为了鼓励其他人继续立功,重罚是为了威吓其他人不敢犯法。[37]

3. "赏功罚罪"、"赏勇罚怯"与"赏富刑贫"。商鞅指出:"赏随功,罚随罪,故论功察罪,不可不审也。"(《商君书·禁使》)他所谓的"功"、"罪",专门针对农事或者战事而言,用厚赏鼓励官民积极建立"农功"、"军功",用重刑惩罚不努力从事农、战之人。商鞅认为,只有使贫者变富、富者变贫才能达到"国强",因此还必须"赏富刑贫",即用赏赐鼓励富人捐献出他们的财物,献给国家就可以当官;用刑罚强迫贫民从事农耕或者当兵打仗,从而变富。[38]

4. "赏誉同轨,非诛俱行"。指思想观念、社会舆论要与法律赏罚相一致。法家主张人们的思想观念必须统一到法令上来,所以商鞅强调"壹赏"、"壹刑"、"壹教"(《商君书·赏刑》)。人们的认识与法令的赏罚相吻合。韩非指出:"誉不当则民疑"。"重赏"应符合"重名","有重罚者必有恶名"。这叫做"赏誉同轨,诽诛俱行"

(《韩非子·八经》)。

5. 少赏多罚和轻罪重罚。商鞅公开宣称:"禁奸止过,莫若重刑。"(《商君书·赏刑》)其"重刑"有两层含义:一是指数量上的"刑多而赏少",顺序上的"先刑而后赏"。原来主张只赏有功于耕战和告奸的人,后来又发展到干脆不要赏,只要罚。二是指加重轻罪的刑罚,即"重轻罪"。认为这是"以刑去刑"的必由途径,是"上爱民"的表现。因为对轻罪采取重刑,人民就不敢犯轻罪;轻罪不能产生,重罪更不会出现,这就是用刑罚的手段达到了不用刑罚的目的。[39]

韩非坚持这种"重刑"学说,认为刑轻人们容易犯法,不处罚等于鼓励他们犯罪;处罚了则等于为民众设下陷阱,所以轻刑伤民。显然,法家的"重刑"主义,建立在抽象的性恶论的基础之上,是向人民滥施淫威,是野蛮的屠杀政策的表现。[40]

(四)法、势、术的结合

"法"指法令,"势"指权势、权力,"术"指统治策略和手段。法家看到了这三种政治现象之间的密切联系,并且对于处理三者关系提出了自己的见解。

前期法家的主要代表人物论法时的侧重点有所不同,因而各成一派,如商鞅重法,慎到重势,申不害重术。后期法家的《管子》派已经提出了三者结合的思想,但是未能展开。韩非从理论上总结了前期法家的得失,强调必须"以法为本",使法、势、术三者紧密结合才能实现"法治",从而成为法家思想的集大成者。

1. 以法为本。法家认为法、势、术都是君主不可离开的工具,没有权势,就无法推行法、术;没有权术,虽有政权和法令也制止不了"奸臣";而没有法令,便无从督察、管理和制裁。[41]三者之中,法令最为重要,必须"以法为本"而兼顾势、术。韩非明确指出:"人主之大物,非法则术也"(《韩非子·难三》),"抱法处势则治,背法去势则乱"(《韩非子·难势》)。在阐述法与术、法与势的关系的同时,将法置于术、势之上。因此,"以法治国"、"按法而治"、"垂法而治"的"法治"学说,是法家思想的中心内容。

2. 法与势的结合。权势的重要,首先是慎到提出的。他着眼于历史经验与现实政治,认为统治的建立决定于权势的大小,不在乎才能或道德的高低。因此,权势是君主制服民众的根本条件,是"令行禁止"的有效保证。[42]《管子》也指出:"凡人君之所以为君者,势也,"[43]失去了权势,便不成其为君主。官吏和百姓所服从的只是君主的"威势",并非什么"仁爱"之心。[44]韩非则提出了"抱法处势"的主张,即在"法治"的前提下充分运用权势的理论。

在处理法与势的关系上,法家提出了三种方法:第一,法、势结合。如果无"势",既不能发号施令,又不能行赏施罚,便无所谓"法治";同样,有"势"而无"法",也无所谓"法治",只能形成"人治"。第二,"势"由君主"独制",而法由"君臣共操"。因为权势是君与臣的主要区别,是制驭臣下的依靠,所以为了维护君主的至尊地位,必须使"权制独断于君"。[45]第三,以法令加强权势。《管子》强调"必治之势",认为只有"刑赏信必",依靠法和术才能显示君主真正的权威。[46]韩非强调"人设之势",即君主要采取各种措施来加强自己的专制权力,其中最主要的是法、术。法家的这些主张,表明了新兴地主阶级对于法与国家政权关系的看法,认识到不掌握政权,其意志要求就不能上升为法律,而法律的贯彻,又依赖于君主专制的政权。

3. 法与术的结合。术是关于君臣关系的理论,是封建初期统治阶级内部尔虞我诈、权力斗争的思想表现。法家之术,专指君主制驭官吏的权术,主要用于维护君主专制,发现和防止臣下篡权夺位或者阳奉阴违。首先提出重术的是申不害,商鞅和《管子》书也都主张"任数(术)而不任说",而继承并且发展"术治"的,是韩非。

法家认为,权术与法令一样,都是君主治国的工具,是专制权力的保障。[47]法家提出了以权术加强和实现"法治"的方法,主要表现在三个方面：

第一，"无为"之术。即君主执法治吏，事不亲躬，充分发挥臣下的能力，叫做"君道无为，臣道有为"。主张君主抛弃主观的成见，按照法令的规定要求官吏，根据各人的能力选任官吏，这样臣下有功说明君主用人得当，臣下有罪君主便予以严惩。总之是臣下承担劳苦，君主享受成功。㊽显然，这是法家将道家的"清净无为"运用到执法上的表现。

第二，"循名责实"之术。即以法令要求官吏尽职尽责，名实相副。这是任免和考核臣下的方法，又称为"参伍"、"参观"、"形名参同"等。包括："因能授官"以法任人㊾；"一人不兼官，一官不兼事"（《韩非子·难一》），使人尽其才，"才尽其用"；"听其言观其行"（《韩非子·六反》），必须言行一致；"分职督事"㊿，严格检查监督；以及不得"越官侵职"；等等。他们强调，所有这些，都以法令为标准，以赏罚为后盾。㈤这是法家为君主提供的"知奸"、"禁奸"的有效办法。

第三，"潜御群臣"之术。㈥指不能公开的制驭臣下的"暗术"，即阴谋诡计。包括："疑诏诡使"，下达可疑的命令，故意制造事端；"倒言反事"，说反话做错事，以检验臣下是否忠诚；"挟知而问"，明知故问，以显示君主的英明（《韩非子·内储说上》）；"见而不见，闻而不闻，知而不知"，装聋作哑，深藏不露（《韩非子·主道》）；言必有中，不言有罪。㈦他们还主张设置暗探，实行暗杀。

综上所述，法、势、术的结合，是法家思想的总结和归宿。三者都是为实现君主的专制而服务的。因此，法家企图确立法令的权威，而实际上只是以法令保障君主的专制。因此，我国先秦的"法治"根本不同于后来资产阶级所提出的以民主制为内容的法治。

**注：**

①《商君书·壹言》："秉权而立，垂法而治"。《管子·明法》："以法治国，则

举措而已。"

②《商君书·定分》:"法令者,民之命也,为治之本也。"《更法》:"拘礼之人,不足与言事。"

③《韩非子·显学》:"圣人之治国,不恃人为吾善也,而用其不得为非也。恃人之为吾善者,境内不什数;用人不得为非,一国可使齐。为治者用众而舍寡,故不务德而务法。"

④《韩非子·制分》:"夫治法之至明者,任数不任人。"

⑤《韩非子·用人》:"使中主守法术,拙匠守规矩尺寸,则万不失矣。"

⑥《管子·形势解》:"民之情莫不欲生而恶死,莫不欲利而恶害。"《商君书·算地》:"民之性,度而取长,称而取重,权而索利。"

⑦《韩非子·备内》:"夫妻者,非有骨肉之恩也,爱则亲,不爱则疏。"

⑧《韩非子·难一》:"臣尽死力以与君市,君垂爵禄以与臣市"。"君上之于民也,有难则用其死,安平则用其力。"

⑨《管子·禁藏》:"其商人通贾,倍道兼行,夜以继日,千里而不远者,利在前也。渔人入海,海深万仞,就彼逆流,乘危万里,宿夜不出者,利在水也。故利之所在,虽千仞之山,无所不上;深渊之下,无所不入焉。"

⑩《慎子·因循》:"天道,因则大,化则细。……人莫不自为也,化而使之为我,则莫可得而用矣。"《管子·法法》:"宪律制度必法道。"

⑪《管子·四时》:"阴阳者,天地之大理也;四时者,阴阳之大经也;刑德者,四时之合也。"

⑫《管子·四时》:"日掌阳,月掌阴,星掌和。阳为德,阴为刑,和为事。是故日食则失德之国恶之,月食则失刑之国恶之,彗星见则失和之国恶之。风与日争则修生。"

⑬《韩非子·南面》:"故虽拂于民,必立其治。"

⑭《韩非子·用人》:"明主立可为之赏,设可避之罚。""故上居明而少怒,下尽忠而少罪。"

⑮《韩非子·八说》:"贤者然后能行之,不可以为法,夫民不尽贤。"

⑯《韩非子·用人》:"明主之表易见,故约立;其教易知,故言用;其法易为,故令行。三者立而上无私心,则下得循法而治。"

⑰见《韩非子·难三》:"故法莫如显。……是以明主言法,则境内卑贱莫不闻知也。"《管子·法法》:"号令必著明,赏罚必信密,此正民之经也。"

⑱《商君书·定分》:"行法令,明白易知,为置法官吏为之师以道之知,万民皆知所避就。"

⑲《商君书·定分》:"郡县诸侯一受宝来之法令,学问并所谓。吏民欲知法令者,皆问法官;故天下之吏民无不知法者。""诸官吏及民有问法令之所谓也,于主法令之吏,皆各以其故所欲问之法令明告之。"

⑳《韩非子·五蠹》。又《商君书·定分》:"为置法官,置主法之吏,以为天下师。"

㉑《商君书·定分》:"为法令置官吏,朴足以知法令之谓者,以为天下正;则奏天子,天子则各主法令之;皆降受命,发官。各主法令之民,敢忘行主法令之所谓名,各以其所忘之法令名罪之。"

㉒《慎子》佚文:"立君而尊贤,是贤与君争,其乱甚于无君。是故有道之国,法立则私议不行,君立则贤者不尊,民一于君,事断于法。"

㉓《韩非子·诡使》:"道私者乱,道法者治。上无其道,则智者有私词,贤者有私意。上有私惠,下有私欲,圣智成群,造言作辞,以非法措于上。上不禁塞,又从而尊之,是教下不听上,不从法也。"

㉔《商君书·修权》:"夫废法度而好私议,则奸臣鬻权以约禄,秩官下吏隐下而渔民。"

㉕《慎子·君臣》:"为人君者不多听,据法倚数,以观得失。无法之言,不听于耳;无法之劳,不图于功;无劳之亲,不任于官。官不私亲,法不遗爱,上下无事,唯法所在。"

㉖《韩非子·五蠹》:"赏莫如厚而信","罚莫如刑而必。"

㉗《管子·七臣七主》:"民信其法则亲。……明主知其然,故见必然之政,立必胜之罚。故民知所必就,而知所必去,推则往,召则来。"

㉘《管子·明法解》:"明主之治天下也,威势之独在于主,而不与臣共;政法独制于主,而不从臣出。故明法曰:威不两错,政不二门。"

㉙《韩非子·定法》:"晋之故法未息,而韩之新法又生;先君之令未收,而后君之令又下。申不害不擅其法,不一其宪令,则奸多。"

㉚《韩非子·解老》:"凡法令更则利害易,利害易则民务变,……治大国而数变法则民苦之,是以有道之君贵静,不重变法。"

㉛《韩非子·说疑》:"禁奸之法,太上禁其心,其次禁其言,其次禁其事。"

㉝《管子·任法》:"以法制行之,如天地无私也。是以官无私论,士无私

163

议、民无私说,皆虚其胸以听于上。"

㉝《韩非子·问辩》:"明主之国,令者,言最贵者也;法者,事最适者也。言无二贵,法无两适,故言行不轨于法令者必禁。"

㉞《管子·法法》:"明君知民之必上为心也,故置法以自治,立仪以自正也。故上不行,则民不从彼;民不服法死制,则国必乱矣。是以有道之君,先民服也。""禁胜于身,则令行于民矣。"

㉟《商君书·赏刑》:"不宥过,不赦刑,故奸无起。"

㊱《管子·正世》:"夫民躁而行僻,则赏不可以不厚,禁不可以不重。故圣人设厚赏非侈也,立重禁非戾也;赏薄则民不利,禁轻则邪人不畏。"

㊲《韩非子·六反》:"重一奸之罪而止境内之邪,此所以为治也。重罚者,盗贼也;而悼惧者,良民也。""若夫厚赏者,非独赏功也,又劝一国。受赏者甘利,未赏者慕业,是报一人之功而劝境内之众也。"

㊳《商君书·说民》:"民勇,则赏之以其所欲;民怯,则杀之以其所恶。故怯民使之以刑,则勇;勇民使之以赏,则死。怯民勇,勇民死,国无敌者必王。"

㊴《商君书·靳令》:"重刑少赏,上爱民,民死赏。……行罚:重其轻者,轻者不至,重者不来,此谓以刑去刑,刑去事成。"

㊵《韩非子·六反》:"所谓重刑者,奸之所利者细,而上之所加焉者大也。民不以小利而加大罪,故奸必止者也。……今轻刑罚,民必易之。犯而不诛,是驱国而弃之也;犯而诛之,是为民设陷也。……此则可谓伤民矣。"

㊶《慎子·佚文》:"事断于法,是国之大道也。"《申子·佚文》:"圣君任法而不任智,……黄帝之治天下,置法而不变,使民安乐其法也。"

㊷《慎子·威德》:"故贤而屈于不肖者,权轻也。不肖而服于贤者,位尊也。尧为匹夫,不能使邻家;至南面而王,则令行禁止。"

㊸《管子·法法》:"凡人君之所以为君者,势也。故人君失势,则臣制之矣。势在下,则君制于臣矣;势在上,则臣制君矣。"

㊹《管子·明法解》:"明主在上位,有必治之势,则群臣不敢为非。是故群臣不敢欺主者,非爱主也,以畏主之威势也。百姓之争用,非以爱主也,以畏主之法令也。"

㊺《商君书·修权》:"法者,君臣之所共操也;信者,君臣之所共立也;权者,君之所独制也。……权制独断于君则威。"《管子·七臣七主》:"法令者,君臣之所共立也;权势者,人君之所独守也。……权断于主则威。"

㊻《管子·明法解》:"明主在上位,有必治之势,则群臣不敢为非。……故明主操必胜之数,以治必用之民;处必尊之势,以制必服之臣。"

㊼《韩非子·难三》:"人主之大物,非法则术也。"《定法》:"君无术则弊于上,臣无法则乱于下,此不可一无,皆帝王之具也。"

㊽《韩非子·主道》:"明君无为于上,群臣竦惧乎下。明君之道,使智者尽其虑,而君因以断事,……有功则君有贤,有过则臣任其罪。""臣有其劳,君有其成功。"

㊾《韩非子·定法》:"术者,因任而授官,循名而责实,操生杀之柄,课群臣之能者也。此人主之所执也。"

㊿《管子·明法解》:"明于分职,而督其成事,胜其任者处官,不胜其任者废免。"

㉛《韩非子·难二》:"人主虽使人,必以度量准之,以刑名参之。以事遇于法则行,不遇于法则止;功当其言则赏,不当则诛。"

㉜《韩非子·难三》:"术者,藏之胸中,以偶众端,而潜御群臣者也。"

㉝《韩非子·南面》:"人主使人臣言者必知其端以责其实,不言者必问其取舍以为之责。"

## 第三节 商鞅的"变法"和"法治"思想

商鞅(约前390—前338),名鞅,与卫国国君同族,故称卫鞅或公孙鞅。因功封于商,故又称商鞅。他自幼喜好"刑名之学",曾在魏国做过小官,熟悉李悝等人的变法主张和措施。后来到了秦国,受到重用,主持变法,执政二十一年。①孝公死后,被旧贵族车裂灭族。

商鞅是新兴地主阶级杰出的改革家和思想家,是法家学派的一个主要代表。他从战国时期的社会实际出发,顺应历史潮流,大刀阔斧地进行旨在以封建制取代奴隶制的变法,为后来秦始皇建立中央集权的封建专制制度奠定了基础。在法律思想上,他提出"变法更礼",坚决反对传统的贵族"礼治",主张"任法而治"②,即按照新兴地主的主张制定统一的法令,予以公布,自上而下地强制推行,从而实现民务耕战、富国强兵。③同时,他还在总结当时的变法理论与实践的基础上,阐述了变法的必然性、"法治"的作用及其实行方法。这种对法令的特殊重视,使他在法家中自成一派,成为法家"法治"理论的奠基者。现存的《商君书》是商鞅及其后学者的遗著汇编,是研究秦始皇之前的秦国法家思想的重要史料。

一、"不法古"、"不修今"的变法理论

在商鞅入秦之前,虽然秦国的封建生产关系已有了相当的发展,在政治方面也进行了某些改革,但从整体上看,基本上还是贵族的宗法制度,与当时的其他大国相比还比较落后,因而秦国很少参加诸侯会盟,处于受人歧视的地位。秦孝公即位后,张榜招贤,思谋通过改革使秦致强。公元前361年,商鞅挟李悝的《法经》入秦,很快得到孝公的信任,主持变法。

商鞅在执政期间,先后在公元前359年、公元前350年进行了两次变法,主要包括两大方面:在经济方面,废除传统的井田制,授田予民,由国家直接征收赋税,从而确立了封建土地私有制④;推行重农抑商的政策,奖励农业生产,废除大家族,规定男子成年必须另立门户,同时按户口征收军赋;统一了度量衡的标准。⑤在政治方面,取消"世卿世禄"制,不论出身是否是宗室贵族一律按军功封爵奖赏;普遍推行郡县制,设立31个县,官吏由国君直接任免,居民按什伍编户,从而建立了君主集权的行政制度;同时在《法经》的基础上制定了《秦律》,增加告奸和连坐的规定,厉行法治,打击儒者。由此可见,在从奴隶制向封建制过渡的战国前期,商鞅的变法是一场深刻的社会变革,因而自始至终都受到旧贵族的强烈反对。为了说明变法的必要和正确,商鞅提出了自己的变法理论。

首先,商鞅驳斥了"法古无过,循礼无邪",即那种认为古代的制度没有过错,遵循旧礼不会走入歧途的传统观念。指出自古以来根本没有什么一成不变的礼法⑥,法令制度都是随着时代的变化而变化的。他举例说,夏、商、周"三代"的礼制不同,却都成就了王业;春秋"五霸"的法度并不一样,也都建立了霸业。所以,凡是"贤"、"智"的人都应变更旧礼而创立新法。⑦他还指出,国乱不治的一个重要原因,是"上法古"、"下修今",即既保守着旧的礼制,又机械地拘泥于既定的法令;因而提出了"不法古、不修今"的变法口号⑧,主张"礼法以时而定,制令各顺其宜"。⑨

其次,商鞅通过对民乱国亡是循守旧礼的必然结果的分析,指出只有变法更礼才能强国利民。他说,法度是出于"爱民"而制定的,礼制是出于有利国家而建立的。所以,只要能够"强国",就不必沿用旧的法度;只要"可以利民",就不必遵循旧的礼制。⑩在他看来,儒家所讲求的礼乐之制,只能造成国家"必削至亡"的结果,而没有一点好处,"无益于治"。⑪相反,"任法而国治",实行"法治"的前提是"更礼"而"作法"。⑫可见,商鞅变法的主要锋芒是改革旧礼。

再次,商鞅指出必须根据时代要求、社会现实和民情风俗来更礼变法。他说,"圣人知必然之理,必为之时势"(《商君书·画策》,下引此书只注篇名)只有"制度"符合"时"、"势"的要求,才能使"民从制"。⑬他对"古代"和"今世"的情况进行了详细的对比:古代的人们廉让,拥立贤德者为王,"今世强国事兼并,弱国务力守",主要凭实力,说明时代的要求不一样了。古代"以私为道",讲究人情关系,当今"使私无行",强调"公利",说明"世事变而行道异",社会情况变化了。"古之民朴以厚,今之民巧以伪",说明民情民俗也发生了变化。因此,他强调:"圣人之为国也,观俗立法则治,察国事本则宜。不观时俗,不察国本,则其法立而民乱,事剧而功寡。"(《算地》)必须"因世而为之礼,变俗而为之法"(《壹言》)。

商鞅用来说明变法的必然性的理论依据,是历史进化观点。他说:"伏羲、神农教而不诛,黄帝、尧、舜诛而不怒,及至文、武,各当时而立法,因事而制礼。"(《更法》)认为"伏羲、神农"时代是"男耕而食,妇织而衣,刑政不用而治",类似于我们今天所说的父系社会。黄帝时代出现了"以强胜弱,以众暴寡"的现象,因此制定了"君臣上下之义,父子兄弟之礼,夫妇妃匹之合,内行刀锯,外用甲兵"。这是对于产生了国家与法的阶级社会的描述。而"今世强国事兼并,弱国务力守",则是对战国前期形势的概括。商鞅指出:"由此观之,神农非高于黄帝也,然其名尊者,以适于时也。"(《画策》)在他看来,时代不仅是变化的,而且在不断向前发展,统治方法和法令制度既不能复古,也不能保守,从而以此作为实行变法革新和以法治国的有力依据。

商鞅变法的目的,表现为治、富、强、王。所谓:"强者必治,治者必强。富者必治,治者必富。强者必富,富者必强。""强必王"(《立本》)。这里,"治"指安定统治秩序;"富"指增加封建国家的财力;"强"指军事力量的强大;"王"指统一天下。他从这四者联系的角度进行论述,认为要达到封建国家的治安富强,就必须注重耕战,实行"法治",以力服人。

## 二、法、信、权相结合的"法治"

商鞅认为,实力决定着国家的命运,而国家的实力只能来自于农战。"国待农战而安,主待农战而尊"(《农战》)。即通过发展农业生产和加强军事力量的办法富国强兵。为了使人民能致力于农战,他认为惟一有效的办法是行施赏罚,而法令就是关于赏罚的规定。因此,他将奖励农战、富国强兵的方法归纳为一点,即"以法相治"(《慎法》)、"垂法而治"(《壹言》)、"缘法而治"(《君臣》)。

商鞅从明分止争、立公去私、胜民弱民、法信权结合以及轻罪重罚等方面,具体阐述了法律的性质、作用、宣教和执行,从而奠定了法家"法治"理论的基础。

(一)"法者,国之权衡"

为了说明"法治"的必要,商鞅从驳斥儒家的仁义德化和贤人政治入手,深入地论述了法的性质和作用。

他用尺寸、权衡来比喻法,认为法是治理国家的客观准则。指出,如果有人抛开秤来判断轻重,不用尺寸来衡量长短,那么无论这个人多么高明,商人们也不会听他的。"倍(背)法度而私议"也与此相同。法度就是国家的秤和尺。治理国家不能靠主观的想法或者个人的赞誉,主要靠"立法明分",即合乎法令的就奖赏,损害法令的就惩罚,这样人民就不会争夺了。[14]

他认为,国家的建立,社会的安定,都有赖于等级名分的确定。并举例说,一个兔子乱跑,会有一百个人去追,并非因为这个兔子可以分成一百份,而是由于兔子属于谁的"名分"还没有确定。相反,出卖的兔子充满市场,连盗贼也不敢轻易夺取,这是因为"名分"归属已经确定了。同样,"法令不明",就是"名分不定",结果必然是"奸恶大起,人主夺威势,亡国灭社稷"。因此,"圣人"之所以要制定法令,就是为了"定名分"。[15]确立等级名分,是"法"的重要作用。

商鞅认为,法的作用大于仁义德化,是君主治国的关键所在。他说,仁人能够对人仁慈,却不能使人们都仁慈;义士能够爱人,却不能使人们都相爱。所以"仁义不足以治天下",治天下只能靠法:"圣王者不贵义而贵法。"(《画策》)同时指出,从仁义与法的关系来看,有了仁义并不能使人们都仁义,都守法令;但有了法却可以使人们既守法令,又仁义。儒家讲求的"为人臣忠,为人子孝,少长有礼,男女有别"等,只不过是确立了"法度"之后的必然结果。所以他得出一个结论:能够破除战胜私党与奸巧,制裁、取消私议,一切按照法令办事,就能形成对亲近的人不徇私,对所憎恶的人不加害,人们互相监督、共同打击恶人的"大治"景象,即"法任而国治"。[16]

商鞅强调,法的重要作用还在于能制驭臣民。他将君主与臣吏相比,认为君主在德行、智慧、勇力等方面可能不比臣吏强多少,但仍可以居于臣吏之上;臣吏虽有勇力、"圣知",却不敢与君主争权,其关键就在于有法令。因而法是君主的力量之所在。君主与人民也是如此:"虽民至亿万之数,悬重赏而民不敢争,行罚而民不怨者,法也。"(《画策》)他认为要使国家富强,就必须使民变弱:"有道之国,务在弱民。"而"弱民"只有靠"法":"民胜法,国乱;法胜民,兵强。"(《赏刑》)即用法令把人民致强变富的路统统堵死,让他们只能通过从事农战,依法得到奖赏。这样,法的作用便集中地表现为对臣民的控制:"守法守职之吏有不行王法者,罪死不赦,刑及三族。""民众而奸邪生,故立法制,为度量以禁之。"(《君臣》)

(二)"壹赏"、"壹刑"、"壹教"

商鞅认为,必须以法令作为赏施和刑罚的统一标准,作为教育人民的统一内容。在他看来,法令与农战是一种相辅相成的关系,通过农战富国强兵是立法的目的,法令是保证农战进行的有效手段。由此他提出了"利出一孔"的主张,即用立法的办法,把民众用以谋取福利的其他途径都统统堵死,只留出一条途径——农战。对农战有功者受赏,不从事农战者受罚。这是他的"壹赏"、"壹刑"和"壹教"主张的基点。

"壹赏"指只能赏赐那些有功农战和告奸的人。一方面,"利禄官爵专出于兵",只有在战争中建立军功的人才能得到官爵和利禄;"守室非有军功,论不得为属籍",贵族子弟也不例外(《赏刑》)。他规定士兵斩获一颗敌首,便"赏爵一级",赏耕地一顷,住宅地九亩,仆人一名。相反,如果同"伍"的兵士中有一人逃跑,其他四人都要处刑。"屯长"、"百将"等军官没有获得敌首,要处以"斩刑"(《境内》)。士兵违犯军令,不但处死本人,还要连坐其父母、兄弟、妻子。[17]另一方面,重赏"告奸",重罚"匿奸":"不告奸者,腰斩。告奸者,与斩敌首者同赏。"要使人们相互监视,造成人人自危的局面。他指出:"夫妻交友不能相为弃恶盖明","民人不能相为隐"

(《禁使》)。总之,"壹赏"旨在用厚赏鼓励人们为战争出力而不怕死,用严刑防止人们不从事战争而怕死,只有这样才能促使民众"喜农而乐战","无敌于天下"(《壹言》)。

"壹刑"指统一刑罚的标准,适用刑罚时不分等级亲疏,同时实行重刑连坐。他说:"所谓壹刑者,刑无等级,自卿相将军以至大夫庶人,有不从王令、犯国禁、乱上制者,罪死不赦。"(《赏刑》)认为这是法令能否贯彻,"法治"能否实现的关键所在。最为可贵的是他总结了"法之不行,自上犯之"这一破坏法制的深刻教训,一反儒家"刑不上大夫"和"亲属相隐"的传统,强调"忠臣孝子有过,必以其数断。守法守职之吏有不行王法者,罪死不赦"[18]。在中国法律思想史上,商鞅是提出平民与贵族平等地适用刑罚的第一人。

"壹教"指统一教育的内容,主张取缔一切不符合法令、不利于农战的思想和言论。他说,那些凭借着博闻广识、能言善辩、信义廉洁,以及精通礼乐、注重修养、结党友众的人,不能取得富贵,不能非议法令,也不能散布自己的主张。人们进入"富贵之门"的办法只有一个:"必出于兵"。[19]可见,商鞅很重视实行"法治"的社会思想基础,主张取缔各家言论,独崇法度,实际上就是只能用农战的法令来统一人们的思想,在意识形态领域中实行新兴地主阶级的文化专制。

(三)"任法"、"重信"、"权势独制"

为了保障"法治"的实现,商鞅还提出了一套推行"法治"的方法,突出了法、信、权三个要素。他说:"国之所以治者三:一曰法,二曰信,三曰权。"(《修权》)这里的法指以刑罚为主体的法令,信指赏罚的信用,权指君主的权柄。认为三者都是推行"法治"必不可少的要素:法决定着国家的治乱,信决定着法令的贯彻,权决定着君主的地位,因此三者之间是一种相辅相成的关系。但三者的内容、地位、运用等又存在着差别。例如,法由君与臣"共操",信由君与臣"共立",而权则由君主"独制"[20]。强调法必须"明",信在于实行,权在于集中。因此又不能将三者等量齐观,而是各有自己的要求,即应该"任法"、"重信"而"爱权"。

1."任法"。商鞅指出,实行"法治"首先要将法令公之于众。由于"法者,君臣之所共操也",所以官吏的学法、知法便成为关键。他主张不但郡县各级官吏要认真学习法令的规定,同时还必须"为法令置官吏",即设置专门的司法官员。"法官"负责解答其他官吏或者民众关于法令的询问。如果回答不出或者遗忘,便"以其所忘之法令名罪之";如果有问不答或者答错,便"以吏民之所问法令之罪,各罪主法之吏"。"法官"只能据法回答,不准随意增减,"有敢剟定法令,损益一字以上,罪死不赦"(见《定分》)。他认为,只有这样才能使"吏不敢以非法遇民,民不敢犯法"。[21]

其次,君主必须带头遵守法令,做到"言不中法者,不听也;行不中法者,不高也;事不中法者,不为也"(《君臣》)。应该明确"公私之分",公正地行施赏罚,"赏随功,罚随罪","不失疏远,不避亲近"[22]。最值得注意的是,商鞅提出了"治不听君,民不从官"的"法治"理想,确立了法令的权威地位。他认为,"法治"的关键是人人知法守法,能够自觉地执行法令,其中起决定作用的是君主是否依法办事。如果能使"刑赏断于民心",实行"家断",即不出家门便能判断是非,那么就可以成就"王业",统一天下;如果能做到"官断",即由官吏依法断案,国家也会强盛起来;但是如果全国只有君主一人才能断案,大多数的臣、民都不知法,那就必然大乱。这叫做:"治则家断,乱则君断。治国者贵下断"。因此,他认为在一个"法治"国家里,政事并不听从君主的临时意见,人民并不服从官吏的某些看法,一切都依君主的法令作为标准。[23]这种思想,表明了商鞅对法的崇尚,认为法的地位高于君主个人,君主应该服从法制。

2."重信"。在执法上,商鞅强调一个"信"字,要求"信赏必罚",取信于民。他认为,国家混乱的原因,往往不在于法令混乱,也不在于没有法令,而是因为没有一套使法令必定贯彻的办法,是因为没有使"奸邪"必然就范的办法。法令不能取信于民，所以才"令不行，禁不止"，贯彻不下去。相反，"民信其赏，则事功成；信其刑，则奸无端"。为了做到"信赏必罚"，他一方面强调"任法而去私议"，"立法明分"，坚决执法；另一方面又主张厚赏重罚，"赏厚而信，刑重而必"(《修权》)。认为赏薄罚轻很难得到民众的信任，从而成为他提倡重刑的一个依据。

3. 权势独制。商鞅认为，要使君主的法令能够顺利推行，还必须"尊君"，所谓"君尊而令行"。[24]而要达到"尊君"，必须由君主独自垄断一切权力。他也将权力称为"势"、"权"，将行使权力的方法称为"数"。必须做到"权制断于君"，"权者，君之所独制也"，其实质是君主专制。可见，虽然商鞅以重法著称，但也意识到国家政权是法令的后盾，只有"秉数而立"，才能"垂法而治"。[25]也就是说，要实行"法治"就必须建立中央集权的君主专制政体。这是法家"法治"学说的基石。

### 三、"以刑去刑"的重刑思想

在中国法律思想史上，商鞅是第一个系统地提出"禁奸止过，莫若重刑"的重刑论的思想家，这也是他区别于前人的特点之一。商鞅的重刑理论，建立在性恶论的基础之上，以达到"以刑去刑"的目的，主要包括刑主赏辅、不赏善、轻罪重刑等内容。

在他看来，法令和赏罚的直接对象是民众，因此实行"法治"和运用赏罚都要以"民性"为基点："人生而有好恶，故民可治也。"(《错法》)在法家之中，商鞅最先提出了较为系统的人性"好利恶害"的观点。他认为，时代不同，民性的表现也不同。"上世"的人们"爱私"，"中世"的人们"悦仁"，而在"下世"之后，人们无不"求利"。这表现为："民之性，饥而求食，劳而求佚，苦则索乐，辱则求荣，……名利之所凑，则民道之。"(《算地》)即人们的一切作为都是为了追逐名利。由于追求"显荣佚乐"，害怕"羞辱劳苦"，所以便逃避苦难,畏惧刑罚。㉖而这种人性,正是实行赏罚的基础:"好恶者,赏罚之本也。夫人情好爵禄而恶刑罚,人君设二者以御民之志。"(《错法》)对于君主来说,主要是通过赏罚来"御民",使他们积极地从事农战。

商鞅意识到,农耕劳苦,战争危险,是连"孝子"与"忠臣"都不愿意干的事。所谓:"民之外事,莫难于战,故轻法不可以使之",即法令宽容人们就不愿意去打仗;"民之内事,莫苦于农,故轻治不可以使之",即刑罚轻了人们就不愿意从事农耕。那么应该怎么办呢? 商鞅着眼于"好利恶害"的人性,提出了威胁加利诱的办法:一曰"利出一孔",堵死能够得到利益的其他途径,使人们只能靠农战获利。二曰"劫以刑",用严刑峻罚逼迫人们从事农战。三曰"驱以赏",用高官厚禄驱使人们从事农战。㉗这样一来,"民见战赏之多则忘死,见不战之辱则苦生",便争着去打仗。"贫者使以刑则富,富者使以赏则贫",即用刑罚逼迫民众务农使贫者变富,用赏赐鼓励富人捐献粮食从而变贫。"怯民使以刑必勇,勇民使以赏则死"(《去强》),即重赏之下,必有勇夫出现;严刑之下,能使怯者变勇。

商鞅也主张赏刑并用,厚赏重罚。他称刑罚为禁止作恶的"禁",赏赐为促使立功的"使":"人主之所以禁使者,赏罚也。"二者作用的统一便是止奸劝功㉘,因而他们是推行"法治"的重要方法。但是最能表现他刑罚思想特点的,是"重刑"的主张。他公开宣称"禁奸止过,莫若重刑"(《赏刑》)。其"重刑"也有着特定的含义:

其一,在刑罚与赏赐的内部关系上,他强调刑主赏辅,赏赐仅仅是刑罚的辅助。他说,法令包括刑、赏两个方面的规定,法令的主要作用是"禁奸止过",所以应以运用刑罚为主:"夫刑者所禁邪也,而赏者所以助禁也。"㉙"刑主赏辅"表现在数量上,是"刑多而赏少","刑九而赏一"㉚;表现在顺序上,是"先刑而后赏"㉛;表现在措施上,是"刑用于将过",惩罚犯罪动机,以及"赏施于告奸",这样才"能使大邪不生,细过不失"(《开塞》)。

其二,"刑不善而不赏善"。他认为法的任务只在"治奸人",而不是"治善人"。对付"奸民"的手段只能是"重刑"。刑罚重,民众就不敢犯法,这样便都不敢做坏事,就使全国的民众就变"善"了,这叫做"不赏善而民善"。其结论是:"善治者,刑不善而不赏善,故不刑而民善。"(《画策》)可见商鞅"法治"的本质是对人民的镇压。

其三,轻罪重刑。他指出:"行刑,重其轻者,轻者不生,则重者无从至矣。"认为加重对于轻罪的刑罚,便不致产生轻罪,重罪更无从出现。相反,如果对轻罪轻刑、重罪重刑,轻罪便不能根除,重罪更无从消灭。[32]他特别反对重罪轻刑,认为这样必将导致刑罚频繁、犯罪增多、国家贫弱的后果。这种公然否定罪刑相适应,向人民炫耀暴力,滥施淫威的观点,表明了新兴地主阶级及其"法治"与人民在本质上的对立关系。

为了说明这种刑主赏辅、轻罪重刑的"重刑"主张的正确,商鞅从两方面进行论证。一方面,他提出"重刑爱民"论,所谓:"重罚轻赏,则上爱民,民死上;重赏轻罚,则上不爱民,民不死上。"(《去强》)认为刑多赏少使人民不敢犯法,就是对人民的爱护,民众便会为君主效力卖命。同时指出,刑罚重,爵位才显得尊贵;赏赐轻,刑罚才有威严。君主能用尊贵的爵位赏赐,才是对人民的爱护;人民害怕严厉的刑罚,才肯为君主牺牲。[33]另一方面,他认为重刑是达到"刑去事成"的必由之路,即"以刑去刑"。用战争来消灭战争,那么进行战争就是必要的;同样,为了消灭刑罚,"虽重刑可也"。因为"重刑"能够使人们畏惧而不敢犯罪,所以是"去刑"(即消灭刑罚)的途径:"行罚,重其轻者,轻者不至,重者不来,此谓以刑去刑,刑去事成。"(《靳令》)他由此而公然声称:"禁奸止过,莫若重刑"[34],视"重刑"为治理国家和消灭犯罪的最好方法。

商鞅的这种"以刑去刑"论,是针对儒家"以德去刑"的观点而提出的。因此,他断定"德生于刑",刑罚运用的本身就是君主爱民治国的"大德"的表现,从而与儒家的重德轻刑论划清了界限;同时又强调刑罚并不残酷,最终仍归于道德,相反仁义倒表现了残暴:"杀刑之反于德,而义合于暴"(《开塞》),从而为地主阶级的刑罚披上仁德的外衣。

总之,商鞅的"重刑"思想,实际上是一种片面夸大暴力作用的思想表现,同时也说明了商鞅等法家们为地主阶级编造理论而煞费苦心。这一观点,后来成为法家以至秦始皇推行严刑峻法的理论基础。在它的指导下,取得政权的新兴地主阶级一方面用严刑峻法打击阻挠变法的贵族,另一方面也用以残酷地镇压劳动人民。从本质上看,无论在理论还是实践方面,这种"以刑去刑"的重刑主张都是毫不可取的。

**注:**

①《史记·商君列传》:"商君者,卫之诸庶孽公子也,名鞅,姓公孙氏,其祖本姬姓也。鞅少好刑名之学,事魏相公叔痤,为中庶子。……公叔既死,公孙鞅闻秦孝公下令国中求贤者,将修缪公之业,东复侵地。乃遂西入秦,因孝公宠臣景监以求见孝公。……(孝公)以卫鞅为左庶长,卒定变法之令。"

②《商君书·慎法》:"故有明主、忠臣产于今世,而能领其国者,不可以须臾忘于法。破胜党任,节去言谈,任法而治矣。"

③《史记·商君列传》:"(变法)行之十年,秦民大说(悦),道不拾遗,山无盗贼,家给人足。民勇于公战,怯于私斗,乡邑大治。"

④《汉书·食货志》:"用商鞅之法,改帝王之制,除井田,民得买卖。"

⑤《史记·商君列传》:"令民为什伍,而相收司连坐。不告奸者腰斩。告奸者与斩敌首同赏,匿奸者与降敌同罚。民有二男以上不分异者,倍其赋。有军功者各以率受上爵。为私斗者,各以轻重被刑。大小僇力本业,耕织致粟帛多者复其身,事末利及怠而贫者,举以为收帑。宗室非有军功论,不得为属籍。明尊卑爵秩等级,各以差次,名田宅臣妾衣服以家次。有功者显荣,无功者虽富无所芬华。"

⑥《商君书·更法》:"前世不同教,何古之法? 帝王不相复,何礼之循?"

⑦《商君书·更法》:"三代不同礼而王,五霸不同法而霸。故智者作法,而

愚者制焉;贤者更礼,而不肖拘焉。拘礼之人不足与言事,制法之人不足与论变。"

⑧《商君书·开塞》:"圣人不法古,不修今,法古则后于时,修今则塞于势。"

⑨《商君书·更法》:"礼法以时而定,制令各顺其宜。兵甲器备,各便其用。臣故曰:治世不一道,便国不必法古。"

⑩《商君书·更法》:"法者,所以爱民也;礼者,所以便事也。是圣人苟可以强国,不法其故;苟可以利民,不循其礼。"

⑪《商君书·去强》:"国有礼有乐,有诗有书,有善有修,有孝有弟,有廉有辩。国有十者,上无使战,必削至亡。"

⑫《商君书·慎法》:"故有明主忠臣产于今世,而散领其国者,不可以须臾忘于法。破胜党任、节去言谈,任法而治矣。"

⑬《商君法·壹言》:"制度时,则国俗可化,而民从制。"

⑭《商君书·修权》:"世之为治者,多释法而任私议,此国之所以乱也。先王县权衡,立尺寸,而至今法之,其分明也。夫释权衡而断轻重,废尺寸而意长短,虽察,商贾不用,为其不必也。故法者,国之权衡也。夫信法度而任议,皆不知类者也。不以法论知、能、贤、不肖者,惟尧,而世不尽为尧。是故先知自议誉私之不可任,故立法明分,中程者赏之,毁公者诛之。赏诛之法,不失其议,故民不争。"

⑮《商君书·定分》:"一兔走,百人逐之,非以兔可分为百也,由名分之未定也。夫卖兔者满市,而盗不敢取,由名分已定也。故名分未定,尧舜禹汤且鹜焉而逐之;名分已定,贫盗不取。今法令不明,其名不定,天下之人得议之,其议,人异而未定。人主为法于上,下民议之于下,是法令不定,以下为上也。此所谓名分不定也。夫名分不定,尧舜犹将折而奸之,而况众人乎?此令奸恶大起,人主夺威势,亡国灭社稷之道也。……故圣人必为法令置官也,置吏也,为天下师,所以定名分也。名分定,则大诈贞信,民皆愿悫,而各自治也。故夫名分定,势治之道也;名分不定,势乱之道也。"

⑯《商君书·慎法》:"故有明主忠臣产于今世,而散领其国者,不可须臾忘于法。破胜党任、节去言谈,任法而治矣。使吏非法无以守,则虽巧不得为奸;使民非战无以效其能,则虽险不得为诈。夫以法相治,以数相举者,不能相益,訾言者不能相损。民见相誉无益,相管附恶;见訾言无损,习相憎不相

177

害也。夫爱人者不阿,憎人者不害,爱恶各以其正,治之至。臣故曰:法任而国治矣。"

⑰《商君书·画策》:"强国之民,父遗其子,兄遗其弟,妻遗其夫,皆曰:'不得,无返。'又曰:'失法离令,若死,我死……。'"

⑱《商君书·赏刑》:"所谓壹刑者,刑无等级,自卿相将军以至大夫庶人,有不从王令、犯国禁、乱上制者,罪死不赦。有功于前,有败于后,不为损刑;有善于前,有过于后,不为废法。忠臣孝子有过,必以其数断。守法守职之吏有不得王法者。罪死不赦,刑及三族。"

⑲《商君书·赏刑》:"所谓壹教者,博闻、辩慧、信廉、礼乐、修行、群党、任誉、清浊,不可以富贵,不可以评刑,不可独立私议以陈其上。……彼能战者践富贵之门,强梗焉有常刑而不赦。"

⑳《商君书·修权》:"法有,君臣之所共操也。信者,君臣之所共立也。权者,君之所独制也。"

㉑《商君书·定分》:"郡县诸侯一受宝来之法令,学问并所谓。吏民欲知法令者,皆问法官;故天下之吏民无不知法者。吏明知民知法令也,故 不敢以非法遇民,民不敢犯法以干法官。遇民不修法,则问法官;法官即以法之罪告之;民即以法官之言正告之吏。吏知如此,故吏不敢以非法遇民,民又不敢犯法。"

㉒《商君书·禁使》:"人主之所以禁使也,赏罚也。赏随功,罚随罪;故论功察罪,不可不审也。……故至治,夫妻交友不能相为弃恶盖非,而不害于亲,民人不能相为隐。"

㉓《商君书·说民》:"断家,王;断官,强;断君,弱。……上令而民知所以应,器成于家,而行于官,则事断于家。故王者刑赏断于民心,器用断于家。治明则同,治暗则异,同则行,异则止,行则活,止则乱。治则家断,乱则君断,治国者贵下断。……故有道之国,治不听君,民不从官。"

㉔《商君书·君臣》:"处君位而令不行则危,五官分而无常则乱。法制设而私善行,则民不畏刑。君尊则令行,官修则有常事,法制明则民畏刑。"

㉕《商君书·壹言》:"夫民之不治者,君道卑;法之不明者,君长乱也。故明君不道卑,不长乱也。秉权而立,垂法而治。"

㉖《商君书·算地》:"羞辱劳苦者,民之所恶也;显荣佚乐者,民之所务也。"

㉗《商君书·外内》："使民之所苦者无耕,危者无战。二者,孝子难以为其亲,忠臣难以为其君。今欲驱其众民与孝子忠臣之所难,臣以为非劫以刑而驱以赏莫可。……故吾教令,民之欲利者,非耕不得;避害者,非战不免。境内之民莫不先务耕战,而后得其乐。"

㉘《商君书·算地》："刑戮者,所以止奸也;而官爵者,所以劝功也。"

㉙《商君书·开塞》："胜法之务,莫急于去奸;去奸之本,莫深于严刑。"

㉚《商君书·开塞》："治国刑多而赏少,乱国赏多而刑少。故王者刑九而赏一,削国赏九而刑一。"

㉛《商君书·壹言》："民之于上也,先刑而后赏。"

㉜《商君书·说民》："行刑,重其轻者,轻者不生,则重者无从至矣,此谓治之于其治也;行刑,重其重者,轻其轻者,轻者不止,则重者无从止矣,此谓治之于其乱。故重轻,则刑去事成,国强;重重而轻轻,则刑至而事生,国削。"

㉝《商君书·说民》："罚重,爵尊;赏轻,刑威。爵尊,上爱民;刑威,民死上。"

㉞《商君书·赏刑》："重刑,连其罪,则民不敢试。民不敢试,故无刑也。夫先王之禁,刺杀,断人之足,黥人之面,非求伤民也,以禁奸止过也。禁奸止过,莫若重刑。刑重而必得,则民不敢试,故国无刑民。"

## 第四节　慎到的尚法和重势思想

慎到,赵国人,生卒年代不详,大约与商鞅同时。他早年曾"学黄老道德之术",后来研究"刑名之学",成为法家中最早将"道"与"法"结合起来的思想家。慎到的著述不少,也有系统,但早已散失。①现传世的只有七篇,即今本《慎子》。还有零星地保存在其他史籍中的片断言论。

在前期法家中,慎到以"重势"著称。但他的重"势"是从尚"法"出发的,同时也兼论"术"。在法律思想方面,他以新兴地主阶级的公私观为依据,强调国家高于个人,法令高于君主。他提倡尊君,但反对"专制";主张"法治",但反对酷刑;主张重"势",但反对

"擅断";主张"无为而治",反对尚贤任智,因而在法家代表人物中独具特色。与商鞅直接从事治国和变法不同,慎到主要侧重于思想理论方面的阐发,因此在法理学方面有突出的建树,对于法家思想体系的形成产生了重要的影响。

一、"立公弃私"的"公法"论

在法家之前,"公"一般指正直或者公有,"私"一般指利己或者私有,多是在道德的意义上或者财产占有的意义上使用的。[②]及至法家,才使公、私成为专门的政治和法律术语,用来表示国家与个人的区别。这一系统的观点正是慎到提出的。他把集中了地主阶级整体意志的国家利益称之为"公",而将包括君主与各级官吏在内的个人利益称之为"私"。"公"是所有的人都应该遵守和维护的准则,表现为法,所以又称"公法";"私"是违背这种共同准则的行为,表现为对法令的破坏,即"行私"。慎到对古代法理学突出的贡献之一,就是以普遍的形式提出了新兴地主阶级的公私观,并以这种公私观作为论法的基点。

首先,慎到认为法是"至公"的准则。"法者,所以齐天下之动,至公大定之制也。"(《慎子·佚文》,下引此书仅注篇名)把"法"看作为规范一切人的行为的最公平的制度。与其他法家一样,他也用度量衡来说明"法"的客观性和公平性,指出:"有权衡者不可欺以轻重,有尺寸者不可差以长短,有法度者不可巧以诈伪。"(《佚文》)只要掌握了"法度"这个公正的准则,就不必依赖或者等待"禹"那样的圣贤,就是一般的"中人"也能治理好国家。[③]因此,"法"理应成为人们的行为准则,成为衡量是非功过的惟一标准。他进而指出,与贵族、官吏、贤能等相比,"法"具有至高无上的权威。"智者"再聪明,也不能离开"法"出谋划策;"辩者"再善辩,也不能超越"法"危言耸听;"士"再有名望,也不能取得"法"外的功名;臣吏再勤劳,也不能得到"法"外的赏赐。[④]正因为如此,《庄子·天下篇》将慎到的主张概括为:"公而不当(党),易(平)而无私。"

其次,慎到指出,"法"的最大作用和目的就在于"立公弃私",从而把公与私、国与家、法令与个人爱好明确地区分开来。他说:"法制礼籍,所以立公义也,凡立公而弃私也。"⑤认为"公"与"私"是直接对立的两个方面,要"立公"就必须"弃私",而存"私"则必然害"公"。因此,代表"公义"的"法"与表现个人行为的"私"也是直接对立的,"法"的功能在于禁止"行私";"法之功莫大使私不行","有法而行私,谓之不法"。由此可见,慎到说的"公",既不是"共同占有"也不是"舍己为人",而是人们共同遵循的原则或规范。慎到说的"私",既非"私有",亦非"自私",而是违背破坏法令的行为。在这里,"公"与"私"已经是一种政治概念、法律概念。从这一认识出发,慎到强调,对于包括君主在内的所有统治者来说,都有一个"立公"还是"行私"的原则问题。一方面,"立天子以为天下,非立天下以为天子也;立国君以为国,非立国以为君也。"(《威德》)这里,"为天下"、"为国"就是"立公";"为天子"、"为君"便属"行私"。君主应该"立公弃私",即抛弃个人的利益,为天下、为国家效劳。这种观点可说是划时代的新论! 另一方面,由于"法"是君主根据"公义",即国家利益制定的,所以只有奉"公"守"法"才能在维持国家利益的同时保障君主的权威;相反,"行私"的后果,一是抵消了法令的效力,有法等于无法;二是损害了包括君主在内的国家利益,从而造成混乱,这就叫:"立法以行私,是私与法争,其乱甚于无法"。⑥

再次,慎到提出了"立公弃私"的具体方法,即"事断于法"和以法"定分"。

所谓"事断于法",即严格按照法令规定办事。他说,这是治理国家的惟一正确的途径,也是实现君主"无为而治"、事不亲躬的最好方法。⑦并进而具体要求:"为人君者不听,据法倚数以观得失。无法之言,不听于耳;无法之劳,不图于功;无劳之亲,不任于官,官

不私亲,法不遗爱,上下无事,唯法所在。"(《君臣》)

所谓以法"定分",就是确定各种职责、行为和权利、义务的界限。他也用"百人逐兔"的事例说明"定分"的重要⑧,而用"法"来分列职责,确定功罪,实施赏罚是最恰当不过的:"法之所加,各以其分,蒙其赏罚而无望于君也,是以怨不生而上下和矣。"(《君人》)由此,他主张以"法"确定国家与个人的界限;"欲不得干时,爱不得犯法";确定各级官吏的权限:"忠不得过职,而职不得过官";确定各级职责和待遇;"士不得兼官,工不得兼事,以能受事,以事受利"。这说明慎到很重视法律的确认和保护等级地位的作用。值得注意的是,他特别强调"定赏分财必由法"⑨,把法与财产联系起来,这正是当时新兴地主阶级反对贵族世袭特权,要求论功行赏并保护其财产私有的表现,同时也初步地揭示了封建法制的本质。

**二、尊君、贵势与尚法**

慎到主张"法治",又很重视权势和君主的作用。他看到了三者之间的内在联系,认为君主要想使臣民服从法令,就必须保持君主的至尊地位并掌握使法令得到贯彻的权势。在权势、君主、策略手段等因素之中,他把权势放在首位,认为权势是尊君和尚法的前提。

(一) 尊君与任法

慎到认为,法令的制定者是君主,执法的关键还是君主,因此君主对"法治"起着决定性的作用。只有尊君才能使法令统一,才有可能使法令得到贯彻。由于尊君的关键在于处理君主与臣民的关系,所以他提出了君与民、君与臣两个关系及其处理的原则。

1. 君主立法,"民一于君"。这是君民关系的准则。从君对民来看,慎到一反儒家的"圣君养民"论,认为是民养君,并非君养民。"百姓之于圣人也,养之也,非使圣人养己也"。所以君主不应该把天下人民当作自己的私产,而应该为天下人民谋福利。"古者立天子而贵之也,非以利一人也,……通理以为天下也。"(《威德》)要为"天下",就必须制定"立公义"的法令,"事断于法"。从民对君来说,则应该是"民一于君"。"民一于君,事断于法,是国之大道也"⑩。表现在法律上,就是只有国君才有立法和变法之权,官吏只能"以死守法",一般的民众则必须"以力役法",即受法令的制约和驱使。⑪由此可见,虽然慎到提出了"民养圣人"的卓越见解,但最终还是回到"民一于君"、"以力役法"的法家立场上。

2. 尚法而不尚贤,不用忠。这是君臣关系的准则。慎到认为,"君臣之间,犹权衡也",是权势与利害的对抗和较量。因此要维持尊君,就必须有效地防止臣下专权。君主一方面以法"定分",严格控制臣吏的职权责任,使"智者"、"辩者"、"大臣"、"士人"等都"不得背法"。甚至"骨肉可刑,亲戚可灭",而"法不可阙"。⑫另一方面,要反对"尚贤":"立君而尊贤,是贤与君争,其乱甚于无君"(《佚文》);要反对"忠臣":"忠盈天下,害及其国"⑬。他认为,"尚贤"的后果是损害君主的权势,任忠的后果是损害法令的威信,所以他强调:"法立则私议不行,君立则贤者不尊","忠不得过职,而职不得过官"。⑭要求将国家职能法律化,通过法律制度而不是个人的贤智或者忠诚来维护地主阶级的整体利益。慎到的这一主张,反映了战国中期地主阶级确立新的专制集权制度的强烈要求。

(二) 贵势与"法治"

慎到认为,从事政治和推行"法治"的关键不是君主道德的高低或者才能的优劣,而取决于君主权势的大小,因而对于权势的重要性和权势的运用提出了自己独到的见解。

1. "权重位尊"与"令行禁止"。他总结了历史的经验和现实的教训,指出:"两贵不相事,两贱不相使"(《佚文》),即两个地位同样尊贵的人谁也不能事奉谁,两个地位同样卑贱的人谁也不能指使谁,认为权势是构成等级社会的支柱。并举例说,如果没有权势,就是尧那样的圣君也无法使自己的邻居听从指使;相反,尧一且"南面而王",掌握了权势,就能"令行禁止"。同样,像桀那样的暴君之所以能够"乱天下",原因也只是他掌握了权势。[15]慎到还十分形象地把君主与权势的关系比作飞龙腾云驾雾,一旦云消雾散,失去了依靠的飞龙掉在地上,便只与蚯蚓同类。同样,君主一旦失去了权势,便只能与"匹夫"为伍。他的结论是:"贤人诎(屈)于不肖者,则权轻位卑也;不肖而能服贤者,则权重位尊也。"(《韩非子·难势》)也就是说,只有"权重位尊",才能使"不肖"屈服,做到"令行禁止"。因此,君主一定要牢牢掌握这个能够制服臣吏和人民的权力,即权势要归于君主:"臣有两位者国必乱。臣有两位而国不乱者,君在也。"(《德立》)对于一个国家来说,"不可以无君",没有君主就会发生争乱;又"不可以多君"[16],君主只能有一个,权力必须集中。由此可见,慎到的贵势,实际上是主张君主集权的政体;他的尚法,实际上是提倡维护君主集权的"法治"。

2."君道无为",反对"身治"。慎到主张尊君集权,但并不赞成"专制",所以他并非君权至上论者。他始终坚持"权重位尊"的君主必须按照"立公义"的法令行事。"不得背法而专制"。[17]他所反对的"专制",包括两个方面的内容:一是指"行私"、"任智",即依靠个人的爱好和聪明才智治理国家,其结果是有法而"其乱甚于无法",有君则"其乱甚于无君"。二是指"身治",即事必亲躬,什么都自己说了算。他说:"君人者,舍法而以身治,则诛赏予夺,从君心出矣。"(《君人》)治国和行法"从君心出",一则造成"同功殊赏,同罪殊罚"的现象,既满足不了"受赏者"的贪欲,也制止不了"受罚者"的侥幸之心。[18]二则因为君主未必在智能、贤德方面高于臣吏,在臣吏人多智广的情况下,如果"国家之政要在一人之心",实行"身治",那么必然应接不暇,力所不及,怎么能"以一人之识识天下"呢![19]

那么,君主怎样掌握权势,推行"法治"呢? 慎到把法家之法与道家之道统一起来。道家认为君主只能唯"道"是从,"无为而治";

慎到指出，应实行"唯法所在"的无为而治，即"君臣之道，臣事事而君无事，君逸乐而臣任劳"(《民杂》)。主张"大君任法而弗躬"，君主不亲自处理具体事务，只要"事断于法"就行了(《君人》)。他分析说："亡国之君，非一人之罪也；治国之君，非一人之力也"，如果君主"自任而躬事"，只凭个人的力量去"为善"，那么臣吏就不敢在君主之前去"为善"，不为君主出谋出力。这样一来，如果君主有所失误，"臣反责君"，这是"君臣易位"的"逆乱之道"。因此，他认为"治乱、安危、存亡、荣辱之施，非一人之力也"，"将治乱，在乎贤使任职"(《知忠》)。可见，他虽然反对"尚贤"与君主争权，但却主张"任贤"为君主效劳。强调一方面重势，使"臣下闭口，左右结舌"，一切听命于君主；另一方面"任法"，"法之所加，各以其分"，让臣吏尽贤尽智，尽力尽谋，从而利用众力，"得助于众"(《威德》)。总之，慎到的尊君、贵势和尚法都有其独到之处：尊君在于强调集中权力，又反对专制；贵势在于推行"法治"，却并非权力至上；尚法在于"立公"，坚决反对"行私"。这种立法为"公"，以势行法的观点不但成为法家"法治"学说的思想基础，而且为我国古代法学的宝库增添了新的内容。

**注：**

①《史记·孟荀列传》："慎到，赵人。田骈，接子，齐人。环渊，楚人。皆学黄老道德之术，因发明序其指意，故慎到著十二论。"

②如《诗经·小雅·甫田》："雨我公田，遂及我私。"《墨子·尚贤上》："举公义，辟私怨。"

③《慎子》佚文："厝钧石，使禹察锱铢之重，则不识也。悬于权衡，则氂发之不可差，则不待禹之智，中人之智莫不足以识之矣。"

④《慎子》佚文："故智者不得越法而肆谋，辩者不得越法而肆议，士不得背法而有名，臣不得背法而有功。"

⑤《慎子·威德》："蓍龟所以立公识也，权衡所以立公正也，书契所以立公信也，度量所以立公审也。法制礼籍，所以立公义也，凡立公而弃私也。"

⑥《慎子》佚文:"法之功莫大使私不行,君之功莫大使民不争。今立法而行私,是私与法争,其乱甚于无法。……故治国无其法则乱,守法而不变则衰。有法而行私,谓之不法。"

⑦《慎子》佚文:"民一于君,事断于法,是国之大道也。"《君人》:"大君任法而弗躬,则事断于法矣。"

⑧《吕氏春秋·慎势》:"慎子曰:今一兔走,百人逐之,非一兔足为百人分也,由未定。由未定,尧且屈力,而况众人乎?积兔满市,行者不顾,非不欲兔也,分已定矣。分已定,人虽鄙,不争。故治天下及国,在乎定分而已。"

⑨《慎子·威德》:"明君动事分功必由慧,定赏分财必由法,行德制中必由礼。故欲不得干时,爱不得犯法,贵不得逾亲,禄不得逾位,士不得兼官,工不得兼事,以能受事,以事受利。若是者,上无羡赏,下无羡财。"

⑩《慎子》佚文:"故有道之国,法立则私议不行,君立则贤者不尊。民一于君,事断于法,是国之大道也。"

⑪《慎子》佚文:"以力役法者,百姓也;以死守法者,有司也;以道变法者,君长也。"

⑫《慎子》佚文:"法者,所以齐天下之动,至公大定之制也。故智者不得越法而肆谋,辩者不得越法而肆议,士不得背法而有名,臣不得背法而有功。我喜可抑,我忿可窒,我法不可离也;骨肉可刑,亲戚可灭,至法不可阙也。"

⑬《慎子·知忠》:"亡国之君,非一人之罪也;治国之君,非一人之力也。将治乱在乎贤使任职,而不在于忠也。故智盈天下,泽及其君,忠盈天下,害及其国。"

⑭《慎子·知忠》:"故明主之使其臣也,忠不得过职,而职不得过官。是以过修于身,而下不敢以善骄矜。守职之吏,人务其治,而莫敢淫偷其事。官正以敬其业,和顺以事其上。如此,则至治也。"

⑮《慎子·威德》:"故贤而屈于不肖者,权轻也;不肖而服于贤者,位尊也。尧为匹夫,不能使其邻家;至南面而王,则令行禁止。由此观之,贤不足以服不肖,而势位足以屈贤矣。"《韩非子·难势》引慎到语:"尧为匹夫,不能治之人;而桀为天子,能乱天下。吾以此知势位之不足恃,而贤者之不足慕也。"

⑯《慎子》佚文:"多贤不可以多君,无贤不可以无君。"

⑰《慎子》佚文:"使人君虽有智能,不得背法而专制;虽有忠信,不得释令而不禁。"

⑱《慎子·君人》:"然则爱贵者虽当,望多无穷;受罚者虽当,望轻无已。君舍法而以心裁轻重,则同功殊赏,同罪殊罚矣,怨之所由生也。"

⑲《慎子·民杂》:"君之智未必最贤于众也,以未最贤而欲以善尽彼下,则不赡矣。"

## 第五节 韩非的"法治"思想

韩非(约前280—前233),韩国人,其祖上为宗室贵族。他的思想"本于黄老",但不同于老子,而成为典型的"刑名法术之学"。他曾经师事荀况,但却走上了批判儒家的道路,成为法家思想的集大成者。他"为人口吃",不善于说辩,但善于"著书",成为先秦时期的重要理论家。他出身于贵族,但反对宗法制度,成为一个新兴地主阶级的杰出思想家。①

在韩非生活的战国末期,随着各国变法的开展和实力的增强,各国封建主为了打击贵族势力和加强对人民的统治,迫切要求建立专制主义中央集权的封建统一政权,也迫切需要一套论证这种政权的系统理论。韩非的思想,便是适应这种形势产生的。

韩非的法律思想以"法治"为核心,其实质在于建立中央集权政权,实行君主专制独裁。他在批判和吸收各家主张,总结前期法家的理论和实践的基础上,提出了法、势、术相统一的"法治"思想体系,为专制主义中央集权的封建制度的建立提供了理论根据。

### 一、维护君主利益的法律观

法家论"法"与儒家论"礼"着眼于伦理道德不同,完全是从政治关系的角度出发的,也就是说,将"法"作为处理君与臣、君与民之间统治与被统治关系的准则来看待。韩非关于法的涵义、性质和作用的论述,使法家的这一理论系统化。

(一)"明法制臣",强干弱枝

在战国中后期,新兴地主阶级已基本上完成了夺取政权的任务,统治阶级内部的权力斗争突出起来。与民众相比,臣吏的权力对君主地位的影响更为直接,威胁更为严重,所以主张君主专制的韩非便将君臣关系列于首要地位。

1. "法"是君主"制臣"的有效工具。韩非指出:"君不同于群臣",君臣之间存在着天然的等级差别;"君臣不同道",君主拥有支配臣吏的权力。"君操其名,臣效其形"②,即君主发号施令,臣吏实施执行;德政"必出于君",不能让臣吏"私其德",即把恩德归于自己;"不使群臣相为语",即不准臣吏互相吹捧或诽谤;"不使益辞",即不准臣吏夸夸其谈,说大话;"不使群臣行私财",即不准臣吏私自收买勇士③;等等。然而现实政治中的"大臣",却依靠吹捧和私交求晋升,依靠"背法专制"取威势,假借忠良的名义逃避刑罚,所以君主必须掌握能够使臣吏服从的办法。韩非明确指出,"法"就是君主制驭官吏的有效工具:"人主使人臣虽有智能,不得背法而专制;虽有贤行,不得逾功而先劳;虽有忠信,不得释法而不禁;此之谓明法。"(《韩非子·南面》,下引此书仅注篇名)强调君主必须以"刑名收臣,以度量准下",即用法律来衡量官吏的所作所为,用考察名实是否相符合的方法来检验官吏的言论。符合法令规定的便准许其实行,不合法令规定的便坚决制止;功绩符合原来应诺的就给予奖赏,不符合的就坚决处罚。④

2. "治吏"、"禁奸"是"法"的主要内容。韩非认为君臣之间是一种"一日百战"的对立关系,同时也看到君主离不开臣吏的辅助,二者共同统治民众的一致关系;"凡五霸所以成功名于天下者,必君臣俱有力焉"(《难二》)。对于君主来说,对民众的统治必须通过官吏来进行,官吏的好坏直接关系到君主的利益,因而"治吏"比"治民"显得更迫切、更重要。在这个意义上,他提出了"明主治吏不治民"⑤的著名论断,强调"法"的作用在于"治吏"。韩非的以法治吏主要有两个方面:一是"困奸臣"(《奸劫弑臣》)。他认为那些

"召敌兵以内除,举外事以眩主",为了谋取"私利",而"不顾国患"的都是"奸臣"(《内储说下》),只有用"法"才能"察奸"、"知奸"、"辨奸"、"止奸","法明则忠臣劝,罚必则邪臣止"(《饰邪》)。二是制服"尊贵之臣"。他说:"犯法为逆以成大奸者,未尝不从尊贵之臣。"(《备内》)认为宗室显贵和大臣高官身居要职,往往成为君主的主要威胁,因此"法"的主要锋芒所向是"烛重人之阴情","矫重人之奸行"。这里的"重人"亦即"贵重之臣"。只有以法制臣,才能避免"主上卑而大臣重,主失势而臣得国"的后果。⑥总之,"法"既可以杜绝臣吏行私篡权,又能使之服从管治,唯君命是从,所以是加强君主权势的重要手段。

(二)"治民无常,唯法为治"

韩非认为,民众对待君主,应该是绝对遵从:"从王之指","从王之路",即顺从"王"的旨意,服从"王"的指引,"专意一行,具以待任"⑦,即一心一意地为君主效劳,等待君主的任用。但在现实之中却充满了"奸私"、"暴乱之徒"⑧,是"商贾处积,小民右仗"(《亡征》),即商人把财富存贮在国外,民众热衷于私斗;受到任用的是狡猾阴险、喜欢阿谀奉承的人,甚至为国家阵亡的将士的遗孤尚"饥饿乞于道",而那些"优笑酒徒"却穿着绫罗绸缎乘着马车招摇过市。⑨他认为,"法治"是对付这些"奸伪无益之民"的惟一有效的办法,"故治民无常,唯法为治",⑩即治理民众没有什么常规可循,只有用"法治"才行。

由此,韩非明确地从民众的行为规范这一角度来定义"法":"法者,编著之图籍,设之于官府,而布之于百姓者也。"(《难三》)"法者,宪令著于官府,刑罚必于民心,赏存乎慎法,而罚加乎奸令者也。"(《定法》)

可见,韩非之"法",是制约"民心",为"百姓"而制定的;是"著于官府"的"宪令",具有国家强制力;表现为"编者之图籍",又"布之于百姓",即一种必须公开颁布的成文法。同时,对于"治民"来说,韩非之法的主要对象是"奸民"而不是"善民"。君主治国,不能希望人们都成为"善人",而必须做到迫使"奸人"不敢为非作歹。[11]

正因为立法禁奸立足于君主的需要,所以"法"可以违背民众的心愿。这是韩非与前期法家在立法思想方面重要的区别之一。他说,民众的智力是不能任用的,就像婴儿哭闹着不肯剃头割疮一样,他们不懂得吃点小的痛苦能得到很大的利益。[12]因此,"圣人为法国者,必逆于世而顺于道德"(《奸劫弑臣》)。

(三) 君主集权,以法"独制"

韩非所主张的是一种君主集权的专制政体:"事在四方,要在中央"[13],君主有至高无上的地位,有独一无二的权力。认为对于君主来说,什么都比不上"身贵"、"位尊"、"威重"、"势隆"这"四美"。"此四美者,不求诸外,不请于人",只要方法正确就能够得到。正确的方法是"尽之以法,质之以备"(《爱臣》)。由此,他一方面视"法"为君主的命令,只有君主才有制定、公布"法"的权力,"圣人之为法","人主明法","有道之主,服之以法"的用语,见于《韩非子》各篇。可见正是自韩非之后,"法"成了君主命令的代名词,"朕言即法"、"言出法随"成为后来封建法制的信条。另一方面,他又将君主说成"公义"即国家的化身。他认为法代表"公",法是君主的命令,君主代表了"法",因而也代表着"公"。并进而指出,由于君主是"公"的化身,为君主效劳就叫"公民",为宗室贵族的"私家之事而必汗马之劳",则称为"私人"。"私人"多,"则民必乱,主必危矣";"公民"多,"无事则国富,有事则兵强"。强调必须通过"法治"来纠正当时"公民少而私人众"(《五蠹》)的现象。

## 二、君主专制的"法治"理论

(一)"法治"的必然性

韩非是从对历史和现实的深入分析中得出"唯法为治"的结论的。他用来说明"法治"必然性的理论根据,继承了前期法家的思想,同时又有新的补充和发展。

1. "法与时转"的历史进化观。韩非继承了商鞅的历史观,从发展和进化的角度观察、描述社会的进程。他也把历史的发展分为上古、中古、近古和当今四个时代。"上古之世"的特征是"人民少而禽兽众",人们"构木为巢"、"钻燧取火";"中古之世"是夏禹治水的时代;"近古之世"是殷周"桀纣暴乱,而汤武征伐"的时代;"当今之世",全凭实力取得统一,指战国时代。他从两方面进行具体分析:一方面,从"上古"到"当今",历史是发展进化的,如果在"中古"仍然"构木、钻燧",就会被鲧、禹耻笑;如果在"近古"仍然忙于治水,必然为"汤武"耻笑;如果在"当今"仍然称颂"尧、舜、汤、武、禹之道","必为新圣笑矣"(《五蠹》)。因此不是今不如古,而是今胜于古,反对复古倒退。时代变化了,社会条件不同,国家的法制和统治方法也应作相应的改变。他用"守株待兔"⑭的故事抨击复古倒退,用"郑人买履"⑮的故事讽刺墨守成规,用"尘饭涂羹"⑯的故事讥笑礼治的迂腐无用,从而得出"不期修古,不法常可"(《五蠹》)和"法与时转则治,治与世宜则有功"(《心度》)的结论。

2. "人民众而货财寡"的人口论。为了说明社会变化的原因,韩非还试图从物质生活资料方面寻找实行"法治"的根据,从而提出了他的人口论。他认为人类社会之初人少物多,用不着争夺生活资料,因而没有君主国家,没有法令刑罚。到了后世,人口增多了,财物不够分配,因而发生争夺,法治便显得十分必要。所谓:"古者丈夫不耕,草木之实足食也;妇人不织,禽兽之皮足衣也。不事力而养足,人民少而财有余,故民不争。是以厚赏不行,重罚不用,而民自治。今人有五子不为多,子又有五子,大父未死而有二十五孙,是以人民众而货财寡,事力劳而供养薄,故民虽倍赏累罚而不免于乱。"(《五蠹》)这种描述,正是人类从原始社会演进到阶级社会的过程在古代思想中的反映。虽然韩非将原始社会说成"人民少而财有余",人们不用费力劳动便能生活富裕的情况并不符合事实；但他正确地指出，当时的人口增长速度超过了"草木之实"、"禽兽之皮"等生活资料的增长速度，认为正是自然财富的短缺、生存空间的缩小、人多物少的经济条件导致了人与人的争夺和国家制度的出现，从而把君主与法律都视为从无到有，是社会发展到一定阶段的产物，这在当时是十分难能可贵的。

3．"欲利自为"的人性论。在人性问题上，韩非继承和发展了荀况以及前期法家的"性恶"论。认为任何人都为了自己"皆挟自为心"（《外储说右上》）。这种"自为心"表现为"欲利"，主要是追求衣、食等切身利益[17]；表现为"急利"，即拼命地追求利益[18]；表现为"好利恶害"，喜好安定富贵，畏惧危险灾祸[19]；表现为"恶劳乐佚"，讨厌劳苦，贪图安乐[20]；等等。与荀况所不同的是，韩非认为人的这种自私自利的本性是不可改变的，也无须去改变它。因此，不能靠礼治仁义去"化性起伪"，只能用法令赏罚因势利导，加以利用。《韩非子·八经》讲："凡治天下，必因人情。人情者有好恶，故赏罚可用；赏罚可用，则禁令可立，治道具矣。"（《八经》）

4．"人主挟大利"的利害观。从人性"自为"出发，韩非具体论述了人与人之间的利害关系，从而把"法治"建立在"人主之大利"的利害原则上。他指出，父母与子女常因"相养不周"而"或消或怨"，甚至"产男则相贺，产女则杀之"，可见是一种用"计算之心相待"的利害关系（《六反》）；丈夫与妻子，同床异梦，各怀心计，甚至相谋害，是"爱则亲，不爱则疏"[21]的利害关系；地主与雇农，"主人费而美食"，并非对雇农的爱护，雇农"致力而疾耘耕"也不是"爱主人"：一个为了多打粮食，一个为了吃饱肚子，也是一种利害关系；君主与臣吏之间，更是一种计算得失、斤斤计较的买卖关系："臣尽死力以与君市，君垂爵禄以与臣市。君臣之际，非父子之亲也，计数之所出也。"（见《难一》）

由于人们之间只存在这种相互对立的利害关系，所以君主只有用利害原则来控制臣、民。他强调灭"臣利"，立"君利"。[22]主张让民众先吃苦,后得利。㉓但臣与民所能得到的都是"小利","大利"全归于君主,即凡是有利的归之于君,凡是对君主有害的则追究得利的人。㉔他强调,实现这种"君利中心"的最有效的手段就是"法治"。因为民众受利害原则的支配,不但"好利禄而恶刑罚",而且还拼"死力"去"趋利避罚",这正是君主所能利用的。㉕利用的方法有二:一是用刑罚强制手段禁止人们做不利于君主和国家的事情;二是以赏赐爵禄为诱饵,鼓励人们去做有利于君主和国家的事情。而关于这种"禁奸"和"赏功"的规定就是"法"。㉖

(二)"法治"的必要性

韩非除了从历史发展和人性本能方面说明"法治"的必然性之外,还通过对"法"的作用的阐述说明实行"法治"的必要。

1. "禁奸"、"尊主"、"强国"。"法"能有效地禁止臣民的"奸邪"行为,这是韩非之"法"的首要作用,所以他经常使用"禁奸之法"的用语。"禁奸"主要包括两个方面:一是禁"奸臣",即防止内部的篡夺;二是禁"奸民",即镇压人民的反抗。因为君主坚持依法治吏,"庆赏信而刑罚必",不但使现有的"奸臣"无孔可入,而且杜绝了产生新的"奸臣"的途径(《难一》)。

"法"能"尊主"。他说,做到"上明主法,下困奸臣",就能"尊主安国"。君主以法治吏,察奸、知奸、除奸,使臣吏既"不得背法而专制",又"不得逾功而先劳"。对民来说,在"法"的利诱和惩罚之下,只能忠实地为君主拼"死力":"以力致富,以事致贵,以过受罚,以功致赏。"(《六反》)"法"出自君,赏罚来自君,自然对君主无限尊崇。

"法"能"强国"。他看到当时富国强兵的途径是"耕战",而发展耕战的关键是"民用",使民众为君主所用的中介是"官治",而使官吏听命于君("官治")和民众为君所用("民用")都要靠"法"㉗,"故治民无常,唯法为治"。同时,对于一个国家来说,"治强生于法,弱乱生于阿"(《外储说右下》),有了常法,就是遇到大的危难也不至于亡国。[28]

2."法治"胜于"礼治"。韩非指出,仁义礼治只是有名无实的空话,用它来治国,"大者国亡身死,小者地削主卑"。因为"仁义"是以同情心为基础的,表现为施舍贫困和不忍行罚,这样必然造成"无功者得赏","暴乱者不止",以至"奸私之臣愈众,而暴乱之徒愈胜。不亡何待"(《奸劫弑臣》)?他认为,只有法令刑罚才最有效,"威势之可以禁暴,而德厚不足以止乱"。其结论是:"不务德而务法"(《显学》)。

3."法治"胜于"任贤任智"。韩非认为,"上贤则乱",所以只能"上法而不上贤"。[29]对于"任智",他解释说:"所谓智者,微妙之言也",即人们把那些深奥玄妙的言辞称为"智",可是这些"微妙之言"连聪明博学的人也很难懂,"则民无从识之矣"。既然谁也不懂,又怎么能用来治国呢?所以"任智则危","明主之道,一法而不求智"。"智"与"法"是对立的,"事智者众,则法败"(见《五蠹》)。

4."法治"胜于"心治"。韩非把儒家主张的"人治"称为"心治"。认为"下众而上寡",臣民众多,君主身单力薄,"寡不胜众"。同时臣民计多智广,君主一人智力有限,也是"寡不胜众",因而"以一人之力禁一国者,少能胜之"(《难三》)。怎么办呢?只有通过"法"、"术"制驭官吏,再通过官吏来统治人民。这叫做:"夫治法之至明者,任术不任人。"[30]

(三)"法治"的要求

韩非具体分析了"法治"的各项要件,从立法、司法、守法和运用刑罚等方面提出了"法治"的明确要求。

1."以法为本","唯法为治"。这是韩非"法治"的总纲。他说,君主用"法"作为衡量人们的"自为心"是否有利于国家,并作为进行赏罚的依据,就好像用秤称轻重,用规矩量方圆一样,是"万全之道",所以治国必须"以法为本"。他说:"法者,事最适者也",要求"言无二贵,法不两适,故言行而不轨于法者必禁"(《问辩》)。并提出了"赏足以劝善","威足以胜暴","备足以完法"㉛的三大纲领,即法定的赏赐足以奖励人们立功,法定的刑罚足以制服暴乱,采取的措施足以保证法令完满实现。

2."一其宪令","布之百姓"。这是"法治"的前提。他认为,要使吏民守法,首先应该让吏民知法:"明主言法,则境内卑贱莫不闻知也。"因此必须将制定的法令"布之于百姓"(《难三》)。这样既可以防止官吏行私舞弊,使"官不敢枉法,吏不敢为私"(《八说》)。又能"使民以禁而不以廉止"(《六反》)。其次,还应该统一法令:"明主之法必详事,……挈前言而责后功",不能前后矛盾,"不一其宪令,则奸多故"(《定法》)。

3."法莫如一而固","不重变法"。这是韩非立法思想的重要特点。前期法家重视"变法",旨在论证改变贵族旧礼的必要。韩非强调法令固变,则在于稳定已经建立的封建制度。虽然他也主张"不期修古,不法常可",但这主要是针对儒家的仁义礼治而发论的。在他关于"法治"的论述中,主要倾向已是反对法令数变。他举例说,"工人"多次改变自己的职业,便什么也做不出来;煮鲜鱼来回翻动,就会损伤原来的色、形。"治大国而数变法,则民苦之",因为"法"决定着人们的利害关系,"法"变了,利害关系也要随之改变,人们就不会致力于耕战。㉜这样,"法禁变易,号令数下"往往成为"亡国"的征兆(《亡征》)。他批评申不害"不擅其法,不一其宪令"的根据,也在于使"晋之故法未息,而韩之新法又生;先君之令未收,而后君之令又下"(《定法》)。主张"法莫如一而固","法不两适",从而得出了"是以有道之君,不重变法"(《解老》)的结论。

4."信赏必罚","法不阿贵"。这是执法的要求。韩非将赏和罚称为君主手中的"二柄"㉝,是贯彻法令的关键,"寄治乱于法术,托是非于赏罚"(《大体》)。他强调"信赏必罚","信赏以尽能,必罚以禁邪";"赏罚不信,则禁令不行"(《外储说右下》)。要求"赏不加于无功,罚不加于无罪";"赏莫如厚而信,使民利之;罚莫如重而必,使民畏之"(《五蠹》)。认为要使赏罚必信,还必须注重公平,强调不分亲疏贵贱,一律依法行施赏罚:"诚有功,则虽疏贱必赏,诚有过,则虽近亲必诛"(《主道》)。"不避尊贵,不就卑贱","法之所加,智者弗能辞,勇者弗敢争。刑过不避大臣,赏善不遗匹夫"。这就叫"法不阿贵","以法治国,举措而已矣"(《有度》)。

5. "严刑重罚","以刑去刑"。这是韩非刑法思想的特点。他发展了商鞅的重刑主张,在厚赏重罚,毁誉相当"㉞的基础上,进而强调"求过不求善",严刑重罚。主要的理由有三:

其一,认为严刑重罚符合人"皆挟自为心"的本性和"好利恶害"的心理。施以厚赏,就能使人们迅速得到所要求的利益,加以重罚,就能很快地禁止作恶的行为。"害者,利之反也",二者是对立的,想获得利益的人必然厌恶祸害。"乱者,治之反也",二者也是对立的,想治理国家的君主必然厌恶混乱,所以"赏必厚","罚必重"。㉟这是一般地论证厚赏重罚。他又说:"当今之世争于气力",属于"乱世"那么赏罚的运用一定要符合"乱世"的实际;赏与刑相比,"刑胜于赏",应该用重刑、严刑。㊱

其二,认为只有重刑才是"禁奸"的有效手段。"夫严刑重罚者,民之所恶也,而国之所以治也;哀怜百姓,轻刑罚者,民之所善,而国之所危也。"(《奸劫弑臣》)因而反对轻罪轻刑,重罪重刑的原则,明确主张"禁奸于未萌"、"以重禁轻"的重刑主义。认为"轻刑不可以止奸",只有"重刑"才能有效地禁止包括"小过"、"大罪"在内的一切犯罪,同时能预防犯罪。"夫小过不生,大罪不至,是人无罪,而乱不生也。"(《内储说上》)因为对轻罪实行"重刑"符合人们的畏惧心理和利害原则,"民不以小利加大罪,故奸必止者也"㊲。

其三,认为"重刑"的目的不在惩罚,而在"禁奸",不是"伤民",而是"爱民"。实行轻刑,民众必定忽视而容易犯罪,有罪不处罚,便等于驱使他们去犯罪;加以处罚,便等于事先设下陷阱让人们去跳,"此则可谓伤民矣"! 相反,"上设重刑而奸尽止",没有奸邪便不用刑罚,就是"爱民"(见《六反》)。他进而指出,采用"重刑",并不单纯为了惩罚"罪人"、"盗贼","重刑"的真正目的,在于"重一奸之罪而止境内之邪",在于"重罚盗贼"而使"良民"害怕。也就是说,要使人民在严刑峻罚面前心惊胆寒,不敢犯法。㊳这种恐怖主义的刑罚原则,充分暴露了韩非之"法"镇压人民的本质。

### 三、法、势、术的结合

韩非认为,法、势、术都是"人主"治国的工具㊴,并批评重法的商鞅"无术以知奸",批评重术的申不害"不擅其法",批评重势的慎到不知"抱法",强调法、势、术三者不可偏废。他除了分别地说明法、势、术的重要性之外,着重围绕"以法为本",从法与势的结合、法与术的结合角度进行论述,使法家的这一理论系统化。

(一) 法与势的结合

韩非继承了慎到的重势思想,并对"势"的概念、内容、重要性以及运用方法等都有新的补充和发挥。

1. "威势"、"权势"与"任势"。慎到说明了"势"的重要,但并没有明确"势"的内涵。韩非指出:"夫势者,名一而变无数也",认为"势"有无数不同的含义。他对势作了明确的解释:"势者,胜众之资也"(《八经》);"势者,君之马也"(《外储说右上》);"势者,便治而利乱者也"(《难势》)。认为"势"是君主统治众人的工具,即权力和地位。这种权力、地位具有强制性:"势之为道也,无不禁"(《难势》);具有至高无上性:"万物莫如身之至贵也,位之至尊也,主威之重、主势之隆也"(《爱臣》)。"势"在政治中表现为"势位";"得势位则不进而名成"(《功名》),可以发号施令;表现为"威势":威势者,"人主之筋力也"(《人主》),可以指使臣下,"威势之可以禁暴"(《显学》);表现为"权势",可以强迫臣民就范,使令行禁止。㊵因此,"势"是君主须臾不可离的。

2. "擅势"与"独制"。韩非是一个封建专制主义的积极鼓吹者,主张权势必须集中在君主的手里,君主应该"擅势",集大权于一身。他说:"威不贰错,制之共门","主之所以尊者,权也。……故明君操权而上重"(《有度》)。他一再提醒君主,"无威严之势,赏罚之法,虽尧舜不能以为治"(《奸劫弑臣》)。要千万注意不能使臣下篡"权"夺"势",防止"大臣太贵,左右太威"。禁止臣下"无法而擅行"、"擅权势"。㊶总之要"独制四海之内,聪智不得用其诈,险躁不得关其佞,奸邪无所依"(《有度》)。由此可见,韩非的君主"擅势"、"独制",既包括总揽行政权力,又包括垄断立法司法大权,与慎到的重势但主张限制君权的思想显然是不同的。

3."抱法处势则治"。韩非是从法与势结合的角度来论势的。一方面,他认为"势治"是"法治"的前提和依靠:"君执柄处势,故令行禁止",只有将"法"与权力结合起来才能作到令行禁止。可见"法"离不开"势"。另一方面,他又强调"势"离不开"法","势治"离开了"法"便成了依靠"贤者"的"人治"。但贤者"千世而一出",现实中的大多数君主并非"贤者",而是"上不及尧舜,而下亦不为桀纣"的"中人之资"。如果实行"人治",这些"中主"便无法治理天下;反之,如果实行"法治","中主"们只要"抱法处势"就行了。㊷值得注意的是,韩非进而把"势"区分为"自然之势"和"人设之势"。"自然之势"是指客观形成的权势,"人设之势"是指通过人的主观努力建立起来的权势。他说,"自然之势"用不着讨论,对于君主来说,最重要的是"人设之势":"吾所谓言势者,言人之所设也。"(《难势》)"人设之势"的关键就是君主"擅势"和"抱法处势"。可见,韩非所主张的不是一般的专制政权,而是根据"法"即新兴地主阶级意志进行统治的政权。

(二) 法与术的结合

在法、势、术三者的关系中,韩非谈得最多的是法与术的结合。在他看来,术是君主掌握政权,贯彻法令,防止篡权,从而实现"法治"的一整套方法、策略和手段。

1. "人主之大物,非法则术也"。韩非曾经很形象地将君主与法、术的关系比作人的衣食。"人不食十日则死,大寒之隆,不衣亦死",二者缺一不可。同样,"君无术则弊于上,臣无法则乱于下,此不可一无,皆帝王之具也"。因此,君主最宝贵的东西,"非法则术"。为了论证二者的结合,他一方面称赞商鞅的"变法"和"重刑",又指出商鞅的最大缺陷是"无术以知奸",致使"变法"得到的"国富兵强"的果实成为"奸臣"们争权夺利的资本:"战胜则大臣尊,益地则私封立"。另一方面,他在肯定申不害"治不踰官"、"因能授官"之术的同时,又批评申不害不统一"宪令",导致"奸人"利用新旧法令的矛盾谋以私利。所以他认为"申子未尽于术,商君未尽于法也",主要是没有将"法"与"术"结合起来:"二子之于法术,皆未尽善也。"(《定法》)

2. "处势"与"修术"。权势要靠"法"来加强,也要靠"术"来维持。韩非说:"人主者不操术,则威势轻而臣擅名。"[43]"术"是君主制臣的关键。"主有术",同时重用两个人也不会成为祸患;"无术",重用两个人会导致内争权力外通敌国,重用一个人会导致大臣"专制"以至"劫弑"君主。[44]由此可见,韩非反对臣下"专制",主张的是君主"专制";反对臣下"用术",主张的是君主"执术"。术是君主的专利品,这是韩非之"术"与"法"的主要区别。

3. 以术"行法"和以术"烛私"。韩非之"术"概括起来不外两大部分:

其一,是指考察臣下是否忠于职守和遵循法令的方法、手段。所谓:"术者,因能而授官,循名而责实,操杀生之柄,课群臣之能者也。"(《定法》)其核心是"循名责实",即根据法定职责以及言论为标准实行赏罚。包括因能授官:"见能于官以受职,尽力于权衡以任事,人臣皆宜其能,胜其官。"(《用人》)职责分明:"臣不得越官而有功","一人不兼官,一官不兼事"。[47]名实相副:"明主听其言,必责其用,观其行,必求其功。"(《六反》)赏罚严明:"群臣陈其言,君以言授其事，事以责其功。功当其事，事当其言则赏；功不当其事，事不当其言则诛"(《主道》)；等等。

其二，是指暗中用来控制臣吏的阴谋诡计。所谓："术者，藏之于胸中，以偶众端，而潜御群臣者也。"(《难三》)包括：掩饰真情，深藏不露："君无见其所欲"，"大不可量，深不可测"(《主道》)，"明主之言，隔塞而不通，周密而不见"(《八经》)；故意说假话："倒言反事"，(《内储说下》)"倒言以尝所疑，论反以得阴奸"(《八经》)；发布假命令："疑诏诡使"，"诡使以绝渎泄(杜绝傲慢无礼)"，"举错以观奸动"(《内储说下》)；明知故问，布置圈套："挟知而问"，"握明以问所暗"，"泄异以易其虑"；设置暗探："设谏以纲独为(谏：间，纲：纠正)"，"阴使时循以省衷(循：巡，省：觉察，衷：忠诚，)"；⑯等等。

综上所述，法、势、术的结合，既表明了韩非"法治"思想的特点，又暴露了地主阶级内部矛盾的不可调和。用严刑峻法和阴谋权术来维持专制君主的统治，这正是法家"法治"的实质所在。在当时的历史条件下，这种"法治"体现了新的生产关系的要求，是进步的，但其中又包括很多封建性的糟粕。所有这些，对于后来的中国封建法律思想都产生了重要的影响。

**注：**

①《史记·韩非列传》："韩非者，韩之诸公子也。喜刑名法术之学，而其归本于黄老。非为人口吃，不能道说，而善著书。与李斯俱事荀卿，斯自以为不如非。"

②《韩非子·扬权》："道不同于万物，德不同于阴阳，衡不同于轻重，强不同于出入，和不同于燥湿，君不同于群臣；凡此六者，道之出也。道无双，故曰一。是故明君贵独道之容。君臣不同道。君操其名，臣效其形，形名参同，上下和调也。"

③《韩非子·八奸》："明君之于内也，娱其色而不行其竭，不使私请；其于左右，使其身责其言，不使益辞；其于父兄大臣也，听其言也必使以罚任于后，不令妄举；其于观乐玩好也，必令之有所出，不使擅进擅退，不使群臣虞其意；

其于德施,纵禁财,发坟仓,利于民者,必出于君,不使人臣私其德;其于说议也,称誉者所善,毁疵者所恶,必实其能、察其过,不使群臣相为语;其于勇力之士也,军旅之功无逾贵,邑斗之勇无赦罪,不使群臣行私财。"

④《韩非子·难二》:"人主虽使人,必以度量准之,以刑名参之。以事遇法则行,不遇法则止,功当其罪则赏,不当则诛。以刑名收臣,以度量准下,此不可释也。"

⑤《韩非子·外储说右下》:"人主者,守法责成以立功者也。闻有吏虽乱而有独善之民,不闻有乱民而有独治之吏,故明君治吏不治民。"

⑥《韩非子·孤愤》:"智术之士,明察听用,且烛重人之阴情;能法之士,劲直听用,则矫重人之奸行。故智术能法之士用,则贵重之臣必在绳之外矣。"

⑦《韩非子·有度》:"先王之法曰:臣毋或作威,毋或作利,从王之指;无或作恶,从王之路。古者世治之民,奉公法,废私术,专意一行,具以待任。"

⑧《韩非子·奸劫弑臣》:"奸私之臣愈众,而暴乱之徒愈胜。"

⑨《韩非子·诡使》:"今有私行义者尊","而躁险诌谀者任","今死士之孤饥饿乞于道,而优笑酒徒之属乘车衣丝"。

⑩《韩非子·心度》:"故欲举大功而难致其力者,大功不可几而举也;欲治其法而难变其故者,民乱而不可几而治也。故治民无常,唯法为治。"

⑪《韩非子·显学》:"夫圣人之治国也,不恃人之为吾善也,而用其不得为非也。"

⑫《韩非子·显学》:"今不知者必曰'得民之心',……民智之不可用,犹婴儿之心也。""故举士而贤智,为政而期适民,皆乱亡之端,未可与为治也。"

⑬《韩非子·扬权》:"事在四方,要在中央;圣人执要,四方来效。""道无双,故曰一。是故明君贵独道之容。"

⑭《韩非子·五蠹》:"宋人有耕田者,田中有株,兔走触株,折颈而死。因释其耒而守株,冀复得兔。兔不可复得,而身为宋国笑。今欲以先王之政,治当世之民,皆守株之类也。"

⑮《韩非子·外储说左上》:"郑人有且置履者,先自度其足而置之其坐,至之市而忘操之。已得履,乃曰:'吾忘持度',反归取之。及反,市罢,遂不得履。人曰:'何不试之以足?'曰:'宁信度,无自信也。'"

⑯《韩非子·左上》:"夫婴儿相与戏也,以尘为饭,以涂为羹,以木为胾,然至日晚必归饷者,尘饭涂羹可以戏而不可食也。夫称上古之传颂,辩而不悫,

道先王仁义而不能正国者,此亦可以戏而不可以为治也。"

⑰《韩非子·解老》:"人无毛羽,不衣则不犯寒,上不属天而下不着地,以肠胃为根本。不食则不能活。是以不免于欲利之心。"

⑱《韩非子·难四》:"千金之家,其子不仁,人之争利甚也。""利之所在,民归之;名之所彰,士死之。"

⑲《韩非子·奸劫弑臣》:"夫安利者就之,危害者去之,此人之情也。"

⑳《韩非子·心度》:"夫民之性,恶劳而乐佚,佚则荒,荒则不治,不治则乱,而赏刑不于天下者必塞。"

㉑《韩非子·备内》:"且万乘之主,千乘之君,后妃夫人适子为太子者,或有欲其君之蚤死者。何以知其然?夫妻者,非有骨肉之恩也,爱则亲,不爱则疏。语曰:'其母好者其子抱',然则其为之反也,其母恶者其子释。丈夫年五十而好色未解也,妇人年三十而美色衰矣。以衰美之妇事好色之丈夫,则身见疏贱,而子疑不为后。此后妃、夫人之所以冀其君之死者也。"

㉒《韩非子·内储说下》:"君臣之利异,故人臣莫忠。故臣利立而主利灭。"

㉓《韩非子·六反》:"故法之为道,前苦而长利,……圣人权其轻重,出其大利,故用法之相忍。"

㉔《韩非子·内储说下》:"事起而有所利,其尸主之;有所害,必反察之。是以明主之论也,国害则省其利者,臣害则察其反者。"

㉕《韩非子·制分》:"且夫死力者,民之所有者也,情莫不出其死力以致其所欲。而好恶者,上之所制也。民者好利禄而恶刑罚,上掌好恶以御民力。"

㉖《韩非子·难一》:"设民所欲以求其功,故为爵禄以劝之;设民所恶以禁其奸,故为刑罚以威之。"

㉗《韩非子·六反》:"圣人之治也,审于法禁,法禁明著,则官治;必于赏罚,赏罚不阿,则民用。民用,官治则国富。国富则兵强,而霸王之业成矣。"

㉘《韩非子·饰邪》:"国有常法,虽危不亡。"

㉙《韩非子·忠孝》:"今夫上贤任智无常,逆道也,而天下常以为治。是故田氏夺吕氏于齐,戴氏夺子氏于宋。此皆贤且智也,岂愚且不肖乎?是废常上贤则乱,舍法任智则危。故曰:上法而不上贤。"

㉚《韩非子·用人》:"释法术而任心治,尧不能正一国。……使中主守法术,拙匠守规矩尺寸,则万不失矣。君人者能去贤巧之所不能,守中绌之所万

不失,则人力尽而功名立。"

㉛《韩非子·守道》:"圣人立法也,其赏足以劝善,其威足以胜暴,其备足以完法。"

㉜《韩非子·解老》:"凡法令更则利害易,利害易则民务变,务变之谓变业,治大国而数变法,则民苦之。是以有道之君贵静,不重变法。"

㉝《韩非子·二柄》:"明主之所导制其臣者,二柄而已矣。二柄者,刑、德也。何谓刑、德?曰:杀戮之谓刑,庆赏之谓德。"

㉞《韩非子·显学》:"誉辅其赏,毁随其罚。"

㉟《韩非子·六反》:"凡赏罚之必者,劝禁也。赏厚,则所欲之得也疾;罚重,则所恶之禁也急。夫欲利者必恶害,害者,利之反也。反于所欲,焉得无恶?欲治者必恶乱,乱者,治之反也。是故欲治其者,其赏必厚矣;其恶乱甚者,其罚必重矣。"

㊱《韩非子·奸劫弑臣》:"夫严刑者,民之所畏也;重罚者,民之所恶也。故圣人陈其所畏以禁其邪,论其所恶以防其奸,是以国安而暴乱不起。……严刑重罚之可以治国也。"

㊲《韩非子·六反》:"夫以重止者,未必以轻止也;以轻止者,必以重止矣。……所谓重刑者,奸之所利者细,而上所加焉者大也。民不以小利加大罪,故奸必止者也。所谓轻刑者,奸之所利者大,上之所加焉者小也。民慕其利而傲其罪,故奸不止。"

㊳《韩非子·六反》:"且夫重刑者,非为罪人也。明主之法,揆也。治贼,非治所治也;治所治也者,是治死人也。刑盗,非治所刑也;治所刑也者,是治胥靡也。故曰:重一奸之罪而止境内之邪,此所以为治也。重罚者,盗贼也;而悼惧者,良民也。欲治者奚疑于重刑?"

㊴《韩非子·难三》:"人主之大物,非法则术也。"《人主》:"势重者,人主之爪牙也。"

㊵《韩非子·备内》:"偏借其权势,则上下易位易。"《内储说下》:"权势不可以借人。"

㊶《韩非子·人主》:"人主之所以身危国亡者,大臣太贵,左右太威也。所谓贵者,无法而擅行,操国柄而便私者也。所谓威者,擅权势而轻重者也。"

㊷《韩非子·难势》:"抱法处势则治,背法去势则乱。今废势背法而待尧舜,尧舜至乃治,是千世而一治也。"

㊸《韩非子·外储说右下》:"故国者,君之车也;势者,君之马也。无术以御之,身虽劳,犹不免乱;有术以御之,身处佚乐之地,又致帝王之功也。"

㊹《韩非子·难一》:"主有术,两用不为患;无术,两用则争事而外市,一用则专制而劫弑。"

㊺《韩非子·难一》:"明主之道,一人不兼官,一官不兼事;卑贱不待尊贵而进,大臣不因左右而见;百官修通,群臣辐凑;有赏者君见其功,有罚者君知其罪。"

㊻《韩非子·八经》:"参言以知其诚,易视以改其泽,执见以得非常。一用以务近习,重言以惧远使。举往以悉其前,即迩以知其内,疏置以知其外。握明以问所暗,诡使以绝渎世。倒言以尝所疑,论反以得阴奸。"

**思考题**

1. 先秦法家对中国古代法律思想有哪些贡献?
2. 儒、法两家法律思想的对立表现在哪些方面?
3. 试比较儒、法两家法律思想的得与失。

# 第三编 封建社会秦汉至隋唐时期的法律思想

## 概 述

秦汉、魏晋、南北朝、隋唐几个朝代,是中国封建社会由初期逐步发展到成熟的阶段。

公元前221年,秦统一六国,建立了中国历史上第一个统一的封建专制主义中央集权制国家。秦的统一,是在法家"法治"思想指导下,凭借武力而获得成功的。统一后,秦朝统治者继续迷信暴力,"专任刑罚",把法家的重刑主义推向极端,激起了人民的强烈反抗,不久,秦王朝就被陈胜、吴广领导的农民大起义推翻了。

继秦而起的西汉王朝十分重视总结秦朝骤亡的教训,他们出于恢复和发展经济、安定社会秩序、巩固政权的需要,在政治法律思想方面来了一个大转变,采取黄老"无为"学说作为治国的指导思想,获得了暂时的成功。它对于封建正统法律思想的形成,起了过渡性的作用。然而,黄老"无为"不免过于"消极",到西汉中期,已不能适应封建"大一统"和加强皇权的需要,于是,董仲舒的新儒学应运而生,而以新儒学为基本内容的封建正统法律思想也开始形成。

从西汉后期起,这种新儒学又走向谶纬神学化。特别是东汉章帝时产生的《白虎通义》,将谶纬神学同儒家经典密切结合起来,并被确定为东汉王朝的"国宪"(根本大法)。与此同时,反谶纬神学的异军突起,"极言谶之非经"。到东汉末年,当谶纬神学化的儒学危机深重,封建正统法律思想大受挫折的时候,试图补救它的社会批判思潮随之而起。

三国时代,战乱频繁,农民起义此伏彼起。一些政治家、思想家主张以严法重刑治国,但并不排斥儒家的德礼思想。魏晋时代玄学控制了整个思想领域。过去,封建统治者所宣扬的谶纬神学,经过唯物主义思想家的批判和农民大起义的扫荡,已失去它迷惑人民的作用。统治阶级乃不得不抛弃公开的有神论的形式,而采用精神性的本体,即通过玄学这种精致的哲学理论形式来宣扬唯心主义,借以欺骗人民。玄学法律观表现了门阀士族的思想要求,使法律虚无主义高涨起来。特别需要指出的是,自东汉中后期起儒生以经注律之风,到魏晋时得到了进一步的发展。他们在统治阶级的支持下,以经注律,使律学和经学融为一体。律学的形成和发展总结了立法原理和刑法理论,对封建立法产生了重要的影响。

隋唐间,是我国封建正统法律思想的定鼎时期。当时,礼法融合、以礼率律的形式在立法中固定下来,德主刑辅"礼刑迭相为用"、"法贵简当"、"恤刑慎杀"等,成为政治家、思想家们经常鼓吹的原则。特别是"一准乎礼"的《唐律》的诞生,标志着礼治的法律化已告成功,而封建正统法律思想已牢固地确立起来。由于它吸收了历代封建王朝的统治经验和重要的法律原则,为封建统治者提供了一部治国安邦的法典,因而成为宋、元、明、清历代法典的蓝本。

# 第八章　秦汉时期法律思想的发展与封建正统法律思想的形成

秦汉时期是我国统一的专制主义中央集权的封建国家建立和巩固的时期。

公元前221年,秦统一中国,建立起中国历史上第一个统一的专制主义中央集权的封建国家,为社会经济文化的发展创造了有利的条件。继秦之后,由刘邦建立的西汉王朝(前206—24)和由刘秀建立的东汉王朝(25—220),在秦所开创的统一局面的基础上继续发展,创造了我国封建社会历史上第一个鼎盛时期。

秦王朝只存在十四年就被陈胜、吴广领导的农民大起义推翻了。这对刚刚登上全国政治舞台的地主阶级来说,是一个极大的震动。在这种形势下,如何维护和巩固地主阶级政权,防止再度爆发农民大起义,就成为封建统治阶级最关心的问题和最重要的任务。汉代的法律思想,就是围绕解决这一最重要的任务而发展的。大体说来,秦汉时期的法律思想,经历了秦的专任"法治",然后过渡到汉初黄老"无为",再到封建正统法律思想的形成和发展这样一个曲折的过程。

## 第一节　秦朝"事皆决于法"的"法治"思想

公元前221年,秦统一六国,建立了中国历史上第一个统一的中央集权的封建国家。这个国家的缔造者是秦始皇,而李斯则是先秦法家理论在秦的实践者和秦始皇的主要辅佐者。

秦始皇(前259—前210)姓嬴名政,出生于越国京城邯郸,故又名赵政。13岁时其父庄襄王死去,他继承秦国王位。①当时,丞相吕不韦和太后宠信的宦官嫪毐(láo ǎi 劳矮)专权用事。公元前238年他亲政后,镇压了嫪毐的叛乱。为了巩固自己的统治,次年又免去吕不韦的丞相职务。公元前221年实现了中国的统一。在他50岁的时候,病死在出巡途中。

李斯(?—前208),楚上蔡(今河南上蔡西南)人。他和先秦法家思想的集大成者韩非,同是荀子的学生。年轻时"为郡小吏",于公元前247年入秦,在秦先后担任郎、长史、客卿、廷尉、丞相等官职。②他曾协助秦始皇制定和实施对六国各个击破的战略,统一中国,同时,他也帮助秦朝统治者推行暴政,用严刑峻法镇压人民。

秦王朝只存在十四年就被农民大起义推翻了。但由于其统治集团奉行法家的"法治"主义,"事皆决于法"(《史记·秦始皇本纪》),所以他们在建立和巩固封建专制主义中央集权国家的过程中所表现出的法律思想,还是很丰富的。

一、"事统上法",法令由"一统"

秦始皇、李斯所处的战国后期,正是由诸侯割据称雄向统一的中央集权封建国家转变的时代。当时,结束分裂割据,实现全国统一,已成为时代的要求。秦经过商鞅变法,国势日渐强盛,一百多年来,已具备了完成统一的条件,因而,实现了全中国的统一,开创了中国历史上第一个"海内为郡县,法令由一统"(《史记·李斯列传》)的崭新局面。这是秦始皇、李斯等人对中国历史做出的伟大贡献。

秦朝统治者统一中国后,统治阶级内部对建立什么样的政治制度意见不一。丞相王绾等主张:"请立诸子",在燕、齐、荆等地区实行分封制。李斯反对这个建议。他说:周朝所分封的子弟和同姓很多,后来互相攻伐,周天子也禁止不了;现在既然统一,都成为郡县了,对皇帝的儿子和功臣,可以用赋税收入赏赐他们。这样就容易控制,天下不会分裂,这才是"安宁之术"。③秦始皇接受了李斯的意见,他说:"天下共苦战斗不休,以有侯王。赖宗庙,天下初定,又复立国,是树兵也,而求其宁息,岂不难哉!廷尉议是。"(《史记·秦始皇本纪》)于是分天下为三十六郡,在全国范围内确立了郡县制度。

同时,秦朝统治者又建立了以皇帝为中心的封建官僚制度,中央和地方的主要官员都由皇帝任免,领取俸禄,从而废除了"世卿世禄"的官吏世袭制。但这套封建官僚制度又保证了皇帝的专断独裁,并享有至高无上的权力。秦始皇还企图将皇位成为嬴姓的私产,一代一代地传下去,"二世三世至于万世,传之无穷"。

秦朝这种"事在四方,要在中央;圣人执要,四方来效"(《韩非子·扬权》)的中央集权制的建立,是和他们的"事统上法"的治国指导思想相一致的。秦始皇早在称帝以前,当看到韩非的《五蠹》等论述"法治"的著作时,十分赞赏,曾说:"寡人得见此人与之游,死不恨(遗憾)矣!"(《史记·秦始皇本纪》)足见他十分迷信韩非的"法治"思想。李斯既是先秦法家,也是先秦法家事业的集大成者,他在辅佐秦始皇巩固统一的过程中,极力推行"法治",一切均有"法式"。法家思想实际上是秦王朝占统治地位的思想。

值得注意的是,秦始皇在推崇法家学说的同时,也利用了阴阳五行家的"五德终始"说,并以它作为其"事统上法"的一种理论根据。④据《史记》记载:"始皇推终始五德之传,以为周得火德,秦代周德,从所不胜。……以为水德之始。刚毅戾深,事皆决于法,刻削毋仁恩和义,然后合五德之数。于是急法,久者不赦。"(《史记·秦始皇本纪》)实际上,这是秦始皇借"五德终始"说为其严刑峻法作辩护。按照这种说法,周为"火德",秦代周必为"水德","水"处北方,寒冷严酷;"水"又属阴,阴主刑杀。所以,秦王朝的"事统上法"、刻薄寡恩和"急法",正合乎"五德"的要求,是历史的必然。

此外，根据"事统上法"和"法令由一统"的原则，秦朝统治者在秦国原有法律的基础上，加以修订、补充，制定了统一的法律，颁布全国。秦朝法律条文早已佚失。1975年12月，在发掘湖北云梦县睡虎地秦墓的过程中，出土了大量秦代竹简，其中记载有秦朝的部分法律，主要有三部分：一是法律条文；二是法律答问；三是治狱程式。墓主死于秦始皇三十年（前217），即秦王朝建立后的第五年，所以这些法律应是经过秦始皇认可，当时通用于全国的法律。这些秦简反映出秦始皇统一中国前后，其法律制度已比较完备。

秦律除法律条文外，还包括秦始皇执政期间颁布的有关政治、经济、文化等方面的诏令。"命为制，令为诏"，皇帝的诏令具有最高的法律效力，全体臣民都必须认真执行。

根据"法令由一统"的思想，秦始皇还接受李斯的建议，颁布了"一法度衡石丈尺、车同轨、书同文字"的法令和诏书，从而结束了"田畴异亩、车途异轨"、"言语异声、文字异形"的混乱状况。这对于加强全国性的经济联系，促进经济和文化的发展，起了重大作用。

秦朝统治者"事统上法"、"法令由一统"的思想及根据这一思想而制定的法律，对巩固全国的统一，加强秦王朝中央集权，曾起了重要的作用，但也暴露出它们残酷镇压人民的地主阶级本质。

## 二、"事皆决于法"的"法治"思想

封建法律是地主阶级意志的表现。列宁指出："地主为了确立自己的统治，为了保持自己的权力，需要有一种机构来使大多数人受他们支配，服从他们的一定的法规，这些法规基本上是为了一个目的——维持地主统治农奴和农民的权力。"这段论述深刻地揭示了包括秦朝法律在内的一切封建法律的阶级本质。秦朝统治者为了保持自己的权力，维护和加强封建统治，制定了各种法律。当时，在政治、军事、工农业生产、市场管理、货币流通、交通、行政管理、官吏任免、案件审理等方面,确实"皆有法式",体现了"事皆决于法"的"法治"思想。

这种"法治"思想,还突出表现在秦始皇巡行天下时,通过李斯等人到处立碑刻石的颂德辞中。如:《泰山刻石》说:"皇帝临位,作制明法,臣下修饬。……治道运行,诸产得宜,皆有法式。"⑤《琅邪刻石》说:"端平(整顿、划一)法度,万物之纪。……日月所照,舟舆所载,皆终其命,莫不得意。"⑥在《之罘(fú 弗)刻石》中,其迷信"法治"思想为万能,则已达到极端的程度了。所谓:"圣法初兴,清理疆内,外诛暴强,武威傍畅(遍及),振动四极,禽(擒)灭六王"就是把统一六国之功,归之于"圣法"之"兴"。所谓:"黔首改化,远迩同度,临古(从古到今)绝尤",就是把在全国推行"法治",视为亘古未有的良好政绩;所谓"常职既定,后嗣循业,长承圣治"⑦,就是要求其后继者必须遵循他制定的法度行事,以期于长治久安。这些刻石碑文说明,它不仅是歌功颂德之辞,也反映出秦朝统治者治国的指导思想,确是先秦法家的"法治"思想。

然而,在秦朝统治者的"法治"主张中,特别强调维护极端君主专制,皇帝要"独制于天下",实行独裁。李斯说得很清楚:"明主圣王之所以能久处尊位,长执重势,而独擅天下之利者,非有异道也,能独断……也。"(《史记·李斯列传》)事实也是如此,秦朝皇帝集国家权力于一身,完全实行独裁政治,没有半点民主可言。

### 三、严刑峻法,"深督轻罪"

秦朝统治者是先秦法家思想的继承者和实践者,而先秦法家一向是崇尚严刑峻法之类的暴力的。商鞅说:"以刑治则民威(畏),民威则无奸"(《商君书·开塞》);"禁奸止过,莫若重刑。"(《商君书·赏刑》)。韩非说:"民固骄于爱,听于威矣","故明主峭其法而严其刑"(《韩非子·五蠹》)。在他们看来,只有实行严刑峻法,才能有效地制服人民。秦朝统治者,也是法家这一套,苛法在其前,刀剑随其后,把法家主张的严刑峻法发展到了极端的地步。《汉书·刑法志》说,秦始皇"专任刑罚,躬操文墨(指律令判状),……赭衣塞路,囹圄成市"⑧。可见当时秦始皇统治下的中国,繁法严刑,已成了一个大囚场。及至秦二世上台后,更是"法令诛罚,日益深刻"⑨,逼得人民走投无路,人人自危。而李斯在援引韩非"慈母有败子,而严家无格虏"的说法后,加以解释说:这是由于不能加以重罚的缘故。"故商君之法,刑弃灰于道者。夫弃灰,薄罪也,而被刑,重罚也。彼惟明主为能深督轻罪。夫罪轻且督深,而况有重罪乎?故民不敢犯也。"⑩他劝秦二世实行轻罪重罚,迫使人民不敢反抗秦王朝的残暴统治。

秦律把这种轻罪重刑的主张具体化了,如《法律答问》中说:"五人盗,赃一钱以上,斩左止(趾)。""司寇盗百一十钱,当耐为隶臣,或曰赀二甲。"甚至采几片桑叶,"不盈一钱",也要"赀徭三旬"。另据《盐铁论》记载:"秦时劓鼻盈累,断足盈车,举河以西,不足受天下之徒。"(《盐铁论·刑德》)这可能有些夸张,但秦法的严酷、野蛮确是事实。

同时,秦朝统治者对人民还滥施刑罚,妄杀无辜。据《史记·秦始皇本纪》记载:秦始皇"行所幸,有言其处者,罪死"。他到梁山宫时,"从山上见丞相车骑众,弗善也"。有人将此事告知丞相李斯,李斯便减少了随从人马。秦始皇大怒,认为是犯了他的禁忌,于是"诏捕诸时在旁者,皆杀之"。有一次,发现一块刻有"始皇帝死而地分"的石头,秦始皇便"尽取石旁居人诛之"。不但对平民百姓随意杀戮,就是在统治阶级内部,也常常刑戮妄加。如秦始皇死后,赵高和李斯伪造秦始皇诏书,就处死了秦始皇长子扶苏和大将蒙恬。⑪

在秦朝统治者严刑峻法的统治下,残酷、野蛮的刑罚随时都可以加到人民的头上,整个社会笼罩着恐怖气氛。《汉书·食货志》说:秦时"重以贪暴之吏,刑戮妄加,民悉亡(无)聊(无所依靠),亡逃山林,转为盗贼,赭衣半道,断狱岁以千万数"。事实也大致是这样。秦朝罪犯仅见于史籍的不下一百多万,当时人口估算约二千万,所以平均一二十人中就有一名罪犯。哪里有压迫,哪里就有反抗,不堪忍受秦朝统治者严刑峻法的压迫和残酷剥削的农民、刑徒和奴隶,纷纷逃往山林水泽,进行反抗斗争,不久,终于爆发了陈胜、吴广领导的农民大起义。

**四、"以法为教"的文化专制思想**

战国以来,"诸侯并争,厚招游学","人闻令下,则各以其学议之"(《史记·秦始皇本纪》),这同主张搞集权专制的秦朝统治者的思想是直接相抵触的。秦朝统治者认为,如果任其发展,就会形成"主势降乎上,党与成乎下"的局面。现在,既然天下统一,"别黑白而定一尊",那么就决不允许妨碍"一尊"的诸子百家学说的存在[12],就必然要在文化思想上实行"统一",搞文化专制主义,推行愚民政策。正是在这样的形势下,出现了"焚书坑儒"事件。

公元前213年,在一次会上仆射周青臣极力颂扬秦始皇平定海内,"以诸侯为郡县,……自上古不及陛下威德"。秦始皇听了很高兴。而博士淳于越却反驳说:殷、周之王千余岁,"封子弟功臣,自为枝辅"。如果现在不分封子弟功臣,一旦天下有事,"何以相救哉?事不师古而能长久者,非所闻也"[13]。这又牵涉到"师古"与"师今"的问题。

针对淳于越"师古""非今"的论调,丞相李斯严加驳斥。他说:"五帝不相复,三代不相袭,各以治,非其相反,时变异也。……且越言乃三代之事,何足法也。"[14]接着,李斯指责"诸生"的言行不利于秦始皇政权:他们"不师今而学古","道古以害今",用以古非今的方法来否定现行的政治措施;他们"善其私学","率群下以造谤",鼓动人民来反对当今的政令。李斯把诸生对秦始皇政权的不满,归结为由于有各家著述的存在,于是提出了焚书的建议。

第一,除《秦记》、医药、卜筮、种树(农林)之书外,其它《诗》、《书》、百家语等限三十天内交官府烧毁(博士官所藏者除外),逾期不交,"黥为城旦"。

第二,有敢继续谈论《诗》、《书》者弃市,"以古非今者族",官吏见而不举发者要同罪处理。

第三,严禁私学。"若欲有学法令,以吏为师",即只有执行政府法令的官吏才能做教师,[15]而教学的内容则是"以法为教"(《韩非子·五蠹》),即学习政府公布的法律。

秦始皇采纳了李斯的建议,发布了"焚书令"。

"焚书"的第二年,秦始皇又搞了"坑儒",把"犯禁者四百六十余人,皆坑之咸阳"[16]。

秦始皇、李斯反对"以古非今"是对的,这有利于刚刚建立起来的中央集权的封建国家的巩固。但是,他们搞什么"焚书"和"以法为教",把一场对政治制度的辩论,变成一场对各种学术思想的迫害,则是一种野蛮的文化专制主义暴行。它严重地摧残和破坏了我国古代文化典籍,扼杀了文化的发展,并窒息了人们的思想,使秦始皇的独裁达到了更高峰。

总的看来,秦统治者在实现统一,建立中央集权制封建国家的事业中,做出了伟大贡献。其"事皆决于法"的"法治"思想,对巩固和加强秦王朝中央集权,也起过重要作用。然而,他们只迷信暴力,把人民只看作奴役和镇压的对象,单纯用严刑峻法进行统治,结果迅速灭亡。历史经验证明:"自古至于今,与民为仇者,有迟有速,而民必胜之。"(《新书·大政上》)秦王朝就是在人民的铁拳打击之下倒下去的。

**注:**

①《史记·秦始皇本纪》:"秦始皇帝者,秦庄襄王子也。庄襄王为秦质子于赵,见吕不韦姬,悦而取(娶)之,生始皇。以秦昭王四十八年正月生于邯

郸。及生,名为政,姓赵氏。年十三岁,庄襄王死,政代立为秦法。当是之时,秦地已并巴、蜀、汉中,越宛有郢,置南郡矣;北收上郡以东,有河东、太原、上党郡;东至荥阳,灭二周,置三川郡。吕不韦为相,封十万户,号曰文信侯。招致宾客游士,欲以并天下。李斯为舍人,蒙骜、王𬺈(yǐ已)、麃(páo包)公等为将军。王年少,初即位,委国事大臣。"

②《史记·李斯列传》:"李斯者,楚上蔡人也。年少时,为郡小吏,见吏舍厕中鼠食不洁,近人犬,数惊恐之。斯入仓,观仓中鼠,食积粟,居大庑之下,不见人犬之忧。于是李斯乃叹曰:'人之贤不肖譬如鼠矣,在所自处耳'。"

乃从荀卿学帝王之术。学已成,度楚王不足事,而六国皆弱,无可为建功者,欲西入秦。……至秦,会庄襄王卒,李斯乃求为秦相文信侯吕不韦舍人;不韦贤之,任以为郎。"

③《史记·秦始皇本纪》:"丞相绾等言:'诸侯初破,燕、齐、荆地远,不为置王,毋以填(镇)之。请立诸子,唯上幸许。'始皇下其议于群臣,群臣皆以为便。廷尉李斯议曰:'周文、武所封子弟同姓甚众,然后属疏远,相攻击如仇雠,诸侯更相诛伐,周天子弗能禁止。今海内赖陛下神灵一统,皆为郡县,诸子功臣以公赋税重赏赐之,甚足易制。天下无异意,则安宁之术也。置诸侯不便。'"

④《史记·封禅书》:"秦始皇既并天下而帝,或曰:'黄帝得土德,黄龙地螾(蚓)见(现)。夏得木德,青龙止于郊,草木畅茂。殷得金德,银自山溢。周得火德,有赤乌之符。今秦变周,水德之时。昔秦文公出猎,获黑龙,此其水德之瑞。'于是秦更名河曰'德水',以冬十月为年首,色上黑,度以六为名,音上大吕,事统上法。"

⑤《史记·秦始皇本纪》:"皇帝临位,作制明法,臣下修饬。二十有六年,初并天下,罔不宾服。亲巡远方黎民,登兹泰山,周览东极。从臣思迹,本原事业,祗诵功德。治道运行,诸产得宜,皆有法式。大义休明,垂于后世,顺承勿革。"

⑥《史记·秦始皇本纪》:"维二十八年,皇帝作始,端平法度,万物之纪。以明人事,合同父子。圣智仁义,显白道理。东抚东土,以省卒士。事已大毕,乃临于海。皇帝之功,勤劳本事。上(尚)农除末,黔首是富。普天之下,抟(专)心揖(壹)志。器械一量(谓统一了度量衡),同书文字。日月所照,舟舆所载。皆终其命,莫不得意。应时动事,是维皇帝。匡饬异俗,陵(凌)水经

地。忧恤黔首，朝夕不懈。除疑定法，咸知所辟(避)。方伯分职，诸治经易。举错(措)必当，莫不如画。皇帝之明，临察四方。尊卑贵贱，不踰(逾)次行(顺序，等级)。奸邪不容，皆务贞良。细大尽力，莫敢怠荒。远迩辟(避)隐，专务肃庄。端直敦忠，事业有常。皇帝之德，存定四极。诛乱除害，兴利致福。节事以时，诸产繁殖。黔首安宁，不用兵革。六亲相保，终无寇贼，驩(欢)欣奉教，尽知法式。"

⑦《史记·秦始皇本纪》："维二十九年皇帝春游，览省远方。逮于海隅，遂登之罘，昭临朝阳。观望广丽，从臣咸念，原道至明。圣法初兴，清理疆内，外诛暴强。武咸旁畅，振动四极，禽(擒)灭六王，阐并(兼并，这里是统一的意思)天下，灾害绝息，永偃戎兵。皇帝明德，经理字内，视听不怠。作立(制定)大义(法则)，昭设备器，咸有章旗。职臣遵分，各知所行，事无嫌疑。黔首改化，远迩同度，临古绝尤。常职既定，后嗣循业，长承圣治。"

⑧《汉书·刑法志》："陵夷至于战国，韩任申子，秦用商鞅，连相坐之法，造参(三)夷之诛；增加肉刑、大辟、有凿颠、抽胁、镬烹之刑。
至于秦始皇，兼吞战国，遂毁先王之法，灭礼谊(义)之官，专任刑罚，躬操文墨，昼断狱，夜理书，自程决事，日县(悬)石之一。而奸邪并生，赭衣塞路，囹圄成市，天下愁怨，溃而畔(叛)之。"

⑨《新书·过秦论》："……二世不行此术，而重之以无道。坏宗庙与民，更始作阿房宫；繁刑严诛，吏治深刻，赏罚不当，赋敛无度；天下多事，吏弗能纪；百姓困穷，而主弗收恤。然后奸伪并起，而上下相遁(互相推诿责任)；蒙罪者众，刑戮相望于道，而天下苦之。自君卿以下，至于众庶，人怀自危之心，亲处穷苦之实，咸不安其位，故易动也。是以陈涉不用汤、武之贤，不藉公侯之尊，奋臂于大泽，而天下响应者，其民危(指生活不安定)也。"

⑩《史记·李斯列传》："夫贤主者，必且能全道而行督责(查察臣下的过失而处以刑罚)之术者也。督责之，则臣不敢不竭能以徇(顺从)其主矣。此臣主之分定，上下之义明，则天下贤不肖莫敢不尽力竭任以徇其君矣。是故主独制于天下而无所制也。能穷乐之极矣，贤明之主也，可不察焉！"

"故韩子曰'慈母有败子而严家无格虏(谓强悍不顺从的奴仆)者'，何也？则能罚之加焉必也。故商君之法，刑弃灰于道者。夫弃灰，薄罪也，而被刑，重罚也。彼唯明主为能深督轻罪。夫罪轻且督深，而况有重罪乎？故民不敢犯也。……明主圣王之所以能久处尊位，长执重势，而独擅天下之利者，非有异道也,能独断而审督责,必深罚,故天下不敢犯也。今不务所以不犯,而事慈母之所以败子也,则亦不察于圣人之论矣。夫不能行圣人之术,则舍为天下役何事哉?可不哀邪(耶)?"

"书奏,二世悦。于是行督责益严,税民深者为明吏。二世曰:'若此则可谓能督责矣。'刑者相半于道,而死人日成积于市。杀人众者为忠臣。二世曰:'若此则可谓能督责矣。'"

⑪《史记·秦始皇本纪》:"胡亥、赵高及所幸宦者五六人知上死。赵高故尝教胡亥书及狱律令法事,胡亥私幸之。高乃与公子胡亥、丞相斯阴谋破去始皇所封书赐公子扶苏者,而更诈为丞相斯受始皇遗诏沙丘,立子胡亥为太子。更为书赐公子扶苏、蒙恬,数以罪,赐死。"

⑫《史记·李斯列传》:"古者天下散乱,莫能相一,是以诸侯并作,语皆道古以害今,饰虚言以乱实,人善其所私学,以非上所建立。今陛下并有天下,别黑白而定一尊;而私学乃相与非法教之制,闻令下,即各以其私学议之,入则心非,出则巷议,非主以为名,异趣以为高,率群下以造谤。如此不禁,则主势降乎上,党与成乎下。禁之便。"

⑬《史记·秦始皇本纪》:"始皇置酒咸阳宫。博士七十人前为寿。仆射周青臣进颂曰:'他时秦地不过千里,赖陛下神灵明圣,平定海内。放逐蛮夷,日月所照,莫不宾服。以诸侯为郡县,人人自安乐,无战争之患,传之万世。自上古不及陛下威德。'始皇悦。博士齐人淳于越进曰:'臣闻殷、周之王千余岁,封子弟功臣,自为枝辅。今陛下有海内,而子弟为匹夫,卒有田常、六卿之臣,无辅拂(弼),何以相救哉?事不师古而能长久者,非所闻也。'"

⑭《史记·秦始皇本纪》:"丞相李斯曰:'五帝不相复,三代不相袭,各以治,非其相反,时变异也。今陛下创大业,建万世之功,固非愚儒所知。且越言乃三代之事,何足法也。异时诸侯并争,厚招游学。今天下已定,法令出一,百姓当家则力农工,士则学习法令辟(避)禁。"

⑮《史记·秦始皇本纪》:"臣请史官非秦记皆烧之。非博士官所职,天下敢有藏《诗》、《书》百家语者,悉诣(前往,去到)守、尉杂烧之。有敢偶语(相对私语)《诗》、《书》者弃市。以古非今者族。吏见知不举者与同罪。令下三十日不烧,黥为城旦。所不去者,医药卜筮种树之书。若欲有学法令,以吏为师。"制曰:"可。"

⑯《史记·秦始皇本纪》:"侯生、卢生相与谋曰:'始皇为人,天性刚戾自

用,超诸侯,并天下,意得欲从(纵),以为自古莫及己。专任狱吏,狱吏得亲幸。博士虽七十人,特备员弗用。丞相诸大臣皆受成事,倚辨于上。上乐以刑杀为威,天下畏罪持禄,莫敢尽忠。上不闻过而日骄,下慑伏谩欺以取容。秦法,不得兼方,不验,辄死。然侯星气者至三百人,皆良士,畏忌讳谀,不敢端言其过。天下之事无小大皆决于上,上至以衡石量书,日夜有呈(程),不中呈,不得休息。贪于权势至于此,未可为求仙药。'于是乃亡去。始皇闻亡,乃大怒曰:'吾前收天下书不中用者尽去之。悉召文学方术士甚众,欲以兴太平,方士欲练以求奇药。今闻韩众去不报,徐市等费以巨万计,终不得药,徒奸利相告日闻。卢生等吾尊赐之甚厚,今乃诽谤我,以重吾不德也。诸生在咸阳者,吾使人廉问(考察,查问),或为沃(妖)言以乱黔首。'于是使御史悉案问诸生,诸生传相告引,乃自除犯禁者四百六十余人,皆阬(坑)之咸阳,使天下知之,以惩后。"

## 第二节 汉初黄老学派的法律思想

秦统一中国是在法家"法治"思想指导下,凭借武力而获得成功的。然而,赫赫的秦王朝,不过十四年就被"揭竿而起"的农民大起义推翻了。法家学说在政治上破产了,在思想理论战线上也成为众矢之的。继秦而起的西汉王朝十分重视总结秦朝骤亡的教训,严厉批判了秦朝"专任刑罚"的法家思想,转而以主张"无为而治"、与民休息的黄老学说作为治国的指导思想,并将它运用到政治和法制实践中去。

何谓"黄老"?王充说:"黄者,黄帝也;老者,老子也。"①对于封建统治者来说,黄老之学贵在"无为自化",不求功求名,"本不求功,而功自立;本不求名,而名自成。"黄老之学产生于战国中期,是齐国稷下学宫的一个学派。作为"黄老之言"的代表作《老子》,虽未直接提到黄帝,但多次提到"圣人"。②它所推崇的"圣人",绝不是其对立面儒墨两家心目中的"圣人"尧、舜、禹、汤、文、武等,而是道家所爱戴的"圣人"神农、黄帝等。除《老子》外,1973年长沙马王堆出土的《黄帝四经》——《经法》、《十大经》、《称》、《道原》,以及1973年河北定县汉墓出土的《文子》,经初步考证,它们都是早期黄老学派的代表作。

据史籍记载,战国时期一些著名的法家代表人物,多是"学本黄老"的。例如,慎到早年曾学"黄老道德之术"(《史记·老子韩非列传》),申不害是"本于黄老而主刑名"(同上),韩非也"喜刑名法术之学,而其本归于黄老"(同上)。由此可见,早期黄老之学具有明显的道法结合的性质。

一定的思想文化是一定社会的经济和政治在观念形态上的反映,并服务于一定社会的经济和政治。汉初封建统治者从当时政治经济需要出发,从黄老学派那里找到了自己所需要的理论武器。他们有意识地提倡黄老学说,因而黄老思想风靡一时。当时一些思想家的著作,无论其主要倾向如何,黄老思想都成为他们著作的重要组成部分。其中尤以陆贾的《新语》最突出,实际上他为汉初统治阶级提供了系统的"无为而治"、与民休息的治国理论。特别值得注意的是:汉初许多当权派人物,从高祖、惠帝、吕后到文帝、窦太后、景帝,从萧何、曹参到陈平、汲黯,都是黄老学说的信奉者和推行者。汉初黄老学说的发展,最终以刘安所辑《淮南子》一书的发表而达于顶峰。

汉初黄老学派的法律思想及其在政治、法制实践中的运用,我们从四个方面来加以阐述。

### 一、无为而治,"与民休息"

西汉建国初年,由于多年的战争,社会经济遭到严重破坏,人口大量死亡和流散,国家府库空虚,人民处于"亡(无)盖藏(指人民无物可储藏)"和"人相食"的境地;而统治者也是"自天子不能具醇(纯)驷(谓四马一色),而将相或乘牛车"[③],到处都是战后残破不堪的景象。马克思说:"君主们在任何时候都不得不服从经济条件,并且从来不能向经济条件发号施令。无论是政治的立法或市民的立法,都只是表明和记载经济关系的要求而已。"汉初统治者认识到:"夫饥寒并至,而能亡(无)为非者寡矣","民不足而可治者,非所闻也。"(《汉书·食货志》)如果不迅速恢复和发展社会经济,改变经济凋敝的状况,不仅严重影响统治阶级的物质生活,而且可能再度爆发农民起义,威胁汉王朝的安全。正是在这种情况下,汉初统治者不得不在治国的指导思想等方面作相应的改变。他们找到了"治道贵清静而民自定"的黄老"无为而治"的理论,将其作为治国的指导思想,但在内容上又兼采儒、法各家的一些思想。

西汉初期,"黎民得离战国之苦,君臣俱欲休息乎无为"(《史记·吕太后本纪》),汉初君臣都从总结秦朝速亡的教训出发,严厉批判了"专任刑罚"的法家思想,主张"无为而治","与民休息"。汉高祖刘邦在诏书中说:过去天下大乱,兵革并起,万民遭殃。现在天下初定,宜"偃兵息民"。④陆贾在《新语》一书中写了《无为》等篇,直接向刘邦宣传黄老"无为而治"的思想,为汉初"黄老之治"提供了一套比较完整的治国理论。他说:"夫道莫大于无为,行莫大于敬谨。"他认为虞舜、周公实行的就是"无为而治",以致天下大治。⑤相反,秦朝所实行的恰与这种"无为"原则相对立,那是"有为",是"多欲图利"。"蒙恬讨乱于外,李斯治法于内",结果"事逾烦天下逾乱",只传至二世而亡。⑥两相比较,孰优孰劣,不是很明显吗!然而,陆贾所讲的"无为",并不是什么事都不做,所谓"敬谨",并不是拘守旧制,而是谨慎地遵从天道、人道来行事,力求做到徭役不烦、刑法不滋、兵马少设,即不以繁重的剥削和压迫来扰民。他理想的"无为"政治是:要稳定得像没有什么事那样,安静得像没有什么喧闹之声那样,有官府而不扰民像没有官吏那样,各村各户过着恬静生活像没有什么人那样。⑦这种理想政治,正是汉初实行的轻徭、薄赋、缓刑的说明。

刘邦死后,惠帝继位,吕后称制。在他们统治时期,相继重用崇尚黄老之学的曹参、陈平等为丞相,积极推行"黄老之治"。据《史记》记载:曹参为齐相时,他"尽召长老诸生问所以安集百姓,……言人人殊,参未知所定"。后来听了盖公"治道贵清静而民自定"的建议,实行黄老"无为"政治,相齐九年,"齐国安集"。⑧后来,曹参继萧何为丞相,"举事无所变更,一遵萧何约束",因而取得了恢复生产、安定百姓的成效。《汉书·刑法志》颂扬萧何、曹参时说:"萧曹为相,填(镇)以无为,从民之欲,而不扰乱。"陈平少时本好黄帝、老子之术,当他继曹参为丞相后,继续推行"无为"政治,"理阴阳,顺四时,下育万物之宜","亲附百姓",官吏职责分明,互不干扰。⑨司马迁十分称赞惠帝、吕后时期的"无为"政治,他说:"孝惠皇帝、高后之时,黎民得离战国之苦,君臣俱欲休息乎无为,故惠帝垂拱,高后女主称制,政不出房户,天下晏然,刑罚罕用,罪人是希。民务稼穑,衣食滋殖。"(《史记·吕太后本纪》)班固在《汉书·高后纪》中也有同样的评论。

文帝、景帝在位期间,继续实行西汉建国以来"无为而治"、"与民休息"的方针,"轻徭薄赋","平狱缓刑",移风易俗,以致"政宽人和",天下"富实",出现了多年来未有的繁荣景象,史称"文景之治"。班固评价这段历史时说:"汉兴,扫除烦苛,与民休息。至于孝文,加之以恭俭,孝景遵业,五六十载之间,至于移风易俗,黎民醇(纯)厚。周云成、康,汉言文、景,美矣!"(《汉书·景帝纪》)所谓"美矣",既是对"文景之治"的赞美,也是对"无为而治"的肯定。

然而,汉初统治者崇尚"无为",和老子的"清静无为"、放任自流、消极退守的思想有所不同,因为它有明确的目标,那就是"举一事而天下从,从一政而诸侯靡","同一治而明一统"(《新语·怀虑》)即巩固西汉王朝的专制统治。

## 二、文武并用,"德刑相济"

汉初封建统治者多数经历了秦朝的兴亡,对于秦朝不施仁义、赋敛无度、"尚刑而亡"的教训记忆犹新。他们认识到在崇尚和推行黄老"无为而治"的同时,还必须兼采儒、法各家的思想,以便更有效地统治天下。其中,文武并用、"德刑相济"的思想理论自然就受到他们的重视了。

西汉建国之初,陆贾经常在刘邦面前称道《诗》、《书》,刘邦斥责他说:"乃公居马上而得之,安事《诗》、《书》!"陆贾反驳道:"居马上得之,宁可以马上治之乎?且汤、武逆取而以顺守之,文武并用,长久之术也。"过去吴王夫差、智伯"极武而亡",秦朝专任刑罚也遭到毁灭。当时,如果秦朝"行仁义,法先圣,陛下安得而有之?"(《史记·郦生陆贾列传》)刘邦听了虽然不高兴,却也感到惭愧,认为陆贾讲的很有道理。陆贾在《新语》一书中,除阐述"无为而治"思想外,同时也论述了以仁义德教治国的重要性。陆贾认为,秦朝的速亡是由于"武"的一手用得太过分了,"秦以刑罚为巢,故有覆巢破卵之患"。⑩治国应当"以仁义为本",国家之所以"危而不倾,佚而不乱者,仁义之所治也"(《新语·道基》)。他主张把"文"和"武"、仁义教化和法律法令结合起来,以仁义教化"劝善",以法律法令"诛恶",文武并用,这才是维护封建统治的"长久之术"。所谓文武并用,也就是德刑兼施,二者相济为用。特别是在秦王朝恃武尚力、严刑峻法之后,更应当以德治为先,刑罚为末,即所谓"积礼义"而不"积刑罚"。(见《汉书·贾谊传》)

文帝在位期间,议论务在宽厚,"专务以德化民","兴于礼义"。他很重视发挥法律和道德的作用,认为:"法正则民悫(忠厚),罪当则民从。且夫牧民而道(导)之善者,吏也;既不能道,又以不正之法罪之,是法反害于民,为暴者也。"(《汉书·刑法志》)值得注意的是,这里讲的"牧民而道之善",就是对人民进行道德教化的问题。

文帝甚至承认自己"德薄而教不明"。这实际上是接受了儒家"教而后诛"的主张，而摈弃了秦朝那种把刑罚作为治国的惟一手段的思想。

由此可见，汉初统治者在崇尚黄老"无为而治"的同时，也看到了儒家仁义德教的作用，认识到只有运用文武两手的统治方法，才能更有效地维护自己的统治。这与秦朝的"专任刑罚"相比，无疑要高明一些。

**三、"罚不患薄"，约法省刑**

秦王朝由于"专任刑罚"与民为仇，导致天下多事，国无宁日，海内愁怨，人民群起反抗。汉初统治者十分重视总结秦朝法治的经验教训，认识到繁法苛刑不利于调整统治阶级内部关系，不利于缓和同被压迫阶级的矛盾，因而主张"罚不患薄"，约法省刑，积极改革秦朝遗留下来的严刑苛法。

早在公元前206年刘邦初入咸阳时，就"约法三章"。他"与父老约，法三章耳:杀人者死，伤人及盗抵罪。余悉除去秦法。"（《史记·高祖本纪》）"三章之法"虽然只是刘邦采取的一种临时性政策措施，但它同繁苛的秦法相比，简要易懂，在当时历史条件下，包含着去苛从宽、删繁就简的意义。它对刘邦争取人民，最后战胜项羽，起了重大作用。

陆贾总结秦亡的教训，最主要的是"举措(举动)暴众而用刑大极"（《新语·无为》）。君主应当以仁义治天下，不要搞繁法严诛，大事兴作，"事众者则心烦，心烦者则刑罚纵横而无所立"①。事务越繁，天下越乱，法令越多，人民越无所适从。陆贾还以晋厉公、齐庄公、楚灵王、宋襄公为例，他们都"秉大国之权，杖(仗)众民之威，军师横出，陵轹(倾轧，欺压)诸侯，外骄敌国，内克百姓"，"急其刑而自贼"，结果四人都死于非命。(见《新语·至德》)他十分推崇周公的"制礼作乐"，"师旅不设，刑格(止)法悬"，法令简约易行，结果，

223

四海之内"奉供(贡)来臻(至,到)",远方万邦"重译(通过多次翻译)来朝"。(见《新语·无为》)所以他极力劝谏刘邦:"设刑者不厌轻","行罚者不患薄",不要单纯依靠那些"坚甲利兵"和"深刑刻法"。(见《新语·至德》)

随着国内政治形势的发展,汉初统治者感到"三章之法不足以御奸",害怕法网太疏而"漏吞舟之鱼",于是,刘邦于公元前202年命令丞相萧何"攟摭(jùn zhī,搜集的意思)秦法,取其宜于时者,作律九章"(《汉书·刑法志》)。又命令叔孙通就九章之律"所不及"者加以补充,制定有关朝仪的《傍章律》十八篇。虽然《九章律》恢复了秦法,但总的说来比秦法简约。班固在称赞萧何、曹参改革秦法的贡献时说:"天下既定,因民之疾秦法,顺流与之更始,二人同心,遂安海内。"(《汉书·萧何曹参传》)

惠帝、吕后继承了"约法省刑"的传统,"刑罚罕用",并进一步采取了一些省刑除苛的措施。惠帝时"省法令妨吏民者,除挟书律"(《汉书·惠帝纪》),保存儒家经书等不算犯法了。吕后主张"除三族罪、妖言令"(《汉书·高后纪》),实际上刑罚也有所缓和。

汉初在"约法省刑"方面建树最突出的是文帝,他曾赢得"几致刑措"的好评。他即位后,"绝秦之迹,除其乱法",继续改革秦朝遗留下来的严刑苛法。

其一,废除连坐收孥法。自殷周以来,就有夷三族法,一人犯法,父母、妻子、兄弟一同治罪。文帝即位后几个月就废除此法。他说:"今犯法已论,而使无罪之父母妻子同产(同胞的兄弟姐妹)坐(连坐,一同治罪)之及为收孥,朕甚不取。"尽管左右丞相周勃、陈平等人反对,他坚持"除收孥诸相坐律令"[12]。两千多年前的汉文帝,能有只惩罚罪犯本人,不株连亲属的见解,是很可贵的。但是,由于封建统治阶级的本性所决定,文帝君臣不可能完全废除像连坐收孥之类的残酷刑法的。不久,当新垣平谋反时,又"复行三族之诛"。

其二，废除诽谤妖言法。秦时，"有敢偶语《诗》、《书》者弃市，以古非今者族"(《史记·秦始皇本纪》)，只要人民对地主阶级的统治稍有不满之语，就以妖言诽谤之罪论处。汉朝法律也规定，凡属"妖言惑众"，"怨望诽谤政治"者，要处以斩刑。文帝即位后的第二年，下了废除诽谤妖言法的诏令："今法有诽谤妖言之罪，是使众臣不敢尽情，而上无由闻过失也。将何以来远方之贤良？其除之。"⑬这样，或多或少可使一些无辜者免遭杀戮，同时能起到"通治道而来谏者"的作用，使皇帝能听到各种不同意见，而不致堵塞进谏的道路。

其三，废除肉刑。肉刑是奴隶社会的产物，在殷周时期奴隶主阶级普遍地使用肉刑，封建社会继续沿用。《盐铁论》说："秦时劓鼻盈累，断足盈车。"到了汉代，仍然使用肉刑。文帝诏书称："今法有肉刑三。"(《汉书·刑法志》)孟康注曰："黥、劓二，刖左右趾合一，凡三也。"当时，齐太仓令淳于公有罪当刑，其女缇萦上书，愿意"没入为宫婢，以赎父刑罪，使得自新"。文帝深怜其意，为此下了一道废除肉刑的诏令："夫刑至断支(肢)体，刻肌肤，终身不息，何其刑之痛而不德也！岂称为民父母之意哉？其除肉刑。"⑭于是丞相张苍、御史大夫冯敬就制定了新办法："当黥者，髡钳为城旦舂；当劓者，笞三百；当斩左趾者，笞五百；当斩右趾者，……弃市。"(汉书·刑法志》)景帝时又两次减笞刑，并规定笞臀部。⑮

总的看来，文帝下诏废除已实行一千多年的肉刑，这是中国法律史上的一大改革，常为后人所称颂。此后虽然仍有主张恢复肉刑的，但始终未曾实现。然而，由于地主阶级的本性所决定，他们不可能全部废除肉刑。

还值得提出的是，景帝曾下诏允许狱疑上呈有司，他说："狱，重事也。……狱疑者谳有司。有司所不能决，移廷尉。有令谳而后不当，谳者不为失。"(《汉书·景帝纪》)这种允许上诉而上诉者无罪的原则和规定，是有积极意义的。

汉初,由于统治者提出了"约法省刑"等一系列对人民让步的思想主张并付诸实施,使社会矛盾有所缓和,出现了"政宽人和"的局面。

**四、"轻徭薄赋","以粟为赏罚"**

秦朝统治者对农民的剥削是极其残酷的,"赋敛无度",农民无法生活下去,只有起来拼死反抗。汉初统治者吸取了秦亡的教训,在"约法省刑"的同时,又主张以农为本,"轻徭薄赋","以粟为赏罚",把法律的作用同发展农业生产联系起来,以促进社会经济的恢复和发展。

西汉建国初年,刘邦先后颁布了"以有功劳行田宅"和"复从军吏卒"的法令。(见《汉书·高帝纪》)两个法令的基本精神是:按军功大小和从军时间长短,规定各种等级,把大量的田地和房屋赏赐给将吏士卒,免除他们的徭役,鼓励他们从事农业生产。同时,刘邦还颁布了招抚流亡和解放奴婢的诏令。⑯此外,刘邦还采取了减轻田租的办法,规定田租每年为十五税一。(见《汉书·食货志》)

陆贾曾极力向刘邦建议,"稀力役而省贡献"。他认为统治者"不可以图利",应该适当地减轻剥削,让农民安心从事农业生产。他说:"据土子民(以民为子,即统治人民的意思),治国治众者不可以图利,治产业则教化不行而政令不从。"又说:"欲理之君闭利门。"(《新书·怀虑》)如果统治者"释农桑之事",极力贪图私利,追求高台、雕饰、璧玉、珠玑、翡翠、瑰瑨,"以极耳目之好,以快淫邪之心"(《新语·本行》),结果一定会"财聚民散",国破家亡。他举夏桀穷奢极欲、荒淫无道而招致亡国的事实为例,说:"故君子笃于义而薄于利。"(同上)西汉以前,不仅夏桀灭亡了,凡是"尊于位而无德"、"富于财而无义"的统治者都灭亡了,这难道不是多欲而图利之害吗?因此,陆贾劝谏刘邦:"国不兴无事之功,家不藏无用之器,所以稀力役而省贡献也。"(同上)

惠帝、吕后时期,"天下晏然","民务稼穑,衣食滋殖"(见《史记·吕太后本纪》),天下少事,农民安心生产,社会经济迅速发展。

贾谊主张"以民为本",并向文帝建议"轻赋少事,以佐百姓之急"(《过秦论》)。

文帝很重视发展农业生产。据《汉书》记载:文帝"劝趣(促)农桑,减省租赋"⑰。他多次发布诏令,说:"农,天下之大本也,民所恃以生也","道(导)民之路,在于务本"。⑱他把农业视为治理天下的根本,治理天下没有比它更重要的了。他和景帝都曾亲自耕籍田,这虽然是做做样子的,但也反映出他们提倡农桑的迫切心情。

文帝的臣僚晁错也曾向文帝提出"以农为本"、"以粮为贵"的奏疏。他认为:"方今之务,莫若使民务农而已矣。欲民务农,在于贵粟;贵粟之道,在于使民以粟为赏罚。今募天下入粟县官(指官府),得以拜爵,得以除罪。"(《汉书·食货志》)这种把法律的作用和发展农业生产直接联系起来的建议,曾为文帝所接受,并予以施行。

据史籍记载,文景时期确实采取了一系列"劝趣农桑"、"轻徭薄赋"的措施。文帝二年(前178)和十二年(前168)两次实行收"今年田租之半",即把原来的十五税一减为"三十而税一",有时甚至"除民田之租税"(《汉书·文帝纪》),即免收田租。景帝时还把田租"三十而税一"正式定为制度。同时徭役也有所减轻,"丁男三年而一事"(《汉书·贾捐之传》),即丁男每年给郡县服一月徭役减为三年服一月。

总的说来,汉初实行"轻徭薄赋"等政策,取得了较好的效果。《史记·律书》说:"高祖时天下新定,人民小安。"到文帝时,"百姓无内外之繇(徭),得息肩于田亩,天下殷富,粟至十余钱,鸣鸡吠狗,烟火万里,可谓和乐者乎!"这是一幅小农经济发展的生动图画,其中虽有溢美之词,但汉初经济得到迅速恢复和发展,统治者对农民的剥削有所减轻,则是历史事实。

综上所述,西汉初期统治阶级从总结秦亡的教训出发,严厉批判了秦朝"专任刑罚"等法家思想,转而采取黄老学说作为治国的指导思想,"约法省刑"、"轻徭薄赋",相对地减轻了对农民的剥削和压迫,为农民提供了一个比较安定的生产环境,从而使社会经济迅速得到恢复和发展,社会矛盾有所缓和。《汉书·食货志》总结这一时期的情况时说:"七十年间,国家亡(无)事,非遭水旱,则民人给家足,都鄙廪庾尽满,而府库余财,……众庶街巷有马,阡陌之间成群。……人人自爱而重犯法,先行谊(义)而黜愧(愧)焉。"这段叙述,也许有些言过其实,但和西汉建国之初的"民亡(无)盖藏"、"人相食"的情况相比,确实有很大的不同,反映出汉初采取黄老"无为而治"的政策收到了显著的成效。

**注:**

①《论衡·自然》:"黄者,黄帝也;老者,老子也。黄、老之操,身中恬淡,其治无为,正身共(恭)已而阴阳自和,无心于为而物自化,无意于生而物自成。"

②《老子》第二章:"是以圣人处无为之事,行不言之教,万物作焉而不为始;生而不有,为而不恃,功成而不居。夫唯不居,是以不去。"

《老子》第五十七章:"故圣人云:我无为而民自化,我好静而民自正,我无事而民自富,我无欲而民自朴。"

③《汉书·食货志》:"汉兴,接秦之敝,诸侯并起,民失作业,而大饥馑。凡米石五千,人相食,死者过半。高祖乃令民得卖子,就食蜀、汉。天下既定,民亡(无)盖藏,自天子不能具醇(纯)驷,而将相或乘牛车。上于是约法省禁,轻田租,什五而税一,量吏禄,度官用,以赋予民。"

④《汉书·高帝纪》:"前日天下大乱,兵革并起,万民苦殃,联亲被(披)坚执锐,自帅士卒,犯危难,平暴乱,立诸侯,偃(停止,停息)兵息民,天下大安。"

⑤《新语·无为》:"夫道莫大于无为,行莫大于敬谨,何以言之?昔虞舜治天下,弹五绞(弦)之琴,歌《南风》之诗,寂若无治国之意,漠若无忧民之心,然天下治。周公制作礼乐,郊(祭天地叫"郊")天地,望(祭山川叫"望")山川,师旅不设,刑格(止)法悬,而四海之内奉供(贡)来臻(至,到),越裳之君重译(通

过多次翻译)来朝,故无为者,乃有为者也。"

⑥《新语·无为》:"秦始皇帝设为车裂之诛,以敛奸邪,筑长城于戎境,以备胡、越,征大吞小,威震天下,将帅横行,以服外国。蒙恬讨乱于外,李斯治法于内,事逾(愈)烦,天下逾乱,法逾滋,而奸逾炽,兵马益设而敌人逾多。秦非不欲为治,然失之者,乃举措(举动)暴众而用刑太极故也。"

⑦《新语·至德》:"是以君子之为治也,块然(独处的意思)若无事,寂然若无声,官府若无吏,亭落若无民,闾里不讼于巷,老幼不愁于庭,近者无所议,远者无所听,邮驿无夜行之吏,乡闾无夜名(召)之征,犬不夜吠,鸟不夜鸣,老者息于堂,丁壮者耕耘于田,在朝者忠于君,在家者孝于亲。"

⑧《史记·曹相国世家》:"孝惠帝元年,除诸侯相国法,更以参为齐丞相。参之相齐,齐七十城。天下初定,悼惠王富于春秋(很年轻的意思),参尽召长老诸生,问所以安集百姓,如齐故(俗)诸儒以百数,言人人殊,参未知所定。闻胶西有盖公,善治黄老言,使人厚币请之。既见盖公,盖公为言治道贵清静而民自定,推此类具言之,参于是避正堂,舍盖公焉。其治要用黄老术,故相齐九年,齐国安集,大称贤相。"

⑨《史记·陈丞相世家》:"居顷之,孝文皇帝既益明习国家事,朝而问右丞相勃曰:'天下一岁决狱几何?'勃谢曰:'不知。'问:'天下一岁钱谷出入几何?'勃又谢不知,汗出沾背,愧不能对。于是上亦问左丞相平。平曰:'有主者。'上曰:'主者谓谁?'平曰:'陛下即问决狱,责廷尉;问钱谷,责治粟内史。'上曰:'苟各有主者,而君所主者何事也?'平谢曰:'主臣! 陛下不知其驽下(谓才能驽钝低下),使待罪宰相。宰相者,上佐天子理阴阳,顺四时,下育万物之宜,外镇抚四夷诸侯,内亲附百姓,使卿大夫各得任其职焉。'孝文帝乃称善。"

⑩《新语·辅政》:"夫居高者自处不可以不安,履危者任杖不可以不固,自处不安则坠,任杖不固则仆(向前跌倒)。是以圣人居高处上则以仁义为巢,乘危履倾则以圣贤为杖,故高而不坠,危而不仆。昔者尧以仁义为巢,舜以禹、稷、契为杖,故高而益安,动而益固。然处高之安,乘克让之敬,德被天地,光被四表(四方之外),功垂于无穷,名传于不朽,盖自处得其巢,任杖得其材也。秦以刑罚为巢,故有覆巢破卵之患;以赵高、李斯为杖,故有倾仆跌伤之祸。何哉? 所任非也。"

⑪《新语·至德》:"天地之性,万物之类,懹道者众归之,恃刑者民畏之,归"

之则附其侧,畏之则去其域。故设刑者不厌轻,为德者不厌重,行罚者不患薄,布赏者不患厚,所以亲近而致疏远也。夫形重者则身劳,事众者则心烦,心烦者则刑罚纵横而无所立,身劳者则百端迥邪而无所就。"

⑫《史记·孝文本纪》:"上曰:'法者,治之正也,所以禁暴而率善人也。今犯法已论,而使毋罪之父母妻子同产坐之,及为收帑,朕甚不取。其议之。'有司皆曰:'民不能自治,故为法以禁之。相坐坐收,所以累其心,使重犯法,所以来远矣。如故便。'上曰:'朕闻法正则民悫,罪当则民从。且夫牧民而导之善者,吏也。其既不能,又以不正之法罪之,是反害于民为暴者也。何以禁之?朕未见其便,其孰计之。'有司皆曰:'陛下加大惠,德甚盛,非臣等所及也,请奉诏书,除收帑诸相坐律令。'"

⑬《史记·孝文本纪》:"上曰:古之治天下,朝有进善之旌,诽谤之木,所以通治道而来谏者。今法有诽谤妖言之罪,是使众臣不敢尽情,而上无由闻过失也。将何以来远方之贤良?其除之。民或祝诅(指祈求鬼神加祸于敌对的人)以上相约结而后相谩,吏以为大逆,其有他言,而吏又以为诽谤。此细民之愚无知抵死,朕甚不取。自今以来,有犯者勿听治。"

⑭《汉书·刑法志》:"齐太仓令淳于公有罪当刑,诏狱建系长安。淳于公无男,有五女,当行会逮,骂其女曰:'生子不生男,缓急非有益!'其少女缇萦,自伤悲泣,乃随其父至长安,上书曰:'妾父为吏,齐中皆称其廉平,今坐法当刑。妾伤夫死者不可复生,刑者不可复属,虽后欲改自新,其道亡(无)繇(由)也。妾愿没入为宫婢,以赎父刑罪,使得自新。'书奏天子,天子怜悲其意,遂下令曰:'制诏御史:盖闻有虞氏之时,画衣冠异章服以为戮,而民弗犯,何治之至也!今法有肉刑三,而奸不止,其咎安在?非乃朕德之薄,而教不明与(欤)!吾甚自愧。故夫训道不纯而愚民陷焉。……今人有过,教未施而刑已加焉,或欲改行为善,而道亡(无)繇(由)至,朕甚怜之。夫刑至断支(肢)体,刻肌肤,终身不息,何其刑之痛而不德也!岂称为民父母之意哉?其除肉刑,有以易之;及令罪人各以轻重,不亡逃,有年而免。具为令。'"

⑮《汉书·刑法志》:"景帝元年,下诏曰:'加笞与重罪(指死刑)无异,幸而不死,不可为人(指生活起居不能自理)。其定律:笞五百曰三百(指减为三百),笞三百曰二百。'犹尚不全。至中六年,又下诏曰:'加笞者,或至死而笞未毕,朕甚怜之。其减笞三百曰二百,笞二百曰一百。'又曰:'笞者,所以教之也,其定箠令。'丞相刘舍、御史大夫卫绾请:'笞者,箠长五尺,其本大一寸,其

竹也,末薄半寸,皆平其节。当笞者笞臀。毋得更人,毕一罪乃更人。'自是笞者得全,然酷吏犹以为威。"

⑯《汉书·商帝纪》:"民前或相聚保山泽,不书名数(指户籍),今天下已定,令各归其县,复故爵田宅。……民以饥饿自卖为人奴婢者,皆免为庶人。"

⑰《汉书·刑法志》:"及孝文即位,躬修玄默,劝趣(促)农桑,减省租赋。而将相皆旧功臣,少文多质,惩恶亡秦之政,论议务在宽厚,耻言人之过失。化行天下,告讦(告发别人的阴私)之俗易。吏安其官,民乐其业,畜(蓄)积岁增,户口寖(增加)息(滋息、繁育)。"

⑱《汉书·文帝纪》"诏曰:'道民之路,在于务本。朕亲率天下农,十年于今,而野不加辟,岁一不登,民有饥色,是从事焉尚寡,而吏未加务也。吾诏书数下,岁劝民种树(指务农)而功未兴,是吏奉吾诏不勤,而劝民不明也。且吾农民甚苦,而吏莫之省,将何以劝焉?'"

"诏曰:'农,天下之大本也,民所恃以生也,而民或不务本而事末,故生不遂(顺利)。朕忧其然,故今兹亲率群臣农以劝之。'"

## 第三节 《淮南子》中的法律思想

《淮南子》又名《淮南鸿烈》,是西汉淮南王刘安招致门客苏非、李尚、左吴、伍被等人集体编写的著作。刘安(前179——前122)是汉高祖刘邦的孙子。其父淮南厉王刘长在文帝时"谋反",事发后被谪徙蜀郡严道邛邮,途中绝食而死。刘安袭父爵为淮南王四十二年。刘安是位好学的封建贵族,"为人好读书鼓琴",很有文才。他招揽天下人才,"招致宾客方术之士数千人,作《内书》二十一篇,《外书》甚众,又有《中篇》八卷"。现存的仅有《内篇》二十一篇。①《汉书·艺文志》把《淮南子》列为杂家。其实,它是以道家思想为主,"其旨近老子,淡泊无为,蹈虚守静"(高诱注《淮南子》序);同时又融合儒法、阴阳各家的思想,形成一个庞大而完整的理论体系,为统一的封建帝国提供全面的治理方案。

后来,刘安因"谋反"事发自杀了,而门客受株连者达数千人,

"皆因罪轻重受诛",编写《淮南子》的许多作者被杀了,但它却成为我国古代文化宝库中的一份珍贵遗产,作为汉初黄老学派的理论结晶,在中国古代思想史上占有特殊地位。《淮南子》虽为集体编著,但无疑也反映了刘安的思想和主张。

一、"无为"是法的根本原理

《淮南子》认为宇宙万物都是"道"所派生的。"道"是"覆天载地,廓(张开)四方,柝(开)八极(八方),高不可际,深不可测,包裹天地"的东西。"达于道者,反于清静;究于物者,终于无为。"②在它看来,只有"无为"才合乎道的要求,即所谓"无为为之而合于道,无为言之而通乎德。"(《淮南子·原道训》,下引此书只注篇名)

因此,人君应当始终遵守无为的原则,以无为为事,因物之自为,顺应自然。《诠言训篇》说:"故立君以一民,君执一则治,无常则乱。君道者,非所以为也,所以无为也。……夫无为则得于一也。一也者,万物之本也,无敌之道也。……无为者,道之体也。"(《诠言训》)无为是"道之体",是法的根本原理,一切顺应事物之自然,并不是无所作为。所以它又说:"夫权衡规矩,一定而不易,……常一而不邪,方行而不流,一日刑(型)之,万世传之,而以无为为之。"(《主术训》)为了强调这种"君道无为"的主张,《淮南子》还举上古帝王治理天下为例,说明他们满怀仁诚之心,上则感天,下则化民,法宽刑缓,"天下一俗",因此,他们不劳形而功成③,位愈尊而身愈逸。

在《淮南子》作者看来,人君以"无为"治理天下有莫大的好处:"清静无为,则天与之时,廉俭守节,则地生之财。"(《主术训》)这话正是黄老思想的本质所在。《淮南子》解释"无为"的含义时说:"圣人……漠然无为而无不为也;澹(淡)然无治也,而无不治也。所谓无为者,不先物为也;所谓无不为者,因物之所为。"④它认为人君固然要顺应自然的变化,不干扰其下属,不侵渔其民,但并不是放任自流,无所作为。它批评那些无所作为论者说:有人认为"无为"就是"寂然无声,漠然不动,引之不来,推之不往",事实并非如此。像神农、尧、舜、禹、汤,可谓圣人了! 这五位圣人"则莫得无为明矣"! 如神农教民种五谷,尝百草;尧立孝慈仁爱,放逐讙兜;舜筑墙作屋,南征三苗;禹决江疏河,平治水土;汤布德施惠,逐桀历山;等等,他们都"劳形尽虑,为民兴利而不懈",而称之为"无为","岂不悖哉"⑤! 所以说,既要为民兴利除害,就不能不有所作为。

《淮南子》认为,无为的一个重要内容是"省事"、"节欲"。它认为,真正能做统治者的人,应该懂得"为治之本,务在安民"的道理。既要"安民",就必须"省事";要"省事",统治者必先"节欲"。⑥如果统治者事繁欲多,群臣就会聚敛无度,徭役迭兴,使生产荒废,人民不得安生。对于由统治者的贪婪多欲等原因而造成的社会上的贫富对立,它也作了深刻的揭露:"贫民糟糠不接于口,而虎狼熊罴猒(yàn,饱、足)刍豢;百姓短褐不完,而宫室衣锦绣。人主急兹无用之功,百姓黎民憔悴于天下,是使天下不安其性(即不安其生)。"⑦因此,《淮南子》主张减轻对人民的剥削,发展农业生产,使人民能够过比较安定的生活。认为这才是治国的根本,如果统治者这样去做,那就是"无为"了。

同时,《淮南子》认为人君要治理好天下,还应做到"法宽刑缓",不要累施刑罚。它说:古代神农氏治理天下,"威厉而不杀,刑错(措)而不用,法省而不烦。……法宽刑缓,囹圄空虚",人们和睦,不怀奸心。可是,社会发展到后来的"末世",情况就大不相同了,"盗贼滋彰,上下相怨,号令不行",统治者不从根本上去加以治理,却"削薄其德,曾累其刑"⑧。这种本末倒置的做法,当然不可能治理好国家,那正像"扬堁(kè,尘埃)而弭尘,抱薪以救火"一样,其后果是不堪设想的。这显然是针对那种水浊鱼险、法苛民乱的亡国教训而发的。

《淮南子》这种无为而治、"省事"、"节欲"、法宽刑缓的思想,是对西汉建国六十七年来治国经验的总结。汉初君臣均主清静无为,实行与民休息的政策,这是赢得"文景之治"的一条主要经验,《淮南子》对它作了充分的肯定。

由上可知,《淮南子》讲"无为",同先秦道家和汉初黄老"无为"是一脉相承的,但也不尽相同。先秦道家强调自然无为,一切顺应自然,实际上是对政治的否定。汉初统治阶级所推行的"无为"是不生事,不扰民,采取一种比较放任的政策。《淮南子》所讲的"无为",则要求积极参加政治。《修务训》篇说:"吾所谓无为者,私志不得入公道,嗜欲不得枉正术;循理而举事,因资而立权。"因为它要求兴天下之利,除万民之害,在政治上哪能不有所作为呢!

## 二、法与时变,"礼与俗化"

道家承认"无动而不变,无时而不移",但只着重自然的变化,人们能够跟上自然变化的趋势就够了。《淮南子》继承了这种变易的思想,又吸收了法家的变法主张,再融合儒学的内容,形成了"法与时变,礼与俗化"(《氾论训》)的理论。它认为,礼义法度不过是治理国家的工具,应当适应形势的发展而变化。

《氾论训》篇说:"故忤而后合者谓之知权。合而后忤者,谓之不知权。不知权者,善反丑矣。"忤是不适合。它认为,在新的环境中,能够懂得趋利避害,先忤而后合,这才是"知权"。本来是适合的,但由于客观形势变了,适合的变成不适合了,有利的变成有害了,这便是"合而后忤"。先适合而后不适合,就是不能适应那变化了的形势;只有适应外界的需要,跟着变化,"人各以其所知,去其所害,就其所利",才能生存,才能胜利。

这种要求主动适应形势的主张,便成了一种积极有为的变法论。它认为,瞄准应该看高低,穿衣服应该适应寒暑。"是故世异则事变,时移则俗易,故圣人论世而立法,随时而举事",不能泥古不化。由此得出的结论是:不应"法其已成之法,而法其所以为法。

所以为法者,与化推移者也。"⑨

从"与化推移"的观点出发,《淮南子》认为礼义法度也应当适应时势的发展而相应地加以改变。"先王之制,不宜则废之;末世之事,善则著之。"一切以"利民"、"周事"为转移,变与不变,各因其宜。所以它特别强调"法与时变,礼与俗化;衣服器械,各便其用;法度制令,各因其宜"⑩。既然一切都是可以变的,礼义法度自不能例外。实际上这是对于复古主义者的反击,是为汉初封建统治者建立新法制作辩护。

《淮南子》批评那些世俗之人,"多尊古而贱今"。例如,"为道者必托于神农黄帝而后能入说",世主贵之,学者称之;又如,取当今"圣人"之书,名之孔墨,"则弟子句指而受者必众矣";如此等等。(见《修务训》)它坚决反对那些尊古贱今和拘守不合时宜的教条的人。

由此可知,《淮南子》的"法与时变,礼与俗化"说,是以"与化推移"的进化历史观为理论根据的,具有唯物主义的因素。它同官方正统儒学那种浓厚的神学目的论相比,无疑具有积极意义。

### 三、兼采儒法,注重"法治"

《淮南子》论述"法治"的言论,近似于法家的说法,所不同的是它兼容仁义之说,并把仁义作为治国之本,法度作为治国之末。

(一)法是治国的工具,"言事者必究于法"

《淮南子》认为法是治理天下的一种工具,如《氾训论》篇说:"法度者,所以论民俗而节缓急也;器械者,因时变而制宜适也。"又说:"故法制礼义者,治人之具也,而非所以为治也。"这里,它明确提出法也不过是一种治国的"器械"或工具。它认为人君应当牢牢掌握这种统治群臣百姓的工具。如果弃置不用,那就不能有效地驾驭群臣,统治百姓,而群臣百姓会"反弄其上"。

同时,《淮南子》还把法比作权衡规矩,认为法是衡量客观事物的标准:"法者天下之度量,而人主之准绳";"夫权衡规矩,一定而不易,……常一而不邪,方行而不流。"(《主术训》)由于法具有规范性和公正性,所以一切应依法行事,"言事者必究于法,而为行者必治于官"⑪。这样,就能树立公道,堵塞私门,把事情办好。

(二)赏罚分明,"中程者赏,缺绳者诛"

《淮南子》认为,既然有了客观的法律,那就应当以法律作为判断是非功过、罪与非罪的标准。无论贵、贱、贤、不肖,都一律平等对待。《主术训》篇说:"悬法者,法不法也;设赏者,赏当赏也。法定之后,中程者赏,缺绳者诛;尊贵者不轻其罚,而卑贱者不重其刑;犯法者虽贤必诛,中度者虽不肖必无罪,故公道通而私道塞矣。"它还特别强调人君行赏罚,不要以自己的爱憎好恶为转移,"国有诛者而主无怒焉,朝有赏者而君无与焉。诛者不怨君,罪之所当也;赏者不德上,功之所致也。"⑫它主张依功而赏,据过而罚,虽顺从自己而无功则不赏,虽违逆自己而无过则不罚。⑬这样,就能达到"赏一人而天下誉之,罚一人而天下畏之"(《氾论训》)的效果。

(三)"摄权势之柄",以"势"制天下

《淮南子》对势的论述也和先秦法家大致相同,认为人君能否使人民服从自己的统治,关键在于自己的权势。它说:"摄权势之柄,其于化民易矣。卫君役子路,权重也;齐桓公臣管晏,位尊也。""尧为匹夫,不能仁化一里,桀在上位,令行禁止。由此观之,贤不足以为治,而势可以易俗明矣。"(《主术训》)由此可知,人君的势位足以服众,而贤不足以服人;有势虽不肖,而可令行禁止,足以制天下。这和慎到的"势治"说如出一辙。

《淮南子》在主张以"势"制天下的同时,也重视君主以"术"治人。"有术则制人,无术则制于人。"(同上)人君有法不用,则乱于下;无术则将受制于人。它认为君臣之间,非有父子之情,骨肉之亲,始终存在着矛盾。怎样解决这种矛盾呢?惟有"执术而御之,则管、晏之智尽矣"[14]。这种观点和先秦"术治"派代表申不害的看法基本相同。

(四)仁义为本,法度为末

如上所述,《淮南子》认为人主要擅势用法,虽处尊位以制臣民,如果不用术,仍不能察奸止乱;必须借术以固势,才能令行而奸止。所以,人君治国,必须法、势、术兼施。这些都说明它基本上吸收了先秦法家的"法治"理论。但它不像法家那样激烈地排斥儒家的仁义说,而是兼容并包,同样把它看成治理国家必不可少的统治手段。

《淮南子》认为,"先王之道",仁义礼乐,实在未可厚非。作为统治方法来说,应以仁义为本,法度为末。《泰族训》篇说:"治之所以为本者,仁义也;所以为末也,法度也。……今不知事修其本,而务治其末,是释其根而灌其枝也。且法之生也,以辅仁义,今重法而弃仁义,是贵其冠履而忘其头足也。"所以,不应本末倒置,轻本重末。在《淮南子》看来,仁义的作用远非法度所及:"民无廉耻,不可治也。非修礼义,廉耻不立,民不知礼义,法弗能正也。"法能诛杀不孝的人,但不能使人"为孔、曾之行";法能惩罚盗窃罪犯,但不能使人"为伯夷之廉"。可见《淮南子》在重法的同时,也不忽视儒家的仁义之说。这说明它重视吸取秦朝鄙视仁义,单纯依靠"法治"而骤亡的教训。

由此可知,法家的理论观点经过整理基本上写进了《淮南子》,可以说,它对儒法两家学说的态度是:兼采儒法,而注重"法治"。

四、贤人执法,"待圣而治"

《淮南子》认为,要治理国家,实施"法治",还必须有善于执法的贤人。三代之法犹存,而世不治者,是由于"无三代之智也"。"故法虽在,必待圣而治;……故国之所以存者,非以有法也,以有贤人也;其所以亡者,非以无法也,以无贤人也。"(《泰族训》)所以,是否任用贤人执法,任用贤人治国,是关系国家治乱存亡的重大问题,"所任者得其人,则国家治,上下和,群臣亲,百姓附;所任非其人,则国家危,上下乖,群臣怨,百姓乱。"(《主术训》)凡是圣明的君主,都"举贤以立功";不肖的君主,都"举其所与同"。周文王任用太公望、召公奭,就成就王业,齐桓公任用管仲隰朋,就称霸诸侯,这就叫做"举贤以立功"。吴王夫差任用太宰嚭(pī痞),以致丧国,秦朝任用李斯、赵高,终于灭亡,这就叫做"举其所与同"。⑯

在实施法律方面,《淮南子》比较注重儒家的人治,强调统治者"其身正,不令而行;其身不正,虽令不从"。所以说,徒法不能以自行,法须待贤而治。特别是君主要带头守法,做全国人民的表率,"是故人主之立法,先自为检式仪表(做出个榜样来),故令行于天下。"⑰

《淮南子》不但主张贤人执法,而且在整个用人路线上主张发挥"众智众力"⑱,实行"兼而用之"的方针。⑲在两千多年前能有这样的见解,确实是难能可贵的。

总的看来,《淮南子》一书是西汉初期文化的理论结晶,是汉初黄老学派政治法律思想的总结。书中道、儒、法等家的观点,已不尽同于先秦诸子原貌,而显现出汉代的特点。如书中吸收了老庄的清静无为思想,但不讲避俗出世,而主张循理而为,积极参预政治;它崇尚儒学,视仁义为本,但不迷信儒家经典;它也讲以法治国,以"术"治人,但法要辅助道德、仁义而行。由此可见,它所阐述的法律思想,比以董仲舒新儒学为基本内容的封建正统法律思想要进步一些。

**注:**
①《汉书·淮南衡山济北王传》:"淮南王安为人好书,鼓琴,不喜弋猎狗马驰骋,亦欲以行阴德拊循百姓,流名誉。招致宾客方术之士数千人,作为《内书》二十一篇,《外书》甚众,又有《中篇》八卷,言神仙黄白之术,亦二十余万

言。时武帝方好艺文,以安属为诸父,辩博善为文辞,甚尊重之。每为报书及赐,常召司马相如等视草乃遣。初,安入朝,献所作《内篇》,新出,上爱祕之。使为《离骚传》,且受诏,日食时上。又献《颂德》及《长安都国颂》。每宴见,谈说得失及方技赋颂,昏莫然后罢。"

②《淮南子·原道训》:"夫道者,覆天载地,廓四方,柝八极,高不可际,深不可测,包裹天地,禀授无形(指万物的生长都是禀授于道)。原流泉浡(涌),冲而徐盈,混混滑滑(汹涌翻腾的样子),浊而徐清。故植之而塞于天地,横之而弥于四海,施之无穷,而无所朝夕。舒之幎(mí 密)于六合(笼罩上下四方),卷之不盈于一握。约而能张,幽而能明,弱而能强,柔而能刚。横四维而含阴阳,紘维系宇宙而章三光(日月星)。……是故达于道者,反于清净,究于物者,终于无为。"

③《淮南子·主术训》:"昔者神农之治天下也,神不驰于胸中,智不出于四域,怀其仁诚之心,甘雨时降,五谷蕃植,春生夏长,秋收冬藏;……其民朴重端悫,不忿争而财足,不劳形而功成,因天地之资而与之和同,是故威厉而不杀,刑错(措)而不用,法省而不烦,故其化如神。……当此之时,法宽刑缓,图圄空虚,而天下一俗,莫怀好心。"

④《淮南子·原道训》:"是故圣人内修其本,而不外饰其末,保其精神,偃(yǎn,掩。停止)其智故,漠然无为而无不为也。澹(淡)然无治也而无不治也,所谓无为者,不先物为也;所谓无不为者,因物之所为。所谓无治者,不易自然也;所谓无不治者,因物之相然(适宜的意思)也。"

⑤《淮南子·修务训》:"或曰:无为者,寂然无声,漠然不动,引之不来,推之不往,如此者,乃得道之像,吾以为不然。……此五圣者,天下之盛主,劳形尽虑,为民兴利除害而不懈。且夫圣人者,不耻身之贱,而愧道之不行,不忧命之短,而忧百姓之穷,是故禹之为水,以身解于阳盱(xū)之河;汤旱,以身祷于桑山之林。圣人忧民如此其明也,而称以无为,岂不悖哉!"

⑥《淮南子·诠言训》:"为治之本,务在安民;安民之本,在于足用;足用之本,在于勿夺时;勿夺时之本,在于省事;省事之本,在于节欲;节欲之本,在于反性。"

⑦《淮南子·主术训》:"衰世则不然。一日而有天下之富,处人主之势,则竭百姓之力,以奉耳目之欲。志专在于宫室台榭,陂池苑囿,猛兽熊黑,玩好珍怪。是故贫民糟糠不接于口,而虎狼熊黑獣(yàn,厌。饱,足。)刍豢;百姓

短褐不完,而宫室衣锦锈。人主急兹无用之功,百姓黎民憔悴于天下,是故天下不安其性。人主之居也,如日月之明也。天下之所同侧目而视,侧耳而听,延颈举踵而望也。是故非澹(淡)薄无以明德,非宁静无以致远,非宽大无以兼覆,非慈厚无以怀众,非平正无以制断。"

⑧《淮南子·主术训》:"上好取而无量,下贪狠而无让,民贫苦而忿争,事力劳而无功,智诈萌兴,盗贼滋彰,上下相怨,号令不行。执政有司不务反道,矫拂其本而事修其末,削薄其德,曾(增)累其刑,而欲以为治,无以异于执弹而来鸟捭(bǎi,两手排击)梲(tuō,托。木棒)而狃犬也,乱乃逾(愈)甚。"

⑨《淮南子·齐俗训》:"夫以一世之变,欲以耦化应时,譬犹冬被葛而夏被裘。夫一仪不可以百发,一衣不可以出岁,仪心应乎高下,衣必适乎寒暑。是故世异则事变,时移则俗易。故圣人论世而立法,随时而举事。尚(上)古之王,封于泰山,禅于梁父,七十余圣,法度不同,非务相反也,时世异也。是故不法其已成之法,而法其所以为法。所以为法者,与化推移者也。夫能与化推移为人者,至贵在焉尔。"

⑩《淮南子·氾论训》:"先王之制,不宜则废之;末世之事,善则著之。是故礼乐未始有常也,故圣人制礼乐,而不制于礼乐。治国有常,而利民为本;政教有经,而令行为上。苟利于民,不必法古;苟周于事,不必循旧。夫夏商之衰也,不变法而亡;三代之起也,不相袭而王。故圣人法与时变,礼与俗化;衣服器械,各便其用;法令制度,各因其宜。故变古未可非,而循俗未足多(赞美的意思)也。百川异源,而皆归于海;百家殊业,百皆务于治。"

⑪《淮南子·主术训》:"治国则不然。言事者必究于法,而为行者必治于官。上操其名,以责其实;臣守其业,以效其功。言不得过其实,行不得踰(逾)其法,群臣辐凑(聚集),莫敢专君。"

⑫《淮南子·主术训》:"是故明主之治。国有诛者而主无怒焉,朝有赏者而君无与焉。诛者不怨君,罪之所当也;赏者不德上,功之所致也。民知诛赏之来,皆在于身也,故务功修业,不受赣(赐给)于君。是故朝廷芜而无迹。田野辟而无草,故太上下知有之。"

⑬《淮南子·缪称训》:"明主之赏罚,非以为己也,以为国也;适于己而无功于国者,不施赏焉;逆于己便于国者,不加罚焉。……治国譬若张瑟,大绞(弦)絚(gēng,耕。紧),则小绞绝矣。故急辔数策者,非千里之御也。有声之声,不过百里;无声之声,施于四海;是故禄过其功者损,名过其实者蔽,情行

合而名副之,祸福不虚至矣。身有丑梦,不胜正行;国有妖祥,不胜善政;是故前有轩冕之赏,不可以无功取也;后有斧钺之禁,不可以无罪蒙也。"

⑭《淮南子·主术训》:"夫臣主之相与也,非有父子之厚,骨肉之亲也,而竭力殊死,不辞其驱者何也？势有使之然也。……是故权势者,人主之车舆也;大臣者,人主之驷马也,体离车舆之安,而手释驷马之心,而能不危者,古今未有也。是故舆马不调,王良不足以取道;君臣不和,唐、虞不能以为治,执术而御之,则管、晏之智尽矣。"

⑮《淮南子·泰族训》:"民无廉耻,不可治也。非修礼义,廉耻不立。民不知礼义,法弗能正也。非崇善废丑,不向礼义。无法不可以为治也,不知礼义,不可以行法。法能杀不孝者,而不能使人为孔、曾之行;法能刑窃盗者,而不能使人为伯夷之廉。孔子弟子七十,养徒三千人,皆入孝出悌,言为文章,行为仪表,教之所成也。墨子服役者百八十人,皆可使赴火蹈刃,死不还(旋)踵,化之所致也。"

⑯《淮南子·泰族训》:"故圣主者举贤以立功,不肖主举其所与同。文王举太公望、召公奭而王,桓公任管仲、隰朋而霸,此举贤以立功也。夫差用太宰嚭而灭,秦任李斯、赵高而亡,此举所与同。故观其所举,而治乱可见也;察其党与,而贤不肖可论也。"

⑰《淮南子·主术训》:"是故人主之立法,先自为检式仪表,故令行于天下。孔子曰:其身正,不令而行;其身不正,虽令不从。故禁胜于身,则令行于民矣。"

⑱《淮南子·主术训》:"而君人者,不下庙堂之上,而知四海之外者,因物以识物,因人以知人也。故积力之所举,则无不胜也,众智之所为,则无不成也。坳(坎)井之无鼋鼍(tuó,即扬子鳄),隘也,园中之无修木,小也。夫举重鼎者,力少而不能胜也。及至其移徙之,不待其多力者。故千人之群无绝梁,万人之聚无废功。"

⑲《淮南子·齐俗训》:"乃至天地之所覆载,日月之所照誋(jì,忌),使各便其性,安其居,处其宜,为其能。故愚者有所修,智者有所不足。柱不可以摘齿,筐不可以持屋,马不可以服重,牛不可以追速,铅不可以为刀,铜不可以为弩,铁不可以为舟,木不可以为釜。各用之于其所适,施之于其所宜,即万物一齐,而无由相过。"

## 第四节　贾谊礼法结合的法律思想

贾谊(前200—前168),洛阳人,西汉初期政治家、思想家。他十八岁时,"以能诵诗书属文,称于郡中"。二十二岁时,经河南郡守吴公的推荐被汉文帝任为博士。不久,迁太中大夫。汉文帝曾一度想提拔他"任公卿之位",但受到周勃、灌婴等守旧大臣的诋毁和排挤,被赶出朝廷,贬为长沙王太傅。虽然他后来被召回京城任梁怀王太傅,但不在公卿之位,很难实现自己的政治抱负,郁郁寡欢,年仅三十三岁就离开了人世。①他的著作,经后人整理《新书》十卷,其中《过秦论》、《论积贮疏》等篇都是有名的政论文章,鲁迅在《汉文学史纲》中誉之为"两汉鸿文,沾溉后人,其泽甚远"。

贾谊生活在西汉初年,他为官的时候,正是史家所称颂的"文景之治"的时代。当时,一般官吏极力歌颂文帝"天下顺治"的功德,而有远见的贾谊却看出当时社会表面上太平无事,其实潜伏着深刻的危机,如同"抱火厝(措)之积薪之下而寝其上,火未及燃,因谓之安"②。他一再提醒文帝,绝不能"以危为安",必须采取积极的措施,"备患于未形","防患于未然"。

贾谊站在地主阶级的立场,为了"建久安之世,成长治之业",曾多次上疏,提出了具体办法,这对于巩固和加强中央集权起了积极作用。从他的著作和建议中,反映出他的法律思想是比较丰富的。

### 一、以秦为鉴,"以民为本"

秦王朝只存在十四年就在农民大起义浪潮的冲击下覆灭了,这对地主阶级来说,是一个极大的震动。汉初,统治阶级对这段历史不断地加以探索,以期找出巩固西汉王朝的途径和"长治久安"的统治方法。

汉初总结秦亡历史教训的著作,以贾谊的《过秦论》最为有名,影响最大。贾谊认为,当秦始皇统一天下的时候,平民百姓都希望得到生命安全,他本应给予人民以休养生息的机会。可是秦始皇却一意孤行,违反人民的意愿,"废王道,立私权",摒弃仁义,严刑酷法,"以暴虐为天下始"。秦始皇死后,当秦二世继位时,臣民们对他寄予莫大希望,可是他反而变本加厉,沿着他父亲秦始皇残暴的道路越走越远,"繁刑严诛,吏治深刻;赏罚不当,赋敛亡(无)度",使国家陷入危机四伏的境地。在贾谊看来,秦朝灭亡的原因,主要在于光用暴力,而不能很好地运用软硬两手的统治方法。他认为暴力只能用之于攻,而不能用之于守,"夫并兼者高(推崇)诈力,安定者贵顺权",在已经取得天下之后,治理天下就要"贵顺权",行仁义之道,这就是他所说的"取与攻守不同术"。③

贾谊从秦亡的历史教训中,深刻地认识到人民的威力。同一切剥削阶级思想家一样,贾谊也是看不起劳动人民的。他说:"夫民之为言也,瞑也;萌(氓)之为言也,盲也。"(《新书·大政下》,下引此书只注篇名)即劳动人民都是愚昧无知的,如同瞎子一样。但是,他认识到人民是"万世之本","闻之于政也,民无不为本也,国以为本,君以为本,吏以为本。故国以民为安危,君以民为威侮,吏以民为贵贱。此之谓民无不为本也。"(《大政上》)这说明贾谊懂得统治阶级离开了劳动人民就不能生存的道理。他反复劝告西汉统治者要重本,不要轻本,"轻本不祥,实为身殃"。(同上)贾谊以民为本的理论还包括下列几项内容:

第一,国家的兴亡,决定于是否得到人民的拥护。贾谊认为,统治者要想维护和巩固自己的政权,就必须得到人民的拥护,否则,将被人民所抛弃。他得出的一个结论是:"故自古至于今,与民为仇者,有迟有速,而民必胜之。"(同上)

第二,民多势重,不可欺侮。贾谊说:"夫民者,万世之本也,不可欺。"(同上)他深刻地认识到,强大的秦王朝是被那些揭竿而起的广大农民推翻的。他们振臂一呼,"不用弓戟之兵,钽(锄)耰(yōu,古代一种农具名)白梃,望屋而食(到处就食,指没有军粮准备),横行天下"(《过秦论》),显示出无比强大的力量。这种强大的力量是不可抗拒的,是"不可欺"的。

第三,统治者必须"爱民"。贾谊以为要想人民归附,首先必须爱民,"弗爱则弗附"。他甚至提出以是否爱民作为衡量官吏功过、忠奸的标准,"故夫为人臣者,以富乐民为功,以贫苦民为罪。故君以知贤为明,吏以爱民为忠"(《大政上》)。在贾谊看来,爱民就必须"与民以福","与民以财",让人民得到实际好处,然后才能获得人民的拥护。

贾谊的"以民为本"论,实际上是秦末农民大革命的胜利在思想战线上的反映,它在客观上对于促进农业的发展有一定作用。

### 二、"立经陈纪",刑不上大夫

汉初统治者在承袭秦王朝既定的封建政治、经济制度的基础上,主张不生事,不扰民,因循苟安,维持统治,不再改弦更张,多所创建。贾谊则认为,在总结秦朝速亡教训的基础上,应当一反秦道而行之,改革汉朝所沿袭秦朝的一些制度。他提出了"变化因时"、"立经陈纪",建立起严格的封建等级制度的主张。他说:"是以君子为国,观之上古,验之当世,参以人事,察盛衰之理,审权势之宜;去就有序,变化因时;故旷日长久,而社稷安矣。"(《过秦论》)这就是说,法律制度不是一成不变的,而是要适应时势的变化,创造出适合当时情况的法律制度。贾谊向汉文帝建议,确立封建准则,颁布法纪:"立经陈纪,轻重同得,后可以为万世法程。"⑤这体现了地主阶级在取得全国政权后,需要建立一种适应地主阶级根本利益的"长治久安"的政治法律制度的要求。

据《汉书》记载,贾谊曾提出了"定制度,兴礼乐"⑥的主张,其基本内容是要确立以尊君为中心的封建等级制度,人们各按其尊卑贵贱的等级名分行事。"夫立君臣,等上下,使父子有礼,六亲有纪,此非天之所为,人之所设也。夫人之所设,不为不立,不植则僵(倒下),不修则坏。"(《汉书·贾谊传》)在贾谊看来,在这种严格的封建等级制中,皇帝至高无上,惟我独尊,他尊贵得像巍峨的殿堂,群臣像台阶,民众是低地。从公、卿、大夫、士,一直到民众,等级分明,不可逾越。⑦

由于贾谊主张上下、尊卑、贵贱之间要有严格的等级界限,因此统治者和被统治者在法律面前也不应当平等。他明确提出了"黥劓之罪不及大夫"的主张,并在《治安策》(见《汉书·贾谊传》)中反复地论述了这种思想主张。

在贾谊看来,欲投鼠而忌器。"刑不上大夫",是因为他们离皇帝不远,不能因为"投鼠"而损伤"器物"。他说:"廉耻节礼以治君子,故有赐死而亡(无)戮辱。是以黥劓之罪不及大夫,以其离主上不远也。"像王侯、三公这些贵人,都是皇帝所要敬重而以礼相待的人,对他们怎么能像对普通人一样施加各种刑罚呢!"赐之死可也,灭之可也",而不可"詈骂而榜笞(捶打)之"。

贾谊认为,必须严格区分"卑贱者"和"尊贵者",使"卑贱者"承认"尊贵者"同他们在社会地位上有原则的不同。因此,"卑贱者"和"尊贵者"在法律上也不应当平等。这充分表现出贾谊维护地主阶级的法律特权和轻视劳动人民的思想。

对于"尊贵者"触犯法律如何处理的问题,贾谊向文帝提出了具体的建议:

第一,大臣犯有小罪者,"闻谴何(呵)则白冠(出丧戴的帽子)牦缨,盘水加剑(古代请罪的一种形式),造请室(请罪的房间)而请罪耳,上不执缚系引而行也",即听到谴责、叱骂,就穿上丧服,表示服罪,但皇帝不叫人把大臣绑起来牵走。

第二,大臣犯有中罪者,"闻命而自弛(自毁容貌表示服罪),上不使人颈戾而加也",即自毁容貌表示认罪,但皇帝不叫人砍他的头。

第三，大臣犯有大罪者，"闻命则北面再拜，跪而自裁（自杀），上不使捽抑（揪住头发往下按）而刑之也"，即朝北跪拜表示认罪，然后自杀，但皇帝不叫人按住大臣的脑袋行刑。

这些都是贾谊提出的贯彻法律不平等原则的具体办法。

贾谊鼓吹"黥劓之罪不上大夫"，法律不应平等的目的，一方面是为了尊君，对皇帝所敬重的大臣，"贱人安宜得如此而顿辱之哉！"另一方面是企图用所谓"礼义廉耻"来束缚臣下，进而使他们能够做到"诚死社稷"，"诚死君上"，为西汉王朝卖命。

文帝接受了贾谊的这个建议。《汉书·贾谊传》说："上深纳其言，养臣下有节。是后大臣有罪，皆自杀，不受刑。"

### 三、礼义为先，礼法结合

贾谊生活的西汉初期，统一的封建王朝已经建立起来了。他根据时势的变迁，提出礼治和礼法结合的理论，并要求把它制度化，具体贯彻到实际政治中去。正如章太炎所说的那样："贾生之学，疏通知远，得之诗书，修明制度，得之于礼，非章句训古之学也。"（《春秋左传读叙录》）

贾谊严厉地谴责秦不讲礼义廉耻，只是孜孜求利，民俗日败。⑧他认为，汉兴以来，秦的遗风余俗"犹尚未改"，"弃礼义，捐廉耻"之风，日甚一日。社会秩序混乱，人们为追逐私利而不顾一切，"今其甚者杀父兄矣。盗者剟（duō，割取）寝户之帘，搴（拔取）两庙之器，白昼大都之中剽（抢劫）吏而夺之金。"（《汉书·贾谊传》）而且世俗以是否富贵为评价时人的标准，"富民不为奸而贫为里骂"，"俗之邪至于此矣"⑨。针对这种情况，贾谊认为不仅要进行一系列制度上的改革，更重要的还在于兴教化，讲礼义，并使礼法结合起来，充分发挥它们维护封建统治的作用。

在贾谊看来，统治者采取什么样的统治方法极为重要，"人主之所积,在其取舍。以礼义治之者,积礼义;以刑罚治之者,积刑罚。刑罚积而民怨背,礼义积而民和亲。"(《汉书·贾谊传》)历代君主统治人民有的采用礼义教化,有的采用刑罚,但其效果是不一样的:采用礼义教化的则"民和亲",采用刑罚的则"民怨背"。

所以,贾谊特别重视礼和礼义教化。他以为礼是封建等级制的法则条规和道德规范,是统治者治国平天下的根本。"礼者,所以固国家,定社稷,使君亡(无)失其民者也。"[⑩]他还重视君臣关系中贯彻礼义道德的原则,认为只有君待臣以礼,臣才能事君以忠。皇帝"遇之有礼,故群臣自熹(喜);婴以廉耻,故人矜节行";君主行义,臣下就会"顾行而忘利,守节而仗义"[⑪]了。贾谊把社会各阶层之间的关系都与礼义道德原则紧密联系起来,要求做到"君仁臣忠,父慈子孝,兄爱弟敬,夫和妻柔,姑慈妇听"。(《礼》),这是贾谊心目中最理想的礼治社会。

贾谊虽然特别重礼,但也不忽视法,而是主张礼法结合。他向文帝上疏说:"凡人之智,能见已然(已经发生的事),不能见将然(将要发生的事)。夫礼者禁于将然之前,而法者禁于已然之后,是故法之所用易见,而礼之所为生难知也。"(《汉书·贾谊传》)这是说礼侧重于教化,使人为善,以"防患于未然",其效果很难一时看到;而法则侧重于罚恶,使人畏惧,以惩戒于后,其作用是显而易见的。虽然礼和法的作用不同,但对统治者来说,都是统治人民的工具,必须把二者结合起来,互为补充,共同发挥作用。然而,礼和法比较起来,贾谊认为礼的作用大于法,因为礼能"绝恶于未萌,而起教于微眇(细小),使民日迁善远罪而不自知也"(同上)。可见礼有一种特殊的作用,即"绝恶于未萌",使人民根本没有"为恶"、"作乱"的思想。所以,贾谊主张,统治人民不能单靠刑罚[⑫],主要是靠礼义教化。

在贾谊看来,礼和法这两种统治术,礼固然比法要高明一些,但它们同是统治人民必不可少的工具,"庆赏以劝善,刑罚以惩恶"，自古以来就是二者同时兼用的，当今也不应怀疑，"岂顾不用哉"！[13]所以，统治者在重礼的同时，也必须用法，"建法以习之，设官以牧之"(《服疑》)，"缘法循理谓之轨"(《道术》)。有了法，人民有所遵循，按照一定的行为准则行事，才能维护封建秩序，使"人定其心"，大家都服从地主阶级的统治。

但是，统治者依据什么去行使法度，引导人民服从呢？贾谊继承了先秦儒家德主刑辅的思想，主张先用礼义教化，而后再用刑罚。他认为，"化与心成，故中道若性"(《汉书·贾谊传》)，即人们的思想随着教化而形成，所以行为合乎道义就像出自本性一样。三代统治的时间为什么那样长久呢？就是因为统治者对人民实行礼义教化。到了秦朝就不是这样了，他们不"贵礼义"而"尚刑罚"[14]，所以很快就灭亡了。他特别指出："夫心未滥而先谕教，则化易成也"[15]，在人们思想还没有变坏以前就开导他们，教育他们，教化就容易成功。

贾谊认为，治国应当加强礼义教化，施行仁政，才能减少狱讼，即所谓"兴礼乐，然后诸侯轨道，百姓素朴，狱讼衰息"(《论定制度兴礼乐疏》)。在《修政语》中，贾谊特别阐述了这种德主刑辅的思想。[16]

对于施行诛杀、刑罚，贾谊完全承袭了先秦儒家慎刑慎杀的思想，认为"诛杀不当辜，杀一匹夫，其罪闻皇天"[17]。即只是杀戮一个无罪的人，也会为"天"所不容。

贾谊的礼法结合的思想，反映出他吸取了秦朝灭亡的教训，主张在统治人民时兼用教化和暴力两手，而重点放在教化方面。他对文帝说：如果有人说礼义不如法令，教化不如刑罚，那何不"引殷、周、秦事以观之也"[18]。

贾谊的礼法结合的思想，在当时已贯彻到实际立法之中。《汉书·贾谊传》说：文帝时"诸法令所更定，及列侯就国，其法皆贾谊发之"。这种礼法结合的思想对后世有较大影响。

### 四、主张削藩,维护中央集权

在楚汉战争时期,汉高祖刘邦为了战胜项羽,争取力量,曾把一些实力强大的将领分封为王。他们领地很广,"多者百余城,少者乃三四十县,德至渥也。然其后十年之间,反者九起,几亡(无)天下者五六。"(《亲疏危乱》)在西汉王朝建立以后的七年里,刘邦采用各种方式和手段,先后消灭了齐王韩信、梁王彭越、淮南王黥布等七个异姓诸侯王。在消灭异姓王的同时,刘邦又分封了九个同姓王,企图利用血缘宗族关系以加强统治。然而,当这些诸侯王长大以后,"血气方刚",羽翼丰满,他们自己就想当皇帝了。[19]他们"废先帝法,不听天子诏","出入拟于天子,擅为法令,不用汉法"(《史记·淮南王衡山列传》),实际上掌握着王国内的政治、军事、经济大权,独自发号施令,"制大权以逼天子"。刘邦在位时,主要是中央政权同异姓王的矛盾;到文帝时,同姓王便成为主要威胁了。这些同姓王,"大者五六郡,连城数十"(《汉兴以来诸侯王年表序》)。齐有七十二城,楚有四十城,吴有五十三城,这三个诸侯王国的面积,几乎"分天下半"(《史记·吴王濞列传》)。诸侯王势力的日益强大,严重地威胁着中央政权的安全。

贾谊最先看到同姓诸侯王势力膨胀的危险,向文帝建议:必须迅速改变这种"本末舛逆"、"尾大不掉"的局面。他做了一个形象的比喻:诸侯王势力的膨胀强大,如同一个人得了"大瘇"病,小腿肿得像腰那么粗,而一个指头就肿得像大腿那么大。如果不及时治疗,必然恶化,成为痼疾,以后即使有扁鹊那样的名医,也无能为力了。[20]

贾谊研究了汉初诸侯王反叛的情况,认为他们反叛的根本原因,在于他们的势力太大,权力太重,"既已令之为藩臣矣,为人臣下矣,而厚其力,重其权,使有骄心而难服从也"(《藩伤》)。他得出的结论是:强者先反,弱者后反,力小者不反。[21]这样,贾谊就为削

249

藩政策找到了根据。

怎样进行削藩呢？贾谊认为，对进行分裂活动的诸侯王，必须施行"权势法制"，即运用国家政权和法律的力量，削弱诸侯王的实力，而不能靠仁义的说教。他用宰牛做比喻：擅长宰牛的人，由于他下刀宰割之处都是牛身上那些容易支解割断的地方，所以其"芒刃不顿（钝）"。至于碰到大骨头，就要用砍刀斧头。他说："夫仁义恩厚，人主之芒刃也；权势法制，人主之斤斧也。今诸侯王皆众髋（kuān，胯骨）髀（bì，大腿骨）也，释斤斧之用，而欲婴以芒刃，臣以为不缺则折。"（《汉书·贾谊传》）现在的诸侯王都好比是"大骨头"，所以对付"大骨头"只能用大斧头，即用"权势法制"进行镇压，才能解决问题，而不能依靠什么"仁义恩厚"。

贾谊从当时具体的历史条件出发，认为最根本的解决办法是"众建诸侯而少其力"，即将每一个诸侯王国"划大为小"，划分成许多力量很小的诸侯国，封给原来诸侯王的子弟，以分散和削弱诸侯王的势力。这样，封国小了，力量弱了，也就容易控制。"力少则易使以义，国小则亡（无）邪心"，他们就会服从，从而保证中央政权能统治全国，以达到天下长治久安的目的。② 后来，文帝采纳了贾谊的这种削藩办法，把最大的齐国一分为七，把淮南国一分为三，初步分散和削弱了诸侯王的势力。

这种削藩政策，体现了维护中央集权的立场，对巩固封建国家的统一起了积极的作用。历史经验证明，没有统一的中央集权的封建国家，就不可能巩固封建制的经济基础和发展文化事业。

如上所述，贾谊的思想学说是为封建统治的"长治久安"服务的，反映了汉初统治者安定社会秩序，巩固中央集权制度的根本利益。但是，由于当时黄老"无为而治"思想还占主导地位，所以他的主张没有完全实现。四十年后封建大一统的局势已经形成的时候，他的思想主张在汉武帝的政策中就较全面地得到了体现，并由董仲舒进一步加以发展了，从而使儒家学说取得了独尊的地位。

**注：**

①《汉书·贾谊传》："贾谊，洛阳人也，年十八，以能诵诗书属文称于郡中。河南守吴公闻其秀材，召置门下，甚幸爱。文帝初立，闻河南守吴公治平为天下第一，故与李斯同邑，而尝学事焉，征以为廷尉。廷尉乃言谊年少，颇通诸家之书。文帝召以为博士。

是时，谊年二十余，最为少。每诏令议下，诸老先生未能言，谊尽为之对，人人各如其意所出。诸生于是以为能。文帝说（悦）之，超迁，岁中至太中大夫。

谊以为汉兴二十余年，天下和洽，宜当改正朔，易服色制度，定官名，兴礼乐。乃草具其仪法，色上（尚）黄，数用五，为官名悉更，奏之。文帝谦让未皇（遑）也。然诸法令所更定，及列侯就国，其说皆谊发之。于是天子议以谊任公卿之位。绛、灌、东阳侯、冯敬之属尽害之，乃毁谊曰：'洛阳之人年少初学，专欲擅权，纷乱诸事。'于是天子后亦疏之，不用其议，以谊为长沙王太傅。"

"后岁余，文帝思谊，征之。……乃拜谊为梁怀王太傅。怀王，上少子，爱，而好书，故令谊傅之，数问以得失。"

"梁王胜坠马死，谊自伤为傅无状，常哭泣，后岁余，亦死。贾生之死，年三十三矣。"

②《汉书·贾谊传》："臣窃惟事势，可为痛哭者一，可为流涕者二，可为长太息者六，若其它背理而伤道者，难徧（遍）以疏举。进言者皆曰天下已安已治矣，臣独以为未也。曰安且治者，非愚则谀，皆非事实知治乱之体者也。夫抱火厝（措）之积薪之下而寝其上，火未及燃，因谓之安，方今之势，何以异此？"

③《新书·过秦论》："秦王怀贪鄙之心，行自奋之智，不信功臣，不亲士民，废王道，立私权，禁文书而酷刑法，先诈力而后仁义，以暴虐为天下始。夫并兼者高诈力，安定者贵顺权，此言取与守不同术也。"

"二世……重之以无道。坏宗庙与民，更始作阿房宫；繁刑严诛，吏治深刻，赏罚不当，赋敛无度；天下多事，吏弗能纪（办理）；百姓困穷，而主弗收恤。然后奸伪并起，而上下相遁（互相推脱责任）；蒙罪者众，刑戮相望于道，而天下苦之。"

④《新书·大政上》:"故君子之贵也,与民以福,故士民贵之;故君子之富也,与民以财,故士民乐之。"

⑤《汉书·贾谊传》:"立经陈纪,轻重同得,后可以为万世法程,虽有愚幼不肖之嗣,犹得蒙业而安。……臣谨稽之天地,验之往古,按之当今之务,日夜念此至孰也,虽使尧、舜复生,为陛下计,亡(无)以易此。"

⑥《汉书·贾谊传》:"谊以为汉兴二十余年,天下和洽,宜当改正朔,易服色制度,定官名,兴礼乐。乃草具其仪法,色上(尚)黄,数用五,为官名悉更,奏之。"

⑦《汉书·贾谊传》:"人主之尊譬如堂群臣如陛(台阶),众庶如地。故陛九级上,廉(殿堂垒起的地基的边沿)远地,则堂高;陛亡(无)级,廉近地,则堂卑。高者难攀,卑者易陵(凌),理势然也。故古者圣王制为等列,内有公卿大夫士,外有公侯伯子男,然后有官师小吏,延及庶人,等级分明,而天子加焉,故其尊不可及也。"

⑧《汉书·贾谊传》:"商君遗礼义,弃仁恩,并心于进取,行之二岁,秦俗日败。故秦人家富子壮则出分(指分家),家贫子壮则出赘。借父耰锄,虑有德色;母取箕帚,立而谇(责骂)语。抱哺其子,与公并倨(踞);妇姑不相说(悦),则反唇而相稽。其慈子耆(嗜)利,不同禽兽者亡(无)几耳。然并心而赴时,犹曰蹶(挫败)六国,兼天下。功成求得矣,终不知反(返)廉愧之节,仁义之厚。信并兼之法,遂进取之业,天下大败。"

⑨《新书·时变》:"富民不为奸而贫为里骂,廉吏释官而归为邑笑;居官敢行奸而富为贤吏,家处者犯法为利为材士。故兄劝其弟,父劝其子,则俗之邪至于此矣。"

⑩《新书·礼》:"礼者,所以固国家,定社稷,使君亡(无)失其民者也。主主臣臣,礼之正也;威德在君,礼之分也;尊卑大小,强弱有位,礼之数也。礼,天子爱天下,诸侯爱境内,大夫爱官属,士庶各爱其家,失爱不仁,过爱不义。故礼者,所以守尊卑之经、强弱之称者也。"

⑪《汉书·贾谊传》:"遇之有礼,故群臣自熹(喜);婴以廉耻,故人矜节行。上设廉耻礼义以遇其臣,而臣不以节行报其上者,则非人类也。故化成俗定,则为人臣者主耳忘身,国耳忘家,公耳忘私,利不苟就,害不苟去,唯义所在。上之化也,故父兄之臣诚死宗庙,法度之臣诚死社稷,辅翼之臣诚死君上,守圉扞敌之臣诚死城郭封疆。故曰圣人有金城者,此物此志也。彼且为我死,

故吾得与之俱生;彼且为我亡,故吾得与之俱存;夫将为我危,故吾得与之皆安。顾行而忘利,守节而仗义,故可以托不御之权,可以寄六尺之孤。此厉廉耻行礼谊(义)之所致也,主上何丧焉!"

⑫《新书·大政下》:"刑罚不可以慈民,简泄不可以得士。故欲以刑罚慈民,辟(譬)其犹以鞭狎(亲近)狗也,虽久弗亲矣。"

⑬《汉书·贾谊传》:"若夫庆赏以劝善,刑罚以惩恶,先王执此之政,坚如金石,行此之令,信如四时,据此之公,亡(无)私如天地耳,岂顾不用哉?"

⑭《汉书·贾谊传》:"及秦而不然。其俗固非贵辞让也,所上(尚)者告讦也;固非贵礼义也,所上者刑罚也。使赵高傅胡亥而教之狱,所习者非斩劓人,则夷人之三族也。故胡亥今日即位而明日射人,忠谏者谓之诽谤,深计者谓之妖言,其视杀人若艾(刈)草菅然。"

⑮《汉书·贾谊传》:"夫心未滥而先谕教,而化易成也,开于道术智谊之指(旨),则教之力也,……夫胡、粤之人,生而同声,耆(嗜)欲不异,及其长而成俗,累数译(多次翻译)而不能相通,行者有虽死而不相为者,则教习然也。"

⑯《新书·修政语下》:"和可以守而严可以守,而严不若和之固也;和可以攻而严可以攻,而严不若和之得也;和可以战而严可以战,而严不若和之胜也。则唯由和而可也。故诸侯发政施令,政平于人者,谓之文政矣;诸侯接士而使吏,礼恭于人者,谓之文礼矣;诸侯听狱断刑,仁于治,陈于行。其由此守而不存,攻而不得,战而不胜者,自古而至于今,自天地之辟也,未之尝闻也。"

⑰《新书·耳痹》:"故天之诛伐,不可为广虚幽闲,攸远亡(无)人,虽重袭石中而居,其必知之乎! 若诛罚顺理而当辜,杀三军而亡(无)咎;诛杀不当辜,杀一匹夫,其罪闻皇天。故曰:天之处高,其听卑,其牧芒,其视察。故凡自行,不可不谨慎也。"

⑱《汉书·贾谊传》:"秦王之欲尊宗庙而安子孙,与汤、武同,……汤、武置天下于仁义礼乐,而德泽洽,禽兽草木广裕,德被蛮貊四夷,累子孙数十世,此天下所共闻也。秦王置天下于法令刑罚,德泽亡(无)一有(一点也没有),而怨毒盈于世,下憎恶之如仇雠,祸几及身,子孙殊绝,此天下之所共见也。"

⑲《新书·宗首》:"然而天下少安者,何也? 大国之王幼在怀衽,汉所置傅相方握其事。数年之后,诸侯大抵皆冠,血气方刚,汉之所置傅归休而不肯住(仕),汉所置相称病而赐罢,彼自丞尉以上遍置其私人。"

⑳《汉书·贾谊传》:"天下之势方病大瘇(脚肿病)。一胫之大几如要

(腰),一指之大几如股,平居不可屈信(伸),一二指搐,身虑亡(无)聊(无所依靠)。失今不治,必为痼疾,后虽有扁鹊,不能为已。"

㉑《汉书·贾谊传》:"臣窃迹前事,大抵强者先反。淮阴王楚最强,则最先反;韩信倚胡,则又反;贯高因赵资,则又反;陈豨兵精,则又反;彭越用梁,则又反;黥布用淮南,则又反;卢绾最弱,最后反。长沙乃在(才)二万五千户耳,功少而最完,势疏而最忠,非独性异人也,亦形势然也。"

㉒《汉书·贾谊传》:"然则天下之大计可知已。欲诸王之皆忠附,则莫若令如长沙王;欲臣子之勿菹醢(zū hǎi,菹海。古代把人剁成肉酱的酷刑),则莫若令如樊、郦等;欲天下之治安,莫若众建诸侯而少其力。力少则易使以义,国小则亡(无)邪心。令海内之势如身之使臂,臂之使指,莫不制从。诸侯之君不敢有异,辐凑(聚集)并进而归命天子。……割地定制,令齐、赵、楚各为若干国,使悼惠王、幽王、元王之子孙毕以次各受祖之分地,地尽而止,及燕、梁它国皆然。"

## 第五节 封建正统法律思想的形成和发展

### 一、封建正统法律思想的形成

西汉初期,经过高祖、惠帝、吕后、文帝、景帝各代以黄老之学为指导的统治,在近七十年间,社会经济得到恢复和发展,劳动人民创造了大量的财富,国家已拥有雄厚的财力和物力。同时,由于西汉王朝采取削藩政策,在平定吴楚七国之乱后,地方诸侯王的实力已大为削弱,中央政权日益巩固,逐渐形成了封建大一统的局面。在这种情况下,具有"雄才大略"的汉武帝,对待西汉社会存在的各种矛盾,自然不会听之任之,消极无为。他一反其先辈的妥协态度,采取积极有为的政策,"外事四夷,内兴功利",急功进取。这样,原来那种"无为"的黄老之学,势必不能再继续推行了,而维护封建大一统和专制皇权的董仲舒新儒学便应运而生;同时以这种新儒学为基础,形成了封建正统法律思想。

从社会思想发展的规律来看,封建正统法律思想的形成经历了一个漫长的过程。

春秋末期,儒家学派的创始者孔子主张以礼治国,寓法于礼;注重伦理纲常,维护等级特权;倡导德主刑辅,先教后刑。

战国中期的孟子继承和发展了孔子的思想,认为人君只有实行"仁政"和"以德服人"的王道,才能统一天下。所以,他反对"杀人以政",强调"教以人伦",重视道德的感化作用,否定专恃刑罚。

到战国后期,中国正当由诸侯割据称雄的封建国家走向专制主义的封建国家的前夜,诸子百家的政治法律主张,经过斗争实践的检验,已经证明:儒家那套"德治"、"仁政"的思想主张,在现实政治中行不通,被人们称之为迂腐之见;而法家"以法治国"的学说,在各国变法运动中却显示出巨大的威力和功效。这种政治现实给予当时的儒家代表人物荀子以强烈影响。他抛弃儒家一些不合时宜的思想,批判地吸收各家学说的精华,特别是把法家的"法治"思想纳入儒家的思想体系,明确提出了既"隆礼"又重法的思想主张。一方面他赋予礼以新的内容,使之成为划分和维护封建等级的工具;另一方面又主张将礼法融合起来,使之成为相辅相成的维护封建统治的两种统治工具。这表明封建地主阶级的政治法律思想日益臻于完善和成熟。由此可见,荀子对儒家政治法律思想的改造具有重要意义,可以说,这种改造是儒家政治法律思想转变过程中的一个重要环节。西汉中期开始形成的封建正统法律思想,在很大程度上受到了荀子思想的影响。

秦在法家理论指导下统一中国。秦王朝建立后,利用政权的力量,在文化思想上实行"统一",特别对儒家采取严厉打击的政策,儒学遂一蹶不振。然而,意识形态的发展有其自身的规律,政治权力对于意识形态的干预和改造,如果违反了这种规律,必然要失败。当战国末期已形成全国统一的形势时,意识形态领域也在酝酿着为封建制度服务的思想的统一。秦王朝建立后,其统治者却无视意识形态发展的这种规律,企图依靠政治权力来树立法家学说的绝对权威,并禁绝其他各家学说,其效果必然是适得其反。

秦王朝的灭亡,对刚刚登上全国政治舞台的地主阶级来说,是一个极大的震动。在这种形势下,继秦而起的西汉王朝,如何维护和巩固地主阶级政权,防止再度爆发大规模农民起义,就成为封建统治阶级最关心的问题和最重要的任务。汉代的法律思想,就是围绕这一最重要任务的解决而发展的。

如前所述,在西汉初期,统治者终于找到了"治道贵清静而民自定"的黄老学说,作为治国的指导思想,并获得暂时的成功。

汉初统治者在提倡黄老学说时,也兼采儒、法各家的思想,以期更有效地统治天下。在由黄老过渡到董仲舒新儒学的过程中,贾谊是一位颇为重要的人物。"汉承秦制",西汉初年统治者主张在承袭秦王朝既定的政治、经济制度的基础上,不生事,不扰民,因循苟安,维持统治,不再改弦更张,多所创建。贾谊则认为,在总结秦朝灭亡的教训的基础上,应当一反秦道而行之。他主张"悉更秦之法",用儒家精神改革汉初所沿袭秦朝的一些制度,"立经陈纪,为方世法程"(《汉书·贾谊传》),创立适合当时情况的政治法律制度,以改变"制度疏阔"的状况。

为"群儒之首"的董仲舒,是西汉中期儒家最重要的代表人物,人称"汉代孔子"。他是中国历史上最早、最完备而又最系统地神化以孔子为代表的儒家思想,全面论证封建制度的合理性和永恒性的思想家。他所创造的新儒学已不同于先秦的儒学,它以儒为主,儒法合流,并吸收了道家、阴阳五行家以及殷周天命神权等各种有利于维护封建统治的思想因素。从法律思想方面来看,董仲舒新儒学的出现,反映出地主阶级的法律思想已初步完善,封建正统法律思想已经形成。这种封建正统法律思想,完全适应了地主阶级加强专制皇权和统治人民的政治需要,成为他们"长治久安"、巩固封建统治的思想武器。

## 二、封建正统法律思想的基本内容

我们从封建正统法律思想形成过程中可以看出，它的基本内容有下列几项：

(一)皇权至上，法自君出

秦始皇建立起以君主专制为核心的中央集权制度，皇帝大权独揽，自然是言出法立，即所谓"命为制，令为诏"(《史记·秦始皇本纪》)，全体臣民必须严格遵守。秦始皇的诏令，具有至高无上的权威，它可以取消法律，更改法律，补充法律，代替法律。这种法自君出的思想，为历代封建统治者所继承，一直成为各封建王朝立法的一项基本原则。

在封建制度下，君主的言论是金科玉律，神圣不可侵犯，决不允许阳奉阴违，抗拒不从。特别是董仲舒，为了神化皇权，进一步对法自君出作了神学的论证。他认为君主是代表上天来统治人世的，"天子受命于天，天下受命于天子"(《春秋繁露·为人者天》)，"王者承天意以从事"(《春秋繁露·尧舜汤武》)，君主的言论和命令体现了天的意志，全体臣民必须服从，否则就是违反"天意"。

为了维护皇权，确保君主的权力及其人身的绝对安全，历代封建王朝都从立法方面作了严格规定。从汉代起，就出现了所谓谋反、谋大逆、大不敬等罪名。汉魏诸朝因谋反、谋大逆、大不敬而死者，颇不乏人。到隋代，则将谋反、谋大逆正式确定为"十恶"中第一、第二大罪。唐律集封建法律之大成，对谋反、谋大逆分别作了详细的说明，并规定了严厉的刑罚。①

(二)应经合义，礼法融合

儒家思想主要源于西周的礼治。礼重尊卑贵贱，等级森严。西周礼治在法律上集中表现为"礼不下庶人，刑不上大夫"(《礼记·曲礼上》)。

春秋战国时期，儒家主张礼治，法家主张"法制"，两相对峙，争鸣不已。到战国末期,荀子开始把礼法融合起来:"礼者,法之大分(本),类之纲纪也。"(《荀子·劝学》)承认礼中有法,法出于礼。实际上他是礼法融合的先行者。

在由秦"专任刑罚"转变到黄老"无为"的这一过渡阶段中,贾谊是一位力主礼法融合的重要人物。他是试图把儒家礼治理论具体化、制度化、法律化,并力求付诸实践的第一人。他主张"法制度","兴礼乐","悉更秦之法"(《汉书·贾谊传》);他用儒家精神改革法律,突出地反映出他的以礼入法的观点;他的"黥劓之罪不及大夫"(同上)的主张,也反映了儒家法有差等、同罪异法的思想。

董仲舒的新儒学,具有以儒为主、儒(礼)法合流的特点。他还是将儒家经义应用于法律实践的第一人,他的《春秋》决狱较集中地体现了汉代礼法融合的趋势。由于董仲舒以经义决狱,以经代律,使儒家思想在法律领域也占据重要地位,从而奠定了礼法融合的基础。

(三)"三纲"是封建立法的根本原则

在我国历史上,"君为臣纲,父为子纲,夫为妻纲"(简称"三纲")是维护封建君主专制制度的精神支柱和制订封建法律的根本原则。

远在春秋末期,孔子就主张实行维护君、父等级特权的礼治,强调各级贵族必须严格遵守周礼所规定的"君君、臣臣、父父、子子"(《论语·颜渊》)的等级名分,大家各安其位,从而导致政治的稳定。继孔子之后,战国时期儒家的代表人物孟子和荀子对君臣、父子的关系都有所论述,他们都继承和发展了孔子的思想。集先秦法家学说之大成者韩非,从维护封建等级制的立场出发,对君臣、父子、夫妇的关系作了如下的归纳:"臣事君,子事父,妻事夫,三者顺则天下治,三者逆则天下乱,此天下之常道也。"(《韩非子·忠孝》)

西汉中期,倡导新儒学的董仲舒是宣扬"三纲"说的重要代表人物。他根据先秦儒家君臣、父子的伦理纲常和韩非的这一"常道",并用阴阳学说加以附会,提出了一套带有神学色彩的"三纲"学说,以维护封建专制主义中央集权制。董仲舒说:"君臣、父子、夫妇之义,皆取诸阴阳之道。君为阳,臣为阴;父为阳,子为阴;夫为阳,妇为阴"。(《春秋繁露·基义》)在他看来,阳尊阴卑,阳贵阴贱,君、父、夫永远是臣、子、妻的绝对统治者。这种关系是上天的安排,是"天意"的体现,"王道之三纲可求于天"。

《白虎通义》则进一步将儒家的"三纲"法典化。何谓"三纲"?它说:"谓君臣、父子、夫妇也。……故《含文嘉》曰:君为臣纲,父为子纲,夫为妻纲。"(《白虎通义·三纲六纪》)《白虎通义》完全承袭了董仲舒神秘的"三纲"说,借以论证皇帝至高无上的权威和封建统治的永恒性。它说:"三纲法天地人,……君臣法天,取象日月屈信(伸),归功天也。父子法地,取象五行转相生也。夫妇法人,取象六合阴阳,有施化端也。"(同上)这里,它把"三纲"说成合乎"天意",是永恒的,正如同日月运行等自然规律一样,是永远不会改变的。

一般地说,在汉代,儒家的"三纲"论已基本形成,不过后来也稍有发展。

儒家鼓吹的"三纲",是以"君为臣纲"为主,"父为子纲"和"夫为妻纲"是从属于"君为臣纲"的。所以,封建统治阶级为了维护君主至高无上的权力,巩固他们的统治,就极力宣扬"三纲"的说教,并使之成为封建立法的根本原则。根据这种根本原则而制订出各种法律、法令,强迫人民遵守,稍有违犯,即严加惩处。如所谓"十恶"罪中,就以属于违反"三纲"的居多,要处重刑或极刑,决不赦宥。由于关于"三纲"的立法特别符合封建统治阶级的需要,所以自两汉到明清,一直为历代统治者所沿用,不过稍有"损益"而已。

儒家的"三纲"说是封建正统法律思想的重要内容,在中国封建社会流传两千多年,其影响极为深远。

### (四)德主刑辅,先教后刑

儒家的德主刑辅主张和周公的"明德慎罚"思想有明显的继承关系。

孔子在主张复周公之礼的同时,又主张德治,强调以德服人,反对以力服人。他说:"道(导)之以政,齐之以刑,民免而无耻;道之以德,齐之以礼,有耻且格。"(《论语·为政》)他把德与礼的统治方法放在第一位,把政与刑的统治方法放在第二位。然而,孔子重道德教化,轻刑罚,只是从相对意义上来说的,实际上他并不否认刑罚的作用。据《孔子家语》记载,孔子说:"化之弗变,导之弗从,伤义以败俗,于是乎用刑矣。"当人民不接受道德教化时,就要对他们动用刑罚了。

孟子继承并发挥了孔子的"德主刑辅"思想,突出强调实施"仁政"的重要性。他认为,统治者只有实行德治,重礼义教化,实行仁政,方能统一天下(见《孟子·公孙丑上》)。

既"隆礼"又重法的荀子,并没有离开儒家德主刑辅的原则。在道德教化和刑罚关系的问题上,他主张先礼后法,先教后刑(见《荀子·富国》)。

西汉初期的思想家,不论其主要思想倾向如何,他们惩亡秦之弊,大都谴责秦朝"专任刑罚",主张把仁义道德作为治国的重要手段。这在"黄老学派的法律思想"一节中已有论述。

董仲舒继承和发展了自孔子以来德主刑辅的思想,突出强调以道德教化作为治国的重要工具;并用阴阳学说来加以阐述,形成一套完整的"阳德阴刑"的德主刑辅论。他说:"教,政之本也;狱,政之末也。其事异域,其用一也。"(《春秋繁露·精华》)这明确地表达了他的德主刑辅的思想。然而,他所主张的德主刑辅有其特色,那就是由天道引伸而来,说天亲阳而疏阴,任德不任刑。他说:"天道之大者在阴阳。阳为德,阴为刑;刑主杀而德主生。……以此见天之任德不任刑也。"(《汉书·董仲舒传》)董仲舒从"天"那里为德主刑辅找到了理论根据:"天"有阳有阴,"大德而小刑"(《春秋繁露·阳尊阴卑》),那么人间也要有德教,有刑罚,而以德教为主。这是他为封建统治阶级设计的一种德刑兼用的统治方法。

儒家德主刑辅思想的发展,到董仲舒时已基本完成。自董仲舒以后,历代一些著名的思想家、政治家的思想主张,如王充的"文武张设";李世民的"明刑弼教";韩愈的"德礼为先而辅以政刑";司马光的"振举纪纲,一遵正法";丘睿的"礼教刑辟交相为用";康熙的"以德化民,以刑弼教";等等,都在一定程度上反映了德主刑辅的思想。儒家的德主刑辅同礼法融合思想相辅相成,它同样是封建正统法律思想的重要内容。

封建正统法律思想一经形成,对中国社会就产生了深刻影响,它逐渐地对封建立法和司法活动起着指导作用,这种状况一直延续了两千年。

**注:**

①《唐律·贼盗律》:"诸谋反及大逆者,皆斩;父子年十六以上皆绞,十五以下及母女、妻妾、祖孙、兄弟、姊妹若部曲、资财、田宅并没官,男夫年八十及笃疾、妇人年六十及废疾者并免;伯叔父、兄弟之子皆流三千里,不限籍之同异。

即虽谋反,词理不能动众,威力不足率人者,亦皆斩;父子、母女、妻妾并流三千里,资财不在没限。其谋大逆者,斩。"

"诸口陈欲反之言,心无真实之计,而无状可寻者,流二千里。"

"诸谋叛者,绞。已上道者皆斩,妻、子流二千里;若率部众百人以上,父母、妻、子流三千里;所率虽不满百人,以故为害者,以百人以上论。

即亡命山泽,不从追唤者,以谋叛论;其抗拒将吏者,以已上道论。"

## 第六节 董仲舒"大德而小刑"的法律思想

董仲舒(前179—前104),广川(今河北枣强县)人,西汉儒家

《春秋》公羊学派的大师。生活于汉武帝即位前后各三十多年。他勤奋好学,景帝时为博士。武帝即位的第二年"举贤良文学之士",武帝亲自主考。董仲舒以"天人三策"获得武帝的称许,被任为江都相,反降为中大夫,以后又为胶西相。他"恐久获罪",以病辞官家居,"以修学著书为事"。他的著作很多,现存的主要有《春秋繁露》和《汉书·董仲舒传》中的《举贤良对策》。①

西汉中期,统治阶级为了巩固大一统局面,加强对人民的思想统治,迫切需要一种为专制皇权服务的新的政治法律理论。武帝在策问贤良的"三制"中,就明确提出如何效法五帝三王"改制作乐"的问题,以及怎样解决"天人相与之际"、修德轻刑的问题。董仲舒善于揣摩武帝的意图,于是在"天人三策"、《春秋繁露》等著述中,以儒家思想为主,并吸收阴阳五行家、法家以及殷周的天命神权等各种有利于维护封建统治的思想因素,创造了一种新儒学。在法律思想方面,他所提出的主张,特别是他所倡导,经《白虎通义》明确昭示于人的"君为臣纲、父为子纲、夫为妻纲"的"三纲",后来成为指导封建立法、司法的基本原则。他所主张的"德主刑辅",则被奉为统治人民的基本方法。董仲舒并对"三纲"和"德主刑辅"作了神秘主义的解释,力图说明它们都符合"天意",同时把它们绝对化、永恒化,终于形成了统治中国达两千年之久的封建正统法律思想。

### 一、维护皇权的《春秋》法统说

董仲舒秉承武帝的旨意,在"天人三策"等著述中,"表《春秋》之义,稽合于律,无乖异者"(《论衡·程材》)。这样经过董仲舒改造和重新解释的儒家思想,就把封建皇权和封建统治的基本原则神圣化、永恒化、合理化了。

在董仲舒心目中,孔子作《春秋》是为后王立法,实际上是为汉立法。所以他特别推崇《春秋》,把它看成治国理民的法典,甚至认为发生杀君亡国之祸,也是由于统治者不明于道,不鉴于《春秋》的缘故。[②]董仲舒自己就是按照《春秋》的"微言大义"行事的,凡是遇到政治、法律等一切疑难问题,他都从《春秋》中找答案,并按照《春秋》精神,从理论上加以论证。

这里,只简略地谈谈他的《春秋》"大一统"思想、"更化"论和"罢黜百家"说。

(一)《春秋》"大一统"思想

战国时代,诸侯纷争,兼并盛行,曾出现过要求统一的"大一统"思想。《春秋》公羊学中就有一种主张大一统的政治哲学。《春秋经》隐公元年说:"春,王正月。"《公羊传》则说:"曷为先言王而后言正月?王正月也。何言乎王正月?大一统也。"董仲舒对"春,王正月"这四个字也作了主观的、神秘的解释,认为"王者欲有所为,宜求其端于天"[③],借以说明君主承天意以行事,具有绝对的权威。

同时,董仲舒又说:"《春秋》大一统者,天地之常经,古今之通宜(义)也。"他所讲的"一统",按照他自己的解释,就是"一统乎天子"的意思。所谓"一统乎天子",也就是要实行君主集权。可见董仲舒所讲的《春秋》大一统,实际上是汉朝大一统。所谓"一统乎天子",就是主张一切权力要集中到汉武帝手里。

(二)"更化"论

董仲舒吸取秦王朝骤亡的历史教训,劝告西汉统治者要革除秦时的弊政,实行"更化"。他认为,汉兴以来,对秦的弊政"循而未改"(见《汉书·食货志》),长此以往,其后果是不堪设想的。董仲舒从维护封建统治的长远利益出发,要求实行"更化"。他说:"为政而不行,甚者必变而更化之,乃可理也。"[④]他把西汉统治者没有治理好天下归之于当"更化"而没有"更化"。怎样进行"更化"呢?那主要是"修饰"仁、义、礼、智、信""五常之道"。这些内容在下文中将要论述。

(三)"罢黜百家",统一思想

董仲舒认为,要维护和发展当时政治、经济上的大一统局面,就必须加强对人民的思想统治,二者是密不可分的。所以,他把统一思想看作一项极为重要的任务。

当时,在阶级矛盾日益显著的情况下,汉初统治者倡导的黄老"无为"思想和与民休息的政策,已失去其维护封建统治的作用,不合时宜了;同时,儒家的仁义、礼乐等学说便逐渐被视为维护封建统治的有效工具了。董仲舒在对策中向武帝提出了以儒家思想统制其他各家的主张:"今师异道,人异论,百家殊方,指(旨)意不同,是以上亡(无)以持一统;法制数变,下不知所守。臣愚以为诸不在六艺之科、孔子之术者,皆绝其道,勿使并进。邪辟(僻)之说灭息,然后统纪可一,而法度可明,民知所从矣。"(同上)这就是通常所说的"罢黜百家,独尊儒术"的主张。这里所讲的"异道"、"殊方",是指黄老之言、纵横之术,等等。董仲舒认为,它们都不利于推行专制主义中央集权制,必须加以禁止。

当时,丞相卫绾也积极响应董仲舒的建议,奏黜"治申、商、韩非、苏秦、张仪之言"(《汉书·武帝纪》),于是其他各家的博士都被罢免,这是对儒学以外学派的一次严重打击。同时,朝廷正式开办太学,设置《五经》博士,讲授儒家经典,成绩优良的可以提拔为郎中。从此以后,儒家经典大为流行,学习儒学成为做官的阶梯。[⑤]

总的说来,由于西汉时期地主阶级还处于上升阶段,董仲舒为加强封建中央集权、维护国家统一的大一统思想,曾经起过一定的积极作用。这种大一统思想,也是董仲舒法律思想立论的基础。

## 二、"君权神授",法自君出

汉武帝即位后,为了巩固皇权,曾大力开展构筑天国神权系统的工作。但是,怎样运用神权来维护君权,还需要从理论上加以说明和论证。董仲舒所创造的"天人感应"的神学目的论,系统地论证了"君权神授"的问题,完全适应和满足了汉武帝的政治需要。

(一)"天人感应"与天罚论

董仲舒把天描绘成创造一切、支配一切的神。他说:"天者,百神之大君也。"(《春秋繁露·郊语》,下引此书只注篇名),"天者,群物之祖也。"(《汉书·董仲舒传》)他甚至把日月风雨、阴阳寒暑等自然界的变化,以及统治者施行仁德刑罚等社会人事问题,都说成是天有目的的安排,是天的意志的体现。⑥正如恩格斯所嘲笑的那样:猫被创造出来是为了吃老鼠,老鼠被创造出来是为了给猫吃,而整个自然界被创造出来是为了证明造物主的智慧。董仲舒还从人的情感、意识等方面论证天与人是相适应的:"人生有喜、怒、哀、乐之容,春、秋、冬、夏之类也",因此,"人之性情,有由天者矣"(《为人者天》)。这就是他的所谓"天人合一"。

董仲舒从"天人合一"又进到"天人感应"。在他看来,君主的统治是天意的具体体现,因此君主必须秉承"天意"来行事。天对君主行为的好坏,都要有所表示,都要加以关注。其方法是通过降下"祥瑞"或"灾异"⑦,来提醒统治者,要时刻注意自己所施行的政治,不要违反"天意"。

从法律思想的角度来看,董仲舒的"灾异谴告"说实际上是先秦时期"天罚"论的翻版。不过它的现实意义更明显,那就是要警告君主:如果谨慎地按照"天意"行事,就可以防民作乱;如果违反"天意",恣意妄为,就要受到天的惩罚。⑧这在客观上对于约束君主的暴虐行为多少有些作用。

(二)"君权神授",法自君出

董仲舒对天的神化,是为了对地上统治者的神化,是为了给"君权神授"制造理论根据。他说:"王者承天意以从事"(《尧舜汤武》);"天子受命于天,天下受命于天子"(《为人者天》)。君权不仅是神授的,而且君主又是代表上天来统治人世的,这样他就把天和人沟通起来,建立起"君权神授"说。为此,他解释"王"字的写法是:"三画而连其中,谓之王。三画者,天地与人也。而连其中者,通具道也。取天地与人之中,以为贯而参(三)通之,非王者孰能当是?"(《王道通三》)这种借字形来进行牵强附会的说教,其目的仍然在于论证君主代表天来统治人世的合法性。

至于君主的思想言论,即用以表达天意的"名",董仲舒认为它是区分是非的标准。他说:"欲审曲直,莫如引绳;欲审是非,莫如引名。名之审于是非也,犹绳之审如曲直也。"(《深察名号》)既然君主的言论是区分是非的标准,当然它就具有法律效力了。

董仲舒的"君权神授"等说教,实际上是人间大一统的封建君主的影子在天上(实际在人的头脑中)的曲折的反映,是大一统专制下"神圣"君权的反映。没有统一的君主就决不会出现统一的神,至于神的统一性不过是统一的东方专制君主的反映。

### 三、维护封建等级制的"三纲五常"论

先秦儒家在维护剥削阶级的等级制时,提出了"五伦"的观念,即君臣、父子、兄弟、夫妇、朋友五种关系。认为只有用体现尊卑等级秩序的礼来处理这五种关系,才能治理好国家。

董仲舒根据儒家君臣、父子的伦理纲常、仁义道德思想,以及"阳尊阴卑"的神学理论,提出了一套维护封建等级制度的"三纲五常"论。

董仲舒用阴阳学说对"三纲"加以附会和解释,给"三纲"涂上一层神秘主义的色彩。[⑨]照他看来,"三纲"是天意的体现:"王道之三纲,可求于天。"(《基义》)

(一)"君为臣纲"

在"三纲"中,最主要的是"君为臣纲","父为子纲"、"夫为妻纲"是从属于"君为臣纲"的。董仲舒讲父权、夫权,就是为了君权。他说:"以人随君,……屈民而伸君"(《玉杯》),一切都要绝对服从君主,这是所谓《春秋》的大义。做臣子的更要绝对服从君主,为君主奔走效劳,甚至不惜牺牲自己的性命。[⑩]至于臣子做了善事,那

都要记在君主的帐上，一切恶事，则都由臣子承担罪责。这就是董仲舒所讲的"君不名恶，臣不名善；善皆归于君，恶皆归于臣"(《阳尊阴卑》)的意思。

在封建君主专制政体中，君主是整个国家的最高权威，他的权力至高无上，他的意志就是法律，任何臣民都不得违背君主的意志或有触犯其尊严的行为。如果臣子违抗君命，或有贬低君主的言论，就应处以死刑。"人臣之行，贬主之位，乱国之臣，虽不篡杀，其罪皆宜死。"(《楚庄王》)自汉代起，就有维护君主权威的法律，无数无辜的臣民都惨死在这种"君为臣纲"的法律之下。

(二)"父为子纲"

儒家一向主张孝道，认为儿子应服服帖帖地服从父亲。他们把"父为子纲"看作"三纲"的基础，实际上是利用族权来维护封建政权。如果各级统治者都能行孝道，国家就能巩固。所以说，行"孝"是为了尽"忠"，忠、孝是完全一致的。实际上，儒家是以孝为中心，贯穿于君臣、父子、夫妇关系之间。⑪

董仲舒继承和发展了儒家的孝道，并竭力将它神秘化，把封建孝道说成是天经地义的绝对真理，"故曰夫孝者，天之经也"(《五行对》)，应当恪守不渝。⑫他认为，一个人在家能孝顺父亲，出外就能为皇帝尽忠。这种思想在汉代是颇为流行的，正如《孝经》所指出的那样："君子之事亲孝，故忠可移于君。"注云："以孝事君则忠。"

所以，做儿子的必须无条件地服从父亲。父亲的所为，儿子必须继续下去，无改于其父之道；父亲是依据封建法度来管教儿子的，儿子必须绝对地服从父亲的管教。董仲舒认为，这是"天之道"，不得违反。⑬这样，他就把"父为子纲"，子必从父的父子关系描绘得更加神秘了。

历代封建统治者对违背"父为子纲"的行为名之为"不孝"，要按律治罪。《孝经》说："五刑之属三千，而罪莫大于不孝。"所以历代封建法制都规定不孝为重罪。

(三)"夫为妻纲"

根据西周礼制的规定,在婚姻家庭制度上,法律确认夫权的统治地位,"男尊女卑",妻子被认为是从属的,始终处于无权的地位。儒家创始人孔子极力维护这种男尊女卑的思想,甚至把妇女与"小人"相提并论:"唯女子与小人为难养也,近之则不孙(逊),远之则怨。"(《论语·阳货》)孟子比孔子走得更远,提出了"不孝有三,无后为大"(《孟子·滕文公下》)的主张。这种主张在封建社会里成为丈夫休妻的"七出"⑭条规的重要内容。

董仲舒对"夫为妻纲"的问题没有更多的发挥,但他完全继承了儒家男尊女卑的思想,并对它作了神秘主义的说明。他认为"夫为妻纲"是取之于阴阳之道,夫为阳,妻为阴,"丈夫虽贱皆为阳,妇人虽贵皆为阴"(《阳尊阴卑》),所以丈夫统治妻子,妻子服从丈夫,是天经地义的。这种"妻受命于夫"的主从关系,"皆天也"(《顺民》),即都是"天意";授者是受者之"纲",受者应当敬事授者和服从授者,是"天之经也"(《五行对》),任何妇女都不得违反,它成为封建社会人们所必须遵守的准则。

从男尊女卑的观念出发,历代封建统治阶级都维护"夫为妻纲"的原则,制定了许多维护夫权的法律。

董仲舒所讲的"五常",是指仁、谊(义)、礼、智、信"五常之道"。它是处理君臣、上下关系的准绳,是调整统治者与被统治者关系的基本原则。他鉴于秦亡的沉痛教训,把农民起义视为洪水一样可怕。因此,他特别强调要用仁、义、礼、智、信去教化人民,正如用"堤防"去堵塞洪水一样,以防止农民大起义再度发生。董仲舒向汉武帝建议说:"夫仁、谊(义)、礼、智、信五常之道,王者所当修饬也。五者修饬,故受天之佑,而享鬼神之录,德施于方外,延及群生也。"(《汉书·董仲舒传》)这是说,只要统治者努力用仁、义、礼、智、信去教化人民,就能得到天和鬼神的保佑,恩德施及远方和广大民众。这样,当然就不会有"犯上作乱"的了。

由此可知,董仲舒所编造的"三纲五常"论,看起来似乎很神秘,其实都是围绕着维护和巩固君主的权利而展开的。它体现了整个封建统治的各种关系,成为封建立法的指导思想。它在当时对巩固中央集权专制制度起过一定的积极作用,但从其本质来看,它是封建统治阶级用来控制人们思想,防止人民"犯上作乱"的思想武器。而且,随着封建制的衰落和腐朽,进一步暴露出它的反人民的本质。[15]

### 四、"阳德阴刑",德主刑辅

列宁曾经指出:所有一切压迫阶级,为了维护自己的统治,都需要有两种社会职能:一种是刽子手的职能,另一种是牧师的职能。儒家重道德教化,轻刑罚,主张德主刑辅,实质上就是强调对劳动人民要行使怀柔加欺骗的牧师职能。

董仲舒为了汉王朝的长治久安,曾努力探索、总结秦朝骤亡的历史教训[16],认为汉朝如果沿袭秦法,循而不改,那么势必会出现"法出而奸生,令下而诈起,如以汤止沸,抱薪救火"(《汉书·董仲舒传》)的局面,弄得不可收拾。因此,他认为汉朝必须以秦为鉴,改弦易辙,实行"更化",并提出"大德而小刑"的法律原则,用儒家的仁德代替法家的严刑,系统地论述了德主刑辅说。

董仲舒说:"教,政之本也;狱,政之末也。其事异域,其用一也。"(《精华》)这是说,道德教化是"本",为政应以它为主;刑狱是"末",应置于辅助地位。然而二者都是统治者统治人民的武器,它们在不同领域为巩固地主阶级政权起着相同的作用。

董仲舒的德主刑辅论是有其特色的,即它是由天道引伸出来的。他认为:"天道之大者在阴阳",阳为德,阴为刑,刑主杀而德主生。天亲阳而疏阴,任德不任刑。从而形成一种"阳德阴刑"论。[17]他把德和刑同阴阳、四时相比附,其目的在于说明天有德有刑,"刑者德之辅,阴者阳之助也"(《天辨在人》),那么人间也要有德教,有刑罚,而以德教为主。

在董仲舒看来,必须强调礼乐教化的优越性。他曾对汉武帝说:"道者,所由适于治之路也,仁谊(义)礼乐皆其具也。故圣王已没,而子孙长久,安宁数百岁,此皆礼乐教化之功也。"(《汉书·董仲舒传》)如果统治者以德治天下,实行礼乐教化,那么天下就会"甘如饴蜜,固如胶漆"(《立元神》),真是太好不过了。同时,董仲舒还认为礼乐教化有防止农民起义的作用,如同堤防堵塞洪水一样,所以他建议把礼乐教化作为"大务"[18],从思想上加强对农民的统治。

董仲舒虽然主张德治,强调礼乐教化的作用,但也重视刑罚。当他谈到对人民的统治时,认为君主既要实行礼乐教化,也要"设刑以畏之",也要"务刚"[19],德并不能代刑,"庆赏刑罚之不可不具也,如春夏秋冬不可不备也"(《四时之副》)。只有德刑并用,软硬兼施,才能有效地维护封建统治。

怎样施行德和刑呢? 董仲舒认为,要根据人们不同的"性"而各有所侧重。他进一步发挥了儒家的人性论,创造了"性三品"说。在他看来,天创造了人类,但人性无善无不善。人都有为善的本质,然而还不能认为人性已善。他打比方说:禾之所以能出米,是因为禾里原来就有米;性之所以能出善,是因为人性之中本来就有善。他把这些善的内在因素叫做"善质"。[20]经过统治者的教化,这种"善质"才能真正成为善。

董仲舒除强调教化的功用外,实际上他还把人性分为上、中、下三等。他说:"圣人之性,不可以名性;斗筲之性,又不可以名性。名性者,中民之性。"(《实性》)具体说来,董仲舒认为,少数统治者是上等之性,他们天生性善,能够遵循"三纲五纪",不待教而成;他们是秉承天意"以成民之性为任者也",是教化的立法者和执行者。大多数贫穷的"斗筲之民"是下等之性,"贪欲"很重,天生性恶,虽经教化也不能为善。在董仲舒看来,这种天生性善者和天生性恶者,都是不可名性的。可以名性的,只有第三种,即所谓"中民之性"。这种具有"中民之性"的中间阶层,"有善质而未能为善"[21],他们既可以为恶,也可以为善,但必须经过教化之后才能为善。既然人性分三等,为善为恶的情况各不相同,所以对他们施行德和刑的时候应当各有所侧重。少数统治者天生性善,当然没有什么施刑的问题。对中间阶层主要用德教,"厚其德而简其刑"(《基义》),只是在教化不成时才用刑。至于对穷苦人民则侧重用刑。董仲舒认为,"民者,瞑也"(《深察名号》),他们愚昧无知,冥顽不灵,是教化不过来的,只能用刑来制裁,即所谓"发刑罚,以立其威"(《威德所生》),迫使他们服从统治。这充分暴露了董仲舒敌视劳动人民的地主阶级本质。

董仲舒在先秦儒家德主刑辅的思想基础上,加以发展的"阳德阴刑"的德主刑辅理论,是儒家法律思想的核心,是封建统治阶级维护其统治的思想武器,其影响至为深远。但由于这种理论包含有重教化、省刑罚,反对统治者昏庸残暴和用繁法严刑来镇压人民等内容,因此它在历史上曾经起过一定的积极作用。

### 五、《春秋》决狱,"原心论罪"

自汉以来,儒家思想不仅渗透到法律内容中来,而且对断狱也有很大影响,董仲舒就是引经断狱,以儒家的经义应用于法律的第一人。[22]他的引经断狱,受到汉统治者的重视。当他老病家居的时候,汉武帝还常常派廷尉张汤到他家"问其得失",他"动以经对",并作《春秋决狱》二百三十二事。

所谓《春秋》决狱,就是以《春秋》的精神和事例作为审判的法律根据,从而把儒家经典法律化。董仲舒说:"《春秋》之听狱也,必本其事而原其志。志邪者不待成,首恶者罪特重,本直者其论轻。……罪同异论,其本殊也。"(《精华》)这是说,在审理案件的时候,要根据犯罪的事实,考察行为者的动机;只要有犯罪动机,就应当加以惩罚,不必待其成为行为;对于首犯要从重惩处;如果只有犯罪行为,而没有犯罪动机,就应当从轻发落。这里,董仲舒强调"本其事",即根据客观的犯罪事实,这无疑是正确的。但他过分强调行为者的动机,认为"志邪者不待成",就要加以惩罚,这就为酷吏滥施刑罚开了方便之门。《盐铁论》在论述引经断狱时说:"《春秋》之治狱,论心定罪。志善而违于法者免,志恶而合于法者诛。"(《盐铁论·刑德》)按照这种解释,"原心论罪"实际上是一种动机论,在判断一种行为的时候,它看重的是行为者的动机,而不是行为的效果。凡是符合《春秋》之义者就是"志善",即使犯法,也不定罪;反之,如果违反《春秋》的精神就是"志恶",即使犯罪未成,也要定罪。这样,狱吏就可以随心所欲地以动机的"善"或"恶"作为定罪量刑的依据。这种解释,虽然忽略了董仲舒也主张"本其事"的一面,但它在一定程度上揭露了《春秋》决狱、"原心论罪"是一种不要法律,单凭动机的动机论的实质。

这种动机论在司法实践中是有害的,因为封建统治者可以任意以动机的"善"或"恶"来判决案件,它既可以任意将有罪说成无罪,为剥削者开脱罪责;也可以把无罪说成有罪,肆意残害无辜的劳动人民。然而,我们也应看到,董仲舒引经决狱在客观上也有减轻对劳动人民的刑罚的一面。

综上所述,董仲舒的政治法律思想,完全适应和满足了封建统治阶级的需要,因而成为官方统治思想,在封建社会长期居于统治地位。在汉代,中国封建社会还处于上升时期,地主阶级生气勃勃,积极进取,因此,董仲舒为之创造的维护和巩固封建大一统的政治法律思想体系,虽然有控制和镇压人民的消极、反动的一面,但它所起的进步作用也是明显的。然而,随着封建制度的日趋腐朽,它的消极、反动的一面就日益显露出来,愈益成为封建统治阶级残酷镇压人民的思想武器。如他为封建政权、族权、夫权、神权所提供的一套理论,成为长期束缚中国人民思想的"四条极大的绳索"。因此,清除董仲舒法律思想中的封建思想遗毒,仍是我们的一项任务。

**注：**

①《汉书·董仲舒传》："董仲舒，广川人也。少治《春秋》，孝景时为博士。下帷讲诵，弟子传以久次相授业，或莫见其面。盖三年不窥园，其精如此。进退容止，非礼不行，学士皆师尊之。

武帝即位，举贤良文学之士前后百数，而仲舒以贤良对策焉。"

"对既毕，天子以仲舒为江都相，事易王。"

"仲舒为人廉直，是时方外攘四夷，公孙弘治《春秋》不如仲舒，丙弘希世用事，位至公卿。仲舒以弘为从谀，弘嫉之。胶西王亦上兄也，尤骄恣，数害吏二千石(指郡守。汉代郡守俸禄为二千石)。弘乃言于上曰：'独董仲舒可使相胶西王。'胶西王闻仲舒大儒，善待之，仲舒恐久获罪，病免。凡相两国，辄事骄王，正身以率下，数上疏谏争，教令国中，所居而治。及去位归居，终不问产业，以修学著书为事。

仲舒在家，朝廷如有大议，使使者及廷尉张汤就其家而问之，其对皆有明法。自武帝初立，魏其、武安侯为相而隆儒矣。及仲儒对册，推明孔氏，抑黜百家。立学校之官，州郡举茂材孝廉，皆自仲舒发之。年老，以寿终于家。家徙茂陵，子及孙皆以学至大官。"

②《春秋繁露·俞序》："至于杀君亡国，奔走不得保社稷，其所以然，一是皆不明于道，不览于《春秋》也。"

③《汉书·董仲舒传》："臣谨按《春秋》之文，求王道之端，得之于'正'。'正'次'王'，'王'次'春'。'春'者，天之所为也。'正'者，王之所为也。其意曰：上承天之所为，而下以正其所为，正王道之端云尔。然则王者欲有所为，宜求其端于天。"

④《汉书·董仲舒传》："窃譬之琴瑟不调，甚者必解而更张之，乃可鼓也；为政而不行，甚者必变而更化之，乃可理也。当更张而不更张，虽有良工不能善调也；当更化而不更化，虽有大贤不能善治也。故汉得天下以来，常欲善治而至今不可善治者，失之于当更化而不更化也。古人有言曰：'临渊羡鱼，不如退而结网。'今临政而愿治者七十余岁矣，不如退而更化；更化则可善治，善治则灾害日去，福禄日来。"

⑤《汉书·儒林传》:"自武帝立五经博士,开弟子员,设科射策,劝以官禄,迄于(平帝)元始,百有余年,传业者寖(渐)盛,枝叶蕃滋,一经说至百余万言,大师众至千余人,盖禄利之路然也。"

⑥《汉书·董仲舒传》:"臣闻天者,群物之祖也,故徧(遍)覆包涵而无所殊,建日月风雨以和之,经阴阳寒暑以成之。故圣人法天而立道,亦溥(普)爱而亡(无)私,布德施仁以厚之,设谊(义)立礼以导之。春者天之所以生也,仁者君之所以爱也;夏者天之所以长也,德者君之所以养也;霜者天之所以杀也,刑者君之所以罚也。由此言之,天人之征,古今之道也。"

⑦《汉书·董仲舒传》:"臣闻天之所大奉使之王者,必有非人力所能致而自至者,此受命之符也。天下之人同心归之,若归父母,故天瑞应诚而至。……淫佚(逸)衰微,不能统理群生……,上下不和,则阴阳缪(谬)戾而妖孽生矣。此灾异所缘而起也。"

⑧《汉书·董仲舒传》:"臣谨按《春秋》之中,视前世已行之事,以观天人相与之际,甚可畏也。国家将有失道之败,而天乃先出灾害以谴告之,不知自省,又出怪异以警惧之,尚不知变,而伤败乃至。以此见天心之仁爱人看而欲止其乱也。"

⑨《春秋繁露·基义》:"君臣、父子、夫妇之义,皆取诸阴阳之道。君为阳,臣为阴;父为阳,子为阴;夫为阳,妻为阴。"

⑩《春秋繁露·天地之行》:"为人臣者其法取象于地。故朝夕进退,奉职应对,所以事贵也;供设饮食,候视疢疾(疢,chèn趁。谓疾,疾病),所以致养也;委身致命,事无专制,所以为忠也;竭愚写情,不饰其过,所以为信也;伏节死难,不惜其命,所以救穷也;……故为地者务暴其形,为臣者务著其情。"

⑪《大戴礼记·曾子大孝》:"居处不庄,非孝也;事君不忠,非孝也;莅官不敬,非孝也;朋友不信,非孝也;战阵无勇,非孝也。"

⑫《春秋繁露·五行对》:"孝子之行,取之土。土者,五行最贵者也,其义不可加矣。"

⑬《春秋繁露·五行对》:"是故父之所生,其子长之;父之所长,其子养之;父之所养,其子成之。诸父所为,其子皆奉承而续行之,不敢不致如父之意,尽为人之道也。故五行者,五行也。由此观之,父授之,子受之,乃天之道也。"

⑭《大戴礼记·本命》:"不顺父母,去;无子,去;淫,去;妒,去;有恶疾,去;

多言,去;窃盗,去。"

⑮毛泽东同志在《湖南农民运动考察报告》中批判"三纲"时指出:"这四种权——政权、族权、神权、夫权,代表了全部封建宗法的思想和制度,是束缚中国人民特别是农民的四条极大的绳索。"(在封建时代,皇帝是政权的代表,父亲是族权的代表,丈夫是夫权的代表。)

⑯《汉书·食货志》:"至秦则不然,用商鞅之法,改帝王之制,除井田,民得买卖,富者田连阡陌,贫者亡(无)立锥之地。又专川泽之利,管山林之饶,荒淫越制,踰侈以相高;邑有人君之尊,里有公侯之富,小民安得不困?又加月为更卒,已,复为正一岁,屯戍一岁,力役三十倍于古;田租口赋,盐铁之利,二十倍于古。或耕豪民之田,见税什五。故贫民常衣牛马之衣,而食犬彘之食。重以贪暴之吏,刑戮妄加,民愁亡(无)聊,亡逃山林,转为盗贼,赭衣(古代囚犯所穿的赤褐色衣服,这里指罪犯)半道,断狱岁以千万数。汉兴,循而未改。古井田法虽难卒行,宜少近古,限民名田,以澹(赡)不足,塞并兼之路。盐铁皆归于民。去奴婢,除专杀之威。薄赋敛,省繇(徭)役,以宽民力。然后可善治也。"

⑰《汉书·董仲舒传》:"王者欲有所为,宜求其端于天。天道之大者在阴阳。阳为德,阴为刑;刑主杀而德主生。是故阳常居大夏,而以生育养长为事;阴常居大冬,而积于空虚不用之处。以此见天之任德不任刑也。天使阳出布施于上而主岁功,使阴入伏于下而时出佐阳;阳不得阴之助,亦不能独成岁。终阳以成岁为名,此天意也。王者承天意以成事,故任德教而不任刑。刑者不可任以治世,犹阴之不可任以成岁也。为政而任刑,不顺于天,故先为莫之肯为也。"

⑱《汉书·董仲舒传》:"夫万民之从利也,如水之走下,不以教化隄防之,不能止也。是故教化立而奸邪皆止者,其隄防完也;教化废而奸邪并出,刑罚不能胜者,其隄防坏也。古之王者明于此,是故南面而治天下,莫不以教化为大务。"

⑲《春秋繁露·天地之行》:"天不刚则列星乱其行,主不坚则邪臣乱其官。星乱则亡其天,臣乱则亡其君。故为天者务刚其气,为君者务坚其政,刚坚然后阳道制命。"

⑳《春秋繁露·深察名号》:"故性比如禾,善比如米。米出禾中,而禾未可全为米也。善出性中,而性未可全为善也。善与米,人之所继天而成于外,非

275

在天所为之内也。天之所为，有所至而止。止之内，谓之天性，止之外，谓之人事。"

㉑《春秋繁露·深察名号》："名性，不以上，不以下，以其中名之。性如茧，如卵。卵待覆而为雏，茧待缲而为丝，性待教而为善。此之谓真天。天生民性，有善质而未能善，于是为之立王以善之，此天意也。"

㉒刘师培在《儒学法学分歧论》中叙述引经断狱的起因时，说："……及百家罢黜，儒术日昌，由是取士之道，别有儒术之一途。而儒与吏分，自贾生明申、商之术，兼习《诗》《书》《左氏春秋》，其所上之书，则以徒恃法令，不足成至治之隆。……由于法令以外，别立礼义德教之名，自是以降，以吏进身者，侈言法令，而以儒进身者，则侈言礼义德教。及董仲舒对策大廷，谓王者承天意以从事，任德教而不任刑，又谓教化立则奸邪皆止，揆其意旨，不外黜法而崇儒。及考其所著，又援《公羊》以傅今律，名曰引经决狱。"

## 第七节　王充、仲长统反神学的法律思想

如前所述，在董仲舒所提倡的"天人感应"神学目的论中，就包含有阴阳灾异和符瑞之说，为神化皇权提供了理论根据。自董仲舒之后，号称博通群经的夏侯始昌、夏侯胜、谷永、刘向、萧望之等人，都擅长阴阳灾异说，极力神化皇权，受到汉朝统治阶级的重用。这种神学思想的发展，就成为西汉末年的"谶纬"。所谓"谶纬"，只不过是封建神学和庸俗经学的混合物。"谶"是一种预决吉凶的宗教预言，"纬"是假托神意来解释儒家经典，把经学神学化。

"谶纬"完全是统治阶级愚弄和统治人民的工具。如东汉光武帝的兴起，就利用了"谶纬"，称帝后更变本加厉地利用它，倡导它。据《后汉书》记载，凡是一切制度、服色以至大臣的任命等，刘秀都假托图谶"决定嫌疑"。以后他居然以皇帝的名义"宣布图谶于天下"（《后汉书·光武帝纪》），把谶纬神学正式确立为官方的统治思想。

汉章帝时，更进一步将谶纬之说和儒家经典结合起来。公元

79年,他亲自召集一批儒生在白虎观讨论"五经之同异",参加讨论的人对经义的解释,其内容大多出自谶纬。会议记录由班固进行整理,编辑成《白虎通德论》(又称《白虎通义》)。《白虎通义》是东汉王朝的"国宪"(即根本大法),对我国封建法律有着深刻的影响。

在皇帝亲自以政治、法律的权力大力推行谶纬的情况下,整个社会笼罩着神学的迷雾。然而,一些进步思想家如桓谭、王充、王符、仲长统等人却敢于坚持朴素的唯物主义,反对谶纬神权法思想,继承和发扬了我国古代唯物主义的优良传统。这里,我们只着重介绍王充、仲长统反神学的法律思想。

## 一、王充对"天刑"论的批判

王充(27—约97),字仲任,会稽上虞(今浙江上虞县)人,东汉时期著名的唯物主义思想家。他的曾祖父王勇以军功封于会稽阳亭,可是只有一年就失去封爵,此后以农桑为业。王充年轻时到过京都洛阳,受业太学,师事班彪,博览群书而不拘泥于章句。不久,他摆脱了班彪思想的束缚,自成一家之言。王充做过县掾功曹、都尉府掾功曹、太守列掾功曹、州从事,其地位都不高,而且每次任职时间都不长。[①]后罢职家居,著书立说,写了不少著作,但流传下来的只有《论衡》一书。[②]

王充生活在一个封建统治相对稳定的时代(主要是东汉明帝、章帝两代)。当时,思想界占统治地位的是自董仲舒以来盛极一时的神学目的论。统治阶级极力推崇谶纬迷信思想,宣扬"天刑"、"天罚"观念,章帝还专门召集御用学者讨论经义,"以谶断礼,以纬俪经",把谶纬神学和儒家经典进一步结合起来。王充对经学谶纬、"天刑"、"天罚"等虚妄之言,进行了批判,打破了经学和谶纬神学独尊的沉闷局面。同时,他针对东汉统治者"为政不得其宜,行申、韩之术,政尚严猛"(《后汉书·陈宠传》)的情况,还阐述了"文武张设",礼法兼用的思想。

王充以朴素唯物论为武器,对自西汉以来以董仲舒为代表的儒家所宣扬的"天人感应"、"君权神授"、"天刑"、"天罚"等神权思想,从理论上进行了系统的批判。

王充继承了荀子"明于天人之分"的思想,否定有意志的天的存在,认为天是自然物体而不是神,世间万物都是由物质性的"元气"构成的。他说:"夫天,体也,与地无异"(《论衡·变虚》),"天地,含气之自然也"(《论衡·谈天》);"夫天不能故生人,则其生万物,亦不能故也"③。他认为天没有口目等感觉器官,所以它就没有感觉,没有意志。"何以知天之自然也?以天无口目也。"④天既没有感觉和意志,因而它就不可能有目的地创造万物,不可能有意识地去安排人世间的变化。这样,就从理论上摧毁了"天人感应"、"天刑"等神权说的基础。

在东汉谶纬神学迷雾笼罩整个社会的情况下,王充是第一个出来从理论上系统地加以清算和批判的。从法律思想方面来看,他对"天刑"论的批判是十分出色的。

(一)批判天有赏善罚恶能力的"天造谴告"说

当时,"天人感应"论者宣扬"天造谴告"说,鼓吹天有赏善罚恶的能力,社会政治不好,天就用灾异"谴告"人君。⑤王充一针见血地指出:"末世衰微,上下相非,灾异时至,则造谴告之言矣。""天造谴告"等天罚思想完全是统治者互相攻讦而人为地制造出来的,纯属虚妄无稽之谈。他认为"人不能以行感天,天亦不随行而应人"(《论衡·明雩》)。"天无为,故不言。灾变时至,气自为之"(《论衡·自然》),日食、月食、地震、雷雨等,都是自然现象,有它们自己的规律,日月"食有常数,不在政治"(《论衡·治期》)。它们的出现,同社会、政治没有关系。由此可见,发生灾异现象决不是什么上天的"谴告"。王充辛辣地嘲笑那些"天人感应"论者:如果天能谴告人君,那为什么不找好的君主来执政,却偏偏"生庸庸之君,失道废德,随谴告之,何天不惮劳也?"(《论衡·自然》)所谓"天人感应",完全是统治者有意编造的"惧愚者之言"。

(二)批判"用刑非时则寒,施赏违节则温"的时令说

董仲舒和谶纬家宣扬,"人之喜怒,化天之寒暑"(《春秋繁露·为人者天》),"人君用刑非时则寒,施赏违节则温。"王充针锋相对地批驳他们:"寒温之变,并时皆然",寒温在同一时候都是一样的。齐和鲁是邻国,如果齐赏鲁罚,应该产生出不同的结果,"当时齐国温,鲁地寒乎"⑥?事实并非如此,决不会哪里行赏哪里就温和,哪里用刑哪里就寒冷。王充还举例说,前世用刑,以蚩尤和秦朝最甚,"蚩尤之民,湎湎(昏乱)纷纷;亡秦之路,赤衣(古时犯人穿的赭色衣服,这里指囚犯)比肩",可是当时天下"未必常寒也"。京都之市,每天屠宰的牛羊数以百计,"刑人杀牲,皆有贼(杀害,残害)心",可是京都之市"气不能寒"。(见《论衡·寒温》)又如:六国之时,秦汉之际,诸侯互相攻伐,到处都是战争,"国有相攻之怒,将有相胜之志,夫有相杀之气",当时的天下"未必常寒也"。太平之世,唐尧、虞舜之时,"政得民安,人君常喜,弦歌鼓舞,比屋(挨家挨户)而有",当时的天下"未必常温也"。(同上)由此可见,"寒温非政治所为",人间的刑赏同气候的寒温毫不相干。王充得出的结论是:"寒温,天地气节,非人所为。"⑦当然,所谓"用刑非时则寒,施赏违节则温"之说是站不住脚的。

(三)批判"行善者福至,为恶者祸来"的祸福说

"天人感应"论者在强调天有赏罚的能力时,还宣扬"行善者福至,为恶者祸来,祸福之应皆天也"(《论衡·福虚》)的说教。王充明确指出,这种"祸福之应皆天也"的说法,完全是"虚而无验"的无稽之谈。这种谬论的产生,是由于"贤圣欲劝人为善",即统治者为了适应自己的政治需要而编造出来的。他还以古代一些帝王的寿命为例,证明天并未按照"德惠"来"赐年"的。社会现象表明:"恶人之命不短,善人之年不长",天为什么不罚恶人早死,不赏善人长命

呢?⑧可见天没有意志,它不能"赏善罚恶"。王充并愤愤不平地质问说:那些"杀其人而并其财"、乘饥荒而"椎人若畜,割而食之"的坏人,为什么不但没有受到天的惩罚,反而"皆得阳达,富厚安乐"⑨呢?显然,这是谴责那些谋财害命、鱼肉百姓、发荒年财的地主豪强,抨击他们横行不法给劳动人民带来无穷的灾难。

王充还举战国秦将白起坑杀四十万赵国降卒之例说:白起认为自己获罪于天,"是足以死",于是自杀了。谶纬学家们就认为这是天的报应,是上天讨伐有罪。王充认为事实并非如此。他说:"如天审罚有过之人,赵降卒何辜于天。"在四十万降卒中,总会有不该死的人。那么,这些不该死的人,"何故以其善行无罪而竟坑之"?他们不能以善行蒙天的保佑,白起为什么偏以自己的罪过受天的惩罚呢?⑩由此可见,善恶福祸之说和天讨天罚之论纯属"虚妄"之辞,是俗儒的编造。

王充在批判"天刑"论的同时,还批驳了"天生圣人"、"帝王受命"等"君权神授"之说。谶纬学家们编造说:夏禹是他母亲吃了"薏苡"草而生,殷的始祖是他母亲吃了燕卵而生,汉高祖刘邦是他母亲与龙交配而生。王充运用"物生自类本种"的唯物主义观点,批判了这些荒诞无稽的说法。他明确指出:"含血之类(这里指动物),相与为牝牡(这里指配偶);牝牡之会,皆见同类之物。情感欲动,乃能授施"⑪;"天地之间,异类之物,相与交接,未之有也"(《论衡·奇怪》)。这就是说,草、鸟、土、龙等与人不同类,不能生人。他认为君主也是人,和一般人没有两样:"夫人,物也,虽贵为王侯,性不异于物。"(《论衡·道虚》)这里王充把王侯和普遍人看成平等的物,从而否定了君主的神圣性。这都说明君主和"天"没有任何联系,君主是无法"奉天命"、"承天意"来统治人的,而天也不可能授人以"君权",所谓"君权神授",只不过是"虚妄之言"。

王充并不是一个空谈哲理的思想家,他从东汉"政尚严切"的现实情况出发,明确地提出"文武张设"、礼法兼用的主张。他说:

"治国之道,所养有二:一曰养德,二曰养力。养德者,养名高之人,以示能敬贤;养力者,养气力之士,以明能用兵。此所谓文武张设,德力具足者也。"(《论衡·非韩》)一德一力,一文一武,都是治理国家不可缺少的工具,也就是"王霸杂用"的意思。但比较起来,王充认为礼义德教更为重要。他说:"国之所以存者,礼义也。民无礼义,倾国危主。"(同上)又说:"治国之道当任德也。"在王充看来,礼义是治国的根本,治国不能"屏德",就如同一年不能没有春季一样,⑫"礼丰义重",才能享国长久。王充为什么把礼义德教看得如此重要呢?因为礼义德教的核心就是"君君、臣臣、父子、子子"等封建伦理纲常,它能有效地维护封建统治。他认为,以它治家"则亲戚有伦",以它治国"则尊卑有序"(《论衡·定贤》)。他批评韩非只讲"明法尚功"、"任刑用诛",然而,抛弃礼义德教、专任刑罚是不能治理好国家的。

当然,王充在强调礼义的同时,并没有忽视和否认法律的作用,而是主张礼法结合。他说:"夫刑人用刀,伐人用兵,罪人用法,诛人用武。"⑬实际上,王充已朦胧地接触到刑法的性质,似乎意识到刑法是统治阶级手中强有力的工具。他在阐述礼法结合问题时则更明确些:"古礼三百,威仪三千,刑亦正刑三百,科条三千,出于礼,入于刑,礼之所去,刑之所取,故其多少同一数也。"(《论衡·谢短》)这里,王充把法看作处理具体社会问题的手段,它和礼密切而不可分开,互相补充,礼所反对的,也就是法所要惩罚的。礼和法的作用各有侧重,所以"王法不废学校之官,不除狱理之吏,欲令凡众见礼义之教。学校勉具前,法禁防其后。"(《论衡·率性》)这就是说,礼义侧重在"勉其前",通过教育防患于未然;法律侧重惩罚,"禁防其后"。

王充的"文武张设"、礼法兼用说,虽然仍是儒家"德主刑辅"的传统主张,但在政治严酷、法令繁苛的东汉时代,还是有一定积极意义的。

## 二、仲长统的变法改制论

仲长统(180—220),复姓仲长,名统,字公理,山阳高平(今山东邹县西南)人。东汉末年思想家。他少年好学,博览群书,长于文辞。二十余岁时,曾游学青、徐、并、冀州之间,他秉性耿直,不拘小节,"时人或谓之狂生"。他曾任尚书郎,后为丞相曹操参谋军事。由此看来,仲长统是文武全才,可惜未能得到充分发挥,不久又回到尚书郎位置上来。他"每论说古今及时俗行事,恒发愤叹息。因著论名曰《昌言》"[14]。《昌言》亦名《仲长子》,原有三十四篇,十余万言,可惜早已散失,现仅在《后汉书》本传中保存了其中《理乱》、《损益》、《法诫》三篇的部分内容。此外,《群书治要》、《意林》、《齐民要术序》等书中也保存了《昌言》的片断资料。

仲长统所处的东汉后期,封建统治阶级更加腐朽,地主阶级对农民进行着极为残酷的剥削和压迫,农民起义的浪潮此伏彼起,这些起义是黄巾大起义的前奏。这种社会阶级斗争的风暴对仲长统等思想家产生了深刻的影响。如果说王充是着重于对神学目的论的揭露和批判的话,那么,仲长统等人则进一步揭露社会的阴暗和弊端,从而由对神学的批判转移到对社会政治的批判,形成了东汉末年的社会批判思潮。

作为社会批判思潮的主要代表人物之一的仲长统,强调"人道为本,天道为末",深刻揭露了神学法律观,提出了独特的变法改制的思想主张。

仲长统是一个无神论者,他反对传统的唯心主义"天命"说和"君权神授"论,否定天有意志,强调重视人的主观努力。汉代统治者极力推崇天命神权思想:"天子受命于天,诸侯受命于天子。"(《春秋繁露·顺命》)他们认为高祖、光武帝"二祖"是受命于天的"圣主","数子"(指萧何、曹参等人)受命于天子,也就是受命于天的"贤臣"。这些"圣主"、"贤臣"都是依照"天命"行事的,因而立下了丰功伟业。而仲长统却认为,"人事"同"天道"无关,"二祖数子"建功立业,惟尽人事,"无天道之学也"。⑮所以,统治者应当立足于现实社会,注重人事的作用,去努力解决实际的社会问题,然后国家才能得到治理。否则,即使天天讲"天命",遇事都求神问卜,那也无济于事。他得出结论说:"从此言之,人事为本,天道为末,不其然欤?"⑯从实质上说,他是要把人们的思想和行动从宗教迷信思想统治下解放出来,以"人事"来取代"天道"。

所以,仲长统根本否定"天命"、"上帝"对社会历史的主宰作用,认为一个时代的治乱完全由于人事,同"天道"无关。他把历史上一个王朝的治乱分成三个阶段:

第一阶段,群雄"角智"、"角力",最后胜者为王,建立一朝的统治。⑰

第二阶段,统治者既已依靠暴力取得政权,形势定了,又依靠国家机器"贵有常家,尊在一人"。这时,虽然是下愚之主仍可继续统治下去。⑱

第三阶段,统治者逐渐腐化堕落,对人民进行残酷的剥削和压迫,激起他们强烈的反抗,最后终于被新的有力者推翻。⑲

仲长统把朝代的兴亡分为兴起、保守、衰亡三个阶段,然后周而复始,循环不已,并认为这是一个治乱相继的必然的过程,即所谓"存亡以之迭代(相互替代),政乱(治乱)从此周复,(循环往复),天道常然之大数也"(《后汉书·仲长统传》)。在这个治乱循环的过程中,他特别强调"乱世长而治世短","乱世"也越来越乱,对历史的前途表现出悲观的情绪。仲长统没有看到历史的发展总是不断前进的、上升的,并不像他所说的那样是"一治一乱"的循环过程。然而,仲长统用社会的原因来阐述治乱的变化,完全排除了"天命"神权,有一定的进步意义。

从法律思想方面来说,仲长统独特的变法改制论,值得我们注意。他认为,从战国到秦汉,社会、政治、法律制度有很多重大变革。但有些是变得好的,应该继续,有些是变得不好的,应该恢复旧的办法。所以他在揭露和批判现实政治的同时,提出了他的变法改制论。他说:"作有利于时,制有便于物者,可为也;事有乖于数,法有瓽(玩)于时者,可改也。故行于古有迹,用于今无其功者,不可不变;变而不如前,易而多所败者,亦不可不复也。"(同上)仲长统根据这种以社会实际效果决定取舍的原则,论述了分封制、井田制和肉刑问题。

(一)废分封,行郡县

秦王朝统一天下以后,废分封,行郡县,已从根本上解决了诸侯割据的问题,有利于国家的统一。这是秦朝统治者的一大历史功绩。西汉初年,刘邦又在一定程度上恢复了分封制,引起了混乱,成为汉初几十年中帝国的腹心之祸。那些诸侯王"鱼肉百姓以淫其欲,报蒸骨血以快其情,上有篡叛不轨之奸,下有暴乱残贼之害"。仲长统分析了分封制所产生的种种弊端,阐述了削藩政策的正确性,肯定了废除分封制、建立封建中央集权制的好处,从而得出结论说:"此变之遂,可遂行者也",应该继续下来。[20]仲长统的这个见解是正确的。

(二)恢复井田制

什么变得不好呢?仲长统认为是井田制。他说:"井田之变,豪人货殖,馆舍布于州郡,田亩连于方国。"废除井田以后,土地可以公开买卖,社会上也出现了一大批"荣乐过于封君,势力侔(相等)于守令"的豪强地主。他们肆无忌惮地盘剥小民,造成极端的贫富对立。仲长统猛烈地抨击豪强地主残酷剥削而得来的骄奢淫逸的生活是罪恶,而容许这种罪恶的流行乃是君主的过失。如何限制豪强兼并,避免"分田无限",防止阶级矛盾激化和农民革命的再度爆发呢?仲长统主张恢复井田制,"非井田实莫由也"。[21]由此可见,仲长统只看到土地私有、"分田无限"的弊端,却不懂得废除井田制,实行土地私有,是历史的必然,它对社会经济的发展起了促进作用。当时中国封建社会的发展,早已越过井田制前进了,仲长统还想使之恢复,那只不过是一种幻想。

(三)恢复肉刑

中国古代的肉刑由来已久,到汉文帝时才下诏废除。以后有许多人对废止肉刑表示不满。到东汉末年,仲长统等人主张恢复肉刑。仲长统说:"肉刑之废,轻重无品,下(减的意思)死则得髡钳,下髡钳则得鞭笞。死者不可复生,而髡者无伤于人。"他认为罪分重、中、轻,惩罚犯罪也应该相应地有重刑、中刑、轻刑。对于"男女之淫奔"、"谬误之伤害"等中罪,"杀之则甚重,髡之则甚轻",而肉刑是治中罪的中刑,"此又宜复之善者也",应该恢复。㉒仲长统在主张恢复肉刑的议论中,虽然看到当时的法令规定轻者太轻、重者过重以及司法官吏用法外手段杀死罪犯的现象,但他忽视了废除肉刑是符合刑罚由野蛮到文明这一发展趋势的。

关于德教和刑罚的关系,仲长统仍和其他儒家学者一样,主张以德教为本,以刑罚为辅。他认为,人生来就有德性,不过须受训练后才能成为有德之人。即所谓"道德仁义天性也,织之以成物,练(炼)之以致其情,莹之以发其光"。所以,在通常情况下,统治者应当实行"中和之政",即以德教治民,而以刑罚为助。㉓因为德教能"行于百世",刑罚只能"用于一时",二者在治国中的地位和作用是不可同日而语的。但他又认为,德教和刑罚固应相互为用,并有主辅之分,然而也不能把它们的关系看成固定不变,在特殊情况下应当灵活处置。"至于革命之期运,非征伐用兵,则不能定其业;奸宄之成群,非严刑峻法,则不能破其党。时势不同,所用之数亦异也。"(《群书治要》卷四十五)这是说要根据不同的政治形势,来灵活运用德教和刑罚。当奸宄成群的时候,严刑峻法也可以成为主要的统治手段。

然而,观察敏锐的仲长统看到了活生生的现实:尽管统治者也在倡导德教,但事实上德教已成为"空言高论"、"难行之术",根本无法实行。

仲长统生长在黄巾农民大起义时代,对汉末腐朽的社会政治有相当深刻的认识,并积极提倡社会改革。他对天命、神权的批判,超过了王充等人。以他和王符为主要代表人物的东汉末年社会批判思潮的兴起以及他们对社会政治和哲理问题的艰苦探索,为魏晋玄学的产生准备了必要的思想条件。

**注:**

①《后汉书·王充传》:"王充字仲任,会稽上虞人也,其先自魏郡元城徙焉。充少孤,乡里称孝。后到京师,受业太学,师事扶风班彪。好博览而不守章句。家贫无书,常游洛阳市肆,阅所卖书,一见辄能诵忆,遂博通众流百家之言。后归乡里,屏居教授。仕郡为功曹,以数谏争不合去。

充好论说。始若诡异,终有理实。以为俗儒守文,多失其真,乃闭门潜思,绝庆吊之礼,户牖(yǒu,窗)墙壁各置刀笔。著《论衡》八十五篇,二十余万言,释物类同异,正时俗嫌疑。

刺史董勤辟为从事,转治中,自免还家。友人同郡谢夷吾上书荐充才学,肃宗特诏公车征,病不行。年渐七十,志力衰耗,乃造《养性书》十六篇,裁节嗜欲,颐神自守。永元中,病卒于家。"

②《论衡·佚文》:"'《诗》三百,一言以蔽之,曰:思无邪。'《论衡》篇以十数,亦一言也,曰:'疾虚妄(对虚假不实的事物、言论展开斗争)。'"

③《论衡·物势》:"夫天不能故生人,则其生万物,亦不能故也。天地合气,物偶自生矣。夫耕耘播种,故为之也,及其成与不熟,偶自然也。何以验之?如天故生万物,当令其相亲爱,不当令之相贼害也。"

④《论衡·自然》:"何以知天之自然也?以天无口目也。案有为者,口目之类也。口欲食而目欲视,有嗜欲于内,发之于外,口目求之,得以为利,欲之为也。今无口耳之欲,于物无所求索,夫何为乎!"

⑤《论衡·谴告》:"论灾异者,谓古之人君为政失道,天用灾异谴告之也。灾异非一,复以寒温为之效。人君用刑非时则寒,施赏违节则温。天神谴告人君,犹人君责怒臣下也。"

⑥《论衡·寒温》:"夫比寒温于风云,齐喜怒于龙虎,同气共类,动相招致,

可矣。虎啸之时,风从谷中起;龙兴之时,云起百里内。他谷异境,无有风云。今寒温之变,并时皆然。百里用刑,千里皆寒,殆非其验。齐鲁接境,赏罚同时,设齐赏鲁罚,所致宜殊,当时可齐国温、鲁地寒乎?"

⑦《论衡·寒温》:"春温夏暑,秋凉冬寒,人君无事,四时自然。夫四时非政所为,而谓寒温独应政治。正月之始,正月之后,立春之际,百刑皆断,囹圄空虚,然而一寒一温。当其寒也,何刑所断?当其温也,何赏所施?由此言之,寒温,天地节气,非人所为,明矣。"

⑧《论衡·福虚》:"天下善人寡,恶人众。善人顺道,恶人违天。然夫恶人之命不短,善人之年不长。天不命善人常享一百载之寿,恶人为殇子恶死,何哉?"

⑨《论衡·祸虚》:"仓卒(丧乱,兵荒马乱)之世,以财利相劫杀者众。同车共船,千里为商,至阔迥(远的意思)之地,杀其人而并取其财。尸捐不收,骨暴不葬,在水为鱼鳖之食,在土为蝼蚁之粮。惰窳(懒惰)之人,不力农勉商以积谷货,遭岁饥馑,腹饿不饱,椎人若畜,割而食之,无君子小人,并为鱼肉,人所不能知,吏所不能觉,千人以上,万人以下,计一聚之中,生者百一,死者十九,可谓无道,至痛甚矣,皆得阳达,富厚安乐。天不责其无仁义之心,道相并杀,非其无力作而仓卒以人为食,加以渥祸(大祸),使之夭命,章其阴罪(隐蔽的罪恶),明示世人,使知不可为非之验,何哉?"

⑩《论衡·祸虚》:"……夫白起知己所以罪,不知越卒所以坑。如天审罚有过之人,赵降卒何辜于天?如用兵妄伤杀,则四十万众必有不亡(不死,指不该死的人)。不亡之人,何故以其善行无罪而竟坑之?卒不得以善蒙天之祐,白起何故独以其罪伏天之诛?由此言之,白起之言,过矣。"

⑪《论衡·奇怪》:"尧、高祖审(果真)龙之子,子性类父,龙能乘云,尧与高祖亦宜能焉。万物生于土,各似本种。不类土者,生不出于土,土徒养育之也。母之怀之,犹土之育物也。尧、高祖之母,受龙之施,犹土受物之播也。物生自类本种,夫二帝宜似龙也。且夫含血之类,相与为牝牡;牝牡之会,皆见同类之物。精感欲动,乃能授施。若夫牡马见雌牛,雄雀见牝鸡,不相与合者,异类故也。今龙与人异类,何能感于人而施气!"

⑫《论衡·非韩》:"治国犹治身也。治一身,省恩德之行,多伤害之操,则交党疏绝,耻辱至身。推治身以况(比方,推论)治国,治国之道当任德也。韩子任刑,独以治世,是则治身之人,任伤害也。韩子岂不知任德之为善哉?以

为世衰事变,民心靡薄,故作法术,专意于刑也。夫世不乏于德,犹岁不绝于春也。谓世衰难以德治,可谓岁乱不可以春生乎？人君治一国,犹天地生万物。天地不为乱岁去春,人君不以衰世屏德。"

⑬《论衡·儒增》:"夫能使一人不刑,则能使一国不伐；能使刑错(措)不用,则能使兵寝不施。案尧伐丹水,舜征有苗,四子服罪,刑兵设用。成王之时,四国篡畔(叛),淮夷、徐戎,并为患害。夫刑人用刀,伐人用兵,罪人用法,诛人用武。武、法不殊,兵、刀不异,巧论之人,不能别也。夫德劣故用兵,犯法故施刑。刑之与兵,犹足与翼也。走用足,飞用翼,形体虽异,其行身同。刑之与兵,全众禁邪,其实一也。"

⑭《后汉书·仲长统传》:"仲长统字公理,山阳高平人也。少好学,博涉书记,赡于文辞。年二十余,游学青、徐、并、冀之间,与交友者多异之。并州刺史高幹,袁绍甥也。素贵有名,招致四方游士,士多归附。统过幹,幹善待遇,访以当时之事。统谓幹曰:'君有雄志而无雄才,好士而不能择人,所以为君深戒也。'幹雅自多,不纳其言,统遂去之。无几,幹以并州叛,卒至于败。并、冀之士皆以是异统。

统性俶(倜)傥(豪爽,洒脱不拘),敢直言,不矜小节,默语无常,时人或谓之狂生。每州郡命召,辄称疾不就。"

"尚书令荀彧(yù,域)闻统名,奇之,举为尚书郎。后参丞相曹操军事。每论说古今及时俗行事,恒发愤叹息。因著论名曰《昌言》,凡三十四篇,十余万言。

献帝逊位之岁,统卒,时年四十一。友人东海缪袭常称统才章足继西京董、贾、刘、杨。今简撮其书有益政者,略载之云。"

⑮《群书治要》卷五十四:"昔高祖诛秦项而陟天子之位,光武讨篡臣而复已亡之汉,皆受命之圣主也；萧、曹、丙、魏、平、勃、霍光等,诛诸吕,尊大宗,废昌邑而立孝宣,经纬国家,兴安社稷,一代之名臣也。二主数子之所以威振(震)四海,布德生民,建功立业,流名百世者,唯人事之尽耳,无天道之学也。然则王天下,作大臣者,不待于知天道矣。所贵乎用天之道者,则指星辰以授民事,顺四时而兴功业,其大略吉凶之祥,又何取焉！故知天道而无人略者,是巫医卜祝之伍,下愚不齿之民也；信天道而背人事者,是昏乱迷惑之主,覆国亡家之臣也。"

⑯《群书治要》卷四十五:"从此言之,人事为本,天道为末,不其然欤？故

自审己善,而不复恃乎天道,上也,疑我未善,引天道以自济者,其次也;不求诸己而求诸天者,下愚之主也。"

⑰《后汉书·仲长统传》:"豪杰之当天命者,未始有天下之分者也。无天下之分,故战争者竞起焉。于斯之时,并伪假天威,矫据(踞)方国,拥兵甲与我角才智,程勇力与我竞雌雄,不知去就,疑误天下,盖不可数也。角知(智)者皆穷,角力者皆负,形不堪复伉(抗),势不足复校,乃始羁首系颈,就我之衔缰耳。"

⑱《后汉书·仲长统传》:"及继体之时(继位的皇帝的时候,指政权已稳定的时期),民心定矣。普天之下,赖我而得生育,由我而得富贵,安居乐业,长养子孙,天下晏然,皆归心于我矣。豪杰之心既绝,士民之志已定,贵有常家,尊在一人。当此之时,虽下愚之才居之,犹能使恩同天地,威侔(相等)鬼神。暴风疾霆,不足以方其怒;阳春时雨,不足以喻其泽;周、孙数千,无所复角其圣;贲、育百万,无所复奋其勇矣。"

⑲《后汉书·仲长统传》:"彼后嗣之愚主,见天下莫敢与之违,自谓若天地之不可亡也;乃奔其私嗜,聘其邪欲,君臣宣淫(公开的淫乱),上下同恶。目极角觝(秦汉时一种技艺表演)之观,耳穷郑、卫之声,入则耽于妇人,出则驰于田猎。荒废庶政,弃亡人物,澶温(纵逸)弥流,无所底极。信任亲爱者,尽佞谄容说(悦)之人也;宠贵隆丰者,尽后妃姬妾之家也。使饿狼守庖厨,饥虎牧牢豚,遂至熬天下之脂膏,斲生人之骨髓。怨毒无聊,祸毒并起,中国扰攘,四夷侵叛,土崩瓦解,一朝而去。昔之为我哺乳之子孙者,今尽是我饮血之寇雠(仇)也。"

⑳《后汉书·仲长统传》:"汉之初兴,分王子弟,委之以士民之命,假之以杀生之权。于是骄逸自恣,志意无厌。鱼肉百姓,以淫其欲,报蒸骨血(奸淫直系亲属),以快其情。上有篡叛不轨之奸,下有暴乱残贼之害。虽藉属亲之恩,盖源流形势使之然也。降爵削土,稍稍割夺,卒至于坐食奉(俸)禄而已。然其淫秽之行,淫昏之罪,犹尚多焉。故浅其根本,轻其恩义,犹尚假一日之尊,收士民之用。况专之于国,擅之于嗣,岂可鞭笞叱咤,而使唯我所为者乎?时政彫敝,风俗移易,纯朴已去,智惠已来。出于礼制之防,放于嗜欲之域久矣,固不可授之以柄,假之以资者也。是故收其奕世(累世)之权,校(约束)其从(纵)横之势,善者早登,否者早去(袪),故下去无壅滞之士,国朝无专贵之人。此变之善,可遂行者也。"

㉑《后汉书·仲长统传》:"井田之变,豪人货殖,馆舍布于州郡,田亩连于方国。身无半通(半方的印章)青纶之命,而窃三辰龙章之服(指三公的礼服);不为编户一伍之长,而有千室名邑之役。荣乐过于封君,势力侔于守令。财赂自营,犯法不坐。刺客死士,为之投命。至死弱力少智之子,被穿帷败,寄死不敛,冤枉穷困,不敢自理。虽亦由网禁疏阔,盖分田无限使之然也。"

㉒《后汉书·仲长统传》:"肉刑之废,轻重无品,下(减的意思)死则得髡钳,下髡钳则得鞭笞。死者不可复生,而髡者无伤于人,髡笞不足以惩中罪,安得不至于死哉! 夫鸡狗之攘窃,男女之淫奔,酒醴之赂遗,谬误之伤害。皆非值于死者也。杀之则甚重,髡之则甚轻。不制中刑以称其罪,则法令安得不参差,杀生安得不过谬乎? 今患刑轻之不足以惩恶,则假臧(赃)货以成罪,托疾病以讳杀。科条无所准,名实不相应,恐非帝王之通法,圣人之良制也。……今令五刑有品,轻重有数,科条有序,名实有正,非杀人逆乱鸟兽之行甚重者,皆勿杀。嗣周氏之祕典,续吕侯之祥刑,此亦宜复之善者也。"

㉓《群书治要》卷四十五:"德教者,人君之常任也,而刑罚为之佐助焉。古之圣帝明王,所以能亲百姓,训五品,和万邦,蕃黎民,召天地之嘉应,降鬼神之吉灵者,实德是为,而非刑之攸至也。"

**思考题**

1. 试述秦朝"法治"主义的得与失。
2. 试述汉初黄老学派法律思想的历史地位。
3. 封建正统法律思想有哪些内容?
4. 简评董仲舒法律思想的历史地位。
5. 谈谈王充、仲长统反神学的法律思想的进步意义。

# 第九章　三国、两晋、南北朝时期的法律思想

东汉王朝覆灭后，社会由统一走向分裂，其间除西晋朝有短暂的相对统一外，大都处于豪强割据、军阀混战、王朝频繁更迭的混乱时期，直到隋代统一南北，历时近400年。这是自秦汉以后最长的分裂混乱时期。

这一时期，阶级矛盾、民族矛盾和地主阶级内部不同集团、阶层之间的矛盾相互交织，异常激烈。门阀士族的出现是这一时期社会政治的一个特点。士族中的豪强地主是地主阶级中最贪婪、最残暴、最腐朽的一个阶层。他们占有大量的土地，迫使广大贫苦农民成为依附于自己的佃客、部曲和奴婢，并往往拥有可观的私人武装。他们凭借自己的经济、政治力量把持朝政，在思想文化上也处处留下了自己的烙印。

从思想史的发展来看，与政治上的分裂相一致的，是儒学独尊地位的跌落，思想领域中出现了一个相对宽松的环境。思想家们带着对汉代神学化经学的失望而回到先秦诸子中去寻找救世良方。体现名家、法家思想特色的"名法之治"，以老庄思想相标榜的"无为而治"，曾一度登上思想舞台和政治舞台，与汉代以来形成的"名教之治"争席位。这样，在法律思想上一时形成了多元的发展趋势，不过，儒家的礼法名教还是占有主导地位，这是封建地主阶级专政的本性决定的。

这一时期的法律思想值得注意的有三大思潮：

一是律学思潮。律学原本是汉代经学的一个分支，在晋代得到了长足的发展，成为我国法律史学上具有特色的法律注释学。

晋代律学集汉魏律学之大成,开唐代律疏学之先河,在立法、审判原则等方面都有不少独创性的见解。

二是玄学的法哲学思潮。玄学是士族的思想意识形态。在荒诞空虚的经学无补于治的汉代,他们崇尚老庄,援道入儒,以道释儒,宣扬"自然无为"。它反映了士族阶层鄙弃虚伪的名教,又离不开名教的矛盾心理。玄学家们的人生态度往往比较消极,放任自流,纵欲颓废,空谈玄理,抨击虚伪的名教,有的大胆主张"不事礼法",从而激扬了法律虚无主义。这种思潮的发展,结出了无君、无国家、无政府、无法律的思想之果,鲍敬言的"无君"论便是其代表。

三是北方少数民族在政治改革中学习和制订汉法的法律思潮。三国、两晋、南北朝时期的政治大动乱,也包含着民族大融合的积极因素。北方少数民族原来的社会制度都比较落后,入主中原后,受汉民族先进的封建主义政治制度、法律制度和传统思想文化的影响,纷纷进行改革,实现经济、政治、文化方面的封建化。同时,根据儒家经典,模仿汉、魏、晋的法律制度,制订法律。少数民族的改革不但带来了本民族的进步,推动了各民族的融合,促进了封建制的发展,同时在法律上还加速了封建法律儒家化的步伐。在北方少数民族的改革中,北魏孝文帝拓跋宏是一个杰出的代表。

## 第一节 晋代律学和刘颂的法律思想

律学原是经学的一个分支。汉代是经学统治学术的时代。汉儒根据儒家经书中的经义来研究、解释法律,形成律学,是正统儒学的一个组成部分。东汉时,以经义注解汉律的就有叔孙宣、郭令卿、马融、郑玄等十余家。[①]可见,律学已十分盛行,其中尤以郑玄的律注影响为大。曹魏初期,曾明确规定司法中依郑玄的注释为准。因此,像郑玄这样的经学家,不但攫取了法律的解释权,而且已插足立法领域。这种以经义注律之风,是将封建法律纳入正统儒家思想轨道的重要步骤。

三国及曹魏时期,律学在统治者的提倡下继续发展,先后出现了陈群、钟繇、傅干、王朗、曹义、丁仪、刘邵等一批著名的律学家。曹魏律学已不同于汉代律学的那种完全依附于经学,为经学家所独霸的情形,开始有了发展为一门独立学科的倾向。

晋代是律学鼎盛时代。早在司马氏代魏之前,晋王司马昭认为魏律虽经改革,但仍然"本注烦杂",于是组织了以贾充为首,包括郑冲、杜预、羊祜、裴楷等十四人的修律班子,花了三年时间,于晋武帝司马炎泰始三年修定新律,史称《泰始律》。《泰始律》的颁布在法律史上有着重要意义。参与修律的人都是当朝重臣,且多为博学鸿儒,这是一次以儒家法律思想为指导的大规模的系统性修律。《泰始律》成后,晋武帝"亲自临讲",张斐[②]、杜预又相继加以注解。张、杜注晋律时,"兼采汉世律家诸说之长",是汉魏以来法律之修定和注解的理论和经验的一次较为系统的总结。张斐《律表》和杜预《律本》作为注释晋律的专门著作的出现,表明律学已成为依经义原则研究具体法律问题的独立学科,从而大大推进了对于法典体例、刑法原则、刑名诠释等古代法律理论研究的发展。张、杜的律注经晋武帝批准,"诏颁天下",从而与晋律视为一体,具有法律效力,后世称之为"张杜律"。如果说唐代的《永徽律疏》集汉唐历代律学之大成的话,那末,张、杜的晋律注解则起了承前启后的作用。

**一、杜预《律本》中的法律观**

杜预(222—284)字元凯,京兆杜陵(今陕西长安)人,西晋著名的律学家。他博学多才,能文能武,自称"有《左传》癖",作《春秋左氏经传集解》,成一家之言,历来是治《春秋》、《左传》的必读书。[③]杜预在律学方面的贡献主要有两项:一是在任河南尹时"与车骑将军贾充等定律令"(《晋书·杜预传》),即参与修定晋《泰始律》;二是为《泰始律》作注解,著"刑法律本二十一卷"。

(一)纳礼入律,礼法合一

杜预在上《律本》的奏章中称:"今所注,皆网罗法意,格之以名分。"④"格之以名分"是杜预贯彻于其修律和注律之始终的基本精神。所谓"名分",要而言之,即当时统治者竭力提倡的名教、礼教,它是儒家之礼的根本内涵。杜预是非常"崇礼"的,他认为礼是"移风易俗之本"(见《晋书·礼志》),但同时也主张对礼要有所损益变易。修《晋书》的房玄龄等在《本传》中说他"习于变礼者也",是有道理的。他建议晋帝"远遵古礼,近同时制,屈除以宽诸下,协一代之成典",就体现了这种"变礼"观。

杜预"崇礼"而又"变礼"的思想对他的法律观起着指导作用。他在注律时"网罗法意,格之以名分",就是以名分为标准来解释法意,将法律纳入名分的匡范之中。杜预所做的正是纳礼入律、礼法合一的工作。他同时强调指出,法律所体现的名分是指名分之大者,不是琐碎的"小理"。他说,"审名分者,必忍小理";又说,他的律注旨在使用之者"执名例以审趣舍,伸绳墨之直,去析薪之理也"。"析薪之理"也就是"小理"。法律既符合名分又不拘泥于"小理",这就是杜预的"变礼"观。他认为,也只有这样,立法才能做到"简直"。

(二)"文约而例直,听省而禁简"

"简直"的立法观是杜预律学思想的主要内容,也是他"崇礼"而又"变礼"的思想在他的律学中结出的一颗更为硕大的果实。汉代先是以经义折狱,后来又以经义注律,其结果使法律愈来愈繁琐并前后矛盾。⑤曹魏虽下令只用"郑氏章句",又制定新律,但仍然"本注烦杂"。杜预抨击这种现象是"简书愈繁,官方愈伪,法令滋章,巧饰弥多"(《晋书·杜预传》),造成汉魏法律"本注烦杂"的原因当然很多,但重要的一条是由于法律依附于儒家经典,律学受到经学的禁锢。要摆脱这种依附和禁锢,只有在魏晋时期经学式微、思想比较宽松的环境中才有可能,并需要有思想界的代表人物来加以倡导。杜预就是这样一个代表。

杜预指出:"法者,盖绳墨之断例,非穷理尽性之书也。"这话非常简明扼要地区分了法与经义、律学与经学的界限。法律不是"穷理尽性"的经书,所以经义不能直接代替法律,经书不能直接作为法典。这等于宣告律学不能教条主义地跟在经学后面亦步亦趋,从而为独立地研究法律打开了一扇气窗,也为他的立法"简直"的观点奠定了理论基础。当然,杜预的律学独立于经学的主张是很有限度的,其独立只是相对的独立,但在当时也不失为是一种思想解放。

当法律取得了对于儒经的相对独立地位时,就有可能对法律的自身规律和原则深入具体地加以探讨了。杜预认为,立法的一条最根本的原则是"简直"。他指出,曹魏时代的考课法,完全依从西汉今文经学家京房著的《易传》遗意,"其文可谓至密,然由于累细以违其体,故历代不能通也",因此必须"去密就简,则简而易从也"(《晋书·杜预传》)。立法必须"简直"的思想是杜预律学中首尾一致的,考课法如此,刑法更应如此。他在划清了法律与儒经的界限之后,接着说,法律必须"文约而例直,听省而禁简。例直易见,禁简难犯。易见则人知所避,难犯则几于刑措"。就是说,法律的文字要简明通俗("文约");条例应明白准确,直截了当("例直");法律的形式要单纯,概念要明确("听省");条文要简约,不要烦密("禁简")。这样,人们便能一看就知道哪些事可做,哪些事不可做,使"人知所避",达到封建法律警戒、威吓的作用。

与强调立法"简直"相应,杜预提出了"法出一门"的主张。所谓"法出一门",就是要求立法统一于天子,统一于中央王朝。他认为只有这样才能使"人知恒禁,吏无淫巧,政明于上,民安于下"(《艺文类聚》卷五十四)。为此,他要求应像古代那样把法律"铭之钟鼎,铸之金石",以示法律的统一性、确定性和权威性,从而达到

"远塞异端,使无淫巧",以保证"法出一门"。杜预"法出一门"的主张,系针对汉末以来天下分裂,政出多门,法令不能一统而发,是为司马氏的晋王朝中央政府争立法权,同时也是保证立法"简直"所必需的。

(三)区分律、令的界限

杜预指出律、令的界限是:"律以正罪名,令以存事制。"他所谓的"律"仅指刑法,是专门规定关于违法行为所犯的罪名及对这种行为的惩罚方法的;"令"指各种规章制度。晋代以前,律、令相混,界限不清。杜预认为,律、令界限明确,方能做到立法"简直"易知,这正是晋律的特点。杜预对律、令界限所下的定义性的结论,虽然过于简单,却是我国法律史上最早的关于律、令的明确界说。

综上所述,杜预法律观的主要贡献在于从理论上提出了区分律与经、律学与经学的必要性,并作了初步的论证。他以"崇礼"、"变礼"思想为指导,通过修律、注释法律推进了礼法合一、纳礼入律的过程,这虽然含有不少保守性,但却是顺应着中国古代法律思想的发展方向的。立法"简直"是中华法系的一大特点,也是一大优点。杜预所提出的"简直"的立法观,既对改变汉代以来法律驳杂繁复的弊病有一定意义,而且对于形成中华法系的这一特点和优点也起了某种倡导作用。

**二、张斐《律表》的法律观**

张斐是西晋时与杜预齐名的律学家[⑥],后世以"晋世张杜律"并称。由于史料阙如,其生卒年月与生平事迹不详。估计约与杜预同时,晋武帝时任明法掾。从《律表》看,张斐对法律理论,特别是刑法原理有精到的研究,在立法和审判方面的一些阐述有相当的理论深度,也比较系统。

(一)以礼率律

张斐同杜预一样,认为法律的基本精神是礼。这首先表现在他对晋律体例的说明上。晋律共二十篇,始于《刑名》篇,终于《诸侯》篇,结构完整、严密而有系统。张斐认为,晋律的这种体例结构体现了"王政布于上,诸侯奉于下,礼乐抚于中"的原则。"礼乐抚于中",就是说,"礼乐"是贯穿晋律各篇的基本精神,所有的律条都须折中于"礼乐",与"礼乐"相符合。这就是他所主张的以礼率律。张斐的这一解释弘扬和推进了封建正统法律思想所坚持的礼法合一、纳礼入律的立法原则。

(二)《刑名》的性质和作用

晋律的《刑名》与现代刑法典的总则相似。将《刑名》置于篇首,始于魏律。在曹魏以前,先秦李悝的《法经》是将相当于刑法总则的《具律》放在最后的。秦汉律因之,首篇是《盗律》。所以魏律的结构在法制史上是一个改革。晋律继承了这一改革成果,它表明了封建立法技术的成熟。对这一改革作出理论说明的首推张斐。张斐说:"刑名所以经略罪法之轻重,正加减之等差,明发众篇之多义,补其章条之不足,较举上下纲领。"这就明确指出了《刑名》的性质和作用在于它是整部法典的"纲领"。这一解释无疑是具有科学性的。张斐认为置《刑名》于篇首体现了"王政布于上"的原则。这在现在看来虽然是一种比附,但在封建君主专制制度下,恰是最有权威性的论证。魏晋以后各朝立法,始终将《刑名》放在篇首,再没有异议。张斐关于《刑名》在法律结构中的性质、作用和地位的阐发是有深远影响的。

(三)"理直刑正"

张斐以礼率律的法律观集中体现在他提出的"理直刑正"的主张上。什么是"理"?张斐说:"夫理者,精玄之妙,不可以一方行也。"(《晋书·刑法志》,下引此书中的张斐律表,不再注明)又说:"变无常体,唯理也。"可见"理"是一种体现在法律之中的抽象原则和精神,与相对稳定的法律规范不同,它没有一成不变的形式。张斐认为,晋律做到了"礼乐抚于中",是礼法结合的法律。他说:"礼乐崇于上,故降其刑;刑法闲于下,故全其法。""闲",即防。意思是:统治者尊崇礼乐,以礼乐为刑法的指导,从而制定颁布刑法来维护礼乐;刑法要发挥防范的作用,必须健全法律。从这些论述中可以看到,张斐的"理"就是"礼乐",也即儒家所阐扬的封建纲常名教。他又说:"夫律者,当慎其变,审其理。"可见,所谓"理直",就是法律要明确体现纲常名教。张斐说的"刑正",是指适用法律要做到准确,宽严适中,轻重得当,有罪必罚,罪刑相符。在张斐看来,"理"是法的灵魂,只有"理直"才能"刑正",最后实现"尊卑叙,仁义明,九族亲,王道平"的社会理想。

如果说晋律是儒家的立法,它总结了汉魏以来纳礼入律的经验和成果,把很多纲常伦理和礼教规范直接纳入了法律,那么,张斐的律注正是对晋律的这一特点作出了理论的说明,贯彻这些说明的一条主线就是"理直刑正"。

1. 明确区分和规定各种犯罪概念。这是"理直刑正"的前提条件。张斐对《晋律》中有关的二十个概念作了解释,下了定义,如"违忠欺上谓之谩"、"背信藏巧谓之诈"、"亏礼废节谓之不敬"、"逆节绝理谓之不道"、"陵上僭贵谓之恶逆"等。十分明显,这里的"谩"、"诈"、"不敬"、"不道"、"恶逆"等犯罪概念都鲜明地体现了以封建纲常名教和宗法伦理道德准则来名罪定刑的原则,亦即"礼乐抚于中"的精神。张斐对"过失"、"故意"、"造意"、"谋"、"斗"、"戏"等法律用语和概念的解释,扼要规定了某种犯罪的基本要件,具有一定的科学性,既体现了封建统治阶级的意志——"理",也含有刑法学理上的普遍意义。

2. 提出了"随事取法"、"临时观衅"的司法原则。[7]张斐认为:"律者,幽理之奥,不可以一体守也。"就是说,法律是体现"理"的,为了循"理",在司法实践中,不能机械地死守一成不变的法律条文。他特别指出,罪名刑名在律文上并不能准确无误地表达出来("律之名例,非正文而分明也"),因此必须"随事轻重取法"、"临时观衅"。意思是,根据案件的具体情况来判断犯罪的轻重。他还举出"若八十,非杀伤人,他皆勿论"等例子加以说明。八十岁以上的老人,对封建统治秩序已不可能有大的危害,所以可以"非杀伤人,他皆勿论",这样做,可以标榜恤老的伦理,有利于社会的道德风化,也符合礼义。从这一例子中可知,"随事取法"是为了更好地体现"理",即纲常名教的原则,达到"理直刑正"。

怎样进行"随事取法"呢? 从张斐的论述中,可以归纳为以下两点:

一是实行类推定罪。张斐举例说,凡以不恭敬的态度承受皇帝诏书,这样的犯罪无故意过失之分,一律按赎刑处理⑧;在都城人众中跑马踏死人,当按贼杀人处刑,因为这种行为与贼杀人相似⑨;卑幼与尊长殴斗,不论什么情况统统以贼论罪⑩。在这些类推之中,往往根据伦理观念来定罪量刑,贯彻着纲常名教的原则。

二是以判例定罪。张斐说:"法律中诸不敬,违议失式,及犯罪为公为私、赃入身不入身,皆随事轻重取法,以例求其名也。"例,即判例。"以例求其名",就是根据以前的判例来断定某一犯罪的性质、罪名和刑名。张斐所说的"不敬"、"违议失式"属于纲常伦理犯罪,情节十分复杂。"犯罪为公为私"和"赃入身不入身"两种犯罪,有主观为恶与否的差别。这些犯罪情节都不是一纸律文可以包括的,为了达到"理直刑正",所以要"以例求其名"。

3. 提出了"刑"、"理"、"心"、"情"、"事"综合的审讯原则。在具体案件的审讯中怎样做到"理直刑正"? 张斐说:"夫刑者,司理之官;理者,求情之机;情者,心神之使。……论罪务本其心,审其情,精其事,近取诸身,远取诸物,然后乃可以正刑。"这里的"刑",指刑名,即定罪量刑的法律规定;"理",如上所述,是体现在刑法中的礼义原则;"心",指犯罪的动机;"情",是由动机产生的犯罪心理特征;"事",即犯罪事实。张斐指出,审理案子,必须要依据刑法,以"理"为指导,弄清犯罪的动机、目的、原因、罪人的心理状态和犯罪事实，不但要听取口供，并观察罪犯的心理变化（"近取诸身"），而且要取得物证（"远取诸物"），然后才作出正确的判决。张斐的"本其心"、"审其情"、"精其事"，显然与董仲舒"春秋决狱"中所运用的"本其事而原其志"（《春秋繁露·精华》）的"原心论罪"原则有着相承关系。所不同的是，董仲舒时代是以《春秋》经义代替法律来原心论罪，而张斐则是要求依据已经纳入礼义的法律来考察"心"、"情"、"事"诸方面的情况，然后定罪。

张斐以"理直刑正"为立法、司法的总原则来注释晋律，说明他的基本立场是站在封建正统法律思想上的；他的"礼乐抚于中"的观点，肯定并弘扬了以礼为立法基本精神的礼法合一、纳礼入律的法律儒家化潮流。张斐对于晋律体例结构的解释和论证对后世有深远影响，他对二十个法律概念所下的定义和所揭示的诸多立法、审判原则，总结和发展了前代律学的成果，含有不少的科学成分。

### 三、刘颂的重法主张

刘颂（？—约300），字子雅，广陵（今江苏扬州）人。他在晋王朝任官近四十年，几乎与这个王朝的兴衰相始终，在长期主持中央的司法、吏治工作中，对司马氏政权忠心耿耿，以直言敢谏、执法严明著称，史书对他多有褒扬，说他上疏"论律令事，为时论所美"，"在官严整，甚有政绩"等等。[①]刘颂并未注释过什么法律，他主要是一位法制实践家，但在他的疏奏中，可以看出他对晋代法制建设颇有自己的见解，理论上也有一定的系统性和代表性。

（一）挽救末世的"振领总纲"

刘颂认为，西晋王朝"所遇之时，实是叔世"（《晋书·刘颂传》）。当时正值司马炎代魏称帝不久，百僚弹冠相庆，刘颂却说汉魏以来的流弊"积之在素"，这个开国君主所遇之世不是盛世，而是"叔世"（即末世），这确是发他人所未发的振聋发聩之声。刘颂在淮南相任上，向晋武帝上疏，洋洋八千余言，全面论述了他关于挽救"叔世"、治国理政的纲领性主张,其中涉及政治法律方面的内容颇多。他认为,矫"叔世"之弊,必须做到"法正威断,日迁就肃",希望晋武帝"早创大制",建长治久安之基。

在政体方面,刘颂主张"反汉之弊,修周旧迹",实行"裂土分人,以王同姓"的分封制。他说:"善为天下者,任势而不任人。任势者,诸侯是也;任人者,郡县是也。郡县之察,小政理而大势危;诸侯为邦,近多违而远虑固。"(同上)他认为,秦、魏之速亡,两汉之祸乱,都是由于行郡县而废封建,即任人而不任势,只有"使同姓必王",才能"建久安于万载,垂长世于无穷"(同上)。后来的事实证明,刘颂对秦、汉、魏三代历史经验的总结是带着很大的主观随意性的。晋代分封司马氏子弟为王,可不久就酿成八王之乱。刘颂认为行分封制才是"任势",才能保证晋天子的"法正威断"之权,可以"深根固蒂"、"安于万载",结果恰恰违背了时代之大势和人心之所向。西晋仅历晋武帝一世而乱,历史验证了刘颂的分封主张是错误的。

在施政方面,刘颂提出了三条"振领总纲":"凡政欲静,静在息役,息役在无为。仓廪欲实,实在利农,利农在平籴。为政欲著信,著信在简贤,简贤在官久。"(同上)第一条"息役",即减少赋役,少扰百姓,使社会相对安定,属无为政治主张;第二条"平籴",就是政府在丰年以平价购存粮食,到荒年以平价出售,意在采取这种"利农"政策而使国家"仓廪"充实,属于重农政策;第三条"著信",即树立和提高政府的信用度,源于儒家的诚信原则,但刘颂所讲的"著信"的内涵是"官久",就是信任贤能的官吏,不随便更换他们,对于才能低下者也不滥赐官职,这反映了士族阶层的政治利益。刘颂的三条施政纲领,从思想渊源来看,是以儒家为本,综合道家、法家、农家的学说而成的。

(二)重法主张

刘颂为挽救"叔世"而向晋王朝献出的法律主张的根本要旨在

于实行重法,以改变汉魏以来政刑"渐颓"及"法宽"的弊病,实现"法正威断,日迁就肃"。为此,刘颂反复主张恢复肉刑,强调法律统一:"纲举网疏",要求法吏严守律令,依法断案。其重法主张的具体内容如下:

1. 复肉刑。刘颂为廷尉时,曾两次上表,力主"复肉刑"。他认为,废肉刑造成了"死刑重,故非命者众;生刑轻,故罪不禁奸"的恶果,因而事与愿违,导致"以刑生刑","以徒生徒"。他说:大量罪犯处徒刑后,远离家乡作苦役,不堪饥寒,失去了生存的信心,于是逃亡,转为盗贼;若被抓获,又要加刑,但这样更促使他们逃亡当盗贼。他认为恢复肉刑有两大好处:一是可以"以刑止刑","止奸绝本"。因为处肉刑不仅能使人们"畏剥割之痛"而不敢犯罪,而且能"去其为恶之具",使罪犯不能再犯罪,从而"除恶塞源",使"刑不复生刑,徒不复生徒"。二是可以保存和生息劳动力。犯人处以肉刑之后"便各归家",创愈之后,仍可从事适宜的劳作,且"生育繁阜之道自若也"。因此,刘颂主张恢复肉刑,把刑罚等级改为死刑、肉刑、杖、笞、髡,取消徒刑。(以上均见《晋书·刑法志》)

汉魏以降,复肉刑论不绝于史,刘颂是其中最为激烈和坚定者之一,他不仅与班固、仲长统、陈群等复肉刑论者一样,认为废肉刑后造成死刑与生刑之间悬殊太大,坚持应以肉刑作中间刑,而且力图从刑法学理上论证复肉刑的必要性,着重从理论上去说明肉刑具有特别明显的惩戒、威吓作用。应该指出,刘颂复肉刑的主张属于单纯的惩戒主义和报复主义的刑罚观点,是不足取的,也是同刑罚手段向文明发展的总趋势背道而驰的。

2. 纲举网疏。刘颂提出的"纲举网疏"同杜预的立法"简直"的主张有一致之处。刘颂指出:"纲举则所罗者广,网疏则小必漏,所罗者广则为政不苛,此为政之要也。"从法律方面说,所谓"纲举",主要是要求严惩"大奸犯政"、"豪强横肆"的行为;所谓"网疏",就是要对"贤人君子"的"小疵"高抬贵手。他反复引证儒家主要是孔子的"不以一眚掩大德"、"赦小过、举贤才"、"无求备于一人"等言论来论证自己的观点。刘颂看到,当时,"大奸犯政而乱兆庶之罪者,类出富强",这些富强的大奸以自己的势力和财富逃避惩罚,官长畏惧他们的势力也不敢严以执法。司法官吏一面放纵大奸,一面却网罗"贤人君子"的"微罪",结果放纵虎豹而专禁鼠盗,"大事缓而小事急",破坏了法制。因此,刘颂把"纲举网疏"看作是实行重法的必要条件,指出只有"纲举网疏"才能达到"为政不苛","简而不漏","大罪必诛,法禁易全"。⑫

刘颂提出"纲举网疏"主张的主要目的,是希望晋朝最高统治者抑制大奸,而对所谓"贤人君子"的下层士族要宽容,以调整统治阶级内部关系,其中也包含了立法宽疏,司法中抓大案要案,反对"谨密网以罗微罪"等合理成分。

3. 法令画一,执法必严,以律断罪。晋惠帝时,"法渐多门,令甚不一",刘颂就任三公尚书后,即上疏强调严明法制。

首先,刘颂严格区分了君臣在立法、司法方面各自的职责:"主者守文"、"大臣释滞"、"人主权断"。他认为,对具体案件的审断,司法官吏必须依律办事,严于执法,做到"主者守文,死生以之,不敢错思于成制之外以差轻重"。若有少数案件,"事无正据,名例不及",法律又没有明文规定,则由"大臣论当,以释不滞"。这就是说,法律的解释权只在中央主管司法的大臣。至于超出法律之外的"非常之断、出法赏罚",那就"唯人主专之,非奉职之臣所得拟议"了。在刘颂看来,这样"君臣之分,各有所司"是防止"法渐多门",做到"法一"和执法必严的基本条件。⑬

其次,刘颂提出了"夫人君所与天下共者法也"的观点,他直言不讳地向晋惠帝指出:"陛下为政,每思尽善,故事求曲当,则例不得直;尽善,故法不得全",结果造成"法多门,令不一","吏不知所守,下不知所避","奸伪者因法多门以售其情","居上者唯以检下","于是事同议异,狱犴不平,有伤于法"。(《晋书·刑法志》)因

303

此，刘颂认为，人君虽有"权断"之权，但应当与天下人共守同一法典，不可在成制之外行小善，求曲当。"已令四海，不可以不信以为教；方求天下之不慢，不可绳之以不信之法"（同上）。刘颂提出"人君所与天下共者，法也"，是抓住了整肃法制的要害的。

再次，刘颂重新解释了"看人设教"、"随时之宜"等观念。那些毁弃法制的官吏往往以"议事以制"、"看人设教"、"随时之宜"做挡箭牌，刘颂针锋相对地指出：有人"自托于议事以制"，其实是"听言则美，论理则违"，"臣谓宜立格为限"，即以法律为准绳，不得在法外"妄议"。他认为，"看人设教"、"随时之宜"是立法原则，指立法时要考虑时势和对象，但不是司法原则。他说："看人设教，制法之谓也"，"随时之宜，当务之谓也"，"然则看人随时，在大量也，而制其法"（同上）。意思是说，"看人""随时"指的是在立法时，要考虑大量的、普遍的、一般的情况，符合当时形势的需要。所以，法在"始制之初，固已看人而随时矣"。如果这个法"未尽当"，那就应当"改之"；如果"已善"，那就必须严格执行，依律办事。"看人"、"随时"，绝不能成为执法官吏用来破坏法制的借口。刘颂强调指出："法轨既定，则行之，行之信如四时，执之坚如金石，群吏岂得在成制之内，复称随时之宜，傍行'看人设教'，以乱政典哉？"（《晋书·刑法志》）这一执法主张是很有见地的。

刘颂所谓的法"当"、法"善"，是有自己的标准的，这就是符合"理"。他说："夫法者，固以尽理为法。"这个"理"，同张斐所说之"理"一样，是封建纲常伦理。所谓"看人"、"随时"以立法，概而言之，就是"尽理"办法，以"理"为指导来制法，群吏只许依这样的"尽理"之法办事。"尽理"之法，实质上是礼法结合、纳礼入法之法。这是刘颂执法主张的一个前提。在他看来，既然《泰始律》已成，礼已入法，就不必像汉代那样在执行时搞"经义折狱"、"原心定罪"，搞"议事以制"、"看人设教"或"随时之宜"了。所以，刘颂的执法思想，是在礼法结合的法基本形成之后，适应封建统治阶级的需要提出来的。

经过上述三方面的分析论证,刘颂提出了一个明确的司法原则:"律法断罪,皆当以法律令正文;若无正文,依附名例断之;其正文、名例所不及,皆勿论。"(同上)这一结论的基本精神,类似于"法无明文不为罪"的近代"罪刑法定主义",是刘颂对我国古代司法理论的重要贡献。

前已说过,张斐主张"理直刑正",他认为要做到"理直刑正",既要依律断罪,又不能死守条文,应当"随事轻重取法"、"临时观衅"。这种说法还比较笼统,界限划得不够清楚,带有"议事以制"的痕迹。刘颂将立法和司法分开,将君主、大臣与司法官吏的职权范围也明确加以区分,"议事以制"、随事专断之权只属于君主,法吏必须死守律文,以律断罪。这在司法理论上无疑是一个贡献,它是刘颂的重法思想中积极的合理的因素。但刘颂的重法总是同重刑搅在一起,他关于复肉刑、"以刑止刑"的主张就很难说有什么积极意义。

**注:**

①见《晋书·刑法志》。叔孙宣、郭令卿,史阙不详。马融(公元79-166年),东汉一代通儒,卢植、郑玄皆出其门,著《三传异同说》,注《孝经》、《论语》、《诗经》、《周易》、《三礼》、《尚书》、《列女传》、《老子》、《淮南子》、《离骚》等书。郑玄(公元127-200年),字康成,博通五经,为世大儒,有著述百余万言,弟子数千人,今惟存《毛诗笺》、《周礼注》、《仪礼注》、《礼记注》,及后人辑佚的《周易注》等。马、郑都是经学大师。

②《晋书·刑法志》:"……其后,时法掾张裴(即张斐)又注律。"

③《晋书·杜预传》:"杜预字元凯,京兆杜陵人也。祖畿,魏尚书仆射。父恕,幽州刺史。预博学多通,明于兴废之道,常言:'德不可以企及,立功立言可庶几也。'初其父与宣帝不相能,遂以幽死,故预久不得调。

文帝嗣立,预尚帝妹高陆公主,起家拜尚书郎,袭祖爵丰乐亭侯。在职四年,转参相府军事。仲会伐蜀,以预为镇西长史。及会反,僚佐并遇害,唯预以智获免。"

"与车骑将军贾充等定律令,既成,预为之注解。"

"泰始中,守河南尹。预以京师王化之始,自近及远,凡所施论,务崇大体。"

"是时朝廷皆以预明于筹略,会匈奴帅刘猛举兵反,自并州西及河东、平阳,诏预以散侯定计省闼,俄拜度支尚书。预乃奏立藉田,建安边,论处军国之要。又作人排新器,兴常平仓,定谷价,较盐运,制课调,内以利国外以救边者五十余条,皆纳焉。石鉴自军还,论功不实,为预所纠,遂相仇恨,言论喧哗,并坐免官,以侯兼本职。数年,复拜度支尚书。"

"预身不跨马,射不穿札,而每任大事,辄居将率之列。结交接物,恭而有礼,问无所隐,诲人不倦,敏于事而慎于言。既立功之后,从容无事,乃耽恩经籍,为《春秋左氏经传籍解》"。

④《晋书·杜预传》:"法者,盖绳墨之断例,非穷理尽性之书也。故文约而例直,听省而禁简。例直易见,禁简难犯。易见则人知所避,难犯则几于刑措。刑之本在于简直,故必审名分。审名分者,必忍小理。古之刑书,之钟鼎,铸之金石,所以远塞异端,使无淫巧也。今所注皆网罗法意,格之以名分。使用之者执名例以审趣舍,伸绳墨之直,去析薪之理也。"

⑤《晋书·刑法志》:"后生生意,名为章句。叔孙宣、郭令卿、马融、郑玄诸儒章句十有余家,家数十万言。凡断罪所当由用者,合二万六千二百七十二条,七百七十三万二千二百余言,言数益繁,览者益难。"

⑥据《隋书·刑法志》、《唐书·刑法志》等载,张斐著有《律解》二十卷、《杂律解》二十一卷,及《汉晋律序注》等,可惜均已佚失。《晋书·刑法志》中辑录了他注定晋律后上奏的《律表》,是研究其本人法律思想和晋代法制的宝贵史料。

⑦《晋书·刑法志》:"律之名例,非正文而分明也……法律中诸不敬、违仪失式,及犯罪为公为私,赃入身不入身,皆随事轻重取法,以例求其名也。夫理者,精玄之妙,不可以一方行也。律者,幽理之奥,不可以一体守也。或计过以配罪,或化略以循常,或随事以尽情,或趣舍以从时,或推重以立防,或引轻而就下。公私废避之宜,除削重轻之变,皆所以临时观衅(罪过),使用法执诠者幽于未制之中,采其根芽之微,致之于机格之上,称轻重于豪铢,考辈类于参伍,然后乃可以理直刑正。"

⑧《晋书·刑法志》:"不承用诏书,无故失之刑,当从赎。"
⑨《晋书·刑法志》:"都城人众中走马杀人,当为贼,贼之似也。"
⑩《晋书·刑法志》:"卑与尊斗,皆为贼。"
⑪《晋书·刘颂传》:"刘颂字子雅,广陵人,汉广陵厉王胥之后也。世为名族。……父观,平阳太守。颂少能辨物理,为时人所称。察孝廉,举秀才,皆不就。文帝辟为相府掾,奉使于蜀。时蜀新平,人饥土荒,颂求表振(赈)贷,不待报而行、由是除名。

武帝践阼,拜尚书三公郎,典科律,申冤讼。累迁中书侍郎。咸宁中,诏颂与散骑郎白褒巡抚荆、扬,以奉使称旨,转黄门郎。迁议郎,守廷尉。时尚书令史扈寅非罪下狱,诏使考竟,颂执据无罪,寅遂得免,时人以颂比张释之。在职六年,号为详平。"

"元康初,从淮南王允入朝。会诛杨骏,颂屯卫殿中,其夜,诏以颂为三公尚书。又上疏论律令事,为时论所美。久之,转吏部尚书,建九班之制,欲令百官居职希迁,考课能否,明其赏罚。贾、郭专朝,仕者欲速,竟不施行。"

⑫《晋书·刘颂传》:"故善为政者纲举而网疏,纲举则所罗者广,网疏则小必漏,所罗者广则为政不苛,此为政之要也。而近世以来,为监司者,类大纲不振而微过必举。微过不足以害政,举之则微而益乱;大纲不振,则豪强横肆,豪强横肆,则百姓失职矣,此错所急而倒所务之由也。……夫大奸犯政而乱兆庶之罪者,类出富强,而豪富者其力足其惮,其货足欲,是以官长顾势而顿笔。下吏纵奸,惧所司之不举,则谨密纲以罗微罪。……所谓贤人君子,苟不能无过,小疵不可以废其身,而辄绳以法,则愧于明时。……是以圣人深识人情而达政体,……故冕而前旒,充纩塞耳,意在善恶之报必取其尤,然后简而不漏,大罪必诛,法禁易全也。何则?害法在犯尤,而谨搜微过,何异放兕豹于公路,而禁鼠盗于隅隙。古人有言,'铁钺不用刀锯日弊,不可以为政,此言大事缓而小事急也。"

⑬《晋书·刑法志》:"又君臣之分,各有所司。法欲必奉,故令主者守文;理有穷塞,故使大臣释滞;事有时宜,故人主权断。主者守文,若释之执犯跸之平也;大臣释滞,若公孙弘断郭解之狱也;人主权断,若汉祖戮丁公之为也。……故臣谓宜立格为限,使主者守文,死生以之,不敢错思于成制之外,以差轻重,则法恒全。事无正据,名例不及,大臣论当,以释不滞,则事无阂。至如非常之断,出法赏罚,若汉祖戮楚臣之私己,封赵氏无功,唯人主专之,非奉职

之臣所得拟议。"

## 第二节 魏晋玄学的法哲学思想和鲍敬言的无君论

魏晋之际,思想界发生了一场旷日持久的"名教"与"自然"关系的论争。

"名教",是指儒家提倡的以纲常伦理作最高准则来正名定分的封建礼教,它不仅仅指礼乐教化,主要是一种政治理论,因而成为封建法制的理论核心,并且形成一套与其理论相适应的政治法律制度,故有名教政治的说法。东汉统治者所实行的就是标榜以名教治天下的名教政治。

名教的作用是禁锢人们的思想,麻痹并销蚀人民的斗争意识,镇压人民的反抗,从而在维持统治秩序上起了很大的作用。但是到东汉末年,名教出现了危机。这一方面是由于统治阶级自毁名教,当时宦官、外戚、世家豪族、朋党把持政权,他们讲名教完全是虚伪的,而按所谓名教标准选拔出来的官僚往往是盗窃虚名之徒,贪污无能之辈,因而形成了名实不符的现象[①]。另一方面,也是首要的一个原因,则是由于黄巾起义的武器的批判。黄巾起义在政治上给了东汉王朝以致命的打击,同时也如狂飙之卷残叶,扫荡了儒学名教[②]。

汉末、三国时期,天下大乱,人们于名教衰败之后,首先想到的是刑名法术。曹操在求贤令中说,"若文俗之吏高才异质,或堪为将守负污辱之名,见笑之行,或不仁不孝而有治国用兵之术"(《曹操集·举贤勿拘品行令》)的人,他都可以录用。这很能说明名教的败坏,所以曹操敢于公开摈弃虚伪的名教,搞不论名誉、品行的"唯才是举",实行名法之治。但要维护封建统治,名教是不可少的,所以曹操说:"夫治定之化,以礼为首;拨乱之政,以刑为先。"(《曹操集·以高柔为理曹掾令》）破坏名教而又维护名教,这是当时统治阶级中普遍存在的两重心理。

魏晋之际,在黄巾起义中遭受严重打击的世家豪族已恢复了元气,他们是名教政治的基础。特别是曹魏政权的政治对手司马氏集团,以儒学世家自诩,充当高门大族的代表,把名教当作实现政治野心的工具,竭力标榜孝道,提倡名教。这样,随着曹魏政权的没落,名法之治就吃不开了,名教的抬头已成必然之势。但东汉的儒学名教是同烦琐芜杂的经学和谶纬神学迷信相联系的,这样的儒学名教早已为历史所唾弃。现在要恢复名教之治,怎样把它从经学和谶纬中剥离出来？这是必须要解决的问题。于是,在名教危机中形成的思想宽松环境下发展起来的援道入儒思潮有了得天独厚的机会,玄学应运而生了。

玄学之"玄"得之于《老子》的"玄而又玄,众妙之门"一语。当时的士族知识分子纷纷研究《老子》、《庄子》、《周易》三部书,号为"三玄"。玄学首先是一种哲学,同时也是一种社会政治理论,是魏晋时代占统治地位的学说。它研究形名、本末、有无等问题,而中心是讲天人关系,即天道与人事的相互关系,或"自然"与"名教"的关系问题。

玄学产生的原因是复杂的、多重的。在当时的思想界,总结汉代儒家名教之治的经验教训,寻找、论证并重建不废名教又能包容名教的新的统治思想形式,是一个历史的课题。玄学的产生正是适应了这一根本需要。除此之外,还有其直接的社会政治、经济原因和思想渊源。从政治、经济方面来说,魏晋之际,门阀士族阶层内部激烈倾轧,司马氏集团和曹魏集团之间的斗争非常残酷,政局多变,命运不测,名士自危,消极失意,以发言高玄来逃避现实,明哲保身,于是清谈成风。其中一部分士大夫更转向纵欲享乐,也以"无为"、"任自然"来为放荡不羁、醉生梦死的生活态度作论证。这些政治上的消极思潮正是玄学生成的良好环境。从思想渊源方面说，西汉经学没落以后，思想家们转而直接从先秦诸子思想中寻求出路，既然曹操的"名法之治"也行不通，道家的无为主义、天道自然观念就逻辑地受到崇拜，魏晋玄学正是以老庄学说解释、论证儒家礼法，以道为主，把儒道结合起来的一种新的统治思想。

魏晋玄学内部依据对"自然"与"名教"关系的不同回答可大致分为三派：何晏③、王弼认为"名教"本于"自然"，出于"自然"；阮籍，尤其是嵇康提出"越名教而任自然"；郭象④则竭力论证"名教"即"自然"。这三派中，一、三属于正统派玄学，他们从"名教"符合"自然"的角度巧妙地论证了"名教"的必然性和合理性。特别是后期玄学家郭象更是司马氏集团的御用哲学家。阮、嵇属于非正统派玄学，他们讽刺、揭露司马氏集团高唱"名教"的虚伪性，以推崇"自然"，否定"名教"的理论形式来表示自己的抗议，但骨子里仍然是维护和坚持儒家纲常礼教的。

阮籍、嵇康蔑视"名教"的理论向右发展，激扬了士族子弟颓废放荡、荒淫奢侈的风气；而向左发展则可以演变为反抗现实政权的革命理论。鲍敬言的"无君"思想就属于后者，它是魏晋玄学在政治法律领域留下的一个积极成果。

玄学理论的政治色彩极浓，但它是从哲学的高度来论证政治法律问题的，具体的政治、法律主张不多，我们应着重从法哲学的高度来了解它。

## 一、王弼"名教出于自然"的法哲学观

王弼(226—249)，字辅嗣，山阳(今河南焦作市)人。魏晋时的玄学家。他是世家大族后代，自幼聪慧，少年而享高名，十几岁就好《老子》，官至尚书郎，但他不长事功，善谈玄理，远离实务。政治上与何晏同党，依附曹氏集团。正始十年(249)，曹爽、何晏被司马懿所杀，王弼亦染疾而亡，年仅二十四岁。

何晏、王弼的理论活动时期主要在曹魏正始年间(240-248)，

故史称以何、王为代表的玄学为"正始之音",这是玄学的奠基阶段。他们创立了"贵无"的宇宙本体论,认为世界"以无为本",具体事物以"有"为存在,而"有"皆始于"无","无"是"有"的本源。何、王之间,就"贵无论"的理论深度和体系完整性而言,王的造就远胜于何。王弼的著作甚富,主要有《老子注》、《周易注》、《论语释疑》、《老子指略》等。

(一)"名教出于自然"的法哲学观

王弼从"贵无"的宇宙本体论出发,主张"名教出于自然"。王弼的"自然"就是"无","无"也就是"道"⑤。"道","无形无名",但却为万物之宗⑥,并"成济万物",是贯通于一切事物的统一原则,是支配自然界、人类社会和人生的基本规律和最高法则。由此,他认为,"自然"为本,"名教"为末,"自然"为母,"名教"为子,"名教"出于"自然",本于"自然"⑦。王弼竭力证明,提倡名教与崇尚自然并不相悖,而是互为表里的,维护封建等级秩序的"名教"之治,确实出于无为的自然之"道"。曹魏政权后期,门阀士族势力抬头,力图恢复名教的权威。王弼的"名教"出于"自然"说,正是为"名教"提供了新的哲学论证。

(二)无为而治的主张

王弼认为,社会治理应崇尚和顺应"自然","无为而治"。他说:"万物以自然为性,故可因而不可为也,可通而不可执也。"(《老子注》)"善治政者,无形、无名、无事、无政可举,闷闷然,卒至于大治。"(同上)就是说,政治必须因循自然之道,笃守无为之术,使万物自化,致天下于大治。王弼批评先秦儒、墨、名、法各家,认为它们各有弊病,只有道家的"无为而治"符合"自然"。⑧但王弼的"无为而治",其实是适合世家大族胃口的"无为而治",不是先秦道家观点的简单重复。

王弼"无为而治"的主张主要包含以下一些内容:

1. 君主无为。在君主的作用问题上,王弼一方面继承发展先秦道家"君道无为,臣道有为"的思想,主张"以无为为君,以不言为教"(《老子注》);另一方面又宣扬以少治多、以寡治众⑨、"以君御民"、"执一统众"(《论语释疑》),百官"各定其分"、"以定尊卑"(《周易注》)。当时,魏帝曹芳是个小孩子,曹爽、何晏专权,而曹氏与司马氏两大士族集团之间的斗争正趋向白热化。王弼主张君主无为,显然是为曹、何擅政,驾空幼君作辩护的;而他强调"执一统众"等等,企图抑止司马氏集团的用意也一目了然。所以,司马氏集团在理论上不崇尚老庄自然无为之学,而大讲儒术,宣扬孝道,其奥妙也就在这里了。

2. 愚民政策。同先秦道家一样,王弼的"无为而治"也包含着对广大人民实行愚民政策。在他看来,既然"名教"出于"自然",因而尊卑等级都是"自然"秩序,非人所为,老百姓应当安分守己,服从统治。他在《老子注》中强调指出,"自然之质,各定其分,短者不为不足,长者不为有余",因此应当"上守其尊,下安其卑"。他认为,实行"无为而治",要对老百姓进行安抚和感化,以"无为"攻其心,"使其无心于为也","使其无心于欲也"⑩,从而使"百姓不知其所以然也","则言者言其所知,行者行其所能,百姓各皆注其耳目焉,吾皆孩之而已"(《老子注》)。也就是说,使老百姓都像小孩一样幼稚愚昧无知,乖乖地服从统治,"不为事始,领唱乃应","有事则从,不敢为首","不为事主,顺命而终"(同上)。这确实是一种高明的统治术。

3. 反对法烦刑酷。王弼主张"无为而治",由此也反对一切违反"自然"的兵役、智术、刑法。曹魏政权建立之初,实行"名法之治",史称"魏武好法术,而天下贵刑名"(《晋书·傅玄传》)。到正始年间,由于士族势力的强大,曹魏统治集团不得不放弃"名法之治"。"名法之治"带来了法烦刑威的流弊。王弼对这种流弊的揭露是颇深的。他指出:"刑以检物,巧伪必生"(《老子指略》),"若乃多其法网,烦其刑罚,塞其径路,攻其幽宅,则万物失其自然,百姓丧其手足,鸟乱于上,鱼乱于下"(《老子注》)。他认为"名教"、礼法出于"自然",也必须顺应"自然",合乎自然无为之道,如果法网烦密,刑罚酷烈,那么万物就会失去"自然"状态,百姓就会无所措手足,铤而走险,从而招致天下大乱。在这里,王弼也表现出了一种法律虚无主义的倾向。

### 二、嵇康、阮籍"越名教而任自然"的法哲学观

司马氏的篡权是在名教的大旗下进行的。他们以"无君之心"的罪名诛杀异己,以"不孝"的罪名废弑曹氏皇帝。名教完全成了他们夺权篡位的工具。嵇康、阮籍政治上倾向于曹魏政权,反对以司马氏为代表的门阀士族专政。他们激烈批判虚伪的"名教",响亮地喊出了"越名教而任自然"的口号;他们怀有"济世之志"但无处施展,在司马氏集团高压政策所造成的"名士少有全者"的人人自危情势下,愤世嫉俗,放任不羁,借酒以浇心中的块垒。他们是玄学中的非正统派。

(一)嵇康以"任自然"为根本的法哲学观

嵇康(223—262),字叔夜,曾在魏做过中散大夫,故后世又称"嵇中散",谯国铚(今安徽宿县)人,魏晋时玄学家。他年幼丧父,有奇才,尤好老、庄之学,与曹操之子沛王曹林的孙女儿长乐亭结婚。嵇康为人"高亮任情",为文汪洋恣肆,自称"刚肠疾恶,遇事便发"。[11]他的好友,"竹林七贤"之一山涛推荐他做司马昭的官,他写《与山巨源绝交书》愤然拒绝,依然我行我素,不向权贵低头,不与司马氏合作。由于得罪了司马昭,终于以"言论放荡,非毁典谟"(《晋书·嵇康传》)的罪名被杀害。其著作有《嵇康集》。

在对待名教与自然的关系上,嵇康与王弼不同,强调名教与自然是对立的,名教不出于自然,而是当权者们"造立"出来的。[12]他公开要求"越名教",抉破名教、礼法的束缚。嵇康由反对名教,进一步菲薄名教圣人,明确宣布自己"非汤武而薄周孔"(《嵇康集·与

山巨源绝交书》，下引此书只注篇名），"轻贱唐虞，而笑大禹"（《卜疑集》），反对"立六经以为准"，"以周孔为关键"（《难自然好学论》）。这何止于"越名教"，简直是要弃名教！在当时的礼法社会中，这确实是大无畏的呐喊。但是，嵇康仍没有摆脱名教的羁绊。首先，他所希望建立的"君静于上，臣顺于下"（《声无哀乐论》）的理想社会，仍然是一个以封建礼法为标准，以君臣关系为核心的等级社会。其次，嵇康反对人为的仁义，但力图论证仁义出于自然本性，说是"宗长归仁，自然之情"（《太师箴》）。因此，他的"自然"中就包含着仁义，包含着名教，只要"任自然"，人们就可以默然从道，怀抱忠义，而不觉其所以然也。（《声无哀乐论》）所以，嵇康在理论体系上是矛盾的，他那些反名教的激烈言论，主要是针对司马氏集团的虚伪"名教"而发的。他否定的是司马氏门阀士族鼓吹礼法的虚伪性，而不是根本否定封建纲常。正如鲁迅先生所说，嵇康对礼教是"迂执"的，认为礼教出于人的自然本性，圣洁得不容一点虚伪欺诈的玷污，看到司马氏"褻黩了礼教，不平之极，无计可施，激而变成不谈礼教，不信礼教，甚至于反对礼教。——但其实不过是态度，至于他们的本心，恐怕倒是相信礼教，当作宝贝，比曹操司马懿们要迂执的多"。

嵇康的政治法律哲学观以"任自然"为根本出发点。嵇康所谓的"自然"是指人的自然欲望。"人性以从欲为欢，……从欲则事自然。"（《难自然好学论》）如上所述，他把礼法仁义也塞进这种自然欲望之中，显然是错误的，他根本不了解世上不可能有出自人的共同的自然本性的礼教。但嵇康也正是以"任自然"为理论武器而抨击现实社会一切恶浊现象和门阀士族专政的残暴的。他指斥统治者"凭玷恃势，不友不师，宰割天下，以奉其私"，"骄盈肆志，阻兵擅权，矜威纵虐，祸蒙丘山"，因此现实社会已是"大道陵迟"，今非昔比，"刑本惩暴，今以胁贤，昔为天下，今为一身"，结果是"赏罚虽存，莫劝莫禁"，名教以及礼法刑赏都成了他们篡权的工具，天下名分已经颠倒,大乱不可避免,即所谓"君位益侈,臣路生心","下疾其上,君猜其臣,丧乱弘多,国乃陨颠"(《太师箴》)。嵇康对门阀士族专政的虚伪礼教和残酷法制的批判无疑是有积极意义的。

嵇康否定了现实社会虚伪的礼法,希望建立"任自然"的理想法制。"任自然"也就是任"无为",他主张"无为而治",将古代圣王作为"无为而治"的典范:"古之王者,承天理物,必崇简易之教,御无为治。"(《声无哀乐论》)那个时候,"君无文于上,民无意于下","安知仁义之端,礼律之文"?(《难自然好学论》)从这里可以看到,嵇康的法律虚无主义色彩是很浓的,但其主张"简易",颂扬"简易之教",却有合理的一面。

(二)阮籍抨击礼法和礼法君子

阮籍(210—263),字嗣宗,陈留尉氏(今河南尉氏县)人,魏晋时玄学家。他幼年丧父,少年成名,与嵇康同为"竹林七贤"的核心人物,曾在司马氏父子那里做过散骑常侍、东平相(十多天)、步兵校尉等官。阮籍政治上比嵇康软弱,生活上更为放荡不羁,不拘礼法。他眼见自己的政治抱负不能实现,又不敢直抒胸臆,于是终日纵酒,以泄愤懑。在是非面前,他或以大醉敷衍,或发言高玄,不去臧否人物,因此,成为司马氏杀戮异己的屠刀下的幸存者。[13]其著作有《阮籍集》。

阮籍的思想发展大致有三个阶段。就其政治法律观而言,正始以前,基本上遵循和维护儒家正统的德礼刑罚相辅相成论,认为"刑教一体,礼乐内外也。刑弛则教不独行,礼废则乐无所立"(《阮籍集·乐论》,下引此书只注篇名),强调以礼和刑两手维系"尊卑有分,上下有等","男女不易其所,君臣不犯其位"(同上)的礼法社会秩序。正始十年间,阮籍思想的发展是与儒道结合、以道释儒的时代思潮相适应的,在"名教"出于"自然",倡言"无为而治"等方面与王弼的主张同出一辙。他指出,作为"名教"的"治化之体"来自"自然","天人之理"相通[14]。天道无欲,君主也应当无欲,因循自然,无为而治。他说:"道法自然而为化,侯王能守之,万物将自化。"他十分憧憬尧舜那种"刑设而不犯,罚著而不施"的无为政治。(见《通老论》)正始十年,司马懿诛灭曹爽集团,实现门阀士族专政,以虚伪的名教为招牌杀戮异己,阮籍的政治幻想破灭,于彷徨中转而为蔑视礼法,嗜酒佯狂,愤世嫉俗,思想发展到和嵇康一样,走上"越名教而任自然"的道路。

阮籍的后期言论是惊世骇俗的,在法律观方面,他首先抨击礼法和礼法君子。他指出,礼法名教和君臣制度是一切祸乱的根源,"君立而虐兴,臣设而贼生",统治者"坐制礼法",是为了"束缚下民,欺愚诳拙,藏智自神"。因此,"汝君子之礼法,诚天下残贼、乱危、死亡之术耳"(《大人先生传》)。他把礼法比作"坏絮",把礼法君子看作躲藏在"坏絮"、"裤裆"中的"虱子"[15],加以辛辣的讥讽和嘲笑。阮籍在思想上主张冲决一切礼法的罗网,行动上也不拘礼法。平时,"见礼法之士,以白眼对之",(《大人先生传》)并公然宣称:"礼岂为我设哉!"

同时,阮籍还宣扬"无君论"。阮籍由否定现实社会的礼法、君臣制度,进而提出了恢复自然本来状态的反本归朴的社会理想。他认为,在自然状态的社会里,"无君而庶物定,无臣而万事理","无贵则贱者不怨,无富则贪者不争,各足于身而无所求也"。这种无君无臣的主张已不同于一般玄学家提倡的无为而治,它推动着玄学向左的方面发展。

阮籍的上述言论虽也是针对司马氏篡代而发的,但其理论意义远不仅如此,特别是他的无君论,为后来的无君思想提供了借鉴,鲍敬言则是其中的一个直接受启迪者。

三、鲍敬言的"无君论"

鲍敬言的生平事迹与著作都无法查考,只有在葛洪[16]所著的《抱朴子·诘鲍》篇中保留了他的"无君论"的言论,从而也可以推知,他与葛洪当同为东晋时人。

鲍敬言是我国思想史上第一个明确提出无君、无政府主张的思想家。其法律观的内容特点是:

(一)否定"君权神授"论,提出暴力征服说

在国家和法律的起源问题上,鲍敬言批判并否定"君权神授"的"天命"论,提出了暴力征服说。他指出,所谓"天生烝民而树之君",不过是儒者编造的谎言,人类之初,"无君无臣",没有尊卑之分,没有欺诈,没有干戈,大家相安无事,"安得聚敛以夺民财?安得严刑以坑穽?"(《抱朴子·内篇:诘鲍》,本题引文均出此篇,不再注明)就是说,也不存在剥削、掠夺、法律和刑罚。君权的产生,国家法制的产生,是暴力和征服的结果,"夫强者凌弱,则弱者服之矣;智者诈愚,则愚者事之矣。服之,故君臣之道起焉;事之,故力寡之民制焉",这一切都与"苍天"无关("彼苍天果无事也")。

(二)否定君主设刑是"兴利除害",批判君主"屠割天下"的罪恶

在君主、国家和法律的作用上,鲍敬言批判并否定了立君设刑是为了"兴利除害"的说教,揭露了其"屠割天下"的罪恶。他指出,"君主既立,众慝(慝音特,奸邪的人)日滋","君主既立,而变化遂滋",于是只好用礼度来制约,用刑罚来整肃("闲之以礼度,整之以刑罚"),多设官吏来防范,结果适得其反,"法令滋彰,盗贼多有","有司设则百姓困,奉上厚则下民贫","救祸而祸弥深,峻禁而禁不止"。尤其是那些无道之君,他们"推无仇之民,攻无罪之国,僵尸则动以万计,流血则漂橹丹野",制造一幕幕"忠良见害于内,黎民暴骨于外"的人间悲剧。而这样的无道之君,"无世不有"。鲍敬言认为,这一切祸乱"皆有君之所致也"。

鲍敬言在揭露君主是人类社会一切罪恶的渊薮的同时,也指出社会犯罪、人民起义的根源在于君主制度,在于无道君主的统治。他说,在君主及其设置的官吏的勒索、剥夺下,人民缺乏衣食,

自己糊口已很艰难,况且还要增收赋税,加重苦役,在"下不堪命,且冻且饥"的情况下,人民"冒法斯滥"是必然的。又说,广大人民"劳之不休",统治者"夺之无已",人民处在"食不充口,衣不周身"的水深火热之中,"欲令勿乱,其可得乎"? 鲍敬言的这些言论中包含这样一个合理的、积极的逻辑:人民反抗是正当的。

(三)建立"无君无臣"的理想社会,废弃任何国家和法制

基于上述认识,鲍敬言提出了"无君"的社会政治理想:"无君无臣,穿井而饮,耕田而食,日出而作,日入而息,泛然不系,恢尔自得,不竞不营,无荣无辱……夫身无在公之役,家无输调之费,安土乐业,顺天分地,内足衣食之用,外无势利之争。"像远古社会那样,人们过着自然无为、丰衣足食、自由自在的生活,没有君臣等级、国家、政府、战争、法律和赋役。显然,这一乌托邦式的幻想脱胎于老子描述的"小国寡民"的社会图景,其中包容着无政府主义和法律虚无主义的观点。

总起来看,鲍敬言的无君论对君主、国家和法律的起源和本质没有也不可能有科学的分析,他提出废弃任何国家、政府和法律的主张,纯属主观幻想,并在这种幻想中包含着明显的复古、颂古倾向。但我们不能苛求一个一千多年以前的古人。鲍敬言的无君论,直截了当地批判和否定神权政治观,痛快淋漓地揭露了封建专制君主、封建国家和法制的罪恶,其意义不仅仅是对当时残酷的门阀士族专制统治的反抗,而且是对整个阶级统治,特别是秦汉以降封建君主专制的一次清算和声讨,它同情人民的疾苦和反抗,表达了当时人民,主要是农民对于封建统治的强烈不满和建立公平社会的良好愿望,蕴含着合理性和积极性,也在政治法律思想史上写下了富有特色的杰出篇章。

魏晋玄学由主张君主"无为而治"向左发展到了"无君",理论上已走到了尽头,政治上再也不能为统治阶级所利用。此后,玄学思潮渐渐退出了历史的舞台。

注：

①王符《潜夫论·交际》："凡今之人，言方行圆，口正心邪，行与言谬，心与口违。论古则知称夷、齐、原、颜，言今则必官爵职位；虚谈则知以德义为贤，贡荐则必阀阅为前。"徐干《中论·谴交》："详察其为也，非欲忧国恤民，谋讲道德也，徒营己治私，求势逐利而已。……至乎怀丈夫之容而袭婢妾之态，或奉货而行赂以自固结，求志属托，规图仕进，然掷目指掌，高谈大语。若此之类，言之犹可羞，而行之者不知耻。嗟乎，王教之败乃至于斯乎！"

②《魏志·文帝纪》："遭天下大乱，百祀堕坏，旧居之庙，毁而不修，褒成之后，绝而莫继，阙里不闻讲诵之声，四时不睹蒸尝之位。"

③何晏（？—249年），字平叔，东汉外戚何进的孙子，官至吏部尚书。他"好老庄言"，传世著作有《论语集解》（收入今本《十三经注疏》中）和《道德论》、《无名论》的片断（保存在《列子》张湛注中），是魏晋玄学的奠基人之一。政治上依附曹爽，后为司马懿所杀。

④郭象（约252—312年），字子玄，西晋时河南（今河南省洛南）人。官至黄门侍郎，太傅主簿。他以"名教即自然"的观点将二者完全等同，论证现存礼法制度和伦理规范的绝对合理性，成为司马氏集团的御用哲学家。郭象的著作有《庄子注》等。

⑤王弼注《易经》，并作《周易略例》，未注《易传》，后有韩康伯注《易传》，两者合一称《周易注》，现收入《十三经注疏》中。《论语释疑》已佚，散见于皇侃《论语义疏》中。《老子指略》原已佚，近人王维城得之于《道藏》，并整理发表。

⑥《老子注》："自然者，无称之言，穷极之辞也。"《论语释疑》："道者，无之称也。无不通也，无不由也，况之曰道，寂然无体，不可为象。"

⑦《老子注》："守母以存其子，崇本以举其末，则形名具有而邪不生，大美配天而华不作。故母不可远，本不可失。仁义，母之所生，非可以为母；形器，匹之所成，非可以为匠也。舍其母而用其子，弃其本而适其末，名则有所分，形则有所止，虽极其大，必有不周；虽盛其美，必有患忧；功在为之，岂足处也。"

⑧《老子指略》："法者尚乎齐同，而刑以检之；名者尚乎定真，而言以正

319

之;儒者尚乎全爱,而誉以进之;墨者尚乎俭啬,而矫以立之,杂者尚乎众美,而总以行之。夫刑以检物,巧伪必生;名以定物,理恕必失;誉以进物,争尚必起;矫以立场,乖违必作;杂以行动,秽乱必兴。"

⑨《周易略例》:"夫众不能治众,治众者,至寡者也";"夫少者,多之所贵也;寡者,众之所宗也。"

⑩《老子指略》:"不攻其为也,使其无心于为也;不害其欲也,使其无心于欲也。谋之与未兆,为之于未始,如斯而已矣。"

⑪《晋书·嵇康传》:"嵇康字叔夜,谯国铚人也。其先姓奚,会稽上虞人,以避怨,徙焉。铚有嵇山,家于其侧,因而命氏。"

"康早孤,有奇才,远迈不群,身长七尺八寸,美词气,有风仪,而土木形骸,不自藻饰,人以为龙章凤姿,天质自然。恬静寡欲,含垢匿瑕,宽简有大量。学不师受,博览无不该通,长好《老》《庄》。"

"……会(钟会)以此憾之。及是,言于文帝曰:'嵇康,卧龙也,不可起。公无忧天下,顾以康为虑耳。'因谮'康欲助毋丘俭,赖山涛不听。昔齐戮华士,鲁诛少正卯,诚以害时乱教,故圣贤去之。康、安等言论放荡,非毁典谟,帝王者所不宜容。宜因衅除之,以淳风俗。'帝既昵听信会,遂并害之。"

⑫《嵇康集·难自然好学论》:"造立仁义,以婴其心;制为名分,以检其外;劝学讲文,以神其教。故六经纷错,百家繁炽,并荣利之涂,故奔骛而不觉。"

⑬《晋书·阮籍传》:"阮籍字嗣宗,陈留尉氏人也。父瑀,魏丞相掾,知名于世。籍容貌瑰杰,志气宏放,傲然独得,任性不羁,而喜怒不形于色。或闭户视书,累月不出;或登临山水,经日忘归。博览群籍,尤好《老》《庄》。嗜酒能啸,善弹琴。当其得意,忽忘形骸。"

"及曹爽辅政,召为参军。籍因以疾辞,屏于田里。岁余而爽诛,时人服其远识。宣帝为太傅,命籍为从事中郎。及帝崩,复为景帝大司马从事中郎。高贵乡公即位,封关内侯,徙散骑常侍。

籍本有济世志,属魏晋之际,天下多故,名士少有全者,籍由是不与世事,遂酣饮为常。文帝初欲为武帝求婚于籍,籍醉六十日,不得言而止。钟会数以时事问之,欲因其可否而致之罪,皆以酣醉获免。"

"景元四年冬卒,时年五十四。"

⑭《阮籍集·通老论》:"圣人明于天人之理,达于自然之分,通于治化之体,审于大慎之训。故君臣垂拱,完太素之朴;百姓熙怡,保性命之和。"

⑮《阮籍集·大人先生传》:"且汝独不见夫虱之处于裤之中乎！逃于深缝,匿乎坏絮,自以为吉宅也。行不敢离缝际,动不敢出裤裆,自以为得绳墨也。饥则啮人,自以为无穷食也。然炎丘火流,焦邑灭都,群虱死于裤中而不能出。汝君子之处寰区之内,亦何异夫虱之处裤中乎？悲夫！"

⑯葛洪(公元284—364年),字雅川,号抱朴子,丹阳句容(今江苏句容)人。出身于江南吴国士族,少时家贫,后"以儒学知名"。由于司马氏集团歧视江南士族,他虽在镇压农民起义中立有"战功",却一直只居僚佐职务,感到立功无望,遂以做"文儒"自志。后期,又转为出世绝俗,成了金丹道教的创始人,晚年隐居罗浮山修道炼丹。其著作《抱朴子》分内、外篇。外篇五十卷,"言人间得失,世事臧否",以复兴儒教为宗旨;内篇二十卷,"言神仙方药,鬼怪变化,养生延年,禳邪祛祸之事",宣扬神仙道教思想。《诘鲍》篇是以儒家君臣之道批判鲍敬言无君论的一篇论战性政论文。

## 第三节 拓跋宏政治改革中的法律思想

三国、魏晋、南北朝是分裂动乱的时期,也是民族大融和的时期,以游牧为主的北方少数民族入主中原后,在汉民族先进的封建制和传统文化的影响下,开始了汉化,亦即封建化的进程。其中影响较大的数北魏鲜卑族孝文帝拓跋宏的汉化改革。

拓跋宏(467-499),北魏第七代皇帝。他是一个主张汉化改革而颇有作为的皇帝。他早熟、机灵,五岁即位,国事决于其祖母文明太后冯氏。文明太后是个很有才略的政治家,从献文帝时起,前后当政二十五年。在她当政期间,排除干扰,进行了巨大的改革。孝文帝亲政后,更大规模地推行改革,取得了很大的成功。孝文帝在位二十九年,死时才三十三岁。①

拓跋部系鲜卑族的一支,长期过着游猎生活,野蛮好战,公元四世纪开始定居生活,有了农业,创建了初步的政权,跨进了文明的门槛。公元386年,拓跋珪(魏道武帝)建立魏国,史称北魏。第三年(398)定都平城(今山西大同市)。公元439年魏太武帝拓跋焘(孝文帝的高祖父)统一了北方,结束了为期一百三十余年的十六国大乱。至此,拓跋氏的"武功"时期基本结束。随着国内阶级矛盾和民族矛盾的上升,北魏统治者认识到,要维护自己的统治,必须改弦更张,将"文治"提上了议事日程,汉化改革的步伐加快了。孝文帝正遇上了这样一个历史时期。

孝文帝的汉化改革②的核心是"文治","文治"的中心任务则是在政治、经济、文化诸方面采用中原地区汉民族先进的封建经济体制、政治法律制度和以儒家思想为主的传统文化。

儒家思想是孝文帝改革的主要指导思想,同时他又十分重视运用法律手段来保证改革,曾亲自修律,经常"躬亲听狱","听理冤讼"(《魏书·高祖纪》,下引此书只注篇名)。他通过自己的立法和司法实践,不但促进了改革,而且延续并推进了汉魏以来的法律儒家化。

### 一、"齐之以法,示之以礼"

汉魏以来,法律的儒家化突出体现在以礼率法和纳礼入律上,儒家的礼纷纷以法律形式被确定下来,许多宗法伦理道德规范被直接提升为法律规范。孝文帝汉化改革中的法制建设正是继承了这一传统,并有新的发展。

孝文帝说:"夫先王制礼,所以经纶万代,贻法后昆。"(《礼志》)强调礼具有根本法的性质,对法律有着根本性的指导作用。他认为,严刑重罚不但不能安定社会,反而会带来严重弊病。他说:"防之虽峻,陷者弥深","治因政宽,弊由网密";礼与刑、教与罚相比,礼教要更重要些,因为"民由化穆,非严刑所制"(《刑罚志》)。为发挥礼教的作用,太和十一年,孝文帝特下诏重申兴"乡饮礼",规定:"党里之内,推贤而长者,教其里人父慈、子孝、兄友、弟顺、夫和、妻柔。"(《高祖纪》)

基于这种认识,孝文帝以礼的原则来审视立法、司法,决定法的兴废弃取。

首先,主张加重对不孝罪的刑罚。他完全赞同儒家关于"三千之罪,莫大于不孝"的刑事立法原则,认为"父子之亲,诚是天属之重",因而"慢孝忘礼,肆情违度",实属重罪。但当时北魏法律中,"不逊父母,罪止髡刑",处刑太轻,不符合孝礼的精神("于理未衷"),必须"详改",加重刑罚。

其次,创制"存留养亲"制度。孝文帝于公元488年下诏:"犯死罪,若父母、祖父母年老,更无成人子孙,又无期亲者,仰案后列奏以待报,著之令格。"(《刑罚志》)按儒家孝的伦理观念,子孙必须尽养老送终的义务。孝文帝特制令格,曲法伸情,对于身犯死罪,父母、祖父母陷入绝嗣和无人赡养者,让他们暂留在家养老送终后再执行死刑。这就是后世遵行的犯罪存留养亲制度。

再次,严格区分斩、绞两种死刑等级,废除"裸形"处斩的行刑方式。斩、绞虽同属死刑,但斩刑身首异处,绞刑能得全尸,这在儒家伦理观念中是大有轻重之别的。当时,法律虽规定有斩、绞两种死刑方式,但并未执行,死罪一般都入斩刑,且斩者不论男女,"皆裸形伏质(砧板)"。孝文帝指出,斩、绞应当严加区别:斩刑"去衣裸体,男女媟(轻慢)见,岂齐之以法,示之以礼者"?于是经大臣议定:"大逆及贼,各弃市,袒斩;盗及吏受赇各绞刑,踣诸甸师。"严格区分了斩、绞两种死刑等级,并"使受戮者免裸骸之耻"(同上),以与礼的精神相符。这一规定,在一定程度上也体现了北魏在处刑方式上由野蛮向文明的进步。

### 二、"法为治要",慎刑恤刑

孝文帝认识到,法律为国家"治道之实要"。(《高祖纪》)他十分重视法制建设,在亲政的十余年中,曾先后四次主持并亲自进行修律,经常亲决狱讼,到监狱"引见诸囚"。

孝文帝法律思想中的一个可贵之处,是注意运用法律武器推进汉化改革。一旦有人阻碍、危害改革,不论亲疏,一律从严惩处。公元493年迁都洛阳后,改革得以大规模地全面推行。但守旧贵族的反对也很起劲。太子元恂在一些守旧贵族的怂恿下,谋图逃回平城,孝文帝当众严斥太子之罪,重重加以杖械,打得太子"不起者月余",并下诏废黜太子。大臣百般求情,孝文帝说"卿所谢者,私也;我所议者,公也。古人有言:大义灭亲。……此小儿今日不灭,乃国家之大祸。"后来,元恂"复与左右谋逆",终被赐死。(《孝文五王列传》)孝文帝即位时年尚幼,太皇太后冯氏称制,冯氏怕他长大后不利于冯氏,想废掉他,大臣李冲等冒死谏诤,冯氏才打消了念头。李冲对孝文帝来说可算有功之臣,但他后来反对汉化改革,孝文帝不念旧情,"合令御史牵下"治罪。另一个叫李洪之的,是献文帝的舅舅,孝文帝的舅公,他反对"班禄制",大量贪污,孝文帝亲自审问后"赐死"。(《献文六王列传》)孝文帝这种"大义灭亲"、严于执法的思想和精神,是难能可贵的,它正是改革的需要,是改革的组成部分,同时也有力地促进了改革。

在法制建设中,孝文帝还以儒家的慎刑恤刑思想相标榜,废止了一些野蛮残酷的狱刑制度。他告诫司法官吏:"廷尉者,天下之平,民命之所悬也。"要他们做个称职的狱官,实现他"惟刑之恤"的主张。(《高祖纪》)北魏有"门房之诛"的酷刑,即一人犯罪,"亲族男女无少长皆斩"。但在阶级矛盾民族矛盾趋于激化时,严刑重罚的威吓主义并不济事,反而会进一步激化矛盾。孝文帝于延兴四年(474)在诏书中说,"下民凶戾,不顾亲戚"。可见,北魏统治者也已意识到了这一点。所以,在统治方法上,他们"虽仰严诲,犹惧德化不宽"。就是说,要改变一味严刑重罚的做法,采取法刑兼用的传统办法。这样,直到孝文帝时代,门房之诛这种漫无边际的族诛才有所抑止。孝文帝在同一诏书中规定:"自今以后,非谋反、大逆、干纪、外奔,罪止其身而已。"(同上)太和三年(479)修改律文,又规定:"除群行剽劫首谋门诛,律重者止枭首。"(《刑罚志》)太和五年(481),僧人法秀谋反,又兰台御史张术等一百余人谋大逆,有司均科以族诛,诏书中作了适当减轻:"其五族者,降止同祖;三族,止一门;门诛,止身"。(《高祖纪》)在太和十一年(487),孝文帝终于下诏明确废除"门房之诛","前命公卿论定刑典,而门房之诛犹在律策,违失《周书》父子异罪。推古求情,意甚无取,可更议之,删除繁酷。"(《刑罚志》)这是北魏刑法制度由野蛮迈向文明的重要一步。

在狱政管理方面,孝文帝反对滥施刑讯和留狱。当时,法官及州郡县狱吏动辄用重枷,另加缒石悬吊于颈,伤至犯人骨头;又令健壮狱卒"迭搏之","囚率不堪,因以诬服",制造了不少冤假错案。孝文帝"闻而伤之,乃制:非大逆有明证而不款避者,不得大枷"。(同上)又多次下诏,"勿使有留狱久囚"。(《高祖纪》)太和十一年(487)冬,特下诏说:"今寒气劲切,杖捶难任。自今月至来年孟夏,不听拷问罪人。又岁既不登,民多饥窘,轻系之囚,宜速决了,无令薄罪久留狱犴。"(同上)孝文帝的上述慎刑措施,有利于缓和当时的社会矛盾。

### 三、"教随时设,政因事改"

孝文帝对进行汉化改革的紧迫性的认识是比较清楚的,决心也很大。他多次谈到必须"变法改度,宜为更始","与之惟新"(同上),做到"教随时设,政因事改"(《北史·魏本纪第三》)。他的这一变法主张是他法律思想的重要组成部分。

孝文帝的改革是多方面的,这里着重介绍一个他在整饬吏治方面所体现出来的行政立法主张。

太和八年(484),孝文帝正式颁布"班禄"制。"班禄",就是给百官的俸禄。这是汉族封建政权一贯实行的制度,所以孝文帝说他是"远遵古典,班制俸禄"。鲜卑拓跋部本是个野蛮的好战集团,以战争掳掠为业。建立魏国以后,文武百官仍不给俸禄,战时以掳掠来满足贪欲,平时以贪污方式来继续掳掠。无休止的掳掠和贪污,激起了各地人民的起义,杀死贪官的事不断发生,从而加剧了北魏的统治危机和财政危机。北魏统治者被迫下令禁止贪污,但官吏没有固定的俸禄,贪污的事禁而不止。所以,实行"班禄"是北魏整饬吏治的首要大事,是实行"文治"的基础,也成为孝文帝时一系列汉化改革的前奏。"班禄"规定:"户增绸三匹、谷二斛九斗,以为官司之禄";百官按品位高低,定出差等,给以俸禄,"禄行之后,赃满一匹者死"(《高祖纪》),"枉法"的不论多少,一律处死。这就大大加重了对贪赃枉法的惩治,④迫使贪官污吏暂时敛手。

孝文帝鉴于当时"百秩虽陈,事典未叙",为加强吏治、提高统治效率,于太和十七年(493)亲自编制《职员令》二十一卷。他在颁布《职员令》的诏书中说:"六职备于周经,九列炳于汉晋。务必有恒,人守其职。……远依往籍,近采时宜,作《职员令》二十一卷。事迫戎期,未善周悉。虽不足纲范万度、永垂不朽,且可释滞目前,厘整时务。"(《高祖纪》)说明其编制依据是儒家经典《周官》(即《周礼》),并采撷了汉晋制度;其目的和作用在于使各级机构和官员"务必有恒,人守其职","释滞目前,厘整时务"。可见,这部"事典"是一部规定各级官僚机构和官员的权限和活动准则的行政法典,可惜其内容已经佚失不可详考。

颁布《职员令》的第二年(494),孝文帝又下令实行"考绩之法"。"考绩之法"总结、修定并进一步健全了过去的官吏黜陟制度,其中规定:"三载一考,考即黜陟",使"愚滞无妨于贤者,才能不壅于下位"。考绩的方法是:"各令当曹考其优劣,为三等:六品以下,尚书重问;五品以下,朕将亲与公卿论其善恶;上上者迁之,下下者黜,中中者守其本任。"(同上)

以上"班禄"制、《职员令》、考绩法,是孝文帝整饬吏治、实行"文治"的三项主要措施。这些措施连同其他法制建设不可能得到真正的贯彻实施,其本身也存在着不少弊病,所以,孝文帝死后,北魏政权越来越走下坡路。不过在当时,这些改革对于北魏拓跋氏政权的封建化,对于促进和完善封建中央集权君主专制制度,缓解社会危机,还是起了一定的作用的。

**注:**

①《魏书·高祖纪》:"高祖孝文皇帝,讳宏,显祖献文皇帝之长子,母曰李夫人。皇兴元年八月戊申,生于平城紫宫,……三年夏六月辛未,立为皇太子。

五年秋八月丙午,即皇帝位于太华前殿,大赦,改元延兴元年。丁未,刘彧遣使朝贡。九月壬戌,诏在位及民庶直言极谏。有利民益治,损政伤化,悉心以闻。"

"雅好读书,手不释卷。《五经》之义,览之便讲,学不师受,探其精奥。史传百家,无不该涉。善谈《庄》、《老》,尤精释义。……爱奇好士,情如饥渴。待纳朝贡,随才轻重,常寄以布素之意。悠然玄迈,不以世务婴心。又少而善射,有膂力。年十余岁,能以指弹碎羊髆骨。及射禽兽,莫不随所志毙之。至年十五,便不复杀生,射猎之事悉止。性俭素,常服瀚濯之衣,鞍勒铁木而已。帝之雅志,皆此类也。"

②孝文帝汉化改革内容主要有:(一)经济上,颁布"均田令",推行"均田制"。规定:凡十五岁以上不论男女均向政府领种土地("受田"),到丧失劳动能力或死亡时归还。奴婢、耕牛(不超过四头)同样"受田"。田分"露田"、"桑田"两种。"露田"即无主的荒地,须归还,不能买卖;"桑田"是已经种过的土地,可作为"世业",不必归还,可以在一定限度内买卖。"露田"男子一人受40亩,妇女20亩,奴婢同样,耕牛一头30亩。但奴婢和耕牛死亡或出卖后,须归还。"桑田",男子一人受20亩,奴隶同样。"均田制"在一定程度上限制了豪强兼并,同时也把农民牢牢束缚在土地上,向政府交粮纳税。(二)整饬吏治,实行"班禄"制(此略)。(三)实行"三长法",加强基层政权建设。"三长法"规定:"五家为邻,设一邻长;五邻为里,设一里长;五里为党,设一党长。""三长"直属于州郡。三长的职责是检查户口,征发徭役和兵役。"三长法"采用汉族传统的什伍组织,改变"宗主督护"的鲜卑旧俗,将贵族豪强手中的荫户夺为朝廷所有的编户。(四)改革鲜卑旧俗,包括:1. 改定郊祀宗庙礼——

327

按"五行"次序定西晋为金,魏当为水,以示魏代晋为正统;建太庙,定拓跋珪为太祖;废除鲜卑旧礼仪,采用汉族帝王祭祀天地祖宗的礼仪,以示与中原一体,为中国之主。2.禁胡服——废除男子披发左衽、妇女衣夹领、窄袖短袄的鲜卑旧俗,服饰一遵汉制。3.从正音——朝廷议事禁用鲜卑话,一律改说河南洛阳话,违者免官。4.改度量衡——废除鲜卑旧制的"长尺大斗",依《周礼》规定斗、尺大小。5.改姓氏、祖籍——改鲜卑姓为汉姓。孝文帝自己改姓元,其他皇族改姓长孙、奚等,凡十姓,不通婚姻;贵族改姓穆、陆等。凡内迁的鲜卑人祖籍改为洛阳籍,死后葬洛阳北郊北邙山。6.定族姓——孝文帝定鲜卑贵族中以穆、陆、贺、刘、楼、于、嵇、尉八姓最贵,称国姓,又定汉士族中范阳卢氏、清河崔氏、荥阳郑氏、太原王氏四姓为最高门,与鲜卑八姓地位相等。其他鲜卑贵族及汉士族大姓叫郡姓,各有差等。这样就把汉族地主的门阀制度同鲜卑族的贵贱等级结合起来,"以贵袭贵,以贱袭贱",按门第高低分配官职。又令鲜卑人与汉人通婚。汉文帝自己取卢、崔、郑、王及陇西李氏女入宫,并强令六个兄弟聘高级士族女为正妃,原来的正妃降为侧室。从而加速了鲜卑族与汉族的融合。

③《九朝律考·后魏律考》:"魏律系孝文自下笔,此前古未有之例。"

④《魏书·刑罚志》:"律枉法十匹,义赃(私受馈赠)二百匹,大辟。至八年始班禄制,更定义赃一匹,枉法无多少,皆死。"

**思考题**

1. 简述晋代律学的特点。
2. 试述杜预、张斐律论的主要内容。
3. 魏晋玄学家有哪些著名的法律观点?

# 第十章 隋唐时期封建正统法律思想的发展

公元581年,隋王朝的建立,结束了东晋以来近三百年的分裂、混乱局面,重新建立起多民族的统一的封建国家。隋王朝的开创者杨坚为了巩固统一,实行了一些改革。他改革国家体制,确立了三省(尚书省、门下省、内史省)六部(吏、礼、兵、刑、户、工)制度;继续推行北魏以来的均田制,减轻赋税徭役,废除已推行三百余年的九品中正制,把官吏选举权收归中央。他制定和颁行的《开皇律》,体现了"以轻代重,化死为生"的原则,对后来中国封建法制和法律思想的发展有重要影响。然而,杨坚晚年"用法益峻",法制受到破坏;特别是其子杨广即位后,滥刑滥杀,"徭役无时",终于引起了农民大起义的爆发,隋朝仅存在三十七年就灭亡了。

继隋而起的唐王朝,鉴于隋朝骤亡的教训和农民革命的威力,确定了"安人宁国"的总方针,采取了一系列减轻剥削、缓和社会矛盾的措施,最后形成了政治稳定、经济繁荣、文化发达的"贞观之治"的局面。

唐初统治者李世民及其辅佐者在法律方面强调"惟须简约",慎狱恤刑,明正赏罚。在《唐律疏议》中还明确规定:"德礼为政教之本,刑罚为政教之用。"这标志着封建正统法律思想已经成熟,礼法(律)结合基本定局。

公元755年爆发了"安史之乱",唐王朝从此进入动乱不安的衰落时期。中央统治力量逐渐衰微,出现了藩镇割据和宦官专权的局面;均田制度亦趋于破坏,自由兼并现象普遍存在,人民承受剥削的程度日益加重。在这种情况下,一部分有见识的士大夫提出了匡救时艰、改革弊政的主张。其代表人物韩愈、柳宗元、白居易等人，对礼刑关系以及正确运用法律等问题的论述，大大丰富了封建法律思想的内容。

## 第一节　杨坚除削烦苛的立法和司法主张

隋文帝杨坚(541—604)，弘农华阴(今属陕西)人。他是北周勋臣杨忠之后，北周时袭父爵为隋国公，其女为周宣帝皇后，因而他拥有很高的权位。大成元年(579)、周静帝年幼继位，他任丞相，总揽朝政，被封为隋王。大定元年(581)，废静帝自立，国号隋，改元开皇，仍都长安。开皇七年(587)灭后梁，九年灭陈，统一全国，结束了南北朝长期分裂的局面。①仁寿四年(604)为其子杨广(炀帝)所杀。

杨坚取得政权后，积极加强中央集权，巩固国家的统一；实行了一些改革，特别致力于封建法制的建设，制定并颁布了《开皇律》。

### 一、抑制兼并，"轻徭薄赋"

杨坚称帝后，立即颁布新令，继续推行北魏以来的均田制。一般农民"一夫受露田八十亩，妇女四十亩"；"又每丁给永业田四十亩，为桑田"，并给"其园宅，率三口给一亩"；奴婢"依良人受露田"；"自诸王以下至于都督，皆给永业田各有差，多者至一百顷，少者至四十亩"。②这种办法，只是把一部分无主荒地和国家公有土地分给无地和少地的农民，使一部分农民得到土地，并有利于遏制土地兼并和恶性发展。所以，均田制遭到一些大地主的阻挠，杨坚派人坚决予以打击。例如，荣毗为华州(今陕西华阴县)长史时，大官僚地主杨素的田宅"多在华阴，左右放纵，毗以法绳之，无所宽贷"③。当时实行的均田制，对抑制土地兼并曾起过一定的积极作用。

与均田制相联系的是赋税的调整,这是改善封建国家同农民关系的一个重要方面。杨坚在论及陈后主的苛征暴敛时说:"介士武夫,饥寒力役,筋髓罄于土木,性命俟于沟渠。……家家隐杀戮,各各任聚敛。"④结果,他身亡国灭。杨坚接受民部尚书苏威"奏减赋税,务从轻典"⑤的建议,推行"轻徭薄赋"政策。他开始用北朝时赋役最轻的北齐法,以后又几次下令减免赋税。开皇三年(583)正月,杨坚命令:缩短服徭役年龄,成丁年龄由十八岁改为二十一岁;减少服役天数,由原定岁役三十天减为二十天;并"减绸绢",由原来的四丈减为二丈。到开皇十年(590),又规定年五十便可免服徭役,安心从事农业生产。以后,还继续发布了减轻赋役的诏谕。

由于赋税徭役相对地有所减轻,因而农民生活较为安定,在客观上促进了农业生产的发展,到杨坚末年,"计天下储积,得供五六十年"。

总之,杨坚从地主阶级的长远利益出发,相继颁布"轻徭薄赋"的法令,推行改定赋役的措施,使农业生产得到较快的发展,从而加强了中央政权的经济力量。虽然农民所受的剥削仍然很苛重,但比前朝轻一些,这在客观上是有利于缓和社会矛盾的。

### 二、更定新律,"以轻代重"

杨坚在称帝前,以丞相身份总揽北周朝政时,就"革宣帝苛酷之政,更为宽大,删略旧律",曾赢得"大崇惠政,法令精简"的美名。

称帝后,他更进一步倡导"沿革随时",制定新律。杨坚即位的第一年,就发布诏令:"帝王作法,沿革不同,取适于时,故有损益。"(《隋书·刑法志》)临死时,还慨叹"教化政刑,犹未尽善",嘱咐继位者和大臣要"沿革随时。律令格式,或有不便于事者,宜依前勅修改,务当政要"。可见他一直是重视因时而立法,随势而更律的。

杨坚鉴于南北朝时严刑酷法,"虐忍无度",以致上下愁怨,内外离心的局面,于开皇元年命高颎(jiǒng 炯)、郑泽、杨素、常明、韩潘、李谔、柳雄亮等,制定新律。开皇三年,又命苏威、牛弘等更定新律。这两次所修订的新律,就是《开皇律》。《开皇律》在一定程度上克服了前代刑罚的野蛮性,较集中地体现了杨坚"以轻代重"的立法思想。

概括杨坚立法、司法方面的思想主张和实践,大致如下:

(一)"以轻代重",废除苛惨之法

《开皇律》规定,刑名有五:一为死刑,分绞、斩二等;二为流刑,分一千里、一千五百里、二千里三等;三为徒刑,分一年、一年半、二年、二年半、三年五等;四为杖刑,自六十到一百五等;五为笞刑,自十到五十五等。⑥在《开皇律》修订过程中,为贯彻"刑网简要,疏而不失"的原则,曾废除一些酷刑,减省一些刑律。如废除鞭刑、枭首、辕裂等刑,减省死罪八十一条,流罪一百五十四条,徒、杖罪等千余条,只留五百条刑律。事实上,《开皇律》比前朝的刑法要宽些轻些。杨坚曾说:"其余以轻代重,化死为生,条目甚多,备于简策",并且强调,"宜班诸海内,为时轨范,杂格严科,并宜除削"。⑦

杨坚这种"以轻代重"的立法思想,和他的"刑可助化,不可专行","欲使生人助化",宜"以德代刑"的主张,是紧密联系在一起的。

(二)慎断死罪

为了纠正以往"杀生之柄,常委小人",滥刑滥杀,"威福妄作"的现象,杨坚强调对死刑的判决必须慎重,明确规定:"诸州死罪,不行辄决,悉移大理按复"(《资治通鉴》卷一七八);判处死罪必须向他报告,"三奏而后行刑"。显然,这种慎断死罪的规定,对防止官吏滥刑滥杀具有积极作用。

(三)行罚不避亲贵

隋朝的《开皇律》,在开皇前期确实得到了实施。当时曾依据《开皇律》惩办了一批权贵,即使是朝廷大员犯法也不宽贷。例如,杨坚对宰相苏威曾极为敬重,曾说:"我不得苏威,何以行其道!"

(《隋书·苏威传》)然而,当苏威"曲道任其从父弟彻、肃等罔冒为官"后,他立即"免威官爵",与此案有关的一百多"知名之士"也受到惩处。又如,晋州刺史、南阳郡公贾悉达以及隰州总管、抚宁郡公韩延等人,都曾"以贿伏诛"。他甚至连自己的儿子秦王杨俊"违越制度,盛治宫室"的问题也不放过,削去了他的官职。当杨素等大臣为之求情时,他也没有接受他们的意见。⑧

(四) 贵族官僚在法律上享有特权

《开皇律》同历代封建法律一样,从根本上说,它是为维护地主阶级特别是贵族官僚的利益服务的。所以贵族官僚在法律上享有特权。据《隋书·刑法志》载:"其在八议之科,及官品第七已(以)上犯罪,皆例减一等。其品第九已上犯者,听赎。应赎者,皆以铜代绢。"这是说,凡在"八议"之科者和七品以上官吏,犯罪都减一等治罪;九品以上官吏犯罪者,则以铜赎罪。这种规定,明显地反映出封建统治阶级在法律上的特权。

从基本方面来说,杨坚在立法、司法方面的思想主张,特别是在制订《开皇律》方面的功绩,是应该肯定的。隋初政治比较清明,出现了所谓"君子咸乐其生,小人各安其业","人物殷阜,朝野欢娱"的局面,这同杨坚实施较开明的法制是分不开的。

### 三、喜怒无常,"用法益峻"

自开皇中叶以后,法制逐渐受到破坏,执行时常常不依法律,生杀任情。从杨坚本人开始就"喜怒不恒,不复依准科律"(《资治通鉴》卷一七八),下面官吏徇私枉法、破坏法制的现象就更普遍了。

杨坚秉性猜忌,常常用特务手段监视臣民。《隋书·刑法志》说他:"恒令左右觇视内外,有小过失,则加以重罪。又患令史赃污,因私使人以钱帛遗之,得犯立斩。"他常在朝廷上杖杀官吏,"一日之中,或至数四"。⑨

他甚至公然下令,允许官吏以"律轻情(罪情)重"为由,任意杖责属下:"诸司论属官罪,有律轻情重者,听于律外斟酌决杖。"为了镇压"盗贼",他规定了极为严峻的刑罚:"资一钱以上皆弃市,或三人共盗一瓜,事发即死。"⑩他把法家轻罪重刑的主张,发挥到了极端的地步,并把刑罚的锋芒指向劳动人民。

杨坚晚年,"用法益峻",许多无辜的臣民惨死在他的严刑峻法之下。像武库令因"署庭荒芜",独孤师因"受蕃客鹦鹉",他都"亲临斩决"。⑪史籍中记载被杨坚任情杀戮的人甚多。特别需要指出的是,杨坚"欺孤儿寡母",用篡夺的方法取得政权,因此,他十分害怕他的大臣用同样的方法夺取他的帝位。为此,他不惜罗织各种罪名把他们除掉。"狡兔死,走狗烹",当年支持他上台的沙场老将和开国元勋,几乎被他诛杀得一干二净,"其草创元勋及有功诸将,诛夷罪退,罕有存者"。

综上所述,杨坚结束了自西晋末年以来三百多年分裂割据的局面,重建和巩固了统一的多民族封建国家,在他主持下制订的《开皇律》,在封建法制史上具有划时代的意义,这些都是应该肯定的。但杨坚晚年"用法益峻",特别表现为毁坏自己所定的法制,任情滥罚滥杀,堵塞言路,个人独裁,由一个较为开明的皇帝发展成为独裁专制的君主。这固然与那个封建专制主义的集权制度分不开,同时也和他个人的品质、经历有联系。

**注:**

①《隋书·高祖纪》:"高祖文皇帝姓杨氏,讳坚,弘农郡华阴人也。……年十四,京兆尹薛善辟为功曹。十五,以太祖勋授散骑常侍、车骑大将军、仪同三司,封成纪县公。十六,迁骠骑大将军,加开府。"

"大象二年五月,以高祖为扬州总管,将发,暴有足疾,不果行。乙未,帝崩。时静帝幼冲(幼小),未能亲理政事。内史大夫郑译、御史大夫刘昉以高祖皇后之父,众望所归,遂矫诏引高祖入总朝政,都督内外诸军事。……宣帝时，刑政苛酷，群心崩骇，莫有固志。至是，高祖大崇惠政，法令清简，躬履节俭，天下悦之。"

"上性严重，有威容，外质木（表面质朴）而内明敏，有大略。初，得政之始，群情不附，诸子幼弱，内有六王之谋，外致三方之乱，握强兵，居重镇者，皆周之旧臣。上推以赤心，各展其用，不逾朞月，克定三边，未及十年，平一四海。薄赋敛，轻刑罚，内修制度，外抚戎夷。每旦听朝，日昃忘倦，居处服玩，务存节俭，令行禁止，上下化之。……然天性沉猜，素无学术，好为小数，不达大体，故忠臣义士莫得尽心竭辞。其草创元勋及有功诸将，诛夷罪退，罕有存者。又不悦诗书，废除学校，唯妇言是用，废黜诸子。逮于暮年，持法尤峻，喜怒不常，过于杀戮。尝令左右送西域朝贡使出玉门关，其人所经之处；或受牧宰小物馈遗鹦鹉、麖皮、马鞭之属，上闻而大怒。又诣武库，见署中荒秽不治，于是执武库令及诸受遗者，出开远门外，亲自临决，死者数十人。又往往潜令人赂遗令史府史，有受者必死，无所宽贷。议者以此少之。"

②《隋书·食货志》："自诸王已（以）下，至于都督，皆给永业田，各有差。多者至一百顷，少者至四十亩。其丁男、中男永业露田，皆遵后齐之制。并课树并以桑榆及枣。其圃宅，率三口给一亩，奴婢则五口给一亩。丁男一牀，租粟三石。桑土绸以绢绁，麻土以布绢。绁以疋，加绵三两。布以端，加麻三斤。单丁及仆隶各半之。未受地者皆不课。有品爵及孝子顺孙义夫节妇，并免课役。京官又给职分田。一品者给田五顷。每品以五十亩为差，至五品，则为田三顷，六品二顷五十亩。其下每品以五十亩为差，至九品为一顷。外官亦各有职分田。又给公廨田，以供公用。

开皇三年正月，帝入新宫。初令军人以二十一成丁。减十二番每岁为二十日役，减绸绢一疋为二丈。先是尚依周末之弊，官置酒坊收利，盐池盐井，皆禁百姓采用。至是罢酒坊，通盐池盐井与百姓共之，远近大悦。"

③《隋书·荣毗传》："开皇中，累迁殿内监。时以华阴多盗贼。妙选长吏，杨素荐毗为华州长史，世号为能。素之田宅，多在华阴，左右放纵，毗以法绳之，无所宽贷。毗因朝集，素谓之曰：'素之举卿，适以自罚也。'毗答曰：'奉法一心者，但恐累公所举。'素笑曰：'前者戏耳。卿之奉法，素之望也。'时晋王在扬州，每令人密觇京师消息。遣张衡于路次往往置马坊，以畜牧为辞，实以给私人也。州县莫敢违，毗独遏绝其事。上闻而嘉之，赉绢百疋，转蒲州司马。"

④《隋书·高祖纪下》:"叔宝……据手掌之地,恣溪壑之险,劫夺闾阎,资产俱竭,驱蹙内外,劳役弗已。征责女子,擅造宫室,日增月益,止足无期,帷薄嫔嫱,有逾万数。宝衣玉食,穷奢极侈,淫声乐饮,俾昼作夜。斩直言之客,灭无罪之家,剖人之肝,分人之血。欺天造恶,祭鬼求恩,歌舞衢路,酣醉宫闱。盛粉黛而执干戈,曳罗绮而呼警跸,跃马振策,从旦至暮,无所经营,驰走不息。负甲持杖,随逐徒行,追而不及,即加罪遣。自古昏乱,罕或能比。介士武夫,饥寒力役,筋髓罄于土木,性命俟于沟渠。君子潜逃,小人得志,家家隐杀戮,各各任聚敛。"

⑤《隋书·苏威传》:"初,威父在西魏,以国用不足,为征税之法,颇称为重。既而叹曰:'今所为者,正如张弓,非平世法也。后之君子,谁能驰乎?'威闻其言,每以为己任。至是,奏减赋役,务从轻典,上悉从之。渐见亲重,与高颎参掌朝政。威见宫中以银为幔钩,因盛陈节俭之美以谕上。上为之改容,雕饰旧物,悉命除毁。"

⑥《隋书·刑法志》:"其刑名有五:一曰死刑二,有绞、有斩。二曰流刑三,有一千里、一千五百里、二千里。……三曰徒刑五,有一年、一年半、二年、二年半、三年。四曰杖刑五,自五十至于百。五曰笞刑五,自十至于五十。两蠲除前代鞭刑及枭首轘裂之法。其流徙之罪皆减从轻。唯大逆谋反叛者,父子兄弟皆斩,家口没官。又置十恶之条,多采后齐之制,而颇有损益。一曰谋反,二曰谋大逆,三曰谋叛,四曰恶逆,五曰不道,六曰大不敬,七曰不孝,八曰不睦,九曰不义,十曰内乱。犯十恶及故杀人狱成者,虽会赦,犹除名。"

⑦《隋书·刑法志》:"(《开皇律》定讫,诏颁之曰:'帝王作法,沿革不同,取适于时,故有损益。夫绞以致毙,斩则殊刑,除恶之体,于斯已极。枭首轘身,义无所取,不益惩肃之理,徒表安忍之怀。鞭之为用,残剥肤体,彻骨侵肌,酷均脔切虽云远古之式,事乖仁者之刑,枭轘及鞭,并令去也。贵砺带之书,不当徒罚,广轩冕之荫,旁及诸亲。流役六年,改为五载,刑徒五岁,变从三祀。其余以轻代重,化死为生,条目甚多,备于简策。宜班诸海内,为时轨范,杂格严科,并宜除削。先施法令,欲人无犯之心,国有常刑,诛而不怒之义。措而不用,庶或非远,万方百辟,知吾此怀。'"

⑧《资治通鉴》卷一七八:"秦王俊,幼仁恕,喜佛教,尝请为沙门,不许。及为并州总管,渐好奢侈,违越制度,盛治宫室。……上以其奢纵,丁亥,免俊官,以王就第。……左武卫将军刘升谏曰:'秦王非有他过,但费官物,营廨舍

而已,臣谓可容。'上曰:'法不可违。'杨素谏曰:'秦王之过,不应至此,愿陛下详之!'上曰:'我是五儿之父,非兆民之父?若如公意,何不别制天子儿律!以周公之为人,尚诛管、蔡,我诚不及周公远矣,安能亏法乎!'卒不许。"

⑨《隋书·刑法志》:"高祖性猜忌,素不悦学,既任智而获大位,因以文法自矜,明察临下。恒令左右觇视内外,有小过失,则加以重罪。又患令史赃污,因私使人以钱帛遗之,得犯立斩。每于殿廷打人,一日之中,或至数四。尝怒问事挥楚不甚,既命斩之。十年,尚书左仆射高颎、治书侍御史柳彧等谏,以为朝堂非杀人之所,殿庭非决罚之地。帝不纳。"

⑩《资治通鉴》卷一七八:"帝以所在属官不敬惮其上,事难克举,三月,丙辰,诏'诸司论属官罪,有律轻情重者,听于律外斟酌决杖。'于是上下相驱,迭行捶楚,以残暴为干能,以守法为懦弱。"

帝以盗贼繁多,命盗一钱以上皆弃市,或三人共盗一瓜,事发即死。于是行旅皆晏起早宿,天下懔懔。"

⑪《隋书·刑法志》:"帝以年龄晚暮,尤崇尚佛道,又素信鬼神。二十年,诏沙门道士坏佛像天尊,百姓坏岳渎神像,皆以恶逆论。帝猜忌,二朝臣僚,用法尤峻。御史监师,于元正日不劾武官衣剑之不齐者,或以白帝,帝谓之曰:'尔为御史,何纵舍自由。'命杀之。谏议大夫毛思祖谏,又杀之。左领军府长史考校不平,将作寺丞以谏麦䴬迟晚,武库令以署庭荒芜,独孤师以受蕃客鹦鹉,帝察知,并亲临斩决。"

## 第二节 李世民及其统治集团的法律思想

唐太宗李世民(599—649),是高祖李渊次子。他是中国历史上一个比较开明而又颇有作为的皇帝。李氏父子出身于关陇贵族。隋末,李渊曾任太原留守。李世民少有大志,才智过人。当隋王朝在农民起义的冲击下正陷于土崩瓦解的时候,他劝其父李渊起兵反隋。大业十四年(618),李渊称帝。国号唐,改年号为武德。李世民被封为秦王,其兄李建成为太子。公元626年,李世民发动"玄武门之变",取得太子地位。次年李渊禅位,李世民称帝,改年号为贞观。公元649年病死,在位共二十三年。①

李世民知人善任,在他为秦王和做皇帝的过程中,招贤纳士,人才济济。像他的主要辅佐者房玄龄、杜如晦、魏征、王珪、长孙无忌、虞世南、刘洎、戴胄等,都是一些阅历丰富、有实践经验的能干人物。

## 一、以隋为鉴,"安人宁国"

李世民及其主要辅佐者房玄龄、魏征等人亲自经历了隋王朝由盛而衰、迅速灭亡的全过程,深深感受到农民起义的威力。正如西汉初期统治者吸取秦朝骤亡的教训一样,李世民及其统治集团"动静必思隋氏,以为殷鉴"(《贞观政要·刑法》,下引此书只注篇名)。他们从各方面指出隋炀帝残酷地剥削人民,"徭役无时,干戈不戢。外示严重,内多险忌,谗邪者必受其福,忠正者莫保其生。上下相蒙,君臣道隔,民不堪命,率土分崩"(《君道》),最终激起人民的强烈反抗,强大的隋王朝被波澜壮阔的农民起义浪潮所吞没。这难道还不值得引为深戒吗!

所以,李世民对伟大的人民力量深怀畏惧,时存戒心,曾多次以水比喻人民,以舟比喻君主,"水能载舟,亦能覆舟","可不畏惧"[②]!他甚至对侍臣们说:"朕每日坐朝,欲出一言,即思此一言于百姓有利益否,所以不敢多言。"(《慎言语》)当然,李世民作为一个封建帝王,为百姓利益是假,为维护和巩固封建统治是真。但他为了李唐王朝的"长治久安",力图缓和封建统治阶级和人民的矛盾,确实费尽了心思!

在讨论怎样缓和同人民的矛盾,以及如何治理好国家问题时,李世民君臣总是紧紧围绕着"安人宁国"这个总题目。李世民曾说:"安人宁国,惟在于君,君无为则人乐,君多欲则人苦。朕所以抑情损欲,克己自励耳。"[③]在这种"安人宁国"的方针指导下,李世民统治集团采取了一系列与民休息、不夺农时、轻徭薄赋、少兴土木兵戈的政策,重视法制,力戒奢靡,从而出现了社会安定、经济繁荣、"百姓安乐"的局面,史称"贞观之治"。

如上所述,"安人宁国"方针的制定,是由当时政治形势和社会经济状况所决定的。但它也有在思想方面的基础,即推崇儒学,并吸收法、道两家的思想,特别是使中国古代儒(礼)法结合的思想路线牢固地确立起来。

李世民为秦王时,就曾设置秦府十八学士,招纳儒生。即位后,更加推崇儒学,置弘文馆精选天下文儒,同他们"讨论坟典,商略政事"⑤。他曾把尧舜之道、周孔之书比喻为"如鸟有翼,如鱼依水,失之必死,不可暂无耳"(《慎所好》)。其崇儒的思想可谓登峰造极矣!

同时,李世民统治集团对道家清静无为的思想也尽量吸收。李世民的智囊魏征说得很清楚:"无为而治,德之上也","何必劳神苦思,代下司职,役聪明之耳目,亏无为之大道哉"(《君道》)!当时,宫廷内外都有不少人主张清静无为,甚至象李世民的妃嫔徐氏都敢于上疏,直言"为政之本,贵在无为"⑥的道理。

在"安人宁国"方针的指导下,李世民及其统治集团在法律思想方面也形成了较为完整的体系。

## 二、立法公平,务求宽简

李世民君臣深深懂得,要维护封建统治,巩固政权,必须重视立法,加强法制建设,"安民立政,莫此为先"。他们对法律发表了许多看法,形成一种以"宽简"为核心的法律思想。

(一)既制礼,又立刑

李世民主张礼法(刑)兼用,认为把两者结合起来,可以移风易俗,治理好国家。《旧唐书·刑法志》说:"古之圣人为人父母,莫不制礼以崇敬,立刑以明威。"这正是李世民礼法(刑)兼用思想的概括。他强调失礼则入刑:"失礼之禁,著在刑书。"(《全唐文》卷七《薄葬诏》)这里,刑的作用在于禁止失礼行为。在他看来,为臣不尽忠,为子不尽孝,都是失礼,都是犯罪,都要受到法律的惩罚。⑦实际上,李世民已经把礼和法结合起来了。

(二) 立法必须公平

李世民统治集团强调立法公平,法律应当成为衡量人们行为的统一标准。魏征说:"且法,国之权衡也,时之准绳也。权衡所以定轻重,准绳所以正曲直。"⑧切不可舍法不用,徇私枉法,任凭喜怒,"高下在心"。

李世民即位之初,就宣称要"以天下为公,无私于物"。并曾赞扬诸葛亮立法公平,不为人作轻重。他说:"昔诸葛孔明,小国之相,犹曰'吾心如称(秤),不能为人作轻重,况我今理大国乎?"(《公平》)后来,魏征更发挥了管子等"圣君任法不任智,任公不任私"的思想,认为人君立法在于"公",而摒弃私。他说:"公之于法,无不可也,……私之于法无可也","圣人之于法也公矣"⑨。其实李世民君臣所强调的"公",是指地主阶级的整体利益和长远利益;所谓私,是指统治者特别是皇帝个人的利益。他们要求,立法必须从地主阶级的整体利益和长远利益出发,不要单纯以统治者个人的意志和利益为依归,做到公平立法,不以私乱法。

(三) "国家法令,惟须简约"

李渊所颁布的《武德律》,贯彻了"务在宽简,取便于时"(《旧唐书·刑法志》)的原则。李世民称帝后,力图完善《武德律》,立法简约而宽平。他在贞观元年(627)就下达了"死者不可复生,用法务在宽简"(《刑法》)的指示;贞观十年(636)则更全面而具体地谈到立法简约的问题。他说:"国家法令,惟须简约,不可一罪作数种条。格式既多,官人不能尽记,更生奸诈,若欲出罪即引轻条,若欲入罪即引重条。"(《赦令》)贞观年间修订法律时,实际贯彻了这种宽简的原则,"凡削烦去蠹,变重为轻者,不可胜记。"(《资治通鉴》卷一九四)

(四) 法须稳定,"不可数变"

李世民认为,法律固然要随着时势的发展而变化,但不可多变,以保持它的相对稳定性。法律多变的害处甚多:多变"官长不能尽记",影响法律的执行;多变容易产生律文"前后差违"(矛盾),官吏可以上下其手,舞文弄法⑩;多变会使"人心多惑"⑪,失掉人们的信任,因而难于实施。

　　以上几点说明,李世民君臣对法律有相当的了解,他们关于立法的看法包含有不少合理的因素,值得研究。

### 三、慎狱恤刑,务求其"实"

　　隋炀帝对劳动人民滥施刑罚,"生杀任情",从而导致"百姓怨嗟,天下大溃"(《隋书·刑法志》)。李世民君臣有鉴于此,因而不仅在立法方面强调宽简,而且在司法方面注重慎狱恤刑,务求其"实"。

　　(一) 慎狱恤刑

　　李世民懂得,司法官员的通病是"意在深刻","利在杀人",他们随时可能舞文弄法,上下其手,破坏"法治"。贞观十六年(642),他对大理卿孙伏加说:"主狱之司,利在杀人,……今之所忧,正在此耳! 深宜禁止,务在宽平。"⑫魏征对当时司法官吏"意渐深刻"、法无定科、任情量刑等现象,作了颇为深刻的揭露。他们"取舍在于爱憎,轻重由乎喜怒。爱之者,罪虽重而强为之辞;恶之者,过虽小而深探其意。法无定科,任情以轻重。"(《公平》)结果,造成无辜受罚的人控告无门,当官的人不敢说公道话。他请求李世民"慎刑慎典",责令司法官员慎刑慎杀,依法断罪,或轻或重,均依定制,不得随意变更。

　　李世民君臣在刑罚的运用上采取了一些措施,较充分地反映出他们的慎狱恤刑的思想主张。

　　(二) 创立九卿议刑制度

　　贞观元年,李世民君臣在讨论死刑问题时,李世民谈到官员们审理案件时"必求深刻,欲成其考课"。于是,他明确规定:"大辟罪,皆令中书、门下四品已(以)上及尚书九卿议之,如此,庶免冤滥。"(《刑法》)由此首创了"九卿议刑"制度,这对于慎重地使用死刑,起到了积极的作用。

(三) 完善死刑的审批程序

贞观五年(631),李世民在盛怒之下,杀了"若据常律,未至极刑"的大理丞张蕴古。事后,他追悔不已,并埋怨大臣们没有提出异议,司法机关也没有复核、查实,以致错杀了人。这使他感到,虽然已有"三复奏"的规定,还不能避免枉杀事件的发生,于是规定了"五复奏"的制度。"凡有死刑,虽令即决,皆须五复奏。"[13]其具体办法是:判死罪的,在京城里要二天内复奏五次,其他诸州仍旧复奏三次。其中"情在可矜者"还可从轻处理。

(四) 反对严讯,务求其"实"

李世民统治集团吸取了隋代刑讯逼供、滥刑滥罚的教训,一再强调要禁止刑讯逼供,注重犯罪事实。贞观四年(630),李世民下诏令:对"罪人不得鞭背"(《旧唐书·太宗本纪》),以免造成死亡。魏征认为理狱断案必须以犯罪事实为根据,反对刑讯逼供,有很精辟的论述。他说:"凡理狱之情,必本所犯之事以为主,不严讯,不旁求,不贵多端,……所以求实也,非所以饰实也。"[14]所谓"必本所犯之事以为主",即以犯罪事实为主要根据,凡与案情无关的不能任意牵连;不旁求罪证,不要以为线索发展得越多越好。毫无疑问,这种要求审判重事实、反对刑讯的主张,对于防止枉杀无辜,能起一定作用。

**四、明正赏罚,"一断以律"**

赏和罚是封建帝王手中的两大权柄,是他们统治天下、驾驭臣民的有力工具。所以,李世民君臣十分重视赏罚对治理国家的重要作用。李世民说:赏与罚是国家的大事,必须十分慎重。"赏当

其功，无功者自退；罚当其罪，为恶者咸惧。则知赏罚不可轻行也。"(《封建》)

魏征对赏罚的论述颇多。他认为，赏用以劝善，罚用以惩恶。所以，赏罚之得失，关系国家的安危。"夫刑赏之本，在乎劝善而惩恶，帝王之所以与天下为画一，不以贵贱亲疏而轻重者也。"⑮必须做到"一断以律"，赏不遗亲远，罚不阿亲贵。

本来，运用刑赏二柄统治天下，是先秦法家的主张。李世民君臣把它接过来，并视为国家大事，这在儒术"独尊"以后的封建统治集团中并不多见。特别是他们要求赏罚"以公平为规矩，以仁义为准绳"(《择官》)，即赏罚要在儒家思想指导下进行，更显出其特色。

李世民君臣关于执法不畏权贵的言论和事例也较多。例如，贞观二年(628)，李世民和房玄龄等讨论公平执法问题时，赞扬诸葛亮"尽忠益时者，虽仇必赏；犯法怠慢者，虽亲必罚。"(《公平》)他要求房玄龄等学习诸葛亮，做一位贤相。以后，他还要求执法官吏"按举不法，震肃权豪"(《贪鄙》)，不畏权贵，公平执法。当时，确实也出现了一批"弹治不避权贵"的司法官吏。

特别值得提出的是，李世民注意克制自己的感情，带头守法（贞观前期尤为明显），避免用自己的主观意志来取代法律。例如，贞观元年，吏部尚书长孙无忌进宫时，忘记解下佩刀，而守门校尉一时疏忽，当长孙无忌出宫时，才发现他带有佩刀。尚书右仆射封德彝奏请判处校尉死刑，而对长孙无忌这位国舅只以"误带刀入"之名判处徒刑二年，还可以用罚铜二十斤来代替。李世民同意这样处理。大理寺少卿戴胄却不同意，说："校尉不觉，无忌带刀入内，同为误耳。"按律都要处死刑。"陛下若录其功，非宪司所决；若当据法，罚铜未为得理。"(《公平》)李世民接受了戴胄的批评，表示要带头守法。他说："法者非朕一人之法，乃天下之法，何得以无忌国之亲戚，便欲挠法耶？"后来，李世民终于"免校尉之死"。

由于李世民注重"法治"，带头守法，官吏"一断以律"，依法断罪,从而出现了"贞观之初,志存公道,人人所犯,一一于法"的局面。

**五、纳谏与执法相结合**

李世民的求谏纳谏是和他的举任贤才的思想联系在一起的。在中国封建帝王中,李世民以善于任用贤才而著称。他认为,安定天下者,在于得贤才而用之,所以必须"为官择人"。其用人的标准是"惟才是与",即必须以德行、学识为本。如果不是贤才,"虽亲不用"。他不断责成大臣们为国家罗致人才。

李世民从谏如流,这在封建帝王中是首屈一指的。在他"恐人不言,导之使谏"的思想影响下,许多臣僚都能犯颜直谏,面折廷诤,朝野上下颇有一些"民主"气氛。

(一) 求谏纳谏,"以成治道"

李世民认为,隋炀帝"不闻己过,遂至灭亡"。秦二世偏信赵高,梁武帝偏信朱异,隋炀帝偏信虞世基,到头来都身亡国灭。这些历史教训使他认识到必须有忠良辅佐,并使他们敢于犯颜直谏,以匡正自己的过失。"人欲自照,必须明镜;主欲知过,必借忠臣。"(《求谏》)这样,才可能身安国宁。他对大臣们说:"朕今志在君臣上下,各尽至公,共相切磋,以成治道。公等各宜务尽忠说,匡救朕恶。"(同上)上有所好,下必有盛焉。李世民倡导于上,群臣响应于下。例如,杜如晦说:"天子有诤臣,虽无道不失其天下。"王珪说:"后从谏则圣。"[⑰]

在李世民统治集团中,以魏征的犯颜直谏最为突出。他所陈谏的多达二百余事,多数为李世民所采纳。贞观二年,他的"兼听则明,偏听则暗"(《君道》)的著名谏议,对李世民颇有影响。他的谏诤,对匡正李世民的失误,大有裨益。魏征病故后,李世民悲痛地说:"夫以铜为镜,可以正衣冠;以古为镜,可以知兴替;以人为镜,可以明得失。朕常得此三镜,以防己过。今魏征徂逝,遂亡一镜矣!"(《任贤》)同时,他发布诏令,号召群臣以魏征为榜样,做到直言无隐。

(二) 各尽其言,群策群力

李世民兼听纳下,奖掖谏诤,除了历史的、政治的原因以外,也和他个人的思想认识有关。具体地说,他在一定程度上有自知之明。

李世民作为位居尊极的皇帝,却不以完人自诩,自视神明。他懂得任何人的才智都是有限的,即使是皇帝也不例外。因此,他认识到统治天下,事务繁多,千头万绪,不是他一人独断所能把天下治理好的,必须同"百司商量,宰相筹画,于事稳便,方可奏行。岂得以一日万机,独断一人之虑也"。必须群策群力,使臣尽其言,发挥他们的才智。并借助于法律的力量,才能把事情办好。他说:"岂如广任贤良,高居深视,法令严肃,谁敢为非?"(《政体》)

正因为李世民不把自己视为完美无缺的"神人",所以能够集思广益,依靠群臣的智慧和力量。这是值得称道的。

(三) 纳谏与执法相结合,君臣共同守法

李世民求谏、纳谏,不仅表现在口头上和诏令中,而且付诸实践。纳谏与执法相结合,是李世民统治时期"贞观法治"的一个特点。例如,贞观元年,李世民下令"大开选举",宣布如有伪造资历的人必须首首,否则,一经查出即判死罪。不久,发现了伪造资历的人,大理寺少卿戴胄依据法律判处流刑。这样,司法判决同皇帝的敕令发生了矛盾。李世民责怪戴胄使他"示天下以不信"。但戴胄认为,皇权应该服从国法,依法才能立"大信"。他说:"法者国家所以布大信于天下。言者当时喜怒之所发耳!陛下发一时之忿,而许杀之,既知不可,而置之以法,此乃忍小忿而存大信,臣窃为陛下惜之。"(《公平》)李世民终于同意戴胄的判处,承认"朕法有所失",并赞扬戴胄:"卿能正之,朕复何忧也?"这说明李世民君臣很懂得依法而断的重要性,力求共同守法、执法。

《资治通鉴》在评论李世民"虚心以纳下"和戴胄犯颜执法时说:"胄前后犯颜执法,言如泉涌,上皆从之,天下无冤狱。""天下无冤狱"未免言过其实,不过,由于"上皆从之",才能"言如泉涌",而把这两方面结合起来,也就可望减少一些冤狱。

综上所述,李世民及其统治集团在总结了历代统治经验,并将它们发展为更加缜密和精巧,使之更能适应时势的发展和巩固封建统治的需要。李世民君臣在"公平"立法的基础上,要求依法办事,严格执法,统治者带头守法,从而出现了中国封建社会中罕见的、为人所称道的"法治"局面,并促进了社会经济和文化的发展。但我们也应当看到,他们的法律和"法治"思想,仍然是一种维护封建等级特权制的家天下的思想,一切都是为了维护李唐王朝的"长治久安"的。

**注:**

①《旧唐书·太宗本纪上》:"太宗,文武大圣大广孝皇帝讳世民,高祖第二子也。……(武德)九年,皇太子建成、王元吉谋害太宗。六月四日,太宗率长孙无忌、尉迟敬德、房玄龄、杜如晦、宇文士吉、高士廉、侯君集、程知节、秦叔宝、段志玄、屈突通、张士贵等于玄武门诛之。甲子,立为皇太子,庶政皆断决。太宗乃纵禁苑所养鹰犬,并停诸方所进珍异,政尚简肃,天下大悦。……八月癸亥,高祖传位于皇太子,太宗即位于东宫显德殿。"

《旧唐书·太宗本纪下》:"(贞观四年)秋七月甲子朔,日有蚀之。上谓房玄龄、萧瑀曰:'隋文何等主?'……上曰:'公知其一,未知其二。此人性至察而心不明。夫心暗则照有不通,至察则多疑于物。自以欺孤寡得之,谓群下不可信任,事皆自决,虽劳神苦形,未能尽合于理。朝臣既知上意,亦复不敢直言,宰相已(以)下,承受而已。朕意不然。以天下之广,岂可独断一人之虑?朕方选天下之才,为天下之务,委任责成,各尽其用,庶几于理也。'因令有司:'诏敕不便于时,即宜执奏,不得顺旨施行。'……

(二十三年五月)己巳,上崩于含风殿,年五十二。"

②《贞观政要·教戒太子诸王》:"贞观十八年,太宗谓侍臣曰:古有胎教

世子,朕则不暇。但近自建太子,遇物必有诲谕,见其临食将饭,谓曰:'汝知饭乎?'对曰:'不知。'曰:'凡稼穑艰难,皆出人力,不夺其时,常有此饭。'……见其乘舟,又谓曰:'汝知舟乎?'对曰:'不知。'曰:'舟所以比人君,水所以比黎庶,水能载舟,亦能覆舟。尔方为人主,可不畏俱!'"

③《贞观政要·务农》:"贞观二年,太宗谓侍臣曰:'凡事皆须务本,国以人为本,人以衣食为本,凡营衣食,以不失时为本。夫不失时者,在人君简静乃可致耳,若兵戈屡动,土木不息,而欲不夺农时,其可得乎?'王珪曰:'昔秦皇、汉武,外则穷极兵戈,内则崇侈宫室,人力既竭,祸难遂兴,彼岂不欲安人乎?失所以安人之道也。亡隋之辙,殷鉴不远,陛下亲承其敝,知所以易之,然在初则易,终之实难。伏愿慎终如始,方尽其美。'太宗曰:'公言是也。夫安人宁国,惟在于君。君无为则人乐,君多欲则人苦,朕所以抑情损欲,剋己自励耳。'"

④《贞观政要·政体》:"……故夙夜孜孜,惟欲清静,使天下无事。遂得徭役不兴,年谷丰稔,百姓安乐。夫治国犹如栽树,本根不摇,则枝叶茂荣。君能清静,百姓何得不安乐乎?"

⑤《贞观政要·崇儒学》:"太宗初践阼,即于正殿之左,置弘文馆,精选天下文儒,令以本官兼署学士,给以五品珍膳,更日宿直(值),以听朝之隙引入内殿,讨论坟典,商略政事,或至夜分乃罢。又诏勋贤三品已(以)上子孙为弘文学生。"

⑥《贞观政要·安边》:"贞观二十二年,军旅亟动,宫室互兴,百姓颇有劳弊。充容(妃嫔名)徐氏上疏谏曰:'……妾又闻为政之本,贵在无为。窃见土木之功,不可遂兼。……故有道之君,以逸逸人,无道之君,以乐乐身。愿陛下使之以时,则力不竭矣;用而息之,则心斯悦矣。"

⑦《全唐文》卷七《黜魏王泰诏》:"为臣贵于尽忠,亏之者有罪;为子在于行孝,违之者必诛,大则肆诸市朝,小则终贻黜辱。"

⑧《贞观政要·公平》:"且法,国之权衡也,时之准绳也。权衡所以定轻重,准绳所以正曲直,今作法贵其宽平,罪人欲其严酷,喜怒肆志,高下在心,是则舍准绳以正曲直,弃权衡而定轻重者也。不亦惑哉?"

⑨《贞观政要·公平》:"故《体论》云:'夫淫泆(逸)盗窃,百姓之所恶也,我从而刑罚之,虽过乎当,百姓不以我为暴者,公也。怨旷饥寒,亦百姓之所恶也,遁而陷之法,我从而宽宥之,百姓不以我为偏者,公也。我之所重,百姓

之所憎也；我之所轻，百姓之所怜也。是故赏轻而劝善，刑省而禁奸。'由此言之，公之于法，无不可也，过轻亦可。私之于法无可也，过轻则纵奸，过重则伤善。圣人之于法也公矣。"

⑩《资治通鉴》卷一九四："法令不可数变。数变则烦，官长不能尽记，又前后差违，吏得以为奸。"

⑪《贞观政要·刑法》："诏令格式，若不常定，则人心多惑，奸诈益生。《周易》称'涣汗其大号'，言发号施令，若汗出于体，一出而不复也。《书》曰：'慎乃出令，令出惟行，弗为反。'且汉祖日不暇给，萧何起于小吏，制法之后，犹称画一。今宜详思此义，不可轻出诏令，必须审定，以为永式。"

⑫《贞观政要·刑法》："贞观十六年，太宗谓大理卿孙伏伽曰：'夫作甲者欲其坚，恐人之伤；作箭者欲其锐，恐人不伤。何则？各有司存，利在称职故也。朕常问法官刑罚轻重，每称法网宽于往代。仍恐主狱之司，利在杀人，危人自达，以钓声价，今之所忧，正在此耳！深宜禁止，务在宽平。'"

⑬《贞观政要·刑法》："太宗……谓房玄龄曰：'公等食人之禄，须忧人之忧，事无巨细，咸当留意。今不问则不言，见事都不谏诤，何所辅弼？如蕴古身为法官，与囚博戏，漏泄朕言，此亦罪状甚重，若据常律，未至极刑。朕当时盛怒，即令处置，公等竟无一言，所司又不复奏，遂即决之，岂是道理。'因诏曰：'凡有死刑，虽令即决，皆须五复奏。'五复奏，自蕴古始也。又曰：'守文定罪，或恐有冤。自今以后，门下省复，有据法令合死而情可矜者，宜录奏闻。'"

⑭《贞观政要·公平》："凡理狱之情，必本所犯之事以为主，不严讯，不旁求，不贵多端，以见（现）聪明，故律正其举劾之法，参伍其辞，所以求实也，非所以饰实也，但当参伍明听之耳，不使狱吏锻炼饰理成辞于手。孔子曰：'古之听狱，求所以生之也、今之听狱，求所以杀之也。'……故为上者以苛为察，以功为明，以刻下为忠，以评多为功，譬犹广革，大则大矣，裂之道也。"

⑮《贞观政要·刑法》："夫刑赏之本，在乎劝善而惩恶，帝王之所以与天下为画一，不以贵贱亲疏而轻重者也。今之刑赏，未必尽然。或屈伸在乎好恶，以轻重由乎喜怒。遇喜则矜其情于法中，逢怒则求其罪于事外，所好则钻皮出其毛羽，所恶则洗垢求其瘢痕。瘢痕可求，则刑斯滥矣；毛羽可出，则赏因谬矣。刑滥，则小人道长，赏谬，则君子道消。小人之恶不惩，君子之善不劝，而望治安刑措，非所闻也。"

⑯《贞观政要·择官》："贞观二年，太宗谓侍臣曰：'朕每夜恒思百姓间

事,或至夜半不寐。惟恐都督、刺史堪养百姓以否。故于屏风上录其姓名,坐卧恒看,在官如有善事,亦具列于名下。朕居深宫之中,视听不能及远,所委者惟都督、刺史,此辈实治乱所系,尤须得人。"

"贞观六年,太宗谓魏征曰:'古人云,王者须为官择人,不可造次即用。朕今行一事,则为天下所观;出一言,则为天下所听。用得正人,为善者皆劝;误用恶人,不善者竞进。……'征对曰:'知人之事,自古为难,故考绩黜陟,察其善恶。今欲求人,必须审访其行。若知其善,然后用之。设令此人不能济事,只是才力不及,不为大害。误用恶人,假令强干,为害极多。但乱世惟求其才,不顾其行。太平之时,必须才行俱兼,始可任用。"

⑰《贞观政要·求谏》:"贞观元年,太宗谓侍臣曰:'正主任邪臣,不能致理;正臣事邪主,亦不能致理。惟君臣相遇,有同鱼水,则海内可安。朕虽不明,幸诸公数相匡救,冀凭直言鲠议,致天下太平。'谏议大夫王珪对曰:'臣闻木从绳则正,后从谏则圣。是故古者圣主必有争臣七人,言而不用,则相继以死。陛下开圣虑,纳刍荛,愚臣处不讳之朝,实愿罄其狂瞽。'太宗称善,诏令自是宰相入内平章国计,必使谏官随入,预闻政事。有所开说,必虚己纳之。"

## 第三节 《唐律疏议》中的法律思想

唐朝统治者十分重视立法。唐高祖李渊建国以后,命令裴寂、萧瑀等人,参照隋《开皇律》,制订《武德律》十二篇,五百条。《武德律》充分体现了李渊的"务在宽简,取便于时"的立法思想。唐太宗李世民即位后,力图完善《武德律》,就于贞观元年任命长孙无忌、房玄龄和一批"学士法官"厘改法律;"斟酌今古,除烦去弊",经过十年努力,制成《唐律》即《贞观律》。它仍为十二编,五百条。唐高宗李治登基后,又命长孙无忌、李勣、于志宁等,以《武德律》、《贞观律》为基础,编纂《永徽律》十二篇,五百零二条。为了阐明《永徽律》的精神实质,并对律文进行统一的解释,又命长孙无忌等十九人,对《永徽律》逐条逐句作出注解,叫做"律疏",经皇帝批准,于永徽四年颁行,附于律文之下,与律文具有同等效力。疏与律统称为

《永徽律疏》，后世称为《唐律疏议》。《唐律疏议》中的法律思想相当丰富，这里只着重论述其礼法结合、维护"三纲"和等级特权的思想。

### 一、"德礼为本，政教为用"

西汉董仲舒将儒家的经义应用于法律实践，以经义决狱，从而奠定了礼法结合的基础。此后，以礼入律、礼法结合的趋势日益发展起来。如《曹魏律》中的"八议制"，《晋律》中的"五服制罪制"，《北魏律》中的"官当制"和《北齐律》中的"重罪十条"，就是以礼入律、礼法结合的明证。不过，在唐以前，不少思想家、政治家对礼义道德的作用和法律的作用，在一定程度上总有对立或割裂的趋向，不能如实地认识它们在社会生活中的作用是互相补充的。到了唐代，统治阶级才在认识上把礼义道德的作用和法律的作用，在儒家思想原则上统一起来，大大丰富了儒家礼法结合的思想，形成了完整的礼主刑辅、礼法结合的思想体系。

关于礼主刑辅、礼法结合的思想，以奉勅编撰《唐律疏议》的长孙无忌阐述得最清楚。他在《唐律疏议序》中说："德礼为政教之本，刑罚为政教之用，犹昏晓阳秋相须而成者也。"这是说，德礼是行政教化的根本，刑罚是行政教化的表现；德礼和刑罚对行政教化之不可缺少，犹如昏晓相须而成一昼夜，春阳秋阴相须而成一岁一样。这里，法律的功效和礼义道德的作用"相须而成"，有机地结合起来了。统观《唐律疏议》，礼的精神已经完全溶化在律文之中，不仅礼之所许，律亦不禁，礼之所禁，律亦不容；而且"尊卑贵贱，等数不同，刑名轻重，粲然有别"（《唐律疏议·贼盗律》）。所以说，礼法结合在《唐律疏议》中已达到十分完备的程度，这标志着中国古代礼治的法律化已接近完成。

## 二、封建纲常的法律化

儒家所倡导的"君为臣纲,父为子纲,夫为妻纲",是我国历史上维护封建专制制度的精神支柱和制订封建法律的一个根本原则。

在封建社会,各代相承的以宗法礼教为核心的法律,都以儒家的"三纲"作为根本原则。《明史·刑法志》说:"历代之律,皆以汉《九章》为宗,至唐集其成。"《九章》之律虽已佚失,但从现在保存的有关汉律的资料来看,汉律确实体现了"三纲"的原则,"一准于礼"的唐律则更进一步全面而具体地体现了"三纲"的原则。凡是反对"三纲"的,均被认为触犯了封建统治阶级的根本利益,列为"十恶"大罪,是刑罚打击的重点。

(一)"君为臣纲"及其在唐律中的反映

在封建君主专制政体中,皇帝是整个国家的最高权威,他的权力至高无上,他的意志就是法律,臣僚只是执行他的法令的工具。因此,"君为臣纲"被置于封建"三纲"的首位。为了确保皇帝的权力及其人身的绝对安全,李唐王朝在法律上作了严格规定,凡属违反"君为臣纲"危害皇帝的犯罪,均属罪大恶极,处以最严厉的刑罚。这些犯罪主要有谋反、谋大逆,危害皇帝安全,大不敬等三类。

第一,谋反、谋大逆。[①]谋反就是"谋危社稷"。《疏议》曰:"案《公羊传》云:'君亲无将,将而必诛。'谓将有逆心,而害于君父者,则必诛之。"根据谋反的不同情节唐律分为三种情况予以惩处:谋反未行,即同真反[②];谋反已行,而无后果[③];口头上有"欲反"表示,行动上无任何表现。[④]

所谓"谋大逆",是指"谋毁宗庙、山陵及宫阙"。《疏议》解释说:"此条之人,干纪犯顺,违道悖德,逆莫大焉,故曰:'大逆'。"他们认为,死去的皇帝的陵庙神圣不可侵犯,因此把毁坏陵庙视为同谋反一样严重的犯罪行为,并规定了同样的刑罚。

第二，危害皇帝安全。唐律对保卫皇帝人身安全有全面而具体的法律规定。臣下对于皇帝，如果稍有差错而可能危及皇帝安全者，就要受到法律制裁，如为皇帝制药有误[5]；制作食物犯禁[6]；制造车船不牢固[7]；擅自入宫门、殿门[8]；等等，都属于这一类。

第三，大不敬。唐律对于惩处"大不敬"的法律规定得相当完备。例如，大祀不合规定[9]，盗窃皇帝的"八宝"（玉玺等）[10]；上书触讳[11]；攻击皇帝[12]；不执行皇帝命令[13]；等等，都是"大不敬"的犯罪行为，都要受到最严厉的惩处。

(二) "父为子纲"及其在法律上的反映

儒家一向提倡孝道，主张以孝治天下。他们认为，父亲对儿子有绝对统治权，儿子必须绝对服从父亲。他们把"父为子纲"视为"三纲"的基础，实际上是利用族权来维护封建政权。儒家以孝为中心，把它贯穿于君臣、父子、夫妇关系之间，全体臣民都必须遵行孝道。

唐律"一准于礼"，"父为子纲"在法律上反映得最全面、最具体。凡属违犯"善事父母"者，均构成不孝罪。例如，父母在而子孙别籍、异财[14]；违犯教令[15]；闻父母丧而不举哀[16]；等等，要分别处以刑罚。

(三) "夫为妻纲"及其在法律上的反映

根据礼制的规定，在婚姻家庭上，法律确认夫权的统治地位，"男尊女卑"，妻子被认为是从属的，始终处于无权的地位。"夫为妻纲"也是唐代立法的根本原则之一，唐律中有不少规定。例如：妻妾擅自离去[17]；夫妻殴斗[18]；闻夫丧不举哀；居夫丧而嫁[19]；以及"七出"条规[20]；等等。这些法律规定都极力维护夫权，歧视和压迫妇女。

在封建社会里，"三纲"是束缚中国人民，特别是束缚农民的几条极大的绳索。新中国成立后，斩断了这些绳索，中国人民也从"三纲"的束缚下解放出来了。然而，它的某些思想影响仍未绝迹，彻底清除包括"三纲"在内的封建专制主义的遗毒,仍然是我们的一项重要任务。

**三、维护等级特权的立法思想**

唐律是一部封建统治阶级的特权法。它始终贯穿着以礼为主、礼法结合的精神。《礼记·乐记》云:"礼义立则贵贱等矣。"郑注云:"等,阶级也。"唐朝统治阶级正是按照这种礼的原则,把人们分成许多等级,并为每个等级的人规定了不同的法律地位,赋予了不同的权利和义务。唐律维护等级特权的内容很多,这里只着重谈谈贵族、官吏有罪无刑以及良贱异法的问题。

(一) 贵族、官吏有罪无刑

唐律依照人们的社会身份、地位、职业等分成几个等级。皇帝至高无上,拥有最高的行政、立法、司法、军事、经济等权力。在皇帝之下,依次分成贵族、官吏、平民、贱民几个等级。就贵族、官吏来说,他们可以根据自己的阶品分别享有免受刑罚、免纳赋税、免服徭役以及世袭官爵、荫及亲属等特权。总之,他们是唐律优容的对象。

当贵族、官吏触犯国法时,唐律制定了议、请、减、赎、官当等减免刑罚处分的规定。

所谓"议",即"八议"。凡属"八议"范围,法律上予以减免刑罚的特权。"诸八议者犯死罪,皆条所坐及应议之状,先奏请议,议定奏裁,流罪以下减一等,其犯十恶者不用此律。"[20]"请"适用于皇太子、妃、大功以上亲属,应"议"者期以上亲属及孙和五品以上官,犯流罪以下可减一等,死罪则须上请皇帝裁定。"减"适用于七品以上官,及应"请"者的亲属,犯流罪以下可减一等。"赎"适用于应"议"、"请"、"减"范围和九品以上官,以及七品以上官的祖父母、父母、妻、子、孙犯流罪以下的,允许赎罪。"官当"适用于一般官吏犯罪,他们可以以官品抵罪,其规定甚为详细。

在这样一套完整的议、请、减、赎、官当制度的保护下,绝大多数贵族和官吏的犯罪,就能轻易地避免真死、真配、真流,实际上是有罪无刑。

(二) 良贱异法

良,指良人,即平民;贱,指贱民。大体说来,贱民又分为杂户、官户和部曲、奴婢三等。凡是贱民,法律规定他们在政治、经济、诉讼、社会生活等方面的地位都与良人不同。如他们不能应考做官;奴婢没有受田的资格,官户、杂户虽可受田,但有严格限制;等等。贱民中最低等的是奴婢,他们被"视同牛马"。唐律申明"奴婢贱人,律比畜产"(《唐律疏议·名例律》,下引此书只注篇名),"奴婢有价"(《诈伪律》)。他们没有户籍,没有独立的人格,任凭主人自由处置,"奴婢视同资财,即合由主处分"(《名例律》)。

在婚姻方面,禁止良贱通婚。《唐律疏议·户婚律》曰:"人各有耦(偶),色类须同。良贱既殊,何宜配合。"所以法律规定杂户、官户、奴婢不得娶良人女为妻,违者分别处以杖一百或一年半徒刑;以奴婢冒充良人为夫妻者,加重,徒二年。

在刑罚方面,同罪异罚的规定甚多。如良人侵犯贱民,其处分较常人为轻,贱民侵犯良人,其处分则较常人加重。以杀伤罪为例:主人谋杀奴婢,至多处徒刑一年;而奴婢谋杀主人,不论为首为从,一律处斩刑。主人过失杀奴婢,不论罪;而奴婢过失杀主人,则处绞刑。[22]

在诉讼方面,唐律从主从尊卑的原则出发,不许部曲和奴婢告发主人,否则处以绞刑;至于主人告发奴婢、部曲,即使是诬告,也"即同诬告子孙之例,其不在坐限"(《斗讼律》),是没有罪的。

由此可知,唐朝统治阶级十分自觉地从立法上来维护等级特权。唐律公开表明,它是一部封建特权者的法典。

由于礼法结合的唐律吸收了历代封建王朝的统治经验和法律原则,为封建统治者提供了一部治国安邦的法典,因而成为宋元明清各代法律的蓝本。㉓就法律思想来说，唐以后各代封建王朝，都是以这种以礼入律、礼法结合的思想作为正统法律思想的。但它明确规定皇亲国戚、贵族官吏及其亲属享有种种特权，充满着封建特权思想，这对后世产生了极为恶劣的影响。

**注：**

①《唐律疏议·贼盗律》："诸谋反及大逆者，皆斩；父子年十六以上皆绞，十五以下及母女、妻妾、祖孙、兄弟、姊妹若部曲、资财，田宅并没官，男夫年八十及笃疾，妇人年六十及废疾者并免；伯叔父，兄弟之子皆流三千里，不限籍之同异。"

②《唐律疏议·贼盗律》："人君者，与天地合德，与日月齐明，上祗宝命，下临率土。而有狡竖凶徒，谋危社稷，始兴狂计，其事未行，将而必诛，即同真反。"

③《唐律疏议·贼盗律》："即虽谋反者，谓虽构乱常之词，不足动众人之意；虽骋凶威若力，不能驱率得人；虽有反谋，无能为害者，亦皆斩。父子、母女、妻妾并流三千里，资财不在没限。其谋大逆者，绞。"

④《唐律疏议·贼盗律》："有人实无谋危之计，口出欲反之言，勘无实状可寻，妄为狂悖之语者，流二千里。若有口陈欲逆、叛之言，勘无真实之状，律令既无条制，各从'不应为重'。"

⑤《唐律疏议·职制律》："诸合和御药，误不如本方及封题有误者。医绞。""医，谓当合和药者。"

⑥《唐律疏议·职制律》："诸造御膳，误犯食禁者，主食绞。若秽恶之物在食饮中，徒二年，简择不精及进御不时，减二等。"

⑦《唐律疏议·职制律》："诸御幸舟船，误不牢固者，工匠绞。"

⑧《唐律疏议·卫禁律》："诸阑入宫门徒二年。殿门，徒二年半。"

⑨《唐律疏议·职制律》："诸大祀不预申期及不颁所司者，杖六十；以故废事者，徒二年半。"

⑩《唐律疏议·贼盗律》："诸盗御宝者，绞；乘舆服御物者，流二千五百里。"

⑪《唐律疏议·职制律》："诸上书若奏事，误犯宗庙讳者，杖八十；口误及

余文书误犯者,笞五十。即为名字触犯者,徒三年。"

⑫《唐律疏议·职制律》:"诸指斥乘舆,情理切害(指内容恶毒)者,斩;非切害者,徒二年。"

⑬《唐律疏议·职制律》:"对捍制使,而无人臣之礼者,绞。"

⑭《唐律疏议·户婚律》:"诸祖父母、父母在,而子孙别籍、异财者,徒三年。"

⑮《唐律疏议·斗讼律》:"诸子孙违犯教令及供养有阙(缺)者,徒二年。"

⑯《唐律疏议·职制律》:"诸闻父母若夫之丧,匿不举哀者,流二千里;丧制未终,释服从吉,若忘哀作乐,徒三年;杂戏,徒一年。"

⑰《唐律疏议·户婚律》:"妻妾擅去者,徒二年;因而改嫁者,加二等。"

⑱《唐律疏议·斗讼律》:"诸妻殴夫徒一年,若殴伤重者,加凡人斗伤三等。死者,斩。"

"诸殴伤妻者:减凡人二等;死者,以凡人论。殴妾折伤以上,减妻二等。"

⑲《唐律疏议·户婚律》:"诸居父母及夫丧而嫁娶者,徒三年,妾减三等。"

⑳《唐律疏议·户婚律》:"伉俪之道,义期同穴,一与之齐,终身不改。故妻无七出及义绝之状,不合出之。七出者,依令:'一无子,二淫佚(逸),三不事舅姑,四口舌,五窃盗,六妬忌,七恶疾。'"

㉑《唐律疏议·名例律》:"八议:一曰议亲(指皇帝和皇太后、皇后、皇太子犯的亲属);二曰议故(指皇室故旧);三曰议贤(指有大德行者);四曰议能(指有大才艺者);五曰议功(指有大功勋者);六曰议贵(指职事官三品以上、散官二品以上及爵一品者);七曰议勤(指有大勤劳者);八曰议宾(指前一代的皇室)。"

㉒《唐律疏议·斗讼律》:"诸部曲殴伤良人者,加凡人一等。奴婢,又加人一等。若奴婢殴良人折跌支(肢)体及瞎其一目者,绞;死者,各斩。"

"诸奴婢有罪,其主不请官司而杀者,杖一百。无罪而杀者,徒一年。"

"诸主殴部曲至死者,徒一年。……过失杀者。各勿论。诸部曲、奴婢过失杀主者,绞;伤及詈者,流。"

㉓《四库全书提要》:"唐律一准于礼,得古今之平,故宋世多采用之,元时断狱多皆每引为据。明洪武切命儒臣,同刑官进讲唐律,后命刘惟谦等详定明律,其篇目一准于唐。"

## 第四节　韩愈的"道统论"及其在法律思想上的反映

韩愈(768—824),字退之,河南河阳(今河南孟阳)人。其先世曾居昌黎,故韩愈也自称昌黎人。他是唐代杰出的思想家和文学家。出身于小官吏家庭。自幼刻苦攻读,长大后精通六经百子之学,以儒学复古自命。二十五岁中进士,任监察御史,因关中大旱,他上疏请宽税钱,为幸臣所谗,被贬为阳山令。赦还后,任国子博士、刑部侍郎等职。又因谏迎佛骨,险些被宪宗杀掉,后贬为潮州刺史。后又任国子祭酒、兵部侍郎、吏部侍郎等职。①他的著作由其门人李汉编为《昌黎先生集》。今有《韩昌黎文集》。

唐代中期以后,在无神论思潮兴起的同时,以儒家学说反对佛、道宗教的斗争也发展起来。韩愈是当时反佛、道宗教的代表人物。

### 一、君权至上与"道统论"

韩愈从维护君权和巩固封建统治的立场出发,发动了一场反佛斗争。陕西凤翔法门寺藏有一块所谓佛骨,唐宪宗元和十四年(819)宪宗派人将佛骨迎入宫中供奉。在皇帝、贵族的倡导下,百姓也"焚顶烧指"、"解衣散钱"、"老少奔波",上上下下闹得热火朝天。当时,皇帝兴致勃勃,群臣不言其非,御史不举其失,而韩愈却敢于挺身而出,上表谏迎佛骨,直言迷信佛教之害。

韩愈大胆指出,佛骨是"朽秽之物",不应该相信它有什么灵验。相反,历史上敬佛的皇帝,其寿命都不长,"事佛求福,乃更得祸。由此观之,佛不足事,亦可笑矣"②。同时,佛教不过是"夷狄之一法",它"不知君臣之义",有害于君权的维护和巩固。因此,绝对不能和它妥协。他向宪宗提出:"乞以此骨,付之有司,投诸水火,以绝根本,断天下之疑,绝后世之惑。"③这样,就激怒了宪宗。

宪宗申斥说:"愈人臣,狂妄敢尔(敢于这样),固不可赦!"几乎要置韩愈于死地。后来,他虽免于一死,被贬到潮州,但他却没有放弃反佛的主张。他曾写了一首诗,前四句为:"一封朝奏九重天,夕贬潮州路八千。欲为圣朝除弊事,岂将衰朽惜残年。"表明了他反佛的坚定态度。

为了反对佛教,同佛教的传统世系的宗教法统相对抗,韩愈杜撰出一套从尧、舜、禹、汤、文、武、周公至孔、孟的传授谱系。他以儒家"道统"的继承人自居,"以兴起名教,弘奖仁义为事"(《旧唐书·韩愈传》),志在阐扬儒家的纲常名教,以之作为和佛、道斗争的理论武器,企图用儒家的学说来代替佛、道的教义。他说:"斯吾所谓道也,非向所谓老与佛之道也,尧以是传之舜,舜以是传之禹,禹以是传之汤,汤以是传之文、武、周公,文、武、周公传之孔子,孔子传之孟轲,轲之死,不得其传焉。"(《韩昌黎文集·原道》,下引此书只注篇名)这个"道统"传到孟子就中断了,他自己的历史使命就是要恢复和发扬儒家的这个"道统",加强儒家思想的统治地位,"使其道由愈而粗传,虽灭死万万无恨"(《与孟尚书书》)。

韩愈"道统论"的中心思想是儒家一向所倡导的仁义道德。《原道》篇说:"博爱之谓仁,行而宜之之谓义,由是而之焉之谓道,足乎己无待于外之谓德。仁与义为定名,道与德为虚位。"在韩愈看来,博爱就叫做仁,人们的行为能够遵循封建纲常就叫做"义",按照仁义的道理去做就是道;实行仁义孜孜不倦,自然心安理得,不假外求,这就是德。但仁义有一定的实际内容,道德则需要用实际的内容去充实它。他认为,佛、道是不讲仁义的,他们虽然也讲道德,但它没有仁义的内容。④他们之所以错误,就在于违背了仁义道德,追求"清静寂灭",抛弃君臣父子等伦理纲常,"灭其天常,子焉而不父其父,臣焉而不君其君",走上了不要国家,毁灭封建纲常的道路。对老子那种"去仁与义"的道,和佛教"弃君臣、去父子、禁生养"的道,理应加以反对,使它们无存身的余地。(《原道》)

韩愈还对《礼记·大学》篇中的"修身、齐家、治国、平天下"的政治原理进行了阐述,借以批评佛、老遁世无为、忘却天下国家的宗教修养。这套"修齐治平"的原理,除了在理论上抗击佛教外,还有维护君权、加强封建中央集权的现实意义。李唐王朝自安史之乱后,形成了藩镇割据的局面。韩愈和柳宗元一样,主张打击藩镇割据势力,加强中央集权封建政府的权力,在政治上都是比较进步的人物。例如,宪宗元和九年(814),彰义军节度使吴少阳之子吴元济擅位,韩愈曾上《论淮西事宜状》,力陈淮西之地不难征服,积极主战。他认为:"残弊困剧之余,而当天下之余力,其破败可立而待。"于是,宪宗决定出兵,任命裴度为统帅,韩愈为行军司马。事情正如韩愈所料,取得了战争的胜利。这次战争对于打破藩镇割据局面,维护国家的统一,起了重要作用。

### 二、圣人"制刑"与天刑说

韩愈对儒家的圣人尧、舜、禹、汤、文、武、周公、孔、孟等推崇备至,认为他们天生性善,道德高尚,完美无缺。由于有了这样的"圣人",才创造了人类社会,他们决定着社会历史的发展。

韩愈认为,在原始时代,人和禽兽差不多,而且没有羽毛鳞介以防寒,没有爪牙以争食,所以经常受到禽兽的伤害。后来出现了"圣人",教给人们"相生养之道",做人民的君和师,驱除了禽兽,发明了衣服、食物、宫室、器皿和医药,才使人类免于饥寒。不仅如此,还制定了礼乐刑政。他说:圣人"为之礼,以次其先后;为之乐,以宣其湮郁;为之政,以率其怠倦力,为之刑,以锄其强梗。"⑤其实,这些都是统治阶级套在劳动人民身上的枷锁;国家和法律是统治阶级统治劳动人民的工具。而韩愈却说,统治阶级像父母对待子女那样,对人民关怀备至,"害至而为之备,患至而为之防"。正由于有了"圣人",人类才免于毁灭。显然,这种"圣人"创造礼乐刑政说,是一种十足的英雄创造历史的唯心史观。

在韩愈看来,创造历史的圣人等统治者生来具有上品的"善性",劳动人民具有下品的"恶"性,中间阶层的性则是中品,可以"导而上下",即可上可下。显然,他继承了董仲舒的性三品说,但又有所发展。他着重指出,人不仅有性,而且有情,性是情的基础。性是人生来就具有的;情是"接于物而生",即后天才有的,它包括喜、怒、哀、惧、爱、恶、欲。情与性相应,也分上、中、下三品。⑥韩愈这种性三品说,是一种唯心主义的抽象的人性论,并为统治阶级的严刑峻法提供了理论根据。他说:"上之性就学而愈明,下之性畏威而寡罪;是故上者可教,而下者可制也。"⑦对下品之性来说,它既不堪教化,那就只能用刑罚加以惩处,使其"畏威而寡罪",于是,施行暴力和酷刑就成为合于人性,是天然合理的了。这暴露了韩愈敌视劳动人民的地主阶级立场。同时,我们也应该看到,韩愈的性三品说又是服务于反佛斗争的。因为佛教教人逃避君臣、父子、夫妇的关系,认为人们为情所累,影响见性成佛。韩愈坚决反对佛教这种灭情以见性的出世说,认为在封建的伦常关系内才不会为情所累,而且能使情欲合乎"中道",恰到好处。

韩愈的性三品说,为后来宋儒提出气质之性,天理人欲之说开辟了道路。

此外,韩愈还宣扬"天刑"说。据柳宗元说,韩愈曾向他宣扬天命论和"天刑"说。韩愈说:人们开垦田地,砍伐山林,凿通泉源,打井饮水,挖掘墓穴掩埋死人,以至钻木取火烧烤食物,熔化金属,制作陶器、瓦器,雕刻打磨玉器、石器,等等,使天地万物衰残破败,不能保持它们的本性。如果谁能消除那些破坏元气、阴阳的人,使他们一天比一天、一年比一年减少,这就是有功于天地的人;谁要是繁殖养息这些人,那就是天地的仇敌。"天意"是:"有功者受赏必大矣,其祸焉者受罚亦大矣。"(见《柳宗元集·天说》)柳宗元著《天说》和韩愈辩论,指出天没有意志,"其乌能赏功而罚祸乎?功者自功,祸者自祸,欲望其赏罚者大谬。"

然而，韩愈始终坚持他的"天刑"说。他在《答刘秀才书》中说："夫为史者，不有人祸，则有天刑，岂不可畏惧而轻为之哉。"在《与卫中行书》中说："贵与贱，祸与福，存乎天。"在韩愈看来，天是有威灵的，天有赏善罚恶的能力，人们应该相信天是主宰一切的。如果违背了天的意志，就会受到天的惩罚。

其实，韩愈的"天刑"说并没有什么新意，他不过是借用天命来威吓人们，让人们相信吉凶祸福都决定于天命，人力无可奈何。其实质在于让人们服服帖帖地服从君主的统治。

### 三、"德礼为先，辅以政刑"

韩愈以儒家"道统"的继承者自居，在治国问题上，基本上因袭儒家礼法兼用、德礼为先的主张。他说："道莫大乎仁义，教莫正乎礼乐刑政，施之于天下，万物得其宜，措之于其躬，体安而气平。"(《送浮屠文畅师序》)韩愈所谓的礼乐，是指思想文化方面的统治；所谓刑政，是指政治法律方面的统治。二者同为治理国家不可缺少的工具。但它们有主辅、先后之分。韩愈说："孔子曰，道(导)之以政，齐之以刑，则民免而无耻，不如以德礼为先，而辅之以政刑也。"⑧所以他强调要恢复和加强礼义的教育。

但在唐代，礼法的运用在司法实践中常发生矛盾。如怎样处理复仇问题就是这样。唐律并没有明确禁止复仇的条文，因此唐代曾不断因复仇问题发生争论，并吸引了一些著名学者文人，如陈子昂、柳宗元、韩愈等。陈、柳曾因徐元庆复仇案进行过激烈的辩论。

唐宪宗元和六年(811)，又发生了梁悦为报父仇而杀秦杲的案件，宪宗下诏曰："复仇，据《礼经》则义不同天，征法令则杀人者死。礼、法二事，皆王教之大端，有此异同，固资论辩，宜令都省集议奏闻。"(《资治通鉴》卷二三八)他迟疑不决，令尚书省讨论辩明。当时任职员外郎的韩愈认为，若据《春秋》、《礼记》、《周官》等经典，许孝子为父复仇，"未有非而罪之者也"；若据国家法律，则杀人者当死。"盖以为不许复仇,则伤孝子之心,两乖先王之训;许复仇,则人将倚法专杀,无以禁止其端矣。"⑨这仍然是模棱两可的说法。究竟是否允许复仇,韩愈以为不可著为定制。他主张把礼法统一起来,司法官吏在审理这类案件时,应根据具体情况区别对待,因为"复仇之名虽同,而其事各异"。他向宪宗建议说,对此类案件不可偏于一端,"宜定其制曰:'凡复父仇者,事发,具申尚书省集议奏闻,酌其宜而处之。'则经律无失其指(旨)矣。"(《复仇状》)后来宪宗下诏:"梁悦杖一百,流循州",了结了此案。

韩愈的经律两不失的主张,并不能有效地解决唐代不断出现的复仇案件。所以他同时代以至以后的一些思想家并不以他的论断为满足,有关复仇的争论又延续了很久。

总的看来,韩愈是一个比较复杂的人物。他站在维护封建统治的立场上,以继承儒家的"道统"自居,积极倡导仁义道德学说,阐扬儒家正统思想,排斥佛老;这一方面加强了对人民的思想统治,另一方面又促进了社会的稳定。他既主张"诛民","民不出粟米麻丝,作器皿,通财货,以事其上,则诛"⑩,加强对劳动人民的刑罚镇压;又表示"爱民",关心人民疾苦,要求减省租赋⑪,释放奴婢⑫,改革弊政。至于韩愈作为"文起八代之衰"的伟大文学家的地位,则是古今学者所公认的。

**注:**

①《新唐书·韩愈传》:"韩愈,字退之,邓州南阳人。……愈生三岁而孤,随伯兄会贬官岭表,会卒,嫂郑鞠(养育)之。愈自知读书,日记数千百言,比长,尽能通《六经》百家学,擢进士第,……调四门博士,迁监察御史。上疏极论宫市,德宗怒,贬阳山令。……迁刑部侍郎。宪宗遣使者往凤翔,迎佛骨于禁中,三月乃送佛祠,王公士人,奔走膜呗(bài拜,膜拜,至为夷法灼体肤,委珍贝,腾沓系路。愈闻恶之,乃上表。表入,帝大怒,持示宰相,将抵以死。裴度、崔群曰:'愈言讦牾,罪之诚宜,然非内怀至忠,安能及此,愿少宽假,以来谏争。'帝曰:'愈言我奉佛大过,犹可容;至谓东汉奉佛以后,天下咸夭促,言

何乖剌耶？愈人臣狂妄敢尔，固不敢赦！'于是中外骇惧。虽戚里诸贵，亦为愈言，乃贬潮州刺史。既至潮，以表哀谢，帝得表颇感悔。召拜国子祭酒，转兵部侍郎。……长庆四年卒，年五十七。"

②《韩昌黎文集·论佛骨表》："汉明帝时，始有佛法，明帝在位，才十八年耳。其后乱亡相继，运祚不长。宋、齐、梁、陈、元魏已(以)下，事佛渐谨，年代尤促。惟梁武帝在位四十八年，前后三度舍身施佛，宗庙之祭，不用牲牢，昼日一食，止于菜果，其后竟为侯景所逼，饿死台城，国亦寻灭事佛求福，乃更得祸。由此观之，佛不足事，亦可知矣。"

③《韩昌黎文集·论佛骨表》："孔子曰：'敬鬼神而远之。'古之诸侯，行吊于其国，尚令巫祝先以桃茢(笤帚，扫除污秽的工具)，袚除不祥，然后进吊。今无故取朽秽之物，亲临观之，巫祝不先，桃茢不用，群臣不言其非，御史不举其失，臣实耻之。乞以此骨付之有司，投诸水火，永绝根本，断天下之疑，绝后代之惑。"

④《韩昌黎文集·原道》："老子之小仁义，非毁之也，其见者小也。坐井而观天，曰'天小'者，非天小也，彼以煦煦(和蔼的样子，这里指所爱不广博)为仁，孑孑(形容孤立)为义，其小之也则宜。其所谓道，道其所道，非吾所谓道也；其所谓德，非德其所德，非吾所谓德也。凡吾所谓道德云者，合仁与义言之也，天下之公言也，老子之所谓道德云者，去仁与义言之也，一人之私言也。

周道衰，孔子没，火于秦，黄、老于汉，佛于晋、魏、梁、隋之间。其言道德仁义者，不入于杨，则入于墨，不入于老，则入于佛。入于彼，必出于此。入者主之，出者奴之，入者附之，出者污(污染)之。噫！后之人其欲闻仁义道德之说，孰从而听之？"

⑤《韩昌黎文集·原道》："古之时，人之害多矣。有圣人者立，然后教之以相生养之道，为之君，为之师，驱其虫蛇禽兽，而处之中土；寒然后为之衣，饥然后为之食，木处而颠，土处而病也，然后为之宫室；为之工以赡其器用，为之贾以通其有无，为之医药以济其夭死，为之葬埋祭祀以长其恩爱，为之礼以次其先后，为之乐以宣其湮郁，为之政以率其怠倦力，为之刑以锄其强梗；相欺也，为之符玺斗斛权衡以信之，相夺也，为之城郭甲兵以守之；害至而为之备，患生而为之防。今其言曰：'圣人不死，大盗不止；剖斗折衡，而民不折。'呜呼！其亦不思而已矣！如古之无圣人，人之类灭久矣。何也？无羽毛鳞介以居寒热也，无爪牙以争食也。"

⑥《韩昌黎文集·原性》:"性也者,与生俱生也;情也者,接与物而生也。性之品有三,而其所以为性者五,情之品有三,而其所以为情者七。曰:何也?曰:性之品有上中下三。上焉者,善焉而已矣;中焉者,可导而上下也;下焉者,恶焉而已矣。其所以为性者五,曰仁,曰礼,曰信,曰义,曰智。上焉者之于五也,主于一(指仁)而行于四(指礼、信、义、智。这句话的意思是:以仁为本,表现为礼、信、义、智。);中焉者之于五也,一不少有焉,则少反(违背)焉,其于四也混;下焉者之于五也,反于一而悖于四。性之于情视其品。情之品有上中下三。其所以为情者七,曰喜,曰怒,曰哀,曰惧,曰爱,曰恶,口欲。上焉者之于七也,动而处之中(不偏不倚,无过无不及);中焉者之于七也,有所甚(过分),有所亡(无),然而求合其中者也;下焉者之于七也,亡与甚直情而行者也。情之于性视其品。"

⑦《韩昌黎文集·原性》:"然则性之上下者,其终不可移乎? 曰:上之性就学而愈明,下之性畏威而寡罪,是故上者可教,而下者可制也;其品则孔子谓不移也。曰:今之言性者异于此,何也? 曰:今之言者,杂佛老而言也。杂佛老而言者,奚言而不异!"

⑧《韩昌黎文集·州请置乡校牒》:"孔子曰:'道(导)之以政,齐之以刑,民免而无耻'。不如以德礼为先,而辅以政刑也。夫欲用德礼,未有不由学校师弟子者。此州学废日久,进士、明经百十年间,不闻有业成贡(荐举)于王庭。试于有司者,入吏日不识乡饮酒之礼,耳未尝闻鹿鸣之歌,忠孝之行不劝,亦县之耻也。夫十室之邑,必有忠信,今此州户万有余,岂无庶几者邪。"

⑨《韩昌黎文集·复仇状》:"伏以子复父仇,见于《春秋》,见于《礼记》,又见于《周官》,又见诸子史,不可胜数,未有非而罪之者也。最宜详于律,而律无其条,非阙(缺)文也,盖以为不许复仇,则伤孝子之心,而乖先王之训;许复仇,则人将倚(依赖)法专杀,无以禁止其端矣。夫律虽本于圣人,然执而行之者,有司也。经之所明者,制有司者也。丁宁其义于经,而深没其文于律者,其意将使法吏一断于法,而经术之士得引经而议也。"

⑩《韩昌黎文集·原道》:"是故君者出令者也,臣者行君之令而致之民者也,民者出粟米麻丝、作器皿、通货财以事其上者也。君不出令,则失其所以为君;臣不行君之令而致于民,民不出粟米麻丝、作器皿、通货财以事其上,则诛。"

⑪ 见《韩昌黎文集·御史台上论天旱人饥状》:"臣伏以今年已(以)来,京

畿诸县,夏逢亢旱,秋又早霜,出种所收,十不存一。……至闻有弃子逐妻,以求口食,拆屋伐树,以纳税钱,寒馁道涂,毙踣(仆地,死)沟壑,有者皆已输纳,无者徒被追征。臣愚以为此皆群臣之所未言,陛下之所未知者也。……伏乞特勅京兆府,应今年税钱及草粟等在百姓腹内(名下的意思),征未得者,并且停征,容至来年蚕麦,庶得少有存立。"

⑫《韩昌黎文集·应所在典帖良人男女等状》:"右准律不许典帖良人男女作奴婢驱役。臣往任袁州刺史日,检责州界内,得七百三十一人,并是良人男女。准律计佣折值,一时放免。……袁州虽小,尚有七百余人。天下诸州,其数固当不少。今因大庆,伏乞令有司重举旧章,一皆放免,乃勅长吏严加检责,如有隐漏,必重科惩。"

## 第五节 柳宗元的法律起源于"势"和赏罚及时说

柳宗元(773—819),字子厚,原籍河东解(今山西永济县)人。他是唐代思想家和文学家。出身于官僚地主家庭。二十一岁时中进士。初授校书郎,后任蓝田县尉,监察御史里行。永贞革新时,任礼部员外郎,改革失败后贬为永州(今湖南零陵县)司马,在那里度过整整十年的贬谪生活,写了大量揭露社会弊端、抨击时政的文章。后来再次被贬为柳州(今广西柳州市)刺史。四年后,因病死去,年仅四十七岁。①他的著作,在他死后由刘禹锡编为《柳河东集》。现有《柳宗元集》。

柳宗元是王叔文政治革新集团的重要成员。王叔文等于贞元二十一年(八月改永贞元年)二月执政,进行了改革,其主要内容是:

第一,抑制藩镇割据势力。例如,浙西观察使李锜兼任诸道转运盐铁使,但他贪赃枉法,中饱私囊,使"盐铁之利,积于私室,而国用日耗"(《唐会要》卷八七)。王叔文执政后,免除其转运盐铁使职务,将盐铁等财政大权从藩镇手里收归中央,以加强中央政权的权力。

第二,打击宦官势力。唐代的"宫市"是宦官掠夺人民财物的一种办法,"五坊小儿"则是"索贿赂,酿祸端"的弊政。王叔文、柳宗元等宣布禁止这任意掠夺人民的办法,使"人情大悦"。(《唐会要》卷六)他们还计划从宦官手里夺回禁军兵权:"谋夺宦者兵,以制四海之命"(《顺宗实录》卷五),但没有成功。

第三,严惩贪官暴吏,推行"用人唯贤"路线。例如,京兆尹李实贪残暴虐,本是大旱之年,他却谎报"今年虽旱,谷田甚好",强令人民照常交纳租税,人民只得"贷麦苗以应官"。(《顺宗实录》卷一)王叔文、柳宗元等将李实远贬通州,受到"市里欢呼"。同时,又在全国各地"访择"贤才,委以重任。如任命故相抚州别驾姜公辅为吉州刺史,杜佑为诸道盐转运使,等等。

第四,减轻剥削,释放宫女。例如,王鸣盛《十七史商榷》说:王叔文、柳宗元等当政后,免除了贞元二十一年十月以前"百姓所欠诸色课利、租赋、钱帛,共五十二万六千八百四十一贯。"(《十七史商榷》卷七四)这种减轻剥削的措施,在客观上对人民是有好处的。他们执政的那一年三月初一就释放了宫女三百人,三月初四又放出教坊女乐六百人,"听其亲戚迎于九仙门,百姓相聚讙(欢)呼大喜"(《顺宗实录》卷二)。

从"永贞革新"的内容来看,虽然只是对当时封建政治的弊端作个别的改革,但它对打击藩镇割据、宦官专权和贵族官僚的掠夺,起了一定的作用。但由于遭到了藩镇、宦官、贵族官僚等激烈反对,"永贞革新"只存在一百四十六天就失败了。

一、"天人不相预"和赏罚及时说

韩愈坚持唯心主义观点,向柳宗元宣扬他的天有意志,对人能"赏功而罚祸"的思想,柳宗元针锋相对,做《天说》和韩愈辩论。柳宗元指出:天地、阴阳、元气和瓜果、草木一样,都是物质,天没有意志,"其乌能赏功而罚祸乎?功者自功,祸者自祸,欲望其赏罚者大谬"。人和自然界不存在什么"功"和"祸"的关系,人事的存亡得失同天毫无关系,天不能赏罚人类的功过。②

柳宗元在《答刘禹锡天论书》中,进一步阐述了他的"天人不相预"的观点。他说:"生植与灾荒,皆天也,法制与悖乱,皆人也,二之而已。其事各行不相预,而凶丰理(治)乱出焉,究之矣。"这是说年成的凶歉丰收和社会的治乱是两回事,前者属于天(指自然),后者属于人(指社会),自然和社会各有其发展规律,是互不干预的。③所以,天人之间根本不存在什么感应关系。在《伐宋》篇中,柳宗元还举例说明天没有好恶,更不可能有什么赏罚。过去宋人杀了宋昭公,有人认为那是违反天道,如不出兵讨罚,就会受到天帝的惩罚。可是古代有些杀人的人,罪过大大超过宋人,他们不仅长寿,而且享尽人间富贵,"天之诛何如也"?可见天并不能给人以惩罚。

特别值得我们重视的是,柳宗元把对历史的批判变成对现实的批判,把对神学的批判变成对政治的批判。这在《时令论》和《断刑论》中表现得尤为突出。

《时令论》针对《吕氏春秋·十二纪》和《礼记·月令》所宣扬的神学目的论,具体分析了自然条件和人类活动的关系,批评了那种必须按照时令行事的错误观点。柳宗元指出,大凡制定出的政令,都是为着实际的需要,有的则要等待季节时令来颁布施行,有的不能等待季节时令才来颁布施行。如早春兴修水利,夏季除草上肥,秋季种麦储菜,冬季修仓习武,这些事情,当然是要等待和按照季节时令来做的。④但是有很多政事,是不能呆板地等待季节时令到了才去办理的,如选拔人才,审判案件,修改法制,抚恤孤寡,商业买卖之类。正确的原则是:"不穷异以为神,不引天以为高",只要"利于人,备于事",就应当积极地去做,而不要消极地等待什么时令季节。如果按照时令论者所说,不是秋天就不能"选士厉兵,任有功,诛暴慢,明好恶,修法制,养衰老,申严百刑,斩杀必当",那么,国家的弊政就一定会多起来,又怎能使国家长治久安呢!⑤在唐代,《月令》被视为"措政大法",而柳宗元却敢于指斥它远离"圣人之道",是十分大胆的。

柳宗元在《断刑论》中集中批判了"赏以春夏而刑以秋冬"的谬说,强调赏罚要及时,提高执政效率。他认为,施行赏罚,是用来劝勉和惩戒人们的,"赏务速而后有功,罚务速而后有惩",奖赏迅速及时,才能起到劝勉的作用,惩罚迅速及时,才能起到惩戒的作用。如果附会天意,一定要"赏以春夏而刑以秋冬",那不过是欺人之谈而已。他指出:如果秋冬为善者,一定要等到春夏才行赏,"则为善者必怠";如果春夏为不善者,一定要等到秋冬才施刑,"则为不善者必懈"。这样一来,"为善者怠,为不善者懈,是驱天下之人而入于罪也。驱天下之人入于罪,又缓而慢之,以滋其懈怠,此刑之所以不措也"⑥。

## 二、法律起源于"势"

柳宗元认为,人类社会历史是一个自然发展过程,有其不以人们主观意志为转移的客观发展的必然趋势。他用一个"势"字概括了这种思想。

柳宗元从社会发展的必然之"势"的观点出发,进一步论述了国家和法律的起源。他认为国家和法律并不是从来就有的,也不是上天有意制造的,而是在一定条件下为适应社会的需要而出现的。在他看来,人类最初没有文化,同禽兽一起生活在森林里,人既不能像禽兽那样扑抓撕咬,也没有羽毛可以自保,因而人类为了生存,就必须利用工具,就必然发生争夺。他说:"夫假物者必争,争而不已,必就其能断曲直者而听命焉。其智而明者,所伏必众。告之以直而不改,必痛之而后畏,由是君长刑政生焉。"⑦所谓"君长刑政生焉",是指国家和法律产生了。

当然,柳宗元对国家和法律的产生的阐述是不科学的。但是,他从社会内部,特别是力图以人类物质生活的需求方面来探索其起源,从而打击了长期流传的"君权神授"论和韩愈的"圣人"制刑说,是有进步意义的。

### 三、刑、礼"其本则合,其用则异"

武则天统治时期,有个叫徐元庆的,为父报仇,杀了仇人又向官府自首。按照当时刑法,杀人者死;按照封建礼教,徐元庆为父报仇的行为是合乎孝义的。当时的谏官陈子昂写了《复仇议状》,认为礼和法不可偏废,从而主张"诛而后旌",即先把徐元庆判处死刑,而后再立牌坊表彰他。

柳宗元不同意陈子昂的处理办法,写了《驳复仇议》。他认为,如果徐元庆的父亲徐爽是"不陷于公罪,师韫之诛,独以其私怨,奋其吏气,虐于非辜",那么,徐元庆为父报仇,杀死县尉师韫而去自首,就应该表扬而不应处以死刑。如果徐爽是"不免于罪,师韫之诛,不愆于法,是非死于吏也,是死于法也"。那么,徐元庆为父报仇,杀死执法的县尉,就应该处以死刑而不应该表扬。柳宗元得出的结论是:"礼之大本,以防乱也。若曰无为贼虐,凡为子者杀无赦。刑之大本,亦以防乱也。若曰无为贼虐,凡为治者杀无赦。其本则合,其用则异,旌与诛莫得而并焉。"⑧这里,柳宗元明确指出礼与刑的根本原则是一样的,而它们的用途却迥然不同。陈子昂既按礼的原则要表扬徐元庆,又要按刑的原则处死他,这种主张不是自相矛盾吗?因为表扬和处死是不能同时并用的。柳宗元强调定罪量刑要以事实为根据,既要合法,又要合乎情理,即所谓"穷理以定赏罚,本情以正褒贬",这在当时是有积极意义的。

注:

① 《新唐书·柳宗元传》:"柳宗元,字子厚,其先盖河东人。少精敏绝伦,为文章卓伟精致,一时辈行推仰。第进士博学宏辞科,授校书郎,调蓝田尉。

贞元十九年,为监督御史里行。善王叔文、韦执谊,二人者奇其才,及得政,引内禁近,与计事,擢礼部员外郎,欲大进用。俄而叔文败,贬邵州刺史,不半道,贬永州司马。既窜斥(遭放逐),地又荒疠,因自放山泽间。其堙厄感郁,一寓诸文。……元和十年,徙柳州刺史。……柳人以男女质钱(抵押);过期不赎,子本均,则没为奴婢。宗元设方计悉赎归之。……十四年卒,年四十七。"

②《柳宗元集·天说》:"韩愈谓柳子曰:'若知天之说乎?吾为子言天之说。今夫人有疾痛、倦辱、饥寒甚者,因仰而呼天曰:残民者昌,佑民者殃!又仰而呼天曰:何为使至此极戾也?若是者,举不能知天。……"

"柳子曰:……彼上而玄者,世谓之矢;下而黄者,世谓之地;浑然而中处者,世谓之元气,寒而暑者,世谓之阴阳。是谓大,无异果蓏、痈痔草木也。假而有能去其攻穴者,是物也,其能有报乎?繁而息之者,其能有怒乎?天地,大瓜蓏也,元气,大痈痔也;阴阳,大草木也,其乌能赏功而罚祸乎?功者自功,祸者自祸,欲望其赏罚者大谬。"

③《柳宗元集·答刘禹锡天论书》:"子所谓交胜者,若天恒为恶,人亘为善,人胜夫则善者行。是又过德乎人,过罪乎天也。又曰:天之能者生植也,人之能者法制也。是判天与人为四而言之者也。余则曰:生植与灾荒,皆天也;法制与悖乱,皆人也,二之而已。其事各行不相预,而凶丰理乱出焉,究之矣。"

④《柳宗元集·时令论上》:"凡政令之作,有俟时而行之者,有不俟时而行之者。是故孟春修封疆,端径术(遂),相土宜。无聚大众。季春利堤防,达沟渎,止用猎,备蚕器,合牛马,百工无悖于时。孟夏无起土功,无发大众,劝农勉人。仲夏班马政,聚百药。季夏行水杀草,粪田畴,美土疆,土功、兵事不作。孟秋纳材苇。仲秋劝人种麦。季秋休百工,人皆入室,具衣裘,举五谷之要,合秩刍,养牺牲;趋人收敛,务蓄菜,伐薪为炭。孟冬筑城郭,穿窦窖,修囷仓,谨盖藏,劳农以休息之,收水泽之赋。仲冬伐木,取竹箭。季冬讲武,习射御;出五谷种,计耦耕,具田器;合诸侯,制百县轻重之法,贡职之数。斯固俟时而行之,所谓敬授人时者也。其余郊庙百祀,亦古之遗典,不可以废。"

⑤《柳宗元集·时令论上》:"诚使古之为政者,非春无以布德和令,行庆施惠,养幼少,省囹圄,赐贫穷。礼贤者,非夏无以赞杰俊,遂贤良,举长大,行爵出禄,断薄刑,决小罪,节嗜欲,静百官;非秋无以选士厉兵,任有功,诛暴

慢,明好恶,修法制,养衰老,申严百刑,斩杀必当;非冬无以赏死事,恤孤寡,举阿党,易关市,来商旅,审门闾,正贵戚近习,罢官之无事者,去器之无用者。则其阙(缺)政亦以繁矣,斯固不俟时而行之者也。"

⑥《柳宗元集·断刑论下》:"夫圣人之为赏罚者非他,所以惩劝者也。赏务速而后有劝,罚务速而后有惩。必曰赏以春夏而刑以秋冬,而谓之至理者,伪也。使秋冬为善者,必俟春夏而后赏,则为善者必怠;春夏为不善者,必俟秋冬而后罚,则为不善者必懈。为善者怠,为不善者懈,是驱天下之人而入于罪。驱天下之人入于罪,又缓而慢之,以滋其懈怠,此刑之所以不措也。必使为善者不越月踰时而得其赏,则人勇而有劝焉;为不善者不越月踰时而得其罚,则人惧而有惩焉。为善者日以有劝,为不善者日以有惩,是驱天下之人而从善远罪也。驱天下之人而从善远罪,是刑之所以措而化之所以成也。"

⑦《柳宗元集·封建论》:"彼其初与万物皆生,草木榛榛,鹿豕狉狉(野兽成群奔跑的样子),人不能搏噬,而且无毛羽,莫克自奉自卫,荀卿有言:必将假物以为用者也。夫假物者必争,争而不已,必就其能断曲直者而听命焉。其智而明者,所伏必众;告之以直而不改,必痛之而后畏:由是君长刑政生焉。故近者聚而为群。群之分,其争必大,大而后有兵有德。又有大者,众群之长又就而听命焉,以安其属,于是有诸侯之列。则其争又有大者焉。德又大者,诸侯之列又就而听命焉,以安其封,于是有方伯、连帅之类。则其争者又有大者焉。德又大者,方伯、连帅之类,又就而听命焉,以安其人,然后天下会于一。是故有里胥而后有县大夫,有县大夫而后有诸侯,有诸侯而后有方伯、连帅,有方伯、连帅而后有天子。自天子至于里胥,其德在人者,死必求其嗣而奉之。故封建非圣人意也,势也。"

⑧《柳宗元集·驳复仇议》:"臣闻礼之大本,以防乱也,若曰无为贼虐,凡为子者杀无赦,刑之大本,亦以防乱也,若曰无为贼虐,凡为理者杀无赦。其本则合,其用则异,旌与诛莫得而并焉。诛其可旌,兹谓滥,黩刑甚矣;旌其可诛,兹谓僭,坏礼其矣。果以是示于天下,传于后代,趋义者不知所以向,违害者不知所以立,以是为典可乎?"

## 第六节 白居易的崇礼重法论

白居易(772—846),字乐天,唐代思想家和诗人。祖籍太原,后迁居下邽(guī,今陕西渭南县),诞生于新郑(今河南新郑县)。其父白季庚做过彭城县令和襄州别驾(州刺史的佐吏)。白居易自幼"敏悟过人",学习勤奋。他精通儒学,对道、法诸家思想也颇有研究,尤其以诗作著称于世。唐德宗贞元十六年(800)举进士,授秘书省校书郎。宪宗时任左拾遗和左赞善大夫。后因上表请求严缉刺死宰相武元衡的凶手,得罪权贵,被贬为江州(今江西九江)司马。以后又做过杭州刺史、苏州刺史。①晚年闲居洛阳,与香山和尚如满结香火社,自称"香山居士"。

白居易是一位多产的作家,作品有《白氏长庆集》共七十一卷,经今人顾颉刚校勘、标点,整理而成《白居易集》。

从白居易的思想体系来看,他以儒为主,兼采道、法诸家思想,特别是在解决具体的现实社会问题时,往往表现出崇儒尚法、援法附儒的倾向。他的法律思想也是这样,明显地表现出其以儒为主、调和儒法的特点。

## 一、刑、礼、道"迭相为用"

白居易在《策林》中指出:"刑者,礼之本;礼者,道之根。知其门,守其根,则王化成矣。"在他看来,尚刑不过是崇礼的门径,而任道也得以礼为依归,只有儒家的礼,才是"王化"的根本所在。但他在解决现实社会问题的主张中,却表现出崇儒尚法、援法附儒的倾向。如《策林》五十一说:"是故刑行德立,近悦远安,恩信推于中,惠化流于外","若法坏政荒,亲离贤弃,王泽竭于上,人心叛于下"。显然,这种德刑并举、礼法兼用,并援法附儒的主张,正是长期以来儒法合流、礼法结合的总趋势在白居易思想中的反映。

特别值得注意的是,白居易总结自汉以来统治阶级以儒为主、杂取各家学说以维护其统治的经验,提出了刑、礼、道"迭相为用"说。在他看来,法家的以法治国,儒家的礼乐仁政,道家的清静无为,对于维护封建统治来说,各具有不同的作用,都是不可或缺的。

他明确指出:"夫刑者,可以禁人之恶,不能防人之情;礼者,可以防人之情,不能率人之性;道者,可以率人之性,不能禁人之恶。"只有刑、礼、道"循环表里,迭相为用",才能使"王者之化"成功。②

这种儒、法、道三家学说混杂而用之的主张,在汉代已见其端倪。据《汉书·司马迁传》载:"自曹参荐盖公言黄老,而贾谊、晁错明申商,公孙弘以儒显。"但在白居易以前,还不曾有人对这一问题,像他这样明确地阐述过。这反映出白居易对传统思想兼容并蓄的开明态度。

**二、法令贵一,自上行之**

白居易揭露唐代司法中的种种弊端,特别指出,由于法令不统一,司法官吏定罪量刑"重轻加减,随其喜怒,出入比附,由于爱憎"(《白居易集·策林五十六》,下引此书只注篇名)。他们不遵循法度,以致形成十分混乱的局面。他认为,本来人心就不一致,一人一心,万人万心,如果不用法令加以统一,人人之心各异,就很难把国家治理好。③

在《策林》十三中,白居易详细地分析了法令不统一的原因。他认为,法令不统一,多由于"谨于始,慢于终,则不一也。张于近,弛于远,则不一也。急于贱,宽于贵,则不一也。行于疏,废于亲,则不一也。"怎样统一法令呢?一方面必须保持法令的相对稳定性,不要"朝出夕改,暮行晨止";另一方面,在执法中必须做到谨而不慢,张而不弛,不分贵贱,不别亲疏,一律"准法科罪"。④

如果法令统一了,而天下人仍然未能悦而随之,这又是什么原因呢? 白居易认为,那是由于最高统治者不能身体力行和推之以诚的缘故。他说:"凡下之从上也,不从口之言,从上之所好也;不从力之制,从上之所为也。盖行诸己也诚,则化诸人也深。若不推之于诚,虽三令五申,而令不明矣。"(《策林》十三)在他看来,最高统治者应当"以礼自修,以法自理",慎其所好,重其所为,必须做到

"责于下者必先禁于上"。

显然,这种准法科罪和责于下者必先禁于上的主张,揉和了儒法两家的思想,反映出白居易调和儒法的思想特点。

### 三、正确运用法律,慎选司法官吏

如前所述,白居易虽以儒学为主,同时又学法重法。他结合唐代法律实践中存在的问题,提出了一系列颇有进步意义的主张。

(一) 理大罪,赦小过

唐代统治阶级总结历代治国的经验,认为善于治国者为政不宽,理刑不急,宽则人慢,急则民残,宽猛必须适宜,人民才有"悦服之心"。白居易进一步加以论述,认为要人民有悦服之心,在司法中必须贯彻"理大罪,赦小过"的原则。他说:"圣人在上,使天下畏而爱之,悦而服之者:由乎理大罪,赦小过也。"⑤所谓"理大罪",主要是针对藩镇和长吏来说的,因为他们权大势重,横行不法,谁也不敢触动他们。所谓"赦小过",主要是针对小官吏来说的,因为他们权轻位卑,即使只有小过小错,却要受到惩罚或诛杀,这样就破坏了法律的严肃性和统一性。所以白居易深有感触地说,现在国家用法的情况是:"纠察之政,急于朝官,而宽于外官;惩戒之刑,加于小吏,而纵于长吏。是则权轻而过小者,或反绳之;寄重而罪大者,或反舍之。"他极力主张法网宽疏有别,对于藩镇、长吏的大罪决不放过,而对于小吏的小过小错舍而不问;这样,才能使天下人"畏爱悦服之化,黯然而日彰于天下矣"⑥。

(二) 消除犯罪,止狱措刑

白居易继承发挥了孔子"富而后教"和管仲"仓廪实而知礼节"的思想,认为衣食丰裕,而后礼教才能奏效;礼行教立,而后刑罚才能搁置不用。他举历代一些贤明的帝王为例说:西周成、康之时,天下富庶,人存羞耻之心,"故囹圄空虚四十余年";西汉文、景之世,海内殷实,人人自爱,"故每岁决狱,仅至四百";唐太宗时期,人用富庶,加以德教,"故一岁断刑,不满三十"。⑦白居易认为这有两方面的原因:其一是由于统治者能够慎狱恤刑,其二是由于人民"生厚德正而寡过也"。至于像夏桀、殷纣、秦始皇那样的暴君的统治时期就不是这样:他们暴虐无道,横征暴敛,人民生活不下去,只得铤而走险,"奸宄并兴","尽为寇贼",甚至形成"比屋可戮",每年断罪"数至十万"的局面。究其原因,乃是由于"贫困思邪而多罪也"。白居易分析说:由此看来,"刑之繁省,系于罪之众寡也;教之废兴,系于人之贫富也。"这是说一个朝代刑罚的繁省,取决于犯罪的多少;犯罪的多少,又取决于人民生活的贫富。所以他又强调指出:"圣王不患刑之繁,而患罪之众;不患教之废,而患人之贫。"⑧归根结蒂,犯罪是由于贫穷引起的。

这种贫穷是犯罪的根源说,无疑也是白居易针对当时统治者穷奢极欲,横征暴敛,因而人民犯罪增多的情况而发的。在《才识兼茂明于体用科策》篇里,他明确指出:"盖人疲由乎税重,税重由乎军兴,军兴由乎寇生,寇生由乎政阙(缺)。"在《策林》二十一中,他更大胆地提出:"人之困穷由君之奢欲。"这种分析是颇为深刻的。至于如何消除犯罪,止狱措刑,白居易提出的办法是:"富其人,崇其教,开其廉耻之路,塞其冤滥之门,使人内乐其生,外畏其罪。"(《策林》五十五)他认为,这样就能达到"过犯自省,刑罚自措"的目的。虽然,白居易不可能从社会制度方面揭露问题的实质,所提出的解决问题的办法也比较空泛,但其进步意义是应予肯定的。

(三) 肉刑可废不可复

自汉文帝下诏废除肉刑后,历史上曾有多次关于肉刑废复的论争。主复派和主废派各持己见,论争一直持续着。白居易在《策林》五十三中,就肉刑的废复问题谈了自己的看法,其中心意思是肉刑可废不可复。他认为,根据考察事实、斟酌人情的原则,绝对不应恢复肉刑。"议事者宜征其实,用刑者宜酌其情;若以情实言之,则可废而不可复也。"在白居易看来,肉刑是"五虐之刑",古代苗人用之,"天既降咎",秦人用之,"天下亦离心"。后来汉文帝废除了它,"刑罚以清",唐太宗也废置不用,"而人用不犯"。所以,就实际情况来说,肉刑可废而不可复。而且,恢复肉刑有逆人情,是"反今之宜",很不得人心的。显然,那不符合圣人"适时变,顺人情之意"。⑨

白居易反对恢复肉刑的主张是可取的,因为人类社会从野蛮走向文明是历史发展的总趋势,如果恢复肉刑,那就违背了这种趋势。

(四) 慎选司法官吏

白居易认为,贞观法制之所以能够推行,其重要原因之一,是由于有一批好的司法官吏。后来执行的是同一个法律,但枉法滥刑之事时有发生,就是由于执法之吏不好。他说:"盖刑法者,君子行之,则诚信而简易,简易则人安。小人习之,则诈伪而滋彰,滋彰则俗弊。此所以刑一而用二,法同而理殊者也。"(《策林》五十六)在白居易看来,只有选任明习律令、谨慎治狱的司法官吏,才能做到"准法科罪","以法从事",使"舞文之弊,不生于刀笔之下"。因此,他建议朝廷"悬法学为上科","升法直为清列"。⑩这颇有将法治与人治统一起来的倾向。

总的看来,在元和十年(815)以前,白居易的诗文充满着"致君泽民"、匡时济世的精神,他提出的政治法律主张,颇能切中时弊,使"权豪贵近者相目变色"。自元和十年后,他屡遭贬谪,"救济民病"、"裨补时阙"的政治抱负无法实现,政治态度也转趋消极,参禅学道,忘情山水。实际上,这也是勋戚权贵对于一个正直的知识分子直接、间接压制的后果。

**注**:

①《新唐书·白居易传》:"白居易字乐天,其先盖太原人。北齐五兵尚书建,有功于时,赐田韩城,子孙家焉,又徙下邽。父季庚,为彭城令。李正已之叛,说刺史李 洧自归,累擢襄州别驾。

居易敏悟绝人,工文章。未冠,谒顾况。况,吴人,恃才少所推可,见其文,自失,曰:'吾谓斯文遂绝,今复得子矣!'贞元中,擢进士、拔萃皆中,补校书郎。元和元年,对制策,乙等,调盩厔(Zhōu Zhì 周至。县名,在陕西。)尉,为集贤校理。月中,召入翰林为学士,迁左拾遗。四年,天子以旱甚,下诏有所蠲贷,振除灾诊。居易见诏节未详,即建言。乞尽免江、淮两赋,以救流瘠,且多出宫人。宪宗颇采纳。"

"文宗立,以祕书监召。迁刑部侍郎,封晋阳县男。……开成初,起为同州刺史,不拜,改太子少傅,进冯翊县侯。会昌初,以刑部尚书致仕。六年,卒,年七十五。赠尚书右仆,宣宗以诗吊之。遗命薄葬,毋请谥。

居易被遇宪宗时,事无不言。湔剔抉摩,多见听可。然为当路所忌,道摈斥,所蕴不能施,乃放意文酒。既复用,又皆幼君,偃蹇益不合,居官辄病去,遂无立功名意。"

②《白居易集·策林五十四》:"问:圣王之致理也,以刑纠人恶,故人知劝惧;以礼导人情,故人知耻格;以道率人性,故人反淳和:三者之用,不可废也。意者:将偏举而用耶?将并建而用耶?从其宜,先后有次耶?成其功,优劣有殊耶?然则相今日之所宜,酌今日之所急,将欲致理,三者奚先?

臣闻:人之性情者,君之土田也,其荒也,则薙之以刑;其辟也,时莳之以礼;其植也,则穫之以道。故刑行而后礼立,礼立而后道生。始则失道而后礼,中则失礼而后刑,终则修刑以复礼,修礼以复道。……夫刑者,可以禁人之恶,不能防人之情;礼者,可以防人之情,不能率人之性;道者,可以率人之性,又不能禁人之恶。循环表里,迭相为用。故王者观理乱之深浅,顺刑礼之后先,当其惩恶抑淫,致人于劝惧,莫先于刑,刻邪窒欲,致人于耻心格,莫尚于礼。反(返)和复朴,致人于敦厚,莫大于道。是以衰乱之代,是弛礼而张刑;平定之时,则省刑而弘礼;清净之日,则杀礼而任道。亦如祁寒之节,则疏水而附火;祖署之候,则远火而狎水。顺岁候者,适水火之用,达时变者,得刑礼之宜。适其用,达其宜,则天下之理毕矣,王者之化成矣。"

③《白居易集·策林十三》:"王者发施号令,所以齐其俗,一其心。俗齐则和,心一则固,人于是乎可任使也。《传》曰:'人心不同,如其面焉。'故一人一心,万人万心,若不能令一之,则人人之心各异矣。于是积异以生疑,积疑以生惑;除乱莫先乎令者也,故圣王重之。"

④《白居易集·策林十三》:"然则令者,出于一人,加于百辟,被于万姓,

377

渐于四夷:如风行,如雨施,有往而无返也。其在《周易》涣汗之义,言号令如汗然,一出而不可复也,故圣王慎之。然则令既出,而俗犹未齐者,由令不一也。令不一者,非独朝出夕改,晨行暮止也。盖谨于始、慢于终,则不一也。张于近、弛于远,则不一也。急于贱、宽于贵,则不一也。行于疏、废于亲,则不一也。且人之心,犹不可以不一而理;况君之令,其可二三而行者乎?"

⑤《白居易集·策林五十七》:"问:政不可宽,宽则人慢;刑不可急,急则人残。故失于恢恢,则漏网而为弊;务于察察,则及泉而不祥。将使宽猛适宜,疏密合制,上施畏爱之道,下有悦服之心,刑政之中,为者为得?

臣闻:圣人在上,使天下畏而爱之,悦而服之者:由乎理大罪,赦小过也。《书》曰:'宥过无大,况小者乎?刑故无小,况大者乎?'故宥其小者,仁也。仁以容之,则天下之心,爱而悦之矣。刑其大者,义也。义以纠之,则天下之心,畏而服之矣。"

⑥《白居易集·策林五十七》:"臣窃见国家用法,似异于是。何则?纠察之政,急于朝官,而宽于外官;惩戒之刑,加于小吏,而纵于长吏。是则权轻而过小者,或反绳之;寄重而罪大者,或反舍之。臣复思之,恐非先王宥过政刑之道也。然则小大之喻,其犹鱼耶?鱼之在泉者,小也,察之不祥;鱼之吞舟者,大也,漏之不可。刑烦犹水浊,水浊则鱼喁;政宽犹防决,防决则鱼逝。是以善为理者,举其纲,疏其网。纲举则所罗者大矣,网疏则所潜者小也。伏维陛下:举其纲于长吏,疏其网于朝官;舍小过以示仁,理大罪而明义:则畏爱悦服之化,闿然而日彰于天下矣。"

⑦《白居易集·策林五十五》:"臣闻仲尼之训也,既庶矣,而后富之;既富矣,而后教之。管子亦云:仓廪实,知礼节;衣食足,知荣辱。然则食足财丰,而后礼教所由兴也。礼行教立,而后刑罚所由措也。盖前事之不忘,后事之元龟。臣请以前事明之。当周成、康之时,天下富寿,人知耻格;故囹圄空虚四十余年。当汉文、景之时,节用劝农,海内殷实,人人自爱,不犯刑法;故每岁决狱,仅至四百。及我太宗之朝,勤俭化人,人用富庶,加以德教,至于升平;故一岁断刑,不满三十。"

⑧《白居易集·策林五十五》:"……虽则明圣慎刑,贤良恤狱之所致也;然亦由天下之人,生厚德正而寡过也。当桀、纣之时,暴征仇敛,万姓穷苦,有怨无耻,奸宄并兴。故是时也,比屋可戮。及秦之时,厚赋以竭人财,远役以殚人力;力殚财竭,尽为寇贼,群盗满山,赭衣塞路;故每岁断罪,数至十万。

虽则暴君淫刑,奸吏弄法之所致也;然亦由天下之人,贫困思邪而多罪也。由是观之,刑之繁省,系于罪之众寡也;教之废兴,系于人之贫富也。圣王不患刑之繁,而患罪之众;不患教之废,而患人之贫。故人苟富,则教斯兴矣;罪苟寡,则刑斯省矣。是以财产不均,贫富相并,虽尧舜为主,不能息忿争而省刑狱也。衣食不充,冻馁并至,虽皋陶为士,不能止奸宄而去盗贼也。若失之于本,求之于末;虽圣贤并生,臣窃以为难矣。"

⑨《白居易集·策林五十三》:"臣以为:议事者宜征其实,用刑者宜酌其情;若以情实言之,则可废而不可复也。何者?夫肉刑者,盖刖劓斮黥刖之类耳,《书》所谓五虐之刑也。昔苗人始淫为之,而天既降咎。及秦人又虐用之,而天下亦离心。夫如是,则岂无滥死者耶?汉文帝始除去之,而刑罚以清。我太宗亦因而弃之,而人用不犯。夫如是,则岂有罔人者耶?此臣所谓征其实者也。臣又闻:圣人之用刑也,轻重适时变,用舍顺人情;不必乎反今之宜,复古之制也。"

⑩《白居易集·策林五十六》:"伏惟陛下:悬法学为上科,则应之者必俊乂也;升法直为清列,则授之者必贤良也。然后考其能,奖其善;明察守文者,擢为御史,钦恤用情者,迁为法官。如此,则仁恕之诚,廉平之气,不散于简牍之间矣。掊刻之心,舞文之弊,不生于刀笔之下矣。"

**思考题**

1. 简述杨坚立法、司法的指导原则。
2. 试述李世民统治集团的法律思想在其立法、司法活动中的表现。
3. 韩愈"道统论"在法律思想上有哪些反映?
4. 柳宗元法律思想的主要特点是什么?

# 第四编　封建社会宋至鸦片战争前时期的法律思想

## 概　　述

宋至鸦片战争前时期是中国封建社会的后期阶段。这个阶段，虽然社会经济、文化和科学技术都有发展，但从封建社会自身的经济关系和政治结构的变化来看，已在其内部酝酿着衰变的因素。

公元 960 年，赵匡胤从后周夺取了政权，逐步统一了中国，建立了宋朝。赵宋王朝鉴于前代藩镇割据，大权旁落，因此全力将权力集中于中央，使封建专制主义得到进一步发展。赵匡胤极力削弱地方权力，"稍夺其权，制其钱谷，收其精兵"，即把政权、财权、军权等集中到自己手里，并将秦汉以来宰相应有的传统权限大大缩小。后来明代的开国皇帝朱元璋，更加扩大了皇帝的专制权力，居然下诏废除宰相制。事实上，皇帝要统治一个庞大的封建帝国，单靠一人的力量是远远不够的，势必要培植一批亲信，作为自己的助手。所以宋代的"差遣"大员，明代的大学士，清代的军机处，都"成为天子之私人"，而其权限往往在六部之上。这样极端化的君主个人专制，日益暴露其政治上的腐朽性。因此，它遭到广大人民特别是起义农民的反对。

在封建社会后期，土地兼并也日趋激烈。赵宋王朝为了得到军人、官吏的支持，对他们优容有加，一开始就采取"不定田制"的政策,听任他们广占田产,"荫庇"依附农民,因此出现了"势官富姓,占田无限"(《宋史·食货志》)的局面。而且,他们享有免税、免役的特权,结果是"有田者未必有税,有税者未必有田,富者日以兼并,贫者日以困弱"(《宋会要辑稿·食货》)。元朝贵族的野蛮统治和任意搜括,更使中国人民陷入水深火热的境地。明清两代,兼并之风有加无已,土地高度集中到统治者手里。值得注意的是,从明中期起,在东南沿海商品经济比较发达的地区出现了工场手工业,他们是正在萌芽着的资本主义经济。它的成长和发展,不是带来封建经济的繁荣,而是促使封建经济的衰变。

总之,封建社会后期,由于君主专制主义日益发展,封建经济日趋衰变,因此导致社会矛盾日益尖锐,阶级斗争更加激烈,不断发生农民起义;而且直接影响到意识形态的各个方面,从而出现了与封建社会前期有所不同的特点。就法律思想来说,也是如此。

在宋代,统治阶级在政治上加强专制统治的同时,也强化了对人民的思想统治。在阶级矛盾、民族矛盾日益激化的情况下,统治阶级为了麻痹人民的斗争意志,防止大规模农民起义,加紧向人民灌输纲常名教。理学的兴起就反映了这一特点。程(程颢、程颐)朱(朱熹)理学,完全是为了保持地主阶级的永恒统治而作的思想辩护,也是为日益加强的君主专制主义而制造的一种理论。他们把"理"说成是世界万物的本源,是先天地而生的,认为忠孝仁义、三纲五常是千古永恒不变的。同时,他们也把自然观、认识论、方法论纳入到理学中去,使理学形成庞大的思想体系。理学发展到明代,出现了王阳明的心学。他把理学朝着主观唯心主义方向作了更极端的发展,认为"心即理","心外无理","理"就在人的心中。因此,他强调要从人们的动机上断绝"恶念","破心中贼"。显然,他的思想学说也是忠实地为封建统治阶级服务的。

然而,由于封建统治的腐朽,人民反抗斗争的加剧,民族矛盾的尖锐化,促使统治阶级内部不断分化,产生了一批锐意革新的政治改革家和理学反对派。在政治改革方面,有北宋范仲淹为首的"庆历新政"、王安石的变法以及明代张居正的改革等;在理学反对派方面,有南宋陈亮的反"存天理,灭人欲"的功利主义思想、明代李贽的反理学的法律观等。

与北宋、南宋相对峙的辽、金政权和继宋而起的元朝,是我国北方的少数民族——契丹族、女真族、蒙古族统治集团分别建立的王朝。他们在建立政权前后,都经历了一个接受先进的汉族文化和政治法律制度封建化的过程。他们的法律思想集中反映了这种"汉法"(即汉族封建制度)的特点。

明末清初出现的启蒙思想,主要代表了市民阶层的利益,具有鲜明的反封建色彩。他们站在时代的前列,创造了具有民主主义的新思想,这对后来的资产阶级改良派和资产阶级革命派都产生了深刻的影响。

# 第十一章　理学的兴起与封建正统法律思想的进一步发展

宋代以后,中国封建社会进入衰落阶段。随着阶级矛盾的激化以及商品经济的发展,封建专制制度的反动与腐朽日益明显。封建统治阶级为了维护自己的统治,不断加强中央集权的君主专制制度。宋代皇帝收回地方兵权、财权,直接任免县以上官吏,并加强对官吏的监察;明代废中书省,取消丞相,设吏、户、礼、兵、刑、工六部,各有尚书,直接对皇帝负责,并设通政司收纳章奏和臣民告密,皇权的强化导致宦官专权和厂、卫的横行。

除了加强皇权的种种措施之外,封建统治者还强化封建礼教,企图用禁锢人民思想的手段来维持日趋没落的统治。理学就是为适应封建统治阶级的这一需要而产生的。

理学产生于宋,成为封建社会后期的官方学术。它的产生标志着封建正统法律思想发展到一个新的阶段。它的价值和作用就在于完成了封建正统法律思想的哲理化。因此,理学对封建正统法律思想的影响是十分久远的。

宋代理学代表人物很多,其中在法律思想上最有影响的是朱熹。他是客观唯心主义理学的集大成者。明代中期,丘濬的法律思想更为丰富和系统,他对封建正统法律思想和法律制度进行了较为全面的总结和发挥。朱熹和丘濬的法律思想反映了中国封建社会后期正统法律思想发展的概貌。

## 第一节 理学的兴起及其对封建
## 　　　　法律思想的影响

理学是宋代形成并在我国封建社会后期占统治地位的一种学术思想。它以程朱理学和陆王心学为主流,其支流所涉及的范围更广泛。理学的最高范畴是"理"。在理学家看来,"理"是宇宙的最高本体和产生万物的本原。它在社会历史领域的体现就是封建政治经济制度和与其相适应的封建道德伦理观念。这便形成了有别于以往的经学、玄学、佛教道教哲学的独特理论形态,这也是它得名为"理学"的原因。

### 一、理学的兴起

理学发萌于唐代中后期的韩愈、李翱,中经北宋的周敦颐、邵雍、程颢、程颐,最后由南宋朱熹集其大成。韩愈(768—824)提出由尧、舜、禹、汤、文、武、周公、孔、孟一脉相承的"道统"谱系,并以继承中断了的"道统"为己任。他推崇孟子,表彰《大学》,主张道德修养从"诚意"开始,最后达到"治国"、"平天下"。李翱(772-841)特别抬高《中庸》,并依此提出"性善情恶"说,使孟子的"性善"论得到全面阐发。他还提出"天命之性"和"气质之性"的新概念,认为要恢复"天命之性",必须"不虑不思",使"情欲"不致发生。周敦颐(1017—1073)借用道教的宇宙生成的模式"绘制"了一幅《太极图》,断言"太极"是派生出阴阳、五行、男女、万物的本原。他还发挥《中庸》的"诚"的修养方法,认为"无欲"才能"主静",去恶从善。这正是程朱的"存天理、灭人欲"的道德伦理思想性的雏形。邵雍(1011—1077)阐发孟子"万物皆备于我"的主观唯心主义命题,从"心"推衍出宇宙万物。这一思想被陆九渊和王守仁发展为主观唯心主义的"心学"。邵雍还提出"一分为二"的辩证法思想,认为由

"太极"到万物都是"一分为二"的运动结果。程颢(1032—1085)、程颐(1033—1107)兄弟是理学的奠基者。他们吸取了佛道的宇宙构成、万物化生的理论和思辨哲学,提出了理气、道器、形而上形而下、格物致知、天理人欲等概念,建立了初具体系的客观唯心主义理学。朱熹(1130—1200)是客观唯心主义理学的集大成者,也是中国古代最博学的思想家之一。他继承了二程的理学体系,经过长期的研究,在总结先秦以降各种唯心主义思想材料的基础上,以儒家学说为核心并融合佛教道教的学说,建立了较为完备的客观唯心主义理学体系,从而使封建正统思想发展到一个前所未有的新阶段。此后,程朱理学被奉为正统哲学,统治中国封建社会后期的思想领域达七百余年。

理学的产生及其被奉为正宗学术并不是偶然的,它是当时社会经济政治状况的反映,又是意识形态领域中儒、佛、道三家既斗争又融合的思想发展的必然结果。理学适应了封建社会后期统治阶级,统一学术,统一思想,巩固三纲五常,强化封建礼教进而维护日渐腐朽的中央集权的君主专制制度的需要,因此才被统治阶级奉为教条,一直统治着封建社会后期的学术思想领域而未曾动摇。

**二、理学对封建法律思想的影响**

理学的产生对封建法律思想的影响是极其深远的。一代理学家在完善封建正统思想的同时,还对封建正统法律思想进行总结提高,完成了封建正统法律思想的哲理化。

汉武帝时代所诞生的封建正统法律思想,其核心内容是披上"天人感应"神学外衣的封建道德伦理观念,即三纲五常。由于封建统治阶级的提倡和实践,经过"引经决狱"、"引经注律"、"纳礼入律"等渠道,使封建道德伦理观念逐渐法典化、神圣化,一直指导着封建社会的立法和司法活动。但是,封建道德伦理观念作为一种意识形态,是通过封建政权"罢黜百家,独尊儒术"的强制性政策才取得正宗地位的,它虽然被涂上阴阳五行、天人合一的神秘油彩,但在理论上并未形成完整的体系,儒家的纲常名教尚缺乏系统的本位论做基石。西汉以后的封建社会意识形态领域,"儒术尊而未独,百家罢而未黜"的局面曾持续了相当长的时期。儒家思想体系本身的虚弱,使它无法抵御其他思想的侵袭。魏晋玄学的兴起,佛教的传播,道教的产生等等,都在一定程度上冲击着儒学的正宗地位。儒学不得不从独尊的宝座降到与佛、道平起平坐的地步。自南北朝至北宋,基本上是三家并存,各有升贬,而佛教在短时期内甚至曾经取得国教的独尊地位。

总之,自汉武帝即位时起至宋初期的近一千三百年间,儒家思想并未取得牢固的独尊地位。皇帝弃王冠而入寺院,与"不敬王者"的沙门同榻论佛;遍立国中的佛寺道观成为国家赋税和法律不得问津的国中之国;司法官员惑于"来世"的"善报"而故意妄出人罪;特别是起义农民提出的"冲天"、"均平"、"等贵平贱,均贫富",和"不事神、佛、祖先"的革命口号;等等。所有这些,无疑都是对作为儒家思想核心的"三纲"原则的极大冲击,直接摇撼着封建正统法律思想的理论基础。封建统治者为了用宗教麻痹人民的反抗意识,同时为了从道观的炼丹炉里获取长生不死的仙药,不惜容忍寺院经济来挖国库的墙脚。然而,真正的损失,他们还没有意识到,那就是造成了长期的"信仰危机"。而事实与统治者的意愿相反,人民不仅没有被宗教所麻痹,反而利用宗教形式组织起来反抗封建政权。正是在这种形势下,于五代纷争之后建立起来的封建专制主义的赵宋王朝,为适应高度集权的政治需要,要求统一思想,统一学术。于是,深深植基于自然经济和宗法社会而又源远流长的儒家思想,不能不再度成为统一诸家思想的核心力量。而儒、佛、道三家之间息息相通的内部联系,和汉魏以来三教的相互渗透与融合,又为统一思想和学术创造了条件。北宋王安石曾进行过统一思想、统一学术的尝试,但由于种种原因,未能实现。于是,这个任务最终便由朱熹承担了起来。由朱熹集前人思想之大成而创立的客观唯心主义理学体系，以其思辨的、精致的理论，取代了粗糙、浅陋的"天命"论，把儒家经典哲理化，使儒家思想具备了比其他诸家更加完善的体系，从而真正牢固地获得了独尊地位。这就使封建正统法律思想这株后天发育不良的弱枝，获得了新的水分和养料。封建正统法律思想，透过朱熹理学的棱镜，折射出哲理思辨的光环，显得更缜密、更系统，因而也更具有欺骗性。

在客观唯心主义理学体系中，"理"成了创造和主宰自然界、人类社会的最高精神主体。"理"必须靠"气"来体现，"气"的千差万别就构成了具体的多样化的宇宙万物。人也是"理"与"气"的混合物。"理"在人类社会的体现就是封建道德伦理观念，在人性上称作"无地之性"；"气"在人性上则表现为"气质之性"，它含有为恶的危险性，即"人欲"。圣人君师是"无人欲之私"的，所以才具有主宰人类社会的神圣资格，于是封建统治者便成了"理"在人间的代表者。他们的职责是"代天而理物"，谁违背了他们的意志，就是违背"天理"。既然封建道德伦理观念是"天理"，那么立法、司法当然必须以它作指导。统治阶级用来统治人间的一切措施、方法，如德、礼、政、刑，其目的无非是根除人们的"人欲"，恢复"天理"，或曰"存天理，灭人欲"。因为人们的"气质之性"不同，因而"人欲"的多少也不同，所以要有针对性地运用德、礼、政、刑四项措施，逐渐改善人们的道德面貌。对屡教不改者只能以刑罚严惩之，决不能手软。但刑罚的作用是有限的，它不能尽绝"为恶之心"，因此，根本的措施还是教化。这样，在"理"的理论外衣下面，封建正统法律思想弥补了理论形式上粗浅直观的缺欠，具备了更缜密、系统、思辨的色彩，这样，便完成了封建正统法律思想的哲理化。

封建正统法律思想的哲理化直接影响着封建社会后期的法律实践活动。一方面，由于刑罚被说成"存天理、灭人欲"的正义手段，因此封建统治者及其代言人不再像以往那样忌讳严刑，像朱熹那样的大儒也公然要求恢复使用肉刑，借以增加刑罚的威慑力量。当"一准乎礼"的唐律产生以后，儒家思想已经法典化、制度化了，因此，对违法犯罪者施行严厉制裁，正是维护封建道德伦理观念，封建统治者认为没有必要被传统的"德主刑辅"、"恤刑"说束缚自己的手脚。另一方面，封建道德伦理观念获得理学的理论外衣后，倍增了迷惑性和欺骗性，加之统治阶级的极力提倡，使封建道德伦理观念渗透到社会生活的各个方面，严重地桎梏着劳动人民的精神活动。什么"饿死事小，失节事大"，"从一而终"，重义轻利，等等，在劳动人民的血泪上筑起林立的贞妇、烈女、孝子、忠臣的牌坊。这些，都严重压抑了劳动人民的权利观念，扼制了商品经济的发展。这种作用，越是到了封建制度日益衰落，商品经济日益发展的封建社会末期，便越是突出。

## 第二节 朱熹以"存天理、灭人欲"为核心的法律思想

朱熹(1130—1200)，字元晦，号晦庵，晚年称晦翁，祖籍江西婺源(今属江西婺源县)，是南宋著名的思想家，理学的集大成者。少年时学习儒家经典和佛、老之学，十九岁取进士，历任泉州同安县主簿、知南康军、焕章阁待制兼侍讲等职，为官总共不到十年，绝大部分时间从事讲学和著述。三十岁时就学于李侗，私淑于罗从彦、杨时，从他们那里继承了二程(程颢、程颐)的客观唯心主义理学思想，经过长期的研究和探讨，在总结先秦以来各种唯心主义思想因素的基础上，以儒家学说为核心，融合道教的宇宙构成、万物化生的理论和佛教唯心主义思辨哲学，建立了比较完备、精致的客观唯心主义哲学体系，从而把二程的理学发展到空前的高度。[①]他学识渊博，经学、史学、佛学、道学、文学、乐律以至自然科学，无不涉及。朱熹著作极多，主要有《四书集注》和其门人辑录的《朱子语类》、清

李光第编的《朱子全书》等。

朱熹生活的南宋初年,国内民族矛盾、阶级矛盾已十分尖锐。我国北方的金贵族统治集团不断南侵,破坏南宋地区人民的生产和生活。退居江左一隅的南宋政权腐败无能。高宗赵构既怕丧失国土,更怕徽、钦复辟。因此,情愿以每岁高于北宋时的巨额金银绢帛纳贡称臣,以求与金人相安无事。这就加重了对人民的掠夺,迫使劳动人民起来反抗。仅在朱熹生活的几十年中,就先后爆发大小农民起义数十起。当宋金矛盾激化而南宋国势较强时,朱熹反对议和,主张收复失地;而当农民起义危及封建王朝时,他建议朝廷"内修国政",以镇压人民反抗为急务。可见,他始终是以维护封建王朝的最大利益为原则的。

朱熹作为封建阶级的思想家,对后世的贡献是把包括封建正统法律思想在内的封建正统思想,发展到一个前所未有的新阶段。他的法律思想,是在其哲学体系的基础上,对以往封建正统法律思想的重新加工和完善。

## 一、因事制宜的变法理论和改革主张

朱熹用区分"天理"、"人欲"的方法来裁判历史,认为夏、商、周三代是"天理流行"、"彻头彻尾、无不尽善"的时代,三代以下则是"在利欲场中头出头没"的"利欲之私"泛滥的时代。正因为"尧舜三王周公孔子所传之道,未尝一日得行于天地之间"(《朱文公文集·答陈同甫》,下引此书只注篇名),才造成了千五百年的昏暗历史。他以承继儒家道统为己任,要求效法三代,改革时弊,重建"天理流行"的盛世。

朱熹变革现实的思想,不仅出于他效法三代之世的"美好"理想,也出于他对南宋"法弊、时弊"的现实状况的认识。他深切地认识到,赵宋王朝有如"材木之心已皆蠹朽,腐烂而不可复支持"(《已酉拟上封事》)。要起死回生,只有改弦更张,不能死守"祖宗法度"②,"必须别有规模,不用前人硬本子"(《朱子全书·历代一·秦》)。

在变法的指导原则上,他指出:"盖天下有万世不易之常理,又有权一时之变者。如君君、臣臣、父父、子子,此常理也;有不得处,即是变也。然毕竟还那常理底是。"(《朱子全书·历代一·唐虞三代》)封建的纲常名教是本,法律制度是末,不能本末倒置。因此,他批评变法之士"遗其本而务其末,缓于实而急于文"。"大本不正,名是实非,先后之宜,又皆倒置",结果只是"徒益乱耳"(《读两陈谏议遗墨》)。他认为,变法"必以仁义为先,而不以功利为急"。否则,不仅不能铲除人们的私心,反而会助长它。那样做既"无补于既往",而且"有害于方来"(《答陈同甫》)。在变法的方法上,他认为,这如同给病人看病,先要摸准病症所在。"如不识病症,而便下大黄附子底药,便至于杀人。"(《朱子全书·诸子二·王氏》)变法是慎重的大事,只到了非变不可的时候才变:"为政如无大利害,不必议更张。则所更一事未成,必哄然成纷纷,卒未已也。"变法要有计划、有步骤地进行,先"深得其所以区处更革之宜,又有以识其先后缓急之序",从而"渐次更张","徐起而图之"(《朱子全书·治道二·谏诤》)。

在朱熹看来,变法不过是改变人心的一个条件。改革时弊的根本方法是改变人心。要尽除人们的私欲,使他们的思想、道德、行为一准于"天理",光靠法律制度,哪怕是良好的法律制度,也是远远不够的。

朱熹认为,君主"心术"的优劣是社会历史的决定因素:"人主之心一正,则天下之事无有不正。"(《己酉拟上封事》)所以,"今日之事第一且是劝得人主收拾身心"(《与赵尚书书》)。为了改变君主的"心术",他主张限制君主的独断专横。朱熹并不反对"尊君",他所强调的是,君主的"心术"必须符合"天理",才能取得"尊"的资格。三代以后的君主,"心术"不正,不讲"天理",只重利欲。因此,这种"尊君卑臣"之法，也就成了千五百"政体日乱、国势日卑"的原因之一。

为限制君主的专断之权，朱熹提出如下改革主张：其一，加强宰相和谏官的职权："宰相以正君为职"，"任之不得不重"；"公选天下直谏敢言之士"为谏官，指陈君主的过失。宰相与谏官要"共正君心，同断国论"。其二，君主立法要和大臣商议，使大臣"得以极意尽言而无惮"："盖君虽以制命为职，然必谋之大臣，参之给舍，使之熟议，以求公议之所在，然后扬于王庭，明出命令，而公行之"；君主任免宰相、台谏也要同大臣商议，不能"皆出于陛下之独断而大臣不与谋，给舍不及议"，不然，即使处理得正确，"亦非为治之体，以启将来之弊"③。其三，将"封建"之国"杂建于郡县之间"④，以加强地方权力的方式来制约君主的权力。但是，只靠良好的政体，还不能改变君主的"心术"。根本的途径，还在于君主的自我反省："反复圣言，参考事物，以求义理至当之归"。君主只要弃除私念，树立"天理"，必将"无所往而不通"，"无所处而不当"（《朱子全书·治道一·总论》）。这样，恢复三代的盛世便是大有希望的。

应该指出，朱熹看到极端尊君的弊病并设法改良，是不无可取之处的；但他又坚持"君为臣纲"的神圣原则，这就使自己陷于矛盾之中。而且，他的建议也不可能被采纳。他本人就是因直谏而触怒宁宗，以干预朝政的罪名被免职的。

## 二、"德礼政刑"，"相为终始"

在"德礼"、"政刑"的关系上，朱熹不是简单地重复儒家的传统观点，而是进行了新的阐发。这表现在两方面：第一，注意到"政"与"刑"之间，"德"与"礼"之间的内部联系。第二，从运动的角度去研究"德"、"礼"、"政"、"刑"四者的外部关系，并把它们纳入"存天理、灭人欲"的轨道。

朱熹继承孔子"道之以政，齐之以刑，民免而无耻；道之以德，齐之以礼,有耻且格"的理论的基本精神,并在此基础上进行系统的阐发。他认为,作为统治方法的德、礼、政、刑,在本质上是一致的,都统一于封建道德伦理规范:"盖三纲五常、天理民彝之大节而治道之本根也,故圣人之治,为之教以明之,为之刑以弼之。"但在具体运用中,又有轻重本末之别。他说:"愚谓政者,为治之具;刑者,辅治之法。德礼则所以出治之本,而德又礼之本也。此其相为终始,虽不可以偏废,然刑政能使民远罪而已。德礼之效,则有以使民日迁善而不自知,故治民者不可徒恃其末,又当深探其本也。"(《论语集注·为政》)在这里,朱熹不仅提出"政刑"与"德礼"这对大概念,又提出"政"与"刑","德"与"礼"这两对小概念。他认为,对于统治阶级来说,法制、禁令是统治的工具,刑罚是辅助统治的方法;"德"和"礼"是进行统治的依据,而"礼"又以"德"为基础。在这里,朱熹大致排列出"德礼"为"本","政刑"为"末"的布局,而在"德礼"之中,又以"德"为"本","礼"为"末",而"政刑"则并列为治国的工具。朱熹的"本"、"末"除了"体"、"用"的意思而外,还有先、后的意思。"政刑"、"德礼"互相依存,互为终始,不可偏废。

朱熹的"政"就是法律制度和法律,即人们的行为规范。"政,谓法制禁令也。"(《论语集注·为政》)"刑",就是刑罚措施,就是使法律得以实现的强制力量。关于"政"与"刑"的概念,朱熹是分得很清楚的:"先立法制如此,若不尽从,便以刑罚齐之"(《朱子语类》卷二十三);"先之以法制禁令,是令下有猜疑关防之意,故民不从,又却齐之以刑"(《论语集注·为政》);"号令既明,刑罚亦不可弛。苟不用刑罚,则号令徒挂墙壁尔"(《朱子语类》卷一〇八)。所谓"政",就是制定和颁布法律,使人们知道应当做什么(即"令"),不应当做什么(即"禁"),让人民"从"之。如果不服从"禁令",就依法进行惩罚:"道之而不从者,有刑以一之也"(《论语集注·为政》)。刑罚的目的是迫使人民服从"法制禁令"。没有"政","刑"就失去了依据的标准;而没有"刑","政"也无法实现。"政者,法度也。法

度非刑不立。故欲以政道民者,必以刑齐民。"(《答程允夫》)

朱熹的"德"是一种心理上的道德品质或善心。所谓"为政以德"就是在"爱民"的前提下,发挥统治者以身作则的道德感召力量,"修德于己而人自感化",使人民自觉归服,"圣人行德于上而民自归之"(《朱子语类》卷二十三)。"礼"是"制度品节",就是与封建宗法等级制度相适应的道德规范和伦理观念,同时,"礼"还包含贯彻、培植这些道德伦理观念的礼教、教化。通过教化,使人们迫于社会舆论的压力而遵守封建道德规范,并且出于内心的善恶评判而远罪迁善。"德"是"礼"的依据,"礼"是"德"的保障,"德者义理也,义理非礼不行,故欲以德道民者,必以礼齐民"(《答程允夫》)。朱熹对"道之以德,齐之以礼"这样解释道:"言躬行以率之,则民固有所观感而兴起矣。而其浅深厚薄之不一者,又有礼以一之,则民耻于不善,而又有以至于善也。"(《论语集注·为政》)所谓"浅深厚薄",指的是人们"气禀"的差别。正是由于这种差别的存在,所以,光有"德"还不能使所有人都"有所观感而兴起"。因此,必须"以礼齐民",即树立区分"善"与"不善"的标准,使人们因"耻于不善"而"至于善",从而自觉地服从统治者的"德化"。

在"政刑"与"德礼"的关系上,他认为,两者都是"天理"的产物,都是统治者进行统治的方法和工具,而目的又都是"存天理、灭人欲"。因此,两者在本质和目的上是一致的、无差别的。他说:"若夫道德性命之与刑名度数,则其精粗本末虽若有间,然其相为表里,如影随形,则又不可得而分别也。"(《读两陈谏议遗墨》)因此,封建道德伦理观念就成了人们思想行为必须遵守的最高法则:"夫三纲五常,大伦大法"(《书伊川先生帖后》);"仁义礼智,人性之纲,……爱亲敬兄,忠君弟长,是曰秉彝"(《小学题辞》)。道德伦理观念既作为一种评判人们行为善恶曲直的标准,就不能不具有一定的强制性:"有德礼则刑政在其中。"正是基于"德礼"、"政刑"在本质和目的上的这种一致性,所以朱熹把它们作为统一体来认识。

这也是朱熹法律思想的特点之一。

然而,"德礼"、"政刑"毕竟不是同一物,两者是有差别的。首先,它们本身的特征不同。"政刑"具有使人"莫敢不如吾志之所欲"的强制性,和"伤民之肌肤,残民之躯命"的暴力性;"德礼"所要求的,是人们以"知善之可慕"、"知不善之可羞"的发自内心的自觉行为,而这种自觉行为不能靠暴力威胁来获取,只能靠引导和教育来启发。其次,它们在治理国家中所处的地位不同,"德礼"是"本"、"精"、"形";"政刑"是"末"、"粗"、"影"。"政刑"必须以"德礼"为指导,并且以"政刑"的实施来保证"德礼"的贯彻。"政刑"不能取代"德礼",但在人们完全效法君主,自觉服从教化的特定情况下,"德礼"却可以取代"政刑"。因此,治理国家,不能不把"德礼"放在首位。

朱熹认为,"政刑"是必要的,"有德礼而无刑政又做不得"。它可以在一定程度上限制"人欲",使"天下之人耸然不敢肆意于为恶",从而为德治、教化创造条件。所谓:"明刑以弼五教,以期于无刑。"(《推广御笔二事状》)但它不能根除人们犯罪的"为恶之心":"民不见德而畏威,但图目前苟免于刑,而为恶之心未尝不在。"(《朱子语类》卷二十三)所以,他反对一味任刑,说"专任刑政只是霸者事"。只有"德礼",才能使人民"有耻而格于善"。逐渐革除"人欲",恢复"天理"。因此,他十分强调教化的作用,并提出"当世之人无不学"(《井田类说》)的"普及教育"的设想。在他看来,只要教化奏效,就可以"不待黜陟刑赏一一加于其身,而礼义之风、廉耻之俗已丕变矣"(《己酉拟上封事》)。

朱熹有两段话值得注意:

"问:道之以德,齐之以礼。曰:这德字只是适来说底德:以身率人。人之气质有浅深厚薄之不同,故感者不能齐一,必有礼以齐之。……齐之不从,则刑不可废。"

"先立个法制如此,若不尽从,便以刑罚齐之。"(《朱子语类》卷

二十三)

在这里,朱熹勾勒出"德"、"礼"、"政"、"刑"四种治国之策与其人性论之间息息相通的线条。在他看来,由于人们"气禀"的"浅、深、厚、薄"的差异,人们"气质之性"中包含的"人欲"的程度也不同。按朱熹的逻辑,可以把常人分成"气禀"最厚、厚、薄、最薄四类,而"德"、"礼"、"政"、"刑"这四种措施又分别以上述四类人为对象:

对气禀最厚者→导之以德→自觉服从,其他三类"不从";

对气禀厚者→齐之以礼→自觉服从,后两类"不从";

对气禀薄者→导之以政→服从,后一类"不从";

对气禀最薄者→齐之以刑→被迫服从,然而尚有"为恶之心"。

这样,经过"德"、"礼""政"三阶段之后对"不率教"者施以刑罚,是理所当然,又是仁至义尽。但刑及躯命而不能铲除其"为恶之心",刑的作用至此便失去了威力,这就对"德礼"提出了新的任务。同时,刑罚不仅直接辅助"政",也间接辅助"礼",最终为"德"创造条件。这样,便构成了由"德"中经"礼"、"政"而"刑",又由"刑"而至"德"的"相为终始"的循环运动。这个周而复始的"德"、"礼"、"政"、"刑",好像永不休止的法轮一样,在整个社会的范围内逐次地、有目的地改造着"禀赋"不同的人群,又轮番地、由浅而深地清扫着各类人们的"人心"。朱熹相信,只要这个万能的法轮不断旋转下去,就一定会除尽"人欲",恢复"天理",把人类社会载向尽善尽美的"天理"王国。

朱熹的"德刑"关系说基于传统的"德主刑辅"论并使之理论化。以往的"德主刑辅"论有三个特点:其一,针对不确定的社会全体成员;其二,以"德"为宗旨,以"刑"为佐助,在时间上是"德"先"刑"后;其三,在特定条件下可以以"德"去"刑"。朱熹的"德刑"关系说则是:"德、礼、政、刑"各有明确的对象,有的放矢;"德、礼、政、刑"同时并举,"德"也是手段之一,它们的目的都在于实现"天理"。在特定条件下,先是以"政"去"刑",以"礼"去"政",最后以"德"去

"礼",最终是实现"天理"。这样就极大地丰富了传统的"德主刑辅"论。

### 三、"以严为本,而以宽济之"

出于镇压农民起义和整顿统治阶级内部秩序的实际需要,基于"刑罚"是"德"、"礼"、"政"、"刑"循环运动中承前启后的关键环节的见解,朱熹强烈要求执法从严、从速,以提高统治效率。

他认为,既然制定法律和执行法律的目的是"存天理、灭人欲",那么,在司法中即使"伤民之肌肤,残民之躯命",也是合乎义理的。因此,完全没有必要在执法中人为地从轻、从宽,以表现出宽仁的姿态。他反对司法审判中的"宽"、"轻"论调,说"轻刑"的结果是适得其反,"刑愈轻而愈不足以厚民之俗,往往反以长其悖逆作乱之心,而使狱讼之愈繁"(《朱子全书·治道二·论刑》),从而提出执法"以严为本而以宽济之"(《朱子语类》卷一〇八)的司法原则。朱熹认为,只有执法"以严为本",才能禁奸止乱,制止犯罪,使人民"被其泽"、"实受其赐",使"刑罚可省"。"以宽为本",不仅将使"奸豪得志","善良之民"遭殃,而且将使"可否与夺之权皆不在己",致使君主的司法大权旁落于臣下,不利于最高统治者集中地掌握权力。

朱熹指出,人们主张执法以"宽"和"轻刑"的原因有三:其一,看问题的方法片面,认识糊涂。"今人说轻刑者,只见所犯之人为可悯,而不知被伤之人尤可念也。如劫盗杀人者,人多为之求生,殊不念死者之为无辜,是知为盗贼计,而不为良民计也。"(《朱子语类》卷二十三)他说:"杀其人之所当杀,岂不是天理?"诛杀犯死罪的人是符合"天理"的。犯罪的人已经违反了"天理";"如残贼之事,自反了恻隐之心,是自反其天理"(《朱子语类》卷57),那么同情、宽宥犯罪者,也便同样违反了"天理"。其二,执法之吏受佛教"因果报应"说的迷惑。"今之法家惑于罪福报应之说,多喜出人罪以求福报"。他驳斥道:"夫使无罪者不得直,而有罪者得幸免。是乃所以为恶尔,何福报之有?"(《朱子语类》卷一一〇)他还指出,正是由于有了"生死轮回之说",才使"黥髡盗贼"不惮于在今世违法犯罪(《朱子全书·诸子三·释氏》)。这反映了朱熹将佛教影响从司法领域中清除出去的强烈要求。其三,执法之吏对"恤刑"本旨的曲解。他说:"所谓恤刑者,欲其详审曲直,今有罪者不得免,而无罪者不得滥刑也",其目的在于避免枉滥,也就是"罪疑从轻"的意思。"所谓疑者,非法令之所能决,则罪从轻","非谓凡罪皆可以从轻"。就是说,当犯罪事实清楚,而在适用罪名和刑罚时产生疑问时,经上报批准之后,科处较轻的刑罚。执法之吏却误"以为当宽人之罪则出其死。故凡罪之当杀者,必多为可出之途以俟奏裁,则率多减等。"(《朱子语类》卷一一〇)

朱熹主张执法"从严",但不等于主张"滥刑"。相反,他十分强调慎刑。"狱讼,……系人性命处,须知紧思量,犹恐有误也。"他的完整提法是"以严为本而以宽济之"。他的"宽"是有特定条件的,就是"罪之疑者从轻","惟此一条为然耳"。因此,在他看来,执行"以严为本,而以宽济之"的主张,既杜绝了"纵弛",又避免了"滥刑"。不仅如此,他还把这一主张说成是在司法活动中判别善恶的一个道德标准。"恻隐是善,于不当恻隐处恻隐,即是恶;刚断是善,于不当刚断处刚断,即是恶。"(《朱子全书·道统二·程子书》)

朱熹执法"从严"的原则在刑罚手段问题上的反映,就是主张恢复使用"肉刑"。他说:"今徒流之法,既不足以止穿窬淫放之奸,而其过于重者,则又有不当死而死。如强暴赃满之类者,苟采陈群之议,一以宫荆之辟当之,则虽残其支体,而实全其躯命,且绝其为乱之本,而使后无以肆焉。"(《答郑景望》)自汉文帝废墨、劓、荆,隋文帝废宫,魏晋虽有人建议恢复肉刑而一直未能实现。朱熹却敢于冒此不韪,是与一般以仁义慈爱为口头禅的儒家之士所不同的。朱熹恢复肉刑的理论依据仍是儒家的"仁",即"全其性命"。其实,这种主张的本旨在于增加刑罚的威慑力量，即以"残其支体"的手段来达到"绝其为乱之本"的目的。

朱熹执法"以严为本"的思想反映到诉讼程序问题上，就是要求提高审判效率和审判质量，即"明谨用刑而不留狱"。他认为，当时审判效率极低，案件不论大小，稍有疑虑，就逐级上报审批。"奏案一上，动涉年岁"，有的小案，"罪状明白，初无可疑，而凡经二年有半"。他建议中央设置专门机构，"严立程限"，把各地案件"依先后资次，排日结绝"，使"轻者早得决遣释放，重者不至仓卒枉滥"。他还要求提高审判质量。他认为，各级司法官吏素质差，所以"州郡小大之狱，往往多失其平"。虽然有逐级上报审批的制度，但上下往返的案卷"不过受成于州县之具狱"。上级司法机关只看案牍而不重新审查案件事实，所以，"使其文案粗备，情节稍圆，则虽颠倒是非，出入生死，盖不得而察也"。因此，他主张选拔和培养司法官吏，以改变这种现状："是故欲清庶狱之源者，莫若遴选州县治狱之官"（《朱子全书·治道二·论刑》）。

执法"以严为本"在审判活动中的另一反映，就是要求把封建宗法等级观念直接贯彻到审判中去。他说："凡听五刑之讼，必原父子之亲，立君臣之义以权之。盖必如此，然后轻重之序可得而论，浅深之量可得而测"；"凡有诉讼，必先论其尊卑、上下、长幼、亲疏之分，而后听其曲直之词。凡以下犯上、以卑凌尊者，虽直不右；其不直者，罪加凡人之坐；其有不幸至于杀人者，虽有疑虑可悯，而至于奏谳，亦不准辄用拟贷之例。"（《朱子全书·治道二·论刑》）为了维护封建宗法等级秩序，不惜抛弃"直"与"不直"的是非界限和"罪"与"非罪"的区分，更不惜抛弃司法审判的常规。因为封建宗法等级制度是"天理"的体现，维护了它，就是维护了"天理"。

总之，在朱熹看来，只有执法"以严为本，而以宽济之"，才能正确地实施统治阶级的"刑"。如果不能把好"刑"这一关，就不仅无辅于"政"，也不能为"礼"、"德"创造条件。因为对"气禀"最"薄"的人,如果不能残杀他们的躯体和生命,从而遏止他们心中过多的"人欲",则既不可能使他们接受统治者的教化,更不能使他们被统治者的"恩德"所感化。但是,在儒者当中,像他这样大谈"严刑"的,并不多见。荀况被斥于孔子庙堂之外的原因之一,就是他直语"严刑"。而朱熹居然被后世统治者抬进孔庙,这主要是因为处于衰落之中的封建统治者,为了维护其统治,镇压人民的反抗,调整内部秩序,维护日益残破的"三纲"、"五常"等封建道德伦理规范,在人民的反抗斗争越来越激烈,而传统的"德治"、"礼教"手段越来越难以奏效之际,不能不比前代更多地借助于法律的暴力手段。这一点,朱熹是比较清醒地意识到了。他说:"臣伏见近年以来,或以妻杀夫,或以族子杀族父,或以地客杀地主,而有司议刑卒以流宥之法。夫杀人者不死,伤人者不刑,虽二帝三王不能以此为治于天下,而况于其系于父子之亲,君臣之义,三纲之重,又非凡人之比者乎!"⑤依据封建国家的法律,对敢于造反的叛逆者所采取的刑罚手段,被宋代理学家粉饰成了"存天理、灭人欲"的"正义"措施。封建统治者既出于统治的现实需要,又得助于理学家的理论证明,因此,不惮于赤裸裸地运用刑罚的暴力手段,以维护"三纲"、"五常"的尊严。这正是地主阶级经历了长期的统治之后,在统治方法上日益腐朽没落的表现。

朱熹的客观唯心主义理学体系,适应了中国封建社会后期统治阶级维护"三纲"、"五常"强化封建礼教的要求,因此,它被奉为官方御用哲学,并进而成为封建社会政治、法律、道德、艺术等上层建筑各个领域的指导思想。而朱熹以"存天理、灭人欲"为核心的法律思想,又为统治阶级提供了达到上述目标的方法和手段,这正是朱熹被后世封建统治阶级所推崇的主要原因。

注:

①《宋史·朱熹列传》:"朱熹字元晦,一字仲晦,徽州婺源人。父松字乔

年,中进士第。……年十八贡于乡,中绍兴十八年进士第。主泉州同安簿,选邑秀民充弟子员,日与讲说圣贤修己治人之道,禁女妇之为僧道者。罢归请词,监潭州南岳庙。明年,以辅臣荐,与徐度、吕广问、韩元吉同召,以疾辞。"

"……黄榦曰:'道之正统待人而后传,自周以来,任传道之责者不过数人,而能使斯道章章较著者,一二人而止耳。由孔子而后,子思继其微,至孟子而始著,由孟子而后,周、程、张子继其绝,至熹而始著。'识者以为知言。"

②《朱子全书·诸子二·秦》:"若间乐之论祖宗法度但当谨守而不可变尤为痛切,是固然矣。然祖宗之所以为法,盖亦因事制宜以趋一时之便。而其仰循前代、俯循流俗者,尚多有之,未必皆其竭心思法圣智以遗子孙而欲其万世守之者也。是以行之既久而不能无弊,则变而通之,是乃后人之责。"

③《朱子全书·治道一·用人》:"人主以论相为职,宰相以正君为职,二者各得其职,然后体统正而朝廷尊,天下之政,必出于一而无多门之弊。苟当论相者,求其适己而不求其正己,取其可爱而不取其可畏,则人主失其职矣。当正君者,不以献可替否为事,而以趋和承意为能,不以经世宰物为心,而以容身固宠为术,则宰相失其职矣。二者交失其职,是以体统不正,纲纪不立,而左右近习皆得以窃弄威权,卖官鬻狱,使政体日乱,国势日卑,虽有非常之祸伏于冥冥之中,而上恬下嬉,亦莫知以为虑者。……选之以其能正已可而畏,……任之不得不重,……公选天下直谏敢言之士使为台谏给舍,以参其议论,使吾腹心耳目之寄,常在于贤士大夫,而不在于群小,陟罚臧否之柄,常在于廊庙,而不出于私门。如此而主威不立,国势不强,纲维不举,刑政不清,民力不裕,军政不修者,臣不信也。"

④《朱子全书·治道一·封建》:"封建实是不可行。若论三代之世,则封建好处,便是君民之情相亲,可以久安而无患,不似后世郡县,一二年辄易,虽有贤者善政,亦做不得。……问:后世封建郡县何者为得?曰:论治乱毕竟不在此,以道理观之,封建之意是圣人不以天下为己私,分与亲贤共理。但其制则不过大,此所以为得。贾谊于汉言众建诸侯而少其力,……柳子厚封建论则全以封建为非。胡明仲辈破其说,则专以封建为是。要之天下制度无全利而无害底道理,但看利害分数如何。封建,则根本较固,国家可恃;郡县,则截然易制。……若犹病其或自恣而废法,或强大而难制。则杂建于郡县之间,又使方伯连师分而统之,察其敬上而恤下与其违礼而越法者,以行庆让之典,则何为而有弊耶!"

⑤《朱文公文集·戊申廷和奏札一》:"昔者帝舜,以百姓不亲,五品不逊,而使契为司徒之官,教以人伦。又虑其教之或不从也,则命皋陶作士,明刑以弼五教,而期于无刑焉。……后世之论刑者不知出此,其陷于申商之刻薄者,既无足矣!至于鄙儒姑息之论,异端报应之说,俗吏便文自营计,则又一以轻刑办事。然刑愈轻而愈不足以厚民之俗,往往反以长其悖逆作乱之心,而使狱讼之愈繁,则不讲乎先王之法之过也。"

## 第三节 丘濬对封建正统法律思想的总结和发挥

丘濬(1420—1495)字仲深,号琼台,广东琼山人。明代政治家和思想家。他出身贫寒,聪敏好学,致力于经史子学和国政典故的研究,景泰五年取进士第,以后历任翰林、礼部尚书、文渊阁大学士。他学识渊博,著有《大学衍义补》。①此书以"经世致用"为指导思想,专门论述"治国、平天下"的道理和主张,在广泛汇辑整理前代关于法律制度、法律思想的丰富资料的基础上,阐发和总结了封建正统法律思想。

丘濬生活的明代中期,正是资本主义商品经济开始萌芽,封建制度进一步衰败,而中央集权的封建专制制度空前强化的时期。他目睹了统治阶级内部的政治腐败和劳动人民的反抗斗争,强烈要求统治阶级实行自我约制,缓和阶级矛盾,以解除政治危机,维护明王朝的统治。他反对横征暴敛,严刑峻法,主张轻徭薄赋。这就使他的思想具有反对暴君专制、主张德化仁政的传统儒家色彩。他上承孔、孟,博引程、朱,实际上是在理学的立场上对封建正统法律思想进行总结和发挥。

### 一、德礼政刑"王道之治具"论

德、礼、政、刑,即德治、教化、政令、刑罚,是封建统治阶级治理国家的主要方法,最早由儒家创始者孔子所提出。但孔子认为政刑的作用是有限的,只有德治、教化才是根本的治国方法,因此,他首先提出重德轻刑、以德去刑的主张。西汉董仲舒以"天人合一"的神学目的论为基础,论证了"大德小刑"、"德主刑辅"的原理,使之成为封建正统法律思想的一个重要理论支柱。南宋朱熹更把这一原理根植于客观唯心主义理学,特别是"理同气异"的人性论的基础上,使之更加缜密和富有思辨色彩。但是,理论与实践常常是脱节的。特别到了封建社会衰落的明代,统治阶级虽然口头上也标榜"仁政",而在实际上却肆无忌惮地滥施淫威。丘濬德主刑辅、明刑弼教的德刑关系说,正是针对这一客观现实而提出的。他站在挽救危机、抨击暴政的封建士大夫立场上,用比较分析的方法,对前代的有关思想进行综合归纳,从而使传统的"德主刑辅"说更为全面和系统。

他认为,儒家关于德刑关系的理论,可以用孔子和朱熹的两段话来概括。孔子说:"道之以政,齐之以刑,民免而无耻;道之以德,齐之以礼,有耻且格。"(《论语·为政》)朱熹说:"政者,为治之具;刑者,辅治之法。德、礼则所以出治之本,而德又礼之本也。此其相为终始,虽不可以偏废,然刑、政能使民远罪而已。德、礼之效,则有以使民日迁善而不自知,故治民者不可徒恃其末,又当深探其本也。"(《论语集注·为政》)他剖析之后进行总结,认为孔子是从比较的角度,朱熹则是从统一的角度论述的,应将二者结合起来理解:"德、礼、政、刑四者,凡经书所论为治之道,皆不外乎此。孔子分政刑、德礼为二,而言其效有浅深;朱熹则合德礼、政刑为一,而言其事为终始。要之,圣贤之言,互相发也。"②孔子的"一分为二",是说明德礼与政刑的不同作用与地位;朱熹的"合二而一",则表明它们的密切联系与一致性,只有既认识到它们的差异性,又理解它们的一致性,才能全面掌握好德刑关系。这主要有如下几个方面:

其一,"德、礼、政、刑四政,王道之治具也"。德治、教化、政令、刑罚都是统治阶级治理天下的方法和工具，其目的都是为了维护封建阶级的统治秩序。因此，四者不可偏废，而是互为因果、相辅相成："人君以此四者治天下，不徒有出治之本，而又有为治之具；不徒有为治之具，而又有为治之法。本末兼该，始终相成，此所以为王者之道，行之天下万世而无弊。"（《大学衍义补·圣神功化之极》，下引此书只注篇名）

其二，德礼、政刑的作用毕竟不同。德礼可以使人民主动服从封建王朝的统治，"以德行为而人心之所归"，"明德新民，能使人没世而不忘"，统治阶级实行德政，人民便会"感其德而心服，闻其风而意销"。这样，也就用不着强迫命令和残酷的刑罚手段了。政刑具有一定的控制和威慑作用，使人们迫于畏惧而"非所有者不敢取，非所言者不敢道，非所为者不敢作"。但是，刑罚总是在违法犯罪行为已经发生之后才能实施，因此，它并不能防止违法犯罪行为。（《详听断之法》）

其三，刑罚的目的是保障德礼的贯彻实行。他认为："明刑以弼教"是刑罚根本价值之所在。刑罚是对犯罪者的一种报复："有如是之罪，必陷如是之刑"，"设为国刑，以专纠夫不恭之人"。这样，对犯罪者是一种惩戒，"惩之于小，所以戒其大；惩之于初，所以戒其终"，"有罪者以治之，则不敢复为恶"。（《简典狱之官》）使犯罪者"念咎而伏辜，或能改过以迁善"。通过对犯罪者的惩罚，还可以使别人有所警惕："除去不善以安夫善，使夫不善者有所畏而全其命，天下之善者有所恃而安其身"[③]。这就是现代刑法理论的"特殊预防"和"一般预防"作用。这些措施都是为德礼的实施服务的。

## 二、"以公理而灭私情"说

丘濬十分重视法律的作用，认为封建法律代表着封建统治阶级的根本利益。所以封建统治阶级在强迫一般人民绝对服从法律的同时,也要求自己的内部成员遵守法律,甚至最高统治者皇帝也不应例外。但是,在封建社会后期,随着皇权的高度扩大和贵族特权的膨胀,封建王朝的腐败程度也迅速加深。在上者身先乱法,营私舞弊,无视法纪,草菅人命,种种弊端一发而不可收拾。丘濬出于维护封建阶级整体及长远利益的动机,对社会腐败现象深恶痛绝。他看到"民之所以为盗,不在朝廷则在官吏"(《遏盗之机》)。统治者自己知法犯法、肆行无忌,是造成社会动乱的重要原因。他认为,法律一经制定颁行,朝野上下"必守之以信","朝廷所当世守,法司所当遵行"。无论最高统治者还是一般司法官吏,都"不可不守国家之法",而恪守法制的关键是秉公而去私,"一惟以公理而灭私情"。这里的"公"是封建阶级整体利益,"私"是与整体利益相矛盾的个人利益。依法办事就是"公",枉法徇情就是"私"。他引述《尚书·皋陶谟》"天讨有罪,五刑五用"一语说,"人君之爵赏刑罚皆承天意以从事,非我之所得私也";"人君之赏刑,非一人喜怒之私,乃众人好恶之公"④;"典狱者一惟天理之公,而不徇乎人欲之私"⑤。秉公执法是"天理"的要求,徇私枉法是"人欲"的表现。因此,执法上以公去私,也是"存天理、灭人欲"的具体步骤和措施。

他在《大学衍义补·序》中说,封建国家的法律制度都是"天意"的体现:"号令之颁、政事之施、教条之布、礼乐制度之具、刑赏征讨之举"等等,"皆非君之自为,承天意也"。因此,"刑者,天讨有罪之具,人君承天意以行刑"。在司法中,任何人都要严格依法从事,"王法天刑,不可委曲生意","以己心之喜怒,私意之好恶,辄加赏罚于人,则失天讨之公";"刑无大小,皆上天所以讨有罪者也,为人上者,苟以私意刑戮人,则非天讨矣";"加罪人以非法之刑,非天讨之公","不以公而以私,不以理而以欲,……假天之讨有罪以杀无罪,是重得罪于天矣"。为此,君主进行赏罚时要公开进行,不能悄悄地行赏和诛罚。对司法机关的审判活动,皇帝不应妄加干涉:"天下之法,当出于一,帝王之心,无偏无党。犯于有司,当付有司治之。……国家有常制,自有掌刑之官,原设之狱,罪无大小,皆有所司。又何用别开旁门,使权归于一人,祸及于百姓哉!"(《制刑狱之具》)执法之吏应当惟法是从,"奉君之法而不奉君之意","过之当宥者,则承天之命以宥之,不当宥者,不宥也;过之当辟者,则奉天命以辟之,不当辟者,君虽辟之,不辟也"。(《简典狱之官》)"为刑官执一定之成法,因所犯而定其罪,岂容视上人宽急而为之轻重哉!"(《存钦恤之心》)他指出,执法之吏"外为权势之嘱托,内为财利之贿赂",造成刑狱冤滥、民怨沸腾,主要原因还在于"上不能率先以身",即皇帝不遵守法律。

为了限制整个统治阶级破坏封建法制,丘濬借用董仲舒的"天谴"说,用"天意"、"天理"的绝对权威对君主专断进行抑制,要求君主严格依法办事。然而,当"君为臣纲"、"法自君出"被奉为"天理"时,一切道德说教、美语劝诱又有什么用处呢。

### 三、"应经合义",顺情便民

丘濬认为,礼即封建纲常名教,是国家政治制度和法律的核心:"礼者,其大者在纲常,其小者在制度";"礼乐者,政刑之本"。法律制度符合礼的原则的,就是"良法",否则就是"淫刑"。因此,封建统治阶级立法时必须以礼的精神为指导。在司法中,当法律与礼的原则发生矛盾时,必须服从礼的原则。礼的精神和原则集中体现在儒家经典之中,所以,儒家经典及其所体现的原则,就成了封建统治阶级立法的指导思想。他说:"经者,礼义所自由。人必违于礼义,然后入于刑法。律令者,刑法之所在,议而校定,必礼义、法律两无歉焉。"因此,他对东汉和帝时陈宠按"应经合义"原则修定法律的做法表示赞同,说:"其所平定,惟取其应经合义者,则百世定律之至言要道也。"(《定律令之制》)他强调"惟明于经训者乃能用法","吏胥不通经,不可以掌律令"(《简典狱之官》)。主张由明晓经义的儒家之士参与立法活动,以保证法律制度符合礼的精神。丘濬提出"应经合义"的主张,主要不是因为当时法律没有体现儒家经义,而是当时司法枉滥,刑罚严酷。正如他所指出的:"近年以来,乃有酷虐之吏,恣为刑具,如夹棍、脑箍、烙铁之类,名数不一,非独有以违祖宗之法,实有以伤天地之和。"(《制刑狱之具》)要求"痛加禁革":"敢妄于律文讯杖之外巧竟用刑者,坐以违制之律,造之者重罚,用之者除名。"(《戒滥纵之失》)可见,他的"应经合义"是要求用儒家思想来指导立法,以改变当时刑罚严酷的局面。

同较有远见的封建士大夫一样,丘濬对统治阶级与被统治阶级之间的"同一性"(互相依存、互相转化)有较为深刻的理解。他说:"民为邦本,本固邦宁","君以民存,亦以民亡",这些精辟的警句应当"书于座右",成为统治者的施政大纲,不可遗忘于一时一刻。这是因为,国家的治乱富贫都与民密切相关:"国家之财,皆出于民。君之所用,皆民之所供。"(《贡赋之制》)"国家之用度,皆取自民"。所以,"国以民为本","君以民为天"(《择民之长》)。他主张君主以"养民"、"安民"为务,要"重民之事","宽民之功","愍民之穷","恤民之患","除民之害",用法制保证人民安居乐业,发展生产。

他认为,立法应当以"顺民"、"便民"为宗旨。这主要表现在如下几点:

其一,省刑罚、薄税敛。他主张立法应当使"刑之所加必称罪之轻重"(《戒滥纵之失》),"治狱必先宽","寓忠爱之意于鞫讯之中",存"仁厚恻怛之心于明慎详审之中",在科刑时,"生不可得,而后杀之","与其杀之而害彼之生,宁姑全之而受失刑之责"(《总论刑制之义》)。国家取之于民的赋税徭役应有定制,"善制国者,不能不取于民,亦不可过取于民"(《贡赋之制》)。他说:"财者,民之心",统治者只知道榨取财富,社会"得其财,失其心"。"得民心之道无他,惜民财爱民力而已。"这样,"苟得民心,吾虽不得其财,而其所得者,乃万倍于财焉"(《总论理财之道》)。他以"秦取民大半之赋"而亡国,汉"十五而取一"而兴盛的史实说服统治者,以"薄税宽役"为原则,制定"经常可久、百世而不变"的贡赋制度,作为"养民足国之定制"(《贡赋之制》)。总之,只要"上之人不以兴作疲其筋力,不以刑法残其体肤,不以征役散其父母妻子,不以诛求耗其田产资财,则凡民之所爱好者,皆为其所有"(《总论固本之道》),百姓就会"乐生而重死",不肯轻易犯上作乱了。

其二,维护土地私有制,限制兼并。他认为,古代井田制自秦汉始就废除了,现在要求恢复井田是"拂人情"的。土地私有制行之既久,就应切实加以保护,不许任何人侵犯。土地私有者出卖或扩大田地的,则"听民自便",不加干涉。为限制土地兼并,应根据"不追咎既往,而惟限制其将来"的原则,制定一丁有田一顷的限数,对以前超限之田,概不追夺,对法令公布后超限者,要没收新购之田,并追夺过去超限之田。这样,"既不夺民所以",又可抑制土地兼并。⑥他站在折中的立场上,既不敢触动大地主阶级的既得利益,又想对他们的贪欲加以限制,同时还保护一般地主和富裕农民的要求。

其三,保护工商,反对"与民争利"。他对封建国家用法律手段抑制、摧残私人工商业的发展,表示了明确的否定意见。"天地生物以养人,君为之禁,使人不得擅其私而公共之,可也。乃立官以专之,严法以禁之,尽利以取之",这就违背"养民"之意。(《贡赋之制》)国家应当通过法律来维持正常的经济秩序,禁止个人垄断财物,保证天下之人都能从事生产经营,而不能据"天下之财利"为己有。他抨击当时"禁盐"法令,认为这是故意与人民为敌,把民众视为"盗贼","而绳之以盗贼之法"。他说,唐末黄巢起义的直接原因就是对私贩食盐的法令过严,刑罚太重,"使盐而无禁,则巢必终身业之,盐虽有禁而无大罪,巢必不改业而为盗。"(《遏道之机》)因此他主张废除历代沿用而明代尤盛的"榷盐"制度,只要申之官府获准,私人便可"自煮"、"自卖",经营食盐的生产和销售。他进一步指出,"官不可与民为市,非但榷盐一事也。大抵立法以便民为本,苟民自便,何必官为"(《山泽之利》)。他把国家垄断或直接经营商业,视为"争商贾之利,夺庶民之有"的非"义"行为。他还引古论今,从市籴之令、银钱之法、贡赋之制、关市之禁以及海运、对外贸易等方面提出"听民自便"的主张,要求放手让私人工商业和市场经济自由发展。这无疑反映了明代中期资本主义商品经济进一步发展的客观要求。

**四、慎刑恤狱的司法原则**

丘濬重视法律的作用,维护法律尊严的思想在司法问题上的反映,就是慎刑恤狱,不枉不滥,刑罚适中。这主要有如下几点:

(一)"原情定罪"

他认为,审理案件单靠有限的法律条文是不够的,还应注意以往的判例,衡量犯罪的情节和行为人的动机、目的。[7]司法官必须"原其情,揆诸理,定以法比,审故误之因,求法外之意",然后"执刑书以断天下之狱"。因此,他主张"因情以求法",对情无宥者,"依律处断";对"情可原者",则应予以宽免,反对"移情就法",[8]搞"客观归罪"。

(二) 注重证据

审理案件"必备两造之辞,必合众人之听,必核其实,必审其疑"。要让被告人把话说完,"不可以盛怒临之","不可以严刑加之","输其情则真伪可得而见"。对盗窃、抢劫案,要注意收集"器杖"、"货财"等物证,还要"访其邻保","质诸亲属",以取得证言。对田地之讼,要"严佐证、按图本"以决曲直。他说:"盗贼之名,天下之至恶者也,一旦用以加诸其人,非真有实情显迹者,不可也。"[9]出于重视证据的见解,他对刑讯制度持否定态度。他认为,汉代路温舒所言"箠楚之下何求不得"一语,切中历代狱刑冤滥之要害。

(三) 限制赎刑

他认为,赎刑本来只对官府内部犯鞭扑一类轻罪者适用。后来"一概用之以为常法",甚至犯死罪者亦可以金赎免,这就违背"圣人制刑之意"。天下生民众多,有贫有富,有钱者可赎死免刑,"则犯法死者皆贫民,而富民不复死矣"!他主张对赎刑严加限制,只可适用于轻罪,而决不可适用于死刑。这样,才能使"富者不以财而幸免,贫者不以匮而独死"[⑩]。

(四) 控制复仇

复仇是儒家一贯肯定的行为,是孝、慈、友、爱的体现。因此,复仇常常得到官府的宽免和民间的称道。丘濬首先肯定复仇,认为:"复仇之义,所以使人知杀者必报而不敢相戕害,非但畏公法,亦畏私义;非但念天理,亦念人情也。然而王法虽公,刑官虽明,而无告诉者,则其冤不能上达,此圣人制其法于礼。"但是,如果国家法律对复仇行为不加控制,"苟杀者转相报复,焉用国法为哉!"因此,他主张实行有限制的复仇,即父母兄弟被他人所杀,欲报仇者要当告官,若官府循私畏势而不予受理,报仇者将仇人杀死,若所杀仇人为所当杀者,报仇者不罪,官府坐以赃罪除名。若不报官而擅杀仇人,且所杀仇人为所当杀者,免死流放。但误杀、戏杀、过失杀人不准复仇。这样,"于经于律,两无违悖,人知仇之必报,而不敢相杀;知法之有禁,而不敢专杀矣"[⑪]。

(五) 慎行赦宥

他认为,古代的赦宥是针对因过失和意外事件而触犯刑律的轻罪,对这种轻罪罚以赎金犹觉太重,所以干脆赦免之,而且专为一人一事而论。后世曲解其旨,经常滥赦,且定为常制。这样,对"良民"毫无益处,却让"奸民"钻了空子。他说:"当承平之世,赦不可有","当危疑之时,赦不可无"。赦宥只应施行于社会动乱之时和案情可疑之际。滥赦的结果,非但不能使罪犯感动从而改过自新,而且还会助长犯罪⑫。正是基于这一见解,他批评唐太宗的"纵囚"是"以己意纵罪人,而又以己意舍之"的破坏法制的行为。(《存钦恤之心》)

**注:**

①《明史·丘濬列传》:"丘濬,字仲深,琼山人。幼孤,母李氏教之读书,过目成诵。家贫无书,尝走数百里借书,必得乃已。举乡试第一,景泰五年成进士。改庶吉士,授编修。濬既官翰林,见闻益广,尤熟国家典故,以经济自负。"

"濬以真德秀《大学衍义》于治国平天下条目未具,乃博采群书补之。孝宗嗣位,表上其书,帝称善,赉(lài赖。赏赐)金币,命所司刊行。特进礼部尚书,掌詹事府事。修《宪宗实录》,充副总裁。弘治四年,书成,加太子少保,寻命兼文渊阁大学士参预机务。尚书入内阁者自濬始,时年七十一矣。濬以《衍义补》所载皆可见之行事,请摘其要者奏闻,下内阁议行之,帝报可。"

②《大学衍义补·总论朝廷之政》:"礼乐者,刑政之本;刑政者,礼乐之辅。古之帝王,所以同民心、出治道,使天下如一家,中国如一人者,不过举四者措之而已。是则所谓修道之教、王者之道,治天下之大经大法者也。……行此礼乐之道,则有法制禁令;防此礼乐之道,则有刑罚宪度。……礼也、乐也、政也、刑也,其用在天下,其本在朝廷。"

③《大学衍义补·总论制刑之义》:"刑之制,非专用之以治人罪,盖恐世之人不能循夫五伦之教,故制刑以辅弼之,使其为子皆孝,为臣皆忠,为兄弟皆友,居上者则必慈,与人者则必信,夫必守义,妇必守礼,有一不然,则入于法而刑辟之所必加也。"

④《大学衍义补·公赏罚之施》:"人君刑赏,非一人喜怒之私,乃众人好恶之公也。后世人主,赐人爵位自内降而出,不欲其公庭显谢。人臣有罪,或加鸩毒,惟恐外闻,皆非天命天讨之公也。"

⑤《大学衍义补·简典狱之官》:"法者,天子所与天下公共,则犯法者天子必付之有司以法论之,安得越法而擅诛乎!"

⑥《大学衍义补·制民之产》:"井田既废之后,田不在官而在民,是以贫富不均。一时识治体者感慨古法之善,而卒无可复之理。于是有限田之议、

均田之制、口分世业之法,然皆议之而不宜于土俗,故可以暂而不可以常也。终莫若听民自便之为得也。必不得已创为之制,必也因其已然之俗而立为未然之限,不追咎既往,而惟限其将来。"

⑦《大学衍义补·定律令之制》:"人之下情无穷,刑书所载有限。不可以有限之法而尽无穷之情,又在用法者斟酌损益之。古者任人不任法。法所载者,任法;法不载者,参以人,上下比罪是也。以其罪则比附之,上刑则见其重,以其罪而比附之,下刑则见其轻,故于轻重之间裁酌之。然必以辞为主,辞若僭乱,情与罪不相合,是不可行者也。……惟当察其情、求之法,二者合而后允当乎人情法意,是乃可行者也,在审克之而已。"

⑧《大学衍义补·详听断之法》:"民之讼,争是非也。地之讼,争疆界也。严证佐,按图本,则讼平矣";"官府稽其图册,民庶执其凭由,地讼庶其息乎!""争讼之初,彼此有辩。以两造听之,而无所偏爱,则不直者自反,而民讼自禁矣。及其成狱,彼此各具卷书而质于公,以两剂听之,而无所偏信,则不直者自反,而民狱自禁矣";"先儒谓古者因情而求法,故有不可入之刑。后世移情就法,故无不可加之罪。因情求法者,必备两造之辞,合众人之听,核其实,审其疑。刑有疑则正于罚,罚有疑则正于过,必其有疑者无疑乃赦之。其审克之者如此。"

⑨《大学衍义补·谨详谳之议》:"盗贼之名,天下之至恶者也,一旦用以加诸其人,非真有实情显迹者,不可。欲知其实情显迹必须穷其党与,索其赃杖焉。盖为劫盗,必有党与,必持器杖,必得货财。财货物物同也,器杖家家有也,党也,人人可指也。今获盗焉,并与其党与、器械、货财而得之,其真邪?伪邪?吾不得而知也。欲加人以恶名而致之于死地,乌可以轻易乎哉?是故不可以盛怒临之,俾之得以输其情;不可以严刑加之,俾之以久其生也。输其情则真伪可得而见。……验其党与,必历审其家世、居止、性习之异,离合聚散图谋之由;验其赃杖,必详究其制造物色,形状之殊,大小、新陈、利钝之实,某物因某而得,某人因某而来,某执某器械,某得某货财,所经由也何处,所证见也何人。既访其邻保,又质诸其亲属。……必须无一之参错,然后坐以罪焉,则我心尽而彼心服矣。"

⑩《大学衍义补·明流赎之意》:"辟以止辟,此帝王立法之初意也。若杀人者而可以财赎,则犯法死者皆贫民,而富而不复死矣。且死者何辜?而寡妻孤子又何以泄其愤哉?死者抱千载不报之冤,生者含没齿不平之气,伤天

地之和,致灾异之变,或驯致祸乱者有之。为天下生民主者,不可不以武帝为戒"(注:汉武帝时曾令死罪入赎钱五十万减死罪一等)。

⑪《大学衍义补·明复仇之义》:"复仇之义,所以使人知杀者必报而不敢相戕害,非但畏公法,亦畏私义;非但念天理,亦念人情也。然而王法虽公,刑官虽明,而无告诉者,则其冤不能上达,此圣人制其法于礼,使凡有父母兄弟之仇,则必赴诉于官。官不为报,或其势远力弱,一时不能达诸公,奋其义而报之,则亦公义之所许也。礼所谓不共戴天,不反兵,不同国,盖谓必杀之以报所仇,不但己也。解礼者乃专以为私报所仇,狭矣。礼兼公私言也。……所谓报仇者,非谓为人子若弟,亲手翦刀于所仇之人,凡具其不当死之故,与所杀之由,达于官者,皆是欲报其仇也。既书其情以告于官,其所仇者或隐蔽,或遁逃,或负固,而报仇之人能杀之以抒其忿,乃无罪焉。盖无罪者固不许枉杀,有罪者亦不容擅杀,所以明天讨而安人生也。苟杀人者转相报复,焉用国法为哉!……朝廷当明为之法曰:凡父兄亲属为人所杀者,除误杀、戏杀、过失杀外,若故杀及非理致死者,亲属赴官告诉。如无亲属,其邻里交游皆许之。府县有碍赴藩臬,藩臬有碍赴阙庭,不在越诉之限。若官司徇私畏势,迁延岁月,而后奋气杀之。所在上闻,敕官鞫审。若被杀者委有冤状,而所司不为拘逮,即根究经由官司,坐以赃罪除名,而报仇者不与焉。若所司方行拘逮,或有他故以致迁延,即坐杀者以擅杀有罪者之罪,亦不致死。若不告官,不出是日而报杀者,官司鞫审,杀当其罪者不坐。若出是日之外,不告官而擅杀者,即坐亲属邻保以知情故纵之罪。其报复之人,所杀之仇,果系可杀,则谳以情有可矜,坐其罪而免其死。若官吏假王法以制人于死,律有常条,不许私自报复,必须明白赴诉。屡诉不伸而杀之者,则以上闻,委大臣鞫审。如果被杀者有冤,而所司不为伸理,则免报仇者死而流放之,……而重坐经由官司之罪,若被杀之人,不能无罪,但不至于死,则又随事情而权其轻重焉。如此,则于经于律,两无违悖,人知仇之必报,而不敢相杀;知法之有禁,而不敢专杀矣"(注:藩臬即臬司,按察使)。

⑫《大学衍义补·慎肯灾之赦》:"舜所谓赦者,盖罪或出于过误,或出于不幸,虽流宥金赎亦不可也,故直赦之。盖就一人一事而言,非若后世一切罪人,不问其过误故犯,悉除之也。……当承平之世,赦不可有,有则奸宄得志,而良民不安;当危疑之时,赦不可无,无则反侧不安,而祸乱不解。……旷荡之恩,如雷雨之施,不时而作,使人莫可测知,可也。宋为常制而有定时,则人

可揣摩以需其期,非独刑法不足以致人惧,而赦令亦不足以致人感也。"

**思考题**

1. 理学对封建正统法律思想有什么影响?
2. 试评朱熹"存天理,灭人欲"的法律思想。
3. 简评丘濬对封建正统法律思想的总结和发挥。

# 第十二章 宋明时期改革家的法律思想

中国封建社会发展到后期,阶级矛盾、民族矛盾日趋激化。封建专制制度的固有弊病日益突出,封建政权危机四伏。在这种形势下,统治阶级内部矛盾也进一步明朗化。宋明时期一些较有政治远见和抱负的政治家、思想家,为挽救王朝的覆没以图长治久安,提出政治改革的口号,主张变法,扫除弊端,整肃纲纪。宋代改革家主要有范仲淹、王安石,明代改革家主要是张居正。改革家曾对当时的弊政以及封建法制进行揭露和批判,但这种批判基本上没有超越封建正统思想的范围。尽管如此,改革家毕竟提出了实践性较强的法律观点和主张,从而丰富了封建社会后期的法律思想。

## 第一节 范仲淹"革故鼎新"的法律思想

范仲淹(989—1052),字希文,苏州吴县(今属江苏)人。年幼丧父,家境贫寒。勤学苦读,于大中祥符八年(1015)中进士。[①]历任苏州知府、礼部员外郎、开封知府、枢密副使。他任地方官时,体察民情,制裁豪右,兴修水利,发展农桑,颇有政绩。曾被派至西北边疆防守西夏的侵扰,他治军有方,"号令明白,爱抚士卒",军威大振。同时采取缓和民族矛盾的措施,使西北"羌汉之民相踵归业","诸羌来者,推心接之不疑"。庆历三年(1043)经欧阳修等大臣推荐,被提升为参知政事(副宰相)。次年,向仁宗皇帝上疏十项政治改革主张,包括考核官吏,整顿吏治;惩办贪污,裁汰冗官;改革科举,选拔贤才;发展农桑,轻徭薄赋;实行军屯,加强边防等措施。

范仲淹主持的改革运动,被称为"庆历新政"。由于改革触动当权的守旧势力的利益,因此遭到反对派的攻击和诬陷,甚至诬告他图谋不轨,妄图废黜皇帝。因此,其改革不到一年时间即告夭折。庆历五年,范仲淹被赶出朝廷,贬到边疆。次年,应被诬告贬官但仍然获得政绩的友人滕子京之求,作《岳阳楼记》。其中:"不以物喜,不以己悲。居庙堂之高,则忧其民,处江湖之远,则忧其君";"先天下之忧而忧,后天下之乐而乐"的名句,抒发了他忧国忧民、以天下国家为己任的宽广襟怀。有《范文正公集》四十八卷行世。其法律思想主要是针对时弊,力主变革,并从健全和加强封建法制入手,以图中兴。

**一、改革官制,"革故鼎新"**

北宋王朝自建立之日起,便面临着阶级矛盾、民族矛盾日趋尖锐的种种危机。北宋王朝为苟且偷安,不惜加重对汉族人民的盘剥,以巨额贡赋向辽和西夏乞求和平。同时,中央集权的君主专制制度的进一步强化,造成文武官僚队伍的恶性膨胀。宋仁宗时,出现了"州县不广于前,而官五倍于旧"的局面。大批官吏只拿俸禄,无所事事,"居其官不知其职者,十常八九"。军队也从宋太祖时的三十七万人猛增到一百二十五万人。这必然造成财政空虚,最终导致劳动人民起来反抗。当时农民起义此伏彼起,正如欧阳修所说的:"如今盗贼一年多如一年,一火(伙)强似一火。"在这种严峻形势下,一些较有远见的政治家、思想家便出来指陈时弊,提倡改革。范仲淹就是其中的一个。

范仲淹对当时朝政昏暗、官僚腐败有较为深切的认识,他在《答手诏条陈十事》中尖锐指出当时"纲纪寖隳、制度日削、恩赏不节、赋敛无度、人情惨怨、天祸暴起"的局面,呼吁"不可不更张以救之"。"更张"就是变法、改革。为批驳因循守旧、恪守成法的偏见,他借用《易经》的辩证思想,阐述变法图强的理论。《易》曰:"穷则变,变则通,通则久,此言天下之理,有所穷塞,则思变通之道,既能变通,则成长久之业。"他总结历史经验说:"历代之政,久皆有弊,弊而不救,祸乱必生。"现在已经到了积弊重重、不改革则不能生存的关键时刻了,必须"革故鼎新"。"天下无道,圣人革之,天下既革而制作兴,制作兴而立成器,……故曰:革去故而鼎取新,圣人之新为天下也夫。"(《范文正公集·易义》,下引此书只注篇名)

经过考查和分析,他指出,朝政昏暗的主要原因是"官制之弊"。其主要表现是:

第一,赏罚不明,"贤愚同等,清浊一致"。按照当时的官制,各级官吏每隔几年就要晋升一级,"知县两任例升同判,同判两任例升知州"(《上执政书》);"今文资三年一迁,武职五年一迁,谓之磨勘,不限内外,不问劳逸,贤不肖并进"②。这就是所谓"磨勘之制"。在这种制度下,官吏有功的得不到提拔,有过的得不到惩处,于是形成了无所作为、论资排辈的风气。

第二,官风不正,庸碌苟且,排斥良吏。在这种官制下,"人人因循,不复奋励","良吏百无一、二"。少数有为之士、清廉之官倍遭打击和排挤,一有差误,便落井下石,置之死地而后快。而素餐尸禄、无所事事的平庸之辈,却步步高升。他们或者"急急于高贵之援,或孜孜于子孙之计",或结帮营私,互相包庇,维护共同的既得利益。③由于"不能拔人,限以资级,使才者多滞而朝廷乏贤"④。这就造成了"天下赋税不得均,狱讼不得平,水旱不得救,盗贼不得除"(《论转运得人许自择知州》)的局面。

为此,他坚决主张改革官制,作为变法图强的中心内容。其具体措施是:

(一)严明赏罚,有功则进,无功则黜。他主张打破贤愚并进的"磨勘制",一律以为官的政绩和才能为标准,以决升贬"臣僚有大功大善,则特加爵命,无大功大善更不非时进秩,其理状寻常而出者,只守本官";"庶僚中有高才异行,多所荐论,或异略嘉谋,为上信纳者,自有特恩改迁,非磨勘之可滞也"。此外,"外任善政著闻,有补风化","累讼之狱能辨宽沉","五次推勘人无翻讼","劝课农桑大获美利"等等,均"列状上闻,并与改官,不隔磨勘"(《答手诏条陈十事》)。另一方面,大胆汰除不称职的官吏:"诸道知州同判耄者、儒者、贪者、虐者、轻而无法者、堕而无政者,皆可奏降,以激尸素。"(《上执政书》)

(二)"开学校,设科学",大力培养人才。他十分重视贤才在治理国家中的作用。他说:"王者得贤杰而天下治,失贤杰而天下乱"(《选贤任能论》);"得地千里,不如一贤"(《得地千里不如一贤赋》);"国家之患莫大于乏人"(《邠州建学记》)。尤其在政治改革之际,不培养和提拔支持改革的各级官吏,是绝对不能奏效的。因此,他明确提出"县令郡长一变其人","固邦本非举县令,择郡长则莫之行焉";"固邦本者,在乎举县令、择郡守以救民之弊也"(《上执政书》)。因此,他主张"精贡举",考以"策论、诗赋",选拔人才,以为改革中坚:"开学校,设科举,率俊贤以趋之,各使尽其心、就其器,将以共理于天下。"(《上时相议制举书》)总之,范仲淹改革官制的思想可以归结为:"慎选举之方则政无虚授,敦教育之道则代不乏人。"(《上执政书》)

### 二、限制君权,"君臣共理天下"

北宋王朝吸取唐代藩镇割据、尾大不掉的教训,采取了一系列加强中央集权的措施。如收回地方军事、财政、行政诸权,使之直接听命于朝廷;中书省、枢密院、三司这三大部门互相牵制,互不通气,分别向皇帝负责;朝廷派出"通判"兼理一州的军民刑政,监督知州行动,随时呈报皇帝。中央集权的空前加强,使皇帝的个人因素在治国中的作用异常重要,因而也从客观上导致皇帝个人专断的恶性发展。范仲淹作为较有政治远见的政治家,试图对此进行扼制,以维护封建王朝的久安长治。其具体办法是劝说皇帝明晓

"君臣共理天下"的道理,重用贤臣,遵守法制。

(一) 克服"独断"、"偏听"

他说,自古圣人"建官",目的就在于"君臣共理天下"。因此,君臣应当共处事,同商大计,皇帝不能一任己意独断、偏听,"肆予一人之意则国必颠危"(《用天下心为心》)。皇帝个人的智慧总是有限的,只有"开言路,采群议",才能避免偏差:"圣人之至明也,临万几之事而不敢独断,圣人之至聪也,纳群臣之言而不敢偏听。独断则千虑或失,偏听则众心必离。人心离则社稷危而不扶,圣虑失则政教差而弥远。故先王务公,共设百官,而不敢独断者,惧一虑之失也,开言路、采群议而不敢偏听者,惧众心之离也。"因此,他反对皇帝偏听"密奏之言","内降处分",使"内外相疑,政教不一","离隔君臣之情"。(《奏上时务书》)

(二) 重宰相谏官御史之职

针对当时中央行政机关无实权的弊端,他要求提高宰相之权:"三代之制,皆立三公、建六卿。……我国家有周之天下,未能行周之制,亦当约而申之,以治天下,则可卜长世之业矣。今中书乃天官冢宰之任,枢密院乃古夏官司法之任,其地官、春官、秋官、冬官之职,各散于群有司,皆无六卿之正,又无三公兼领之重,而两府间惟进拟差,除多循资级、评论赏罚、各遵条例之外,上不专三公论道之职,下不专六卿佐王之业,虽庶政不修,天下不理",建议"宰相下兼其职以重其事也"(《奏乞两府兼判》)。他还要求改变"谏官御史之徒尸素于朝","犯颜者危,缄口者安"的现象,认为"谏官御史,耳目之司,不讳之朝,宜有赏劝",以"广开言路",上达民情。(《奏上时务书》)

(三) "舍一心之私",执法公正

实现"君臣共理天下"的重要途径是执法以公,赏罚惟一。这一要求主要是针对君主的。范仲淹说:"法者,圣人为天下画一,不以贵贱亲疏而轻重也"(《再奏雪张亢》);"夫赏罚者,天下之衡鉴也,衡鉴一私,则天下之轻重妍丑从而乱焉,此先王之所慎也"(《上执政书》)。他要求皇帝克制自己的好恶之情,严格执法,做到"贵贱亲疏,赏罚惟一,有功者虽憎必赏,有罪者虽爱必罚,舍一心之私,示天下之公"(《奏上时务书》)。只有在严格依法办事的基础上,君臣才能具有共同的施政标准,从而做到"共理天下"。

范仲淹的"君臣共理天下"说,不仅是针对当时皇权太重的现实而发,而更重要的是为推行改革服务的。但是,由于这一理论只是建立在劝谏君主和君主自觉的基础上,不可能形成行之有效的制度,因而是无法实现的。

### 三、"审刑名"的司法原则

范仲淹不仅指出"天下官吏,明贤者绝少,愚暗者至多"的一般现状,尤其突出司法官吏的庸腐无能,"民讼不能辨,吏奸不能防,听断十事,差失者五六"。而上级司法机关"只据案文,不察情实,惟务尽法,岂恤非辜",这样必然造成大批冤案、错案,"刑罚不中,日有枉滥",而能昭雪平反者"百无一二"。⑤

为改变这种状况,他建议实行以下办法:

(一)"审刑名",谨慎适用罪名

他认为,审理案件最重要的是弄清情理,正确适用罪名。他指出,法官将"私用公使钱"(挪用公款)的行为定作"监主自盗"罪,就是适用刑名不当,原因是法官"断遣不敢从轻,遂至入罪(加重处罚)"⑥。因官吏管理河流交通不善,未及时迁移桥梁,加之狂风大作,致使舟船"并相磕撞致损",法官意以私罪论处。他指出,该案"本因公事,别无私曲",应"改作公罪,免令过后频来理雪"(《奏辩陈留移桥》)。他反对在审判中"或无正条,则引谬例"的草率做法,建议由审刑大理寺精选明晓法律的辅臣,"检寻自来断案及旧例,削其谬误,可存留者著为例册"(《奏灾异后合行四事》)。这样做,既可避免发生冤案错案,又可提高审判的准确性。

### (二) 行纠察，加强司法监督

他建议由朝廷委派"按刑之司"，"纠察四方，绝斯民之冤"(《上执政书》)。并且"专切体量州县长吏及刑狱法官，有用法枉曲、侵害良善者，具事状奏闻，候到朝廷详其情理，别行降黜"(《奏灾异后合行四事》)。他还建议协调大理寺与刑部之间的关系。他说："审刑大理寺，评天下之法，生死荣辱系于笔下，祸及非辜，怨动天地"；"刑部一司，详覆天下已断文案，凡天下诉冤之奏，尽委刑部辨之"。两个机关都是"秋官司寇之政也"。但是，刑部"官属寡弱，与审刑大理寺势不相敌，岂敢尽行驳正？故沉冤之人，十无一雪"。因此，他主张加强朝廷对两个司法机关的统一领导，派"辅臣兼判"，同时令大理寺"每至岁终具天下断案中大辟流罪以特恩减放并法寺辨明出入人数呈进"，令刑部"每岁终具天下断案详覆到差失公事并辨雪过负冤人数进呈"，以对二机关实行宏观控制。(《奏乞两府兼判》)

### (三) 习法律，提高业务素质

他认为，当时审判质量极差，"刑罚不中"，"听断十事，差失者五六"。其原因有二：一是法官无德，二是无才。对前者，他主张严格绳之以法："监临主司受财而枉法者，十五匹绞"；"所断赎刑失错者，官吏各准其罪，不以失减，官典受赃者，并以枉法赃论"。对后者，他主张通过考试选拔法官，提高业务素质。他建议由各县推荐"曹司一名"，到州府集中"习学法律"，然后经过专门考核，"聚厅试验"，及格者回原县充任法司，经三年判案无误者，提升一级。⑦用这种办法迅速培训一批粗通法律的司法官员，以替代庸碌之官，不断提高司法人员的业务素质，从而避免和防止大量冤案、错案的发生。

**注：**

①《宋史·范仲淹传》："范仲淹字希文，唐宰相履冰之后。其先，邠州人也，后徙家江南，遂为苏州吴县人。……举士第，为广德军司理参军，迎其母

归养。改集庆军推官。"

"监泰州西溪盐税,迁大理寺丞,徙监楚州粮料院,母丧去官。晏殊知应天府,闻仲淹名,召寘府学。上书请择郡守,举县令,斥游惰,去冗僭,慎选举,抚将帅,凡万余言。服除,以殊(晏殊)荐,为祕阁校理。仲淹汛通《六经》,长于《易》,学者多从质问,为执经讲解,亡(无)所倦。"

"仲淹在饶州岁余,徙润州,又徙越州。无昊反,召为天章阁待制、知永兴军,改陕西都转运使。会夏竦为陕西经略安抚、招讨使,进仲淹龙图阁直学士以副之。"

② 《范文正公集·答手诏条陈十事》:"《书》曰:三载考绩,三考黜陟幽明。然则尧舜之朝官至少,尚乃九载一迁,以求成绩。……我祖宗朝文武百官皆无磨勘之例,惟政能可旌者,擢以不次。无所称者(指不称职者),至老不迁。故人人自励以求绩效。今文资(指文职官员)三年一迁,武职五年一迁,谓之磨勘。不限内外,不问劳逸,贤不肖并进,此岂尧舜黜陟幽明之意耶?假如庶僚中有一贤者,理一郡县,领一务局,思兴利去害而有为也,众皆指为生事,必嫉之、诅之、非之、笑之,稍有差失,随而挤陷。故不肖者素餐尸禄,安然而莫有为也。虽愚暗鄙猥、人莫齿之,而三年一迁,坐至卿监丞郎者,历历皆是。……贤不肖混淆,请托挠倖,迁易不已,中外苟且,百事废堕,生民久苦,群盗渐起。"

③ 《范文正公集·上执政书》:"某观今之县令,循例而授,多非清职之士,衰老者为子孙之计,则志在苞苴,动皆徇己。少壮者耻州县之职,则政多苟且。举必近名,故一邑之间,簿书不精,胥吏不畏,徭役不均,刑罚不中,民利不作,民害不去,鳏寡不恤,游堕不禁,播艺不增,孝悌不劝。以一邑观之,则四方县政如此者,十有七八焉,而望王道之兴,不亦难乎!……某又观今之郡长,鲜克尽心,有尚迎送之劳,有贪燕射之逸,或急急于富贵之援,或孜孜于子孙之计,志不在政,功焉及民?以狱讼稍简为政成,以教令不行为坐镇,以移风易俗为虚语,以简贤附势为知己。清素之人,非缘嘱而不荐,贪黩之辈,非塞素之辈而不纠,纵胥徒之奸赾,宠风俗之奢僭。况国有职制,禁民越礼,颁行已久,莫能举按。使国家仁不足以及物,义不足以禁非,官实素餐,民则菜色,有恤鳏寡,则指为近名,有抑权豪,则目为掇祸,苟且之弊,积习成风。"

④ 《范文正公集·答窃议》:"今之士大夫高谈时政,皆谓不能拔人,限以资级,使才者多滞,而朝廷乏贤。及见殊命越一等(指越级提拔)则嚣然,聚议

421

以为过优,何薄之甚耶!"

⑤《范文正公集·奏灾异后合行四事》:"天下官吏明贤者绝少,愚暗者至多。民讼不能辨,吏奸不能防,听断十事,差失者五六。转运使、提点刑狱但采其虚声,岂能遍阅其实,故刑罚不中,日有枉滥。其奏按于朝廷者,千百事中一二事耳。其奏到案牍,下审刑、大理寺,又只据案文,不察情实,惟务尽法,岂恤非辜。或无正条,则引谬例,一断之后,虽冤莫伸。或能理雪,百无一二。其间死生荣辱,伤人之情,实损和气者多矣!"

⑥《范文正公集·奏葛宗古》:"今将私用公使钱入已为监主自盗之法,只是法寺近例,断遣不敢从轻,遂至入罪。切虑今后有公使钱处官员,因循之间,为人捃拾,多陷除名死罪之坐,诚为法之一弊,公朝固当正之。"

⑦《范文正公集·奏议许怀德等差遣》:"逐具典押保举有行止、会笔札曹司一名,赵本州法司,习学法律,委本州长吏以下,聚厅试验,稍通刑名义理,即放归本县充法司,候三周年检断无失者,与转一资,有失误无赃私者,五年与转一资。"

## 第二节　王安石"大明法度,众建贤才"的法律思想

王安石(1021—1086),字介甫,号半山,北宋抚州临川(今属江西抚州市)人。北宋政治家和思想家。出身于小官僚地主家庭。其父早亡,家道贫寒。少刻苦好学,庆历三年(1042)取进士,后曾签判淮南、知鄞县、通判舒州、知常州、提点江东刑狱。在任地方官期间,兴修水利,办理借贷,兴建学校,颇有政绩。他了解民间疾苦,熟知豪强劣行。嘉裕四年(1059)入京为三司度文判官,曾上仁宗皇帝言事书,倡意变法改革,但未被重用。熙宁元年(1068)神宗即位,锐意图新。次年任王安石为参知政事,主持变法。设"制置三司条例司",议行新政。先后颁行"均输法"、"青苗法"、"市易法"、"保甲法"、"方田均税法"等,统称"熙宁新法"。①新法的推行,取得一定成效,促进了农业生产,增加了财政收入,加强了国防力

量,并在一定程度上减轻了人民负担。但由于新法损害了大地主、商人、高利贷者的利益,因而遭到守旧势力的激烈反对。熙宁七年,他们借口天旱,污蔑新法使"天怒人怨","饥民流离",迫使王安石辞职。时过一年,又复相。熙宁九年又被罢相,判江宁府,未再起用。为了推行新法,培养人才,王安石曾改革教育制度,设经义局,修《诗》、《书》、《周礼》三经义,号为"三经新义"或"新学"。目的在于"托古改制",为变法提供理论依据。元丰八年(1085)神宗死,其子哲宗即位,尚不满十岁。神宗母高太后执国政。她任用反对新法的司马光,尽废新法,"新学"也遭厄运。王安石晚年退居江宁(今南京市),著述讲学。封荆国公,世称荆公。有《临川文集》行世。

王安石是"中国十一世纪时的改革家",他立意变法,崇尚法治。他的法律思想和他的变法实践是融为一体的。

### 一、"三不足"的变法理论

王安石的哲学思想基本上是唯物主义的。他认为,万物的根源是来自脱离人们意志而独立存在的自然界。他说:"道有本末。本者,万物之所以生也;末者,万物之所以成也。本者出之自然,故不假乎人力,而万物以生也。"(《临川文集·老子》,下引此书只注篇名)他还具有朴素的辩证法思想,认为事物无不处在矛盾对立之中,这正是万物得以发展变化的本因。② 因此,他得出社会历史也是不断发展变化的这一结论:"夫天下之事,其为变岂一乎哉。"(《非礼之礼》)不仅如此,他还认为社会的进步离不开人的主观能动作用:"有待于人力而万物以成。"(《老子》)这就构成了他变法思想的哲学基础。

王安石目睹宋王朝自庆历新政以后民族矛盾、阶级矛盾日益深化,"内忧社稷,外惧夷狄",立意"变更天下之弊法",以图复兴。但是,大官僚大地主阶层为了抑制变法,抛出三个"法宝",即:天变可畏,把自然界的灾变归罪于实行新法;祖宗之法不可变,给变法者戴上"叛逆"的帽子;人言可恤,一旦实行新法,必然人怨沸腾,天下大乱。当时的翰林学士司马光在所拟的一道策问中,把上述三条作为立论进行考试,神宗皇帝还专门向王安石询问此事。③王安石在变法期间,为扫清思想障碍,打退保守派的进攻,曾做了舆论准备工作。他的口号就是:天变不足畏,祖宗不足法,人言不足恤。

(一) 天人了不相关,"天变不足畏"

王安石认为,人事与天道,各有其常,两不相关。"天地与人,了不相关,薄食震摇(指日月之食与地震),皆有常数,不足畏忌。""或以为天有是变,必由我有是罪以致之",这是"蔽而荵"的荒诞之论。(《洪范传》)自然界的灾异现象有时和人类社会的动乱、变故同时发生,这是一种偶然的巧合,两者之间并没有因果联系:"天文之变无穷,人事之变无已,上下附会,或远或近,岂无偶合?"(《续资治通鉴长编》卷二六九)

自然界的运动规律是可以认识的:"星历之数,天地之法,人物之所,皆前致精好学圣人者之所建也";"天之高也,日月星辰、阴阳之气,可端策而数也;地至大也,山川丘陵、万物之形,人之常产,可指籍而定也。"(《礼乐论》)这种规律就是事物的对立与统一,即相反相成的运动。"其相生也,所以相继也;其相克也,所以相治也。"(《洪范传》)王安石把这一规律概括为"新故相除":"有阴有阳,新故相除者,天也;有处有辨,新故相除者,人也。"(《杨龟山先生集字说辨》引《字说》)既然古代圣王窥测天道是为了解决人事的:"天道远,人道迩,先王虽有官占,而所信者人事而已"(《续资治通鉴长编》卷二六九);那么,现在就应当依天道而变法图新。王安石变法伊始,不少守旧派利用当时的自然灾害指责变法,要求复旧。④而王安石用唯物主义天道观力排众议,终于打开了局面。

(二) 贵乎权时之变,"祖宗不足法"

以司马光为首的守旧派指斥王安石:"尽变更祖宗旧法,先者后之，上者下之，右者左之，成者毁之，弃者取之。……使上自朝廷，下及田野，内起京师，外周四海，士吏兵农工商僧道，无一人得袭故而守常者，纷纷扰扰，莫安其居。"(《司马温公文集·与王介甫书》)并一再要求"谨守祖宗之成法"，"谨奉成宪"，其理由是："祖宗之法不可变也。"(《宋史·司马光传》)

王安石认为，制定法律制度的目的，在于使天下安宁，民富国强。为达此目的，三代帝王都根据当时的国势民情确立制度，而对前代法律有所更易："夏之法至商而更之，商之法至周而更之，皆因世就民而为之节，然其所以法意不相师乎。"(《策问》)建立法律制度的宗旨就是因世制宜，因时制宜："礼贵从宜，事难泥古"(《请皇帝御正殿复常食表二道》)；"度世之宜而通其变"(《上仁宗皇帝言事书》)。他指出，宋代的帝王也无不如此。"祖宗之法不足守，则固当如此。且仁宗在位四十年，凡数次修敕。若法一定，子孙当世世守之，则祖宗何故屡自改变？"(《续资治通鉴长编纪事本末·王安石事迹》)他总结道："此圣人所以贵权时之变者也。"(《上仁宗皇帝言事书》)

他认为，祖宗之法应当效法，但效法不等于硬搬过去的"施设之方"，而只能"法其意"。所谓"意"就是制定法律制度的宗旨："夫二帝三王，相去盖千有余载，一治一乱，其盛衰之时具矣，其所遭之变，所遇之势，亦各不同，其施设之方，亦皆殊，而其为天下国家之意，本末先后，未尝不同也。臣故曰：当法其意而已。"(《上仁宗皇帝言事书》)

他指出，当时纲纪不明，财力日穷，风俗日坏，已成颓衰之势。如不改弦更张，国势将一败而不可收拾。惟一的办法就是"视时势之可否，而因人情之患苦，变更天下之弊法，以趋先王之意"(《上仁宗皇帝言事书》)。

(三) 摒弃流俗异论，"人言不足恤"

变法伊始，守旧派纷纷以"直言勇谏"的忠臣面目出现，向皇帝直言劝谏,要求废止新法。如果不采纳他们的意见,就是一意孤行,不循民意,不恤人言。

王安石并没有被这种舆论所慑服。他认为,人言有好有坏,因此对待的态度也有两种,一是采纳,二是置之不理。"陛下询纳人言,无小大唯言之从,岂是不恤人言?然人言固有不足恤者,苟当于义理,则人言何足恤。"(《续资治通鉴长编纪事本末·王安石事迹》)

他认为,"人言不足恤"的理由有两方面。一是国家立法不能受"人言"左右,而应以国民长远利益为标准:"朝廷立法,当内自断以义,而要久远便民而已,岂须规则恤浅近人之议论。"二是如果以人言为恤,则根本不能制定善法:"流俗之人,罕能学问,故多不识利害之情,而于君子立法之意有所不思,而好为异论,若人主无道以揆之,则必为异论众多所夺,虽有善法,何由立哉。"他曾对皇帝说:"今制法但一切因人情所便,未足操制兼并也,然论议纷纷,陛下已不能不为之动,如欲操制兼并,则恐陛下未能胜众人纷纷也。"(《续资治通鉴长编·熙宁四月》)但是,王安石把"流俗之论"统统归因于平俗之人,"于君子立法之意有所不思",这种看法是颇为偏激的。

王安石"三不足"的变法理论,是对中国古代变法改革思想的总结和升华,显得相当彻底和完整。这是王安石法律思想中的闪光之处。

**二、"大明法度,众建贤才"**

经历了变法实践的王安石深切地认识到,要实现天下大治,主要靠两种办法:一是"大明法度",即废除旧法、弊法,创立新法、善法;二是"众建贤才",即汰除守旧平庸之吏,起用进取有为之士。这是他推行新法的两个法宝。在这个基础上,他提出了法治、人治统一说。

他认为,国家是否富强,天下是否安宁,关键在于有没有法度和法度是否合理。他说,现在"天下之财力日以困穷,而风俗日以衰坏,四方有志之士,谔谔然常恐天下之久不安,此其何故也?患在不知法度故也。今朝廷法严令具,无所不有,而臣乃谓无法度者何哉?方今之法度,多不合乎先王之政故也。"(《上仁宗皇帝言事书》)因此,废除旧法度,建立新法度是当务之急。因为"盖君子之为政,立善法于天下,则天下治;立善法于一国,则一国治。如其不能立法,而欲人人悦之,则日亦不足矣。"(《周公》)可见,法度在治理国家中的地位是极高的。

但是,他又十分重视"人"的作用。这表现在以下两方面:

其一,立法离不开贤人。他说,现在时势衰败,非一时所能更革,"其势不能者,何也?以方今天下之人才不足故也。"(《上仁宗皇帝言事书》)可见,是否有一定数量的进取有为之士,是实行变法的重要条件。要实行新政,创制新法、善法,必须靠贤人出谋划策,否则,根本立不出新法、善法:"朝廷必欲大修法度、甄序人材,则以至诚恻怛求治之心,博延天下论议之士,而与之反复,必有至当之论,可施于当世。凡区区变更而终无补于事实者,臣愚窃恐皆不足为。"(《详定十二事议》)

其二,执法离不开贤才。他说:"今以一路数千里之间,能推行朝廷之法令,知其所缓急,而一切能使民以修其职事者甚少,而不才苟简贪鄙之人至不可胜数。"于是,"朝廷每一令下,其意虽善,在位者犹不能推行。使膏泽加于民,而吏辄缘之为奸,以扰百姓……孟子曰:徒法不能以自行,非此之谓乎!"其结论是:"在位非其人而恃法以为治,自古及今,未有能治者也。"(《上仁宗皇帝言事书》)他说:"守天下之法者吏也,吏不良则有法而莫守。"(《度支副使厅壁题名记》)因此,天下法度一经确立,"必先索天下之材而用之。如能用天下之材,则能复先王之法度"(《材论》)。

王安石把法度和贤才的作用统一起来,认为法治和人治是相辅相成的两个重要因素,这就形成了法治、人治统一论:"制而用之存乎法,推而行之存乎人,其人足以任官,其官足以行法。"(《周礼义序》)"盖夫天下至大器也,非大明法度不足以维持,非众建贤才不足以保守。"(《上时政疏》)

这种法治、人治统一论在实践中的具体表现,就是运用法制手段选拔和任使人才。这主要表现在如下几方面:

(一)"久其任而待之以考绩之法"

他认为,当时在选拔任使官吏方面存在两大弊端:一是不重视真才实学,或者"使之于一日二日之间考试,其行能而进退之";或者只看身份,"方今取之既不以其道,至于任之又不问其德之所宜,而问其出身之后先,不论其才之称否,而论其历任之多少"。他反对以短时间的考试取人⑤,也反对不问能力,只看资历,更反对变相的世袭制。他说:"官人以世,而不计其才行,此乃纣之所以乱亡之道,而治世之所无也。"他主张用考试和推荐相结合的办法选拔有真才实学的人才。他说:"先王之取人也,必于乡党,必于庠序,使众人推其所谓贤能,书之以告于上而察之。诚贤能也,然后随其德之大小、才之高下而官使之。"⑥二是任官"不久于其任"。任官之后,"往往数日辄迁之"。况且这些官吏毫无专业技能,或所学非所用:"以文学进者,且使之治财;已使之治财矣,又转而使之典狱;已使之典狱矣,又转而使之治礼。是则一人之身,而责之以百官之所能备。责人以其所难为,则人之能为者少矣!人之能为者少,则相率而不为"。王安石主张任官"久于其任","而后可以责其有为"。他认为,"久于其任"的好处是可以"专其业"。他说:"夫人之才,成于专而毁于杂"。只有让官吏久其职事,才能获得专业技能,搞好本职工作。

在上述基础上再对官吏责之以"考绩之法",胜任者留,有功者升,"其不胜任而辄退之"。

(二)设"明法科",培养执法官吏

王安石指出,当时审判质量极差,原因在于"今之典狱者未尝学狱"。而且,当时的科举制度是"以诗赋记诵求天下之士,而无学校养成之法;以科名资历叙朝廷之位,而无官司课试之方"。因此,他建议恢复"明法科",以"律令、刑统大义、断案"为考试内容,考试合格"始出官",充任司法官吏。凡已参加进士和诸科考试被录取者,须再参加律令大义或断案考试,合格者才委派官职。经"明法科"考试合格者,其名次在及第进士之上,以示褒奖。这一措施是对传统旧观念的冲击。因为,"昔试刑法者,世皆指为俗吏","旧明法最为下科","律学在六学之一,后来缙绅,多耻此学,旧明法科徒诵其文,罕通其意"。这个措施不仅为王安石变法培养了许多得力人才,而且对古代法律研究具有促进作用。守旧派司马光对此耿耿于怀,说:"至于律令,皆当官所须。使为士者果能知道义,自与法律冥合,何必置明法一科,习为刻薄。非所以长育人才、敦厚风俗也。"[⑦]这正好说明"明法科"的价值。纵观历史,如此重视法律教育并与官吏选拔任免制度结为一体者,惟王安石一例耳。

### 三、"有司议罪,惟当守法"

王安石重视法律的作用,并要求严格依法办事。这一思想包括以下几点:

(一)君主应当知法、守法

他主张君主守法。"盖宪者,为法以示人之谓也。所以法以示人者,当率法慎为能。"所谓"慎为能",就是严格依法办事,不凭一己的"私智":"总天下万事而断之以私智,则人臣皆将归事于其君而不任其责,淫辞邪说并至。"另外,他指出,知法、懂法是慎法的重要条件。"人君听断不知所出,此事之所堕也。"(《答圣问赓歌事》)因此,他要求君主不仅要谨慎行法,而且要学习和明晓法律。

(二)执法应"刑平而公"

要做到"刑平而公",关键在于严厉制裁违法犯罪的贵戚、大臣:"大臣、贵戚、左右、近习,莫敢强横犯法,其自重慎或甚于闾巷之人,此刑平而公之效也。"他还主张运用监察手段抑制权贵,使"大臣、贵戚、左右、近习莫能大擅威福、广私货赂,一有奸匿,随辄上闻,贪邪横猾,虽或见用,未尝得久。"(《本朝百年无事札子》)有法律手段抑制权贵的特权,使他们像寻常百姓一样循法守令,这就是"刑平而公"。

(三)"有司议罪,惟当守法"

为维护司法统一,王安石反对司法官在审判中不循法律、任其私虑。他说:"有司议罪,惟当守法。情理轻重,则敕许奏裁。若有可辄得舍法以论罪,则法乱于下,人无所措手足矣。"(《文献通考·刑考九》)他还建议加强司法监督。他说:"三司措置,百司失理,莫能与之抗议",这种局面不利于保证审判质量。他主张"今使内制一人总其权以敌三司",派得力官员"躬亲点检细事,小既足以究察诸司奸弊,大又足以检制三司,如此处置,未为失也"(《看详杂议》)。在大理寺"议定刑名"不当或意见不能统一时,宰相、副宰相应当参与意见。他说:"有司用刑不当,则审刑大理当论正;审刑大理用刑不当,既差官定议;议既不当,即中书自宜论奏,取决人主。此所谓国体。岂有中书不可论正刑名之理。"(《宋史·刑法志三》)

**注:**

①《宋史·王安石列传》:"王安石字介甫,杭州临川人。父益,都官员外郎。安石少好读书,一过目终身不忘。其属文动笔如飞,初若不经意,既成,见者皆服其精妙。友生曾巩携以示欧阳修,修为之延誉。擢进士上第,签书淮南判官。旧制,秩满许献文求试馆职,安石独否。再调知鄞县,起堤堰,决陂塘,为水陆之利,贷谷与民,出息以偿,俾新陈相易,邑人便之。"

"安石议论高奇,能以辨博济其说,果于自用,慨然有矫世变世之志。于是上万言书,……后安石当国,其所注措(措置),大抵皆祖此书。"

"二年二月,拜参知政事。上谓曰:'人皆不能知卿,以为卿但知经术,不晓世务。'安石对曰:'经术正所以经世务,但后世所谓儒者,大抵皆庸人,故世俗以为经术不可施于世务尔。'上问:'然则卿所设施以何先'安石曰:'变风俗,立法度,最方今之所急也。'上以为然。于是设制置三司条例司,命与知枢密院事陈升之同领之。安石令其党吕惠卿任其事。而农田水利、青苗、均输、保甲、免役、市易、保马、方田诸役相继并兴,号为新法,遣提举官四十余辈,颁行天下。"

②《临川文集·洪范传》:"道立于两,成于三,变于五,而天地之数具,其为十耦之而已。盖五行之为物,其时、其位、其材、其气、其性、其形、其事、其色、其声、其臭、其味,各皆有耦。推而散之,无所不通。一刚一柔,一晦一明,故有正有邪,有美有恶,有丑有好,有凶有吉,性命之理,道德之意,皆在是矣。耦之中又有耦焉,而万物之变遂至于无穷。"

③《长编纪事本末·王安石事迹(上)》载:司马光做策问曰:"今之论者或曰天地与人,互不相关、薄食震摇(日月食与地震),皆有常数,不足畏忌。祖宗之法,未必尽善,可革则革,不足循守。庸人之情,喜因循而惮改办,可与乐成,难与虑始,纷纭之议,不足听采。意者古今异宜,诗书陈迹不可尽信耶?将圣人之言深微高远,非常人所能知,先儒之解或未得其旨耶?"愿闻所以辨之。"显然把王安石的"天变不足畏,祖宗不足法,人言不足恤"做为批驳的靶子。第二天,神宗皇帝问王安石:"外人云:今朝廷以为天变不足畏,人言不足恤,祖宗不足守。昨学士院进试馆职策,专指三事,此是何理?"王安石答:"陛下躬亲庶政,无流连之乐,荒亡之行,每事惟恐伤民,此即是畏天变。陛下询纳人言,无小大唯言之从,岂是不恤人言?然人言固有不足恤者。苟当于义理,则人言何足恤?故传称礼义不愆,何恤于人言,郑庄公以人之多言,亦足畏矣。故小不忍致大乱,乃诗人所刺。则以人言为不足恤,未过也。至于祖宗之法不足守,则固当如此。且仁宗在位四十年,凡数次修敕,著法一定,子孙当世世守之,则祖宗何故屡自改变?"

④《宋文鉴·论王安石疏》:"臣究安石之迹,固无远略,唯务改作,立异于人。……方今天灾屡见,人情未和,惟在澄清,不宜挠浊。如安石久居庙堂,必无安静之理。"《历代名臣奏议·理财门》:"近者天雨土,地生毛,天鸣地震,皆民劳之象也。惟陛下观天地之变,罢青苗之举,归农田水利于州县,追还使者,以安民心而解中外之疑。"《二程遗书·再论新法乞责降疏》:"天时未顺,地震连年,四方人心日益动摇,此皆陛下所当仰测天意,俯察人事者也。"

⑤《临川文集·上仁宗皇帝言事书》:"方今州县虽有学,取墙壁具而已,

非有教导之官、长育人才之事也。唯太学有教导之官,而亦未尝严其选。朝廷礼乐刑政之事,未尝在于学,学者亦漠然自以礼乐刑政为有司之事,而非己所当知也。学者之所取,讲说章句而已。讲说章句,固非古者教人之道也。近岁乃始教之以课试文章。夫小则不足以为天下国家之用。故虽白首于痒序,穷日之力以帅上之教,乃使之从政,则茫然不知其方者,皆是也。"

⑥《临川文集·上仁宗皇帝言事书》。

⑦《宋史·选举志》:"……于是改法,罢诗赋、帖经、墨义、士各治易、诗、周礼、礼记一经,兼论语、孟子。每试四场。………又立新科明法,试律令、刑统大义、断案,所以待诸科之不能业进士者。未几,选人、任子亦试律令始出官。又诏进士自第三人以下试法。或曰:高科任签判及职官,于习法岂所宜缓?昔日刑法者,世皆指为俗吏。今朝廷推恩既厚,而应者尚少,若高科不试,则人不以为荣。乃诏悉试。帝尝言:近世士大夫多不习法。吴充曰:汉陈宠以法律授徒,常数百人。律学在六学之一,后来缙绅多耻此学。旧明法科徒诵其文,罕通其意,近补官必聚而试之,有以见恤刑意。"

## 第三节　张居正"信赏罚、一号令"的法律思想

张居正(1525—1582),字叔大,号太岳,江陵(今湖北江陵)人。明代政治家。嘉靖年间进士,先后任翰林院编修、侍讲学士、礼部右侍郎、吏部左侍郎、东阁大学士、礼部尚书兼武英殿大学士。神宗即位,他与中官冯保合谋逐高拱,遂升任首辅,长达十年。曾下令清丈土地,清查大地主隐瞒的庄田,并改变赋税制度,推行一条鞭法,把各项税收徭役合并为一,按亩征银,在一定程度上改善了政府的财政情况。积极浚治黄、淮,改良漕运。在政治上,针对当时的弊病,厉行改革,整饬吏治,汰除冗员,加强内阁和六部的权力,曾使朝政为之一新。①终因守旧势力的抵制攻击而告失败。著作有《太岳集》,清时增刊为《张文忠公全集》。

### 一、主张高度集权,以法律政令规范天下

张居正认为,"纲纪坠落,法度陵夷"是朝政腐败,从而导致内

忧外患的重要原因。他指出,皇族贵戚豪强恣意破坏国家法制,而且"上下务为姑息,百事悉从委徇,以模棱两可谓之调停,以委曲迁就谓之善处,法之所加,惟在于微贱,而强梗者虽坏法干纪而莫之谁何,礼之所制,反在于朝廷,而为下者或越礼犯分而恬不知畏"②。这样,上下颠倒,使朝廷无法统一管理天下。只有"强其根本,振其纲纪"(《张文忠公全集·文集三·辛未会试程策二》,下引此书只注篇名),集权中央,使朝廷"总揽朝纳,独运威福"(《文集十一·杂著》),严格按照国家法律来规范天下人的言论行动,才能拯救颓世。因此,他要求"强法纪以肃群工,揽权纲而贞百度",而且做到"刑赏予夺一归之公道而不必曲循乎私情,政教号令必断于宸衷而毋致纷更于浮议,法所当加,虽贵近不宥,事有所柱,号疏贱必申"(《奏疏一·陈六事疏》),对那些"以朝廷为必可背,以法纪为必可干"(《奏疏二·请戒谕群臣疏》)的顽梗之徒,一定严惩不贷。

## 二、立法"惟其时之所宜与民之所安"

为推行改革,张居正十分强调变法的必要性。他认为,社会是不断发展变化的,因此,国家法律制度也必须不断更新。如果"苟因承弊",必将"颓靡不振"。在变法指导思想方面,他说:"法制无常,近民为要,古今异势,便俗为宜",建立法律制度,以宜时便民为原则,"时宜之,民安之,虽庸众之所建立,不可废也;戾于时,拂于民,虽圣哲之所创造,可无从也。"(《文集三·辛未会试程第二》)在他看来,判别一项法律制度的优劣,不在其创建者的贤愚尊卑,而仅在于它是否宜于民情时用。这种观点,不仅对"动称三代","不达时变",但谓祖宗之法惟当谨守而不可更革的腐儒之论,是一种批驳;而且在法律与人民的关系上,发挥了孟轲"民贵君轻"的思想,尽管他变法的目的是为了维护封建统治阶级长远利益的。

### 三、整饬吏治,慎用刑罚

整饬吏治,是张居正推行改革的有力措施之一,也是他法律思想的重要组成部分。他指出,长期以来,"当国者政以贿成,吏朘民膏以媚权门"(《书牍六·答应天巡抚宋阳山论均粮足民》)。这样不仅造成了大批冗官,加重了财政开支,而且还大大降低了行政效率。因此,他主张严格考核之法,严明黜陟,"用人必考其终,授任必求其当,有功于国家,即千金之赏、通侯之印,亦不宜吝,无功于国家,虽嚬笑之微,敝袴之贱,亦勿轻予"。在选拔人才上,他要求不务虚名,不拘资格,全面审核,以政绩为标准,"用舍进退,一以功实为准,毋徒眩于声名,毋尽拘于资格,毋摇之以毁誉,毋杂之以爱憎,毋以一事概其平生,毋以一眚掩其大节"(《奏疏一·陈六事疏》)。可见,张居正在任用人才的问题上具有远见卓识。

在司法上他提倡一种较为冷静的态度。他对劳动人民犯罪有较为客观的见解。他认为,人民"逃亡为乱"的原因是"私家日富,公室日贫,国匮民穷","豪强兼并而民贫失所","贪吏剥下而上不加恤"。因此,他反对"严刑峻法虐使其民",强调"情可顺而不可徇,法可严而不可猛"(《书牍一·陈六事疏》)。这种慎刑思想是对滥施刑威的否定。

### 四、"法在必行,奸无所赦"

张居正作为剥削阶级的政治家,为维护封建统治秩序,要求以严厉手段制裁严重的犯罪行为。在他看来,宽缓的政策是以仁爱之心导致祸患,严明法制则能造成天下安宁。他说:"盖闻圣王杀以止杀,刑期无刑,不闻纵释有罪以为仁也。"(《书牍九·答宪长周友山言弭盗非全在不欲》)他认为,宽容犯罪是一种毫无政治眼光的"姑息之爱",是"独见犯罪者身被诛戮之可悯而不知被彼所戕害者皆含冤蓄愤于幽冥之中","不忍于有罪之凶恶而反忍于无辜之良善"③的糊涂见解。基于这种认识,他主张"法在必行,奸无所赦"(《书牍六·答宪长周友山言弭盗非全在不欲》),"法所当加,亲故不宥,才有可用,疏远不遗",这样,才能使"朝廷法令,必欲奉行,奸宄之人,必不敢姑息,以挠三尺之公,险躁之士,必不敢引进,以坏国家之事"(《奏疏八·乞鉴别忠邪以定国是疏》)。应当注意的是,张居正严于行法的思想中,还包含着严厉镇压农民起义的内容。但他并非一味严刑,否定教化的作用。他说:"教化不行,礼义不立,至于礼乐不兴,刑罚不中,民将无所措其手足。当此之时,虽有严令繁刑,祗益乱耳。"(《文集九·宜都县重修儒学记》)显然,他仍是封建阶级德主刑辅理论的支持者。

张居正是明代中后期封建统治阶级的政治家,他能洞察和正视社会积弊,大胆改革,并取得一定成效。他的法律思想同他的政治实践一样,在明代历史上占有一定地位。

**注:**

①《明史·张居正列传》:"张居正,字叔大,江陵人。少颖敏绝伦,十五为诸生。巡抚顾璘奇其文,曰:'国器也。'未几,居正举于乡,璘解犀带以赠,且曰:'君异日当腰玉,犀不足溷(混。蒙混)子'。嘉靖二十六年,居正成进士,改庶吉士。日讨求国家典故。徐阶辈皆器重之。授编修,请急归,亡何还职。"

"帝虚已委居正,居正亦慨然以天下为己任,中外想望丰采。居正劝帝遵守祖宗旧制,不必纷更,至讲学、亲贤、爱民、节用皆急务。帝称善。大计廷臣,斥诸不职及附丽(附离。依附的意思)拱者。复具诏召群臣廷饬之,百僚皆惕息。"

"居正为政,以尊主权、课吏职、信赏罚、一号令为主。虽万里外,朝下而夕奉行。黔国公沐朝弼数犯法,当逮,朝议难之。居正擢用其子,驰使缚之,不敢动。既至,请贷其死,锢之南京。漕河通,居正以岁赋逾春,发水横溢,非决则涸,乃采漕臣议,督艘率以孟冬脱运,及岁初毕发,少罹水患。行之久,太仓粟充盈,可支十年。互市饶马,乃减太仆种马,而令民以价纳,太仆金亦积四百余万。又为考成法以责吏治。初,部院复奏行抚按勘者,尝稽不报。居正令以大小缓急为限,误者抵罪。自是,一切不敢饰非,政体为肃。"

②《张文忠公全集·奏疏一·陈六事疏》:"振纪纲,臣闻人主以一身而居乎兆民之上,临制四海之广,所以能使天下皆服从其教令,整齐而不乱者,纪纲而已。纲如网之有绳,纪如丝之有总。诗曰:勉勉我王,纲纪四方。此人主太阿之柄,不可一日而倒持者也。臣窃见近年以来,纪纲不肃,法度不行,上下务为姑息。……振作者,谓整齐严肃,悬法以示民,而使之不敢犯。孔子所谓道之以德,齐之以礼者也。若操切,则为严刑峻法,虐使其民而已。故情可顺而不可徇,法宜严而不宜猛。伏望皇上奋乾刚之断,普离照之明,张法纪以肃群工,揽权纲而贞百度。刑赏予夺,一归之公道,而不必曲徇乎私情。政教号令,必断于宸衷,而毋致纷更于浮议。法所当加,虽贵近不宥;事有所枉,虽疏贱必申。仍乞敕下都察院,查照嘉靖初年所定宪纲事理,再加申饬,秉持公论,振扬风纪,以佐皇上明作励精之治,庶体统正,朝廷尊,而下有法守矣。"

③《张文忠公全集·奏疏五·论决重囚疏》:"夫春生秋杀,天道所以运行;雨露雪霜,万物因之发育。若一岁之间,有春生而无秋杀,有雨露而无雪霜,则岁功不成,而化理或滞矣。明王奉若天道,其刑赏予夺,皆奉天意以行事。书曰:天命有德,五服五章哉;天讨有罪,五刑五用哉。若弃有德而不用,释有罪而不诛,则刑赏失中,惨舒异用,非上天所以立君治民之意矣。……法令不行则犯者愈众,年复一年,充满囹圄,既费关防,又亏国典,其于政体,又大谬也。伏愿皇上,念上天之意不可违,祖宗之法不可废,毋惑于浮屠之说,毋流于姑息之爱,奏上圣母,仍将各犯照常行刑,以顺天道。若圣心不忍尽杀,或仍照去年例,容臣等拣其情罪尤重者,量决数十人,余姑牢固监候,俟明年大婚吉典告成,然后概免一年,则春生秋杀,仁昭义肃,并行而不悖矣。"

**思考题**

1. 试述王安石变法革新思想的主要内容。
2. 简析张居正整饬吏治的思想。

# 第十三章 辽、金、元各统治集团的法律思想

辽、金、元是我国北方少数民族统治集团先后建立的王朝。这些王朝在建立之前,大都处于由原始社会末期向奴隶制过渡的阶段。它们入主中原后,逐渐受到中原汉民族生产方式和文化诸方面的影响,不断封建化。为了缓和民族矛盾和阶级矛盾,一些较为开明、较有远见的统治者,积极倡导和推行汉法,初建封建法律制度,改革原有的落后的习惯法。辽圣宗耶律隆绪,特别是金世宗完颜雍、元初政治家耶律楚材等,都是较为突出的人物。他们的法律思想是中国法律思想史的重要组成部分。

## 第一节 完颜雍严格治吏的法律思想

金世宗(1123—1189)完颜雍,本名乌禄,女真族,金太祖完颜阿骨打孙。正隆六年(1161)完颜亮大举攻宋时,他在辽阳即皇帝位,年号大定。他在位凡二十九年,是金朝执政时间最长而又较有作为的皇帝。

早在金熙宗统治时期(1135—1148),金朝就已废除了带有氏族残余的贵族会议制度,效法宋、辽,建立了封建性的户籍、军事、赋税制度,加速了向封建社会的转化。金世宗在即位后的第四年便与宋廷签订了"隆兴和议",实现了此后长达四十年的和平局面。其间,金朝的封建经济、政治和法律制度进一步得到巩固和完善。为维护统一的中央集权的君主专制制度,金世宗在传统儒家思想的影响下,注意吸收大批汉族地主阶级知识分子参加政府机构,借

以完善国家政权建设和扩大金朝统治的社会基础。同时,他十分重视封建法制建设和吏制的整顿,这些措施在一定程度上促进了当时社会的安定和经济的发展。史书曾赞道:"当此之时,群臣守职,上下相安,家给人足,仓廪有余,刑部岁断死罪或十七人,或二十人,号称小尧舜。"①

## 一、慎行"议亲"、"议贤",确立君主的最高权威

金朝中期,封建制度虽已基本确立,但旧的女真贵族的势力仍很强大。他们倚仗自己手中的军政权力以及与皇族的亲属关系,贪赃纳贿,肆行无忌,直接干扰封建法制建设。他们犯了罪又往往以"八议"豁免。这就使他们有恃无恐,无视法纪。为了确立君主的最高权威和维护封建法制,必须对这些旧贵族势力有所约制,不能放任自流。因此,金世宗在处理"议亲"、"议贤"案件时十分慎重,并对上述制度重新作了解释和规定。

大定二十五年(1185),后族有人犯罪,尚书省按"八议"上奏,以期减免。金世宗说:"法者,公天下持平之器,若亲者犯而从减,是使之恃此而横恣也。昔汉文帝诛薄昭有足取者。前二十年时,后族济州节度使乌林达钞兀尝犯大辟,朕未尝宥。今乃宥之,是开后世轻重出入之门也。"宰臣辩护说:"古所以议亲,尊天子、别庶人",并提出犯罪者有"贤行",要求以"议贤"从宽发落。世宗反驳道:"外家自异于宗室。汉外戚权太重,至移国祚,朕所以不令诸王、公主有权也。夫有功于国,议勋可也。至若议贤,既曰贤矣,肯犯法乎!脱或缘坐,则固当减请也。"终于依律处之。次年,世宗下令:"太子妃大功以上亲,及与皇家无服者,及贤而犯私罪者,皆不入议。"并明令:"法有伦(相类)而不伦者,其改定之。"(《宋史·刑法志》)金世宗对"议亲"、"议贤"的改动和解释,主要有以下几点:

其一,明确后族的"议亲"范围。唐律八议议亲项规定,后族享有"议亲"特权的亲属有三种:太皇太后缌麻以上亲,皇太后缌麻以

上亲和皇后小功以上亲。本不包括太子妃大功以上亲,现予以排除。②

其二,缩小宗室"议亲"的范围。按唐律规定,皇帝宗室得以"议亲"的亲属包括皇帝祖免以上亲。世宗宣布"与皇家无服者皆不入议",排除了皇帝五服以外的祖免亲。③

其三,强调宗室与外戚的区别。他说过:"妻者乃外属耳","外家自异于宗室"。外戚势力太大,必将危及皇帝和皇族的统治地位。这显然是吸取了汉族历代封建政权因外戚权重"至移国祚"的教训。金世宗所谓严于"议亲",主要是为了控制外戚贵族势力,勿使尾大不掉。(《金史·世宗纪》)

其四,严格掌握"议贤"的条件。所谓"议贤",按唐律规定,指有大德行的贤人君子和言行可为法则者。金世宗认为,"贤"的最低标准是守法。一旦犯法(私罪),也就失去了"贤"的资格。"议贤"的条件是:因他人犯罪而缘坐的;犯公罪,即因公事致罪而无私曲者。二者必居其一,方可"议贤"。犯了私罪,皆不准入议。但是,还留了一条"议勋可也"的尾巴。

最后,金世宗对有关"议亲"、"议贤"案的处理本身,无异于向臣下再次申明:"八议"制度最根本的一条是"拟请奏裁",即皇帝说了算。这正如他所言:"官爵拟注,虽由卿辈,予夺之权,当出于朕。"④

对金世宗严于"议亲"、"议贤"的措施,不能简单地赞之为主张"法律平等"。事实证明,他利用这一法律制度,一方面削弱外戚贵族势力,另一方面又保护和扩大宗室的势力。⑤一个封建帝王不可能从根本上否定"议亲"、"议贤"、"议勋"制度。但是,他毕竟运用这一杠杆,抑制了女真贵族和外戚的势力,调整了统治阶级的内部秩序,从而使中央集权的君主专制制度进一步得到巩固。

## 二、"赏罚不滥,即是宽政"

金世宗十分重视赏罚特别是刑罚的作用,他说:"常人多喜为非,有天下者苟无以惩之,何由致治?"同时,他又认为,治理国家应当宽猛相济:"夫朝廷之政,太宽则人不知惧;太猛则小玷亦将不免于罪,惟当用中典耳。"他对"宽政"有一个解释:"帝王之政,固以宽慈为德。然如梁武帝专务宽慈,以至纲纪大坏。朕尝思之,赏罚不滥,即是宽政也,余复何为。"在"赏罚不滥"中,他特别强调"刑罚不滥",这就构成了他的慎刑思想。主要表现在以下几方面:

第一,根据犯罪具体情节,区别对待。有一次,"南客(指宋人)车俊等因榷场贸易误犯边界,罪当死",世宗批示:"本非故意,可免罪发还,毋令彼国(指宋朝)知之,恐复治其罪。"另一次,两个老百姓"并以乱言,当斩"。世宗以为:"愚民不识典法,有司亦未尝丁宁诰戒,岂可遽加极刑?"结果"以减死论"。

第二,断案当"以情求之",不以刑讯为然。一次,仓库被盗,有司以刑讯致死三名无辜的可疑者,世宗感叹道:"箠楚之下,何求不得?奈何鞫狱者不以情求之乎!"⑥

第三,提高审判效率,"勿使滞留"。他认为,当时的审判效率太低,主要原因是公文往返,"妄生情见",互相扯皮,以至"法有程限而辄违之"。他要求轻重案件各依期限结案,不得滞留,有疑问的立即奏闻。⑦同时,他还要求司法官吏"尽心"理狱:"凡诉讼案牍,皆当阅实是非",以"为民伸冤滞"。

## 三、"慎守令之选,严廉察之责"

金世宗认为,在治理国家中,法律固然是重要的,但法律是靠人来执行的。如果司法官吏贪赃枉法,营私舞弊,那么,法律制定得再详备也无济于治:"今有圣旨、条理,复有制条,是使奸吏得以轻重也。"其结论是:"国家事务,皆须得人。"(《金史·世宗纪》)

当时,官吏的状况很糟。为数不少的女真族官吏偷安苟禄,无所事事,甚至贪贿劫掠,对百姓敲诈勒索,监察官员也是避重就轻,互相庇护。在用人上则是循资守格,压抑人才,致使政府机关严重缺员。这种状况对加强中央集权的君主专制制度是不利的。因此,金世宗决心整饬吏治。

(一) 严惩贪污官吏

金世宗对贪官污吏采取毫不留情的严厉制裁政策,他说:"若涉赃贿,必痛绳之。"当时被制裁的贪吏绝大部分是女真族贵族,因此,太尉左丞相劝世宗说,惩治贪污,"依法则可",不要过于严厉。世宗反驳道:"朕于女直(真)人未尝不知优恤,然涉于赃罪,虽朕子弟亦不能恕。太尉之意欲姑息女直人耳!"世宗严惩贪污的措施主要有:官吏一旦涉嫌,立即免职;贪官罢职,其子女皆除名;犯赃罪,虽会赦,非特旨不再叙用等。⑧

(二) 厉行监察之法

金世宗主张以"明信赏罚"治国,也主张以"明信赏罚"治吏。他说:"凡在官者,但当取其贪污与清白之尤者数人黜陟之,则人自知惩劝矣。"因此,他曾因"县令多非其人,令吏部察其善恶,明加黜陟"。掌握纠察之权的主要不是吏部,而是"纠弹之官",即监察官员,其职责是纠举官吏的严重违法行为。他曾对监察官员说:"自三公以下,官僚善恶邪正,当审察之。若止理细务而略其大者,将治卿等罪矣。"监察官员如不尽职,就构成一种不作为的犯罪:"纠弹之官知有犯法而不举者,减犯人罪一等科之,关亲者许回避。"⑨

(三) 改革官吏任免旧制,破格选录人才

女真族官吏的数量、质量均不能适应当时的需要。因此,世宗把选录大批有用之才视为当务之急。他曾叹道:"朕与卿等俱老矣! 天下至大,岂得无人? 举荐人材,当今急务也。"他认为,人才有德才两方面,而德重于才,故而重视汉族地主阶级知识分子。一方面录用汉族知识分子,另一方面对女真官吏进行教育,使他们

"先读女直字经史,然后承袭"⑩。

金世宗提出破格录用人才的主张和措施是:

其一,举荐人才"不私亲故","不以亲疏为避忌"。他说:"古有布衣人相者。闻宋亦多用山东、河南流寓疏远之人,皆不拘于贵近。"他多次指示:"卿等当不私亲故,而特举忠正之人,朕将用之";"卿等举用人材,凡己所知识,必使他人举奏,朕甚不喜,如其果贤,何必以亲疏为避忌也!"(《金史·世宗纪》,下同)

其二,用人"试之以事",不以一时"独见"定取舍。他反对"用人,但一言合意便升用之,一言之失便责罚之"。他说:"凡人言辞,一得一失,贤者不免。自古用人咸试之以事,若止(只)以奏对之间,安能知人贤否?朕之取人,众所与者用之,不以独见为是也。"

其三,不循资历,取用壮年。他曾批评臣下:"日月资考所以待庸常之人。若才行过人,岂可拘以常例?国家事务皆须得人,汝等不能随才委使,所以事多不治。朕固不知用人之术,汝等但务循资守格,不能进用才能,岂以才能见用将夺己之禄位乎?"可谓一语击中要害。他强调:"用人之道,当自其壮年心力精强时用之。若拘以资格,则往往至于耄老,此不思之甚也。"

其四,注重选拔基层"下僚"。他认为基层官吏中有许多人才:"今在下僚岂无人材?但在上者不为汲引,恶其材胜己故耳!"他就曾亲自提拔过能干的下层小吏。

其五,取一技之长,不待"全才"。他认为一个人的能力总是有限的:"人亦安能每事尽善?"如果"必俟全才而后举,盖亦难矣!"他要求臣下注意推荐有一技之长者,"举某人长于某事,朕亦量材用之。"

其六,改革官吏终身制。他认为,"古来宰相率不过三五年而退,罕有三二十年者,自古岂有终身为相者?"而且,宰相的重要职责是荐举才能比自己高的人。他说:"进贤退不肖,宰相之职也。有才能高于己者,或惧其分权,往往不肯引置同列,朕甚不取。"对那种碌碌无为的官吏,他主张"不须任满,便以本品出之"。他还主张实行致仕制度:"应赴部求仕人,老昏病昧者,勒令致仕,止给半俸,更不迁(升)官。"年未满六十而自愿退职者,准子孙袭其官位:"世袭猛安谋克若出仕(退职)者,虽年未及六十,欲令子孙袭者,听。"

选录官吏的具体办法有三:一是考试。"随朝六品、外路五品以上职事官,举进士已在仕,才可居翰苑者,试制诏等文字三道,取文理优赡者,补充学士院职任"。二是令监察官员和各级官吏举荐。三是吏部考核业绩,以决升贬。"廉能者则升用","无治状者,不以任数多少,并不得援"。

金世宗的这些政策,在一定程度上抑制了女真贵族的骄横不法,并由于吸收大量汉族地主阶级知识分子而扩大了政权的社会基础,促进了封建中央集权的君主专制制度的发展。尤其是严于治吏的思想和选拔官吏的措施,具有一定的合理性。

**注:**

① 《金史·世宗本纪》:"世宗光天兴运文德武功圣明仁孝皇帝,讳雍,本讳乌禄,太祖孙,睿宗子也。母曰贞懿皇后李氏。天辅七年癸卯岁,生于上京。……性仁孝,沉静明达。善骑射,国人推为第一。"

"赞曰:世宗之立,虽由劝进,然天命人心之所归,虽古圣贤之君,亦不能辞也。盖自太祖以来,海内用兵,宁岁无几。……世宗久典外郡,明祸乱之故,知吏治之得失。即位五载,而南北讲好,与民休息。于是躬节俭,崇孝弟,信赏罚,重农桑,慎守令之选,严廉察之责,……孳孳(孜孜)为治,夜以继日,可谓得为君之道矣。当此之时,群臣守职,上下相安,家给人足,仓廪有余,刑部岁断死罪,或十七人,或二十人,号称'小尧舜',此其效验也。然举贤之急,求言之切,不绝于训辞,而群臣偷安苟禄,不能将顺其美,以底大顺,惜哉!"

② 按唐律规定,太子即帝位之前,其妻族并不能享受"议亲"特权。金世宗时,由于贵族势力较大以及当时法吏不谙熟汉法,致使"议亲"施用得很滥,连太子妃大功以上亲也一并入议了。及至明律才将此项列入议亲范围。

③ 五服:以丧服形式划分直系、旁系亲属的五个等级,即斩衰、齐衰、大功、小功、缌麻。袒免:袒露左臂,以布广一寸,从项中而前,交于额上,后绕于髻。《礼记·大传》:"五世祖免,杀同姓也。"孔颖达疏:"谓共承高祖之父者也,言服祖免而无正服,减杀同姓也。"可见祖免亲是疏于缌麻的一个亲等。

④ 这一条本来是无可疑义的惯例,可是金朝统治者不谙汉法,常有误解。《金史·刑法志》载:"兴定元年八月,上(指金宣宗)谓宰臣曰:律有八议,今言者或谓应议之人即当减等,何如? 宰臣对曰:凡议者先条所坐及应议之状以请,必议定然后奏裁也。上然之曰:若不论轻重而辄减之,则贵戚皆将恃此以虐民,民何以堪?"可见,少数民族封建政权吸收消化汉民族法律制度尚需要一段过程。

⑤《金史·世宗记》:大定十七年,"郡县之官虽以罪解,一二岁后亦须再用。猛安谋克皆太祖创业之际于国勤劳有功之人,其世袭之官,不宜以小罪夺免。"

⑥《金史·刑法志》:"……左藏库夜有盗,杀都监郭良臣,盗金珠。求盗不得,命点检司治之。执其可疑者八人鞫之,掠三人死,五人诬伏。上疑之,命同知大兴府事移剌道杂治。既而亲军百失长阿思钵鬻金于市,事觉,伏诛。上闻之曰:箠楚之下,何求不得? 奈何鞫狱者不以情求之乎? 赐死者钱人二百贯,不死者五十贯。"

⑦《金史·刑法志》载:一次,金世宗以大理寺案件积押而问宰臣说:"比闻大理寺断狱,虽无疑者亦经旬月,何耶?"宰臣答道:"在法:决死囚不过七日,徒刑五日,杖罪三日。"世宗说:"法有程限而辄违之,弛慢也!""凡法寺断重轻罪各有期限,法官但犯皆之决,岂敢有违? 但以卿等所见不一,至于再三批送,其议定奏者书奏牍亦不下旬日,以致事多滞留。自今当勿复尔!""凡尚书省送大理寺文字,一断便可闻奏。……初送法寺如法裁断,再送司直披详,又送阁寺参详,反复三次,妄生情见,不得结绝。……自今可上一次送法寺、阁寺披详,苟有情见,即其以闻,毋使滞留也"。

⑧《金史·世宗纪》:"赃汙之官,已被廉(察)问,若仍旧职,必复害民。其遣使诸道,即日罢之";"三品职官以赃至死,愚亦甚矣! 其诸子可皆除名";"吏人但犯赃罪,虽会赦(遇大赦),非特旨不叙";"职官始犯赃罪,容有过误;至于再犯,是无改过之心,自今再犯,不以赃数多寡,并除名。"

⑨《金史·世宗纪》:"监察职事修举者与迁擢,不称者大则降罪,小则决

责,仍不许去官(辞职)。""自今官长不法,其僚佐不能纠正又不言上者,并坐之。"

⑩《金史·世宗纪》:"天下大器归于有德","人之有干能,固不易得,然不若德行之士最优也","官属当选纯谨秉性正直者充之,勿用有权术之人","既为职官,当先廉耻。""起身刀笔者虽才力可用,其廉介之节终不及进士","夫儒者操行清洁,非礼不行。以吏出身,自幼为吏,习其贪墨,至于为官,习性不能迁改,政道废兴,实由于此。""选进士虽资叙未至而有政声者擢用之";"猛安谋克皆先读女直字经吏,然后承袭","稍通古今则不肯为非"。

## 第二节　耶律楚材的法律思想及其实践

耶律楚材(1190—1244),字晋卿,契丹族人,辽朝东丹王突欲八世孙,金世宗时尚书右丞耶律履之子。他年轻时曾试进士科,金章宗"问以疑狱数事,时同试者十七人,楚材所对独优。遂辟为掾。后仕为开州同知"。①元太祖成吉思汗取燕京后,耶律楚材被召见,渐被重用。②元太宗(窝阔台汗)时"授中书省印","事无巨细,一以委之"。耶律楚材为官近三十年,成为辅佐元太祖、太宗两朝的重要大臣。③晚年,因权贵"攻讦",以"独洁一己,无多财之祸,绝高位之危",转而信奉佛教,自称"湛然居士"。④其著作有《湛然居士集》和《西游录》。他的法律思想和政治主张,不仅见于其言论,而且更多地见于其施政之中。

### 一、建立封建法制以取代落后的习惯法

12世纪末13世纪初的蒙古民族,正处在奴隶制形成阶段,其情况与原始社会末期的"军事民主制"相似。当时调节人们活动的行为规范,是世代相沿的习惯法。在军事活动中,由族人先行商定行动计划和行动准则,然后宣布,即"共议而申令",大家共同宣誓遵守。对违背誓言者实行惩罚。这种法令叫做"札撒黑鸣诘列勒都仑"(意即共议的政令)。对被征服的敌对部族采取"比辖而屠"、

"奴其所余"的政策。主人对逃亡的"孛翰勒"(即奴隶)有权"割其踵"甚至"刃其肝而弃之"。在族内纠纷中则实行"以杖还杖,以拳还拳"的同态复仇原则。"合罕"(即王)的亲族及功臣享有"赦九罪而不惩"的特权。在成吉思汗执政的后期,虽然有了"断斗殴、盗贼欺诈诸事"的"最高断事官",并且有记录"所断之案"的"青册文书",但还没有成文法典。蒙古族由放牧牛羊的茫茫草原来到"园田每每"的沃土中原之后,面临着生活方式的变更和土地、财产、赋役制度等一系列新课题。落后的兼含氏族社会和奴隶制性质的习惯法,显然已远远不适合于新形势,要想统一和治理全中国,离开封建法律制度显然是无法实现的。耶律楚材就是当时比较早地认识到这一形势,并力图建立封建法制的政治家。

耶律楚材能够对元初封建法制建设做出贡献,不是没有原因的。首先,他自幼受到儒家思想和汉族文化的熏陶,能够不囿于异族、异姓的传统偏见,基于"吾君尧舜之君,吾民尧舜之民"的见解,把建立"九州成一统,刑赏归朝权"的封建王朝当作自己平生的理想。其次,他曾经在金朝担任地方官,具有一定的依封建法律处理各种政事的经验;再次,元太祖、太宗十分信任他,对他可谓"计行言听",使他获得"位足以行道"的优越条件。这样,初建封建法制的历史任务,就在主、客观条件比较成熟的情况下,由耶律楚材承担了起来,使他能够"奋袂直前,力行而不顾"地施行自己的主张。

(一) 定朝仪,明君臣上下之分

蒙古族原来没有区别君主臣下的朝廷礼仪,甚至在服饰上,也没有多大差别:"色以红紫绀绿,纹以日月龙凤,无贵贱等差。"(《黑鞑事略》)商议军政大事则由"合罕"召集族人到僻静的帐中进行:"举大事与其族人入独房中议之。"(《新译简注蒙古秘史》)这种共同商议、共同遵守的"札撒黑",显然不适于中央集权的统治。太宗继位后,耶律楚材"定册立仪礼",并且"颁大札撒"(即大法令),"皇族尊长皆令就班列拜,尊长之有拜礼,盖自此始"。关于"大札撒"

的具体内容,今已无法得知,但从"诸国来朝者多以冒楚应死"和"时朝集、后期应死者众"的记载来看,不外是一些有关朝制的条令。这些调整统治阶级内部秩序的法令的制定与实施,有力地促进了以"合罕"为核心的等级特权制度的形成,为在政体上完成向封建中央集权的君主专制制度的转化扫清了道路。

随着朝仪的建立,耶律楚材还建议制定其他法律制度。首先是统一全国的符印。当时,"诸路官府自为符印,僭越无度"。耶律楚材建议由中央政府"依式铸造,由是名器始重"。其次是实行军政分治。以前,"诸路长吏兼领军、民、钱、谷,往往恃其富强肆为不法"。他建议设置州郡分吏和万户府,"长吏专理民事,万户府总军政,使"各不相统摄,遂为定制"。再次,"布递传,明驿券",统一驿站制度。当时,诸王贵族自设驿站,各自为政;使臣无法律拘束,"豪夺民马以乘之",沿途"骚扰道路","需索百端,供馈稍缓,辄被箠挞,馆人不能堪"。他建议由中央统一管理驿传事务,"奏给牌札,乃定饮食分例,其弊始革"(《元朝名臣事略》)。

为了统一全国的政事,耶律楚材起草了《便宜一十八事》,经朝廷批准,以成文法的形式,"颁行天下",成了当时的临时法典。《便宜一十八事》的内容十分广泛,涉及政体、吏治、赋税、刑法、诉讼程序等。⑤他还上奏《陈时务十策》,其中讲了"信赏罚、正名分、给俸禄、官功臣、考殿最、均科差、选工匠、务农桑、定土贡、制漕运"十项政事,"皆切于时务,悉施行之"(《元史·耶律楚材传》)。他的《便宜一十八事》和《陈时务十策》,实际上成为当时立法的指导原则。

(二) 开文治,任用汉族儒臣

耶律楚材认为:"天下虽得之马上,不可以马上治",治国不能"偏任武夫"。因而向君主"时时进说周礼之教"。在他的建议下,开始取用汉儒和金朝官员,逐渐形成任用文臣的常制:"国朝之用文臣盖自公发之。"当时"极天下之选,参佐皆用省部旧人",立十路课税所设使、副二员皆以儒者为之。

"治国崇文事,拔贤尚赋词"。耶律楚材不仅主张以儒臣治国,而且还十分重视对文官的培养和选拔。他说:"儒臣之事业,非积数十年殆未易成也。"(《湛然居士集》)为了提高儒学的地位,耶律楚材采取了如下几种措施:其一,提倡尊孔。早在汴京还未攻克的时候,他"奏遣使入城,索取孔子五十一代孙,袭封衍圣公",并赐庙宅田地。其二,考试取士,"以经义、词赋、论分为三科,儒被俘为奴者,亦令就试,其主匿弗遣者死"。一次考试便"得士凡四千三百人,免为奴者四分之一",从而解决了当时文官不足的困难。其三,整理、宣讲儒家经典。他建议"收拾散亡礼乐人等,及取名儒梁陟等数辈,于燕京置编修所,于平阳置经籍所,以开文治",并且召集名儒"直释九经,进讲东宫",使"大臣子孙执经解义,俾知圣人之道"(《元朝名臣事略》)。

(三)统一司法,禁止滥杀

"九州成一统,刑赏归朝权。"在耶律楚材看来,国家的统一和司法的统一是互为因果、密不可分的。当初"天下新定,未有号令",司法权由各军事首领掌握,"皆得自专生杀"。"稍有忤意,则刀锯随之。至有全室被戮,襁褓不遗者。"而彼州此郡动辄兴兵相攻,甚至"杀人盈市"。为了改变这种状况,耶律楚材请求下令:"囚当大辟者必待服,违者罪死。于是贪暴之风稍戢。"当时,"中原甫定,民多误触禁网,而国无赦令";加之"朝廷用非其人,天下罪囚必多冤枉"。因此,他"议请肆宥",始定赦宥之制。(《元史·耶律楚材传》)

他还坚持区别对待的原则。当时,根据太宗的一道命令,逃民和资助逃民者,其罪死,而且"一家犯禁余并连坐"。他劝太宗说:"民皆陛下赤子,走复何之?奈何因一俘囚连死数十百人乎?"结果太宗"诏停其禁"。根据蒙古族习惯法,在战争中"凡敌人拒命,矢石一发则杀无赦"。经过耶律楚材的劝说,在攻汴京时,"诏除完颜氏一族外余皆原免",使聚寄城中的一百四十万难民得以生存。这

就首次打破了传统的"屠城"旧制。(《元朝名臣事略》)

**二、因地制宜,建立封建赋税制度**

成吉思汗时,蒙古族贵族统治集团在扩张之际,只知掠夺,每占一地,把财物洗劫一空,将房屋付之一炬,掠人民工匠为奴隶,按传统的办法,依功劳大小分赐给诸王贵族将领,"合罕"则从中各抽取一份。那时的蒙古贵族还不知有赋税之事。蒙古族入主中原后,面临着生产方式和剥削方式的变更,有些贵族或则出于维护当时的既得利益,或则囿于旧的传统习惯,而固守游牧生活和奴隶制剥削方式,这就造成"南北之政每每相戾"的局面。而在新旧制度的交锋中始终坚持以封建经济、赋税制度取代落后的剥削方式的,就是耶律楚材。这种新与旧的交锋主要有三次:

第一次,自太祖西征之后,"仓廪府库无斗粟尺帛",经济十分困难。在一次讨论筹积军资以备南征的会议上,近臣伯特(一作别迭)等人建议:"虽得汉人亦无所用,不若尽去之,使草木畅茂,以为牧地",主张以游牧生产方式取代中原的农业生产方式。耶律楚材极力反对,他说:"夫以天下之广,四海之富,何求而不得,但不为耳,何名无用哉!"接着他算了一笔帐,说:"诚均定中原地税、商税、盐、酒、铁冶、山泽之利,岁可得银五十万两,帛八万匹,粟四十余万石,足以供给,何谓无补哉!"太宗说:"卿试为之。"耶律楚材设十路课税所分管各地赋税。秋后,"诸路所贡课额银币及仓廪物斛文薄具陈于前,悉符元奏之数。"太宗高兴极了,说:"卿不离左右,何使钱币流入如此,不审南国复有卿比者否?"元初封建赋税制度就这样逐步建立起来了。(《元史·耶律楚材传》)

为了巩固封建国家的赋税制度,扩大征税范围,耶律楚材主张加强户籍管理。当时,被掠的人民以奴隶的身份依附于各级统治者。"诸王大臣及诸将校所得户口往往寄诸留郡,几居天下之半。公因奏括户口皆籍为编民。"规定"匿占者死",从而把奴隶变为"土

居"纳赋的农民。而且,各族人的赋税义务是一样的:"蒙古、回鹘、河西人等与所在居民一体应输赋役"。(《元朝名臣事略》)

第二次,大臣忽都虎等建议"割裂诸州郡分赐诸王贵族,以为汤沐邑"。这表面是建立食邑的赋税制度,实质上是想通过分封,建立由诸王、贵族独揽军事、行政、司法、政财大权的独立王国。耶律楚材极力反对,他指出,分封后患无穷,"尾大不掉,易以生隙,不如多与金帛,足以为恩"。并建议"若树置官吏,必自朝命;除恒赋外不令擅自征敛"。太宗同意了他的意见,从而维护了中央集权的封建专制政体。耶律楚材也因此招致权臣的忌恨。

第三次,太宗执政后期,权贵豪民用掠夺的金银钱币"扑买"天下赋税。有的用"银五十万两,扑买天下差发";有的用"银五万两扑买燕京酒课";有的用"银一百万两扑买天下盐课";甚至"有扑买天下河泊桥梁渡口者"。这些贵族集团企图利用手中的财力向国家争夺赋税大权。耶律楚材以为这样做"为害甚大,咸奏罢之"。原来耶律楚材订每年课税总额为银"二万二千锭",而重臣温都尔哈玛尔(即奥都剌哈蛮)"扑买课税,增至四万四千锭"。耶律楚材气愤道:"虽取四十四万亦可得!不过严设法禁,阴夺民利耳。民穷为盗,非国之福。"但"近侍左右"都奉迎温氏,"上亦颇感,众议欲求试行之。公反复争论,力不能夺。"他叹道:"扑买之利既兴,必有蹑迹而篡其后者,民之穷困将自此始矣!"这次斗争虽然失败了,但耶律楚材毕竟为元朝初步奠定了统一的封建性的赋税制度。

### 三、秉公执法,不畏权贵

封建统治者为了"长治久安",除了镇压、防范人民的反抗斗争之外,还要运用统一的法律来调节统治阶级的内部矛盾,限制个别成员的放肆行为。这是封建法制的特点之一,也是同奴隶主贵族对奴隶恣意虐杀和享受"赦九罪而不惩"的种族特权的区别所在。因此,在封建法律初步形成之后,在司法上仍存在着新与旧的斗争。特别在不改变蒙古族落后的法律传统,封建法制就不能建立的时候,这种斗争往往是很激烈的。在这种情况下,耶律楚材敢于坚持封建司法原则,不顾个人得失。

耶律楚材执法秉公,首先表现为不私亲属。他为官近三十年,权力颇重,但从未任用亲属,"得禄分其亲族,未尝私以官。"他认为:"睦亲之义,但当资以金帛,若使从政而违法,吾不能徇私恩也。"他执法还不计私仇。权贵咸得卜出于忌恨而秘告他心怀二志,劝太宗杀掉耶律楚材。太宗调查后,证明纯属构陷,授权耶律楚材处置咸得卜。耶律楚材说:"此人倨傲无礼,狎近群小,易以招谤。今方有事于南邦,他日治之亦未晚也。"因此,太宗称赞道:"楚材不计私仇,真宽厚长者。"

耶律楚材执法既不怕得罪权威之家,更不受贿赂。早在太祖时,"燕京多盗,至驾车行劫,有司不能禁"。他下令捕剿,结果"分捕得之,皆势家子。其家人辈行赂求免"。但他认为,"若不惩戒,恐致大乱",终于"刑一十六人,京城帖然"。太宗后期,温都尔哈玛尔因为受到皇后乃马真的宠信而势力渐大,"执政者亦皆阿附",但温氏"惟惮公沮其事,则以银五万两赂公。公不受。事有不便于民者辄止之"(《元史·耶律楚材传》)。耶律楚材同权贵的矛盾因此而日渐加深。

对君主独断任情的行为,耶律楚材也敢于提出批评。一次,有人控告他"违制",太宗一怒之下将他逮捕,不久又后悔了,下令释放他。耶律楚材不让解绑,说:"臣备为公辅,国政所属,陛下初令系臣,以有罪也,岂宜轻易反复,如戏小儿!"终于使太宗认了错。太宗死,乃马真皇后当权,为所欲为。耶律楚材冒死进行抵制。⑥

耶律楚材的法律思想及其实践,虽然出于维护蒙古贵族长远利益的目的,但客观上促进了当时封建法制的确立,符合历史发展的趋势,有利于维护国家的统一和社会的安定。因此,他不失为一个在中国历史上做出贡献的少数民族杰出的政治家和思想家。

注：

①《元史·耶律楚材传》："耶律楚材字晋卿，辽东丹王突欲八世孙。父履，以学行事金世宗，特见亲任，终尚书右丞。

楚材生三岁而孤，母杨氏教之学。及长，博极群书，旁通天文、地理、律历、术数及释老、医卜之说，下笔为文，若宿构者。金制，宰相子例试补肖掾。楚材欲试进士科，章宗诏如旧制。问以疑狱数事，时同试者十七人，楚材所对独优。遂辟为掾。后仕为开州同知。"

②《元朝名臣事略》卷5："国初未有历学，而回鹘人奏五月望夕月蚀。公言不蚀。及期果不蚀。明年公奏十月望夜月蚀。回鹘人言不蚀。其夜月蚀八分。上大异之曰：'汝于天上事尚无不知，况人间事乎！'……于是每将出征必令公豫卜吉凶。"

③郝经：《陵川郝公文集》："耶律楚为相，定税赋、榷商课、分郡县、籍户口、理狱讼、别军民、设科举、推恩肆赦，方有志于天下……"又《湛然居士集·序》："公草创法度，功在庙社，谏革初制之苛猛，苏息民物之疮痍，丰功伟烈，衣被天下。"

④《湛然居士集·贫乐庵记》："夫君子之学道也，非为己也。吾君尧舜之君，吾民尧舜之民，此其志也。使一夫一妇不被尧舜之泽者，君子耻之。是故君子之得志也，位足以行道，财足以博施，不亦乐乎！持盈守谦，慎终如始，若朽索之驭六马，不亦忧乎！其贫贱也，卷而怀之，独洁一己，无多财之祸，绝高位之危，此其乐也。嗟流俗之末化，悲圣道之将颓。举世寥寥无知我者，此其忧也。"

⑤《元朝名臣事略》卷五："郡宜置长吏牧民，设万户总军，使势均力敌，以遏骄横。中原之地，财用所出，宜存恤其民，州县非奉上命，敢擅行科差者罪之。贸易借贷官物者罪之。蒙古、回纥、河西诸人，种地不纳税者死。监主自盗官物者死。应犯死罪者，具由申奏待报，然后行刑。贡献礼物，为害非轻，深宜禁断。"

⑥《元朝名臣事略》卷五载：太宗死，乃马真皇后当权。她宠信近臣温都尔哈玛尔，授权他执掌"御宝空纸"，可以"从意书填"，自行其事，朝政一片混乱。公拒不从命，曰："天下先帝之天下，典章号令自先帝出。必欲如此，臣不

敢奉诏。"令史也不敢书填温氏的命令。皇后大怒,下令:"温都尔哈玛尔奏准事理,令史若不书填,则断其手!"公曰:"军国之事,先帝悉委老臣,令史何与焉? 事若合理,自是遵行;若不合理,死且不避,况断手乎!""后以公先朝勋旧,曲敬惮焉。"

**思考题**
1. 你怎样评价完颜雍"贵贱同法"的法律思想。
2. 试述耶律楚材法律思想的主要内容。

# 第十四章　明清之际启蒙思想家的法律思想

明末清初,是我国历史上又一个发生显著变化的时期。明王朝在农民大起义的打击下迅速灭亡,满清贵族的入关使广大人民陷入民族灾难,因而形成了阶级矛盾与民族矛盾交织混合的局面。这时的资本主义萌芽有了相当的发展,随之而形成的工商市民阶层提出了自己的要求,并与地主阶级内部的激进人士结成了反对封建专制的联盟。动荡的社会和严峻的现实,要求人们从思想理论方面认识和总结,同时也促使先进的思想家们去思索、寻找新的社会出路,从而形成了一种带有民主启蒙因素的反封建专制的激进思潮,出现了一批眼光敏锐、见识卓越的早期启蒙思想家。

这批启蒙思想家的主要代表是黄宗羲、王夫之、顾炎武、唐甄等人,其中黄宗羲的贡献最大。他们对封建君主专制制度、封建土地所有制以及封建法制进行了深刻的揭露和批判,他们同情劳动人民,都有追求民主、自由和自治的倾向,对新事物敏感,反对固步自封;他们怀着对未来的无限信念和幻想,以"托古改制"的方式提出了自己的社会改革思想。

在法律思想上,他们通过对于封建专制主义法制及其思想的批判,提出了以民主、平等为核心的新的"法治"主张。其中,黄宗羲要求以"天下之法"代替"一家之法",设计了具有划时代意义的,与民主相联系的"法治"蓝图。王夫之、顾炎武深刻地抨击了宋明理学的荒谬,从而动摇了封建正统法律思想的根基,同时从立法、司法方面对前代法律思想进行了新的总结。唐甄集中地揭露了封建君主及其法制的罪恶。总之,这一时期的启蒙法律思想,既吸取了历史上的民主性精华,也清算了历史上的专制性糟粕,从内容到形式都具有鲜明的民族特点,标志着我国古代法律思想的卓越理论成就。

## 第一节 黄宗羲的启蒙法律思想

黄宗羲(1610—1695),字太冲,号南雷,人称黎洲先生,浙江余姚人。其父黄遵素,是"东林党"中的著名人物,因弹劾魏忠贤专权而被害致死。明代的江浙数省是我国初期资本主义萌芽发展的主要地区,也是东林党人活动的集中地带。这样的家庭和社会环境,使黄宗羲从小就养成一种勇于抗争的精神。他在青年时期积极地参加反对阉官的斗争,中年时期又出生入死地进行抗清的武装斗争,晚年从事讲学和著述,坚持民族气节,拒不仕清。[①]黄宗羲的知识渊博,既是思想家又是史学家,对数学、天文、地理等也很有研究。他的著作有《明儒学案》、《明夷待访录》等。

### 一、对封建君主及其"一家之法"的批判

在我国的封建社会,集立法、司法、军事、经济诸大权于一身的君主,既是封建统治的主要象征,又是专制主义"法治"的集中代表。因此,先进的思想家们对于封建专制君主的抨击,不仅从根本上动摇着封建法制的基础,而且其本身就是对封建立法、司法原则的否定。黄宗羲经历了家、国之变,深感君主专制不仅是明代倾覆的直接原因,而且是社会向前发展的主要障碍。因此,他将专制君主称之为"天下之大害"[②],将维护君主利益的法律称之为"一家之法"[③],并且进行了淋漓尽致的揭露和义正辞严的声讨。

首先,黄宗羲明确反对封建"家天下"制度。他深刻地指出,从"人生之初"起,"天下"便是属于天下所有人的,但是君主却凭借自己掌握的权力,将"天下"据为"私"有,作为自己的"家"产,"以为天

下之利害之权皆出于我,以天下之利尽归于己,以天下之害尽归于人"(《明夷待访录·原君》,下引此书仅注篇名)。同时,君主不仅自己终身享用"天下"的福利,还"视天下为莫大产业,传之子孙,受享无穷",更是极不合理,无法容忍的。④

其次,黄宗羲猛烈抨击专制君主对人民的剥夺和残害。他以上下几千年的历史事实为据,指出君主制度是造成天下混乱、民不聊生的根本原因。他认为,无论在上台之前还是登基之后,君主一直都在祸害人民。在他们未当君主之前,大肆兴兵征战,"屠毒天下之肝脑,离散天下之子女",但却无动于衷,以为这是在"为子孙创业"。他们一旦登上君主的宝座,更变本加厉地敲剥人民,以满足"一人之淫乐",以为这是他自己私有"产业之花息"。⑤他愤怒地指出,对这样的君主,只能称之为"独夫",视其为全天下百姓不共戴天的"寇仇"。⑥

第三,黄宗羲集中地批判君主的独断与专横。他指出,君主将天下据为己有,集大权于一身,颠倒了"天下为主,君为客"的主从关系。"今也以君为主,天下为客,凡天下之无地而得安宁者,为君也。"(《原君》)他进而分析说,这样不仅使天下百姓深受其害,而且也给君主自己及其家族带来覆灭性的灾难,"远者数世,近者及身,其血肉之崩溃在其子孙矣。"⑦同时深刻地指出,君主集大权于一身,往往使官吏成为君主独裁的附属物,似乎"臣为君而设",臣的一切都是君主给予的。这样一来,一方面造成选官任职方面的"任人唯私"⑧,以君主个人的好恶为标准,"能事我者贤之,不能事我者否之",所任选的都是些"仆妾",即奴才⑨;另一方面导致"奄臣之祸",即宦官专权。"宰相六部,为奄臣奉行之员而已"(《奄臣上》)。

第四,黄宗羲指责封建法律为"一家之法"、"非法之法"。一方面,他认为"后世之法"只体现了君主及其家族的利益,是为了延长其"祚命"、"保育"其"子孙"而设置的。⑩"此其法何曾有一毫为天下之心哉！而亦可谓之法乎？"⑪可见黄宗羲并不局限于某个朝代某条法令，而是针对秦以来的整个专制主义的封建法制而发论的。他认为这样没有"一毫为天下之心"的法律，将天下的利益尽归于君主，势必引起天下之乱，违背了立法的本旨。因此，这样的法律只能是"非法之法"。⑫

他进而分析说，这样的"一家之法"、'"非法之法"带来了很多弊端和危害：一是使法令繁密，因为君主图谋私利，便要用人防人，设立种种防范规定，"故其法不得不密"(《原法》)。二是造成了有法不依。因为制定或者废除法令都是为了一家私利，所以都不愿意恪守法制，而为"其利欲之私以坏之"⑬。三是压抑了贤才，束缚了天下人民才能的发挥，即"非法之法桎梏天下人之手足"。⑭四是造成了狱吏残害人民。因为胥吏狱卒，大多数是"皇皇求利者"，君主谋取"大私"，上行下效，狱吏们"亦何所不至，创为文网以济其私"⑮，受双重残害的是人民。正因为如此，黄宗羲指出，只要法律本身仅仅是为君主的"一身"、"一家"的"私利"，那么无论其内容条项属优属劣，详备与否，都是不足称道的。他进而尖锐地指出，那种把祖宗法度尊崇为"宪章"的传统观点，只不过是"俗儒"们的胡说八道。⑯

综上所述，黄宗羲列举了君主专制及其法律的谋取私利、敲剥人民、独断专行、凶残暴酷等罪恶，从而得出一个结论："为天下之大害者，君而已矣"(《原君》)，"天下之乱即生于法之中"(《原法》)，因此必须推倒和废除。需要强调的是，黄宗羲不是对某个君主的抨击，而是对整个封建制度的揭露；他也不是仅对明王朝的批判，而是对整个封建法制的批判。黄宗羲的揭露和批判，清算了封建专制主义"法治"的罪恶，吹响了近代资产阶级反封建的号角。

## 二、具有民主因素的"法治"理论

黄宗羲从民主主义的要求出发，论述了"天下之法"的具体要

求,提出了确立新型"法治"的改革蓝图。这表现在:

(一) 立法必须体现"天下"人的利益,为"天下"人兴利除害

这是他在论述"君"(即国家法律制度)的起源时提出的。在他看来,"有生之初,人各自私也,人各自利也",并没有君主,也没有法令。但到后来,由于各人只顾各人,"天下有公利"无人兴办,"有公害"无人除掉,于是才产生"使天下受其利"、"释其害"的"人主"。[17]可见黄宗羲国家法律起源论的核心是"公利"说。这种"公利"是为了防止由于自私自利对他人利益造成的损害而形成的,是属于社会全体成员的,而国家和法律,正是适应统一协调"公利"与"私利"的关系的需要而产生的。

他指出,君主是"天下之大害"。"天下之法"要为民除害,就应该严禁任何为专制君主谋私利的行为;而"天下之利"往往直接表现为土地、财产、教育等权利,因此保障这些权利的"授土"、"授地"、学校、婚姻、赋税等应该是"天下之法"的主要内容。[18]从这一认识出发,他主张废除封建土地国有制度和重赋政策,用"授田于民"(即平分土地)和"重定天下之赋,必有以下下为则"(《田制一》)(即减轻赋税)等办法,来保障人民的财产权利;主张"工商皆本"[19],以体现人民,尤其是工商市民阶层的经济权益;主张不分贫富,"心邑之生童,皆裹粮从学",大办学校[20],实行全民性的普及教育;主张"天下之兵当取之于口,而天下为兵之养当取之于户"(《议兵》),使兵源来于民,兵权属于民。黄宗羲真不愧为一个启蒙思想家,他在经济立法、行政立法方面的卓识远见,是那些封建阶级的思想家们所望尘莫及的。

(二) 立法必须体现"以天下为主",保障"万民"的平等权利

他认为,法律与国家政权一样,"为天下,非为君也;为万民,非为一姓也",因此应该将"以天下为主,君为客"(《原君》)作为立法的最高原则。我们知道,"主"、"客"在封建时代有固定的含义。"主"即主人,权力与财产的支配者;而"客"则是家奴、仆役的泛称。

黄宗羲这里把几千年来"君为天下之主"的传统颠倒过来,宣布"以天下为主",称得上是破石裂天,惊世骇俗之语。它的意义,不仅在于反对封建纲常,更表现在提出了一种新国家的新政体,是近代资产阶级民主思想的初级形式。

从"天下为主"出发,黄宗羲主张统治者必须忠实地为天下人民效劳,所谓:"凡君之所毕世而经营者,为天下也"[21];主张所有的官吏都是人民的公仆,而不是君主个人的工具,所谓:"故我之出而任也,为天下,非为君也"[22];并主张人民有权起来反对以至推翻那些只顾自己而残害人民的暴君,所谓:"天下之人怨恶其君,视之如寇仇,名之为独夫,固其所也"(《原君》)。总之,"天下之治乱,不在一姓之兴亡,而在万民之忧乐"(《原臣》)。立法的目的是防乱求治,因此必须以"万民忧乐"为宗旨。

立法"以天下为主",就必须保障人民在政治上与官吏平等。他认为"三代之法"体现了这一点,指出:"三代之法藏天下于天下",天子并不将"山泽之利"、"刑赏之权"据为己有,而是与"天下之人"共同分享,"贵不在朝廷","贱不在草莽"。[23]也就是说,所有的人都有平等的权利,不但在经济、司法方面是平等的,而且不论出身、职业、民族,也都享有平等的权利。

为了保证民主与平等,黄宗羲又提出了"学校议政"的设想。他认为,学校不仅仅是"养士"(即培养官吏)的场所,同时也应成为"治天下之具",即反映民意,决定政策,监督行政的机关。所谓:"必使治天下之具皆出于学校,而后设学校之意始备。"[24]由于在宋、明之后,无论官方的太学或国子监,还是民间的私塾,都常常是士大夫知识分子议论朝政的中心,所以黄宗羲将学校作为表达"天下之人"的舆论和代表民意参政的机构。由学校参与国家政事的决策,法律的制定,并具有监督君主、官吏执行情况的职能。主张"天子之所是未必是,天子之所非未必非,天子亦不敢自为非是,而公其非是于学校"(《学校》)。据此,他提出由"名儒"担任各级学校的学官，尤其京师的太学，其"祭酒，推择当世大儒"，应当与宰相同样重视。每月的初一，君主、大臣应亲临太学："祭酒南面讲学，天子亦就弟子之列，政有缺失，祭酒直言无讳"[26]。地方学校的学官，也有评议、监督、弹劾当地官吏的权力。显然，黄宗羲所描绘的"学校"，实际上已具有资产阶级议会的某些职能，因而可说是近代议会政治的雏形。

（三）君主、宰相、大臣共同掌握立法、司法权力

黄宗羲认为，君主集立法、司法、军事、行政等大权于一身，是"一家之法"的主要弊端，因而主张以"天下之法"来减少、限制君主的专制权力，其核心在于：变集权为分权，变专制为自治。在他看来，既然君主、法律都并非"为一己而立"，那么立法、司法权力便不应为君主个人所专有，"刑赏之权不疑其旁落"，只有那些品质高尚、有真才实学的士大夫才能代表民意。最适于从政。所以，除"学校议政"之外，还应该由那些"当世之大儒"、"名儒"出任宰相、公卿等重要官职，与君主共掌政权。他提出了两个具体方案：一是恢复自明初便已废除了的宰相制，由宰相统领"政事堂"，有职有权。不仅可以与君主共商国事，而且主管"吏房"、"枢机房"、"兵房"、"户房"、"刑礼房"等主要中央机构。[26]这种宰相制度，显然类似于近代资产阶级的责任内阁制。二是实行地方分治，各地方政权有一定的自主权和自治权，从而限制君主的权力。诸如，地方有独立的行政权，"一切政教张弛，不从中制"；有独立的财政权，"田赋商税，听其征收"，"一方之财，自供一方"；有独立的军事权，"钱粮兵马，内足自立，外足捍患"，"统帅专一，独任其咎"；等等。[27]这种中央与地方分治的形式，亦相似于近代的联邦制。

值得强调的是，黄宗羲在论述君臣共治和限制君权的时候，始终是以君臣平等、同为天下作为基点的。他认为，君主与官吏同属天下之"客"，即人民的公仆；二者之间只有分工的不同，没有高低贵贱之分[28]，"臣之与君，名异而实同"，臣吏不是君主的"仆妾"，而

是其同事或师友,"官"和"君"在政治上是平等的。如果"吾"即官吏没有承担为天下服务的责任,"则吾在君为路人"[24]。由此,各级官吏便只能对"天下之法"负责,而不应为君主个人效忠,即"我之出而仕也,为天下,非为君也。"(《原臣》)

(四)实行"有治法而后有治人"的"法治"

黄宗羲总结了前代关于"人治"与"法治"的争论,打破了正统儒学的"人治"传统,站在新的立场上给予"法治"以新的解释。他认为,从为民兴利除害的作用上比较,"法"的作用要大于"人"的作用,更应该重视"法治"的定立与实行。他的"治法",是指与"一家之法"对立的"天下之法",即代表天下人民利益的平等的法律。认为有了这样的"天下之法",然后君主、宰相、公卿、士大夫直到庶民百姓"皆从法",即严格遵守奉行法律,便能达到天下大治。因此,他一反封建正统的"人治"教条,公开声明:人们都坚持"有治人无治法",而"吾以谓有治法而后有治人",认为"天下之治乱","系于法之存亡"。并分析说,"治法"不但决定着社会的治乱,而且能够充分发挥"能治之人"的才智能力,能够限制约束那些贪婪残忍的人,不至于危乱天下,所谓:"使先王之法而在,莫不有法外之意存乎其间。其人是也,则可以无不行之意;其人非也,亦不致深刻罗网,反害天下。故曰有治法而后有治人。"(《原法》)可见,黄宗羲的"法治"论,不仅要求君臣上下遵守法律,更重要的是强调法律的目的在于为"天下之人"和法律的平等。正因为"天下之法"主张人人平等,所以每个人都必须恪守法制,任何人也没有凌驾于法制之上的特权。显然,这种"法治"观点,已经超出了讨论法律作用的范围,深入到了法律本质的领域,具有近代资产阶级"法治"理论的特征。

综上所述,黄宗羲的法律思想,体现了我国古代法律思想的民主性精华,并为后来的资产阶级改良运动提供了思想武器。正因为如此,人们往往将黄宗羲与法国资产阶级启蒙思想家卢梭相比拟。但是从时间上比较，《明夷待访录》的问世要比《民约论》早一百年。在十七世纪，我国的法律思想能够达到这样的水平，取得这样的成就，是值得引以自豪的。然而，黄宗羲毕竟是一位封建时代的思想家，地主阶级的偏见和封建观念的束缚，都使他无法彻底冲破正统思想的藩篱。他的民主主义"法治"理论，在本质上，只是没有触及剥削阶级法制原则的改良，是无法实现的一纸空文。因此，总起来说，黄宗羲是一个带着旧传统的明显烙印，刚刚跨进新时代门槛的卓越的启蒙思想家。

**注：**
① 《黄黎洲先生年谱》卷首引黄宗羲自述："初锢之为党人，继指之为游侠，终厕之于儒林。其为人也，盖三变而至今。"
② 《明夷待访录·原君》："为天下之大害者，君而已矣。"
③ 《明夷待访录·原法》："后之人主，……然则其所谓法者，一家之法而非天下之法。"
④ 《明夷待访录·原君》："后之为人君者不然，以为天下利害之权皆出于我，我以天下之利尽归于己，以天下之害尽归于人，亦无不可；使天下之人不敢自私，不敢自利，以我之大私为天下之大公。始而惭焉，久而安焉，视天下为莫大之产业，传之子孙，受享无穷。汉高帝所'某业所就孰与仲多'者，其逐利之情不觉溢之于辞矣。"
⑤ 《明夷待访录·原君》："凡天下之无地而得安宁者，为君也。是以其未得之也，屠毒天下之肝脑，离散天下之子女，以为我一人之产业，曾不惨然，曰：我固为子孙创业也。其既得之也，敲剥天下之骨髓，离散天下之女子，以奉我一人之淫乐，视为当然，曰此我产业之花息也。"
⑥ 《明夷待访录·原君》："古者天下之人爱戴其君，比之如父，拟之如天，诚不为过也。今也天下之人怨恶其君，视之如寇仇，名之为独夫，固其所也。"
⑦ 《明夷待访录·原君》："虽然，使后之为君者果能保此产业，传之无穷，亦无怪乎其私之也。既以产业视之，人之欲得产业，谁不如我，摄缄滕，固扃𫔎，一人之智力不能胜天下欲得之者之众，远者数世，近者及身，其血肉之崩溃在其子孙矣！"

⑧《明夷待访录·原臣》:"世之为臣者昧于此义,以谓臣为君而设也。君分吾以天下而后治之,君授吾以人民而后牧之,视天下人民为人君囊中之私物。"

⑨《明夷待访录·置相》:"秦汉以后,废而不讲,然丞相进,天下御座为起,在与为下。宰相既罢,天子更无与为礼者矣。遂谓百官之设,所以事我,能事我者贤之,不能事我者否之。"

⑩《明夷待访录·原法》:"后之人主,既得天下,惟恐其祚命之不长也,子孙之不能保育也,思患于未然以为之法。然则其所谓法者,一家之法而非天下之法也。"

⑪《明夷待访录·原法》:"是故秦变封建而为郡县,以郡县得私于我也;汉建庶孽,以其可藩屏于我也;宋解方镇之权,以方镇之不利于我也。此其法何曾有一毫为天下之心哉,而亦可谓之法乎?"

⑫《明夷待访录·原法》:"后世之法,藏天下于筐箧者也,利不欲其遗于下,福必欲其敛于上。用一人焉则疑其自私,而又用一人以制其私;行一事焉则虑其可欺,而又设一事以防其欺。天下之人知筐箧之所在,吾亦鳃鳃然曰唯筐箧是虞,故其法不得不密。法愈密,而天下之乱即生于法中,所谓非法之法也。"

⑬《明夷待访录·原法》:""夫非法之法,前王不胜其利欲之私以创之,后王或不胜其利欲之私以坏之。坏之者固足以害天下,其创之者亦未始非害天下者也。"

⑭《明夷待访录·原法》:"自非法之法桎梏天下人之手足,即有能治之人,终不胜其牵挽嫌疑之顾盼,有所设施,亦就其分之所得,安于苟简,而不能有度外之功名。"

⑮《明夷待访录·胥吏》:"今之胥吏,以徒隶为之,所谓皇皇求利者,而当可以为利之处,则亦何所不至,创为文网以济其私。凡今所设施之科条,皆出于吏。"

⑯《明夷待访录·原法》:"论者谓一代有一代之法,子孙以法祖为孝。……乃至欲周旋于此胶彼漆之中以博宪章之余名,此俗儒之剿说也。"

⑰《明夷待访录·原君》:"有生之初,人各自私也,人各自利也。天下有公利而莫或兴之,有公害而莫或除之。有人者出,不以一己之利为利,而使天下受其利,不以一己之害为害,而使天下释其害。"

463

⑱《明夷待访录·原法》:"三代以上有法,三代以下无法。何以言之?二帝、三王知天下之不可无养也,为之授田以耕之;知天下之不可无衣也,为之授地以桑麻之;知天下之不可无教也,为之学校以兴之;为之婚姻之礼以防其淫;为之卒乘之赋以防其乱。"

⑲《明夷待访录·财计三》:"工固圣王之所欲来,商又使其愿出于途者,盖皆本也。"

⑳《明夷待访录·学校》:"凡邑之生童,皆裹粮从学。离城烟火聚落之处,士人众多者,亦置经师。民间童子十人以上,则以诸生之老而不仕者充为蒙师。故郡邑无无师之士;而士之学行成者,非主六曹之事,财主分教之务,亦无不用之人。学官以外,凡在城在野寺观庵堂,大者改为书院,经师领之;小者改为小学,蒙师领之,以分处诸生受业。"

㉑《明夷待访录·原君》:"古者以天下为主,君为客,凡君之所毕世而经营者,为天下也。"

㉒《明夷待访录·原臣》:"有人焉,视于无形,听于无声,以事其君,可谓之臣乎?曰;否。杀其身以事其君,可谓之臣乎?曰:否。……则臣道如何而后可?曰:缘天下之大,非一人之所能治而分治之以群工。故我之出而仕也,为天下,非为君也;为万民,非为一姓也。吾以天下万民起见,非其道,即君以形声强我,未之敢许也,况于无声无形乎?非其道,即立身于其朝,未之敢许也,况于杀其身乎?"

㉓《明夷待访录·原法》:"三代之法,藏天下于天下者也。山泽之利不必其尽取,刑赏之权不疑其旁落。贵不在朝廷也,贱不在草莽也。"

㉔《明夷待访录·学校》:"学校,所以养士也。然古之圣王,其意不仅此也。必使治天下之具皆出于学校,而后设学校之意始备。非谓班朝、布令、养老、恤孤、讯馘;大师旋则会将士,大狱讼则期吏民,大祭祀则享始祖,行之自辟雍也。盖使朝廷之上,闾阎之细,渐摩濡染,莫不有诗书宽大之气;天子之所是未必是,天子之所非未必非,天子亦遂不敢自为非是,而公其非是于学校。是故养士为学校之一事,而学校不仅为养士而设也。"

㉕《明夷待访录·学校》:"大学祭酒,推择当世大儒,其重与宰相等,或宰相退处为之。每朔日,天子临幸太学,宰相、六卿、谏议皆从之。祭酒南面讲学,天子亦就弟子之列,政有缺失,祭酒直言无讳。""郡县学官,毋得出自选除,郡县公议,请名儒主之。自布衣以至宰相之谢事者,皆可当其任,不拘已

仕朱仕也。其人稍有干于请议,则诸生得共起而易之,曰'是不可以吾师也。'其下有五经师、兵法、历算、医、射各有师,皆听学官自择。"

㉖《明夷待访录·置相》:"凡章奏进呈,六科给事中主之;给事中以白宰相,宰相以白天子,同议可否。天子批红,天子不能尽,则宰相批之,下六部施行。""列五房于政事堂之后,一曰吏房,二曰枢机房,三曰兵房,四曰户房,五曰刑礼房,分曹以主众务,此其例也。四方上书言利弊者及待诏之人皆集焉,凡事无不得达。"

㉗《明夷待访录·方镇》:"务命其钱粮兵马,内足自立,外足捍患;田赋商税,听其征收,以充战守之用;一切政教张弛,不从中制;属下官员亦听其自行辟召,然后名闻。……统帅专一,独任其咎,则思虎自周,战守自固,以各为长子孙之计。一也。国家一有警急,常竭天下之财,不足供一方之用;今一方之财,自供一方,二也。边镇之主兵常不如客兵,故常以调发致乱,天启之奢酋、崇祯之莱围是也;今一方之兵,自供一方,三也。"

㉘《明夷待访录·置相》:"原夫作君之意,所以治天下也。天下不能一人而治,则设官以治之;是官者,分身之君也。"

㉙《明夷待访录·原臣》:"……又岂知臣之与君,名异而实同耶?……君臣之名,从天下而有之者也,吾无天下之责,则吾在君为路人。出而仕于君也,不以天下为事,则君之仆妾也;以天下为事,则君之师友也。"

## 第二节　王夫之"趋时更新"的封建法律思想

王夫之(1619—1692),字而农,湖南衡阳人。因晚年隐居在其故乡石船山,故又称船山先生。他与黄宗羲、顾炎武等有相似的经历,青年时曾组织"匡社",以反对宦官专权,"匡扶社稷"。清兵入关后,兴兵抗击,失败后又投奔南明政权,后辞职逃亡。晚年迁居石船山,授徒讲学,著书立说。他的著作多达一百多种,其中法律思想比较集中的是《读通鉴论》、《读四书大全说》、《宋论》、《黄书》等。由于他的思想主张为清朝统治者所不容,所以其著作亦被列为"禁书",湮没一百多年之久,直至清末资产阶级改良运动时才得以大量刊行。

王夫之生活在明末清初的动荡年代,一生都是在当时的政治斗争、民族斗争的旋涡中度过的。如果说,在明清之际的启蒙思想家中,从理论上提出民主主义"法治"基本构想的是黄宗羲,那么对于法律问题论述最多,涉及面最广的则数王夫之。他在哲学上批判了形形色色的唯心论观点,成为我国古代唯物主义思想的集大成者;在政治上反对封建专制暴政,要求建立一个维护中小地主利益的强大民族国家;这也决定了他在改造封建法律及其学说的基础上,提出了富有民主性色彩的、复兴民族国家的法律思想。

鉴于明末的政治腐败,法纪荡然,王夫之深感重整法制的必要,认为要挽救国家,复兴民族,安定"天下分崩离析"的形势,拯民于水火之中,必须"创法立制",即从整顿和革新法制入手。[①]为此,他以法律"趋时更新"的发展观点论证改革专制主义法制的必要,论证适应时代需要创立一种新型法制的必要;同时以各代法律都有固定的体例结构的法律体系说为基点,论述了这种新型的、具有民主性的"法治"的主要原则,从而系统地总结了古代的立法司法主张,极大地丰富了我国古代法律思想。

一、"趋时更新"的法律时变观点

王夫之认为,法律与整个国家制度一样,是随着社会的变化而变化发展的。

首先,王夫之认为法律"趋时更新"是不以任何人的意志为转移的客观规律。他把社会发展的趋势称之为"势",将发展的规律称之为"理",指出:"顺之必然之势者,理也。"[②]"理当然而然,则成乎势。"[③]社会制度和法律的产生与发展,也有其"势"、"理",即必然的趋势和规律,并以"郡县"制取代"封建"制为例加以说明。王夫之所谓的"封建",指的是"封邦建国"的分封制度。他说:在夏、商、周"三代"的时候,由于"民淳而听于世族",所以可以分封各个诸侯领主;由于各个诸侯将土地据为私有,使"民不堪命",所以需要加以限制,"定取民之则",实行井田制④;由于当时"寓兵于农",士兵听从指挥,所以可以兵政合一,一人兼文、武两职;由于当时有"君仁"、"吏恕",有"圣王之大法"等前提条件,所以可以实行肉刑制度;等等。总之,他总结说,"封建、井田、肉刑",是"三代久安长治"的主要法度⑤,根本原因就在于这些制度在当时是顺"势"合"理"的。但是到了"后世",由于客观形势的变化,原先很恰当的法度渐渐发生了弊病,逐渐违"势"逆"理",终于为"郡县"制所代替。他具体分析说,原先的诸侯国不断吞并,"至于战国,仅存者无几",维持原状已不可能,只有"分之为郡,分之为县",才能人尽其才,民得治理。⑥又由于分封制的宗法世袭原则,造成"士之子恒为士,农之子恒为农,而天之生才也无择"的状况,所以必然是"封建毁而选举行"。⑦由此,他断言:"郡县之行,垂二千年而弗能改,合古今上下皆安之,势之所趋,岂非理而能然哉!"(《读通鉴论》卷一,下引此书仅注卷次)可见,他认为法制的以新代旧是社会发展的历史规律所决定的。

其次,王夫之通过对"圣法不可变"的"正统"论的否定,以论证法律的"趋时更新"。他先确定了"统"的概念的含义:"统之为言,合而并之之谓也,因而续之之谓也",即结合不变与因续不断;然后用形式逻辑的方法进行驳斥。一方面,他总结了中国几千年的历史,认为基本上是"一离一合",有结合同时又有分离,并非一直结合不变;其中又有好几次沦于异族统治,是"绝而不续",并非因续不断。因此,"天下之不合与不续也,多矣",又怎么说得上是什么"统"呢?所谓:"离矣,而恶乎统之?绝矣,而固不相承以为统"⑧。可见,"正统"论是没有根据的瞎说。另一方面,他明确指出,社会是按"一治一乱"的规律发展的,没有什么"正"。"当其治无不正者以相干,而何者于正?当其乱,既不正矣,而又孰为正?"而且,按照

"势"与"理"的要求,只有"天下非一姓之私","以天下论者,必循天下之公",才称得上"正";那么所有为己为私的统治及其法制都应归属"不正",又哪里存在过什么"正统"呢？因此,王夫之认定:"正统之说,不知其所自昉也"⑨,是那些为专制君主效劳的奴才们捏造出来的。

再次,王夫之揭示出"有定理而无定法"的规律,深刻论述了改革旧法的必要和法律"超时更新"的前景。他认为,法律必须"因其时而取宜于国民"⑩,而不能拘泥于旧的制度不变。他仍以"封建"、"肉刑"、"井田"为例说,这三种制度之所以在"三代"能取得显著的成效,是因为适应了客观需要,"皆因天因人,以趣时而立本者也"。但到了西汉时期,由于时势与民情已大不同于"三代",所以法制也相应地发生了变化,"千八百国各制其国,而汉之王侯仅食租税;五刑之属三千,而汉高约法三章;田亩之税十一,而汉文二十税一"⑪。西汉的这些制度,同样取得了显著的成效。法律制度是向前发展的,绝不可能向后倒退,"法古"之说,毫无任何根据,"汉以后之天下,以汉以后之法治之",他说,这就叫做"事随势迁,而法必变"。⑫

总之,王夫之的结论是:"天下有定理而无定法"。⑬古代的法令不一定适用于今天,今天的法令不一定适用于未来,从而主张:"以古之制,治古之天下,而未可概之以今日者,君子不以言事;以今之宜,治今之天下,而非必之后日者,君子不以垂法。"(卷末·叙论四)

那么,将来的法制又是怎样的呢？王夫之作了天才的预测。他认为社会的发展是由野蛮到文明,法制的发展是从为"私"到为"公"。"他年"的法律制度必然是一种维护"天下之公"、"天下有大公至正是非"的法制。他还强调说,这种"天下之公"的社会和制度,是"势"、"理"发展的必然,"圣人莫能违也"⑭。王夫之以他的卓识和远见,预言封建专制主义制度的必然灭亡,"天下之大公"的社会即将到来。这种思想，标志着十七世纪的社会觉醒，也将中国古代关于"法随时变"的思想推向高峰。

## 二、"同条共贯"、"相扶成治"的法律体系说

王夫之认为，"法弊已久，习相沿而难革，虽与更张，实犹相袭"（卷二十二），像以前那样小修小补是不行的，必须从根本上进行全面地改革。他指出，这是因为："一代之治，各因其时，建一代之规模，以相扶而成治。"[15]也就是说，各代的法律制度，是适应当时的形势和需要而建立的，因而自成体系，内部协调，并与当时的政治、道德等相一致。因此，改革必须从整体着眼，从根本入手。他提出了"同条而共贯"，"相扶而成治"的法律体系说，为我国古代法学增添了新的理论。

他指出，由于历史是不断发展的，所以不同的时代有不同的法制，甚至同一时代的法律在实际运用上也有区别。例如，"三代之所仁，今日之所暴；三代之所利，今日之所害"（卷二十四）；过去即使很好的法令，到今天也可能成为阻碍，因此应该从立足于现实，"就事论法，因其时而酌其宜"[16]，看各代法律制度之间的差异。他又指出，从各代制度的内部构成来看，也是有主有次，有本有末，排列有序的。因此，"立纲修纪，拨乱反正"，必须抓住"本"、"质"的方面，才能"饬大法，正大经，安上治民，移风易俗"。[17]同时，他着重强调，法律制度所包括的各个方面是围绕其中心，"互相裁制"，共同发挥作用的，因此绝不能只取其中的一部分而割裂其他方面，"举其百，废其一，而百者通病；废其百，举其一，而一可行乎？"[18]例如，"封建"、"学校"和"乡举里选"、"肉刑"制度共同组成了"三代之法"，"三者相扶以行"，单独抽出哪一个都是不行的。（卷三）在"三代"时可以实行"肉刑"，秦汉以后就不能实行；只有先作到"井田复、封建定、学校兴，礼三王而乐六代"，同时"君果至仁，吏果至恕"，才能谈到肉刑制的恢复。[19]总之，王夫之指出："唯同条而共

469

贯,统天下而经之,则必乘时以精义,而大业以成。"[20]也就是说,要建成顺势合理、卓有成效的"一代之治",必须全面考虑,统一规划,使法律与政权、道德、经济制度等相适应,其内部结构也要协调一致。

### 三、具有民主因素的立法思想

王夫之认为,由于秦汉以来的法制只是为"一姓之私"效劳,致使"天下分崩离析","势在必革",因此,建成新的"一代之治"便成为当务之急。

(一)立法"必循天下之公"

这是王夫之针对封建法制的宗法私有性而提出来的。他认为,法律为"公"为"民",是千古立法的"精意"之所在[21];以"大公"之法取代"大私"之法,是法制发展演变的必然趋势。[22]王夫之所强调的"公"与"民意",已经超越了前代思想家所谓的统治阶级整体利益的范围,而是指包括工商农等在内的多数人的意志和要求。在他看来,虽然君主位尊权重,但其个人的意愿仅仅是"一人之义",属于"私"的范畴,即使君主的意志是从当时的形势出发提出的,那也只是"一时之义",也没有脱离"私"的范畴。只有体现大多数人的利益,即"天下之大公"才是真正的"公",才能作为立法的宗旨。他将这种"公"称为"古今之通义",要求区分"公"、"私"的界限,立"公"去"私"。[23]

据此,王夫之明确指出,君主虽然能管理统治臣民,但却"不能擅天下之土"[24],不能把天下财产当作"一姓之私",而必须"循天下之公"。[25]从这一认识出发,他严厉斥责开创了君主专制"家天下"制度的秦始皇是"获罪于万世"[26],断言凡是以权势谋取一家私利的人都没有好下场。

(二)立法应以"保类"、"卫群"为宗旨

王夫之是个伟大的爱国主义者,具有崇高的民族气节。他认为，上自人类，下至昆虫，都在维护自己种族的根本利益，法律在这方面有着重要的作用。因此，必建民族之国，必立民族之君，必设民族之法。民族利益至上，这是仁义礼法的首要前提。[27]他强调："保其类者为之长，卫其群者为之君"，把是否能够维护民族利益作为判断君主及其法制的最高标准。按照这一标准，民族高于君主。为了"保类"、"卫群"，君主之位是"可禅"（即转让给别人）、"可继"（传给子孙）、"可革"（取而代之）的。[28]

"保类""卫群"，首先表现在各民族互不侵扰，各自为安，保持自己的民族特点。他说："天有殊气，地有殊理，人有殊质，物有殊产；各生其所生，养其所养，君长其君长，部落其部落，彼无我侵，我无彼虞，各安其纪而不相渎耳。"（《宋论》）这种主张包含有民族独立的要求，但并非民族平等，因为王夫之是站在大汉族主义的立场上发论的。其次，"保类""卫群"表现在维护国土的完整和不可侵犯，他认为，各民族天生便具有地域、气质、风俗、制度的不同，所以应"各守其地"，"各安其所"，如果侵入其他国家，则必为"天"、"地"所不容。[29]因此"保类"、"卫群"还表现在保卫国土的完整，即使"遐荒之地"也不能丢弃，表现出十分强烈的爱国主义。

（三）立法应遵循尊君卑臣、分权分治的原则

王夫之反对专制暴政，但他向往的仍是中央集权的封建政体，因而认为法律应体现并维护君臣等级关系。他说，天下之所以纷乱不止，君臣关系的紊乱和颠倒是一个重要的原因："蔑上下之等，视天子若亭长，三老之待食于鸡啄，则罢之废之，奉之夺之，易于反掌者，亦缘此为致祸之源。"（卷二十九）因而主张以严格的法制维护君主的至尊地位。但王夫之强调"尊君"是以"民主"为基点的。他认为，君主也是历史发展的"势"、"理"的产物，"天下之民，非持此而无以生"。所以人民应该"尊君"，君主必须"为民"。[30]从这一认识出发，他提出一种新型的、反对专制和限制君权的"尊君"论。

王夫之肯定君权，但反对君主集权于一身，主张分权分治。他

471

的"分权",是指君主与宰相、大臣各行其职,各尽其责。他和黄宗羲一样,很重视宰相的作用,认为"宰相无权,则天下无纲;天下无纲而不乱者,未之或有"。主张"宰相之权,即天子之权"㉛,与君主共掌政权。宰相不仅应与君主分权,而且可以与君主争权,所谓:"君相可以造命,……天因无喜怒,惟循理以畏天,则命在己矣。"㉜如果君主不称职,宰相可以取而代之。王夫之的"分治",则指中央与地方的分级统治,反对把所有的权力都集中到中央,"上统之则乱,分统之则治"。同时,他又主张严格确定君主、宰相,以及州、郡、县各级的权限,指出:"天子之令不行于郡、州牧刺吏之令不行于县,郡守之令不行于民,此之谓一统。"㉝由此可见,王夫之既主张尊君卑臣,又强调分权分治;既要求用法制维护君主的至尊地位,又反对君主的个人独裁。可见他所向往的是一种中央集权的开明君主政体。

### 四、任法与任人结合、宽与严结合的司法主张

王夫之以明亡为鉴,总结了历代兴亡的经验教训,指出秦汉以后,在"法治"的推行方面存在着三大弊端:一是"治道之裂,坏于无法",㉞即没有一套体现"天下之公"的法律制度。二是"任法而不任人"或者"任人而废法"㉟致使权臣小人掌权,祸乱天下。三是执法的宽严不当,放纵贪官污吏,残害良民百姓。为了消除这些弊端,他主张确立"天下之公"的法律,君主以法治民,人民有法所循。指出:"天下将治,先有制法之主,虽不善,贤于无法。"㊱为了确保这种为"民"立"公"的法律的贯彻,他具体提出:

(一)"任法"与"任人"相结合

他说:"人"需要以法为准则,"法"需要人来推行,二者是缺一不可的。只"任人而废法,则下以合离为毁誉,上以好恶为取舍","私"意就会泛滥。相反,只"任法而不任人",一者可导致贪官污吏任意出入罪,"意为轻重,贿为出入";二者则造成法密刑酷,"法之

立也有限,而人之犯也无方。以有限之法,尽无方之慝,是诚有所不能矣。于是律外有例,例外有奏准之令。"(卷四)因此,必须将"任法"与"任人"结合起来,"盖择人而授以法,使之遵焉;非立法以课人,必使与科条相应,非是者罚也"。㉗"择人"即选贤任能,只有"循天下之公"的人才称得上贤能。"授法"则指严格依法办事,否则要负法律责任。

(二)"严以治吏"与"宽以养民"相结合

王夫之对于封建正统的"宽猛相济"观点进行了针锋相对的批判。他认为,孔子说的"宽以济猛,猛以济宽",以宽纠猛,以猛纠宽是矫枉过正,是从一个极端走到另一个极端,"夫严犹可也,未闻猛之可以无伤者。相时而为宽猛,则矫枉过正,行之不利而伤物者多矣。"㉙因此,他愤怒地谴责封建统治者奉行这种原则残杀人民的罪恶,坚决反对以这个教条指导司法。那么,究竟应该怎样掌握施政、执法的原则呢?他认为,只能以宽与严结合,不可将宽与猛互用。具体地说,就是对待官吏从严,对待百姓从宽,所谓"严者,治吏之经也;宽者,养民之纬也;并行不悖,而非以时为进退者也";"故严以治吏,宽以养民,无择于时而并行焉"(卷八)。也就是说,"严于治吏"与"宽以养民"是互相依赖的,"治吏"必须以"养民"为目的,而"养民"又需要以"治吏"为保障。如没有"宽以养民",那么"严于治吏"则可能导致法律成为专制君主桎梏天下臣民的工具;如果没有"严以治吏",则"宽以养民"则会成为一纸空谈。所以这二者应紧密结合,并行不悖。

从"严以治吏"出发,王夫之主张用法律严厉打击那些横行不法的大官僚,"严之于上官,则贪息于守令,下逮于薄尉胥隶,皆喙息而不敢逆"㉝。主张重惩那些受赃枉法和故入人罪的贪官污吏,使"问刑之吏,尚知所惩,而酷风衰止,贪亦无从济矣"㊵。

从"宽以养民"出发,他要求突出一个"简"字,主张"法简刑轻"。"法贵简而能禁,刑贵轻而必行"。要求废止酷刑,"夫刑极于死而止矣。其不得不有死刑者,以止恶,以惩恶,不得已而用也。……非以恶恶之甚而欲快其怒也。极于死而止矣,枭之磔之、轘之,于死者又何恤焉,徒以逞其扼腕齧眼之忿而怖人已耳。"(卷十九)并反对秋冬行刑制度,要求及时结案等等。这些观点,不但突破了前人司法主张的老生常谈,丰富了古代的法制理论,而且在揭露与否定封建法制的野蛮暴虐方面具有深刻的意义。

**注:**

①《读通鉴论》卷廿一:"天下分崩离析之际,则非法不足以定之。"《读四书大全说》卷九:"人之陷于水火者,为势之逆,而我始创法立制以拯之也。"

②《宋论》卷七:"顺之必然之势者,理也。理之自然者,天也。……天者,理而已矣。理者,势之顺者而已矣。"

③《读四书大全说》卷九:"理当然而然,则成乎势","势既而不得不然,则即此为理。"

④《宋论》卷二:"诸侯自擅其土,以取其民,轻重悬殊,民不堪命,……故画井分疆,定取民之则。"

⑤《读通鉴论》卷五:"封建、井田、肉刑,三代久安长治,用此三者,然而小人无能窃也,何也?三者皆因天因人,以趣时而立本者也。"

⑥《读通鉴论》卷一:"强弱相噬,而尽失其故;至于战国,仅存者无几,岂能役九州而听命于此数诸侯王哉?于是分国而为郡县,择人以尹之。郡县之法,已在秦先。秦之所灭者七国耳,非尽灭三代之所封也。则分之为郡,分之为县,俾才可长民者,皆居民上,以尽其才,而治民之纪,亦何为而非天下之公乎?"

⑦《读通鉴论》卷一:"古者,诸侯世国,而后大夫缘之以世官,势所必滥也。士之子恒为士,农之子恒为农,而天之生才也无择,则士有顽而农有秀。秀不能终屈于顽,而相乘以兴,又势所必激也。封建毁而选举行。"

⑧《读通鉴论》卷末叙论一:"统之为言,合而并之之谓也,因而续之之谓也。而天下之不合与不续也多矣!盖尝上推数千年中国之治乱以迄于今,凡三变矣。""而据三代以言之……天下虽合而固未合也,王者以义正名而合之,此一变也。""及乎春秋之世,……至战国而强秦、六国交相为从衡,赧王朝秦,

而天下并无共主之号,岂复有所谓统哉?此一合一离之始也。""汉亡,而蜀汉、魏、吴三分";"唐亡,……各帝制以自崇。土其土,民其民,或迹示臣属而终不相维系也,无所统也。"

⑨《读通鉴论》卷末叙论一:"天下之生,一治一乱。当其治,无不正者以相干,而何有于正?当其乱,既不正矣,而又孰为正?有离,有绝,固无统也,而又何正不正邪?以天下论者,必循天下之公,天下非一姓之私也。"

⑩《读通鉴论》卷二十四:"就今日而必法尧、舜也,即有娓娓长言为委曲因时之论著,不可听也。诚不容不易也,则三代之所仁,今日之所暴;三代之所利,今日之所害。必因时而取宜于国民,虽有抗古道以相难者,不足听也。"

⑪《读通鉴论》卷五:"封建、井田、肉刑,三代久要长治,用此三者,然而小人无能窃也,何也?三者皆因天因人,以趣时而立本者也。千八百国各制其国,而汉之王侯仅食租税;五刑之属三千,而汉高约法三章;田亩之税十一,而汉文二十税一,复尽免之;小人无能窃也。何也?虽非君子之常道,然率其情而不恤其文,小人且恶其害已而不欲效也,非文也。"

⑫《读通鉴论》卷五:"若以古之通势而言之,则三代以后,文与武固不可合矣,犹田之不可复井,刑之不可复肉矣。……则汉初之分丞相将军为两塗,事随执迁,而法必变。"

⑬《读通鉴论》卷六:"天下有定理而无定法。定理者,知人而已矣,安民而已矣,进贤远奸而已矣,无定法者,一兴一废一繁一简之间,因乎时而不可执也。"

⑭《读通鉴论》卷末叙论二:"天下有大公至正之是非焉,匹夫匹妇之与知,圣人莫能违也。"

⑮《读通鉴论》卷二十一:"一代之治,各因其时,建一代之规模以相扶而成治,故三王相袭,小有损益,而大略皆同。未有慕古人一事之当,独举一事,杂古于今之中,足以成章者也。王安石惟不知此,故偏举周礼一节,杂之宋法之中,而天下大乱。"

⑯《读通鉴论》卷末叙论四:"编中所论,推本得失之原,勉自竭以求合于圣治之本;而就事论法,因其时而酌其宜,即一代而各有弛张,均一事而互有伸诎,宁为无定之言,不敢执一以贼道。"

⑰《读通鉴论》卷二:"夫饬大法,正大经,安上治民,移风易俗,有本焉、有末焉、有质焉、有文焉。立纲修纪,拨乱反正,使人知有上下之解,吉凶之则

者,其本也;缘饰以备其文章,归于久协者,其末也。"

⑱《读通鉴论》卷二十一:"法无有不得者也,亦无有不失者也。先王不恃其法,而恃其知人安民之精意;若法,则因时而参之礼乐刑政,均四海、齐万民,通百为者,以一成纯而互相裁制。举其百,废其一,而百者通病;废其百,举其一,而一可行乎?浮慕前人之一得,夹揉之于时政之中,而自矜复古,何其窒也!"

⑲《读通鉴论》卷二:"肉刑之不可复,易知也。如必曰克(古)先圣王之大法,以止天下之恶,未可泯也。则亦君果至仁、吏果至恕,井田复,封建定,学校兴,礼三王而乐六代,然后复肉刑之辟未晏也。不然,徒取愚贱之小民,折割残毁,以唯吾制是行,而曰古先圣王之大法也,则自欺以诬天下,僭孰甚焉。"

⑳《读通鉴论》卷三:"经天下而归于一正,必同条而共贯,杂则虽距范先王之步趋而迷其真。唯同条而共贯,统天下而经之,则必乘时以精义,而大业以成。"

㉑《读通鉴论》卷二十二:"帝王立法之精意寓于名实者,皆原于仁义,以定民意,兴民行,进天下以协于极,其用隐而化神。"

㉒《读通鉴论》卷一:"秦以私天下之心而罢侯置守,而天假其私以行其大公。"

㉓《读通鉴论》卷十四:"有一人之正义,有一时之大义,有古今之通义;轻重之衡,公私之辩,三者不可不察。以一人之义,视一时之大义,而一人之义私矣;以一时之义,视古今之通义,而一时之义私矣。公者重,私者轻矣,权衡之所自定也。""不可以一时废千古,不可以一人废天下。"

㉔《读通鉴论》卷十四:"王者能臣天下之人,不能擅天下之土……天无可分,地无可割,王者虽为天子,天地岂得而私之,而敢贪天地固然之博厚以割裂为己土乎?"

㉕《读通鉴论》卷末叙论一:"以天下论者,必循天下之公。天下非夷狄盗逆之所可尸,而抑非一姓之私也。"

㉖《读通鉴论》卷一:"若夫国祚之不长,为一姓言也,非公义也。秦之所以获罪于万世者,私己而已矣。"

㉗《黄书·后序》:"民之初生,自纪其群,远其害诊,摈其夷狄,统建维君。故仁以自爱其类,义以自制其伦,强干自辅,所以凝黄中之细缊也。今族类之

不能自固,而何他仁义之云云也哉!"

㉘《黄书·原极》:"保其类者为之长,卫其群者为之君。故圣人先号万姓而示之以独贵,保其所贵,匡其终乱,施于子孙,须于后圣,可禅、可继、可革,而不可使异类间之。"

㉙《读通鉴论》卷十二:"非其地而阑入之,地之所不宜,天之所不佑,人之所不服也。""舍其地之所可安,比犯天纪,则末有能延者也。"

㉚《读通鉴论》卷十九:"圣人之大宝曰位,非但承天以理民之谓也,天下之民,非恃此而无以生,圣人之所甚贵者,民之生也,故曰大宝也。"

㉛《读通鉴论》卷二十六:"宰相无权,则天下无纲,天下无纲而不乱者,未之或有。权者,天下之大用也。而提权以为天下重轻,则唯慎于论相而进退之。相得其人,则宰相之权,即天子之权。"

㉜《读通鉴论》卷二十四:"君相可以造命,邺侯之言大矣!进君相而与天争权,异乎古之言俟命者矣。乃唯能造命者,而后可以俟命;能受命者,而后可以造命;推致其极,又岂徒君相为然哉!"

㉝《读通鉴论》卷十六:"天下之治,终于天子者也。以天子下统乎天下,则天下乱。故封建之天下,分其统于国;郡县之天下,分其统于州。州牧刺史统其州者也,州牧刺史统一州而一州乱,故分其统于郡。郡守统其郡者也,郡守统一郡而一郡乱,故分其统于县。上统之则乱,分统之则治者,非但智之不及察,才之不及理也。"

㉞ 见《噩梦》。又《读通鉴论》卷三十:"其始制法也,不能皆善,后世仍之,且以病民而启乱。……不善之法立,民之习之已久。"

㉟《读通鉴论》卷六:"治之弊也,任法而不任人。"卷十:"任人而废法,……"

㊱《读通鉴论》卷三十:"有国也,始有制法之令焉。然后为之君者可曰吾以治民为司者也,为民者亦曰:上有以治我,非徒竭我之财,轻我之生,以为之争天下者也。"

㊲《读通鉴论》卷十:"任人任法,皆言治也。而言治者曰:任法不如任人。虽然,任人而废法,则下以合离为毁誉,上以好恶为取舍,废职业、徇虚名,逞私意,皆其弊也。于是任法者起而谪之曰:是治道之蠹也,非法而何以齐之?故申、韩尝之说与王道而争胜。乃以法言之,《周官》之法亦密矣,然皆使服其官者习事其,未尝悬黜陟以拟其后。盖择人而授以法,使之遵焉;非立

法以课人,必使与科条相应,非是者罚也。"

㊳《读通鉴论》卷八:"司马温公曰:慢则纠之以猛,残则施之以宽,宽以济猛,猛以济宽,斯不易之常道。是言也,出于左氏,疑非夫子之言也。夫严犹可也,……"

㊴《读通鉴论》卷二十八:"严下吏之贪,而不问上官,法益峻,贪益甚,政益,所民益死,国乃以亡。群有司众矣,人望为廉,必不可得者。中人可以自全,不肖有乱惮而不敢,皆视上官而已。……故下吏之贪,非人主所得而治也,且非居中秉宪者之所容纠也,唯严之于上官而已矣。"

㊵《噩梦》:"问刑官故出入人罪,律以概论。然考之宋制,故出罚轻而故入罚重,此王政也。故出、故入,有受赃、不受赃之别,亦但当于故出项下分受赃、不受赃,而不受赃者从轻。其故入,则虽不受赃,自应与受赃者等。故出则勿论已决遣、未决遣,一例行罚。……则问刑之吏尚知所惩,而酷风衰止,贪亦无以济矣。"

㊶《读通鉴论》卷二十二:"夫曰宽,曰不忍,曰哀矜,皆帝王用法之精意,然疑于纵弛藏奸而不可专用。以要言之,唯简其至矣乎?八口之家不简,则妇子喧争;十姓之闾不简,则胥役旁午,君天下,子万民,则与臣民治勃谿之怨,其亦陋矣。简者,宽仁之本也;敬以行简者,居正之原也。……早塞其严刻之源,在创法者之善为斟酌而已。"

**思考题**

1. 试评黄宗羲的启蒙法律思想。
2. 王夫之"趋时更新"的变法主张表现在哪些方面?

# 第五编 半殖民地半封建社会鸦片战争至辛亥革命时期的法律思想

## 概 述

1840年,英国侵略者对中国发动了鸦片战争。自此以后,资本主义列强相继侵入,中国逐步沦为一个半殖民地半封建社会。

鸦片战争以后,中国社会的经济基础发生了深刻的变化。毛泽东同志曾在《中国革命和中国共产党》中指出:"中国封建社会内的商品经济的发展,已经孕育着资本主义的萌芽,如果没有外国资本主义的影响,中国也将缓慢地发展到资本主义社会。外国资本主义的侵入,促进了这种发展。"由于外国资本主义的侵入,逐渐破坏了中国自给自足的自然经济的基础,在客观上为中国资本主义的产生、发展创造了条件。

帝国主义国家通过签订不平等条约,加紧了对中国的侵略和掠夺。在经济上,它们利用我国廉价的劳动力,在沿海和内地主要城市创办了一些买办性的工业和企业。我国的民族主义经济也开始产生。从十九世纪下半期起,一部分地主、官僚、富商投资近代工业,在沿江沿海地区出现了机器、五金、制茶等行业的商办工厂。中日甲午战争后,一些爱国人士强调设厂自救,曾出现了民办工业的高潮。然而,这种微弱的资本主义经济,一开始就受到外国资本主义和中国封建势力的压制,得不到应有的发展。尽管如此,它的产生却具有重大意义,因为它是新的、资本主义的生产关系,并且构成了资产阶级改良主义思潮赖以生存和发展的经济基础,从此新兴的民族资产阶级开始活跃起来。

中国近代社会的阶级关系和阶级矛盾,是错综复杂的。毛泽东在《中国革命和中国共产党》中分析了这些矛盾,指出:"帝国主义和中华民族的矛盾,封建主义和人民大众的矛盾,这些就是近代中国社会的主要矛盾。……而帝国主义和中华民族的矛盾,乃是各种矛盾中的最主要的矛盾。"这些矛盾的斗争和发展,造成了反对帝国主义和封建主义的革命运动。这些矛盾及其变化,是考察和了解近代法律思想的出发点。

这个时期法律思想的发展,大致经历了下列几个阶段。

鸦片战争时期。在人民大众反侵略斗争的推动和影响下,从封建统治阶级中分化出来一部分比较开明的地主阶级改革派。其代表人物是龚自珍、魏源、林则徐等。他们要求抵抗外国资本主义的侵略,批判腐朽的封建政治法律制度,倡导"更法改图",主张了解和学习西方,"师夷之长技以制夷"。他们是中国近代第一批睁眼看世界的先进人物。

太平天国革命时期。在轰轰烈烈的太平天国农民革命斗争中,产生了洪秀全平等平均的农民革命思想。其法律思想具有反对封建专制的特点,但又表现出重刑惩罚主义。在太平天国后期主持朝政的洪仁玕,制定了带有资本主义性质的施政纲领——《资政新篇》,较全面地阐述了发展资本主义的思想,提出了一些实行资产阶级法制的主张。

洋务运动时期。第二次鸦片战争后,在封建统治集团内部出现了洋务派和顽固派。洋务派提出"自强"、"求富"的主张,开展了以创办近代军事工业和民用企业为内容的洋务运动。同时,他们维护纲常名教,主张宽猛相济,"采西法以补中法之不足"。

戊戌变法时期。从十九世纪七八十年代开始,出现了资产阶级早期改良主义思想。这种思想迅速发展,成为一场规模浩大的政治运动——戊戌变法运动。为了救亡图存,资产阶级改良派提出变法维新的主张,要求自上而下地用改良的办法发展资本主义,建立资产阶级君主立宪政体,以资本主义的法律制度取代封建主义的法律制度。

辛亥革命时期。19世纪末20世纪初,在中国民族资本主义得到进一步发展的基础上,形成了一支资产阶级、小资产阶级知识分子队伍,其中一部分代表资产阶级中下层利益,形成资产阶级革命派。他们领导了资产阶级革命运动。资产阶级革命派组织了多次武装起义,通过暴力推翻了清王朝,埋葬了在中国延续两千多年的封建君主专制制度,建立了中华民国。他们强调实施资产阶级法治,保障人民的民主自由。特别是孙中山于1924年提出的联俄、联共、扶助工农三大政策,对三民主义重新作了解释,使之成为反帝反封建的战斗纲领,闪烁着革命民主主义的光辉。

# 第十五章 近代地主阶级改革派的法律思想

鸦片战争前后,清王朝的危机日益加深。在农民起义和人民群众反侵略斗争的推动和影响下,从地主阶级内部分化出来一批改革派思想家,龚自珍、魏源、林则徐等人是其代表人物。在法律思想方面,他们宣传"变法图强",以期挽救濒临灭亡的清王朝;他们抨击封建统治者摧残和扼杀人才,主张选用贤人执法;他们主张禁绝鸦片,对违犯者严惩不贷,表现出强烈的爱国主义精神。后来,魏源在总结鸦片战争失败教训的基础上,提出了"师夷长技以制夷"的口号。他是中国近代史上率先摆脱清朝封建统治阶级妄自尊大、闭关自守思想而提出向西方学习的人。

## 第一节 龚自珍的"更法改图"思想

龚自珍(1792—1841),又名巩祚,字璱人,号定庵,浙江仁和(今杭州市)人。他是中国近代"开风气之先"的思想家。出身于官僚地主家庭,其祖父龚禔身,曾任内阁中书和军机处行走。其父龚丽正,曾任徽州知府江南苏松太兵备道,置江苏按察使。其母段驯,是著名汉学家段玉裁的女儿,对经学和文字学很有研究。龚自珍自幼受到经学、文学的熏陶,这对他的成长有很大影响。

龚自珍的一生可分为三个阶段。二十七岁以前为第一个阶段。主要活动是读书、应考和著述。他从小就开始随段玉裁学习文字学,进而"以经说字,以字说经"(《龚自珍全集·己亥杂诗自注》,下引此书只注篇名),悉心研究经书。他从十九岁起开始参加科举考试,接连失败。到二十七岁第五次参加考试时才考中举人。这些年里,他曾任武英殿校录,有机会阅读国家的图书典籍。同时又曾跟随父亲调任,奔走南北,既看到官场内幕,也了解"田夫、野老、驺卒"下层人民的情况,促使他关心"世情民隐"。自二十八岁到四十七岁为第二阶段。二十八岁那年,龚自珍首次参加会试落第,从今文学家刘逢禄学习"公羊学",接受"纪世致用"的思想,寻找"更法"、"改图"的理论根据。到三十八岁参加会试时才考中进士。此后,他先后任宗人府主事、礼部主事等闲职,"困陋下僚",无法施展自己的政治抱负。自四十八岁到五十岁是他生活的最后阶段。由于受到官僚大地主顽固派的排挤和打击,1839年四十八岁时辞官南下,1841年病逝于江苏丹阳云阳书院。其著作有《定庵文集》,今人辑有《龚自珍全集》。

龚自珍生活在清朝嘉庆、道光年间。这正是中国封建社会开始总崩溃,西方资本主义开始侵入,农民起义蓬勃发展的年代。时代的洪流推动龚自珍注意和考虑当时的社会现实,走上了要求"更法"、"改图"的改革现状的道路。

## 一、批判封建法律制度,"更法改图"

对清王朝腐朽的封建专制的揭露和批判,是龚自珍思想的特点。这一特点也体现在他的法律思想之中。

龚自珍猛烈抨击清王朝政治的衰朽腐败,揭露封建统治存在的深刻危机。[1]他认为,当时的社会已经走向没落的"衰世",好像一个气息奄奄的人一样,"日之将夕,悲风骤至,人思灯烛,惨惨目光,吸引暮气,与梦为邻。"(《尊隐》)从表面上看似乎很好,同太平之世差不多,但若深入观察,就会发现这个社会"黑白杂"、"宫羽淆",人们麻木不仁,聪明才智全被扼杀。整个社会像一个满身疥癣、病势沉重的人,"卧之以独木,缚之以长绳,俾四肢不可以屈伸,则虽甚痒且甚痛,而益冥心息虑以置之耳。何也?无所措术故

也。"(《明良论四》)

这实际上也是龚自珍对君主专制的抨击。他曾尖锐地指出，皇帝为了树立自己的权威，未尝不仇视天下的读书人，用去掉人家廉耻的手段，来推行法令，抬高自己；一个人独断专行，妄图使天下人都服从于自己的绝对权威。②在这种极端的君主专制统治下，臣僚们只"知车马、服饰、言词捷给(花言巧语，夸夸其谈)而已，外此非所知也。"(《明良论二》)他们追求高官厚禄，只想苟且偷安，这是皇帝专权过甚的必然结果，正如马克思所说："君主政体的原则总的说来，就是轻视人，蔑视人，使人不成其为人。"龚自珍的揭露已经触及了这一问题的实质。

龚自珍对清王朝法律制度的批判是同对君主专制的批判联系在一起的。清朝统治阶级除了极力加强皇权外，还利用繁杂苛刻的律令去约束和控制臣民；而刑狱之吏贪赃枉法，出入人罪的现象，也比比皆是，人民处于水深火热之中。

其一，以"不可破之例"束缚包括司法官吏在内的各级官吏。龚自珍把清王朝制定的各种律令条例比喻为束缚人们手脚的"长绳"，使大小官员动弹不得，丝毫不敢有所作为。结果，朝廷大臣"朝见而免冠，夕见而免冠"，各府、州、县的官吏瞻前顾后，忧心忡忡，惟恐"罚俸"、"降级"、"革职"。③国家政治生活死气沉沉，毫无生机，"天下无巨细，一束之于不可破之例，则虽以总督之尊，而实不能以行一谋、专一事"(《明良论四》)，千千万万的陈规旧例束缚着人们，扼杀了人们的积极进取精神。

其二，刑狱黑暗，司法官吏残暴地迫害人民。龚自珍大胆地揭露清王朝各级司法部门的黑暗现象，抨击司法官吏判案时主观擅断，畸轻畸重，出入人罪④；或任意援引律例比附，残暴地迫害人民，造成许多冤狱错案。

龚自珍还特别对幕僚专擅司法权力这一腐朽的政治现象作了相当深刻的揭露和分析。清代官吏常常把司法审判等事务交给幕僚办理,"刑名师爷"操纵刑狱成为普遍的现象。对此,龚自珍揭露说:"是有书之者,其人语科目京官来者曰:京秩官未知外省事宜,宜听我书。则唯唯。语入资来者曰:汝未知仕宦,宜听我书。又唯唯。……"(《乙丙之际塾议三》)天下的官吏,无论是出自科举,或捐纳,或门荫,都受到幕僚的控制和操纵,他们都心甘情愿去拜幕僚为师。而且,十八行省都有这种幕僚,他们像豺狼那样盘踞各地,像猫头鹰那样虎视眈眈,像毒藤那样到处伸展,像苍蝇那样遍地繁殖。很多刑狱被这些幕僚们所操纵把持,能不黑暗吗?

毫无疑问,龚自珍对清代法律制度的揭露和批判,能够激起人们对封建专制的愤恨,是有进步作用的。

此外,龚自珍还揭露统治阶级横征暴敛,只知道"开捐例、加赋、加盐价",加重农民负担,"国赋三升民一斗,屠牛那不胜栽禾!"(《乙亥杂诗》)地主阶级和农民阶级的矛盾更加尖锐了。

龚自珍认为,清王朝已经到了非加以改革不可的地步了。他提出了"事无不变"的观点,作为"更法"、"改图"的根据。他说:"古人之世,儵(即"倏",疾速的意思)而为今之世;今人之世,儵而为后之世,旋转簸荡而不已"(《释风》);"自古及今,法无不改,势无不积,事例无不变迁,风气无不移易"(《上大学士书》),更法是历史的必然。

当时,以嘉庆皇帝为首的顽固派却死守"一祖之法",反对任何改革。面对这种现实,龚自珍尖锐地指出,"一祖之法无不敝",力主更法。⑤他警告清朝统治者,如果死抱着"一祖之法"不放,别人势必起来取而代之,进行猛烈的改革;"与其赠来者以劲改革,孰若自改革"⑥,还不如自己主动进行改革较为有利。他对清王朝这具已经腐朽的僵尸仍然寄以起死回生的希望。

怎样进行"更法"、"改图"呢?龚自珍主张仿古法而行之,"药方只贩古时丹"⑦,认为这样做"正以救今日束缚之病,矫之而不过,且无病,奈之何不思更法?"(《明良论四》)他主张冲破腐朽的典章制度的束缚,认为在繁杂的"不可破之例"的束缚下,即使像管仲、诸葛亮等那样有才能的人,"犹不能一日善其所为",何况那些"本无性情,本无学术"的官僚呢?⑧龚自珍主张,皇帝只"总其大纲大纪",应放松对臣下的约束,"但责之以治天下之效,不必问其若之何而以为治",让他们做自己应该做的事情,履行自己的职责,不要过多地加以干预。

龚自珍虽然大声疾呼"更法"、"改图",但它并不要求对清朝政治法律制度作根本性的改革,而且认为改革"不可以骤",以免人民群众对旧制度冲击得太厉害,以致损害地主阶级的根本利益。

## 二、国家、刑法、礼乐起源于"农"说

龚自珍认为,人的本性是自私的,所有的人都有追求财富的欲望,而人的这种欲望应该平均地得到满足。所以他请定"王法",按宗授田,使贫富平均,以稳固地主阶级的统治。这也是他"更法"、"改图"的一项重要内容。

在龚自珍看来,社会危机的造成,是由于贫富不均;富者越来越富,奢侈豪华;贫者越来越贫,挨冻受饿。这样下去,从"小不相齐,渐至大不相齐;大不相齐,即至丧天下",清王朝就会被埋葬。因此,他发出了"有天下者,莫高于平之之尚也"的呼声,并要求统治阶级"随其时而剂调之",以平均贫富。⑨平均贫富的基本问题是土地的平均分配,但他的所谓"平均",不是把贫富拉平的意思,这和农民起义提出的"均贫富"有本质的不同。他是要求按照封建等级,各守其位,各取其份,上下不相侵犯。为此,他写了《农宗篇》,设计出按照封建等级以授田的方案。

在《农宗篇》中,龚自珍首先提出了国家、刑法、礼乐起源于"农"的理论。他认为,中国古代"未有后王君公","未有礼乐刑法与礼乐刑法之差(等级)"。先有农业生产,然后才有国家、刑法、礼乐等制度。这是说,很久以前,在自然生长的食物缺乏的社会里,

人们才开始重视用自己的智慧和力量来生产食物。有能力耕种土地的,就成为土地的主人;他们的称号次于君主,称为伯。帝王开初也是从事农业的,周代的君主和伯就是这样。而占有较多土地的人,粮食丰裕,就足以养育他们的子孙,就有能力举办很体面的祭祀,报答祖先的恩德,就有能力在群众中定下各种名目的规章制度,"名之曰礼,曰乐,曰刑法"⑩。

由此可见,龚自珍虽然没有也不可能用阶级斗争的观点去阐述国家、刑法、礼乐的起源,但他较正确地指出了它们是社会发展到一定阶段的产物。这对于否定君权、法律、礼乐的神圣性和永恒性,显然有积极的意义。

### 三、"不拘一格降人材"

龚自珍认为,造成清朝官僚集团的庸碌无能,其重要原因之一是腐朽的科举制度。"今世科场之文。万喙(huì,鸟兽的嘴,这里借指人的嘴)相因,词可猎而取,貌可拟而肖"(《与人笺》),大家鹦鹉学舌,陈词滥调,千篇一律。这种制度严重地扼杀和摧残人才,造成了整个社会几乎找不到一个真正的人才的局面:"沉沉心事北南东,一睨(斜视)人材海内空。"

因此,龚自珍改革时弊的主张,往往集中到一个基点上,即人才问题。他希望在用人问题上来一番大改变,从而出现"明君良臣"的新局面。他强烈谴责清朝统治集团在政治上和文化思想上实行高压政策,并引诱人们脱离现实,埋头故纸堆中,搞烦琐考证,扼杀人才,造成"万马齐喑"的沉闷局面,实在令人悲愤。他说:"九州生气恃风雷,万马齐喑(哑,这里是默不作声的意思)究可哀。我劝天公重抖擞,不拘一格降人材。"(《己亥杂诗》)要打破这样死气沉沉的局面,使中国变得有生气,只有依靠疾风迅雷般的社会大变动。龚自珍高声呼唤:天公重新振作起来吧,把各式各样的人才统统降到人间来!

龚自珍对清王朝选官任官时论资排辈的弊端作了充分的揭露,认为这种制度助长了腐朽势力,窒息了新生力量。当时的情况是:"累月以为劳,计岁以为阶",熬上一定的年头,逐步升迁官职。他说:当今的读书人,开始进入官场,一般是二十岁至四十岁,平均算来,就是三十岁了。循资升迁,"大抵由其始宦之日,凡三十五年而至一品,极速亦三十年。"⑪这就是说,爬到封建官僚的最高品级,已经是六十多岁的老朽了,还能希望他们有什么作为呢?龚自珍迫切要求改变这种状况,极力反对用人"限以资格","当今之弊,亦或出于此,此不可不为变通者也"⑫。

龚自珍还进一步揭露封建名教已经成为摧残、扼杀人才的工具。在这个封建衰世里,如果出现有才能的人,就会被歧视,被杀戮,"戮之非刀、非锯、非水火;文亦戮之,名亦戮之,声音笑貌亦戮之。"(《乙丙之际著议第九》)这就是用软刀子杀人,用传统思想和社会舆论来束缚他们,摧残他们。

但是,龚自珍毕竟是期望患了"痹劳之疾"的封建衰世能够起死回生的,"万一禅关砉(xū,于)然(破裂声)破,美人如玉剑如虹",一旦束缚人才的局面被打破了,整个社会就会改变面貌。当然,这只能是一种幻想。如果不从根本上改革封建社会制度,"不拘一格降人材"、"美人如玉剑如虹",只不过是句空话而已!

### 四、禁绝鸦片,宜用重典

鸦片战争前,龚自珍就指出鸦片对中国社会的危害,主张禁绝鸦片。

1823年,龚自珍在《阮尚书年谱第一序》中,就揭露英国侵略者对中国的欺诈和威胁,主张积极备战,抵抗侵略。他说:"近惟英夷,实乃巨诈,拒之则扣关,狎之则蠹国;备戒不虞,绸缪未雨,深忧秘计,世不尽闻。"1836年,他又著文指出:要"自诛食妖,以肃津梁"㉑,只有杜绝吸食鸦片,才能禁止鸦片进口。

到了1838年,林则徐以钦差大臣名义去广东查禁鸦片前夕,龚自珍写了充满爱国主义的《送钦差大臣侯官林公序》,集中表现了他的禁烟思想。在序文中,龚自珍严厉地驳斥了投降派"必毋用兵",对侵略者讲宽大的谬论,主张用武力抵抗侵略者。他认为,这种抵抗是"驱之,非剿之",因而是正义的,绝不是什么"开边衅"。他建议林则徐,到广东"宜以重兵自随","多带巧匠,以便修整军器",做好反侵略的准备。

特别值得提出的是,龚自珍接受中国传统的"刑乱邦用重典"的思想,在上述序文和《农宗篇》等文中,主张运用法律手段,使用重典,以禁绝种植、贩运和吸食鸦片。具体有:

1. 种植鸦片者斩首,在田头示众,同时将其"三族"内的亲属都沦为官奴。("诛种艺食妖辣地膏者,枭其头于垄,没其三族为奴。")

2. 贩卖和制造鸦片者斩首。("贩者、造者宜刎脰诛!")

3. 吸食鸦片者处绞刑。⑬("其食者宜缳首诛!")

4. 对官吏、幕僚、说客、商人、绅士中那些狡猾奸诈,招摇撞骗,貌似老成而实际是迂腐愚拙并反对禁烟的人,应该杀一儆百。⑭

这些主张,既反映了龚自珍的爱国思想,也反映了他注重发挥法律的惩戒作用,去禁绝鸦片。

龚自珍"更法"、"改图"的思想,虽然是为了"补天",基本上没有超出封建主义的范围,但在"避席畏闻文字狱,著书都为稻粱谋"的社会中,他敢于开创议论时政的风气,揭露清朝统治的黑暗腐朽,宣传改革政治的主张,在当时确实起到了振聋发聩的作用,对清末思想界产生了重大影响。正如梁启超所说:"晚清思想之解放,自珍确与有功焉。"(《清代学术概论》)

注：

①《龚自珍全集·西域置行省议》：""自乾隆末年以来,官吏士民,狼艰狈蹙,不士、不农、不工、不商之人,十将五六；又或饳蔯草,习邪教,取诛戮,或冻馁以死。终不肯治一寸之丝、一粒之饭以益人。承乾隆六十载太平之盛,人心惯于泰侈,风俗习于游荡,京师其尤甚者。自京师始,概乎四方,大抵富户变贫户,贫户变饿者,四民之首,奔走下贱,各省大局,岌岌乎皆不可以支日月,奚暇问年岁?"

②《龚自珍全集·古史钩沉论一》："昔者霸天下之氏,称祖之庙,其力强,其志武,其聪明上,其财多,未尝不仇天下之士,去人之廉,以快号令,去人之耻,以嵩高其身；一人为刚,万夫为柔,以大便其有力强武,……。"

③《龚自珍全集·明良论四》："约束之,羁縻之,朝廷一二品之大臣,朝见而免冠,夕见而免冠,议处、察议之谕不绝于邸钞。部臣工于综核,吏部之议群臣,都察院之议吏部也,靡(没有)月不有。州府县官,左顾则罚俸至,右顾则降级至,左右顾则革职至,大抵逆亿(事先作主观猜测)于所未然,而又绝不斠画(jiào 较)(考察核实)其所已然。"

④《龚自珍全集·乙丙之际塾议三》："视狱(审理案子)自书狱(亲自拟稿处理案件),书狱者之言将不同,曰:臣所学之不同,曰:臣所聪(听)之不同,曰:臣所思虑之不同。学异术,心异脏也。或亢(偏重)或逊(偏轻),或简或缛(繁),或成文章(有的条理分明),语中(符合)律令,或不成文章,语不中律令,曰:臣所业(从事、学习)于父兄之弗同。部(刑部)有所考,以甄核外(外官),上有所察,以甄核下,将在是矣。今十八行省之挂仕籍(出仕做官)者,语言文字毕同。"

⑤《龚自珍全集·乙丙之际著议第七》："夏之既夷,豫假夫商所以兴,夏不假六百年矣乎？商之既夷,豫假夫周所以兴,商不假八百年矣乎？无八百年不夷之天下,天下有万亿年不夷之道。然而十年而夷,五十年而夷,则以拘一祖之法,惮千夫之议,听其自陊(坠落,破败),以俟踵兴者之改图尔。"

⑥《龚自珍全集·乙丙之际著议第七》："一祖之法无不敝,千夫之议无不靡,与其赠来者以劲改革,孰若自改革？抑思我祖所以兴,岂非革前代之败耶？前代所以兴,又非革前代之败耶？"

⑦《龚自珍全集·已亥杂诗》:"霜豪掷罢倚天寒,任作淋漓淡墨看。何敢自矜医国手? 药方只贩古时丹。"

⑧《龚自珍全集·明良论四》:"夫聚大臣群臣而为吏,又使吏得以操切(控制)大臣群臣,虽圣如仲尼,才如管夷吾,直如史鱼,忠如诸葛亮,犹不能以一日善其所为,而况以本无性情、本无学术之侪辈耶?"

⑨《龚自珍全集·平均篇》:"龚子曰:有天下者,莫高于平之之尚也,其邃初(远古的时候)乎? 降是,安天下而已;又降是,与天下安而已;又降是,食天下而已。最上之世,君民聚醵(聚在一起喝酒)然。三代之极其犹水,君取盂焉,臣取勺焉,民取卮(酒杯)焉。降是,则勺者下侵矣,卮者上侵矣,又降,则君取一石,民亦欲得一石,故或涵或踣(倒毙)。石而浮(过多),则不平甚;涵而踣,则又不平甚。有天下者曰:吾欲为邃初,则取其浮者而挹(舀出,这里指抽出)之乎? 不足者而注之乎? 则槮(shēn,身)然(众多的样子)喙之矣。大略计之,浮不足之数相去愈远,则亡愈速;去稍近,治亦稍速。千万载治乱兴亡之数,真以是券矣。……有如贫相轧,富相耀,贫者贴(危险),富者安;贫者日愈倾,富者日愈壅(壅塞,这里是富裕的意思)。……其始,不过贫富不相齐之为之尔。小不相齐,渐至大不相齐;大不相齐,即至丧天下。呜呼! 此贵乎操其本源,与随其时而剂调之。"

⑩《龚自珍全集·农宗》:"生民之故,上哉远矣。天谷没,地谷苗,始贵智贵力。有能以尺土(一尺土地,这里比喻很小面积的土地)出谷者,以为尺土主;有能以倍尺若十尺、百尺出谷者,以为倍尺、十尺、百尺主;号次主曰伯。帝若皇,其初尽农也,则周之主伯欤? 古之辅相大臣尽农也,则周之庸次比耦(指轮流耕种)之亚(指叔伯辈)旅(指子弟)欤? 土广而谷众,足以庇其子,力能有文质祭享报本之事,力能致其下之称名,名之曰礼,曰乐,曰刑法。"

⑪《龚自珍全集·明良论三》:"今之士进身之日,或年二十至四十不等,依中计之,以三十为断。翰林至荣之选也,然自庶吉士至尚书,大抵须三十年或三十五年;至大学士又十年而弱。非翰林出身,何不得至大学士。而凡满洲、汉人之仕宦者,大抵由其始宦之日,凡三十五年而至一品,极速亦三十年。贤智者终不得越,而愚不肖者亦得以驯而到。此今日用人论资格之大略也。"

⑫《龚自珍全集·明良论三》:"其资浅者曰:我积俸以俟时,安静以守格(指规定),虽有迟疾,苟过中寿(一般指六十岁),亦冀终得尚书、侍郎。奈何资格未至,晓晓然(乱嚷乱叫的样子)以自丧其官为? 其资深者曰:我既积俸

以俟之,安静以守之,久久而危致乎是。奈何忘其积累之苦,而晓晓然以自负其岁月为? 其始也,犹稍稍感慨激昂,思自表见;一限以资格,此士大夫所以尽奄然(快要断气的样子)而无有生气者也。当今之弊,亦或出于此,此不可不为变通者也。"

⑬《龚自珍全集·送钦差大臣侯官林公序》:"中国自禹、箕子以来,食(泛指农业生产)货并重。自明初开矿,四百余载,未尝增银一厘。今银尽明初银也,地中实,地上虚,假使不漏于海(流出海外),人事火患,岁岁约耗银三四千两,况漏于海于此乎? 此决定义,更无疑义。汉世五行家,以食妖、服妖(指怪异的食物和服装)占天下之变,鸦片烟则食妖也,其人病魂魄(精神萎靡),逆昼夜,其食者宜缳首诛! 贩者、造者,宜刎胵诛! 兵丁食宜刎胵诛! 此决定义,更无疑义。诛之不可胜诛,不可绝其源;绝其源,则夷不逞(指心怀不满,妄图侵犯),奸民不逞;有二不逞,无武力何以胜也? ……此行宜以重兵自随,此正皇上颁关防(大印)使节制水师意也。此决定义,更无疑义。"

⑭《龚自珍全集·送钦差大臣侯官林公序》:"……以上三难,送难者皆天下黠猾游说,而貌为老成迂拙者也。粤省僚吏中有之,幕客中有之,游客中有之,商估(即商人)中有之,恐绅士中未必无之,宜杀一儆百。公此行此心(指禁烟的决心),为若辈所动,游移万一,此千载之一时,事机一跌,不敢言之矣! 不敢言之矣!"

## 第二节 魏源的"因势变法"理论

魏源(1794—1857),字默深,湖南邵阳人。中国近代思想家,地主阶级改革派的主要代表之一。他出身于中小地主家庭。十五岁时中秀才,二十一岁时随父至京城,从刘逢禄学习《公羊春秋》,并与龚自珍、林则徐结识,共同研究学问,议论时政。1822年考中举人。中举后,曾充任江苏布政使贺昌龄,江苏巡抚、两江总督陶澍的幕僚多年。第一次鸦片战争爆发后,他又充任当时两江总督裕谦的幕僚,直接参与了抗英斗争。魏源中举后屡试不第,直到1845年才考中进士,此后曾任江苏东台、兴化知县,两淮盐运司海州分司运判和高邮知州等职。太平天国建都南京后,攻陷扬州,逼近高邮,当时身为高邮知州的魏源兴办团练,与太平军对抗,不久因"迟误驿报"被革职。晚年,他避居兴化,潜心著述。1856年秋,他到杭州旅游,1857年3月病死于杭州。

魏源的著作很多,有《古微堂集》、《元史新编》、《老子本义》、《圣武记》等多种。尤其是《海国图志》的编成,对中国近代思想的发展有较大影响。近人编辑的《魏源集》,收集了他的短篇论著和诗篇。

魏源的思想和龚自珍很接近,都比较重视现实政治社会问题。但他比龚自珍多活了十五年,亲身经历了鸦片战争的全过程,亲眼目睹了清王朝在外国侵略者面前屈膝投降的丑恶行径,看到社会危机的加深,这就使他的思想比龚自珍的思想有更新的内容。就其法律思想来说,他开始接触到外国资产阶级法律知识,开始意识到资产阶级民主制优于封建君主制,这对后人有一定的启蒙作用。

## 一、抨击封建君主专制,赞赏西方政治法律制度

清代封建社会自所谓乾(隆)嘉(庆)盛世开始,已是危机重重,国势日衰。到十九世纪初期,统治阶级更加腐败,官吏贪污成风,因循苟且,财政虚耗,世风颓靡。魏源对清王朝的腐败政治有亲身感受,他揭露那些昏庸的官僚时说:他们"除富贵而外不知国计民生为何事","除私党而外不知人材为何物","以养痈贻患为守旧章","以缄默固宠为保民哲"①,完全是一些贪图高官厚禄,对外国侵略一味妥协迁就的人。魏源认为,"天下为天下之天下",不应该由这帮腐败无能的官僚所把持。

魏源抨击专制君主也是相当激烈的。他认为,古代圣人是"以其势、利、名公天下",他们"先天下之忧而忧",不为个人享乐;后世的专制帝王却反其道而行之,他们"以其势、利、名私一身",享尽天下之乐,却不知忧天下之忧,从而引起觊觎争夺之乱。②他要求专制帝王改变"高危自处"的情况,与庶民息息相通。

魏源从爱国主义的立场出发，大声疾呼：要拯救国家，非奋发图强不可，"凡有血气者所宜愤悱，凡有耳目心知者所宜讲画。"(《魏源集·海国图志叙》，下引此书只注篇名)必须革除官吏中的弄虚作假、粉饰太平、结党营私、贪污腐化、苟且因循等积弊。③同时，为了抵御外侮，洗雪国耻，他还提出学习西方，进行改革的主张。

在鸦片战争中，清王朝的声威一遇到英国侵略者的枪炮就扫地以尽。像魏源这样具有民族自尊心并敢于正视现实的少数地主阶级改革家，终于从战争的失败中清醒过来。他在人民群众反侵略斗争的推动和影响下，积极反对穆彰阿、琦善等投降派所推行的投降卖国路线。投降派畏敌如虎，胡说什么"地势无要可扼"，"军械无利可恃"，"兵力不固"，"民情不坚"，若与之交锋，"实无把握"(见《筹办夷务始末》)，千方百计地为其投降卖国的罪行辩解。魏源痛斥这种投降论调时说：正是由于投降派自广东主动撤防，才使侵略者得以"破虎门，围省会，而夷始肆然无忌矣"(《古微堂诗集·金焦行》)，从而导致鸦片战争的失败。同时他以"同仇敌忾士心齐，呼市俄闻十万师"的诗句，热情歌颂广州三元里人民反抗英国侵略者的斗争，表现出一个爱国者的正义立场。

鸦片战争的失败，使魏源的改革思想向前发展了。他以发展变化的观点研究西方资本主义国家的工业"长技"和社会历史状况，逐步认识到中国已在很多方面落后于西方，从而产生了更强烈的变革要求。"我有苍茫万古忧"，"江左夷吾安在哉"？他希望能出现像管仲那样厉行改革的人物。这时，魏源不像战前那样，专注于漕运、盐税、水利等方面点点滴滴的改良，而开始注意学习西方的"长技"，把视线扩展到国防、军事、工业等方面来了。

魏源总结了鸦片战争失败的惨痛教训，认为对付武装到牙齿的侵略者，只能"严修武备"，"以甲兵止甲兵"④，用反侵略战争去制止侵略战争。生活在一百多年以前的魏源，把抵抗侵略的立足点放在加强国防力量上，这种认识是很可贵的。

为了战胜侵略者,魏源分析了敌我双方的情况和军事上的优点、缺点,提出了"师夷长技以制夷"⑤的口号,即学习西方资本主义先进的科学技术,制造新式武器,以达到战而胜之的目的。他认为,善于或不善于"师夷"是个十分重要的问题,"善师四夷者,能制四夷;不善师外夷者,外夷制之。"(《大西洋欧罗巴洲各国总序》)在他看来,夷之"长技"有三:"一、战舰,二、火器,三、养兵练兵之法。"(《筹海篇》)他主张中国自己设厂置局,聘请西洋技师,学习西方制造新式武器等,"尽得西夷之长技为中国之长技",富国强兵,战胜资本主义国家的武装侵略。此外,魏源还主张发展民用工业。⑥

魏源在了解和研究"夷情"时,也接触到西方各国的历史、地理和政治情况,很赞赏和向往西方资产阶级的政治法律制度。他在《海国图志》中说:"墨利加北洲(美国)之以部落代君长,其章程可垂奕世而无弊。"在这种联邦共和制下,"议事听讼,选官举贤,皆自下始,众可可之,众否否之,众好好之,众恶恶之,三占从二,舍独徇同,即在下预议之人,亦先由公举,可不谓周乎";总统由选举产生,四年一届,"一变古今官家之局,而人心翕然",刑官"亦以推选充补,有偏私不公者,群众废之"。魏源对不设君位,"唯立官长贵族"等办理国务的瑞士,更誉之为"西土桃花源"。魏源作为一个封建官僚,只能从表面上看到西方资产阶级政治法律制度的某些现象,确实比清朝封建君主专制制度有一定的优越性,但他不可能透过那些表面现象,看出资产阶级政治法律制度的虚伪本质。

### 二、"变古愈尽,便民愈甚"

魏源认为,世界上没有什么永恒不变的事物,天地万物和人类社会是不断发展变化的。这是他变法改良的重要理论根据。他说:"三代以上,天皆不同今日之天,地皆不同今日之地,人皆不同今日之人,物皆不同今日之物。"(《治篇五》)有些星星是古有而今无,也有些星星是古无而今有,所以古今的天是不同的。大地上河流变迁,"高岸为谷,深谷为陵",可见古今的地是不同的。现在三楚这个地区还有谁留着长须,勾吴这个地区哪里还有人在身上刺花纹?可见古今的人是不同的。有许多动植物,古无而今有,可见古今的物也是不同的。历史的进化是一种客观的必然趋势,"势则日变而不可复者也"。谁要是违反这种客观事物发展的必然趋势,"执古以绳今,是为诬今;执今以律古,是为诬古";"诬今"的人,不可以担当治国的重任;"诬古"的人不可以和他谈论学问。

从这种变化发展的观念出发,魏源提出"变古愈尽,便民愈甚"(《治篇五》)的变法思想。他认为:"天下无数百年不敝之法,亦无穷极不变之法,亦无不除弊而能兴利之法,亦无不易简而能变通之法。"(《筹鹾篇》)他列举历代关于赋税、选举、劳役、兵役等制度不断变革的事实,说明法令制度随着"势"的变化而变化,这是历史自身发展的法则,有如"江河百源,一趋于海",势不可挡。即使"圣王复作",也不能"反江河之水复归之山"。⑦

魏源还认为,后代的法令、制度比古代进步,"后世之事,胜于三代者三大端:文帝废肉刑,三代酷而后世仁也;柳子非封建,三代私而后世公也;世族变为贡举,与封建之变为郡县何异?"(《治篇九》)去年的历书,今年就不能用;高祖、曾祖的器物,就不如祖父时的适宜。"时愈近,势愈切"(《皇朝经世文编序》),所以,他极力反对那种"执古"、"泥法"而不知随"势"变法的人,怒斥他们是"读周、孔之书,用以误天下"的庸儒。⑧

怎样改革,变些什么"法"呢?魏源认为现有的法令、制度本身没有大的问题,要变的是:必须讲求行法之人,除去"法外之弊"。在他看来,"不难于立法,而难得行法之人"。所以,"君子不轻为变法之议,而憔去法外之弊,弊去而法仍复其初矣。"(《治篇四》)可见魏源所重视的并不是废旧法立新法,而是除去法外之弊。在魏源看来,"天下无兴利之法,去其弊则利自兴矣"(《筹鹾篇》)。这种变法,只是进行"衣垢必澣(浣),身垢必浴"的点点滴滴的改良,根本没有触及封建统治制度,也没有以新法代旧法,仿行西方资产阶级政治法律制度的要求。所以说,他的这种变法主张所发生的作用是很有限的,但在当时因循守旧恶浊空气笼罩下,魏源的变法主张仍然有一定的进步意义。

### 三、民主议政,广开言路

魏源在一定程度上认识到人民的力量和智慧,主张民主议政,广开言路,显示出中国近代早期民主思想的特色。

魏源认为,天地间有生命的东西中,人是最可宝贵的。"'天地之性,人为贵。'天子者,众人所积而成。而侮慢人者,非侮慢天乎?人聚则强,人散则尪(Wāng汪),人静则昌,人颂则荒,人背则亡。故天子自视为众人中之一人,斯视天下为天下之天下。"(《治篇三》)这里,魏源既看到了人民的智慧、人民的力量不可侮,又把帝王视为众人中之一人,国家是所有老百姓的国家。从这些观点来看,不管其主观愿望如何,客观上确实是向封建末世君权的挑战。

魏源还把国家比作一个人的整体:帝王像是头脑,宰相像是手足,谏臣像是喉舌。那么,什么是呼吸器官呢,不就是老百姓吗!九窍、百骨、四肢的存亡,全靠鼻息。口可以整天闭着,而呼吸不可以有片刻的停止。⑨"古圣帝明王,惟恐庶民之不息息相通也",所以皇帝应当广泛听取人民的意见,使自己变得聪明起来。魏源认为,一个人的意见和想法是不全面的,靠不住的。⑩人们要得到对事物的正确认识,就要广征博采,"合四十九人之智,智于尧、舜"。做皇帝的更应该是这样。所谓"师箴、瞍赋、矇诵、百工谏、庶人传语、士传言"等等,都是为了使人民的"公议无不上达","于以明目达聪"。(见《治篇十二》)从而使皇帝成为好的国家元首,将相成为皇帝的得力助手。

在广泛听取人民意见时,魏源强调要致力做到"不以人废言"、"不以言举人"。⑪他认为,不以言举人,才能"明试以功而广收天下之人";不以人废言,才能"敷奏以言而广闻天下之言"。

在广泛听取人民意见时,魏源还要求皇帝做到"执两为兼听,而不以狐疑为兼听"(《治篇六》)。因为大家议论纷纭,但有的意见高明,有的看法鄙陋,皇帝"当以达聪为独断,而不以臆决为独断"。这是说,应该把善于集中正确的意见称为"独断",而不能把个人的主观臆断称为"独断"。他还用很形象的比喻来说明高明的人应该广泛听取意见:"受光于隙见一床,受光于牖见室央,受光于庭户见一堂,受光于天下照四方。"(《治篇十二》)

在万马齐喑的清王朝统治下,魏源这种民主议政,广开言路的主张,是十分可贵的。

### 四、广收人才,"治法在人"

魏源认为,要实现富国强兵,要"师夷长技以制夷",关键在于广收天下之人才。"国家之有人材,犹山川之有草木",国家人才众多,便可以"军政修";山川草木茂盛,便可以"蔚然然成仪"[12]。所以,古时夺取国家的,先得其贤才。如果得一后夔,天下无难正之五音,得一伯乐,天下无难驭之良马,"得一颇、牧,天下无难御之外侮"(《治篇八》)。治理国家,没有比选拔和任用贤才更重要的了。

怎样才能招揽天下的贤才呢?魏源提出"以实事程实功,以实功程实事"(《海国图志叙》),即以能够和善于解决实际问题为原则去造就人才,选拔人才。可是,清朝政府任人唯私,排斥异己,"贤者不得用,用者未必贤","贵族子弟,无功食禄;而贤者隐处沮洳(低湿的地方)之间,采蔬自给,谁知其才德高出在位之上乎!"(《诗古微·魏风诗叙集义》)

在魏源广收天下之才、任人惟贤的主张中,十分强调选拔、任用立法和执法的人才。他的思想深受儒家"有治人无治法"、"治法本于治人"观念的影响。他说:"弓矢,中之具也,而非所以中也;法令,治之具也,而非所以治也。"(《治篇四》)法律如同弓箭一样,是一种工具,怎样掌握和运用法律这种工具来治理国家,最重要的在于得人。魏源认为,人君立法,有如医生开药方一样,可能产生两种截然不同的效果:"医之活人,方也;杀人,亦方也。人君治天下,法也;害天下,亦法也。"《治篇四》所以,他特别重视立法之后选拔贤才去认真执法。他说:"不难于立法而难得行法之人。青苗之法,韩琦、程伯子所部,必不至厉(虐害)民;周家彻法,阳货、荣夷公行之,断无不为暴。"(《治篇四》)同一种法,不同的人去执行,其结果迥异,这说明选择行法之人是多么重要!

诚然,不改变封建的政治法律制度,只求贤才良吏去施政执法,仍然不能拯救国家。但魏源的用人唯贤、治法在人的主张,有利于中小地主阶级争取政治权力,这在当时仍有一定的积极意义。

毛泽东曾经指出:"自从一八四〇年鸦片战争失败那时起,先进的中国人,经过千辛万苦,向西方国家寻找真理。"魏源是中国近代最先向西方寻找真理的人,他接触外国的资产阶级法律知识,开始意识到资产阶级民主制比封建君主制优越。这是他超越于前人的地方。他的思想,对于中国近代思想的发展有较大影响。但魏源的改革、变法主张并没有超越封建制度所允许的范围,并认为封建制度本身是永恒不变的,即所谓"其不变者道而已矣"。他主观上是想通过改革来修补封建制度,摆脱日益严重的社会危机,使国家富强起来。所以当时有人把他比作王安石一类的人物。然而,魏源在政治上不敢触动腐朽的封建制度,要想实现这种变革,只能是一种幻想。

**注:**

①《魏源集·默觚下·治篇十一》:"历代亡天下之患有七:暴君、强藩、女主、外戚、宦寺、权奸、鄙夫也。暴君无论矣,强藩、女主、外戚、宦寺、奸相,皆必乘乱世闇(暗)君而始得肆其毒,人人得而知之,人人得而攻之。惟鄙夫则不然,虽当全盛之世,有愿治之君,而鄙夫胸中,除富贵而外不知国计民生为

何事,除私党而外不知人材为何物;所陈诸上者,无非肤琐不急之谈,纷饰润色之事;以宴安酖毒为培元气,以养痈遗患为守旧章,以缄默固宠为保明哲,人主被其董陶渐摩,亦潜化于痿痹不仁而莫之觉。"

②《魏源集·默觚下·治篇三》:"治天下之具,其非势、利、名乎,井田,利乎;封建,势乎;学校,名乎!圣人以其势、利、名公天下,身忧天下之忧而无天下之乐,故褰裳去之,而樽俎辑让兴焉;后世以其势、利、名私一身,穷天下之乐而不知忧天下之忧,故慢藏守之,而奸雄觊夺兴焉。"

③《魏源集·海国图志叙》:"去伪,去饰,去畏难,去养痈,去营窟,则人心之寐患祛其一。"

④《魏源集·默觚下·治篇十四》:"虽古之圣王,不能使甲兵之世复还于无甲兵,而但能以甲兵止甲兵;不能使刑狱之世复还于无刑狱,而但能以刑狱止刑狱也。"

⑤《魏源集·海国图志叙》:"《海国图志》六十卷,……是书何以作?曰:为以夷攻夷而作,为师夷长技以制夷而作。"

⑥《魏源集·筹海篇》:"此外量天尺、千里镜、龙尾车、风锯、水锯、火轮机、火轮舟、自来火、自转碓、千金秤之属,凡有益民用者,皆可于此造之。"

⑦《魏源集·默觚下·治篇五》:"租、庸、调变而两税,两税变而条编。变古愈尽,便民愈甚,虽圣王复作,必不舍条编而复两税,舍两税而复租、庸、调也;乡举里选变而门望,门望变而考试,丁庸变而差役,差役变而雇役,虽圣王复作,必不舍科举而复选举,舍雇役而为差役也;丘甲变而府兵,府兵变而彍骑,而营伍,虽圣王复作,必不舍营伍而复为屯田为府兵也。天下事,人情所不便者变可复,人情所群便者变则不可复。江河百源,一趋于海,反江河之水而复归之山,得乎?履不必同,期于适足;治不必同,期于利民。"

⑧《魏源集·默觚下·治篇五》:"君子之为治也,无三代以上之心则必俗,不知三代以下之情势则必迂。读父书者不可与言兵,守陈案者不可与言律,好剿袭者不可与言文,善琴弈者不视谱,善相马者不按图,善治民者不泥法;无他,亲历诸身而已。读黄、农之书,用以杀人,谓之庸医,读周、孔之书,用以误天下,得不谓之庸儒乎?靡独无益一时也,又使天下之人不信圣人之道。"

⑨《魏源集·默觚下·治篇十二》:"天下其一身与(欤)!后元首,相股肱,诤臣喉舌。然则孰为其鼻息?夫非庶人与!九窍百骸四支(肢)之存亡,视乎鼻息,口可以终日闭而鼻不可一息柅。"

⑩《魏源集·默觚下·治篇一》:"世固有负苍生之望,为道德之宗,起而应事,望实并损者,何哉？以匡居之虚理,验诸实事,其效者十不三四;以一己之见,质诸人人,其合者十不五六。"

⑪《魏源集·默觚下·治篇十二》:"古圣之听言也,不问其疏近,并不问其公私,而惟其理之是非,即有呼有咈,未闻以其呼咈而罪之也,是谓'不以人废言';瞽史、百工、庶人、刍荛皆得进言,未闻工瞽刍荛一言可采,即擢以崇高之位,此谓'不以言举人'。"

⑫《魏源集·默觚下·治篇九》:"国家之有人材,犹山川之有草木,蔚然羽仪,而非山麓高大深厚之气不能生也。夫惟人君不以高危自处,而以谦卑育物为心,人人得而亲近之,亦人人得而取给之。"

### 思考题

谈谈地主阶级改革派法律思想的特点。

# 第十六章 太平天国的法律思想

1851年爆发的太平天国革命,是鸦片战争之后中国社会矛盾激化和发展的产物。这次农民革命持续十七年,遍及十七省,是中国历史上规模最大的一次农民革命运动,揭开了近代资产阶级民主主义革命的序幕。

伟大的革命会造就伟大的人物,太平天国正是这样。在当时的革命风暴中先后涌现出了洪秀全、杨秀清、冯云山、肖朝贵、石达开、陈玉成、洪仁玕、李秀成等一大批农民革命领袖。在法律思想史上,最有代表性的人物首推洪秀全和洪仁玕。

洪秀全和洪仁玕在领导太平天国革命,特别在领导太平天国法制建设的实践中所提出的法律思想,其内容相当丰富且颇具特色。一方面,它具有农民阶级的平等、平均观念和比较鲜明的反封建、反侵略的思想,又夹杂着浓厚的皇权主义、宗教迷信的色彩;另一方面,又反映了资产阶级民主主义的要求和向西方学习的倾向。这是由于太平天国革命既有旧式农民运动的成分,又有资产阶级民主主义革命的因素等复杂情况所决定的。

太平天国革命虽然在中外反动势力的联合绞杀下最后归于失败,但以洪秀全、洪仁玕为代表的太平天国法律思想以及在这一思想指导下建立的太平天国法律制度,却是革命农民的伟大创造。它不仅在当时的革命斗争中起过重要作用,也是中国近代法律史上具有历史意义的篇章。其中许多有价值的东西,今天仍值得珍视。

## 第一节　洪秀全反对封建专制的法律思想

洪秀全(1814—1864)广东花县人,太平天国主要领导人,中国近代著名农民革命领袖和思想家。他自幼读书,十六岁时因家贫辍学,帮助父兄种田,不久任塾师。多次参加科举考试均未考中。1843年,洪秀全最后一次科举考试落第后,决心抛弃由科举走向仕途的幻想,起来从事革命活动。他从基督教的布教书《劝世良言》中得到启发,创立了拜上帝教会,作为从事革命的核心组织。他把中国历史上由来已久的反映劳动人民反剥削、反压迫的"等贵贱,均贫富"等朴素的平等观念,和要求建立"天国"的理想结合起来,构成了一套农民革命理论体系。这个理论是洪秀全发动、组织和进行革命斗争的主要思想武器。

洪秀全的法律思想集中反映在1844年至1847年写成的《原道救世歌》、《原道醒世训》、《原道觉世训》等著作中,也反映在以他的名义发布的太平天国的诏书、诰谕、法令、条例和制度里。

### 一、"斩邪留正","除妖安良"

洪秀全早年提出的"手握乾坤杀伐权,斩邪留正解民悬"[①]的战斗口号,以及后来用杨秀清名义发布的《太平救世歌》中提出的"除妖安良,政教皆本天法,斩邪留正,生杀胥秉至公"的革命思想,一直是太平天国法制建设的指导思想和基本原则。

洪秀全首先把当时社会划分为两个对立的营垒,一面是"正"和"良",另一面是"邪"和"妖"。并视农民为"正"和"良",集中以"皇上帝"为代表,视清朝封建统治者为"邪"和"妖",集中以"阎罗妖"为代表。其次,他无情揭露清朝封建统治者以"妖法"桎梏人民、镇压人民的罪恶,"造为妖魔条律,使我中国之人无能脱其网罗,无所措其手足"[②],要求制定出代表农民阶级意志的"天法"去取代"妖法"。再次,他强调要以体现"至公"精神的"天法"为工具,"除妖安良","斩邪留正",即镇压清朝封建统治者,保护农民群众。

太平天国自始至终是依据洪秀全这一指导思想进行立法活动的。洪秀全在金田揭竿起义,向群众发布了简明军纪五条;永安建制时,颁布了《十款天条》和太平条规。这些规则原是拜上帝教徒的行为规则,起义时成了具有法律效力的既治民又治军的革命纪律和军事纪律。太平天国定都天京以后,加强了革命的立法活动,其中最主要的是制定了废除封建土地所有制的《天朝田亩制度》,在《十款天条》、《太平刑律》的基础上制定了太平天国的刑事法律。此外还发布了许多诏书、诰谕。这些法律、条例、诏令、诰谕比较全面地改革了封建的法律制度,打碎了清朝反动法律的枷锁,贯彻了"斩邪留正"、"除妖安良"的精神。

## 二、"人无私财","逆者议罪"

洪秀全深切了解当时广大农民群众悲惨的境遇,"农工作苦,岁受其殃","饿莩流漓,暴露如莽"。他认为,产生这种社会弊端的根源是"一出于私"的社会经济制度。因此主张"人无私财","天下为公"。并认为只有这样,才能达到"天下有无相恤,患难相救,门不闭户,道不拾遗,男女别途,举贤尚德"的大同社会③,建立一个"天下一家,共享太平"的新世界。这种经济上的公有思想,突出地表现在分配和消费上。他提出,在太平天国实行圣库制度,"将一切所有缴纳于公库,全体衣食俱由公款开支,一律平均。"④《天朝田亩制度》是这种公有思想的具体法律表现,它以改革封建土地所有制为核心,提出了一套社会结构的设计,宣布废除一切土地私有制,剥夺地主的土地所有权,计口授田,财产公有,共同生产,彼此支援。规定:"凡田分九等。……凡分田照人口,不论男女,算其家人口多寡,人多则多分,人寡则少分,杂以九等。……凡天下田天下人同耕,此处不足迁彼处,彼处不足则迁此处,则移此丰处以赈彼荒处。务使天下共享天父上主皇上帝大福,有田同耕,有饭同食,有衣同穿,有钱同使,无处不均匀,无人不饱暖也。"⑤

为了保证上述理想的实现,洪秀全主张"逆者议罪"。凡缴获财物攫为私者,"一经查出,斩首示众"(《太平天国印书·太平天国诏旨书》,下引此书只注篇名);"凡私藏金银者,……定斩不留"(《太平天国》第三册《太平刑律》);"凡典圣库、圣粮及各典官,如有藏匿盗卖等弊,……即治点天灯之罪"(同上)。这些都表明洪秀全不仅有"人无私财"的公有思想,而且要用法律手段保证其思想的实现。

**三、男女平等,婚姻自由**

几千年来,中国妇女在封建制度的束缚下,被压在社会的最底层,受尽了摧残。洪秀全在"天下一家"思想的指导下,主张妇女解放,男女平等,婚姻自由。他宣称人间的一切人都是上帝的儿女、子孙。"天下多男子,尽是兄弟之辈,天下多女子,尽是姊妹之群,何得存此疆彼界之私,何可起尔吞我并之念?"(《原道醒世训》)因此,在太平天国的革命实践中,非常重视妇女的作用。太平军有许多普通的女战士,有身经百战的女将军,革命政权中也有许多女官吏。在考试制度上,规定妇女可以同男子一样参加考试。在经济上,规定"凡分田照人口,不论男妇"。这些都表明太平天国中男女在一定程度上确实是平等的。随着革命的发展,又制定了一系列保护妇女的政策法令,如严禁娼妓,不得实行以纳妾为合法形式的封建多妻制,也允许寡妇改嫁,废除了缠足蓄婢、溺婴等封建陋习,对侵犯妇女人身权益的行为严加惩罚,直到判处死刑。"凡强奸妇女喊冤,即斩首示众"。在婚姻制度上,规定"天下婚姻不论财"⑥,男女自由结合,反对买卖婚姻,结婚发"龙凤合挥"证书,证书上面只写结婚人的姓名、年龄、籍贯等,没有什么门当户对之类的规定。这些都表明太平天国在中国婚姻史上第一次废除了封建婚姻制度,把广大妇女从吃人的封建礼教中解放出来。

**四、严刑峻法,轻罪重刑**

太平天国一直处于激烈的战争时期,阶级斗争非常尖锐复杂。面对清朝统治者残酷镇压革命农民的现实,洪秀全认识到,仅仅用暴力推翻清朝统治是不够的,还必须用刑法同反革命分子,以及各种危害社会的破坏分子做斗争,对违法者严加惩处,因而形成了严刑峻法思想。

洪秀全把刑罚的矛头指向敌人及其他一切反革命分子。他认为,清朝的封建官僚、豪绅地主和一切反革命分子都是"妖"、"怪",强调变怪成妖是"天最恨"的严重犯罪,坚决予以镇压,应"遇妖即除"。对反对拜上帝教、装神弄鬼者,行"天诛"(同上),宣传信奉异教者,杀无赦;对于奸细、通敌、谋反等反革命分子处最重刑,"凡我们兄弟如有被妖魔迷蒙反革通妖,……即治以点天灯,五马分尸之罪"(《太平天国》第三册《太平刑律》);"凡有人私带妖魔入城或妖示张贴谋诸事,……定将此人点天灯,其知情不告者一概斩首不留"(同上);"凡有反革通妖之人,……通馆通营皆斩首"(同上)。

洪秀全把刑法的锋芒主要指向反对太平天国的反革命分子,着重打击各种严重危害社会的破坏分子,规定扰乱和破坏革命秩序的为犯罪,如"凡行军黑夜发妖风惊营,必寻出起首嚷叫之人斩首示众"(《太平天国》第三册《贼情汇纂》)等。同时,还有打击封建落后意识形态的规定,如"凡我兄弟俱要修好炼正,不准吹洋烟、吃黄酒、饮酒、奸淫,犯者斩首不留"(《太平天国》第三册《太平刑律》);并有打击经济犯罪的规定,如"凡私藏金银,……定斩不留"(同上)等。由此可见,太平天国的法网是很严密的。

洪秀全的重刑思想在刑罚上表现为极端的残酷性。太平天国的刑罚主要有枷、杖、死刑三种。杖刑自五板至二千板,死刑有斩首示众、五马分尸、点天灯等,后来又增加了桩沙剥皮等酷刑。

洪秀全的法律思想既是太平天国革命的产物,又是西方的宗教迷信和中国古已有之的"天命"神权观念以及历代起义农民平等、平均思想的结合,因而既具有强烈的反封建的革命性,又具有浓厚的宗教色彩。洪秀全创立的拜上帝教,就是一种宗教。为了使拜上帝教如同其他宗教一样具有神圣性,洪秀全把一切行为都冠以天的名义,他自称"天父",颁布的纪律称"天条",颁布的诏书称"天诏",违反太平天国法律的行为称之为"致干天法",惩罚犯罪分子称为"奉天行法"。因而他的法律思想杂有严重的荒诞不经的迷信。他对"正"与"邪"的划分很不明确,据此而制定的法律和规定有的混淆了敌我界限。如对叛变通敌罪,规定"被妖魔迷蒙,反革通妖,……即治点天灯之罪","并通营皆斩首"。(同上)这种株连做法,混淆了敌我矛盾,因而必然会影响革命内部的团结,给革命事业带来危害和损失。由于以法律条文附和宗教教义,以至出现了许多有乖人情的严刑苛法,例如,"凡剪发剃胡刮面,皆是不脱妖气,斩首不留。"(同上)其结果必然限制太平天国法律作用的正确发挥。

洪秀全领导的太平天国运动把中国封建社会里农民革命思想发展到了最高峰,但是农民毕竟是小生产者阶级,具有其阶级的和历史的局限性,因而他的法律思想也夹杂着严重的封建毒素。

首先是皇权思想。他在《龙潜诗》中写道:"等待风去齐聚会,飞腾六合定在天。"在《斩邪留正》诗中写道:"易象飞定在天"。这明显地流露出他要当皇帝的想法。他在《天父诗》中写道:"只有人错无天错,只有臣错无主错","一句半句都是旨,认真遵旨万万年",最后并说"遵旨便救逆旨刀",君主专制思想跃然纸上。太平天国后期,他独揽大权,任人唯亲,大搞"家天下","立政无章",最后终于变成了名副其实的专制君王。

其次是等级特权观念。洪秀全虽然早期以平等、平均口号吸引着广大群众参加革命,但很快就在家长制、君主制的封建宗法等级观念影响下,逐步将其抛弃。他公开提出"总要君君、臣臣、父父、子子、夫夫、妇妇",提倡"妻道在三从,无违尔夫主"。仿效封建统治阶级的模式,建立起一套"贵贱宜分上下,制度必判尊卑"的封建等级制度。同时,还以严刑维护尊卑等级的不可逾越性。还主张"荫子孙"的特权规定,确认太平天国官员"以子孙承袭,世传不替",这跟封建特权法是完全相同的。

由以上可以看出,洪秀全的法律思想充满了矛盾,既要求建立平等的太平一统的国家,又肯定了封建的等级特权制度;既反对清朝的封建专制统治,又确认天王享有专断的世袭大权。洪秀全法律思想这种矛盾的出现不是偶然的,从根本上说是由农民阶级的局限性决定的。农民阶级有反对地主阶级的革命性,又摆脱不了封建思想的束缚,因此反映在他们代表人物的法律思想中既有进步的一面又有落后的一面。对此,我们必须进行历史的和辩证的分析,取其精华,弃其糟粕。

**注：**

①韩山文:《太平天国起义记》。

②《太平天国印书·奉天讨胡檄布四方谕》:"夫中国首也,胡虏足也。中国神州也,胡虏妖人也。中国名为神州者何？天父皇上帝真神也,天地山海是其造成,故从前以神州名中国也。胡虏目为妖人者何？蛇魔阎罗妖邪鬼也,鞑靼妖胡,惟此敬拜,故当以妖人目胡虏也。奈何足反加首,妖人反盗神州。驱我中国悉变妖魔！罄南山之竹简,写不尽满地淫污;决东海之波涛,洗不净弥天罪孽。予谨按其彰著人间者约略言之：……今满洲造为妖魔条律,使我中国之人,无能脱其网罗,无所措其手足,是尽中国之男儿而胁制之也。"

③《太平天国印书·原道醒世训》:"遐想唐、虞三代之世,天下有无相恤,患难相救,门不闭户,道不拾遗,男女别途,举贤尚德。尧、舜病博施,何分此土彼土；禹、稷忧弱饥,何分此民彼民；汤、武伐暴除残,何分此国彼国；孔、孟殆车烦马,何分此邦彼邦。盖实见夫天下凡间,分言之,则有万国,统言之,则

实一家。皇上帝天下凡间大共之父也,近而中国是皇上帝主宰化理(化育管理),远而番国亦然;远而番国是皇上帝生养保佑,近而中国亦然。"

④韩山文:《太平天国起义记》。

⑤《太平天国文选·天朝田亩制度》:"凡田分九等:其田一亩,早晚二季可出一千二百斤者为尚尚(上上)田,可出一千一百斤者为尚中田,可出一千斤者为尚下田,可出九百斤者为中尚田,可出八百斤者为中中田,可出七百斤者为中下田,可出六百斤者为下尚田,可出五百斤者为下中田,可出四百斤者为下下田。……凡分田,照人口,不论男女,算其家人口多寡,人多则分多,人寡则分寡,杂以九等。如一家六人,分三人好田,分三人丑(恶劣、不好)田,好丑各一半。凡天下田,天下人同耕,此处不足,则迁彼处,彼处不足,则迁此处。凡天下田,丰荒相通,此处荒则移彼丰处,以赈此荒处,彼荒处则移此丰处,此赈彼荒处。务使天下共享天父上主皇上帝大福,有田同耕,有饭同食,有衣同穿,有钱同使,无处不均匀,无人不饱暖也。凡男女,每一人自十六岁以尚(上),受田多逾十五岁以下一半。如十六岁以尚分尚尚田一亩,则十五岁以下减其半,分尚尚田五分;又如十六岁以尚分下下田三亩,则十五岁以下减其半,分下下田一亩五分。"

⑥《太平天国文选·天朝田亩制度》:"凡天下婚姻不论财。凡二十五家中陶冶木石等匠,俱用伍长及伍卒为之,农隙治事。凡两司马办其二十五家婚娶吉喜等事,总是祭告天父上主皇上帝,一切旧时歪例尽除。"

## 第二节　洪仁玕及其《资政新篇》的法律思想

洪仁玕(1822—1864)是太平天国后期的主要领导人之一,广东花县人,洪秀全的族弟。他自幼学习经史,多次考秀才未中。后在家乡担任塾师。曾协助洪秀全从事拜上帝会活动。太平军金田起义的时候,他驰奔广西,因为大军转移,从军未成。1853年至1858年寄居香港,为外国传教士教书。一度当牧师,获得长期接触西方资本主义的机会,研究了欧美一些自然科学和社会政治学著作以及《圣经》。1859年到达天京后,洪秀全封他为"开朝精忠军师天扶朝纲干王",总理朝政。尔后又撰写了《资政新篇》,经洪秀全批改,作为官方文书颁行,成为太平天国后期的政治经济纲领,与《天朝田亩制度》前后相映。1864年7月天京陷落时,他在外地催粮,同年10月在石城被俘,后解南昌,英勇殉国。

洪仁玕的主要著作有《资政新篇》、《立法制喧谕》,此外还有《英杰归真》、《诛妖檄文》等。这些著作所包含的法律思想,是洪仁玕向西方资本主义国家学习的结晶,其显著特点就是打上了资本主义的烙印,带有民主与科学的因素,体现了历史的新趋势。

## 一、"国家以法制为先"

洪仁玕来到天京时,正值杨韦事件之后,国势日衰,法纪废弛。他借鉴中外历史经验,积极寻求救国方策。在他看来,"立法制"是治国的首要措施,而整顿太平天国的法纪,已成为"万不容己之急务",所以他在《立法制喧谕》中强调"国家以法制为先"[①]。认为"立法"是治国之"本",他指出西周之所以"肇八百之畿",是由于周公作《周礼》;现代西方一些资本主义国家之所以强盛,也是由于"邦法宏深"。如俄国、日本,就是因为他们学习了资本主义国家先进的"邦法",大兴政教,一跃而成为"北方冠冕之邦"。因此整顿法制,不仅可以扭转太平天国法纪松弛的形势和革除弊端,还有增强国力,争雄世界的意义。

洪仁玕又进一步指出,国家不但要"立法制",而且要"立法当"、"立法善"。怎样才能使"法善"呢?他认为,"凡一切制度考文,无不革故鼎新",(《洪仁玕选集·英杰归真》,下引此书仅注篇名)才能"兵强国富,俗厚风淳"。对于立法来说,也要"因时制宜,度势行法"。他还很形象地说,"云净而月明,春来而山丽,衣必洗而垢去,物必改而更新"[②],立法必须"变通",以求"更新"。为此,他在《资政新篇》中提出了二十八条改革措施,可以归纳为以下四个方面。

1．政治方面。他要求"权归于一"，加强中央的领导，王、侯不得各自为政。但又要下情上达，做到"上下情通"，给地方和民众以议政、参政和施政的应有权力，使中央集权、地方管理和民众参议结合起来。因此，他主张的中央集权不同于洪秀全的君主专制。针对太平天国后期有些地区废除乡官制度的情况，他建议恢复和普遍设立乡官、乡兵以及钱粮和税务机关，以发挥地方自治的作用。为了"上下情通"，他还主张"设新闻馆"，"以收民心公议"，各省也要设"新闻馆"，搜集地方情况上报中央。对国家公职人员，他主张建立考核制度，并曾颁布《钦定功劳部章程》，规定"有功足录"，"存其劳积"，严禁"私门请谒，以杜卖官鬻爵之弊"，违者依法问罪。

2．经济方面。他主张"兴车马之利"，发展交通事业，包括兴建铁路、公路，修浚河道，兴修水利，建造轮船等；主张发展金融事业，包括兴办银行，发行纸币，兴办保险事业等；主张"兴器皿技艺"，发展工矿业，包括开工厂，加工制造，奖励技术发明等。在这个问题上，他还主张保障专利和私人投资与雇工。凡"有能造精奇利便者，惟其自售。他人仿造，罪而罚之"。地下矿藏"虽公共之物，究亦枕近者之福"，而应准"总领"，"招明探取"，由"总领"、"国库"、"开采者"三方按成分利。邮政事业既可公办，也可私办。十分明显，《资政新篇》积极保护私有财产，准许私人开厂采矿，雇用劳动力等，与《天朝田亩制度》大相径庭，但符合社会发展进程的，不是后者而是前者。

3．文化教育、社会福利方面。他主张发展文化教育和卫生事业。设学校，办报纸，开医院；奖励慈善事业，办育婴堂、养老院。他还主张革新社会风气，严禁买卖人口、溺婴、蓄养奴婢、卖淫、缠足、斗蟋蟀、斗鸡、斗狗、养鸟、建庙宇寺观、吃黄烟鸦片以及其他恶习陋俗。这一切都有利于解放社会生产力，有利于发展资本主义。

4.对外关系方面。他主张国与国之间自由通商,平等往来。在不损害天国独立自主和不干涉内政的前提下,他强调制定"柔远人之法";"凡外邦人技艺精巧,邦法宏深,宜先许其通商,但不得擅入旱地(内地),恐百姓等罕见多奇致生别事。惟许牧师等并教技艺之人入内,教导我民,但准其为国献策,不得毁谤国法也。"应当指出,洪仁玕对外国侵略者特别是一些牧师的本质是认识不清的,上过当,受过骗。后来看到"外国人直接违反了中立的态度",阻挠太平军向清朝统治地区进攻,他才认识到"我朝祸害之源,即洋人助妖之事";清朝统治者"买通洋鬼交为中国患"。此外,在与外人通商中,他对进口有害于我国人民健康的东西是坚决查禁的。他曾重申太平天国严禁"洋烟"的法令:"外洋入口之烟,不准过关,走私者杀无赦。"

从以上几方面看来,洪仁玕在"革故鼎新"、"变通"、"更新"的立法改革中,的确包含了变封建主义为资本主义的内容。而且所有这一切他都要求"以法法之"、"以风风之"、"以刑刑之"。

## 二、"恩威并济"与"教、法兼行"

洪仁玕在《资政新篇》的"刑刑类"中指出,法要"恩威并济"。所谓"威"指"持法严"。"持法严"就是严肃认真地"奉法、执法、行法"。他说:"国家以法制为先,法制以遵行为要,能遵行而后有法制。"(《立法制喧谕》)即强调法制制定之后,必须严格执行。认为要"持法严",必须注意三方面:

1.国家官吏必须以身作则,遵法守纪。他说:国家官吏"奉行天法"应"亲身以倡之,真心以践之",若"在上者"不以身作则,肆意毁法乱法,便会"上行下效",奸宄丛生,所以主张一切禁革法令,"先要禁为官者,渐次严禁在下"。

2."奉行天法"要刚正不阿,不畏权贵。他坚决反对在革命队伍内部"结盟联党"[③],树立山头。对于那些私封官职,结党营私,拥兵自重,阴谋僭乱而忤犯刑律者,虽高居王位,也要"奉行天法",直到"处以大辟"。认为只有依法办事,不畏权贵,才能使"人皆服法"。

3. 严明赏罚,做到有功必赏,有罪必罚。他非常赞赏诸葛亮,认为"孔明之所以见称今古者惟'器使群材,赏罚严明'八字而已"。只有赏罚严明,才能够"别善恶,励廉耻,表忠孝",树立法律应有的权威,发挥法律的作用。

在主张以法"威"之的同时,洪仁玕还主张法外施"恩",即"刑外化之以德"。为此,他提出"德化于前,刑罚于后"的原则,反对不教而诛,要求"教、法兼行"。④

为了施行德化,他强调要向广大群众进行道德教育和法制教育,使人人懂得"纲常伦纪",知法守法。"先教以天条,而后齐以国法","十款天条,治人心恶之未形者,制于萌念之始。诸凡国法,治人身恶之既形者,制其滋蔓之多。"(《资政新篇》)教育的方法可以多种多样,如设立新闻馆,发行报纸,以宣传法律知识;采用公开审判的形式,使"观者可以股票自儆"等。同时,他要求领导人自上带头革除陈规陋俗,树立良好的社会风气,并要求引导、奖励人们去办医院、礼拜堂、学馆等有益的事业,"拯民出于迷昧之途,入于光明之国"。这样就可以做到"教行则法著,法著则知恩",使人们在教化下"才德日生,风俗日厚","不刑而自化","不禁而自弭"。

对于违法触犯刑律者,他虽主张必须律之以"刑",但仍要"刑外化之以德"。要求依据罪犯的情节轻重,分别给予不同的处罚;无论罪犯的罪行大小,一律实行"罪人不孥",刑止一身;要求"善待轻犯",给罪犯以"改过自新"的机会⑤;要求废除点天灯、五马分尸等酷刑,至于"大罪宜死者,只用大架吊死"。这些主张不仅是对封建刑法制度的改革,也是对太平天国后期滥刑酷罚的否定。

正由于洪仁玕既主张"恩威共济",又主张"教、法兼行"所以他认为"设法"(立法)和"用人"都很重要。单有善法而执法者不得其

513

人，便很可能自坏其法，更谈不上严明赏罚和进行德化。因此，他说："盖用人不当，适足以坏法；设法不当，适足以害人，可不慎乎？"他列举了许多实例，如殷商中兴，周武盛世等，"惟在乎设法用人之得其当耳。"(《资政新篇》)如果有了完善的法律，又"代有贤人相维持"，则"民自团结而不可解，天下永垂而不朽矣"。

洪仁玕不愧为太平天国的一个先进的思想家。他在太平天国后期总理朝政期间，能顺应国内外形势的发展，"度势行法"，力图为农民革命指出一条继续前进的道路。在法律思想方面，突出地反映出要求发展和保护资本主义生产关系，具有较多的资产阶级民主主义色彩。但是，由于客观条件的限制，他的经济主张和法律措施未能真正实现，因而也未起到挽救太平天国免遭覆亡的作用。

**注：**

①《洪仁玕选集·立法制喧谕》："照得国家以法制为先，法制以遵行为要，能遵行而后有法制，有法制而后有国家，此千秋不易之大经，而犹为今兹万不容已之急务也。本军师用与众弟等痛绝言之。

蒙天父天兄大开天恩，亲命我真圣主降凡驱逐胡虏，宰治中原。自金田起义于今九年矣！前此拓土开疆，犹有日辟百里之势，何至于今而进寸退尺，战胜攻取之威转大逊于曩时？良由昔之月，令行禁止，由东王而臂指自如；今之日出死入生，任各军而事权不一也。事权不一，虽久安长治之国犹未可保，矧当国家初造，妖势尚横，而谓可保无虞耶！"

②《洪仁玕选集·英杰归真》："夫云净而月明，春来而山丽，衣必洗而垢去，物必改而更新，理之自然者也。所谓世之变革者，以真圣主癸酉年转天时受天新命，食天新果，饮天新汁，因有自新之学，用以新民新世。……若人人能悔罪改过，弃恶归善，弃伪归真，为求自新，转以新民，改邪术而行真理，去偶像而拜上帝，拆妖庙而建礼拜堂，化愚顽而归良正，脱俗见而遵新化，视听言行既殊，而耳目手足斯新；万物情理既真，而天地世人既新。"

③《洪仁玕选集·资政新篇》："朝廷封官设将，乃以护国卫民、除奸保良者也。倘有结党联盟之事，是下有自固之术，私有倚恃之端，外为假公济私之

举,内藏弱本强末之弊。为兵者行此,而为将之军法难行;为臣者行此,而为君之权谋下夺。良民虽欲深倚于君,无奈为所隔绝,是不可以不察也。"

④《洪仁玕选集·资政新篇》:"所谓以法法之者:其事大关世道人心,如纲常伦纪,教养大典,则宜立法以为准焉。是下有所趋,庶不陷于僻矣。然其不陷于僻而登于道者,必又教法兼行,……昭法律,别善恶,励廉耻,表忠孝,皆借此以行其教也。教行则法著,法著则知恩,于以民相劝戒,才德日生,风俗日厚矣。此立法善而施法广,积时久而持法严,代有贤智以相维持,民自固结而不可解,天下永垂而不朽矣。然立法之人,必先经磨炼,洞悉天人性情,熟谙各国风教,大小上下,原委重轻,无不了然于胸中者,然后推而出之,乃能稳惬人情。若恐其久而有差,更当留一律,以便随时损益小纪,彰明大纲也。……盖法之质,在乎大纲,一定而不易。法之文,在乎小纪,每多变迁。故小人坏法,常窥小者无备,而掠为己有,常借大者之公,以护掩己私,然此又在奉法执法行法之人,有以主之,有以认真耳。"

⑤《洪仁玕选集·资政新篇》:"善待轻犯,宜给以饮食号衣,使修街渠道路,练其一足,使二三相连,以差人执鞭刃掌管。轻者移别县,重者移郡移省,期满释回,一以重其廉耻,二以免生他患,庶回时改过自新,此恩威并济之法也。"

**思考题**

1. 如何评价洪秀全的法律思想?
2. 简述洪仁玕法律思想的特点。

# 第十七章　洋务派的法律思想

洋务派是 1856 年到 1860 年第二次鸦片战争中开始形成的，是在中国沦为半封建半殖民地的情况下清朝统治集团与外国侵略者互相勾结的产物。洋务派的代表人物都是些封建大官僚，在清王朝中央有恭亲王奕䜣，在地方有曾国藩、李鸿章、左宗棠、刘坤一、张之洞等一批总督和巡抚。他们以"自强"、"求富"相号召，主张依靠外国援助，开办近代军事工业和民用工业，并用新式武器装备陆海军，借以强化其反动国家机器，来挽救摇摇欲坠的封建统治。

应当承认，洋务派兴办的近代工业，对封建的自然经济有某些冲击，客观上对后来中国近代民族工业的产生和西方技艺、知识的传播，起了一定的积极作用。但是，洋务派在政治上始终坚持对内反对改革、对外妥协投降的反动路线，他们和当时统治集团内部的顽固派在维护封建上层建筑上是完全一致的。当然，洋务派内部也存在矛盾。在民族矛盾特别尖锐的时候，以左宗棠为首的一派，正视民族大局，重视祖国统一，"师夷制夷"，抵抗帝国主义侵略；而曾国藩、李鸿章一伙，则自始至终"师夷媚夷"，对帝国主义屈辱投降，丧权辱国。

洋务派法律思想的基本主张是要以"中学为体、西学为用"为指导，以纲常名教为本，在中国原有的封建法律制度的基础上，采用若干西法，变形不变质，变表不变里，以适应镇压农民革命和办洋务的需要。

## 第一节 曾国藩"一秉于礼"的法律思想

曾国藩(1811—1872)字伯涵,号涤生,湖南湘乡人,出身于封建地主家庭,近代洋务派的创始人之一。他于道光十八年(1838)中进士,选翰林院庶吉士,不到十年升至礼部右侍郎衔内阁学士,以后历任两江总督、直隶总督兼北洋通商大臣等要职,并因绞杀太平天国农民起义有功而被封侯。他的著作汇编为《曾文正公全集》。

曾国藩平生致力于程朱理学。作为程朱理学的信徒,曾国藩极力宣扬"诚",他将道德范畴的"诚"看成是宇宙一切事物的根源。他说:"窃以为天地所以不息,国之所以立,贤人德业之所以可大、可久,皆诚为之也。故曰,诚者,物之始终,不诚无物。"(《曾文正公全集·复贺耦庚中丞》,下引此书只注篇名)他之所以鼓吹"诚",首先在于以"诚"来维系封建的纪纲,加强地主阶级尤其是统治集团内部的团结,共同反对太平天国农民起义;其次,以"诚"来为他们的妥协投降的对外政策辩护。

同时,曾国藩宣扬"仁"。他说:"孔门教人,莫大于求仁。"(《日课四条》)照他的说法,有了"仁"便可以"平物我之情,而息天下之争"。实质上是企图用仁义道德的说教,来缓和地主阶级内部的矛盾和麻痹农民反抗地主阶级的斗争意识。

曾国藩的法律思想就是上述思想观点的具体表现,是为他对内实行镇压太平天国农民起义和对外推行屈辱求和的政策服务的。

### 一、维护纲常名教,"一秉于礼"

曾国藩以儒家道统的继承人自居,极力鼓吹维护封建纲常名教的礼治。他和当时的封建卫道士一样,强调"三纲之道"是"地维能赖以立,天柱所赖以尊"(《喻纪泽》)的神圣不可侵犯的教条,把礼治看作是当时的治世良方,公然声称"君臣父子,上下尊卑,秩然如冠履之不可倒置"①。当太平天国农民起义领导人提出朴素的平等平均思想,猛烈冲击清王朝统治秩序时,曾国藩气急败坏,惊恐万分,狂呼太平天国革命"举中国数千年礼义人伦,诗书典则,一旦扫地荡尽,此岂独我大清之畸变,乃开辟以来名教之畸变,我孔子、孟子之所痛哭于九原!"(《讨粤匪檄》)封建的纲常名教是封建宗法等级秩序的总括和封建伦理的最高准则,也是封建专制主义法律的基石,曾国藩顽固地维护纲常名教,从法律思想的角度来说,就是坚持固有的封建主义法律的根本原则和思想基础。这是他的法律思想的基本观点。为了维护封建纲常名教,曾国藩提出了所谓"以礼自治,以礼治人"的反动政纲。

所谓"以礼自治",就是用"礼"来呼吁他的反革命同伙,在所谓"四方多难,纲纪紊乱"之际,谨守封建伦常与法纪,"互相规劝",加强统治阶级内部的反革命团结,同心协力地镇压太平天国农民起义。所谓"以礼治人",就是用"礼"来"辟异端",正纲纪,强迫人民接受礼的统治。曾国藩强调"隆礼"并作了一定的论证,他认为礼和仁是互为表理的,是孔门最主要的思想,又是调整人与人之间关系和约束人们行动的极重要的规范。他说:"昔仲尼好语求仁,而雅言执礼,孟子亦仁礼并称。盖圣王所以平物我之情,而息天下之争,内之莫急于仁,外之莫急于礼。"(《王船山遗书序》)又说:"先王之制礼也,人人纳于轨范之中,自其弱齿,已立制防。"(《江宁府学记》)由于礼是引导人民按照封建统治秩序行事的行为规范,将人们的言行拘囿封建主义的轨道之中,从而具有约束人们行动,防患于未然的作用。所以,曾国藩强调:"修身、齐家、治国、平天下,则一秉于礼。"②在他看来,统治者的学礼,就是学"经世之术";士大夫们学礼,是为了"辅世长民";而一般人学了礼,就会"循规绳矩"。从这里不难发现曾国藩所主张的礼或礼治,并不是要施仁政于民,而是把它当作维护清王朝统治的一种重要工具。

## 二、"严刑以致乂安"

当太平天国起来造反,危及清王朝统治者生存的时候,曾国藩主张用严刑峻法镇压农民的反抗斗争。他胡说什么过去"国家承平之日",治民以德,"刑法尚宽",致使各省"莠民""藐视王章","狡焉思犯上而作乱",从而"酿成今日流寇之祸"。因此,他反对"宽仁",强调"兼用管商之法","振之以猛"(《复贺耦庚函》),对革命人民要"一意残忍"③,"若非严刑峻法,痛加诛戮",就不能"折其不逞之志,而销其逆乱之萌"④。就是说,对人民群众只有"好杀",才能维护封建地主阶级的反动统治。

曾国藩进而论证对人民群众实行重刑镇压的必要性:"管子、荀子、文中子之书,皆以严刑为是。"子产治郑国,诸葛亮治蜀国和王猛治前秦,都以"严刑而致乂安⑤。"收到了显著的效果。因此,现在审理案件,也要实行严刑重法,敢于使用法外之法,法外之刑。无论是在湖南办团练还是总督两江期间,他都是按这个主张行事的。他在湖南办团练时,对于许多无辜被捕的农民,重则处以枭,轻亦立毙杖下。攻陷天京后,更"分段搜杀,三日之间毙贼共十万余人,秦淮长河,尸首如麻"(《金陵克服全股悍贼尽数歼灭折》)。曾国藩甚至向清朝最高统治者表示:"即臣身得残忍严酷之名,亦不敢辞。"表示了他要疯狂屠杀革命群众,坚决与人民为敌的反革命决心,因此人们骂他是"曾剃头"。

为了实现地主阶级对农民的残酷剥削,曾国藩还主张用"严刑重责"来强迫人民交粮纳税。他饬令各州县加紧催征,如拖欠者,"三日一比,严刑重责,幽之囹圄之中,治以军流之罪"。如有人"倡为莠言,谓世界已乱,不完粮者,一经拿获,即行正法"。所谓"三日一比",就是三天进行一次拖欠罪的审判,杀、关一批抗征户,用重刑威慑民众。这充分反映了封建法律腐朽反动性的加强,也露骨地表现了曾国藩维护封建剥削制度的顽固立场。

### 三、屈从外国，损害中国主权

为了与外国资本帝国主义结成反动同盟，共同镇压人民革命和巩固封建反动统治，曾国藩还歪曲儒家思想，炮制了一套投降卖国理论。他无耻地鼓吹，办"夷务"，"不外孔子忠信笃敬四字"⑥，并公然提出对外要实行"礼让为国"的方针。在"礼让为国"的借口下，他不惜拍卖主权，拍卖领土。如英、俄侵略新疆之际，他和李鸿章竟主张让出玉门关外大片领土。基于这一方针，他们签订了一系列丧权辱国的不平等条约，并厚颜无耻地为其签订这些丧权辱国的条约辩解。第一次鸦片战争之后，签订了丧权辱国的《南京条约》，他说这是清政府出于不得已所宜采取的"上策"，符合"乐天之道"。第二次鸦片战争之后，他变本加厉，力主与外国侵略者"力敦和好"，以便共同镇压太平天国。1860年，《北京条约》签订后，法国、俄国表示愿同清军一起攻击太平军，曾国藩求之不得，立即奏请与之约定"会师日期"，"许其来助，示以和好而无猜"。他甚至供认不讳，要扑灭太平军就得"借助西洋"，"舍此亦无善策"。

曾国藩从镇压太平天国农民起义的经验中，懂得采用西方的坚船利炮等军事技术，是有利于巩固清王朝统治的，因而也主张在"万国交通"的形势之下，不应一切拘泥于成法，在某些方面应稍事变通。他认为涉及封建统治的基本原则的"常"，万不能改变，但是器械、财用、选卒等方面则是可以变的。他认为，仿制洋器，用洋枪洋炮把清朝反动军队武装起来，就"可以剿发逆，可以助远谋"，使清王朝的反动统治长治久安。然而，"自强"运动的结果，并未使清王朝起死回生，而是加速了中国的半殖民地化。

注：

①《曾文正公全集·讨粤匪檄》："自唐、虞、三代以来，历世圣人，扶持名

教,敦叙人伦,君臣父子,上下尊卑,秩序如冠履之不可倒置。'粤匪'窃外夷之绪,崇天主之教,自其伪君伪相,下逮兵卒贱役,皆以兄弟称之,谓惟天可称父,此外凡民之父,皆兄弟也;凡民之母,皆姊妹也。农不能自耕以纳赋,而谓田皆天王之田;商不能自贾以取息,而谓货皆天王之货;士不能诵孔子之经,而别有所谓耶稣之说,《新约》之书,举中国数千年礼仪人伦,诗书典则,一旦扫地荡尽。"

②《曾文正公全集·礼》:"修身、齐家、治国、平天下,则一秉于礼。自其内焉者言之,舍礼无所谓道德;自其外焉者言之,舍礼无所谓政事。"

③《曾文正公全集·严办土匪以靖地方折》:"……不治以严刑峻法,则鼠子纷起,将来无复措手之处。是以一意残忍,冀回颓风于万一。"

④《曾文正公全集·与徐玉山太守》:"若非严刑峻法,痛加诛戮,必无以折其不逞之志,而销其逆乱之萌。臣之愚见欲能用重典,以锄强暴,但愿良民有安生之日,即臣身得残忍严酷之名,亦不敢辞。"

⑤《曾文正公全集·劝诫州县四条》:"管子、荀子、文中子之书,皆以严刑为是,以赦宥为非。子产治郑,诸葛治蜀,王猛治秦,皆用严刑以致乂安。"

⑥《曾文正公全集·复李少荃》:"夷务本难措置,然根本不外孔子'忠信笃敬'四字。笃者厚也,敬者慎也。信只不说假话耳,然却极难。吾辈当从此一字下手,今日说定之话,明日勿因小利害而变。"

## 第二节 张之洞以"中体西用"为核心的法律思想

张之洞(1837—1909),字孝远,号香涛,河北南皮人,同治三年(1863)登进士,经殿试对策,钦点一甲三名(探花)。先任翰林院编修和湖北、四川学政等职十余年。光绪七年(1881)出任山西巡抚,以后相继担任两广、湖广、两江(署理)总督达三十年。光绪三十三年(1907)奉召入京,任军机大臣、体仁阁大学士,同时兼管理学部大臣、督办铁路大臣。死后,被清廷追谥为"文襄"。主要著作有《张文襄公全集》。

张之洞早期是地主阶级的顽固派。十九世纪九十年代初,一变而为洋务派且成为地位仅次于李鸿章的洋务派首领。他"学兼汉宋",在督抚中号称最有"才学"。因此,他不仅是大地主、大买办阶级的政治代表,而且还是他们的思想代言人。

### 一、"中学为体,西学为用"

远在第一次鸦片战争期间,地主阶级改革派林则徐、龚自珍、魏源等人就提出过"师夷之长技以制夷"的主张。早期洋务派曾国藩、李鸿章、奕䜣等,在镇压太平天国农民起义中接过这个口号,提出"师夷之长技以造船制炮",镇压农民革命,兴起了近代史上的洋务运动。到了十九世纪九十年代,由于甲午中日战争的刺激,洋务运动的破产,资产阶级改良主义思潮的盛行,张之洞为了调和地主阶级顽固派和资产阶级改良派之间的矛盾,系统地总结了自己的洋务实践,发挥他的先辈们的思想,把这些提法归纳为"中学为体,西学为用"这样一个口号,使之成为洋务派的思想武器。

张之洞于1898年撰写的《劝学篇》,是全面阐发其"中学为体,西学为用"思想的代表作。张之洞所谓的"中学",是指以孔孟之道为核心,维护三纲五常的儒家学说,也就是曾国藩、李鸿章等所说的"道"。这个"体"和"道"是不能变、不可变和不许变的。用他们的话说,即"道者所以立本也,不可不一"。而"三纲"正是"道"所立之"本",因此,"三纲为中国神圣相传之圣教,礼政之原本"(《张文襄公全集·劝学篇序》,下引此书仅注篇名),是绝对不能变的。那么能变的是什么呢?那就是曾、李所说的"器"。不过张之洞并不拘泥旧说,他对其前辈的不变之"道"和所变之"器"都进行了具体的分析和发展。他曾指出:"夫不可变者伦纪也,非法制也;圣道也,非器械也;心术也,非工艺也。"(《劝学篇·变法》)他所作的发展,主要在于他把"法制"划入可变之列,并且声称:"法者所以适变也,不必尽同。"从表面看来,似乎他已走向变法维新的道路,其实不然。他所说的"法"或"法制"并不包括封建的基本制度,不是说封建的基本制度、封建的基本法制可以变,可以用西方的资产阶级法制来取代,那样就变成"西学为体"了。因此,他在强调"中学为体"的同时又提出西学为用,即"西学"只能为"中体"服务。但西学本身也有"体"、"用"两个方面,而能为中体服务的西学当然不可能是西学之体,只能是西学之用。就政治法律制度来说,西方的君主立宪、民主共和、三权分立、天赋人权等都与"中体"相违,都应予以摒弃。由此可见,就"中学为体"而言,张之洞的基本立场和老洋务派,甚至顽固派并无区别。但在十九世纪末二十世纪初变法的呼声已成不可阻挡之势的情况下,为了能同资产阶级改良派、革命派相抗衡,他的"西学为用"则比老洋务派增添了一些新的内容。①

"中体西用"是张之洞思想的核心。它表现在法律主张上,就是坚持维护以纲常名教为本的旧法律;坚持宽猛相济、刚柔结合的统治方法;同时,要求用变形不变质的方法整顿旧法律,"采西法以补中法之不足"。

## 二、整顿中法,采用西法

张之洞认为,在不违反纲常名教的前提下,可以"采西法以补中法之不足"。但是"西法"中一切先进的东西,他又是反对的。如反对民权和男女平权,宣称"民权之说,无一益而有百害","知君臣之纲,则民权之说不可行也;知父子之纲,则父子同罪免丧废祀之说不可行也;知夫妇之纲,则男女平权之说不可行也"②。又如,反对罪行法定,坚持援引比附;反对司法独立,坚持行政兼理司法;反对律师制和陪审制;等等。张之洞"采西法以补中法之不足"的主张,比较集中地体现在光绪二十七年(1901)他和刘坤一联名所上《江楚会奏变法三摺》中,其内容不外以下两个方面:

(一)整顿中法主要为改革刑狱。他们提出几条措施,即"除讼累",指革除差役,消除讼累,试行警察制度;"省文法",指减省诉讼中的繁文缛节;"恤相验",指官吏勘验命案必须"轻骑简从,不准纵扰";"省刑责",指除命盗案件外,其他案件及各种人证都不许刑讯;"重众证",指重证据轻口供,除死罪必须有供词外,其他军流以下诸罪只要证据确凿经上司复核即可按律定拟;"改罚锾",指民事案件乃至轻微刑事案件,皆可缴银赎罪;"修监羁",指改良监狱的条件和管理等。以上各项虽然对封建制度的根本性质毫不触动,但毕竟或多或少地吸取了西方的某些东西,其中的"省刑责"、"改罚锾"、"修监羁"等,显系参照西法而提出的。

(二)采用西法。为了办洋务和协调中外资本家的利益,张之洞和刘坤一建议清政府聘请西方各国的"名律师",博采各国的法律,为中国编纂矿律、路律、商律以及交涉刑律。③尽管他们口口声声把编制这些法律的意图说成是为了维护国家主权,保护华商利益,但其目的却在于使"华洋商人,一律均沾",让外国资本的入侵披上合法的外衣。另一方面,从张之洞个人来看,作为洋务派后期的主要代表人物,像其他洋务派的成员一样都有维护封建统治和对帝国主义妥协投降的一面,如在1900年义和团运动期间他和刘坤一就曾勾结帝国主义扮演了一出"东南互保"的丑剧。但在其他对外交涉中,他的态度与左宗棠颇相类似,有时也主张抵抗帝国主义的侵略,比较重视维护国家主权,主张保护华侨的正当权利,禁止教会和租界扩占土地,限制列强在华的治外法权。这说明他和甘心出卖主权的曾国藩、李鸿章之流相比,又有一定差别。但尽管如此,他始终没有超越"中学为体,西学为用"这一反动纲领。

### 三、"法律本原实与经术相表里"

张之洞认为法律是统治者手中的重要工具,"法律之设,所以纳民于轨物之中"④。"纳"就是强制,"轨"是统治秩序,这是说法律的作用就在于强制老百姓服从统治秩序。

为了维护封建地主阶级的"轨",张之洞指出:中国"法律本原实与经术相表里"。"经术"即四书五经中的纲常名教，它是全部法律"精义"之所在。法律是"表"，即形式，"经术"才是"里"，即内容。形式受内容决定并为内容服务，因此法律受"经术"决定并为"经术"服务。而"亲亲之义，男女之别"是经术中之"最著者"，是"天经地义，万古不覆"的常轨。法律必须为这个"常轨"即纲常名教服务，强迫人民在纲常名教的"常轨"内作为和不作为，乖乖地接受封建统治。

在张之洞看来，纲常名教是数千年来的"五伦之要，百行之原"，是"中国神圣相传之圣教，礼政之原本，人禽之大防"，是封建统治的根本。包括法律在内的一切封建上层建筑，都不能离开这个根本，都必须贯彻这个原则。虽然，他有时也说法律要因时而变，但强调包藏在法律中的"经术"即纲常名教则万不可变。当时，在法律领域的斗争中，《大清律例》已成为众矢之的，连封建士大夫之中的有识之士，也主张修律。张之洞也承认旧法不足以"变世变"，"自不能不量加变易"，可是他所主张的"变易"，其可变度是微乎其微的，法律的体例、形式可以变，法律的内容、本原即纲常名教不许变。更为露骨的是，他还替集中体现纲常名教这个"本原"的《大清律例》大唱赞歌，说什么："自暴秦以后，刑法滥酷；两汉及隋，相去无几；宋稍和缓，明复严苛；本朝立法平允，其仁如天。具如大清律一书，一、无灭族之法；二、无肉刑；三、问刑衙门不准用非刑拷讯，犯者革黜；四、死罪又分情实缓决，情实中稍有一线可矜者，刑部夹签声明请旨，大率从轻比者居多；五、杖一百者折责实杖四十，夏日有热审减刑之令，又减为三十二；六、老幼从宽；七、孤子留养；八、死罪系狱不绝其嗣；九、军流徒犯不过迁徙远方，非如汉法令为城旦鬼薪，亦不比宋代流配沙门岛，额满则投之大海；十、职官妇女收赎，绝无汉输蚕宝，唐投掖庭，明发教场诸虐政。"

他一口气连数《大清律例》的十大"仁政"，当然无补于挽救这一行将废除的封建专制法典，只能进一步暴露他的反动立场。

1906年，慈禧下诏搞假立宪，令沈家本等人起草了一个《新编刑事民事诉讼法》，基本上仍然维护封建纲常伦理，但张之洞却认为"乖违"了中法的"本原"，指责该法"父子必异财，兄弟必析产，夫妇必分资，甚至妇人女子责令到堂作证，袭西俗财产之制，坏中国名教之防，启男女平等之风，悖圣贤修齐之教，纲伦法教，隐患实深。……非圣朝明刑弼教之意"。因此，他的答复就是四个字："万不可行"。

### 四、宽猛相济，刚柔结合

张之洞善于运用镇压与欺骗的两面手法，他认为要有效地进行统治，就应宽猛相济，刚柔结合。"抚良民则以熙媪宽平为治，惩乱民则以刚断疾速为功"。在他看来，对那些比较驯顺的"良民"，不能过分严酷，而应有所节制，要用"抚"的办法去治理。否则，即使是良民，也会铤而走险。抚的办法有二："一曰赋敛轻"；"二曰刑罚平"。例如，在太平天国农民起义军和捻军被清王朝镇压下去之后，张之洞就主张实行"赋敛轻"、"刑罚平"的政策，以利于"结民心"。他指出："考从古帝王所以享国久长者，财力、兵力、权谋、术数皆不足恃，惟民心为可恃。"这说明他主张用牧师的职能来笼络人心，以巩固地主阶级统治。

但是，如"良民"不驯服，敢于破坏封建统治秩序时，张之洞马上收起"宽仁"之类的说教，而强调惩"乱民"要严要猛。如他任山西巡抚时，为了"惩乱"，不仅主张扩大死刑的范围，还要求朝廷授他以就地处决"土匪马贼会匪游勇"的权力，以便他放手进行血腥屠杀。又如，在两广、湖广任上，张之洞又以"变通之道，因时而宜，重典之刑，因地而用"为理由，一再要求清廷让他掌握"就地正法"的杀人权力。他的理由是："安良除莠，古有明箴，欲为杜遏乱萌之谋，必先行辟以止辟之政。"(《重案定拟未协折》)他的逻辑是：只有刚断疾速，严惩速办，才能耸当时之视听，靖地方之人心；否则，"因循拘泥，必酿成乱阶"。在这种思想的指导下，他坚持使用先斩后奏的"就地正法"。1887年，他在广东"查办匪乡"，一年之中竟"就地正法"九百零六人；1900年，在汉口一次"就地正法"维新志士唐才常等二十多人；资产阶级革命派章太炎、邹容被帝国主义者拘禁上海时，他又千方百计企图引渡过来予以"正法"。这充分暴露了他敌视人民的一面。

**注：**

①《张文襄公全集·劝学篇·会通》："中学为内学，西学为外学；中学治身心，西学应世事。不必尽索之于经文，而必无悖于经义。如其心，圣人之心；行，圣人之行。以孝弟（悌）忠信为德，以尊主庇民为政，虽朝运汽机，夕驰铁路，无害为圣人之徒也。"

②《张文襄公全集·劝学篇·明纲》："君为臣纲，父为子纲，夫为妻纲，此《白虎通》引《礼纬》之说也。董子所谓道之大原出于天，天不变，道亦不变之义本之。……此其不可得与民变革者也，……圣人之所以为圣人，中国之所以为中国，实在于此。故知君臣之纲，则民权之说不可行也；知父子之纲，则父子同罪免丧废祀之说不可行也；知夫妇之纲，则男女平权之说不可行也。"

③《遵旨筹议变法谨拟采用西法十二条折》："一曰广派游历，二曰练外国操，三曰广军实，四曰修农政，五曰劝工艺，六曰定矿律、路律、商律、交涉刑律，七曰用银元，八曰行印花税，九曰推行邮政，十曰官收洋药，十一曰多译东西各国书。"

④《遵旨复议新编刑事民事诉讼法折》："盖法律之设，所以纳民于轨物之中，而法律本原实与经术相表里。其最著者为亲亲之义，男女之别，天经地义，万古不刊。"

**思考题**

1. 试述张之洞"中学为体，西学为用"的原则在法律思想上的体现。
2. 怎样评价洋务派的法律思想。

# 第十八章　资产阶级改良派的法律思想

1894年的中日甲午战争,以中国的失败并签订丧权辱国的"马关条约"而告结束。这场战争的失败向中国敲响了警钟:民族危机已空前严重,瓜分之祸已迫在眉睫,中国一定要改弦更张,变法维新,才能救亡图存,否则就要亡国灭种。先进的知识分子所受到的刺激格外深刻。在这种形势下,原来七八十年代出现的改良主义思想,迅速发展为变法维新的社会思潮,并逐步形成了资产阶级改良主义政治运动——戊戌变法。康有为、梁启超、谭嗣同、严复等是这一运动的主要代表人物。

"戊戌变法"运动的目的主要在于"救亡图存",是一次反帝反封建性质的爱国运动。康有为等人提出了资产阶级改良主义政治纲领以及变法的主张和方案,企图通过改良的道路,依靠一个"英明的皇帝"来实现自上而下的改革。他们热衷于向西方学习,吸收了西方资产阶级革命时期的"天赋人权"、"三权分立"、民主、自由等思想,要求设议院,开国会,定宪法,以实行"君主立宪"。由于变法运动和封建顽固派的利益相冲突,所以历时不久即被封建反动派所绞杀而宣告失败。

这次运动符合历史的发展趋势,为民族资本主义的发展创造了一定条件,有一定的积极作用。尤其在思想文化领域里,它成为在中国传播资产阶级学说,启迪资产阶级思想的先声,在一定程度上为辛亥革命作了思想理论上的准备。

"戊戌变法"失败以后,资产阶级改良派代表人物除谭嗣同为变法献身外,其他一些人,特别是康有为、梁启超、严复等纷纷倒退、倒向保皇、尊孔，成为落伍者。

## 第一节　康有为的"变法维新"论

康有为(1858—1927)又名祖诒，字广厦，号长素，广东南海人，出身于封建官僚地主家庭。他是中国近代资产阶级改良主义运动的领袖，后期变为保皇派的代表人物。康有为从1879年起，游历香港，读过《瀛环志略》、《环游地球新录》、《西国近事汇编》等介绍西学的书籍，开始接触到当时的改良主义思潮和西方资本主义思想文化。甲午战争以后，改良主义思潮在民族危机的刺激下，开始从条陈对策、针砭时弊的阶段转向实际的组织和宣传活动。康有为顺应这一时势，于1895年联合进京应试的举人，组织了"公车上书"，上书光绪皇帝，提出变法主张。1895年秋冬，康有为先后在北京和上海组织"强学会"，创办《中外纪闻》和《强学报》，介绍西方资本主义国家的情况，宣传变法。1897年2月，康有为在澳门创办《知新报》，作为南方宣传变法的阵地；还著书立说，出版《孔子改制考》，为变法提供思想理论依据。1898年，光绪皇帝下诏变法，宣布实行一系列"新政"，并命令康有为参与"新政"，史称"戊戌变法"。

戊戌变法运动失败后，康有为逃至香港。1899年，他在加拿大组织了"保皇会"，公开地抵制和破坏资产阶级革命派的活动。与其政治态度的变化相适应，他的思想也就从积极、进步转向保守、反动。

康有为的变法思想主要反映在他所著的《新学伪经考》、《孔子改制考》、《大同书》、《春秋董氏学》等著作及他向皇帝所上书奏中。

### 一、"时移法亦移"，倡"变法维新"

康有为在戊戌变法前，先后撰写了《新学伪经考》、《孔子改制考》等著作,否定封建经典,否定封建正统思想,把孔子打扮成"托古改制"和"改制立法"的祖师爷,目的是借"古圣"来论证变法维新的必要性和合理性。

《新学伪经考》把西汉末年刘歆的著作及当时社会崇奉的《左传》等古文经典视为"伪经",湮没了孔子的"改制之圣法"。旨在破除士大夫对传统经学教条的迷信,为变法维新扫除思想障碍。

《孔子改制考》则从正面阐明了孔子"托古改制"思想,实际上是宣传他自己改制立法的变法主张。首先,康有为把孔子推为"托古改制"的"圣法"的创立者。他认为,《六经》是孔子制作的经书,六经统一于《春秋》,《春秋》之传在《公羊》。只有《公羊春秋》才是阐发孔子"圣法"的真经。《公羊春秋》的核心是"公羊三世说"。所谓"公羊三世"是汉代何休在《公羊传注》中提出的社会历史演进的三个阶段,即社会由"据乱世"进入"升平世",再由"升平世"进入"太平世"。其次,康有为以自己的政治意图,解释孔子创制治世之法。他认为,历史演进有"三世",孔子曾分别为这"三世"著有不同的宪法,概括而言,就是《春秋》里的"大义"与"微言"。所谓"大义"即孔子治"据乱世"之宪法;所谓"微言"即孔子所说的"升平世"、"太平世"之理想宪法。最后,康有为认为沿着人类社会进化的三世,国家也必然相应地由"专制"进到"立宪",再由"立宪"进入"共和"。他不惮其烦地反复引证、比附,试图说明:当今中国一定要变法维新,实行君主立宪政体;当今的"布衣改制","合乎古训",完全适应时代的要求。

康有为认为:"时既变而仍用旧法,可以危国",只有变法维新,才是自强之策。在他看来,"能变则存,不变则亡,全变则强,小变仍亡"[①]。

但是,康有为以"托古"推行变法维新的主张,有很大的局限性。他主张的变法只是改良。他认为,一切只能"循序而行","不能躐等","三世不能飞跃"。一国的"君主专制"也必须经过"立宪制"才能进到"共和制"。他说:"孔子所谓升平之世也,万无一跃超飞之理,凡君主专制、立宪、民主三法,必当一一循序行之,若紊其序则必大乱。"(《康有为政论集·答南北美洲诸华侨论中国可行立宪不可行革命书》,下引此书只注篇名)显然,这种"循序而行"的"进化之法",不是真正的革命,而是点滴的改良。康有为的变法思想正是从这里失足,以致他在一定的条件下走向自己的对立面,由维新变法走向守旧复辟,反对革命。

### 二、"变法全在定典章宪法",实行"君主立宪"

依康有为之见,中国之所以内忧外患,积贫积弱,其原因便是由于君主专制,君权太专,下情不能上达,君民不能合为一体,因此他认为要使国家富强,人民安乐,就必须实行君主立宪,三权分立。他在《上清帝第六书》中指出:"近泰西政论,皆言三权,有议政之官,有行政之官,有司法之官,三权立,然后政体备。"他还在《请讲明国是正定方针折》中又进一步强调指出:"夫国之政体,犹人之身体也。议政者譬若心思,行政者譬若手足,司法者譬若耳目,各守其官,而后体立事成。然心思虽灵,不能兼持行;手足虽强,不能思义理。今万几至繁,天下至重,军机为政府,跪对不过须臾,是仅为出纳喉舌之人,而无论思经邦之实。六部总署为行政守例之官,而一切条陈亦得与议,是以手足代谋思之任,五官乖宜,举动失措。"他在这里力陈三权分立、分工协作,互相制约、互相联系的益处,批评了清王朝君主专制独断、不实行三权分立的弊病。只有实行按三权分立原则建立起来的君主立宪制,才能既限制君权,又明确国会、政府及司法机构的职责,使他们分清自己的职责,各司其职;使"国民"的代表能够参议国政,这样上下通情,君民合而为一体,那么"行三权鼎立之制,则中国之治强,可计日待也"(《请定立宪开国会折》)。

在建立君主立宪,实行三权分立的问题上,康有为着重探讨了建立代议机构即立法机构的问题。在《公车上书》中,他建议举"议郎","上驳诏书,下达民词,凡内外兴革大政,筹饷事宜,皆令会议于太和门,三占从二,下部施行"。到《上清帝第四书》则进而明确指出"设议院"的命题,要求"凡有政事","令之会议",而且主张"省、府、县咸令开设"。在戊戌变法时,又指出:"今欧、日之强,皆以开国会行立宪之故,……请即定立宪为国体,预定国会之期,明诏布告天下。"在召开国会之前,他又建议光绪帝仿照日本明治维新的办法,先在宫中设立"立法院"或"制度局"。②由此可归纳出康有为倡导实行君主立宪的具体方案是:

1. 设议院开国会。康有为早在《公车上书》中就颇为详尽地阐述了这个问题,设立议院之后,就可以"上广皇帝之圣聪,……下合天下之心志,……君民同体,……休戚与共"。议院可以起到"民信上则巨款可筹;政皆出于一堂,故德意无不下达;事皆本于众议,故权奸无所容其私"的作用。召开国会就可以"庶政与国民共之",使得"君与国民共议一国之政法"。他断言这种政体优越于专制政体,因为立宪政体是"人君与千百万国民合为一体",并且,"立宪法以同受其治,有国会合其议,有司法保护其民,有责任政府以推行其政"(《请君民合治满汉不分折》)。因而议院制是一种十分理想的制度,可以使"百废并举,以致富强"。

2. 制定宪法。康有为仿照日本明治维新,把"定宪法"作为"维新之始",认为"各国之一切大政皆奉宪法为圭臬"。如果没有宪法作为根本和依据,就会出现"恶之者驳诘而不行,决之者仓卒而不尽,依违者狐疑而莫定,从之者条画而不详"(《上清帝第六书》)的情况。所以,实行"新政"之前,必须先定宪法,"若能立宪法,改官制,行真维新,则内乱必不生"。这说明了康有为对立宪的充分重视。

3. 行三权分立,即"以国会立法,以法官司法,以政府行政"。

除了要求君主立宪,建立三权分立的新政体以外,康有为还极其重视改旧法,建立新的法制,甚至认为"变法全在定典章宪法"。他收集了日本的法制章程,但归根到底采用的仍然是西方资产阶级的法律制度。他改变旧法的步骤是:首先,他要求"采样万国律例,定宪法公私之分",即制定一部英、日式的资产阶级宪法,使君民同受其治。其次,他主张修改旧刑律,理由是,外国人以"我刑律太重",因而要"自治其民,不与我平等之权利"。因此他建议:"今宜采罗马及英、美、德、法、日本之律,重订施行。"再次,他要求制定民法、商法、诉讼法等。在《上清帝第六书》中,他指出:"其民法、民律、商法、市则、舶则、讼律、军律、国际公法,西人皆极详明,既不能闭关绝市,则通商交际,势不能不概予通行。然既无律法,吏民无所率从,必致更滋百弊。且各种新法,皆我所夙无,而事势所宜,可补我所未备。故宜有专司,采定各律以定率从。"

康有为的以上主张,说明随着民族资本主义经济的产生与发展,制定调整这种新的经济关系的法律已日益迫切地被提到议事日程上来。康有为的上述计划若能实现,就意味着一个以六法为体系的资产阶级法律制度将取代中国旧有的诸法合一的封建主义法律制度。仅从这方面来说,它就具有进步意义。至于从法律思想的发展角度来看,康有为对于建立资产阶级法律制度的认识和论述,都比早期资产阶级改良派有明显的进展。

### 三、坚持保皇立宪,鼓吹复古

戊戌政变后,康有为逃亡国外,他并没有因此放弃"以君权变法"的主张,仍旧坚持保皇立宪,反对以孙中山领导的资产阶级革命民主派,大力鼓吹"中国只可行立宪不可行革命"(《答南北美洲诸华侨论中国可行立宪不可行革命书》),顽固地坚持改良。辛亥革命爆发后,他更攻击革命是"自生内乱",共和是"共争共乱";进而说:"行共和言自由平等则惟有破纪纲,坏伦纪,至上无道揆,下无法守而已。"

在这种思想支配下,康有为由宣传变法转而反对变法,从主张采用西方资产阶级法律制度转而反对废除清王朝的旧法。他攻击人们宣传"民主、革命、平等","使举国之人,皆卢骚、福禄特尔、孟德斯鸠",都是无济于事的空谈。他一反戊戌年间的主张,在《中国颠危误在全法欧美而尽弃国粹说》中提出:"夫中国数千年之经义典章法度,乃积中国数千年无量数之圣哲为之。皆行之久远宜民宜人者也。"他甚至把袁世凯篡权后出现的混乱局面,归结为"由扫除中国五千年教化礼俗曲章改之耶"。据此,他一再叫嚷"还国魂",复"国粹",主张复古,复辟封建主义。基于这种认识,他提出:"今欲救中国四万万之民,大拯中国,惟有举辛亥革命以来之新法令尽火之,而还其旧,或者其民有瘳,而中国有豸乎!"就是在这种顽固的保皇、复辟思想支配下,康有为终于参与了1917年张勋的"复辟"丑剧,而彻底地堕落了。

**四、"太平之世不立刑"**

康有为在他的《大同书》里指出:"公羊三世"里的"太平世"即大同世界,是人类发展阶段上"至善至美"的理想社会。在那里,人们摆脱了"乱世"中存在的各种"苦道"。社会上致人犯罪的政治经济根源消失了,人性可以得到充分的发展。从而,社会就可以达到"治至刑措",实现"太平之世不立刑"。

康有为在书中剖析了犯罪原因和不立刑的理论根据。

他认为:"人之犯罪致刑皆有其由",而"私"正是危害"公理",阻碍社会进化,使人犯罪致刑的根源。有了"私",才有阶级、国家、家庭、个人之分。这样,社会上人们之间就会产生各种纷争、狱讼。如有贫而不能忍"则有窃盗、骗劫、赃私欺隐、诈伪、偷漏、恐吓、科敛、占夺、强索、匿逃、赌博之事";"有夫妇则争色争欲",而奸淫禁制责望怨怼甚至刑杀之事出焉";"有爵位,则有钻营、媚谄、作伪、恃力、骄矜,剖夺之事起焉";"有私产,则田宅工业商货之争讼多

焉";"有名分,则上之欺凌压制,下之干犯反攻起矣。"(《大同书·刑措》)

他认为,要消除犯罪,决非"日张法律"、"日议轻刑"、"日讲道德"所能解决的,更不宜"多为法网,以待其触"。在他看来,要致刑措,达大同,最根本的方法是去"九界"。这就是:一去国界,消灭国家,实行大同;二去级界,消灭等级,倡民族平等;三去种界,同化人类,使全世界都成为优种人;四去形界,解放妇女;五去家界,消灭家庭;六去产界,消灭私有制;七去乱界,取消各级行政区划,全球设大同公政府;八去类界,众生平等,博爱众生;九去苦界,至极乐,实现大同,达到至平、至仁、至公、至治。(见《大同书·前记》)

康有为设想的"大同"极乐世界里,"无邦国,故无有军法之重律;无君主,则无有犯上作乱之悖事;无夫妇,则无有色欲之争、奸淫之防,……刑杀之祸;无宗亲兄弟,则无有望养、责善、争分之欲,……无名分,则无欺凌压制干犯反攻之事。"既然如此,"尚有何罪,尚有何刑"?所以,"大同之世百司皆有,而无兵、刑两官"[3],也就达到"太平之世不立刑"的理想境界了。

但是,康有为又认为,虽然"太平之世不立刑",可是还有"职业之规则"和"无干刑犯律"的禁令。例如"禁懒惰"、"禁独尊"、"禁竞争"、"禁堕胎"等等。

康有为的大同世界"治至刑措"的法律思想,在一定的程度上表达了他对封建专制制度及其法律的批判,反映出他对人权、民主的强烈要求,在当时的历史条件下是有一定积极意义的。但是,这种"万年乐土"的乌托邦,只不过是他的唯心主义的幻想而已。他写了《大同书》,但他没有也不可能找到一条到达大同的路。

**注:**

①《康有为政论集·上清帝第六书》:"观大地诸国,皆以变法而强,守旧而亡,然则守旧开新之效,已断可睹矣。以皇上之明,观万国之势,能变则存,不

变则亡,全变则强,小变仍亡。皇上与诸臣审知其病之根源,则救病之方,即在是矣。……夫物新则壮,旧则老;新则鲜,旧则腐;新则活,旧则板;新则通,旧则滞,物之理也。法既积久,弊必丛生。故无百年不变之法。况今兹之法,皆汉唐元明之敝政,何尝为祖宗之法度哉?又皆为胥吏舞文作弊之巢穴,何尝有丝毫祖宗之初意哉?今托于祖宗之法,固已诬祖宗矣。且法者所以守地者也,今祖宗之地既不守,何有于祖宗之法乎?夫使能守祖宗之法,而不能守祖宗之地,与稍变祖宗之法,而能守祖宗之地,孰得孰失,孰轻孰重,殆不待辨矣。"

②《康有为政论集·上清帝第六书》:"故制度局之设,尤为变法之原也。然今之部寺,率皆守旧之官,骤与改革,势实难行,既立制度局总其纲,宜立十二局分其事:一曰法律局,外人来者,自治其民,不与我平等之权利,实为非常之国耻。彼以我刑律太重,而法规不同故也。今宜采罗马及英、美、德、法、日本之律,重定施行,不能骤行内地,亦当先行于通商各口。其民法、民律、商法、市则、舶则、讼律、军律、国际公法,西人皆极详明,既不能闭关绝市,则通商交际,势不能不概予通行。然既无律法,吏民无所率从,必致更滋百弊。且各种新法,皆我所夙无、两事势所宜,可补我所未备,故宜有专司,采定各律以定率从。二曰度支局,……西人新法,纸币,银行,印税,证券,讼纸,信纸,烟酒税,矿产,山林,公债,皆致万万,多我所无,宜开新局专任之。三曰学校局,自京师立大学,各省立高等中学,府县立中小学,及专门学,若海陆医律师范各学,编译西书,分定课级,非礼部所能办,宜立局而责成焉。四曰农局,举国之农田山林水产畜牧,科量其土宜,讲求其进步改良焉。五曰工局,司举国之制造机器美术,特许其新制而鼓厉(励)之,其船舶市场,新造之桥梁堤岸道路咸属焉。六曰商局,举国之商务商学商会商情商货商律,专任讲求激厉之。七曰铁路局,举国之应修铁路,绘图,定例,权限咸属焉。八曰邮政局,举国皆行邮政以通信,命各省府县乡,成立分局,并电线属焉。九曰矿务局,举国之矿产矿税矿学属焉。十曰游会局,凡举国各政会,学会,教会,游历,游学各会,司其政律而鼓舞之。十一曰陆军局,选编国民为兵,而司其教练。十二曰海军局,治铁舰练军之事。十二局设,庶政可得而举矣。"

③《大同书·刑措》:"大同无邦国,故无有军法之重律。无君主,则无有犯上作乱之悖事。无夫妇,则无有色欲之争,奸淫之防,禁制责望,怨怼离异,刑杀之祸。无宗亲兄弟,则无有望养、责善、争分之狱。无爵位,则无有恃威、怙

力、强霸、利夺、钻营、佞诡之事。无私产,则无有田宅、工商、产业之讼。无尸葬,则无有墓地之讼。无税役、关津,则无有逃匿欺吞之罪。无名分,则无欺凌、压制、干犯、反攻之事。除此以外,然则尚有何罪,尚有何刑哉!我思大同之时,或有过失,而必无罪恶也。……故太平之世无讼,大同之世刑措。盖人人皆有士君子之行,不待理矣。故太平之世不立刑,但有各职业之规则,有失职犯规而无干刑犯律也。"

## 第二节 梁启超的变法图存思想

梁启超(1873—1929),字卓如,号任公,又号饮冰室主人。广东新会人,出身于官僚地主家庭。自幼研读经史,十八岁从学于康有为,系统地接受了康的学术思想和政治法律主张,成为中国近代资产阶级改良主义者。梁启超青年时期追随康有为做了大量的变法宣传工作和组织工作。1895年赴北京会试,参与和发动了著名的"公车上书",主办《中外纪闻》,八月"强学会"成立,任书记员。1896年任上海《时务报》主笔,所作《变法通议》等著名政论,在国内政界、文化界发生了很大影响。1897年底受聘任长沙时务学堂总教习,并与谭嗣同一起组织南学会,办《湘报》、《湘学新报》,进一步宣传变法,宣传"民权学说"。1898年积极参加变法。百日维新失败,他逃往日本,在当地办《新民丛报》。1905年间,他则作为保皇派的主将,同以孙中山为首的资产阶级革命民主派进行论战。辛亥革命后,曾任袁世凯政府的司法总长和段祺瑞政府的财政总长。晚年从事社会教育事业和学术研究。

梁启超的著作有《饮冰室文集》,其中阐述法律思想的有《中国法理学发达史论》、《先秦政治思想史》、《变法通义》等。今人编有《梁启超选集》。

### 一、法律起源于人的"良知"和"契约"

梁启超受西方法律思想家卢梭、孟德斯鸠等人学说的影响,推崇资产阶级的民约论、人性论等学说，用它来批判中国封建主义的法律制度，阐明法律的起源和性质，论证采用西方法律制度的合理性与优越性。他认为，人类在同自然界的竞争中，需要结成"群"才能生存，而"群"中的每个人，各有自己的天赋权利，人们为保护和扩大各自的权利，又在"群"的内部展开了竞争。而"群"中之人良莠不齐，如果对他们放任不管，必然会斗争不已，这是极不利于"群"的全体利益的，归根结底，也不利于个人的生存。在此情况下，人们本能地按自己的"良知"，认识到应该采取一定的措施，以保证每个人所享有的天赋权利不受侵犯，使整个"群"生存下去。因此，就需设立法律作为约束人们的行为和保护人们的手段，于是，法律就产生了。但梁启超认为这是法律产生的最初原因。当人类社会不断向前发展之后，人际关系日益复杂，法律也随着变化。这时的法律，有的"生于契约"①，有的"起于命令"。而只有"生于契约"的国家和法律最完美无缺，公正无私。显然，梁启超是极力赞美资产阶级的契约论的。虽然这种学说是不科学的，但在当时历史条件下，资产阶级要求摆脱封建专制的束缚，希望建立反映资产阶级利益和意志的法律制度，具有反对封建专制，提倡资产阶级民主的启蒙意义。

## 二、变法是"救亡图存"的必由之路

梁启超认为，"救亡图存"是变法维新的出发点，"变法维新"是救亡图存的必由之路。为此他写了许多政论文章，宣传变法维新思想，产生了广泛而巨大的影响。

首先，他以资产阶级进化论的观点，来论证"变法"是合乎事物发展规律的。他认为，自然界一切事物无不在变，如地球、时辰、季节都在不断变化。社会也是如此，上下几千年，"无时不变，无事不变"。国家的军事、教育、考试诸制度都在不断发展变化。"法"也绝无例外，人类社会就"有治据乱世之律法，有治升平世之律法，有治太平世之律法"。(《饮冰室文集·论中国宜讲求法律之学》)法之当变,乃"天下之公理也"[2]。

其次,他以具体事实批驳了清朝统治集团中的顽固派坚持"祖宗之法不可变"的谬论。他说:"法行十年或数十年或百年而必弊,弊而必更,天地之道也。"[3]如果世事变化,而仍恪守祖宗之法不变,会导致百事废弛。他列举清朝法律也在不断变化的事实:如军事上由"坚壁清野之法,一变而为长江水师,再变而为防河圈禁","由长矛弓箭而变为洋枪、洋炮";外交上"使用闭关绝市之法,一变而通商十数国,再变而命使者十数国";商业上由闭关自守而变为"开埠通商"(《梁启超选集·变法通议》,下引此书只注篇名);等等,说明法随时变乃"古今之公理",法制是不能"一劳永逸"的。

最后,他分析中国当时的现状,指出"非变法万无可以图存之理"。他认为,中国当时的现状是:"因沿积敝,不能振变",以致"国家衰弱,民不聊生","工艺不兴","商务不讲","学校不立","兵法不讲","官制不善",乃至"百弊猬起"。特别是甲午战争之后,中国丧权割地,犹置"一羊处群虎之间,抱火厝之积薪之下而寝其上",危在旦夕。(见《变法通议》)因此,他大声疾呼,"大势所迫","非变法万一可以图存之理",只有以"法治主义为今日救时的惟一主义"。并指出,变法事所必行,"变亦变,不变亦变",只有早变、自变,才"可以保国,可以保种,可以保教"。

### 三、"三权之体皆莞于君主"的三权分立说

梁启超认为,中国要"救亡"、"自强",实行变法,必须从改革中国社会本身入手,即改革中国政治、法律、文化教育制度以至国家的政体。

首先,变法"必先变人"。他说:"变法之本,在育人才;人才之兴,在开学校;学校之立,在变科举;而一切要其大成,在变官制。"[4]

其次,变法"必兴民权"。他说:"国也者积民而成,国家之主人为谁,即一国之民是也。"。在西方资产阶级国家,"谓君也,官也,民之公奴仆也。"(《饮冰室文集·中国积弱溯源论》)"言爱国,必自兴民权始。"(《饮冰室文集·爱国论》)

再次,变法必须变专制政体为立宪政体。梁启超认为:人类社会的发展是由"多君为政"演进到"一君为政",再由"一君为政"演进到"民为政",但在当时的中国由于万民未醒,还不能实行"民为政",只能实行"一君之政"。⑤为此,他对孟德斯鸠的"政体论"推崇备至,并依照英国提出在中国实行君主立宪政体的方案⑥。第一,设立民选议会。他指出:"宣布宪法,召集国会",是中国亟待解决的问题。据他了解,欧美等立宪国,除英国为不成文宪法国外,其他国家都是先有国会,而后有宪法,且大多宪法是由国会制定的。这说明,是否"立国会"则是区别"专制"与"立宪"政体的重要特征之一,直接关系到国家的盛衰。第二,制定宪法。他经历了变法失败,深感改良派光靠"今日上一奏,明日下一谕"那样发表一些"纸上空文"是无济于事的,必须依照西方资本主义国家设议会,成立立法部以制宪法。他说:中国封建法律从秦至今"相沿不改……君相既因循苟且",都是由于无立法部以及无立法部制定"使法必行之法",如果法可以不必行,那么"有法亦等于无法"。第三,实行"三权分立"。梁启超借用西方资产阶级倡导的"三权分立"原则,结合我国情况,创造了他自己的三权分立说,即由国会行使立法权,由国务大臣行使行政权,由独立审判厅行使司法权。并且,他把统一"三权"的统治权称为"体",这是不可分的;由国会、国务大臣、审判厅分别行使"三权"称为"用",这是可分的,即所谓"三权之体皆莞于君主"。这就是说,君主立宪与君主专制的"体"是完全相同的,君主立宪里的"君主"同君主专制里的"君主"一样,享有最高的权力。所不同的是"用",即在三权使用上,立宪政体对君主有某些限制罢了。

### 四、法治、人治并重，法律、道德"相须为用"

梁启超在法治与人治的关系上，坚持法治与人治不可偏废的观点。首先，他反对只要人治的主张。荀子重视人治。他指出："荀卿有治人无治法一言，误尽天下，遂使吾中华数千年，国为无法之国，民为无法之民。"(《论立法权》)他认为人治的弊端重重：(1)人治是以某一人或某几人为转移，但一个人发挥作用的时间短，范围小，"人亡则政息"，而法治发挥作用的时间长，范围广。(2)人治是一种贤人政治，遇贤君则国治，遇昏君则国乱，而世上贤君少于昏君，所以世上多无长治久安之时。(3)从中国的实际出发，国大，政务繁，若专靠人治，那里有这么多贤人？因此，只靠人治是行不通的。其次，他也反对只靠法治。他认为：(1)人能制法，非法能制人。"法不能自立"，法要由人制定，而制法者的"德"与"智"很重要，只有具备了一定的"德"与"智"的人，才能制定出"善法"，而后才能有"善治"。(2)"徒法不能以自行"。他认为有善法然后才有善治，而善法既要靠人来制定，也要靠人来实施，"善法"只有由人去妥善运用才可发挥作用，否则，"虽有良法，不得人而用之，亦属无效"。

此外，梁启超还强调指出："法不能独立"，如果"政治习惯不养成，政治道德不确立，虽有冠冕世界之良宪法犹废纸也。"在他看来，道德具有社会制裁力，法律具有国家制裁力，两者要"相须为用"。法治只有辅之以道德教育，才能维护社会秩序和启迪人们的自治能力，自觉地遵守法律。倘若法律只靠国家的强制力来推行，就不能"正本清源"。因此，一个文明发展的国家，要注意道德对法制的作用。当然，他也反对把法与道德混为一谈，他同意所谓"礼者禁于将然之前，而法者禁于已然之后"的说法，认为法与礼是两种不同的社会规范，"两者是异用而同体，异统而同源，且相须为用，莫可偏废"(《饮冰室文集·立宪政体与政治道德》)。

梁启超从甲午战争后到1902年间,鼓吹变法图强,批判封建主义,宣传西方资产阶级民主思想和社会科学理论。但是到1905年,他仍坚持保皇,反对革命,成为资产阶级革命民主派的主要论敌之后,他的政治法律思想也随之发生了一些变化,抛弃了前期大力宣传的一些积极主张。比如,他由积极提倡"兴民权",退而强调"应稍畸重国权主义";由反复陈述实行君主立宪制,退而强调先实行"开明专制";由热情呼唤"民约论",退而批判卢梭的"民约论";原来曾称颂孟德斯鸠的"三权分立"论,转而说在中国"三权分立"也"万不能实现"。特别是辛亥革命后,他依附于封建军阀,虽对混战、动乱局面不满,但仍坚持一贯的改良立宪的主张,起了反对革命的作用。

综上所述,梁启超作为中国近代思想界的一个有重要影响的人物,具有丰富的法律思想,他在近代法律思想史的发展上有重要地位。我们既要对梁启超思想中的错误观点,尤其是后期的错误以至反动的观点进行严肃批判,又要对他在戊戌变法前后宣传变法,介绍西学中民主性的法律学说及对封建主义的批判所起的作用给予肯定。

**注:**

①《饮冰室文集·卢梭学案》:"凡两人或数人欲共为一事,而彼此皆有平等之自由权,则非共立一约不能也。审如是,则一国中人人相交之际,无论欲为何事,皆当由契约之手段亦明矣。人人交际既不可不由契约,则邦国之设立,其必由契约,又岂待知者而后决乎?"

②《梁启超选集·变法通议》:"法者,天下之公器也;变者,天下之公理也。大地既通,万国蒸蒸,日趋于上,大势相迫,非可阏制。变亦变,不变亦变。变而变者,变之权操诸己,可以保国,可以保种,可以保教。不变而变者,变之权让诸人,束缚之,驰骤之,呜呼,则非吾之所敢言矣!"

③《梁启超选集·变法通议》:"法行十年或数十年或数百年而必敝,敝而必更求变,天之道也。故一食而求永饱者必死,一劳而求永逸者必亡。今之

为不变之说者,实则非真有见于新法之为民害也,夸毗成风,惮于兴作,但求免过,不求有功。"

④《梁启超选集·变法通议》:"吾今为一言以蔽之曰:变法之本,在育人才;人才之兴,在开学校,学校之立,在变科举;而一切要其大成,在变官制。"

⑤《饮冰室文集·论君政民政相嬗之理》:"治天下者有三世:一曰多君为政之世;二曰一君为政之世,三曰民为政之世。多君世之别又有二:一曰酋长之世,二曰封建及世卿之世。一君世之别又有二:一曰君主之世,二曰君民共主之世。民政世之别亦有二:一曰有总统之世,二曰无总统之世。多君者,据乱世之政也;一君者,升平世之政也;民者,太平世之政也。此三世六别者,与地球始有人类以来之年限,有相关之理,未及其世,不能躐(超越)之,既及其世,不能阏之。"

⑥《梁启超选集·立宪法议》:"世界之政体有三种:一曰君主专制政体,二曰君主立宪政体。三曰民主立宪政体。今日全地球号称强国者十数,除俄罗斯为君主专制政体,美利坚、法兰西为民主立宪政体外,其余各国则皆君主立宪政体也。君主立宪者,政体之最良者也。民主立宪政体,其施政之方略,变易太数,选举总统时,竞争太烈,于国家幸福,未尝不间有阻力。君主专制政体,朝廷之视民如草芥,而其防之如盗贼;民之畏朝廷如狱吏,而其疾之如仇雠。故其民极苦,……是故君主立宪者,政体之最良者也。地球各国既行之而有效,而按之中国历古之风俗与今日之时势,又采之而无弊者也。"

## 第三节 谭嗣同"冲决一切封建网罗"的法律思想

谭嗣同(1865—1898),字复生,号壮飞。湖南浏阳人,出生于封建官僚家庭。其父谭继洵,官至湖北巡抚。谭嗣同多次参加科举考试均落第。青少年时代曾跟父亲到过甘肃、北京等地,后来又多次游历南北各省,既领略了祖国各地的壮丽河山,又目睹国家和人民的深重苦难,增加了对祖国的热爱和对现实的不满。1894年发生的中日甲午战争,给谭嗣同以巨大的刺激,他再不能安于书斋生活,于1895年到北京去访康有为,适康南下未遇。其时,梁启超向谭嗣同介绍康的学术,使他颇为感动,表示愿做"私淑弟子"。这次会晤,使谭嗣同的思想发生了很大的变化。第二年,他赴南京候补知府职,写成了著名的《仁学》一书,从而开始了扬"中学"到扬"西学"的转变,即从反对变法维新到积极参与变法维新的转变。1898年,他奉光绪帝诏令,为执掌起草变法事宜的"军机四卿"之一。变法期间,谭嗣同满腔热情,尽心竭力,不畏艰险,敢于战斗。最后因变法失败,于1898年6月28日留下"我自横刀向天笑,去留肝胆两昆仑"的诗句后壮烈牺牲。在现存《谭嗣同全集》中,具有代表性的著作有《仁学》、《以太说》、《报贝元征书》等。

谭嗣同是戊戌变法维新运动中可以同康有为媲美的思想家、政治家,是维新志士中的激进派。他的思想在很多方面超越了改良主义的范围,实际上已经成为资产阶级民主革命的思想先驱。他的政治法律思想的显著特色,就是主张"冲决一切封建网罗",这是当时所能提出的最激进的口号。在这一口号下,他吸取和运用西方的进化论、天赋人权论,以及中国古代的大同思想、重民轻君思想,深刻揭露了封建君主专制制度的暴虐,鞭挞纲常名教禁锢人们灵魂的罪恶,并从正面宣传了资产阶级的自由平等和民主的思想。

## 一、批判封建君主专制

在清王朝封建专制主义的统治下,谭嗣同却大声疾呼冲决一切封建网罗,是非常难能可贵的。他在其名著《仁学》中指出:"初当冲决利禄之网罗,次冲决俗学若考据,若词章之网罗,次冲决君主之网罗,次冲决伦常之网罗,次冲决天之网罗,次冲决佛法之网罗。"这种排列次序很可能基于他自身的感受,所以先从利禄、俗学开始,举凡君主专制、宗法礼教、宗教迷信以及封建的旧文化、旧习俗都在"冲决"之列,而其锋芒主要是从制度上、思想上对准封建君主专制，直截了当地提出要"废君统，倡民主"。

首先，谭嗣同论证了君主专制制度的不合理性。他说："生民之初，本无所谓君臣，则皆民也。民不能相治，亦不能暇治，于是共举一民为君。"①这是说，君主是由民共举的，并不是"天"所任命的，"天子挟天以压制天下"是毫无道理的。大家推举君主是"为民办事"的，如果不能"为民办事"，那么这个君主"必可共废之"，所以君主不是一家"子孙万古"相传的。既然君主是由民共举的，那么，就不是"君择民"，而是"民择君"，君民的关系应该是"君末也，民本也"。可是历代封建帝王，却把天下当作自己的私产，"竭天下之身命骨血，供其盘乐怠傲，骄奢而淫乐"，而把广大人民群众当作自己的奴隶。为了维护君主至高无上的权威，又都制定了"一切酷毒不可思议之法"，使人民"坐受其鼎镬刀锯之刑"，(《谭嗣同全集·仁学》，下引此书仅注篇名)谭嗣同认为这是"大怪事"，是"反其本"。

谭嗣同从上述论点出发，认为君主专制制度是极不合理的。所以他大骂历代封建帝王都把天下作为其"囊橐中之私产"，是些抢掠民财的"大盗"、"独夫民贼"。接着，他把批判矛头直指清朝统治者，认为三代以下的君主专制已是"惨祸烈毒"了，而清朝统治者的"酷毒"尤烈，甚至把全中国都变成"黑暗地狱"。他指名大骂："爱新觉罗诸贱类异种，亦得凭陵乎蛮野凶杀之性气以窃中国！"(《仁学》)这比康有为主张"君民共主"、"君民同治"，不敢反对清朝统治者激进的多了。

正是基于这种思想，谭嗣同表示出了对太平天国农民革命的一些同情，认为正是由于封建统治者的残酷压迫，才使他们起而反抗，"洪杨之徒，苦于君官，铤而走险，其情良足悯焉。"(《仁学》)如果说要服重刑，应从清王朝皇帝开始，即所谓君设重刑应"自君始"。并且指出当时真正"乘势淫掳焚掠"的是湘军，对像曾国藩这些镇压人民革命的刽子手，都应该使之服"上刑"。

谭嗣同变法思想之新，主张之激，还突出表现在他要求"废君统、倡民主"的目标是建立资产阶级共和国。这是当时资产阶级改良派中独树一帜的主张。当康有为、梁启超都在诋毁法国大革命及资产阶级共和国时,而谭嗣同却公开对之加以赞扬,并认为中国的变法,只有走法国流血革命的道路。说:"法人之改民主也,其言曰:'誓杀尽天下之君主,使流血满地球,以泄万民之恨。'"(《仁学》)他忠实于自己的变法事业,变法失败后被捕,曾义无反顾地表示:"各国变法,无不从流血而成。今日中国未闻有因变法而流血者,此国之所以不昌也。有之,请自嗣同始。"②他的言行,激励了后来无数的仁人志士。

### 二、抨击封建纲常名教

谭嗣同指出:封建君主专制制度之所以能统治人民,除了有一套国家机器以外,还有一套思想工具,这就是维护封建制度的纲常名教,即"三纲五常"。他说:清政府敢于"虐四万万之众",就是"赖乎早有三纲五伦字样,能制人之身者,兼能制人之心"(《仁学》)。"三纲五常"是箝制人的行动与思想的绳索,是封建帝王制定各种法律的依据,是一切酷律之源,"独夫民贼,固其乐三纲之名,一切刑律制度皆此为率"③。因此,他要"冲决伦常之网罗",主张用自由、平等等资产阶级道德原则来代替封建伦理道德,"变不等为平等"(《仁学》)。

谭嗣同的《仁学》通篇讲"仁"。所谓"仁",就是以"平等"为第一或最主要的标准。如说:"仁以通为第一义";又说"通之象为平等"④。他认为,世界上的一切都应该是平等的,自然界如此,人类社会中国与他国、人与人、上与下等也应如此。

封建君主依纲常名教制定了"无复人理"的许多的"不平等之法",谭嗣同一一加以揭露和抨击,并针锋相对地提出了自己的平等主张。

关于君臣关系,谭嗣同认为:"二千年来君臣一伦,尤为黑暗否塞，无复人理，治及今兹，方愈剧烈。"(《仁学》)他主张"废君统，倡民主，变不平等为平等"。他还根据"民本君末"、"君由民择"的思想，对于"忠君"、"死节"等封建道德给予尖锐的批判。他认为"臣"是帮君主"为民办事"的，而不能"君为独夫民贼，而犹以忠事之"，"止有死事之道理，决无死君的道理"。民与民之间都没有"相为相死之理"，况且民与君是"本之与末"，更没有"相为死之理"(《仁学》)。这批驳了儒家鼓吹的"死节"论。

关于父子关系，谭嗣同认为父子关系应该是平等的，"父子朋友也"(《仁学》)。因此他对于"孝"这一封建道德也给予批判。指出"忠"、"孝"都是为了箝制臣民的反抗而制造出来的，"君父以责臣子，臣子亦可反之君父，于箝制之术不便，故不能不有忠孝廉节，一切分别等衰之名"⑤。这就揭露了"忠"、"孝"的虚伪性，指出"忠"、"孝"完全是封建统治者统治人们的工具。

关于夫妇关系，谭嗣同指斥封建的夫妇关系是丈夫"以名困妻"，不把妻子当人看。他认为，"男女同为天地之菁英"，"夫妇朋友也"，应该"平等相均"；而那种所谓"饿死事小，失节事大"，都是宋儒所宣扬出来的。指出封建统治者可以"姬妾罗侍，放纵无忌"，可是"女一淫即罪至死"(《仁学》)，这都是"名教"之"烈毒"所致。至于"村女里妇，见戕于姑恶，何可胜道"？"又况后母之于前子，庶妾之于嫡子，主人之于奴婢"，其"黑暗或有过此者乎"！所以他愤慨地说："三纲之慑人，足以破其胆，而杀其灵魂。"(《仁学》)这就完全揭露了张之洞之流鼓吹的"三纲"是"中国之所以为中国"的谬论。谭嗣同提出的君臣、父子、夫妇都是"朋友"的主张，反映了他对资产阶级民主制的向往。

此外，谭嗣同还主张改订旧律，"尽学西法"。他认为，在深重的民族危机面前，"唯变法可以救之"⑥，"不变今之法，虽周孔复起，必不能以今之法治今之天下"(《上欧阳瓣疆师书》)。如何变呢？他在中日甲午战争后，不甘心"坐为异邦隶役"，曾提出三个变

法方案:

其一,由皇帝自上而下实行变法,称为"王道"之变法。其二,不管朝廷变不变法,地方可以自谋出路,称为"霸道"之变法。其三,"惟有自变其学术而已矣",即学习西方的技艺,培养人才。

谭嗣同认为变法要择其"根本",其根本在废弃旧章,学习西方"其法度政令之美备"(《报贝元征》)。据此,他提出废科举、兴学校、开议院、改官制、练海陆军、筑铁路、办矿务商务、制机器、除弊政等一系列主张。在改革旧法律方面,他提出的以下几点值得特别注意:

1. 成立学会,代行议院职权。他主张成立学会,办农学、工学、商学、矿学、医学、格致、律学等,通上下情,制定法律制度。

2. 大兴法律之学,培养法学人才。他建议在"大书院"中设立法律专门学科,培养人才,"考法律者官刑部","考公法者充使臣"(《报贝元征》)。

3. 修订具体的法律条文。他对于"谋反"、"叛道"、"会匪"、"死节"、"失节"的规定都加以否定,极力主张改变,并学习西方民事法律中的有关规定。⑦

综上可见,谭嗣同在戊戌变法期间积极参加变法维新活动,提出了许多颇有见地的思想和主张。然而他认为,变法并非是复兴国家的最好途径,曾以怀疑的态度说:"然则变法固可以复兴乎?曰:难能也,大势之已散也。然苟变法,犹可以开风气育人才,备他日偏安割据之用,留黄种之民于一线耳。"后来他直接提出只有"中国能闹到新旧两党流血遍地,方有复兴之望"(《上欧阳瓣疆师书》)。这显然与康、梁所坚持的维新为了救亡,救亡必须维新的宗旨有质的不同。

注:

①《谭嗣同全集·仁学》:"生民之初,本无所谓君臣,则皆民也。民不能相

治,亦不暇治,于是共举一民为君。夫曰共举之,则非君择民,而民择君也。夫曰共举之,则其分际又非甚远于民,而不下侪于民也。夫曰共举之,则因有民而后有君。君末也,民本也,天下无有因末而累及本者,亦岂可因君而累及民哉？夫曰共举之,则且必可共废之。君也者,为民办事者也;臣也者,助办民事者也。赋税之取于民,所以为办民事之资也。如此而犹不办,事不办而易其人,亦天下之通义也。"

②梁启超:《谭嗣同传》。

③《谭嗣同全集·仁学》:"君臣之祸亟,而父子夫妇之伦遂各以名势相制为当然矣。此皆三纲之名之为害也。名之所在,不惟关其口,使不敢昌言,乃并锢其心,使不敢涉想。愚黔首之术,故莫ое繁其名为尚焉。……独夫民贼,固甚乐三纲之名,一切刑律制度皆依此为率,取便已故也。"

④《谭嗣同全集·仁学》:"仁以通为第一义。以太也,电也,心力也,皆指出所以通之具。……通之象为平等。"

⑤《谭嗣同全集·仁学》:"然而仁之乱于名也,亦其势自然也。中国积以威刑,箝制天下,则不得不广立名,为箝制之器。如曰仁,则共名也,君父以责臣子,臣子亦可反之君父,于箝制之术不便。故不能不有忠孝廉节,一切分别等衰之名,乃得以责臣子曰:尔胡不忠？尔胡不孝？是当放逐也！是当诛戮也！忠孝既为臣子之专名,则终必不能以此反之。"

⑥《谭嗣同全集·仁学》:"外患深矣,海军燔矣,要害扼矣,堂奥入矣,利权夺矣,财源竭矣,分割兆矣,民倒悬矣,国与教与种将偕亡矣。唯变法可以救之。"

⑦《谭嗣同全集·报贝元征》:"无惰民,不似中国转累父母养之忧之,使父母有多男多惧,及汝曹催我老之叹也,……祖父之产,身后不悉归于子孙,犹然民主之法之推也,是永无兄弟骨肉争产之讼,与夺嫡争继之讼。"

**思考题**

1．资产阶级改良派变法维新思想的核心内容是什么？
2．试述康有为"托古改制"的法律思想。
3．试述谭嗣同"冲决一切封建网罗"的内容和意义。

# 第十九章　清末礼、法两派在法律思想上的斗争

春秋战国时期,曾发生过中国历史上第一次大的礼法之争。时隔两千多年以后,在中国由封建社会转变为半殖民地半封建社会的清朝末年,法律思想领域又出现了一次大的礼法之争。

义和团运动以后的十年间,清朝统治者频繁地进行立法和修律活动,并于1903年建立了修订法律馆。在修律中所产生的礼法两派的论战和以沈家本为代表的法理派的法律思想,对中国近代法律思想和法律制度的发展产生了深刻的影响。

## 第一节　清末修律中的礼法之争

### 一、清末的修律活动与指导方针

马克思主义认为,无论是政治的立法或市民的立法,都只是表明和记载经济关系的要求而已。1840年鸦片战争后,中国逐渐沦为半殖民地半封建社会,社会关系有很大变化,因而旧的法律已经不能适应新的社会关系,必须制定新的法律。这是清末修律的根本原因。

1898年,康有为、梁启超、谭嗣同等发起的戊戌变法运动,遭到了清朝统治阶级的血腥镇压。仅仅过了三年,清朝统治阶级为了适应帝国主义对华政策的需要,阻止人民革命运动的发展,维持其摇摇欲坠的统治,也高唱"变法"的调子,不断下诏实行"变法"。1901年1月,流亡西安的慈禧下诏说:"世有万古不易之常经,无一成罔变之治法。大抵法久则弊,法弊则更。""法令不更,锢习不

破,欲求振作,须议更张。"(《光绪朝东华录》总页4655)两江总督刘坤一、两湖总督张之洞也会奏变法,并提出了九项改革法制的建议,即禁讼累、省文字、省刑责、重众证、修监狱、教工艺、恤相验、改罚锾、派专官。由于这些建议与慈禧伪装变法的欺骗政策相吻合,因而受到重视。

在此期间,英、日、美、葡等国假惺惺地许诺在中国废除野蛮酷刑之后,可以放弃领事裁判权。于是,慈禧迫不及待地于1902年又下诏:"现在通商、交涉,事益繁多,着派沈家本、伍廷芳将一切现行律例,按照交涉情形,参酌各国法律,悉心考订,妥为拟议,务期中外通行,有裨治理。"(《寄簃文存·删除律例内重法折》)次年,清政府成立了修订法律馆,任命沈家本和出使美国的伍廷芳为修订法律大臣,着手全面修订现行律例和制订新法律。

根据慈禧发布的"中外通行"的修律指导方针,沈家本确定了修律的基本原则,即"参考古今,博稽中外"①,"专以折冲樽俎,模范列强为宗旨"。(《奏请编定现行刑律以利推行新律基础折》)在沈家本看来,西方资产阶级国家的法律比中国封建旧律文明、进步,因此需要取人之长以补我之短,"彼法之善者,当取之"。同时,他又认为中国的礼教风俗和欧美不同,因而治世的法律必须适应自己的国情,"损益而会通焉"。他主张兼采中西,博采众长,不可偏废,"当此法治时代,若但征之今而不考之古,但推崇西法而不探讨中法,则法学不全,又安能会而通之,以推行于世。"(《寄簃文存·薛大司寇遗稿序》)

沈家本等遵循"中外通行"的修律指导方针进行了一系列修订法律的活动,前后达十年之久。

1902年,沈家本等首先从修改清朝最基本的法典——《大清律例》着手。经过几年修订,于1910年以《大清现行刑律》的名义颁布施行,作为新刑律颁布前的过渡性法典。②这部《现行刑律》删除了凌迟、枭首、戮尸、缘坐、刺字等酷刑③,将笞、杖、徒、流、死五刑,改为死刑(绞、斩)、徒刑、拘留、罚金,以示与各国办法无异;取消了以前按吏、户、礼、兵、刑、工六部名称而分的六律总目,将旧律中的继承、分产、婚姻、田宅、钱债等纯属民事的条款分出,不再科刑,以示民刑有别;删除了一些过时的条文,增加了一些新的罪名,如规定破坏铁路、电讯罪等。

1910年,清政府还公布了由日本法学家冈田朝太郎等起草的《大清新刑律》。这是旧中国第一部半殖民地半封建的刑法典。这部刑法典使用许多资产阶级的刑法原则,采取资产阶级国家的刑法体系。它分为"总则"、"分则"两编。刑名分为主刑和从刑两种。主刑包括死刑、无期徒刑、有期徒刑、拘留、罚金;从刑包括褫夺公权和没收。此外,它还采用了资产阶级的罪行法定主义,犹豫制度(缓刑)和假释制度等。新刑律草成后,即遭到张之洞、刘廷琛、劳乃宣等人的激烈反对。

沈家本等除制订刑法之外,又分别制定了诉讼法、民法和商法,改革了诸法合体、民刑不分的中国封建法律的传统结构形式。④

## 二、清末修律中的礼法之争

1907年,《大清新刑律草案》完成后,由宪政编查馆咨交各省签注意见,从而触发了"礼教派"与"法理派"之间的激烈斗争。前者以张之洞、劳乃宣为代表,后者以沈家本为代表。

沈家本在《陈修订大旨折》中,明确地说明了"旧律之宜变通者"的五个方面,即更定刑名、酌减死罪、死刑惟一、删除比附、惩治教育⑤,对旧律例作了全面的修改。但是,这一草案马上受到礼教派的攻击。首先发难的是军机大臣兼掌学部的张之洞。他认为,规定"内乱罪无惟一死刑"、"无夫奸(即和奸未婚之女)之无罪",是"蔑弃礼教",违背了"因伦制礼,因礼制刑"的原则。各省督府也随声附和,要求对"有伤伦理之处,应全行改正"。至1910年,大学堂总监督刘廷琛在《新刑律不合礼教条文请严饬删尽折》中还大肆攻击，说新刑律不合礼教之处，不胜枚举，"而最悖谬者，莫如子孙违犯教令及无夫奸不加罪教条"，并指责修订法律大臣沈家本"畔（叛）道离经"，所修新律"显与礼教背驰"。他认为新律和礼教是根本对立的，"礼教可废，则新律可行；礼教不可废，则新律必不可尽行。……是非不能两存，礼律必期一贯。"（《清末筹备立宪档案史料》下册，第888、889页）显然，两派分歧的根本原因在于其立法宗旨不同，即采取旧的纲常名教还是采取西方资产阶级的法律理论作为立法宗旨的问题。正如当时的《法政浅说报》所说的那样："新刑律为采取世界最新之学理，与我国旧律统系及所持主义不同，故为我国礼教派所反对。"（《法政浅说报》宣统三年第11期）

当《新刑律草案》遭到张之洞和各省督府反对之后，清政府将它发回法部，要求重新修订。结果，在新刑律之后加《附则》五条，规定犯"十恶"、"亲属相隐"、"干名犯义"、"存留养亲"、"亲属相奸"、"亲属相盗"等罪，应按旧律惩办；卑幼对尊亲属不得适用正当防卫；"无夫奸"要处刑；等等。这实际上是肯定传统的封建法制原则，否定了新刑律中的资产阶级刑法原则。

1910年，当宪政编查馆审议《修正刑律草案》时，江苏提学使劳乃宣更加激烈地反对新刑律。他提出："干名犯义"、"存留养亲"、"亲属相奸"、"故杀子孙"、"杀有服卑幼"、"妻殴夫"、"夫驱妻"、"无夫奸"、"子孙违犯教令"等有关伦常的条款，《大清律》正文均有明确规定，现在反而列于正文之后，这是本末倒置，它们应当一一列入正文。他攻击沈家本等人一味摹仿外国，不以伦常为重，"狃于一时之偏见"（《寄簃文存·答戴尚书书》），不可不亟图补救。为了壮大声势，他还将自己的主张写成说帖遍示京外。

面对劳乃宣的挑战，沈家本奋起反击，写了《书劳提学新刑律草案说帖后》、《答戴尚书书》等文，逐一反驳。指出：有的不必另列专条，有的并不违反礼教，有的属于教育范畴，有的"实与大清律宗旨相符"。其中，劳乃宣攻击最力的是"无夫奸"和"子孙违犯教令"两条，沈家本认为，"此事有关风化，当于教育上别筹办法，不必编入刑律之中。"⑥日本法学家也站在沈家本一边，认为须划清个人道德与社会道德的界限，"无夫奸"并非直接危害国家之秩序，定"无夫奸"为罪是"泥于礼教而不明法理"。同时，宪政编查馆、修订法律馆中许多人都支持沈家本，如杨度撰写的《论国家主义与家族主义的区别》一文，在维护法理派的正确主张上起了积极作用。他指出："今馆中宜先讨论宗旨。若以为家族主义不可变，国家主义不可行，则宁废新律而用旧律。……若以为应采国家主义，则家族主义决无并行之道。而今之新刑律，实以国家主义为其精神，即宪政之精神也。必宜从原稿所订，而不得以反对宪政之精神加入之。"（《法政浅说报》宣统三年第20期）这清楚地说明礼法两派争论的实质，即要不要用资产阶级的法理原则来改良中国的封建法律，要不要用国家主义取代家族主义的问题。

这场礼法两派的论争，最后以法理派的退让和妥协而告终，不但新刑律中不断加入了有关纲常名教的条文，而且沈家本也不得不辞去修订法律大臣的职务。然而，这场论争对于中国近代法律思想和法律制度的发展产生了深刻的影响。法理派所提出的用西方资产阶级的法理原则来改革中国封建法律，尽管没有得到完全的实施，但两千多年来以封建法制为中心的"中华法系"，终因大陆法系和英美法系的介入而开始瓦解。

**注：**

①《寄簃文存·重刻明律序》："余谬承修律之命，开馆纂辑，复奏办法律学堂。方将与讲律诸君子，参考古今，博稽中外，既广译东西各国法律之书，复甄录我国旧文。"

②《寄簃文存·删除律例内重法折》："臣等以中国法律与各国参互考证，各国法律之精意，固不能出中律之范围。第刑制不尽相同，罪名之等差亦异。

综而论之，中重而西轻者为多。盖西国从前刑法，较中国尤为惨酷。近百数十年来，经律学家几经讨论，逐渐改而从轻，政治日臻完善。故中国之重法，西人每訾为不仁；其旅居中国者，皆藉口于此，不受中国之约束。夫西国首重法权，随一国之疆域为界限。甲国之人侨寓乙国，即受乙国之制裁；乃独于中国不受制裁，转予我以不仁之名，此亟当幡然变计者也。

方今改订商约，英、美、日、葡四国，均允中国修订法律，首先收回治外法权，实变法自强之枢纽。臣等奉命考订法律，恭绎谕旨，原以墨守旧章，授外人以口实，不如酌加甄采，可默收长驾远驭之效。现在各国法律，既已得其大凡，即应分类编纂，以期克日成书。而该馆员等佥谓宗旨不定，则编纂无从措手。臣等窃维：治国之道，以仁政为先。自来议刑法者，亦莫不谓'裁之以义而推之以仁'。然则刑法之当改重为轻，固今日仁政之要务，而即修订之宗旨也。"

③《寄簃文存·删除律内和重法折》："现行律例款目极繁，而最重之法亟应和先议删除者，约有三事：

一曰凌迟、枭首、戮尸。……拟请将凌迟、枭首、戮尸三项，一概删除，死罪至斩决而止。凡律内凌迟、斩枭各条，俱改斩决；斩决各条，俱改绞决；绞决俱改监候。入于秋审，情实，斩候俱改绞候与绞决。人犯仍入秋审，分别实缓。将来应否酌量变通，再由臣等妥议核定。……化民之道，固在政教，不在刑威也。

一曰缘坐。缘坐之制，起于秦之参夷及收司连坐法。汉高后除三族令，文帝除收孥相坐律，当时以为盛德。惜夷族之诛，犹间用之。故魏晋以下，仍有家属从坐之法。……'罪弗及嗣'，《虞书》所美；'罪人以族'，周誓所讥。今世各国，咸主持刑罚止及一身之义。与'罪人不孥'之古训，实相符合，洵仁政之所当先也。拟请将律缘坐各条，除知情者仍治罪外，其不知情者，悉予宽免。余条有科及家属者准此。

一曰刺字。刺字乃古墨刑，汉之黥也。文帝废肉刑而黥亦废。……拟请将刺字款目，概行删除。凡窃盗皆令收所习艺，按罪名轻重，定以年限，俾一技能娴，得以糊口，自少再犯三犯之人，一切递解人犯，严令地方官认真佥差押送，果能实力奉行，逃亡者自少也。"

④《奏刑律例草案告成由》，《档、法、律例 80 号》："窃维法律之损益，随乎时运之递迁，往昔律书体裁虽专属刑事，而军事、民事、商事以及诉讼等项错

综其间。现在兵制即改,则军律已属陆军部之专责,民商及诉讼等律钦据明谕特别编纂,则刑律之大凡自应专注于刑事之一部。推诸穷通久变之理,实今昔之不宜相袭也。"

⑤《陈修订大旨折》:"臣审察现时之民俗,默验大局之将来,综覈同异,絜校短长,窃以为旧律之宜变通者,厥有五端:

一曰更定刑名。自隋开皇定律,以笞、杖、徒、流、死为五刑,历唐至今因之。……兹拟改刑名为死刑、徒刑、拘留、罚金四种,其中徒刑分为无期、有期。……

一曰酌减死罪。……兹拟准唐律及国初并各国通例,酌减死罪,其有因囿于中国之风俗,一时难予骤减者,如强盗抢夺、发冢之类,别辑暂行章程,以存其旧。视人民程度进步,一体改从新律。……

一曰死刑惟一。旧律死刑以斩、绞分重轻,斩则有断脰之惨故重,绞则身首相属故轻,然二者俱属绝人生命之极刑,……兹拟死刑仅用绞刑一种,仍于特定之行刑场所密行之。……

一曰删除比附。……立宪之国,立法、司法、行政三权鼎峙,若许署法者以类似之文致人于罚,是司法而兼立法矣。其弊一。人之严酷慈祥,各随禀赋而异,因律无正条而任其比附,轻重偏畸,转使审判不能统一。其弊又一。兹拟删除此律,而各刑酌定上下之限,凭审判官临时审定,并别设酌量减轻、宥恕减轻各例,以补其缺。……

一曰惩治教育。犯罪之有无责任,俱以年龄为衡,各国刑事丁年自十四以迄二十二不等,各随其习俗而定。……按惩治教育始行之于德国,管理之法略同监狱,实参以公同学校之名义,一名强迫教育,各国傚之,而英尤励行不懈,颇著成绩。兹拟采用其法,通饬各直省设立惩治场,凡幼年犯罪改用惩治处分拘置场中,视情节之重轻,定年限之长短,以冀渐收感化之效,明刑弼教,盖不外是矣。"

⑥《寄簃文存·书劳提学新刑律草案说帖后》:"无夫之妇女犯奸,欧洲法律并无治罪之文,……近日学说家多主张不编入律内,此最为外人著眼之处。如必欲增入此层,恐此律必多指摘也。此事有关风化,当于教育上别筹办法,不必编入刑律之中。孔子曰:'齐之以刑',又曰'齐之以礼',自是两事。'齐礼'中有许多设施,非空颁文告遂能收效也。后世教育之不讲,而惟刑是务,岂圣人之意哉!

……

违犯教令出乎家庭,此全是教育上事。应别设感化院之类,以宏教育之方。此无关于刑事,不必规定于刑律中也。"

## 第二节 沈家本"会通中外"的法律思想

沈家本(1840—1913),字子惇,别号寄簃,清代归安(今浙江吴兴县)人。他是中国近代著名的法学家。光绪九年(1883)考中进士。历任天津知府、山西按察使、刑部左侍郎、大理院正卿、法部右侍郎、资政院副总裁等职。1902年时,清政府被迫变法修律,设立修订法律馆,他兼任修订法律大臣近十年之久。

沈家本的著述十分丰富,有《沈寄簃先生遗书》甲编二十二种、乙编十三种,《寄簃文存》八卷就是其中重要著作之一;还编有《枕碧楼丛书》十二种。均为研究我国古代和近代法律史的重要资料。

### 一、实行资产阶级法治主义

沈家本既是清王朝中力图"变法自强"的谋臣,又是近代著名法学家。近代法学家杨鸿烈说:"中国法系全在他手里承先启后,并且又是媒介东西方几大法系成为眷属的一个冰人。"他在考订中国古代法律制度和浩繁的法学文献的同时,又大开研究西法之风,热心探索西方资产阶级法律制度和法律思想。他曾亲自前往欧洲各国,派人东渡日本进行考察,了解资本主义法律制度的历史和现状,积极引进资产阶级法律,有力地推进了法学研究和立法工作。在他的主持下,先后翻译了法、俄、德、荷、意、日、比、美、瑞士、芬兰等国法典和法学著作共三十三种,使人耳目一新。同时,沈家本还聘请日本法学博士冈田朝太郎、松冈正义、志田钾太郎等为修律顾问,帮助修订律例。他积极倡导、兴办法律学堂,开创近代法学教育和研究,几年内法律学堂毕业生近千人。应当说,在中国近代法律史上,沈家本确实有不少新贡献,是历代封建思想家所难以做到的。

沈家本认为,实行资产阶级的法治主义,"举全国之精神,胥贯注于法律之内"①,就能使国家强盛。他以日本为例说:明治维新以后,"不数十年,遂为强国"。他论述资产阶级法治主义的内容甚多,而且还夹杂着儒家的德主刑辅思想,今举其要者分述于后。

(一)论法的性质和作用

沈家本沿袭先秦法家的说法,来阐释法的概念。他说:"法者,天下之程式,万事之仪表也。"②法律是调整人们行为的一种规范,是衡量天下万事万物的一种客观标准。然而,沈家本在阐释法律的性质和意义时,又把它和儒家的民本思想揉和在一起。他指出:"律者,民命之所系也,其用甚重而其义至精也。"③这种"用甚重而其义至精"的法律,是人民生命所系的大事,决不可等闲视之。

沈家本认为,法律的作用在于治民和治国。他说:"为政之道,首在立法以典民。"④并引用管子的话说:立法典民,则祥;离法而治,则不祥。可见他是极力主张以法治民的。在他看来,历史上许多国家的兴衰同其法度的好坏有密切关系,只有"朝政明,而法度立";也只有法度立,才能使国家长治久安,"世未有无法之国而能长治久安者也"(《历代刑法考·刑制总考三》)。尽管由于时代的局限,沈家本还不能揭示法律的阶级本质,但是,他的思想已经超过历史上封建法学家所能达到的境界。

(二)法随时变,"会通中外"

沈家本认为,法律应该随着古今形势的不同,而为之损益,不能简单袭用。他说:"法律之损益,随乎时运之递迁,……推诸穷通久变之理,实今昔之不宜相袭也。"(奏刑律分则草案告成由》)特别是他把中国置于世界范围以内进行考察,指出:"我中国介于列强之间,迫于交通之势,盖有万难守旧者。"

(三)法须统一、平等

沈家本针对清末制定新律之后,旧律并未废除,新旧参差,轻重互异,提出断罪之律必须统一的主张。"犯罪不论新旧,断罪自当一律,不得再有参差,致法律失信用之效也。"(《明律目笺一》)在适用法律时,也必须贯彻统一、平等的原则。他抨击南北朝时梁朝士族享有各种法律特权时说:"凡人皆同类,法之及不及,但分善恶而已,乌得有士族匹庶之分,士族之恶者戮之,苟当其罪,何至使人离心。匹庶之善者戮之,苟不当其罪,其嗟叹岂少也哉!"(《历代刑法考·刑制总考三》)沈家本还从"法律面前人人平等"的资产阶级法制原则出发,针对旗人犯罪享有换刑、减罪的法律特权问题,提出旗人汉人"一体同科"的主张。⑤他认为,"法不一,则民志疑,……法一,则民志自靖。"(《寄簃文存·旗人遣军流徒各罪照民人发配折》,下引此书只注篇名)只有化除满汉畛域,才能建立起公正平允的法律秩序。

此外,沈家本还主张打破良贱界限,废除买卖奴婢的制度。⑥

毫无疑问,沈家本的法须统一、平等的思想,在当时是一种进步的思想。

(四)教化为先,以刑辅之

沈家本继承了儒家的法律与教育相结合、德主刑辅的思想,并结合世界发展的潮流,阐明了法律乃道德教化之辅的思想。他说:"先王之世,以教为先,而刑其后焉者也。"(《历代刑法考·历代刑官考上》)"是刑者非威民之具,而以辅教之不足者也。"(《历代刑法考·刑制总考一》)沈家本在总结中外法制的经验时,得出了这样的结论:立法、司法都离不开道德教化;只有十分注重道德教化,做到情法两尽,法律才能发挥它应有的社会作用。明太祖实行严刑酷法,"朝治而暮犯,暮治而晨亦如之,尸未移而人为继踵,治愈重而犯愈多。"显然,离开了道德教化,不能做到"情与法相济",单纯依靠法律的威慑和镇压,只能是南辕北辙。然而,沈家本又认为资产阶级新法学的要旨已包含在封建旧法学之中,情理二字是新旧法

559

学的共同核心。他说:"吾国旧学,……仁至义尽,新学要旨,已在包涵之内,……无论旧学、新学,不能舍情理而别为法也。"⑦显然,这种观点是错误的。资产阶级新法学,是以资产阶级民主、自由为基础的法学,它和封建专制时代的旧法学,乃是两种法律思潮,两类性质不同的法统,不能混为一谈。

### 二、"平恕"为审断之本

沈家本十分重视用法"平恕",执法"得中"。他在强调严肃而正确地执法的重要性时说:"设使手操三尺,不知深切究明,而但取办于临时之检按。一案之误,动累数人;一例之差,贻害数世,岂不大可惧哉?"(《重刻唐律疏议序》)所以,他不但重视立法详审,尤其注重严格执法,"有国家者非立法之难,而用法之难也。"(《历代刑法考·刑制总考三》)如果立法很好而不"循法",这种法律也形同虚设。

那么,怎样才能使法律很好地得到贯彻执行呢?沈家本认为,关键在于用法"平恕",执法"得中"。他曾用度量衡的客观、公正性来比喻用法必须公平:"度长短者,不失毫厘;量多少者,不失圭撮,权轻重者,不失黍絫(lěi);立(执)法者,皆应如是。"(《历代刑法考·律令一》)然而,要想做到公平执法,又需要有仁恕之心。他十分赞赏郭躬怀着仁恕之心去审理案件,说:"恕心用三字,实为平刑审断之本,酷虐残暴之人,习焉而不察者,皆由其心不恕也。恕则人心自生,酷虐残暴之为,即有不忍为之者矣。"(《历代刑法考·汉律摭遗二十》)

从这种仁恕之心出发,沈家本还深入研究了中外的刑法制度,提出了反对严刑重罚、用法从宽的思想。他对中国历代王朝的刑法,几乎都作过考证,特别赞赏西汉文景之世"为汉法最平恕之时"(《历代刑法考·汉律摭遗一》),而"刑法以唐法为得中"。(《历代刑法考·刑制总考四》)至于西方资本主义国家的刑法,已"日趋于轻"⑧。所以,中国当改重为轻。沈家本所代表的资产阶级轻刑主义法律思想,较之封建重刑主义法律思想,无疑是一个历史的进步。

沈家本认为,要做到公平执法,必须依法断罪,反对比附。他以资产阶级"法无明文规定不为罪"的原则,严厉地批判了中国封建社会长期实行的比附援引制度,并在由他主持制订的《大清新刑律》中明确规定:"法律无正条者,不问何种行为不为罪。"同时,他还深刻地揭露了比附援引制度的弊端。⑨这样,沈家本在中国历史上第一次确立了罪刑法定原则,废除比附援引旧制,这个功绩是不可抹杀的。

### 三、"有其法者,尤贵有其人"

沈家本深深懂得,有了好的法律,还要有好的执法之人,才能推行资产阶级法治。他说:"有其法者,尤贵有其人","用法者得其人,法即严,亦能施其仁于法中;用法者失其人,法即宽平,亦能逞其暴于法之外也。"(《历代刑法考·刑制总考四》)他还列举唐朝司法官吏执法的事例,来论证自己的论点。如唐太宗执政时,选贤举能,用法"宽平",出现社会安定、国家繁荣的盛世。而到武则天统治时期,其"肆虐者,流毒宇内"。虽然当时实行的仍然是唐初的律令,但执法者是周兴、来俊臣之徒,"遂使朝士宗亲咸罹冤酷"。唐玄宗继位,开元年间,堪称治平,人民很少犯法。等到李林甫用事时,信任罗希奭、吉温等酷吏,一时名臣受戮,"天下冤之"。由此他得出结论说:"盖可知有其法者,尤贵有其人矣。"

那么,如何得其用法之人呢？沈家本主张:

第一,所有国家官吏,上至中枢长官,下至百里长吏,"皆宜知法"。他特别指出,作为出令的中枢长官,尤其要知法,否则就会对司法实践造成极大的危害。⑩

第二,"治狱乃专门之学,非人人之所能为。"(《历代刑法考·赦十二》)司法官吏应具有专门学识,才能胜任自己的工作。沈家本特别推崇古代著名的法官皋陶、苏公,说:"虞舜施刑,必属皋陶,周公敬狱,必推苏公。"

第三,设置律学博士,教授法学。沈家本认为,律博士一职十分重要,不可或无。法律为专门之学,"斯其析理也精而密,其创制也公而允"。⑪运用这种至公至允之法律,才能使判决适当,不偏不倚。

为了培养法学专门人才,就应设置培养法学人才的专门学校。当时沈家本的同僚伍廷芳提出,法律成而无讲求法律之人,施行必多阻阂,非专设学堂培养人才不可。沈家本很赞成这种主张,并奏请成立法律学堂,从东京"访求知名人士",冈田、松冈博士"应聘而至"。这所法律学堂,是我国近代最早成立的第一所高等法律学校。由此可见,沈家本十分重视法律教育,特别是他把法律作为一种专门科学看待,这种思想主张无疑是很可贵的。

在中国近代思想史上,这种"法贵得人"的思想主张,比沈家本早半个世纪的洪仁玕就提出过,但以丰富的历史事实来加以阐发并付诸实践的,则是沈家本。

**四、法学盛衰说**

沈家本十分重视法理学的研究和宣传,并专门撰写了《法学盛衰说》,剖析了中国法理学不发达的原因。

沈家本强调指出,法理学对于立法、司法具有很重要的指导作用,"不明于法,而欲治民一众,犹左书而右息之,是则法之修也,不可不审,不可不明。而欲法之审,法之明,不可不穷其理。"(《法学通论讲义序》)而只有法之明,才能"刑罚中"。所以说,立一个法要有立一个法的道理,要符合法理学的原则,"若设一律而未能尽合于法理,……则何贵乎有此法也。"(《论故杀》)他痛切地指出清代不重视法理的现象,"本朝讲究此学而为世所推重者,不过数人。

国无专科,群相鄙弃。"(《法学盛衰说》)他严厉地批判纪文达编纂《四库全书》时轻视法律和法学的错误思想。他说:"纪文达编纂《四库全书》,政书类法令之属,仅收二部,存目仅收五部。其按语谓:'刑为盛世所不能废,而亦盛世所不尚,所录略存梗概,不求备也。'"在这种法律虚无主义影响下,人们轻视法律和法学,从而导致法学"日衰",每况愈下。由于中国两千多年来实行封建专制主义,并存在严重的人治主义传统,从而带来了这种轻视法律和法学的法律虚无主义思想。

沈家本对于中国法学盛衰的原因,作了较深入的探讨。他因袭中国古代乱世用重典、治世用轻典的说法,认为清明之世法平,陵夷之世法颇,法学之盛衰,同政治息息相关。沈家本根据自己渊博的法学知识和丰富的治法经验,得出了一个结论:"法学之盛衰,与政之治忽,实息息相通。然当学之盛也,不能必政之皆盛;而当学之衰也,可决其政之必衰。"[12]这里,他明确指出了法律和政治的关系:政治决定法律,有什么样的政治就有什么样的法律;法盛而政不一定盛,法衰而政必衰。无疑,这个论断是正确的。但他没有也不可能真正揭示出法学衰微的根本原因,是由于封建专制主义制度窒息了学术讨论的空气,禁锢了人们的思想,而把法律和法学囿于上层官府,这怎么能使法学兴盛起来呢!

沈家本满怀热情地希望,"俾法学由衰而盛,庶几天下之士,群知讨论,将人人有法学之思想,一法立而天下共守之,而世局亦随法学为转移。"[13]当然,真正做到人人有法学思想,大家共同遵守法律,那么,法学就可以在一定程度上影响世局的变化,这无疑有正确的一面。但是,他以为世局的变化"随法学为转移",那就陷入资产阶级法律决定论的泥坑了。

综上所述,沈家本法律思想的主流,是民主的、科学的,是具有一定人民性的,特别是具有近代资产阶级法律与法学的进步思想性质。同时,他又是一位卓越的法制改革家,具有丰富的治法经验。他的论著,是我们研究中国法律制度和法律思想史的一份宝贵的学术遗产。在我国大力发展社会主义民主,加强社会主义法制的今天,吸取其民主的、科学的精华,将很有裨益。当然,对于其中封建纲常礼教等糟粕,必须注意剔除。

**注:**

①《寄簃文存·新译法规大全序》:"日本旧时制度,唐法为多,明治以后,采用欧法,不数十年,遂为强国。是岂徒慕欧法之形式而能若是哉?其君臣上下,同心同德,发愤为雄,不惜财力,以编译西人之书,以研究西人之学,弃其糟粕,而撷其英华,举全国之精神,胥贯注于法律之内,故国势日张,非偶然也。"

②《寄簃文存·新译法规大全序》:"夫法者,天下之程式,万事之仪表也。程式具矣,仪表立矣,而无真精神以运用之,则程式为虚文,而仪表亦外观也。古语曰:'徒法不能以自行。'程子曰:'必有《关雎》、《麟趾》之意,然后可以行《周官》之法度。'旨哉言乎!世之读是书者,当思其精神之所在,无徒于程式、仪表求之,庶不负编译之苦心也夫。"

③《寄簃文存·重刻唐律疏议序》:"律者,民命之所系也,其用甚重而其义至精也。根极于天理民彝,称量于人情事故,非穷理无以察情伪之端,非清心无以祛意见之妄,设使手操三尺,不知深切究明,而但取办于临时之检按,一案之误,动累数人;一例之差,贻害数世,岂不大可惧哉?是今之君子所当深求其源而精思其理矣。"

④《寄簃文存·旗人遣军流徒各罪照民人实行分配折》:"窃维为政之道,首在立法以典民。法不一,则民志疑,斯一切索隐行怪之徒,皆得乘瑕而蹈隙。故欲安民和众,必立法之先,统于一。法一,则民志自靖,举凡一切奇衺之说,自不足以惑人心。"

⑤《寄簃文存·旗人遣军流徒各罪照民人实行发配折》:"现既钦奉明诏,化除满、汉畛域,若旧日两歧之法仍因循不改,何以昭大信而释群疑?……尽人在覆帱之内,而一轻一重,此成见之所以未能尽融,似未可拘泥旧规,致法权不能统一。臣默觇世运,慨念时艰,欲筹挽救之方,不得不变通办理。拟请:嗣后旗人犯遣军流徒各罪,照民人一体同科,实行发配。现行律例折枷各

条,概行删除,以昭统一而化畛域。"

⑥《寄簃文存·禁革买卖人口变通旧例议》:"贫家女子,一经卖入人手,虐使等于犬马,苛待甚于罪囚。呼吁无门,束手待毙,惨酷有不忍言者。泰西欧美各邦,近年治化日进,深知从前竞尚蓄奴,为野蛮陋习。英国縻数千金币,赎免全国之奴。美国则以释奴以令,兵事累岁,卒尽释放,义声所播,各国从风。我朝振兴政治,改订法律,百度维新。独买卖人口一端,既为古昔所本无,又为环球所不韪。拟请特沛殊恩,革除此习。嗣后无论满、汉官员及军民人等,永禁买卖人口。如违,买者、卖者,均照违制律治罪。……乃今时厉禁虽悬,而买卖人口之风俗相延未改。推原其故,大都遇荒歉之年,贫民糊口无资,鬻女卖男,借图存活。始仅八旗、官绅之家,收养驱使;久之而庶民亦多效尤,凡有资财皆得广置婢女。奸民借以渔利,公然贩运买卖,若不知为大干例禁者。以致凌虐折磨,弊端百出。且律文虽有买卖奴婢之禁,而条例复准立契价买,法令已多参差。且官员打死奴婢,仅予罚俸;旗人故杀奴婢,仅予枷号;;较之宰杀牛马,拟罪反轻,亦殊非重视人民之参。"

⑦《寄簃文存·法学名著序》:"夫吾国旧学自成法系,精微之处,仁至义尽,新学要旨,已在包涵之内,乌可弁髦等视,不复研求?新学往往从旧学推演而出,事变愈多,法理愈密。然大要总不外情、理二字。无论旧学、新学,不能舍情理而别为法也。"

⑧《寄簃文存·重刻明律序》:"方今环球各国刑法,日趋于轻,废除死刑者,已若干国。其死刑未除之国,科目亦无多。此其故出于讲学家之论说者半,出于刑官之经验者半,亦时为之也。今刑之重者,独中国耳。以一中国而与环球之国抗,其优绌之数,不待智者而知之矣。"

⑨《大清新刑律草案,第一编》:"凡刑律无正条之行为,若许比附援引及类似之解释者,其弊有三:第一、司法之审判官得以己意于律无正条之行为,此附类似之条文致人于罚,是非司法官直立法官矣。司法立法混而为一,非立宪国之所应有也。第二、法者与民共信之物,律有明文,乃知应为与不应为。若刑律之外参以官吏之意见,则民将无所适从。以律无明文之事,忽援类似之罚,是何异于以机阱杀他。第三、人心不同,亦如其面,若许审判官得据类似之例科人以罚,则可恣意出入人罪,刑事裁判难期统一也。"

⑩《历代刑法考·赦十二》:"按刑法定自刑官,而赦文则出自中书省官,中书省未必有深明刑法之人,遇有赦事或沿袭旧文,或意为轻重,孰知事多变

迁,不加参考,遂至牴牾。往往法已改于数十年之前,而仍列诸赦文之内,所司棘手,不得不思变通之方,以致赦书成为虚文,不足以取信天下。"

⑪《寄簃文存·设律博士议》:"……董卓之乱,海内鼎沸,生民涂炭,人士凋零,卫觊于是有设律博士之请,自是之后,迄于赵宋,代有此官。虽历代当局之人,或视为重要,或视为具文,所见不同,难归一致;然赖有此官,而律学一线之延,连绵不绝。宋神宗置律学,苏轼有'读书万卷不读律,致君尧舜终无术'之讽。苏氏于安石新法,概以为非,故井此讥之,而究非通论也。自元代不论此官,而律学遂微。朝廷屡诏修律,迄于无成。明承于元,此官遂废。然《明律》有讲读律令之文,凡官、民咸当习之,是明虽不设此官,律令固未尝不讲求也。夫国家设一官以示天下,天下之士,方知从事于此学,功令所垂,趋向随之。必上以为重,而后天下群以为重;未闻有上轻视之,而天下反重视之者。然则律博士一官,其所系甚重,而不可无者也。

法律为专门之学,非俗吏之所能通晓,必有专门之人,斯其析理也精而密,其创制也公而允。以至公至允之法律,而运以至精至密之心思,则法安有不善者?! 及其施行也,仍以至精至密之心思,用此至公至允之法律,则其论决又安有不善者?! 此设官之微意也。议官制者其主持之。"

⑫《寄簃文存·法学盛衰说》:"夫盛衰之故,非偶然矣。清明之世,其法多平;陵夷之世,其法多颇。则法学之盛衰,与政之治忽,实息息相通。然当学之盛也,不能必政之皆盛;而当学之衰也,可决其政之必衰。试观七国之时,法学初盛之时也,乃约纵连横,兵连祸结,而并于秦;汉末之时,法学再盛之时也,桓、灵不德,阉寺肆虐,而篡于魏;北齐之时,法学亦盛,而齐祚不永,凡疑法学之无裨于世。然而秦尚督责,法敝秦亡。隋逞淫威,法坏隋灭。世之自丧其法者,其成效又如是。然则有极善之法,仍在乎学之行不行而已。学之行也,萧何造律,而有文景之刑措。武德修律,而有贞观之治。及其不行也,马、郑之学盛于下,而党锢之祸作于上,秦始之制颁于上,而八王之难作于下。有法而不守,有学而不用,则法为虚器,而学亦等于卮言。此固圹观百世,默验治乱之原,有足令人太息痛哭者矣!"

⑬《寄簃文存·法学盛衰说》:"吾独不解:敝法之人,往往即为定法之人。梁武诏定律令,缓权贵而急黎庶;隋文诏除惨刑,而猜忌任智。至于殿庭杀人,稽诸史册,不胜枚举。法立而不守,而辄曰法之不足尚,此固古今之大病也。自来势要寡识之人,大抵不知法学为何事,欲其守法,或反破坏之。此法

之所以难行,而学之所以衰也。是在提倡宗风,俾法学由衰而盛,庶几天下之士,群知讨论,将人人有法学之思想,一法立而天下共守之。而世局亦随法学为转移。法学之盛,馨香祝之矣。"

**思考题**
1. 试述清末礼法两派在法律思想上斗争的实质。
2. 对沈家本的法律思想应如何评价?

# 第二十章　资产阶级革命派的法律思想

戊戌变法的迅速失败，迫使资产阶级先进分子另辟蹊径寻找救国道路。中国近代政治法律思潮的重大转折开始了。1900年前后，以孙中山为代表的资产阶级革命民主派开始成为旧民主义革命的主角，登上了政治舞台。在与改良派、保皇派的激烈论战中，革命民主思想迅速传播，逐渐成为本世纪初期社会思潮的主流。经过十二年的思想准备和组织准备，迎来了1911年的辛亥革命。辛亥革命是旧民主主义革命发展的高峰，同时又是资产阶级革命派的革命领导者作用的终结。

孙中山、章太炎等人是这一历史时期法律思想领域的代表人物。孙中山是追求进步的楷模，是这一历史时期爱国、民主和革命的旗帜。章太炎在后期虽然消极颓唐，脱离革命，但他始终忠于祖国，在他革命意志最旺盛的时期，以激进的民主主义革命家的形象载入了近代中国史册。他们的法律思想的特点主要表现为：

第一，反封建性。他们尖锐地揭露和批判清朝的封建专制主义法制的不平等、暴虐、黑暗和腐朽。

第二，民主性。热情地设计出了资产阶级民主共和国的方案，宣传和提倡资产阶级的"自由、平等、博爱"，主张学习西方的分权学说和法治原则，建立保障人民主权和民主自由的新法制。

第三，民族性。孙中山的"五权宪法"学说、章太炎的"四权分立"主张，都是力图将资产阶级民主和中国国情结合起来的具有民族性的法律思想。尤其是"五权宪法"，堪称为近代具有中国特色的法律学说。

第四，一定的反帝性。他们坚决主张推翻已成为"洋人的朝廷"的清朝政府，建立主权平等的民族独立国家，要求收回治外法权，在通商口岸制定适用中外的法律。这不但是反封建的，而且也是反帝国主义侵略的。

## 第一节　孙中山的三民主义和五权宪法学说

孙中山(1866—1925)，名文，字德明，号日新，后改号逸仙(粤语日新的谐音)，在日本曾化名中山樵，故后称孙中山。广东省香山县(今中山县)翠亨村人。他是中国资产阶级革命派领袖，近代中国伟大的革命先行者。他出身于贫苦农民家庭，幼年就羡慕太平天国英雄，向往"天下为公"的大同世界，怀有救国救民的远大抱负。1886年到香港学医，后来不满足于作"治人"的医生，遂弃医从事革命。1894年在檀香山组织"兴中会"，提出"驱除鞑虏，恢复中华，创立合众政府"的资产阶级革命纲领。"兴中会"是中国最早的资产阶级革命团体。次年十月组织广州起义，事败后亡命欧美，蒙难于伦敦。脱险后在欧洲考察社会和政治、法律制度，综合研究各种社会主义学说，基本上形成了民族、民权、民生的三民主义思想体系。

1905年8月，孙中山在日本东京创建了中国第一个资产阶级革命政党——"中国同盟会"，任总理。同盟会通过了他提出的"驱除鞑虏，恢复中华，建立民国，平均地权"的政治纲领。孙中山在这个纲领的基础上，写了《民报》发刊词，明确提出了以民族主义、民权主义、民生主义为基本内容的三民主义，奠立了资产阶级民主革命的理论基础。

同盟会成立后，以孙中山为首的革命派，以三民主义为思想武器，以《民报》为阵地，和康有为、梁启超为首的保皇派开展了空前规模的革命还是保皇的大论战，并取得了胜利。与此同时，同盟会发动和领导了一系列武装起义。

孙中山等革命派所组织的武装斗争,经历"十次之失败",终于迎来了辛亥革命的成功,推翻了清王朝的统治,结束了中国两千多年的封建专制制度。

1911年12月,孙中山被选为中华民国临时大总统。但辛亥革命的胜利果实很快被袁世凯窃取。1912年4月,孙中山辞去临时大总统职。不久,他改组同盟会为国民党,任理事长。

1913年3月,孙中山从宋教仁被刺杀事件中看清了袁世凯的真面目。7月,发动"二次革命"讨袁,失败后再度亡命日本。第二年7月在日本组建中华革命党,继续反袁斗争。1917年,因段祺瑞拒绝恢复国会,孙中山又挺身而出组织和领导了护法运动。同年9月,在广州成立中华民国军政府,任大元帅。1918年5月,由于西南军阀的排斥,被迫通电辞职。在屡挫屡起中,孙中山深感进行理论建设,用革命思想统一革命队伍的重要性和迫切性。从1917年到1919年,孙中山经过三年辛劳,写出巨著《建国方略》等。

正当孙中山在困境中顽强探索革命新途径的时候,伟大的十月革命爆发了,接着,中国共产党诞生。在这历史的转折关头,孙中山顺应革命发展潮流,决心"以俄为师"。在国际无产阶级和中国共产党人的帮助下,他接受了联合工农、改组国民党和创建革命武装的建议。1924年,在广州召开中国国民党第一次全国代表大会,确立了"联俄、联共、扶助农工"三大政策,重新解释三民主义,将旧三民主义改造成为反帝反封建的以三大政策为主要标志的新三民主义,建立了国共两党合作的第一次民族民主统一战线。同年十月,冯玉祥发动北京政变,电邀孙中山北上商讨和主持解决时局问题。当时,孙中山已积劳成疾。1925年3月,孙中山抱病北上,不幸于3月12日因肝癌逝世于北京。

孙中山的法律思想以三民主义为理论基础,也是三民主义的重要组成部分。它是西方资产阶级民主主义思想、法律思想与近代中国实际相结合的产物。反映孙中山法律思想的主要著作有《三民主义》、《建国方略》、《建国大纲》等。

## 一、三民主义的立法指导思想

三民主义是民族主义、民权主义和民生主义的总称,是孙中山为了解决近代中国社会面临的民族解放、民主革命、社会改革三大历史任务而提出的中国资产阶级民主革命的政治、经济和理论纲领,也是其法律思想的理论基础和指导原则。三民主义分旧三民主义和新三民主义两个阶段。

第一,民族主义。民族主义是三民主义中的首要问题,其基本任务是"驱除鞑虏,恢复中华",即推翻清朝政府,光复以汉族为主体的"民族国家"。旧民族主义视满族为异族,包含着某些大汉族主义色彩,又没有明确提出反对帝国主义的任务。但在当时的历史背景下,"反清"同"反满"是同义语,清王朝由满族贵族把持政权,对外投降卖国,对内镇压革命,因此,"颠覆满清政府"是"还我主权"、争取民族解放的前提。这样,"驱除鞑虏,恢复中华",无疑具有直接的革命意义。而且即使在当时,孙中山也并没有将民族主义完全局限在单纯"仇满"、"排满"的狭隘范围内。他一再指出:"今有满清政府为之鹰犬,则彼外国者欲取我土地,有予取予携之便矣。故欲免瓜分,非先倒满洲政府,别无挽救之法也。"(《孙中山全集》第 1 卷,第 238 页)"民族主义、并非是遇着不同种族的人便排斥他";以为"民族革命是要尽灭满洲民族,这话大错";"我们并不是恨满洲人,是恨害汉人的满洲人。假如我们实行革命的时候,那满洲人不来阻害我们,绝无寻仇之理"。(《孙中山选集·三民主义与中国前途》,下引此书只注篇名)这些话表明孙中山民族主义的基本精神是:反对国内外民族压迫,争取民族平等,实现民族解放、独立和富强。比起那些一味强调种族复仇的狭隘民族主义革命家来,孙中山的远见和卓识不知要高多少倍。辛亥革命后,帝国主义操纵下的军阀统治教育了孙中山,使他认识到帝国主义才是民族革命的最大敌人,民族主义的任务远未完成。经过重新解释的新三民主义和民族主义,基本上克服了旧民族主义的不足,把反帝当作了首要任务。他说:"国民党之民族主义,有两方面之意义:一则中国民族自求解放;二则中国境内各民族一律平等。"(《中国国民党第一次全国代表大会宣言》)并指出"各民族一律平等",是民族主义的对内任务,目的是"组织自由统一的(各民族自由联合的)中华民国";"中国民族自求解放",是民族主义的对外任务,"目的在使中国民族得自由独立于世界"。(同上)孙中山还指出,民族主义的对外政策是"扶倾济弱";"我们对于弱小民族要扶持他,对于世界的列强要抵抗它。如果全国人民都立定……扶倾济弱的志愿,将来到了强盛时候,想到今日受过列强政治经济压迫的痛苦……,我们便要把那些帝国主义来消灭,那才算是治国平天下,……这便是我们四万万人的大责任,……便是我们民族的真精神"。(《民族主义(第六讲)》)孙中山制定的这一对外政策,充分体现了中华民族热爱和平、主持公道的崇高精神和向往人类大同的远大理想。

综上所述,民族主义的精髓,是要以新的资产阶级民主国家代替旧的封建专制主义国家。它贯穿着反帝反封建的革命民主精神,在调整、处理国内民族关系和以反帝、"扶倾济弱"为主旨的国际关系方面,为立法提供了指导原则。其具体主张包括:取消列强在华特权,废除领事裁判权,恢复关税自主权,收回租界和失地等。

第二,民权主义。民权主义是三民主义的核心,其中心内容是"反对帝制,建立民国",实质是要推翻封建君主专制,建立资产阶级共和国。孙中山以法国《人权宣言》和美国《独立宣言》为蓝本,制定资产阶级共和国蓝图,"今者由平民革命以建国民政府,凡为国民皆平等以有参政权。大总统由国民公举。议会以国民公举之议员构成之,制定中华民国宪法,人人共守。敢有帝制自为者,天下共击之。"(《军政府宣言》)孙中山认识到,要推翻君主专制,单有民族革命是不够的,必须把民族革命与政治革命结合起来,而民权革命是"政治革命的根本"。他指出:"我们推翻满洲政府,从驱除满人那一面说,是民族革命,从颠覆君主政体那一面说,是政治革命,并不是把它分做两次去做",因此,从政治革命的意义上说,"就算汉人为君主,也不能不革命"。

孙中山的旧民权主义,从思想体系的性质上说,基本上没有超出"天赋人权"的范畴[①],新三民主义则对民权主义作了重大修改,赋予民权主义以新内容。这集中体现在两个方面:一是强调"主权在人民"。他指出:"近世各国所谓民权制度,往往为资产阶级所专有,适成为压迫平民之工具。若国民党之民权主义,则为一般平民所共有,非少数者所得而私也。"(《中国国民党第一次全国代表大会宣言》)二是主张"直接民权"。孙中山说:"国民党之民权主义,于间接民权之外,复行直接民权,即为国民者,不但有选举权,且兼有创制、复决、罢官诸权也。"

孙中山的新民权主义,不但突出了反帝反封建的革命性,而且批判了西方资产阶级民权制度的虚伪性。毛泽东同志在《论人民民主专政》中评价说,除了谁领导谁这一点,作为一般政治纲领,新三民主义的民权主义,是与人民民主主义或新民主主义相符合的。

为了保障人民的直接民权,孙中山提出了著名的"五权宪法",这在中国宪政史上是前所未有的一大创造。"五权宪法"是民权主义的重要组成部分,并使民权主义具体化了;反过来,民权主义正是孙中山"五权宪法"的宪法思想的理论基础。

第三,民生主义。民生主义是孙中山三民主义中最富有特色的部分,是三民主义政纲中的社会革命纲领。孙中山看到西方资产阶级民主制度下贫富悬殊,社会危机深重,为了防患于未然,提出民生主义,以"举政治革命、社会革命毕其功于一役"(《民报发刊词》)。

孙中山把民生主义归纳为解决"土地"和"资本"两大问题。在旧民生主义阶段,解决土地问题的方针为"平均地权"。具体做法是:革命以后,先"核定天下地价",现有地价,归原主所有;以后社会改良进步,地价提高,提高部分归于国家,属国民共有。原有地价,先由地主自报,然后"照价纳税",国家亦有权"照价收买",税收很重,使地主不敢"以少报多"。国家握有土地国有权,可随时按地价收买,则地主不敢"以多报少"。土地问题是资产阶级民主革命的中心问题。旧民生主义也把"平均地权"作为主要内容②。然而,"核定地价"并不能"平均地权",不是平分土地。孙中山还特别反对"均产"主张,反对"夺富人之田为己有"(《在东京〈民报〉创刊周年庆祝大会上的演说》)。所以,旧民生主义并没有解决农民所迫切要求解决的土地问题。

在"资本"问题上,孙中山试图找到一条既发展大工业,又避免资本主义的道路,这就是搞"集产社会主义",亦即国家资本主义。其要点是将土地、铁路、矿产等收归国有,由国家经营,不让少数资本家垄断。

孙中山看到,要挽救中国,光有"政治革命"是不够的,还需要"社会革命"。他主观上对资本主义不满,对社会主义同情,把中国古代的"大同"思想和社会主义联系起来,幻想建立一种既有资本主义近代大工业,又没有资本家剥削、压迫的公道社会。孙中山把自己的民生主义叫做"社会主义"、"共产主义",说:"故民生主义者,即国家社会主义也。"(《在上海同盟会机关的演说》)"故民生主义就是社会主义,又名共产主义,即是大同主义"。(《民生主义(第一讲)》)这种社会主义其实是主观社会主义。

在新三民主义阶段,孙中山将"耕者有其田"和"节制资本"规定为新民生主义的主要原则。孙中山明确指出:"民生主义真是达到目的,农民问题真是完全解决,是要耕者有其田。那才算是我们对于农民问题的最终结果……现在的农民却不是耕自己的田,都替地主来耕田,所生产的产品,大半被地主夺去了。这是一个很重大的问题。我们应该马上用政治和法律来解决,如果不能解决这个问题,民生问题无从解决。"(《民生主义(第三讲)》)在《中国国民党第一次全国代表大会宣言》中也一再声明要实行"耕者有其田"的政策。③"耕者有其田"比"平均地权"大大进了一步,其不足之处,是孙中山不愿用彻底的革命手段,而宁愿用改良的方法实现"耕者有其田",这实际上也就无法彻底解决土地问题。

所谓"节制资本",就是限制资本主义的发展,防止私人资本主义操纵国计民生。④这一主张,已摆脱了原来"预防资本主义"之类的空想,具有反对帝国主义、发展国民经济的意义,反映了中国社会不能再走西方资本主义老路的客观历史要求。不过,在资产阶级掌握政权之下,孙中山的这一主张是不可能实现的。

民生主义关系到一系列法律问题,是有关土地法、财税法、劳动法、企业法、外资法等经济立法的指导思想。在旧民生主义阶段,孙中山曾希望通过借外债、招洋股、吸引外人投资等方式发展民族经济。在新民生主义阶段,他曾宣布要"由国家规定土地法、土地使用法、土地征收法及地价税法"(《中国国民党第一次全国代表大会宣言》),制定"劳工法"以及"养老之制、育儿之制、周恤废疾之制、普及教育之制"(同上),以及整套保护劳工、提高社会福利的法律规定。可见,孙中山十分重视以法律手段来解决民生问题。

## 二、"自由、平等、博爱"的法律观

孙中山曾将他的"三民主义"的"一贯之精神"概括为"自由、平等、博爱"⑤。孙中山怀着真诚的愿望,借用西方资产阶级革命时期的口号,反对封建专制制度和法律制度,谋求建立法治国家,争取祖国的独立和富强。

(一)深刻揭露和批判清朝封建专制法制

孙中山以"自由、平等、博爱"为武器,严厉抨击封建法制的专横、黑暗、野蛮、酷烈。他指出,封建法律用"诛九族"这样严重的刑罚镇压人民,其用意就是专制皇帝要永远保守皇位。在清朝统治下的中国,"人民没有发言权。不论如何不公,如何残暴,在这里是无从申诉的"(《与伦敦各报记者的谈话》)。封建官吏"操有审判之全权,人民身受冤抑,无所吁诉。且官场一语等于法律,上下相蒙相结,有利则各饱其私囊,有害则各委其责任。婪索之风已成习惯,官以财得,政以贿成"(《伦敦被难记》)。清朝官吏无视人民法律权利,他们不按照"适当的法律程序而剥夺我们的各种权利","在审讯被指控为犯罪之人时,他们使用最野蛮的酷刑拷打,逼取口供"(《中国问题的真解决》)。对于上述种种野蛮虐政,孙中山主张一律废除。

按清朝法律,"闽粤之蛋户,浙之惰民,豫之丐户",以及被罚为奴的义民、剃头匠、优倡、隶卒等均被划为贱民,"使不得与平民齿"。孙中山愤怒谴责道:"一人蒙垢,辱及子孙,蹂躏人权,莫此为甚",指出它违反"天赋人权,胥属平等"的原则。南京临时政府成立后,他立即发布命令,废止这种不合理的等级制度(见《辛亥革命资料·南京临时政府公报第四十一号》)。

(二)主张建设资产阶级的法治国家

孙中山揭露封建法制的同时,憧憬西方的法治[⑥],谋求建设以"自由、平等、博爱"精神为基础的法治国家。他这方面的思想也十分丰富,主要主张有:

第一,民主政治靠法律来保证,法律由国会制定。孙中山反复指出:"民主政治赖以维系不敝者,其根本存在于法律,而机枢在于国会";"共和之根本在法律,而法律之命脉在国会"。孙中山的这一看法显然受到法律万能论的影响,后来在经历了袁世凯暗杀宋教仁、曹锟贿选等事件后,他认识到法律决非万能,说:"元年以来尝有约法矣,然专制余孽、军阀官僚替窃擅权,无恶不作,此辈一日不去,宪法即一日不生效力,无异废纸,何补民权?"进而指出:"推行宪法之先决问题,首先在民众之能拥护宪法与否",不然是"舍本求末"。(《中国国民党第一次全国代表大会宣言》)

第二,用法律形式规定和保障人民各项民主权利。南京临时政府成立以后,孙中山即以临时大总统身份发布命令,废止各种封建专制法律,颁行一系列以"自由、平等、博爱"为宗旨的法律、法令,力图推进法治建设。这些法律、法令的核心是确认和维护人民民主权利。如在《开放蛋户、惰民等许其一体享有公权私权文》的通令中规定,凡共和国人民,"对于国家社会之一切权利,公权若选举、参政等,私权若居住、言论、出版、集会、信教之自由等,均许一体享有,毋稍有歧异,以重人权而彰公理"。(见《辛亥革命资料·南京临时政府公报第四十一号》)1912年3月,孙中山主持制定《中华民国临时约法》,把人民主权思想进一步以宪法形式固定了下来。《约法》明确规定:"中华民国人民一律平等,无种族、阶级、宗教之区别",皆享有人身、居住、财产、营业、言论、集会、通信、信教等自由,以及请愿、陈诉、诉讼、任官考试、选举与被选举等项权利。这是中国历史上第一次赋予民族平等、人民主权以法律效力。

孙中山还一再指出,国民是中华民国的主体,"总统、官吏皆国民之公仆"。他明令废除封建专制时代官吏享有的各种法定和法外特权,以及诸如"大人"、"老爷"等反映官僚特权的称呼。孙中山也十分重视保护妇女权利。他在《中国国民党第一次全国代表大会宣言》中指出,应当"于法律上、经济上、教育上、社会上确认男女平等之原则"。

孙中山的这些人民主权思想表明他不愧为一个"真实的民主主义"者。

第三,主张司法独立,以保证法治。孙中山谴责清朝封建司法滥施刑讯,抑止人民诉权,指出它违反"自由、平等、博爱"的人道精神,"国家之所以惩创罪人者,非快私人报复之私,亦非以示惩创,使后来相戒,盖非此不足以保持国家之生存,而成人道之坶平也。"(《辛亥革命资料·南京临时政府公报第二十七号》)他明令禁止刑讯,"不论行政司法官署,及何种案件,一概不准刑讯鞠狱";审判应"视证据之充实与否,不当偏重口供";一切"不法刑具",全部焚毁;官吏若再违令刑讯,除"褫夺官职外",还要"付所司,治以应得之罪"。(同上)为维护人民诉权,他主张建立律师制度,"大小讼务,仿欧美之法,立陪审之员,许律师代理,务为平允。不以残刑致死,不以拷打取供"。(《孙中山全集》第1卷,《致港督卜力书》)南京临时政府成立以后,孙中山力图建立民主的司法制度,强调"司法为独立机关",并在《中华民国临时约法》中进一步确认了这一原则:"法官独立审判,不受上级官厅之干涉","法官在任中不得减俸或转职,非依法律受刑罚宣告,或应免职之惩戒处分,不得解职"。

孙中山的这些体现"自由、平等、博爱"精神的民主和法治原则,是近代中国先进的法律思想,由于历史条件的限制,它没有得以实现,但留下的仍是一笔丰富的法律思想财富。

### 三、五权宪法和权能分治学说

"五权宪法"是孙中山独特的宪法思想,也是他民权主义的主要内容。他试图通过"五权宪法"来保证人民主权和直接民权。

"五权宪法"的核心是把政权和治权分开,由人民掌握"政权",政府实施"治权"。"治权"相对于"政权"称作"能",故称"权能分治"。人民的"政权"包括选举权、罢免权(这是人民管理官吏的权)、创制权、复决权(这是人民管理法律的权)等四权。政府实施"治权",采用五权分立体制,即立法权、司法权、行政权、考试权、监察权相互独立,相互制约。与此相应,中央政府实行五院制:"一曰行政院,二曰立法院,三曰司法院,四曰考试院,五曰监察院。"(《建国方略·孙文学说》)五院的组织法是:"宪法制定之后,由各县人民投票选举总统以组织行政院,选举代议士以组织立法院,其余三院之院长,由总统得立法院之同意而委任之,但不对总统、立法院负责,而五院皆对国民大会负责。各院人员失职,由监察院向国民大会弹劾之,而监察院人员失职,则国民大会自行弹劾而罢黜之。国民大会职权,专司宪法之修改,及制裁公仆之失职。国民大会及五院职员,与夫全国大小官吏,其资格皆由考试院定之。"(同上)孙中山指出,这些就是他所主张的"五权宪法"。在孙中山的这个方案中,国民大会直接代表民权,高于立法院(议会),行使中央统治权,享有对中央政府官员的选举权、罢免权和对中央法律的创制权、复决权。

孙中山的五权宪法是一种中国式的近代革命民主主义的宪法学说。20世纪初,资本主义演进为帝国主义,"三权分立"的虚伪性暴露无遗。孙中山敏锐地指出了它的缺点:一是代议制度变成了"议会专制",没有"直接民权"[7]。二是官员的产生,或是搞"阶级选举",而不是普遍选举;或由总统委任,随总统进退,"难免于埋没人才和任用私人"。因此,孙中山认为欧美宪法不适合中国国情。他指出,世界上"有文宪法是美国最好,无文宪法是英国最好。英是不能学的,美是不必学的"(《三民主义与中国前途》)。他注意到,在人民群众的斗争下,瑞士增加了公民的创制权和复决权,美国国会增加了对官员的罢免权。又考察了中国古老的科举考试制度和监察制度,认为"中国考试制度是世界最好的制度"。(《五权宪法》)于是,孙中山熔古今中外法律学说和经验于一炉,从"三权分立"的行政权中分割出考试权,从议会的立法权中独立出监察权,创立了自己的"五权宪法"。

孙中山批评某些留学生把"五权宪法"说成是标新立异时,强调指出,宪法应适合中国国情。他说:"宪法者,为中国民族历史风俗习惯所必需之法。三权为欧美所需要,故三权风行欧美;五权为中国所需要,故独存于中国。诸君先当知为中国人,中国人不能为欧美人,犹欧美人不能为中国人,宪法亦犹是也。适于民情国史,适于数千年之国与民,即一国千古不变之宪法。吾个过增益中国数千年来所能,欧美所不能者,为吾国独有之宪法。如诸君言欧美所无,中国即不能损益,中国立宪何不将欧美一国之宪法抄来一通,曰孟德斯鸠所定,不能增损者也。"(《孙中山全集》第1卷,《与刘成禺的谈话》)孙中山这种主张从中国国情出发,反对照搬西方,反对奉西方三权分立为金科玉律的思想,在半殖民地半封建的中国显得特别宝贵。他的"五权宪法"确是近代具有中国特色的资产阶级革命民主主义宪法学说。

"五权宪法"的精华是"直接民权"。孙中山说:"总而言之,要人民真正有直接管理政府之权",政府的一动一静,人民随时都是可以指挥的。(《三民主义·民权主义》)其中,选举权和创制权,体现了"主权在民";罢免权和复决权,体现了人民保留的收回权。"直接民权"的思想使"五权宪法"超出了三权分立的政权结构模式。三权分立的最高原则是制衡,"五权宪法"则是权能分立,其目的是保障人民主权。前者是代议制的间接民主,后者是"直接民主",实行"全民政治"。因此,"五权宪法"作为一种政治方案和宪法原则,实际上具有以资产阶级为领导的、由小资产阶级及工人、农民等联合专政的色彩。

孙中山真诚地希望增加监察、考试两权,就可弥补三权分立的不足,克服代议制的缺点,矫正西方选举制和聘任制的弊病,造就一个"集合中外之精华,防止一切流弊"(同上)的五权分立的政府,使其成为"世界上最完美最良善的政府",从而实现建设"民有、民治、民享"的三民主义国家的理想。但实际上这只能是一种主观的空想。首先,国家权力本是一个整体,国家机关的分工不等于分权,孙中山却以为"五权宪法"、权能分立可以实现"直接民权",显然是过于幼稚了。其次,孙中山的"五权宪法"也受到其世界观上的局限。他把权与能的关系比作阿斗和诸葛亮的关系,"四万万人都是象阿斗"(同上),有权而无能,应有诸葛亮那样的"先知先觉"

者从上面赐予"后知后觉"的"阿斗"们以"公权"。广大的"后知后觉"者掌握选举、罢免、创制、复决四种所谓"政权",是"有权的人";"先知先觉"者则行使立法、司法、行政、考试、监察的五种所谓"治权",是"有能的人"。而"五权宪法"的实现必须经过"军法之治"(军政)、"约法之治"(训政)、"宪法之治"(宪政)三个时期。这固然表现了孙中山对现实的一定的清醒,但其理论基点却是由于资产阶级脱离人民所造成的阶级局限性和唯心的历史观。最后,也是最重要的一点是,孙中山不能不明确认识近代中国社会的主要矛盾是帝国主义与中华民族、封建主义与人民大众的矛盾,总想超越革命阶段,幻想建立"万能的政府"、"全民国家",实现"全民政治",这就使他不能陷入搞主观社会主义的设计中去,而这种设计越细,主观性、幻想性也就越重。

总起来说,孙中山的一生是不断进步的光辉的一生。他在探讨和融合中西法律学说中建立了自己的法律思想丰碑。作为一位"伟大的革命先行者",孙中山在法律方面同样达到了革命民主主义的思想高度,给我们留下了宝贵的遗产和有益的启示。

**注:**

①《孙中山全集》第6卷《在桂林广东同乡会欢迎会的演说》:"民权主义,即人人平等,同为一族,绝不能以少数人压迫多数人。人人有天赋之人权,不能以君主而奴隶臣民也。"

②《孙中山选集·军政府宣言》:"当改良社会经济组织,核定天下地价。其现有之地价,仍属原主所有;其革命后社会改良进步之增价,则归于国家,为国民所共享。"

③《孙中山选集·中国国民党第一次全国代表大会宣言》:"农民之缺乏田地沦为佃户者,国家当给以土地,资其耕作,并为之整顿水利,移植荒缴,以均地力。农民之缺乏资本至于高利借贷以负债终身者,国家为之筹设调济机关,如农业银行等,供其匮乏,然后农民得享人生应有之乐。"

④《孙中山选集·中国国民党第一次全国代表大会宣言》:"凡本国人及外

国人之企业,或有独占的性质,或规模过大为私人之力所不能办者,如银行、铁道、航路之属,由国家经营理之,使私有资本制度不能操纵国民之生计,此则节制资本之要旨也。"

⑤《孙中山选集·三民主义·民权主义》:"法国的自由和我们的民族主义相同,……平等和我们的民权相同,……此外还有博爱的口号,……当中的道理和我们的民生主义是相通的。"

⑥《孙中山全集》第8卷,《周東白辑〈全国律师民刑新诉讼汇览〉序言》:"立国于大地,不可无法也,立国于二十世纪文明竞进之秋,尤不可以无法,所以障人权,亦所以遏邪僻。法治国之善者,可以绝冠贼、息讼争,西洋史载,班班可考,无他,人民知法之尊严庄重,而能终身以之耳。"

⑦《孙中山选集·三民主义·民权主义》:"西方民主国家中,国会既是立法机关,又是监察机关,往往擅用监察权,挟制行政机关,使他不得不俯首听命,因此,常常成为议会专制。"

## 第二节 章太炎的法律思想

章太炎(1869—1936),原名炳麟,字枚叔,因仰慕顾炎武,更名绛,号太炎。浙江余杭人。他是中国近代资产阶级民主主义思想家。自幼习读经史,青年时代去杭州诂经精舍就学于著名经学大师俞樾,精通音韵、训诂、历代典章制度,崇尚古文经学。中日甲午战争以后,怀着强烈的救国之志,走出书斋,投身于政治运动。

开始,章太炎接受改良主义,赞成康、梁变法,1895年加入上海强学会,参加改良派的《时务报》编辑工作,因与康、梁等人政见和学术主张不和,不久即被赶出。后为张之洞幕僚,办《正学报》,因讥张的《劝学篇》,遭驱逐。1900年,参加上海"张园国会",改良派唐才常等提出"一面排满,一面勤王"的模糊口号,章太炎当场"断发易服",以示与改良主义决裂。

1902年,第二次去日本时,接受孙中山的民主革命主张。归国后修改《訄书》,作《客帝匡谬》,清算早年的改良主义思想,转为资产阶级革命派。1903年,替邹容《革命军》作序,同时在《苏报》发表《驳康有为论革命书》,痛斥保皇派谬论,公开宣传革命,斥光绪为载湉小丑,不辨菽麦。清政府与英帝国主义者勾结,将章太炎以"亵渎皇帝,倡言革命"罪捕入上海英租界监狱,判处三年监禁。章在狱中斗争不屈,保持与外界联系,于1904年与蔡元培、陶成章等组织光复会。1906年出狱后三渡日本,加入同盟会,任该会机关报《民报》主编,与保皇派开展大论战,其文章"所向披靡,令人神往"。1908年,日本政府应清政府要求,查封《民报》,章太炎不畏强暴,亲至警庭,高呼"革命无罪",以示抗议。从戊戌变法的辛亥革命前夕,章太炎"七被追捕,三入牢狱,而革命之志,终不屈挠"。这是他一生中最光辉的岁月。

此后,章太炎与同盟会之间原有的矛盾加深,遂至破裂。1909年,竟和陶成章重组光复会,任会长,在报上发表反对孙中山的文章。辛亥革命以后,错误地提出"革命军兴,革命党消"的口号,主张解散同盟会,思想渐向右转。1912年1月,南京临时政府成立,章任总统枢密顾问。他曾一度充当袁世凯政府的高级顾问和东三省筹边使。但他反对袁世凯称帝,1913年秋,只身到北京,以"大勋章作扇坠,临总统府之门,大诟袁世凯包藏祸心",又被软禁于北京,直到1916年袁世凯死后才重获自由。1917年,章太炎参加孙中山领导的"护法运动",任大元帅府秘书长。不久,回上海闭门著述,走入了鲁迅所说的"既离民众,渐入颓唐"的生活。

章太炎一生著述甚丰,已出版的有《章氏丛书》及《章氏丛书》的《续编》和《三编》等。他的法律思想较为复杂,前后多有矛盾。这里主要介绍他作为资产阶级革命家、宣传家的一段时间,即从戊戌变法到辛亥革命前夕的法律思想。在此之间,他的法律思想以资产阶级民主主义为主体,同时含有较浓厚的大汉族主义、复古倾向以及宗法意识和农民意识。

## 一、建立总统制资产阶级民主共和国的方案

章太炎是"中华民国"一词的发明者和解释者,他赞成民主共和制,坚决反对封建君主专制。但他的"中华民国",不是西方资产阶级的代议制民主共和国,而是总统制共和国。其方案的要点为:没有常设议会,由民选总统为国家元首,执掌行政、军事、外交大权,但总统不能独裁、专断;中央设国务长官,与总统共同负责国家事务,遇事不得推诿,失职、受贿者以法治罪;从总统到一般官吏都要选贤任能。他强调,凡此种种原则,都应通过立法程序,以法律形式固定下来。

章太炎设计的"中华民国"的方案,从宪法思想上看,具有三个特点:

第一,浓厚的民族主义色彩。在资产阶级革命派中,章太炎是反满仇满的大汉族主义情绪最为严重的一个。他视满清王朝为"非我族类",因此,"不能变法当革,能变法亦当革;不能救民当革,能救民亦当革"。(《章太炎政论选集·狱中答新闻报》,下引此书只注篇名)他的《正仇满记》、《定复仇之是非》等一系列文章及演说,经常以"扬州十日"、"嘉定三屠"之类事件激发汉族人民的仇满感情。他认为,革命就是"光复"[①],而"光复"的宗旨就是"光复中国之种族"(指汉民族)、"光复中国之州郡"、"光复中国之政权"。(《革命之道德》)但章太炎的"仇满"、"排满"又是他强烈的反帝反封建的资产阶级革命民主思想的一种表现形式。首先,他的"排满"不是一般地不分皂白地仇视和反对整个满族人民。他指出,"排满"不是要"奴视满人,不与齐民齿叙",亦"非屠夷满族,使无孑遗,效昔日扬州十日之为也"(《太炎文录·致留日满洲留学生》),而仅仅是"排其皇室"、"排其官吏"、"排其士卒",即反对满族统治者及其军队。一旦颠覆了满清政府,满族人民将和汉族人民一样,"农商之业,任所欲为;选举之权,一切平等"。其次,他的"排满"是

为了救国救民族,为了反帝。章太炎认识到,满清政府投降卖国,"无一事不足丧吾大陆",而"西人之祸吾族,其酷烈千万倍于满洲"(《驳康有为论革命书》),所以,要反帝以维护民族独立必须"排满"。不"排满",不能救中国、救民族,中国将"终为欧美之陪隶"。从这个意义上说,章太炎的"排满",就是要推翻帝国主义在中国的走狗——满清王朝。最后,他的"排满"也是推翻封建帝制,建立民主共和国所必须。满清王朝对内坚持封建帝制,是封建专制主义的总代表,是实现民主共和国的大敌。章太炎在《正仇满论》中指出,清王朝对汉族人民实行严重的民族压迫,使得"汉人无民权,而满洲有民权,且有贵族之权也"。这里,他认为"满洲有民权",是不符合实际的,但可贵的是,他显然意识到,不推翻清王朝,则不能实现民权,所以他说:"排满族即排强种矣,排清王即排王权矣。"(《太炎文录·定复仇之是非》)综上所述,章太炎所持的民族主义的实质,是要建立一个以汉民族为主体,各民族平等的资产阶级"中华共和国",其主流是积极的。

第二,否定代议制。1908年10月,章太炎写了著名的《代议然否论》,系统地阐述了他对代议制的意见。文中揭露了资产阶级代议制的种种弊病,指出:"选充议士者,大抵出于豪右,名为代表人民,其实依附政党"。由这些"议士"组成的"议院",成了"受贿之奸府",是"民之仇,非民之友"。议员"有私罪,不得举告,其尊与帝国之君相似",俨然成了"议皇"。他愤然指出,中国"不欲有一政皇,况欲有数千百议皇耶"? 改良派主张君主立宪,革命派主张民主立宪,章太炎一概反对。他说,君主国行代议,议院中"上必有贵族院","贵贱不相齿",与封建制一脉相承;民主国行代议,"虽代以元老,蜕化而形犹在",造成"贫富不相齿",仍然是封建制的变种。所以,"代议政体者,封建之变相"。又指出,代议政体中,议会握有立法权,但议会所立之法根本不保护平民利益,"凡法自上定者,偏于拥护政府,凡法自下定者,偏于拥护富民",总之代议政体不但不能"伸民权",反而在人民头上"多一抑制者"。

章太炎还认为,代议政体不适合中国国情。中国地广人众,仅选举的方法一项,也无法行代议。若搞通选,由于选民太多,选出的议员多了,根本无法讨论政事,如果像西方各国那样限选七百人,那就要六十万人才选一议员,结果当选者必然都是"土豪","名曰国会,实为奸府"。若搞限选,如以知识为限制条件,则十分之七的文盲便被剥夺了选举权;如以纳税为限制条件,选举就会集中于富庶的东南江浙一带,而革命党人因不治产业,也将被排斥于选举之外。总之,各种选举办法在中国都行不通。

章太炎看到资产阶级代议制的弊病,并加以深刻揭露,无疑是合理的,但为了反对代议制,他竟认为,中国自秦汉以来"名曰专制,其实放任也",中国人民早已"平等",行代议等于横插一个"挫抑民权"的变相"封建"(《与马良书》)。甚至说:"代议政体,必不如专制为善。"(《代议然否论》)这就因噎废食了。这样不顾史实地美化封建专制,以至不惜回到专制制度的做法,是不合时代潮流的。

第三,主张直接民权。他认为代议制只是间接民权,总统制便于实行直接民权,真正做到主权在民。为了防止总统权力过分膨胀,他又提出"恢廓民权,限制元首"。其办法是:在西方资产阶级国家实行的行政、立法、司法三权分立的基础上,再加教育独立,变成四权分立。"总统惟主行政、国防,于外交则为代表,他无得与"。司法与行政分为"两途","不为元首陪属",其长官与总统平起平坐,主管"官府之处分,吏民之狱讼","虽总统有罪,得逮治罢黜"。立法不由议会,而是由"明司法律者,与通达历史、周知民间利病之士,参伍定之",以摆脱政府、豪右的左右。"法律既定,总统无得改,百官有司,毋得违越",凡有不守法者,"人人得诉于法吏,法吏逮而治之"。他的四权分立方案中,最具特色的是教育独立。章太炎主张,除小学与海陆军校外,其学校"不当隶属政府",其"长官与总统敌体",不应随内阁进退;教育宗旨一经决定不能常变,任教授者须有专门学识,政府不得干涉;学官可以牵制司法,司法官吏断案不公正,其上级长官又不予解决,由学官治之。

辛亥革命前后,章太炎对四权作了修正,并增加了纠察权,主张建纠察院或都察院,由"骨鲠之人"担任纠察,赋予重权,上至总统,下至齐民,均有权弹劾。这样,章太炎的五权与孙中山的"五权宪法"已基本相近。不过,章不冠"宪法"之名,又有教育权而无考试权,体系上也不如"五权宪法"周密。

不管是四权分立,还是五权分立,章太炎这一思想的核心在强调"主权在民"。他批判那种"国家为主体,人民为客体"的国家主义观点是"谬论无伦"之说[②],认为人民才是国家权利主体。这是十分可贵的。

## 二、维护人民权利平等的法律观

在章太炎革命意志旺盛的"黄金时代",他的民权思想比一般革命者来得更为激进,在立法、司法等方面强调平等,保护下层群众权益。他反封建专制特权法之道而行之,要求在推翻清朝后,立法上、司法上必须"抑官伸民"、"抑强辅微"、"抑富振贫",总起来说,就是"损上益下",以维护人民权利平等。

(一)"抑强辅微"的刑法主张

章太炎精通历代法制,惯于以古论今。他一反成说,贬斥汉、唐之律,褒扬魏晋南朝之法。说汉律采"春秋诛心之法",唐律制"十恶"之条,都维护特权,违反"平等"原则,不可用,只有五朝(魏、晋、宋、齐、梁)之法"宽平无害","举其封略,则有损上益下之美;抽其条目,则有抑强辅微之心"。(《五朝法律索引》)他主张以五朝法律为主干,采撷它律,制定出"左以庇民,右以持国","抑强辅微"的良法。具体地说,是要像五朝法律那样做到"重生命"、"恤无告"、"平吏民"、"抑富人"。关于"重生命",应本晋律。他认为,"父母杀子者同凡论",处死刑,而不应"轻比";电车只利富人,无益于民,电车压死人,应参照晋代"众中走马伤人"以贼杀人论罪之律,处车主和司机以死刑。

关于"恤无告",他认为,应沿用汉魏复仇之律,被害者直系卑亲属在"无有可申之地"情况下,允许复仇,使恶有所报,冤有所申。但非"子姓"及斗殴相杀者,不许复仇。章太炎是位法律复仇主义者。他视复仇为"正义",下定义说:"平不平以使平者,斯谓复仇。"又说:"复仇者,以正义反抗之名,非辗转相杀谓之复仇。"(《排满平议》)他认为,法律是"公群代私人复仇"的工具,但私人之间的谋杀、故杀、贼杀等,若"证据不足",司法"则勿能以罪论",于是,给了"巧于害者"以可乘之隙,在这种"法律所穷"的情况下,"则复仇即无得而非议",不应把"复仇"一概视为"野蛮"。至于国与国、族与族之间,"既无法律,则非复仇不已"。可见他的复仇论是为鼓吹对满族进行民族复仇作论证的。这是他思想的一个消极面。

关于"平吏民",他主张彻底废除贵族、官吏犯法可以"议、请、赎、当、免"的封建法律特权。章太炎愤怒指出,"刑不上大夫"是专为"肉食者"所立之法。他仍然翻出五朝的法律,其中规定,"部民杀长吏者同凡论","官吏犯杖刑者论如律",即民杀官和一般人相杀一样论罪,不加重,官吏犯法不予宽免收赎。他认为在共和国刑事立法中应当沿用这一精神,以体现"平吏民"的精神。(《五朝法律索引》)

所谓"抑富人",主要是抑商人。章太炎有着强烈的重农抑商思想。他认为,商人喜专利,爱贪冒,与中国传统的"贵均平、恶专制、重道德、轻贪冒"的国情相违。晋代法令规定:商人额头"著巾",巾上写明住所、姓名;穿的鞋子必须一白一黑,以区别身份。章太炎认为,晋令的这些内容仍然可用,以"抑富人"。(同上)

出于"抑强辅微"的需要,章太炎在量刑、刑罚等问题上也提出了一些独特的主张,诸如:

"轻盗贼之罪",并反对"以赃论罪"。他认为,应按赃数同失主家财产数的比例来定罪。他举例说,一个百万富翁被盗走二十万,为害并不大,若家仅有十金的贫苦者被盗走三金,为害却甚重。因此,应以"为害于人的轻重"定盗窃罪的轻重。(《代议然否论》)

"轻谋反之罪","重谋叛之罪"。"谋反",指背叛皇帝或政府。"轻谋反之罪",旨在保护人民不受政府束缚。"谋叛",是背叛祖国和人民。"重谋叛之罪",旨在严惩叛国投敌行为,以示民族国家利益神圣不可侵犯。章太炎的这一主张,用意显然在"抑强"、"抑官"。他认为,凡官吏"有割地卖国诸罪,无论公布私行皆殊死"。③

宽平省刑。在章太炎看来,五朝立法比较"宽平"。他也主张"省刑"。④但他认为,宽平、省刑不是一味轻刑。他反对"慕泰西轻刑之名,欲并断斩去之"。指出,宽平省刑的关键是罪刑相称。他举笞箠与肉刑为例,认为罪不当笞而笞,是重刑,肉刑运用得当,也不得斥之为残。⑤章太炎主"省刑"是为了"庇民",但认为只要罪刑相称,连肉刑也可运用,实际上又为封建酷刑提供了托辞。同时还应指出的是,他对五朝法律的褒扬往往是断章取义,违背史实的。

(二)"抑富振贫"的经济立法主张

章太炎为了"恢廓民权,限制元首",曾提出"置四法"。这四法是:均配土地;官办工厂;限制继承;公散议员。⑥公散议员就是解散议会,属政治方面,其余之法都是民事和经济方面的,加上他在其他地方论及的民事和经济立法主张,总合起来,其宗旨是"抑富强,振贫弱",具体内容为:

1."均配土地"。它含有土地国有之意。章太炎主张耕者有其田,并力图把这个原则推广到畜牧、山林、盐井等行业,说:"田不自耕者不得有",牧不自驱策者不得有,山林场圃不自树艺者不得有,盐田池井不自煮暴者不得有,旷土不建筑穿治者不得有。"(《代议然否论》)他认为如此就可以"限袭产之数","不使富者子孙蹑前功以坐大","不使枭雄拥地以自殖"。(同上)对孙中山提出的"平均地权",章太炎也曾竭力赞成,并预言:"逮地权平均以后,全国无地主矣。"(同上)辛亥革命前后,章太炎的思想后退,认为夺富人之田给贫民是"大悖乎理",国家照田价收买无此款,所以将"均配土田"改为"限制田产"。

2."官办工厂"。章太炎认为,工商业应由国家经营,即"官办",其所得利润用于赈济贫弱;官吏及其父子不得兼营工商业,若托名于他人而经营者,"重其罪,籍其产"。反过来,本人及父子经营工商者,"不得入官"。(同上)他提出这些立法主张的目的,是为了防止他们"借政治以自利"。

3.限制继承权,即上述的"限袭产之数"。

4.统一货币。他主张禁用纸币,只用金、银、铜币,由政府统一铸造,以防止通货膨胀,造成"中人以下皆破产"的局面。⑦

5.稳定赋税。章太炎提出,政府应将经费出入公平,若"因事加税",须征得人民同意。⑧由于土地肥瘠不同,田赋不能"量以一概",应当有所"差等";"二商转贩"也同样,"一物而远近贵贱不同",不可以一刀切。(《代议然否论》)

章太炎"抑富振贫"的主张,与孙中山的"平均地权"、"节制资本"等设想是基本相通的。他认为,当时中国民族资本主义的发展是不可避免的,但他力图防止买办、官僚等地主阶级和资产阶级上层分子利用政治特权发展官僚资本,操纵国计民生,力图避免资本主义社会贫富过于悬殊的流弊,反映了新兴资产阶级革命派高涨的革命热情,他们作为旧民主主义革命的领导者,能在一定程度上反映广大小资产阶级和农民的要求,也接触到了民主革命的中心问题,即农民的土地问题,这些都是积极因素。但应该指出的是,章太炎的上述设想含有严重的平均主义空想性质。

(三)"抑官伸民"的行政立法主张

与"抑强辅微"、"抑富振贫"相应,章太炎主张在政治上以行政、立法、司法、教育四权分立为基础,进一步制定旨在"抑官吏、伸齐民"(同上)的行政立法,以保护民权,人人得享平等政治权利。

具体内容包括：

总统、百官与人民一体守法[9]，对不守法者，人人可诉于法吏，由法吏处治，不问是官是民；各级官吏须唯才是举，依法任免，总统不得违法任官、任用私人，不得以所恶黜人，有专门才能的官吏，"毋得更调"；总统与百官犯渎职、受贿罪，人人可诉于法吏，由法吏惩治；学官牵制司法，若上司对下级的"司法枉桡"加以包庇，"民得请于学官"，由学官"集法学者共治之"，以制止"独断"；国家有外交、宣战等急务，临时由各县选出一人与政府议定大政方针，然后交政府执行，政府不得更改。

章太炎试图通过行政立法加强对官吏的法律控制，来伸张民权，保障人民的生命财产安全，使"民无罪者，不得逮捕"，有罪由法吏统一惩治；使人民享有集会、言论、出版等自由。（见《代议然否论》）

章太炎的"抑强辅微"、"抑富振贫"、"抑官伸民"的法律观，是他四权分立的总统制共和国方案的有机组成部分。在反对专制特权保障民权，维护人民在政治上、经济上、法律上的平等权利方面，有很多积极因素，但同时也含有复古主义、平均主义、重农抑商等许多消极内容。章太炎认为，照他这样做去，就会使"君权可制"、"民困可息"，这显然是过于天真的幻想。

### 三、"专以法律为治"的主张

章太炎设计的总统制共和国是"专以法律为治"的法治国。他热烈颂扬管仲、商鞅、韩非、秦始皇"以法治国"的学说与实践，为他们所蒙的非难辩解和翻案，谴责和批判董仲舒的"春秋决狱"是"经之蟊贼，法之秕稗"，造成"上者得以重秘其术，使民难窥，下者得以因缘为市"[10]，是为巩固君主专制和个人利禄服务。他批评黄宗羲的"有治法而无治人"是"欺世之谈"，认为黄是"立宪政体之师"而大加抨击。（见《非黄》）他要求奉法律为经典[11]，"专以法律为治"。

为了强调法律的作用,他对历史人物和历史事件的评价不无偏颇之处,对法家学派有拔高之失,并混淆了商、韩的"以法治国"与西方近代法治的质的区别。但他反对封建专制法制,向往法律面前人人平等,以法律保障人民主权的思想是积极的,也是其"专以法律为治"的精髓所在。

章太炎"专以法律为治"的主张十分坚定,渗透于他的法律思想各个方面。其中的主要之点,如请专家立法,总统、政府不得擅改;反对以非法手段攫取总统职位;以法任免官吏;司法独立,总统及行政长官不得利用职权干预司法,进退司法官员;学官牵制司法,以防司法专断,法律面前人人平等,总统及百官犯法,与民同罪;等等。上面已经提到,其总的精神仍然是"抑官吏,伸齐民",以保障民权。

章太炎重视法律,但不轻道德。他沿袭古人"道德沦丧"为"亡天下"的观点,认为,中国之所以亡国(指清朝统治中国),根本原因在"道德衰亡"。在一定意义上,他把道德看得比法律更重要。在他看来,只有那些"一芥不与,一芥不取"的道德高尚的人,才可"与任天下之重"。他把革命的道德和旧法律区别开来,指出革命者固然不能受旧法律和旧道德的束缚,但如果不用革命道德来约束自己的公德私德,革命必将一事无成。道德可以正人心术,改造社会,防止犯罪。他认为中国需要提倡道德,尤其需要挽救革命内部的道德衰亡。他提出的道德要求主要有:

1. 知耻。一个人不廉节,甚至悖礼犯义,都生于"无耻","知耻"可以"正人心术"。

2. 重厚。一个"言轻"、"行轻"、"貌轻"的人会遭致祸患,所以要"重厚",戒轻。

3. 耿介。"耿介"可以避免同流合污。

4. 必信。违反"知耻"、"重厚"、"耿介"的行为统称为"浮华之习",克服的办法在"必信"。

章太炎的道德价值观并没有摆脱封建伦理的束缚。他还根据当时社会的十六种职业来区分人们道德的高下,其中,农民最高,工人次之,革命派大多为介于道德与不道德之间的"通人",居第七位。⑫把劳动者看作是道德高尚的人,这便翻了几千年的历史旧案,是章太炎激进的革命思想的一个明显表现。章太炎主张用宗教提高人们的道德水平和挽救革命派内部的道德衰亡。他说的宗教,主要是指佛教。他认为,"佛教最重平等",最富牺牲精神,与革命派的道德最相符。

　　章太炎的法律思想,中西杂糅,古今错落,有激进的呐喊,有颓唐的低吟,他是一位从经学营垒中杀出来的土生土长的思想家,受中国传统文化的束缚更多,思想上的保守成分也更多。但总其一生,瑕不掩瑜。如鲁迅先生所说,章太炎是"拉车前进的好身手","有学问的革命家"。⑬他的法律思想也应作如是观。

### 注:

①《章太炎政论选集·革命之道德》:"吾所谓革命者,非革命也,曰光复也。"

②《章太炎政论选集·国家论》:"近世国家学者,则云国家为主体,人民为客体。……或曰:国家自有制度法律,人民虽时代谢,制度法律则不随之以代谢,即此是实,故名主体。此亦不然。制度法律,自有变更,非必遵循旧则,纵令无变,亦前人所贻之……其功能仍出于人,云何得言离人以外别有主体。"

③《章太炎政论选集·代议然否论》:"轻谋反之罪,使民不束缚于上也;重谋叛之罪,使民不携贰于国也。有割地卖国诸罪,无公布私行皆殊死,不与寻常过举官邪同也。"

④《訄书》:"杀一人不以其罪,圣王有向隅之痛,是故持仁恕之说者,必曰省刑。"

⑤《訄书·定律》:"苟诛杀而当,虽少憯酷,犹足以庇民,何取于省,夫中国所患,非刑重之失也,特其米盐琐细,罪不致死而必致之弃市磬首者,为可减耳。……夫苔箠与肉刑,特以为轻重之剂,而民之惩与不惩,非苔箠肉刑之所

能与也。"

⑥《章太炎政论选集·五元论》:"一曰均配土田,使耕者不为佃奴;二曰官办工厂,使佣人得分赢利;三曰限制相续,使富者不传子孙;四曰公散议员,使政党不敢纳贿。"

⑦《章太炎政论选集·代议然否论》:"政府造币,惟得用金、银、铜,不得用纸,所以绝虚伪也。凡造币,不得以倍现有之钱者等于一钱,不使钱轻而物益重,中人以下皆破产也。"

⑧《章太炎政论选集·代议然否论》:"凡经费出入,政府岁下其数于民,所以止奸欺也。凡因事加税者,先令地方官各询其民,民可则行之,否则止之,不以少数制多数也。数处可否相错者,各视其处而行止之,不以多数制少数也。"

⑨《章太炎政论选集·代议然否论》:"法律既定,总统不得改,百官有司不得违越。"

⑩《章氏丛书·检论·原法》:"仲舒之折狱二百三十二事,援附经谶,……后之廷尉利其轻重异比,上者得以重秘其术,使民难窥,下者得以因缘为市,然后弃表埒之明,而从骖游之荡,悲夫经之虮虱,法之秕稗也。"

⑪《章氏丛书·文录一,古官制发源于法吏说》:"铺观载籍,以法律为诗书者,其治必盛,而反是者,其治必衰。"

⑫《章太炎政论选集·革命之道德》:这十六种职业的人按道德由高而低排列的次序为:农人、工人、稗贩、坐贾、学究、艺士、通人、行伍、胥徒、幕客、职商、京朝官、方面官(地方长官)、军官、差除官、雇译人。

⑬《且介亭杂文末编·关于章太炎二三事》。

**思考题**

1. 试评孙中山"三民主义"的立法指导思想和五权宪法学说。
2. 简析章太炎"专以法律为治"的主张。

# 后　记

经全国高等教育自学考试指导委员会同意，由法律专业委员会负责高等教育自学考试法律专业教材的组编工作。

法律专业《中国法律思想史》自学考试教材由杨鹤皋担任主编，段秋关担任副主编。本书撰搞人有(以撰写章节先后为序)：

杨鹤皋教授(中国政法大学)——导言、各编概述，第一、二、八、十、十五、十九章。

段秋关教授(西北政法学院)——第三、四、五、六、七、十四章。

俞荣根教授(西南政法学院)——第九、二十章。

武树臣讲师(北京大学)——第十一、十二、十三章。

汪汉卿教授(安徽大学)——第十六、十七、十八章。

本书由张国华教授(主审、北京大学)、饶鑫贤教授(主审、北京大学)、陈鹏生教授(华东政法学院)、刘新教授(中国人民大学)审定。谨在此一并致谢。

**全国高等教育自学考试指导委员会**
**法律专业委员会**
**1999 年 9 月**

全国高等教育自学考试指导委员会

高等教育自学考试法学专业

# 中国法律思想史自学考试大纲

# 出版前言

为了适应社会主义现代化建设的需要,我国实行了高等教育自学考试制度。它是个人自学、社会助学和国家考试相结合的一种新的教育形式,是我国社会主义高等教育体系的一个组成部分。实行这种高等教育自学考试制度,是实行宪法规定的"鼓励自学成才"的重要措施,也是造就和选拔人才的一种新的途径。凡是干部、职工、群众按照高等教育专业考试计划进行考试合格后,国家承认其学历,与全日制高等学校相应专业毕业生同样对待。高等教育自学考试于 1981 年开始进行试点,1983 年起逐步向全国推广。到 1985 年底,全国 29 个省、自治区、直辖市都开展了高等教育自学考试工作,现在已进入到加强、完善、提高、发展的新阶段。

为了大体上统一全国高等教育自学考试的标准,全国高等教育自学考试指导委员会陆续制定部分专业考试计划。各专业委员会按照有关专业考试计划的要求,从造就和选拔人才的需要出发,编写了相应专业的课程自学考试大纲,进一步规定课程自学和考试的内容、范围,使考试标准具体化。

法律专业委员会根据国务院有关文件精神,参照原教育部拟定的全日制高等学校有关课程的教学大纲,结合自学考试的特点,编写了适用于高等教育自学考试法律专业《中国法律思想史自学考试大纲》。今年 1 月全国部分院校的有关专家开会审议、修改后,后全国高等教育自学考试指导委员会审定,经国家教育委员会批准颁发试行。

高等教育自学考试法律专业《中国法律思想史自学考试大纲》是各地都要贯彻执行的。它是该课程命题、自学和社会助学的依据。我们希望这个大纲的出版将对自学和考试起到应有的作用。

**全国高等教育自学考试指导委员会**
**1987年2月**

# 第一编　奴隶社会夏、商、西周时期的法律思想

(约前 21 世纪—前 770)

夏、商、西周是我国奴隶制的形成和发展时期。早在公元前 21 世纪,我国的原始社会就已解体,开始过渡到奴隶社会。夏朝的建立,是我国原始社会向奴隶社会发展的转折点。

夏朝奴隶制国家的建立和法律的产生是社会的一大进步;同时,也开始形成奴隶主阶级的法律思想。

自夏以后,我国奴隶社会经历商、西周两个朝代,奴隶制度得到了较充分的发展。在此时期中,奴隶主阶级的法律思想也得到了进一步的发展。

夏、商、西周奴隶主阶级,在意识形态领域主要是利用神权思想和宗法思想进行统治,他们的法律思想也受这二者的支配。这一时期的主要法律思想,是以奴隶主的神权法思想和以宗法为核心的礼治思想。

# 第一章　夏、商、西周的神权法思想

**自学的目的和要求**：应着重了解夏、商、西周奴隶主"天命"、"天罚"思想的内容和神权法思想在西周的变化。

夏、商、西周奴隶主极力利用宗教迷信和鬼神观念来进行思想统治，在法律思想方面则表现为宣扬神权法思想。神权法思想有一个发展变化的过程：形成于夏代，极盛于殷商，动摇于西周。

## 第一节　夏、商奴隶主的"天命"、"天罚"思想

一、夏代的神权法思想

神权法思想早在夏代即已产生，相传夏禹"菲饮食而致孝乎鬼神"；夏启讨伐有扈时宣称，"天用剿绝其命，今予惟恭行天之罚。"

二、神权法思想在商代的发展

神权法思想发展到商代进入高峰。"殷人尊神，率民以事神"。在当时的宗教迷信中出现了一个主宰一切的至上神——"帝"或"上帝"。殷商奴隶主宣称其祖先是上帝的子孙，因而从血缘上找到了充当上帝代理人的合法依据。违抗王命等于违抗神命，就要受到严厉的惩罚。

殷商奴隶主利用"占卜"来欺骗人民，使之"敬鬼神，畏法令"。

## 第二节 西周"以德配天"的君权神授说

一、神权法思想在西周的变化

西周统治者也崇奉一个至高无上的上帝,常称之为"天",声称周王的统治受命于天:"昊天有成命,二后(文王、武王)受之。"

神权法思想在西周的变化,主要表现于对天命说作了重大的修正,提出"以德配天"的君权神授说。天命并不固定,只属于有德之人:"天命靡常","皇天无亲,惟德是辅"。

二、"以德配天"说的意义

"以德配天"说的提出,意味着神权的动摇。统治者必须注重人事,重视人心向背,关怀小民,"知小民之依(隐痛)"。

# 第二章 西周的礼治与"明德慎罚"思想

**自学的目的和要求**：应着重了解礼治和"明德慎罚"的主要内容以及它们对后世的影响。

宗法，是以血缘为纽带调整家族内部关系，维护家族、族长的统治地位和世袭特权的行为规范。

我国古代的奴隶制国家是在经济比较早熟的情况下形成的，保留了大量的父系家长制传统。宗法关系和国家组织直接结合起来，从而形成以国王为最高统治者的宗法等级制。

西周的宗法制和分封制紧密结合，用族权来加强政权。周公制定出一整套礼治办法，并提出"明德慎罚"思想。

## 第一节 礼治的基本原则和特征

一、礼治的基本原则

相传"周公制礼"，制定出一整套以维护宗法等级制为中心的行为规范以及相应的典章制度、礼节仪式，即周礼。

在周礼所确立的全部规范和制度中，始终贯串着"亲亲"、"尊尊"、"长长"、"男女有别"的原则。其中，"亲亲"和"尊尊"是周礼的基本原则，也是西周立法、司法的指导思想。

二、礼治的基本特征

礼治的基本特征是："礼不下庶人，刑不上大夫"。它也是西周立法、司法的一项重要原则。

西周的礼治对后世有重大影响。

## 第二节 "明德慎罚"思想

一、"明德慎罚"

周公主张德、刑并用,要求崇尚德政,谨慎地使用刑罚,提出了"明德慎罚"的思想。

二、区别对待,罪止一身

从"明德慎罚"的方针出发,周公的刑法思想包含了一些可贵的内容:要求对犯罪进行具体分析,区别对待;反对族株连坐,主张"父子兄弟,罪不相及";反对"乱罚无罪,杀无辜"。但周公也主张对不忠、"不孝不友"、"寇攘奸宄,杀越人于货"等罪犯严加惩处,"刑兹无赦"。

"明德慎罚"思想对后世有深远影响。

# 第二编　奴隶社会向封建社会过渡的春秋、战国时期的法律思想

（约前770—前220）

春秋战国是我国古代从奴隶社会向封建社会的过渡时期。

由于社会生产力的发展，旧的奴隶制趋于瓦解，新的封建制逐渐兴起。地主阶级的力量日益壮大，通过革新、变法，建立和巩固新的封建制度，通过兼并战争实现统一。

春秋战国时期的变革，在制度上表现为从"礼制"到"法制"；在政治法律思想上表现为从"礼治"到"法治"。

在思想领域，形成"百家争鸣"的局面，古代法律思想空前活跃，并深入到法理学领域。最有代表性的是儒、墨、道、法四家的法律思想，体现了他们对"礼"、"法"的不同态度。

# 第三章 春秋时期改革家的法律思想

**自学的目的和要求**：应着重了解管仲、子产、邓析对西周礼治改革的思想及特点。

春秋是社会大变革时期，神权和宗法思想动摇，革新思想兴起。管仲、子产、邓析是当时主张革新的主要代表人物。在他们的改革主张中，都强调对西周的礼治进行改革，并产生了"法治"思想的萌芽。

## 第一节 管仲的改良旧法思想

管仲(？—前643)是春秋时期奴隶主贵族中主张改革的代表人物。

一、"修旧法，择其善者而业用之"

管仲强调"礼义廉耻、国之四维"，坚持周礼的宗法等级原则，突出了礼义的强制性。

管仲对传统的周礼进行了改良，主要表现在："挟天子以令诸侯"，以维护周礼为名建立君主集权制度；强调用礼教导民众，突破了"礼不下庶人"的传统；主张任用贤能，打破了"亲亲"的宗法原则；主张公布法令，否定了"刑不可知"论，要求重视法令的作用。

二、"作内政而寄军令"

管仲主张以法理政，以法统军，以法治民，并要求将这些主张定为制度，作为加强君主集权的重要措施。

（一）"四民分居"，各有固定的职业，世代相袭。

（二）实行"三国五鄙"制，将军事编制与行政管辖结合起来。

（三）主张"以威治民"，用行政权力和法律强制手段迫使民众就范。

三、"令顺民心"，"与民分货"

在立法方面，强调"令顺民心，则威令行"；"仓廪实则知礼节，衣食足则知荣辱"；"通商工之业，便鱼盐之利"等原则。法令必须适应民众好财争利的习性，建立和保障新的封建经济关系。

管仲的法律思想对以后法家思想的形成有重要影响。

## 第二节　子产的立法救世思想

子产(？—前522)是从奴隶主贵族转化而来的封建贵族的代表人物。

一、对礼治的继承和改造

礼治在春秋时期发生了重要变化。子产明确区分"礼"和"仪"，将"礼"从宗教祭祀和礼节仪式中解脱出来，突出了"礼"的社会性、制度性；强调"礼"和"民"的关系，突破了"礼不下庶人"的传统，沟通了"礼"和"法"的联系。

二、改革内政，创立新制

子产从改革行政、土地制度入手，确立封建性的等级制度，使"都鄙有章，上下有服"；"作丘赋"，直接向土地所有者征收军赋，取得了显著的社会效果。

三、"铸刑书"，公布成文法

公元前536年子产"铸刑书"，成为我国古代公布成文法的先导。晋国的叔向与子产就"铸刑书"展开争论。子产指出"铸刑书"是为了"救世"，即革除时弊，富强郑国。子产肯定公布成文刑法合于"礼"，使礼、刑相分开始趋于礼、刑统一；肯定了刑法对于限制贵族特权的重要作用。

四、宽猛并用的刑法思想

（一）以"宽"服民和以"猛"服民

"为政必以德"，"德"在实践中表现为"宽"；"为刑罚威狱,使民畏忌"，"刑"在实践中表现为"猛"。强调在当时缺少"有德者"的情况下,主要以"猛"为主。

（二）罪刑相当和以情断狱

主张以公布的礼法为标准,使罪名与刑罚相当；同时根据礼义加以权衡,不拘于"刑书"条文。

子产对礼治的改造及其宽猛并用的思想,对后世产生了重要影响。

## 第三节　邓析的"不是礼义"思想

邓析(？—前501)是春秋时期主张彻底否定周礼,实行革新的新兴地主阶级的代表人物。

一、"不法先王,不是礼义"

"不法先王,不是礼义"是邓析反对周礼,主张革新的要旨。同时,他对子产的改良也进行抵制和批判。

二、私制"竹刑",传授法律

邓析对子产的"刑书"持否定态度,"不受君命而私造刑法",自行编造一部"竹刑",并私家传授法律,充当讼师,在当时有很大影响。

# 第四章 儒家的法律思想

**自学的目的和要求**：应着重了解儒家法律思想的主要内容和发展沿革，孔丘、荀况法律观的特点及对后世的影响。

儒家继承和发展了西周以来的礼治和"明德慎罚"思想，提出了一整套旨在维护礼治、重视德治、强调人治的法律观点。

## 第一节 儒家的法律思想及其演变

一、"为国以礼"的礼治论

儒家将西周奴隶主贵族的旧礼改造成为封建地主阶级的新礼。孔丘以仁入礼，突出了礼的伦理性和强制作用；孟轲倡导仁政，使礼成为国家意志的表现；荀况引法入礼，将礼治系统化、理论化、制度化。儒家极力维护礼治，主张严格遵守"君君、臣臣、父父、子子"的宗法等级名分，坚持"亲亲为大"、"父子相隐"。他们认为等级差别是礼的主要特征，要求用礼区别和规定人们在家族、社会中的权利和地位。

二、"为政以德"的德治论

儒家继承和发展了西周的"明德慎罚"思想，突出了德的政治意义，提高了德的地位和作用。

（一）德刑并用，以刑辅德。

（二）注重教化，以德去刑。

（三）恤刑慎杀，先教后刑。

三、"为政在人"的人治论

儒家的代表者孔丘、孟轲认为治理国家主要靠统治者的道德感化,荀况则着重对人和法的相互关系进行分析,强调法由人决定。

(一) 圣贤决定礼法。

(二) "身正"则令行。

(三) 法先王,顺人情。

先秦儒家法律思想对后世有深远影响。

## 第二节 孔丘以仁、礼为核心的法律思想

孔丘(前551—前479)是春秋末期著名思想家、教育家和儒家学派创始人。《论语》一书集中反映了他的言论思想。

一、以仁为核心的法律观

孔丘建立了一个以仁为手段,以复礼为目的的思想体系。仁的基本含义是"爱人"。"爱人"具有明显的宗法性和等级性,是处理人事关系的基本原则,也是礼的核心和运用刑罚的指导。

二、礼是立法、司法的指导原则

孔丘强调对民众"导之以德,齐之以礼",要求"举贤才";并对周礼的"折民惟刑"和"世卿世禄"原则作了重要的修正。

强调"礼乐不兴,则刑罚不中",制定和运用法律必须以礼为指导,具体表为:主张"正名";"礼乐征伐自天子出";"父子相隐",臣为君讳;反对铸刑鼎,等等。

三、道德教化高于法律强制

(一) 先教后刑,强调道德教化的作用。

(二) 宽猛相济,以刑罚辅助德教。

(三) 以德去刑,德教具有消灭犯罪的功能。

四、立法、司法主要靠贤人

(一)"人存政举",强调由圣贤治国立法。
(二)"身正令行",要求执政者带头遵守礼法。
孔丘的法律思想对后世有深远影响。

## 第三节　孟轲以"仁政"为核心的法律思想

孟轲(前390—前305)是战国中期思想家,他在儒家中的地位仅次于孔丘。他与弟子公孙丑等作《孟子》七篇。

一、与政治法律结合的"仁政"说

孟轲继承和发展了孔丘以"仁"为核心的法律思想,使之成为一种和政治法律密切结合的"仁政"学说。

(一)仁义出自人的本性,并居于法律之上。

(二)强调礼义教化,"教以人伦";并提出"民贵君轻"说,将仁义置于君主权力之上,借以限制君主的权力。

二、"仁政"在法律思想上的表现

(一)"正经界",保障土地私有。

(二)"薄税敛",征收赋税徭役有定制。

(三)"省刑罚",反对繁法苛刑。

三、"惟仁者宜在高位"的人治论

(一)国家的治理,依赖于"明君"、"贤臣"。

(二)"惟仁者宜在高位"。

孟轲的法律思想对后世有较大影响。

## 第四节　荀况的礼、法统一观

荀况(约前313—前238)是先秦著名的唯物主义思想家,战国末期儒家的主要代表。著有《荀子》。

一、礼、法的起源

"明于天人之分"的天人关系说和"性恶"论,是荀况礼、法论的理论依据。

礼和法是适应"明分使群","化性起伪"的要求而产生的。

二、引法入礼,礼法结合

荀况将体现宗法贵族利益的礼改造成为维护官僚等级制的礼,主要表现为:

(一)以"明分使群"的礼、法起源说论证官僚等级制度的必要和合理。

(二)强调礼的实质和作用在于区别等级。

(三)突出了礼的客观性、规范性和强制性。

(四)按礼的要求推举"贤能",确立官僚制度。

三、"隆礼重法",教化、刑罚并用

主张将礼的原则法律化,必要时用刑罚加以推行。在实践中强调礼刑并用,先教后刑;既反对"不教而诛"、"教而不诛",也反对"诛而不赏"。

四、重视"法义",严格执法

(一)区别"法义"(指法学原理)、"法数"(指法令的内容和规定)和"类"(指判例)。

(二)严格执法,罪刑相当。

五、"有治人,无治法"的人治思想

(一)"有治人,无治法"。

(二)法由人制定。

(三)法依靠人掌握执行,灵活运用。

荀况的法律思想对封建正统法律思想的形成有重要影响。

# 第五章 墨家的法律思想

**自学的目的和要求**：应着重了解墨家法律思想的主要特点。

墨家以"兼爱"为核心的法律思想，基本上反映了战国时代小生产者的要求和愿望，具有鲜明的人民性和反对贵族专政的批判精神，表现了小生产者在封建制度确立时期的法律要求。

## 第一节 以"兼爱"为核心的法律观

墨翟（约前480—前420）是战国初期思想家，墨家学派创始人。

《墨子》是墨家的代表作。

一、"天志"是法律的来源

主张"以天为法"，君主应效法"天志"制定法律和政策；"天之所欲则为之，天之所不欲则止"，以"天志"作为指导和判断言行、是非的最高准则。

二、"天志"具有"赏善罚恶"的功能

（一）"天志"爱人、利人。

（二）"天"有主宰人间赏罚的最高权威。

（三）"天"对万物一视同仁，公平无私。

（四）"天"是一切良知的总根源。

三、"天志"表达了墨家的理想

墨家的"天志"并非肯定现实，而是要求改变现实。其锋芒指向儒家礼治的宗法等级。

"天志"反映了当时的小生产者急欲挣脱旧的政治法律制度束缚的要求和对新社会的向往。

四、"兼爱"是"墨家"法律观的核心

墨家分析了"兼相爱"的含义及其与"仁者爱人"的区别,"交相利"的含义及其与儒家"义利"观的区别;要求遵循"兼相爱"的原则进行国家的立法改革。

## 第二节 墨家的立法和司法思想

一、"一同天下之义"的法律起源论

墨家认为国家和法律是适应"一同天下之义"即统一思想和行为规范的需要而产生的。虽然它带有神权色彩和君主集权的倾向,但真实地反映了劳动人民建立自己的政权与法律的愿望。

二、法律应以"为万民兴利除害"为目的

墨家主张使"天下皆得其利",以"利人"为原则立法。这种将维护少数贵族利益的法律变为维护大多数人利益的法律的主张,具有划时代的意义。

三、法律应维护劳动民众的基本权利

墨家在历史上第一次提出了为劳动民众争权利的要求,主张"赖其力者生,不赖其力者不生"、"不党父兄,不偏富贵"、"官无常贵,民无终贱",用法律来维护劳动者的生存、财产和参加政治的权利。

四、君主集权的法制统一观点

墨家将法的制定和实施都寄托在"贵且智"的天子、贤者身上,要求民众"上同于天子"。这种具有专制倾向的君主集权的法律观念,成为后来法家专制主义"法治"的思想前奏。

五、处理国与国关系的准则

墨家反对兼并战争,从"天下无大小国,皆天之邑"的平等观出发,主张以相爱、互利、平等的原则处理各诸侯国之间的关系,并支持反侵略的战争。

墨家法律思想反映了小生产者的要求和愿望,在中国法律思想史上占有重要地位。

# 第六章 道家的法律思想

**自学的目的和要求：**应着重了解道家法律思想的特点、《老子》"无为而治"在法律思想上的体现和《庄子》中的法律虚无主义观点。

道家以"道"作为思想主旨，强调"道法自然"和"无为而治"，反对一切违反自然的人定法，否定仁义礼智，具有法律虚无主义观点。

《老子》和《庄子》是先秦道家的代表作。

## 第一节 《老子》的法律哲学

老子(约前580—前500)是春秋末期哲学家和道家学派的创始人。

一、崇尚自然，主张以道统法

《老子》主张"人法地，地法天，天法道，道法自然"，一切顺应自然，遵循自然法则办事，提出了我国最早的自然主义法律观。认为"道"主宰天地万物、普遍无私、独立运行、最有权威、无往而不胜，是"圣人"治国的根本方法和策略，"法"要服从"道"。

二、"无为而治"在法律思想上的体现

《老子》将"无为而治"系统化、理论化，认为"无为"是最理想、最有效的统治方法和治国策略。

"无为而治"要求统治者"去甚、去奢、去泰"，表现为反对厚敛、主张薄税;反对暴政苛刑、主张减少刑罚;反对穷兵黩武,主张稳定和平。要求"绝圣弃智"、"绝仁弃义"、"绝巧弃利",做到"无知无欲"。

"无为而治"指导立法司法,表现为"唯道是从",反对依靠礼、法治国;反对滥施刑杀,等等。

三、对礼、法的否定和批判

礼是致乱之源,"贵以贱为本"的道优于"贵贱不愆"的礼,并否定仁、义、忠、孝。

"以法治国"违背了自然之道,欲治反乱,是倒行逆施;"民不畏死",法律制裁反而无效。

《老子》主张废除现行的礼法,抛弃一切"有为",表现出虚无的倾向;又主张"以正治国","唯道是从"。

《老子》法律思想对后世有重要影响。

## 第二节 《庄子》中的法律虚无主义思想

庄周(约前369—前286)是战国时期哲学家,道家的主要代表人物。

一、主张绝对无为,否定一切仁义礼法

《庄子》突出了"道"的神秘性和人格性,将"无为"推向极端,主张"虚无"即绝对无为。表现为强调"无以人灭天",取消人的任何有意识活动,反对任何对自然的干扰和破坏。

《庄子》揭露仁义、礼法是窃国大盗手中的工具,并把矛头指向专制制度。

二、主张绝对自由,反对任何约束和限制

《庄子》主张:超凡脱俗,无心无情,逍遥自适,绝对自由。表现为强调回避矛盾,"安命无为";"不谴是非",无知无求;无死无生,超然物外;无爱无恶,避世出世,等等。

抨击仁义礼法对个人自由的束缚,主张用逃避现实、精神解脱、逆来顺受的方法,以求得不受任何约束和限制的绝对自由,并反对任何规范和准则。

《庄子》的法律虚无主义思想对后世有一定影响。

# 第七章 法家的法律思想

**自学的目的和要求**：应着重了解法家的法律观和"法治"学说，以及商鞅、韩非法律思想的主要特点和对后世的影响。

法家思想是伴随着战国时期的变法革新运动而产生的。法家主张"以法治国"，较系统地阐述了法律的起源、本质和作用，提出了一整套推行"法治"的理论和方法，为建立统一的封建专制主义中央集权制国家提供了理论根据。

## 第一节 法家的法律观和法治学说(上)

一、"法"的概念

法家将法和礼区别开来，认为"法"包括赏和刑两个方面。

"法"是以刑为核心确定人们财产地位，由君主或官府制定、执行，所有民众都必须遵守的成文的行为规范。

二、"法"的性质

法家从不同角度阐述了"法"的属性，认为"法"具有强制性和制裁力，具有客观性和公平性，具有等级性，具有合情性和适时性。这些观点反映了新兴地主阶级反对贵族制度的要求和建立封建制度的愿望。

三、"法"的起源

人类之初没有"法"，"法"与"君臣"、"五官"等国家权力机构一样，是在"人民众而货财寡"的社会条件下，适应"禁奸邪"、"定分止争"的需要而产生的。"法者,非从天下,非从地出,发于人间",社会是产生法的母体。

四、"法"的作用

法家认为"法"能够有效地"禁奸止乱",维护统治秩序;"定分止争",确认和保护财产私有、等级地位;"一民使下",驱使人民致力于耕战;"君尊位重",保障和加强君主的专制权力。这些也是法家主张"任法"的理由。

## 第二节　法家的法律观和"法治"学说(下)

一、"法治"的内容和实质

"法治"是法家针对儒家维护礼治、重视德治、强调人治的观点提出的,表现了代表贵族利益的"礼"与代表新兴地主利益的"法"的对立,分封世袭制与中央集权制的对立、"务德"与"务法"两种统治方法的对立,重视"君智"与重视"君法"的对立。

二、"法治"的理论根据

法家以"好利恶害"的人性论论证德教的不可取和"法治"的有效,将新兴地主阶级的"法"建立在现实的利害关系之上。

法家通过发展进化的历史观和古今对比,说明实行"法治"的历史必然性与现实可能性。

三、推行"法治"的方法

(一) 立法原则

主张立法大权由君主集中掌握,按照循天道、因民情、随时变、量可能、务明易等原则制定各种法令。

(二) 执法主张

它包括:"明法",要求公布成文法、"以法为教"、"以吏为师";"任法",要求"不任贤"、"不任智",废私议,有法必依,执法必信;"壹法",要求统一立法权,统一法令内容,统一思想认识;"从法",

要求"君臣共守"法令,作到"刑无等级","法不阿贵"。

(三) 运用赏罚

认为"法治"的实现依赖于正确实行赏罚,主张"信赏必罚"、"厚赏重罚"、"赏勇罚怯"、"赏富刑贫"、"赏誉同轨",以至少赏多罚和轻罪重罚。

(四) "法、势、术"相结合

法指法令,势指权势,术指策略手段。应该"以法为本",并使法、势、术结合起来。主张权"独制于君",君主用"术"制驭群臣,来保证"法治"的实现。

法家法律思想对后世有重要影响。

## 第三节　商鞅的变法和"法治"思想

商鞅(约前390—前338)是战国中期政治家、思想家,法家"法治"理论的奠基者。其主要思想反映在《商君书》中。

一、"不法古"、"不修今"的变法理论

商鞅在秦国实行了两次变法。

商鞅以历史进化观点作为"变法"的理论依据,从"礼法以时而定"、"利民不循其礼"、"观俗立法则治"等方面,说明"变法"、"更礼"的必要和可能。

二、法、信、权相结合的"法治"

(一) "法者,国之权衡"

认为法具有明分止争、胜民服民、禁奸止邪的作用。

(二) "壹赏"、"壹刑"、"壹教"

必须以法令作为施行赏罚的标准,作为教育人民的内容。

(三) "任法"、"重信"、"权势独制"

主张在执法上将法、信、权三者结合起来。

三、"以刑去刑"的重刑思想

商鞅最早提出"禁奸止过,莫若重刑"的观点。这种"重刑理论,建立在"性恶"论的基础之上,以达到"以刑去刑"为目的。它包括刑主赏辅、"不赏善"、轻罪重刑、重刑"爱民"等。

商鞅法律思想在当时和对后世曾产生重要影响。

## 第四节 慎到的尚法和重势思想

慎到(约前395—前315)是战国中期思想家,法家主要代表人物之一。

一、"立公弃私"的"公法"论

慎到将整体意志、国家利益称为"公",表现为"法";将包括君主在内的个人利益称为"私","行私"就是对法的破坏。从而确立了新兴地主阶级的"公法"观。

认为法是"至公"的制度;法的最大作用是"立公弃私";"公法"大于君主,国家高于个人,主张"事断于法",以法"定分"。

二、尊君、贵势和尚法

(一) 尊君和任法

主张君主立法,"民一于君";尚法而不尚贤、不用忠;用法令维护君主权威,靠君主贯彻法令,要求国家职能法律化。

(二) 贵势和"法治"

只有"权重位尊",才能"令行禁止";主张"君道无为",反对"身治";君主的权势是推行"法治"的关键,要求建立君主集权的政体,实行君主集权的"法治"。

## 第五节 韩非的"法治"理论

韩非(约前280—前233)是战国后期政治理论家,法家思想集大成者。其著述后人辑成《韩非子》一书。

一、维护君主利益的法律观

韩非认为法是处理君与臣、君与民的关系的准则,是君主制驭官吏、统治人民的工具。

(一)"明法制臣",强干弱枝。"治吏"、"禁奸"是法的主要内容。

(二)"治民无常,唯法为治"。法为君主服务,可以违背民众的意愿。

(三)君主集权,以法"独制"。君主成了"公利"的化身,法成了君主的命令。

二、君主专制的"法治"理论

(一)"法治"的必然性

韩非以"法与时转"的历史观、"人民众而货财寡"的人口论、"欲利自为"的人性论、"人主挟大利"的利害观,论证实行"法治"的必然性。

(二)"法治"的必要性

韩非通过法的"禁奸"、"尊主"、"强国",胜于"礼治",优于"心治"等方面的论述,说明实行"法治"的必要性。

(三)"以法为本"

主张"以法为本"、"唯法为治";"一其宪令","布之百姓";"法莫如一而固","不重变法";"信赏必罚"、"法不阿贵";"严刑重罚"、"以刑去刑"。

三、法、势、术相结合

(一)法与势的结合

主张君主掌握"权势",作到"擅势"、"独制";"任势"与"任法"结合,"抱法处势则治"。这说明其"法治"是为维护君主专制服务的。

(二)法与术的结合

"术"是君主掌握权势、制驭臣吏、实现"法治"的方法、策略和手段。主张"任法"与"任术"结合,"处势"与"修术"结合;提出了"行法"的循名责实之术和"烛私"的阴谋权术。

韩非的法律思想对后世有重要影响。

# 第三编　封建社会秦汉至隋唐时期的法律思想

（前 221—960）

秦、汉、魏晋、南北朝、隋、唐几个朝代,是中国封建社会由初期逐步发展到成熟的阶段。

秦始皇统一六国,建立了中国历史上第一个统一的多民族的封建专制主义中央集权制国家。同时,他也把法家的重刑主义推向极端。

汉初统治集团迫于当时的政治、经济形势,采取以儒、法、道结合的黄老学说作为治国的指导思想,促进了经济的恢复和社会的稳定。它对于秦汉法律思想的转变和正统法律思想的形成,起了过渡性的作用。

汉武帝适应建立封建大一统、巩固中央集权和加强对人民的统治的需要,采纳董仲舒的建议,确立了以儒为主,兼取法、道、阴阳等家主张的封建正统思想。

东汉时期,桓谭、王充、仲长统等对谶纬神学和"天刑"、"天罚"思想的批判,表现了进步思想家和正统法律思想的对立。

魏晋南北朝是一个分裂和混乱的时期。曹操、诸葛亮在坚持礼法结合的前提下,更强调法的运用;律学的形成和发展,总结了立法原理和刑法理论,对封建立法产生了重要的影响;玄学法律观表现了门阀士族的思想要求,使法律虚无主义高涨起来;鲍敬言的"无君"论,则尖锐地批判了"君权神授"和皇权至上的理论。

隋唐时期是封建社会的全盛阶段,正统法律思想进一步成熟,其主要标志是纳礼入律的基本完成和立法、司法理论的深入,这对当时和后世都产生了深刻影响。

# 第八章 秦汉时期法律思想的发展与封建正统法律思想的形成

**自学的目的和要求**：应着重了解秦汉之际法律思想的变化，封建正统法律思想的主要内容，以及董仲舒法律思想的历史地位。

秦朝"专任刑罚"，事皆决于法。汉初统治者吸取秦朝专任"法治"而骤亡的教训，转而采取"治道贵清静"的黄老无为学说作为治国的指导思想。汉武帝采纳董仲舒"罢黜百家，独尊儒术"的建议，使儒学成为官学，并开始形成了深深打上儒家经义烙印的封建正统法律思想。

## 第一节 秦朝"事皆决于法"的"法治"思想

秦始皇(前258—前210)是中国历史上第一个统一的中央集权制封建国家的创建者；李斯(？—公元前208年)是先秦法家理论在秦的实践者和秦始皇的主要辅佐者。

一、"事统上法"，法令由"一统"

秦朝统治者建立了以皇帝为中心的封建官僚制度，"命为制，令为诏"，法自君出，"事统上法"，皇帝享有至高无上的权力。法家思想成为秦朝占统治地位的思想，同时秦朝统治者也利用了阴阳五行家的"五德终始"说。

秦朝统治者强调法令由"一统"，他们在秦国原有法律的基础上，加以修订、补充，制定了统一的法律，颁行全国。

二、"事皆决于法"的"法治"思想

秦朝在政治、经济、军事、司法等方面"皆有法式",充分地体现了"事皆决于法"的"法治"思想。其中,特别强调皇帝要"独制于天下",实行极端的君主专制制度。

三、严刑峻法,"深督轻罪"

秦始皇"以刑杀为威",实行严刑峻法;秦二世"法令诛罚,日益深刻";李斯提出"深督轻罪"说,进一步发展了先秦法家的重刑主义。

四、"以法为教"的文化专制思想

秦朝统治者在思想领域推行文化专制主义,消灭思想言论自由,搞了"焚书坑儒"。他们定法家学说于一尊,要求"以法为教","以吏为师"。

## 第二节 汉初黄老学派的法律思想

汉初统治阶级吸取秦朝灭亡的教训,采取"治道贵清静"的黄老学说作为治国的指导思想,并将它运用到政治和法制实践中去。

一、无为而治,"与民休息"

汉初社会经济凋敝,人民生计艰难,"黎民得离战国之苦,君臣俱欲休息乎无为"。汉初君臣都从总结秦朝骤亡的教训出发,严厉批判了"专任刑罚"的法家思想,主张无为而治,"与民休息"。

二、文武并用,"德刑相济"

"秦以刑罚为巢,故有覆巢破卵之患、"。汉初,统治阶级在崇尚黄老无为而治的同时,也重视儒家"德刑相济"的思想,强调"文武并用,长久之术也"。

三、"罚不患薄",约法省刑

汉初统治阶级看到秦朝繁法苛刑并不利于维护封建统治,乃积极改革秦朝遗留下来的严刑苛法,主张"罚不患薄",约法省刑,减轻对人民的压迫。

四、"轻徭薄赋","以粟为赏罚"

汉初统治阶级强调恢复和发展农业生产,"轻徭薄赋""以佐百姓之急",并要求将法律的作用和发展农业生产直接联系起来,"以粟为赏罚"。

汉初黄老学派的法律思想,在中国古代法律史上占有重要地位。

## 第三节 《淮南子》中的法律思想

《淮南子》是淮南王刘安(前179—前122)招致门客集体编写的著作。

一、"无为"是法的根本原理

宇宙万物都是"道"所派生的。"无为为之而合于道",只有"无为"才合乎道的要求。"无为"又是法的根本原理,必须做到"法省而不烦",法宽刑缓,"省事""节欲"。

二、法与时变,"礼与俗化"

礼义、法度都是治国的工具,法与时变,"礼与俗化",它们应当适应形势的发展而变化,以"利民"、"周事"为转移,不可拘守旧制。

三、兼采儒法,注重法治

(一)法是治国的工具,"言事者必究于法"。

(二)赏罚分明,"中程者赏,缺绳者诛。"

(三)"摄权势之柄",以"势"制天下。

(四)以仁义为本,以法度为末。

四、贤人执法,"待圣而治"

治理国家,实施"法治",必须有善于治法的人,"故法虽在,必待圣而治"。

## 第四节　贾谊礼法结合的法律思想

贾谊(前200—前168)是西汉初期政治家、思想家,著有《新书》。

一、以秦为鉴,"以民为本"

秦朝"繁刑严诛",与人民为敌,终于迅速灭亡。国以民为安危,民多势重,不可欺侮,应以民为本,"与民以财"。

二、"立经陈纪",刑不上大夫

贾谊主张改革汉朝所沿袭秦朝的一些制度,"立经陈纪",建立起严格的封建等级制度。

"黥劓之罪不及大夫","尊贵者"和"卑贱者"在法律面前是不应平等的。

三、礼义为先,礼法结合

贾谊是试图把礼法制度化,并付诸实践的第一人。"礼者禁于将然之前,而法者禁于已然之后",礼法必须结合,以维护封建统治。

四、主张削藩,维护中央集权

由于汉初的分封,诸侯王势力逐渐发展起来。

"权势法制,人主之斤斧也。"必须运用国家政权和法律的力量,以削弱诸侯王的势力。维护中央集权。

## 第五节　封建正统法律思想的形成和发展

一、封建正统法律思想的形成和发展

封建正统法律思想的形成有一个发展过程。

西汉中期董仲舒新儒学的出现,反映出地主阶级的法律思想已初步完善,封建正统法律思想已经形成。

二、封建正统法律思想的基本内容

（一）皇权至上，法自君出。
（二）应经合义，礼法融合。
（三）"三纲"是封建立法的根本原则。
（四）德主刑辅，先教后刑。

## 第六节　董仲舒"大德而小刑"的法律思想

董仲舒（前179—前104）是汉代最著名的思想家，著有《春秋繁露》。

一、维护皇权的《春秋》法统说
（一）《春秋》"大一统"思想。
（二）除秦弊政，实行"更化"。
（三）"罢黜百家"，统一思想。
二、"君权神授"，法自君出
（一）"天人感应"与天罚论。
（二）"君权神授"，法自君出。
三、维护封建等级制的"三纲五常"论
董仲舒用阴阳学说对"君为臣纲、父为子纲、夫为妻纲"加以附会和解释："君臣、父子、夫妇之义，皆取诸阴阳之道"，属于"阳"的君、父、夫永远是属于"阴"的臣、子、妻的绝对统治者。
"仁、谊（义）、礼、智、信五常之道"，是统治者教化人民的工具。
四、"阳德阴刑"，德主刑辅
董仲舒用阴阳学说来解释德主刑辅论："阳为德，阴为刑"，"刑者德之辅，阳者阴之助也"；一切都是天意的体现，从而为封建统治者的德刑兼用的统治方法提供了新的理论根据。
五、《春秋》决狱，"原心论罪"
董仲舒是以儒家经义应用于法律的第一人。他以《春秋》的精神和事例，作为审判的法律根据。"《春秋》之听狱也，必本其事而原其志。"

董仲舒法律思想对后世有深远影响。

## 第七节 王充、仲长统反谶纬神学的法律思想

东汉时期谶纬神学的泛滥。

一、王充对"天刑"论的批判

王充(公元27年—约97年)是东汉唯物主义思想家。著有《论衡》。

(一) 批判天有赏善罚恶能力的"天造谴告"说。

(二) 批判"用刑非时则寒,施赏违节则温"的时令说。

(三) 批判"行善者福至,为恶者祸来"的祸福说。

王充还从东汉"政尚严切"的情况出发,提出了"文武张设"、礼法兼用的主张。

二、仲长统的变法改制论

仲长统(180—220)是东汉末年的思想家。

仲长统以"人为本,天道为末"说,否定天命神权;一个时代的治乱完全由于人事,同"天道"无关。

历史上的变法改制,变得好的应该继续,变得不好的,则恢复旧的办法。

(一) 秦朝废分封,行郡县,"此变之遂",应该继续下去。

(二) "井田之变,豪人货殖馆舍,田富连于方国",贫富悬殊,这变得不好,应该恢复井田制。

(三) "肉刑之废,轻重无品",应该恢复肉刑,作为治中罪的中刑。

# 第九章 三国、两晋、南北朝时期的法律思想

**自学的目的和要求**：应着重了解杜预、张斐律论的主要内容，以及魏晋玄学家的法律观点。

三国两晋南北朝时期，除两晋短暂统一外，长期分裂对峙，各个王朝为了维护门阀士族的统治，都重视总结封建法制的经验教训，因而法律思想活跃，曾出现了律学思潮、玄学的法哲学思潮、北方少数民族汉化改革学习和制定汉法的法律思潮。

## 第一节 晋代律学和刘颂的法律思想

晋代律学的特点是：摈除了两汉正统法律思想的神学色彩，依据经义原则研讨具体的法律问题；出现了专门的法律著作，表明已具有从经学中分离出来的倾向；集中研究法典体例以及刑法概念和原则，使古代法律理论向纵深发展。

一、杜预《律本》中的法律观

杜预（222—284）是西晋著名的律学家。

（一）纳礼入律，礼法合一

杜预"远遵古礼，近同时制"。注律时以名分为标准来解释法意，将法律纳入名分的规范之中，即"网罗法意，格之以名分"，力图纳礼入律，使礼法结合。

（二）"文约而例直，听省而禁简"

立法的根本原则是"简直",应当做到:法律文字简明通俗;条例明白,直截了当;法律形式单纯,概念明确;条文简约,不要烦密。

(三) 区分律、令的界限

"律以正罪名,令以存事制",必须明确区分律、令的界限。

二、张斐《律表》中的法律观

张斐是西晋著名的律学家。

(一) 以礼率律

"礼乐抚于中",即"礼乐"的精神贯穿晋律各篇之中,以礼率律,所有律条必须与"礼乐"相符合。

(二)《刑名》的性质和作用

《刑名》置于篇首,相当于现代刑法典的总则。"刑名所以经略罪法之轻重,正加减之等差,明发众篇之多义,补其章条之不足",它是整部法典的纲领。

(三)"理直刑正"

"理直刑正"的主要内容是:区分和规定各种犯罪概念;"随事取法"、"临时观衅"的司法原则;"刑"、"理"、"心"、"情"、"事"综合的审讯原则。

三、刘颂的重法主张

刘颂(？—300)是西晋的司法官。

(一) 挽救末世的"振领总纲"

"振领总纲"的主要内容是"息役"、"平籴"、"著信"。

(二) 重法主张

实行重法,以改变汉魏以来刑政法度松弛的局面。其主要内容是:恢复肉刑;"纲举网疏"的司法原则;法令画一,执法必严,以律断罪。

杜预、张斐的律论对后世有重要影响。

## 第二节　魏晋玄学的法哲学思想和鲍敬言的无君论

魏晋玄学的法哲学思想的兴起。

由于玄学家对名教与"自然"的认识不同和政治立场的有别，而分为两大派：在朝的为门阀士族的礼法辩护，在野的批判门阀士族的礼法的虚伪性。

一、王弼"名教出于自然"的法哲学观

王弼(226—249)是魏晋时的玄学家。

（一）"名教出于自然"的法哲学观

"自然"为本，名教为末，"名教出于自然"，维护封建等级秩序的名教，完全出于无为的自然之"道"，从而为曹魏政权恢复名教的权威、肯定礼法制度提供了新的根据。

（二）无为而治的主张

治理社会，必须顺应自然，"无为而治"，其主要内容是君主无为；实行愚民政策；反对法烦刑酷。

二、嵇康、阮籍"越名教而任自然"的法哲学观

嵇康(223—262)、阮籍(210—263)都是魏晋时代的玄学家。

（一）嵇康以"任自然"为根本的法哲学观

名教是当权者"造立"出来的，应当摆脱名教、礼法的束缚，"非汤武而薄周孔"，从而揭露了司马氏门阀士族鼓吹礼法的虚伪性。

主张建立"任自然"的理想法制，崇尚简易之教，"君无文于上，民无意于下"，舍弃仁义之说和礼律之文。

（二）阮籍抨击礼法和礼法君子

统治者制定礼法，是为了束缚下民。"汝君子之礼法"，是天下残贼、乱危、死亡之术。

恢复无君无臣的理想社会，"无君而庶物定，无臣而万事理。"

三、鲍敬言的"无君论"

鲍敬言是东晋时思想家。

（一）否定"君权神授"论，提出暴力征服说。

（二）否定君主设刑是"兴利除害"，批判君主"屠割天下"的罪恶。

（三）建立"无君无臣"的理想社会，废弃任何国家和法制。

## 第三节　拓跋宏的政治改革和法律思想

北魏孝文帝拓跋宏(467—499)是一个主张汉化改革而较有作为的皇帝。

一、"齐之以法，示之以礼"

（一）加重对不孝罪的刑罚。

（二）创建"存留养亲"制度。

（三）废除"裸形"处斩的行刑方式。

二、"法为治要"，慎刑恤刑

法律为国家"治道之实要"。拓跋宏重视封建法制的建设，亲自主持修律工作，运用法律武器以推进汉化改革。

推崇儒家慎刑恤刑思想，废除一些野蛮残酷的狱刑制度。

三、"教随时设，政因事改"

主张变法改度，"与之惟新"；要求做到"教随时设，政因事改。"

拓跋宏的汉化改革在中国法律史上占有一定地位。

# 第十章　隋唐时期封建正统法律思想的发展

**自学的目的和要求**：应着重了解李世民统治集团和《唐律疏议》的法律思想，以及柳宗元法律思想的特点。

隋唐两代，礼法(律)结合基本定局，反映在《唐律疏议》中的法律思想，标志着封建正统法律思想的成熟，并对后世产生重大影响。隋初和盛唐时期有关除削烦苛、慎狱恤刑以及中唐以后一系列匡世革弊的法律主张，使这一时期的法律思想具有自己时代的特色。

## 第一节　杨坚除削烦苛的立法和司法主张

隋文帝杨坚(541—604)是一个比较重视封建法制建设的皇帝。

一、抑制兼并，"轻徭薄赋"

杨坚改革了政权体制，制定和颁布了一系列有关抑制兼并、减免赋役捐税、取消酒盐专卖的法规、法令。

二、更定新律，"以轻代重"

《开皇律》的制定和颁布。

杨坚除削烦苛的立法、司法主张的主要内容是："以轻代重"，废除苛惨之法；慎断死罪；赏罚严明，行罚不避亲贵；保护贵族、官僚在法律上享有的特权。

三、喜怒无常,"用法益峻"

杨坚晚年实行严刑峻法,"喜怒无常,过于杀戮",破坏了他自己所定的法制原则。

## 第二节 李世民及其统治集团的法律思想

唐太宗李世民(599—649)是中国历史上一个比较开明而又颇有作为的皇帝。

一、以隋为鉴,"安人宁国"

李世民统治集团吸取隋朝骤亡的教训,"动静必思隋氏,以为殷鉴"。

以"安人宁国"作为治国的总方针,其法律思想的主要原则是:以礼法结合、德主刑辅为主体,兼采道家的"简静"和"无为"。

二、立法公平,务求宽简

(一) 既制礼,又立刑。

(二) 立法必须公平。

(三)"国家法令,惟须简约"。

(四) 法须稳定,"不可数变"。

三、慎狱恤刑,务求其"实"

(一) 慎狱恤刑。

(二) 创立九卿议刑制度。

(三) 完善死刑的审批程序。

(四) 反对严讯,务求其"实"。

四、明正赏罚,"一断以律"

必须明正赏罚,亲疏贵贱"一断以律";严惩贪赃,惩革弊风。

五、纳谏与执法相结合

李世民"虚心以纳下",群臣犯颜直谏,且与公平执法相结合,其主要内容是:

求谏纳谏,"以成治道";

各尽其言,群策群力;

纳谏与执法相结合,君臣共同守法。

李世民统治集团的法律思想对后世有重要影响。

## 第三节 《唐律疏议》中的法律思想

一、"德礼为本,刑罚为用"

《唐律疏议》总结了历代关于德刑关系的理论,强调"德礼为政教之本,刑罚为政教之用",形成了完整的德主刑辅、礼法结合的思想体系。

二、封建纲常的法律化

《唐律疏议》"一准于礼"。它把"君为臣纲"、"父为子纲"、"夫为妻纲"制度化、法律化。凡是反对"三纲"者,被认为触犯了封建统治阶级的根本利益,均列为"十恶"大罪,是刑罚打击的重点。

三、良贱异法,维护等级特权

《唐律疏议》将人们分为良人、贱民两大类,法律规定他们在政治、经济、诉讼、社会生活等方面"良贱异法",等级地位各不相同。贵族、官吏有罪无刑,制定了一整套关于"议、请、减、赎、官当"的法律措施。

《唐律疏议》在中国法律史上占有重要地位。

## 第四节 韩愈的"道统论"及其在法律思想上的反映

韩愈(768—824)是唐代思想家和文学家。

一、君权至上与"道统论"

韩愈反对佛、老,维护君权。

"道统",是指儒家道义传授的系统,其中心内容是仁义道德。它是由"圣人"建立起来的。韩愈把它作为排斥佛、老,继承和捍卫儒学正统的理论依据。

二、圣人"制刑"与"天刑"说

韩愈认为法律和刑是"道"的体现,是由"圣人"创造和设立的。天有赏善罚恶的能力,违反"天意",则有"天刑"。

三、"德礼为先,辅以政刑"

礼、法同为治国的工具,但应坚持"德礼为先而辅以政刑"的原则,并以此原则指导司法实践。刑罚的目的在于使"下者""畏威而寡罪",公然把刑罚的锋芒指向劳动人民。

## 第五节 柳宗元的法律起源于"势"与赏罚及时说

柳宗元(733—819)是唐代思想家和文学家,曾参与《永贞革新》。有《柳河东集》。

一、"天人不相预",赏罚须及时

自然和社会各自有不同的规律,"天人不相预"。天没有意志,"乌能赏功而罚祸乎?"

柳宗元要求加强封建法制,"申严百刑,斩杀必当","刑过不避大夫"。赏罚的目的在于劝善惩恶,其关键在于赏罚及时,"赏务速而后有功,罚务速而后有惩",从而批判了秋冬行刑的司法时令说。

二、法律起源于"势"

人类社会的发展有其必然之"势"。国家和法律的产生取决于"势";随着时势的发展,法律也要相应地变化,从而否定了传统的神权法思想。

三、刑、礼"其本则合,其用则异"

刑和礼"其本则合,其用则异",它们的根本原则相同,而其用途迥异;刑法在于惩罚违法犯罪,礼义在于表彰善行,二者不容混淆。

柳宗元的法律思想对后世有一定影响。

## 第六节　白居易的崇礼重法论

白居易(772—846)是唐代思想家和诗人。

一、刑、礼、道"迭相为用"

白居易崇礼重法,援法附儒。

刑、礼、道同为治国之具,"刑者可以禁人之恶","礼者可以防人之情","道者可以率人之性",三者必须"迭相为用"。

二、法令贵一,自上行之

法令贵一,保持其相对稳定性,不要朝令夕改;执法不分亲疏贵贱,一律"准法科罪"。

"责于下者必须禁于上",最高统治者应当身体力行,带头守法。

三、正确运用法律,慎选司法官吏

(一) 理大罪,赦小过。

(二) 消除犯罪,止狱措刑。

(三) 肉刑可废不可复。

(四) 慎选司法官吏。

# 第四编　封建社会宋至鸦片战争时期的法律思想

(960—1840)

宋、元、明、清(前期)时期是中国封建社会的后期阶段。

随着封建专制主义中央集权制的不断加强,统治阶级强化了对人民的思想统治,加紧对人民灌输纲常名教。理学的兴起就反映了这一特点。

在法学领域,由于理学的兴起,封建正统法律思想进入一个新的发展阶段。特别是南宋理学代表人物朱熹,用他的思辨哲学把封建正统法律思想进一步粉饰和完善起来,完全适应了统治阶级加强思想统治的需要。

由于封建统治的日趋衰败和人民反抗斗争的兴起,促使统治阶级内部不断分化,出现了政治改革思潮,产生了一些政治改革家和理学反对派。他们对封建正统法律思想进行了一些批判。

明清之际,开始形成了启蒙思潮。启蒙思想家的法律思想,具有明显的反封建色彩。

# 第十一章 理学的兴起与封建正统法律思想的进一步发展

**自学的目的和要求**：应着重掌握朱熹、丘濬法律思想的主要内容。

宋明理学是儒家学说发展到封建社会后期的一种表现形式，它完全适应了统治阶级加强君主专制和思想统治的需要。集理学之大成的朱熹，法律思想较丰富；丘濬的法律思想则更完整，反映出正统法律思想在封建社会后期发展的概貌。

## 第一节 理学的兴起及其对封建法律思想的影响

一、理学的兴起

理学的兴起和发展。

宋明理学，完全适应了封建社会后期统治阶级加强中央集权的君主专制制度和钳制人民思想的需要。它标志着封建正统法律思想的发展进入一个新的阶段。

二、理学对封建法律思想的影响

理学使封建正统法律思想哲理化，并使它的核心——"三纲五常"原则神圣化，以适应封建统治阶级的需要。

## 第二节 朱熹以"存天理,灭人欲"为核心的法律思想

朱熹(1130—1200)是南宋著名的思想家,理学的集大成者。有《四书章句集注》、《朱文公文集》等。

一、"因事制宜"的变法理论和改革主张

夏、商、周三代"天理流行",三代以下充满"利欲之私"。应当重建"天理流行"的盛世。

巩固"方世不易"的纲常名教是变法的指导原则。变法的关键是变"人"、变"心",革除私欲,使人们的思想、行为一准于"天理"。

为改革政治,朱熹提出限制君主专断的具体方案。

二、德礼政刑"相为终始"

朱熹论政与刑之间、德与礼之间的内部关系,以及德、礼、政、刑四者的外部关系,并把四者纳入"存天理、灭人欲"的轨道。

三、"以严为本,以宽济之"

制定、执行法律的目的是"存天理、灭人欲"。因此,要反对轻刑,刑轻必然使"狱讼之愈繁"。执法必须"以严为本而以宽济之"。

朱熹的法律思想对后世有重大影响。

## 第三节 丘濬对封建正统法律思想的总结和发挥

丘濬(1420—1495)是明代政治家、思想家。著有《大学衍义补》。

一、德礼政刑"王道之治具"

丘濬对德礼政刑进行了综合和归纳,其主要内容是:德、礼、

政、刑四者,"王道之治具也";德礼。政刑的作用不同,德礼尤为重要;刑罚是为了保障德礼的贯彻实行。

二、"以公理而灭私情"说

"民穷而至于犯法",民之所以为盗,"不在朝廷则在官吏"。

守法的关键是统治者秉公去私,"一惟以公理而灭私情"。如果以私意刑戮人,则"非天讨之公"。

三、"应经合义",顺情便民

立法必须"应经合义",符合儒家经典中的纲常礼义原则。

立法应当"顺情""便民",其主要内容是:省刑罚,薄税敛;

维护土地私有制,限制兼并;

保护工商,反对"与民争利"。

四、慎刑恤狱的司法原则

(一)"原情定罪"。

(二)注重证据。

(三)限制赎刑。

(四)控制复仇。

(五)慎行赦宥。

# 第十二章 宋明时期改革家的法律思想

**自学的目的和要求**：应着重了解宋明时期改革家法律思想的核心内容及其历史地位。

宋明时期阶级矛盾、民族矛盾日益激化。为了挽救封建王朝免遭覆灭的命运，宋明两代的改革家对封建正统法律思想和封建法制进行了批评，提出了一些改革建议。

## 第一节 范仲淹"革故鼎新"的法律思想

范仲淹(989—1052)是北宋政治家。
一、改革官制，"革故鼎新"
范仲淹批评国家政治昏暗，提出"更张以救之"的变法主张。改革官制、变法图强的主要内容是：
(一) 严明赏罚，有功则进，无功则黜；
(二) "开学校，设科等"，大力培养人才。
二、限制君权，"君臣共理天下"
范仲淹主张限制君主独断，要求上下一体守法；重宰相谏官御史之职，"君臣共理天下"；"舍一心之私"，执法公正。
三、"审刑名"的司法原则
(一) "审刑名"，谨慎适用罪名。
(二) 行纠察，加强司法监督。

（二）习法律，提高业务素质。

## 第二节　王安石"大明法度，众建贤才"的法律思想

王安石(1021—1086)是北宋政治家、思想家，曾实行变法。著有《临川集》等。

一、"三不足"的变法理论

（一）天人不相关，天变不足畏。

（二）贵乎权时之变，祖宗不足法。

（三）摒弃流俗异论，人言不足恤。

二、"大明法度，众建贤才"

当今的法度，多不合乎"先王之政"，必须"大明法度"，立善法于天下。

同时，必须重视人治，"众建贤才"，因为立法、执法都应依靠贤人。

这种"法治"、人治统一论，在实践中具体表现为运用法律手段选拔任用贤才。其主要内容是：

"久其任而待之以考绩之法"；

设"明法科"，培养执法官吏。

三、"有司议罪，惟当守法"

主张依法办事，君主应当守法、知法；

执法应"刑平而公"，刑过不避贵戚、大臣，"有司议罪，惟当守法"，不能舍法不依，任凭喜怒。

王安石的法律思想对后世有一定影响。

## 第三节　张居正"信赏罚、一号令"的法律思想

张居正(1525—1582)是明代政治家。

一、主张高度集权,以法律政令规范天下

朝廷"纲纪坠落,法度陵夷"。必须高度集权于中央,"强其根本,振其纪纲",用法律规范天下。

二、立法"惟其时之所宜与民之所安"

从古至今,没有经久不变之法。立法必须顺应时势,合乎民情,"惟其时之所宜与民之所安"。

三、整饬吏治,慎用赏罚

主张用法制来整饬吏治,关键是注重人才的用舍和慎用赏罚,"用人必考其终,授任必求其当",用舍进退,一以功实为准。

必须运用法律的威力,制止豪强兼并土地,"痛惩贪墨"。

四、"法在必行,奸无所赦"

在刑罚的具体运用上,要求严格执法,反对宽缓,"法在必行,奸无所赦。"

必须严刑明法以"制欲禁邪。"

张居正用法律规范天下的思想对后世有一定影响。

# 第十三章 辽、金、元各统治集团的法律思想

**自学的目的和要求**：应着重了解一些少数民族统治者推行"汉法"、建立封建法制的内容和意义。

辽、金、元是我国北方少数民族统治集团先后建立的王朝。入主中原后，它们都经历了逐渐完成封建化的过程。他们中一些较开明的统治者，积极倡导和推行"汉法"，建立封建法制，改革落后的习惯法，促进了各民族的融合。

## 第一节 完颜雍严格治吏的法律思想

金世宗完颜雍(1123—1189)是金代较有作为的皇帝。
一、慎行"议亲""议贤"，确立君主的最高权威
（一）明确后族"议亲"范围。
（二）缩小宗室的"议亲"范围。
（三）强调宗室与外戚的区别。
（四）严格掌握"议贤"的条件。
（五）一切"议亲""议贤"案件，均由皇帝裁决。
二、"赏罚不滥，即是宽政"
完颜雍要求慎行赏罚，根据犯罪具体情节，区别对待；断案当"以情求之"，反对刑讯逼供；
提高审判效率，"勿使滞留"。

三、"慎守令之选,严廉察之责"

必须整饬吏治,严惩贪官污吏;

厉行监察之法,促使官吏尽职尽责;

改革官吏任免旧制,破格选录人才。

## 第二节　耶律楚材的法律思想及其实践

耶律楚材(1190—1244)是元代政治家。

一、建立封建法制以取代落后的习惯法

(一) 定朝仪,明君臣上下之分。

(二) 开文治,任用汉族儒臣。

(三) 统一司法,禁止滥杀。

二、因地制宜,建立封建赋税制度

耶律楚材主张废除屠城旧制。要求设立州郡长官,以封建的赋税制度取代奴隶制剥削方式。

三、秉公执法,不畏权贵

耶律楚材秉公执法,不私亲属,"不较私仇";不怕得罪权贵,"事有不便于民者辄止之"。

# 第十四章　明清之际启蒙思想家的法律思想

**自学的目的和要求**：应着重了解黄宗羲的具有民主因素的"法治"思想和王夫之的立法司法主张。

明末清初是中国封建后期的动荡时期，随着社会危机的加深，资本主义萌芽的出现和市民阶层的兴起，出现了黄宗羲、王夫之等具有启蒙因素的思想家。他们猛烈地抨击君主专制，要求以"天下之法"取代"一家之法"，初步将民主与"法治"结合起来，对于后来资产阶级变法改良运动有重要的影响。

## 第一节　黄宗羲的启蒙法律思想

黄宗羲（1610—1695）是明清之际著名的启蒙思想家。著有《明夷待访录》等。

一、抨击"一家之法"

黄宗羲深刻揭露专制君主的罪恶，并将其矛头指向封建法制；明确反对"家天下"制度，抨击君主的独断和专横；抨击封建法律是"一家之法"、"非法之法"、"天下之乱即生于法之中"。

二、建立"天下为主"的"天下之法"

"天下为主"具有"民主"之意、立法必须以"天下之大公"为目的，为民"兴利除害"；必须以"天下为主，君为客"的原则，保证民众的权利。主张"学校议政"，儒士参与国是；变君主集权为君臣分权,变君主专制为各地自治;强调"有治法而后有治人",任何人都要遵守"天下之法"。

黄宗羲法律思想对后世有重要影响。

## 第二节　王夫之"趋时更新"的法律思想

王夫之(1619—1692)是明清之际启蒙思想家。

一、"趋时更新"的法律时变观点

王夫之从新旧制度的更替、"正统"论的虚妄、"有定理而无定法"等方面论证法律"趋时更新"的规律,预言"天下之公"制度的到来,批判传统的"奉天法古"思想。

二、具有民主因素的立法思想

立法"以定民意,兴民行",反对为君主立命立言;立法"必循天下之大公",反对为一家之私;立法以"保类"、"卫群"为目的,复兴民族国家;倡导体现尊君卑臣,分权分治等原则,反对君主独裁专制。

三、"任法""任人"并行,宽与严相结合

王夫之总结了秦汉以后实施法令方面的主要弊端,强调"任法"与"任人"结合,反对"任人而废法",也反对"任法而不任人";"严以治吏"与"宽以养民"相结合,主张严惩贪官污吏,要求"法简刑轻";立法必须从严,司法必须从宽。

# 第五编　半殖民地半封建社会鸦片战争至辛亥革命时期的法律思想

(1840—1919)

　　1840年,英国侵略者对中国发动了鸦片战争。自此以后,资本主义列强相继侵入,中国逐步沦为一个半殖民地半封建社会。

　　帝国主义和中华民族的矛盾成为各种矛盾中的最主要矛盾。由于各种矛盾的斗争及其尖锐化,造成日益发展的革命运动。中国近代各阶级或派别的法律思想,也是在各种矛盾的基础上产生和发展的;其中心内容是:维护清王朝反动法律制度和变革这一反动的法律制度、建立新的资产阶级法律制度的斗争。在此时期中,相继出现了地主阶级改革派、太平天国、洋务派、资产阶级改良派、资产阶级革命派的法律思想。

# 第十五章　地主阶级改革派的法律思想

**自学的目的和要求**：应着重了解地主阶级改革派"更法改图""师夷长技以制夷"的思想。

鸦片战争前后，从地主阶级内部分化出一批改革派思想家。他们睁眼看世界，主张因势变法，"更法改图"，以改良封建政治经济制度。他们强调"师夷长技以制夷"，学习西方先进的科学技术，以抵制外国列强的侵略。

## 第一节　龚自珍的"更法改图"思想

龚自珍(1792—1841)是中国近代"开风气之先"的思想家。

一、批判封建法律制度，"更法改图"

（一）清王朝以"不可破之例"，束缚包括司法官吏在内的各级官吏。

（二）刑狱黑暗，司法官吏残暴地迫害人民。

（三）"一祖之法无不蔽"，必须"更法改图"。自古以来，"法无不改"，"事例无不变迁"，更法是历史的必然。

二、国家、刑法、礼乐起源于农说

认为中国古代"未有后王君公"，"未有礼乐、刑法"，它们都是随着农业的发展而产生的。

三、"不拘一格降人才"

必须改革腐朽的科举制度，并依靠迅雷般的社会大变动，冲破

"万马齐喑"的沉闷局面,"不拘一格降人才"。

四、禁绝鸦片,宜用重典

主张运用法律手段,使用重典,以禁绝种植、贩运和吸食鸦片。

## 第二节 魏源的"因势变法"理论

魏源(1744—1857)是中国近代著名的思想家。

一、抨击封建君主专制,赞赏西方政治法律制度

古代圣人"以其势、利、名公天下",先天下之忧而忧;后世的专制帝王"以其势、利、名私一身",享尽天下之乐。

为了战胜外国侵略者,必须"严修武备","师夷长技以制夷。"

赞赏美国的民主政治,"其章程可垂奕世而无弊";瑞士"不设君位",是"西土桃花源"。

二、"变古愈尽,便民愈甚"

"势则日变而不可复者也",历史的进化是一种客观的必然趋势。法令制度必须随着时势的变化而变化,"变古愈尽,便民愈甚。"

变法的重点是:讲求行法之人,除去"法外之弊"。

三、民主议政,广开言路

"人聚则强",魏源在一定程度上认识到人民的力量和智慧,主张民主议政,广开言路,显示出中国近代早期民主思想的特色。

四、广收人才,"治法在人"

治国必须广收天下之人才,人才众则"军政修"。选任执法人才尤为重要,"不难于立法而难得行法之人"。

# 第十六章 太平天国的法律思想

**自学的目的和要求：**应着重了解洪秀全法律思想的特点和《资政新篇》中发展资本主义、改革刑律、加强法制的思想主张。

1851年爆发的太平天国革命是中国近代史上规模最大的一次农民革命。洪秀全的法律思想具有反对封建专制的特点；洪仁玕则注重"度势行法"，要求发展资本主义，具有较多的资产阶级民主主义色彩。

## 第一节 洪秀全反对封建专制的法律思想

洪秀全（1814—1864）是太平天国的主要领导人。

一、"斩邪留正"，除妖安良

太平天国视农民为"正"和"良"，视清朝封建统治者为"邪"和"妖"。"斩邪留正"、"除妖安良"是其法制建设的指导思想；依据这一指导思想，制定了五条军纪、《十款天条》、太平条规等，并发布了许多诏书、诰谕。

二、人无私财，"逆者议罪"

洪秀全主张建立一个"天下一家，共享太平"的新世界。废除封建土地所有制，计口授田。

实行圣库制度，人无私财，"逆者议罪"。

三、男女平等，婚姻自由

一切人都是上帝的儿女，男女应当平等。

"天下婚姻不论财",男女自由结合,反对买卖婚姻,并严禁娼妓、蓄婢、纳妾、溺婴。

四、严刑峻罚,轻罪重刑

太平天国一直处于激烈的战争时期,阶级斗争非常尖锐。洪秀全坚持严刑峻罚以对付敌人。但对人民的轻微犯罪也处重刑,影响了革命力量的发展。

洪秀全法律思想的局限性,主要表现为严重的皇权思想和等级特权观念。

## 第二节 洪仁玕及其《资政新篇》的法律思想

洪仁玕(1822—1864)是太平天国后期主要领导人之一。著有《资政新篇》等。

一、"国家以法制为先"

整顿法制,为"万不容缓之急务",治国应"以法制为先"。

主张"立法当"、"立法善"。一切制度应革故鼎新,因时制宜,"度势行法"。洪仁玕在政治、经济、文化、外交等方面提出了二十八条改革措施,试图在农民革命的基础上建立资本主义制度。

二、"恩威并济",教、法兼行

主张"持法严":官吏必须以身作则,严守法纪;执法必须刚正不阿,不畏权贵。

反对枉杀无辜,实行"罪人不孥",善待轻犯。

"德化于前,刑罚于后",必须注重教育,提倡"教、法兼行。"

洪仁玕的法律思想,在当时的历史条件下,具有较大的进步性。

# 第十七章 洋务派的法律思想

**自学的目的和要求**:应着重了解洋务派在法律思想方面的基本观点。

洋务派形成于1856年至1860年的第二次鸦片战争期间。在法律思想方面,他们主张"求富"、"自强",维护纲常名教,实行宽猛相济,"采西法以补中法之不足"。

## 第一节 曾国藩"一秉于礼"的法律思想

曾国藩(1811—1872)是洋务派的创始人之一。

一、维护纲常名教,"一秉于礼"

三纲之道是"地维赖以立,天柱赖以尊"的不可侵犯的原则。

极力推崇礼治,维护纲常名教,把强化礼治作为当务之急,提出了"以礼自治"和"以礼治人"的主张。

二、兼用管、商之法,"振之以猛"

曾国藩"一意残忍",强调用严刑峻法镇压农民的反抗斗争,并用"严刑重责"强迫农民交粮纳税。

三、屈从外国,损害中国主权

对外实行"礼让为国"的方针,不惜割让领土,签订丧权辱国的不平等条约,损害中国主权。

## 第二节　张之洞以"中体西用"为核心的法律思想

张之洞(1837—1909)是洋务派首领之一。著有《劝学篇》等。

一、"中学为体,西学为用"

张之洞把洋务派"变器不变道"说进一步系统化,发展成为"中学为体,西学为用"论。实际上,西学本身也有"体"、"用"两个方面。

"中体西用"在法律思想上主要表现为:在不违反纲纪伦常的前提下,"采西法以补中法之不足"。

二、整顿中法,采用西法

(一)整顿中法,主要为改革刑狱。张之洞提出了"除讼累"、"省文法"、"恤相验"、"省刑责"、"重众证"、"改罚锾"、"修监羁"等九条措施。

(二)采用西法。建议清政府聘请西方著名律师,博采各国法律,为中国制定矿律、路律、商律以及交涉刑律。

三、"法律本原实与经术相表里"

《劝学篇》维护"三纲",反对兴民权和男女平权。

纲常名教是本源,法律是形式。法律应服从于纲常名教。

宣扬《大清律例》包含有十大"仁政"。

四、宽猛相济,刚柔结合

"抚良民则以熙媪宽平为治,惩乱民则以刚断疾速为功",主张宽猛相济,刚柔结合。

# 第十八章　资产阶级改良派的法律思想

**自学的目的和要求**：应着重了解资产阶级改良派变法维新的理论和谭嗣同冲决一切封建网罗的思想。

19世纪末期出现的资产阶级改良派，要求自上而下地用改良的办法在中国发展资本主义，建立资产阶级君主立宪政体，以资本主义的法律制度取代封建主义的法律制度。

## 第一节　康有为的"变法维新"论

康有为(1858—1927)是中国近代资产阶级改良主义运动的领袖。著有《孔子改制考》、《大同书》等。

一、"时移法亦移"，倡"变法维新"

"时既变而仍用旧法，可以危国"，只有变法维新，才是"自强之策"。

倡导"公羊三世说"，宣传"托古改制"。

二、"变法全在定典章宪法"，实行君主立宪

西方实行三权鼎立之制，"然后政体备"。

中国积贫积弱，其原因在于君主专制制度。通过变法，变君主专制为君主立宪，其主要内容是：设议院，开国会；

制定宪法；

实行三权分立。

三、坚持保皇立宪,鼓吹复古

1898年戊戌变法运动失败,而资产阶级革命派倡导推翻清王朝的革命运动蓬勃兴起,康有为仍然坚持保皇立宪,宣扬"中国只可行立宪不可行革命"。

他甚至主张"复国粹",烧毁"辛亥革命以来之新法令""而还其旧"。

四、"太平之世不立刑"

太平之世没有窃盗、骗劫、赃私、欺隐、诈伪、杀人谋财之事,"则凡此诸讼悉无,诸刑悉措矣。"

## 第二节　梁启超的变法图存思想

梁启超(1873—1929)是中国近代著名的思想家。其著作编为《饮冰室合集》。

一、法律起源于人的"良知"和契约

梁启超宣传西方资产阶级民约论和人性论。

法律最初产生时,是由于人们共同的"良知",大家"自置于规矩之间",以维系整个社会的生存。人类社会不断发展,后世的法律则"生于契约"。

二、变法是"救亡图存"的必由之路

法久必变,"变者天下之公理也",变法是救亡图存的惟一出路,"非变法万无可以图存之理"。

三、"三权之体皆筦于君主"的三权分立说

梁启超提出在中国实行君主立宪政体的方案:

设立民选议会;

"成立立法部以制宪法";

实行三权分立:由国会行使立法权,由国务大臣行使行政权,由独立审判厅行使司法权。但"三权之体皆筦于君主"。

## 四、法治、人治并重，法律、道德"相须为用"

梁启超反对只要人治，指出"荀卿有治人无治法一言，误尽天下"；也反对只要法治，"徒法不能以自行"。应当是法治、人治并重，借以克服单纯实行法治或人治的弊端。

"法不能独立"，如果"政治道德不确立"，虽有良好的宪法"犹废纸也"，法律、道德应当"相须为用"。

## 第三节　谭嗣同"冲决一切封建网罗"的法律思想

谭嗣同(1865—1898)是维新志士中的激进派。

### 一、批判封建君主专制

谭嗣同强调"冲决一切封建网罗"，其主要锋芒是针对封建君主专制。

他论证了君主专制制度的不合理性；并批判清朝统治者"酷毒"尤烈，"爱新觉罗诸贱类异种"用"蛮野凶杀"的手段窃夺中国。

### 二、抨击封建纲常名教

封建统治者用纲常名教禁锢人们的思想。他们"固其乐三纲之名，一切刑律制度，皆以此为常"，修改法律就必须反对纲常名教。

谭嗣同主张"废君统，倡民主，变不平等为平等。"

"冲决一切封建网罗"具有重大进步意义。

# 第十九章　清末礼法两派在法律思想上的斗争

**自学的目的和要求**：应着重了解清末礼法两派论争的实质和沈家本法律思想的历史地位。

清朝末年，统治阶级在"仿行立宪"幌子下所进行的修订法律活动，是统治者自己策划的一次规模颇大的法制改革活动。在修律中所产生的礼法两派的论战和以沈家本为代表的法理派的法律思想，在中国近代法律史上有着重要的影响。

## 第一节　清末修律中的礼法之争

一、清末的修律活动和指导方针

清末修律活动从1902年沈家本、伍廷芳奉命总领修订法律馆工作开始，到辛亥革命为止，修订了一系列法律。其指导方针是："中外通行，有裨治理"。

二、清末修律中的礼法之争

清末修律过程中形成了对立的礼教派和法理派。

礼教派以张之洞、劳乃宣为代表，曾先后向以沈家本为代表的法理派发起攻击。他们攻击沈家本所编新律"蔑弃礼教"，违背亲亲、尊尊、长长、男女有别等原则，要求恢复旧律中有关礼教的条文。沈家本著文反驳。结果以沈家本的退让而告终。

礼法两派之争，实质上是一场围绕对封建法律革新与守旧的斗争。

## 第二节　沈家本"会通中外"的法律思想

沈家本(1840—1913)是中国近代著名的法学家。著作有《沈寄簃先生遗书》甲编二十二种、乙编十三种等。

一、实行资产阶级法治主义

"举全国之精神,胥贯注于法律之内",实行资产阶级法治主义,但其中夹杂有儒家的德主刑辅思想。

(一) 论法的性质和作用。

(二) 法随时变,"会通中外"。

(三) 法须统一、平等。

(四) 教化为先,以刑辅之。

二、"平恕"为审断之本

执法公正,必须有仁恕之心,"恕心用三字,实为平心审判之本。"

三、"有其法者,尤贵有其人"

有了好的法律,还要有公正贤良的执法者,"有其法者,尤贵有其人"。沈家本强调:国家官吏"皆宜知法";

司法官吏应具有专门学识;

设置律学博士,教授法学。

四、法学盛衰说

法理学对于立法、司法具有重要的指导作用。

"法学之盛衰"同政治的治乱"息息相通",法盛而政不一定盛,法衰而政必衰。

沈家本的法律思想,在当时历史条件下,具有很大的进步意义。

# 第二十章　资产阶级革命派的法律思想

**自学的目的和要求**：应着重了解孙中山的五权宪法和权能分治说，以及章太炎维护人民权利平等的法律观。

1900年前后，资产阶级革命民主派登上政治舞台，中国近代政治法律思潮转到了以革命民主思想为主流的历史时代。孙中山、章太炎等人是这一历史时期的主要代表人物，其法律思想的主要特点是反封建性、民主性、民族性和一定的反帝性。

## 第一节　孙中山的三民主义和五权宪法学说

孙中山(1866—1925)是中国资产阶级革命派领袖，近代中国伟大的革命先行者。遗著编为《中山全书》或《总理全集》多种。

一、三民主义的立法指导思想

三民主义的两个阶段——旧三民主义和新三民主义的主要内容以及两者的主要区别。

三民主义是立法的指导思想。

二、"自由、平等、博爱"的法律观

孙中山以"自由、平等、博爱"的法律观为武器，一方面深刻揭露和批判了封建专制主义法制；另一方面谋求建立近代民主政治的法律制度，建设资产阶级的法治国家。

建立法治国家的主张的主要内容是：

由国家制定法律,以保证民主政治制度;

以法律形式规定和保障人民民主权利;

司法独立。

三、五权宪法和权能分治学说

五权宪法和权能分治是孙中山的宪法思想,是他的民权主义的主要内容。

五权宪法和权能分治学说的内容。它同西方资产阶级会民主制、三权分立的区别。

五权宪法和权能分治是孙中山法律思想的精华,他试图通过这一制度实现"直接民权"的法制化,以克服西方资产阶级民主制的弊端。

孙中山的法律思想,在当时历史条件下,具有重大的进步意义。

## 第二节 章太炎的法律思想

章太炎(1869—1936)是中国近代资产阶级民主主义思想家。

一、建立总统制资产阶级共和国的方案

章太炎主张建立总统制共和国,取名为"中华民国"。其特点是:

具有浓厚的民族主义色彩;

反对代议制;

主张直接民权。

二、维护人民权利平等的法律观

(一)"抑官伸民"。

(二)"抑强辅微"。

(三)"抑富振贫"。

三、"专以法律为治"的主张

章太炎主张"专以法律为治",强调聘请专家立法,依法选举总统和任免官吏,司法独立并受学官监督,在法律面前人人平等。

章太炎在主张以法治国的同时,也重视道德的作用。